经以济世
建德尚美
贺教育部
第一批文科项目
心王立项

李...
...

教育部哲学社会科学研究重大课题攻关项目

"十四五"时期国家重点出版物出版专项规划项目

经济发展新常态下
我国货币政策体系建设研究

THE DEVELOPMENT OF CHINA'S
MONETARY POLICY SYSTEM UNDER
THE NEW NORMAL ECONOMY

潘 敏

等著

中国财经出版传媒集团

经济科学出版社

Economic Science Press

图书在版编目（CIP）数据

经济发展新常态下我国货币政策体系建设研究/潘
敏等著 . -- 北京：经济科学出版社，2022.8
教育部哲学社会科学研究重大课题攻关项目 "十四
五"时期国家重点出版物出版专项规划项目
ISBN 978 - 7 - 5218 - 3940 - 1

Ⅰ. ①经⋯　Ⅱ. ①潘⋯　Ⅲ. ①货币政策 – 研究 – 中国
Ⅳ. ①F822.0

中国版本图书馆 CIP 数据核字（2022）第 153054 号

责任编辑：孙丽丽　纪小小
责任校对：隗立娜
责任印制：范　艳

经济发展新常态下我国货币政策体系建设研究
潘　敏　等著
经济科学出版社出版、发行　新华书店经销
社址：北京市海淀区阜成路甲 28 号　邮编：100142
总编部电话：010 - 88191217　发行部电话：010 - 88191522
网址：www. esp. com. cn
电子邮箱：esp@ esp. com. cn
天猫网店：经济科学出版社旗舰店
网址：http://jjkxcbs. tmall. com
北京季蜂印刷有限公司印装
787 × 1092　16 开　32.5 印张　620000 字
2022 年 12 月第 1 版　2022 年 12 月第 1 次印刷
ISBN 978 - 7 - 5218 - 3940 - 1　定价：130.00 元
（图书出现印装问题，本社负责调换。电话：010 - 88191510）
（版权所有　侵权必究　打击盗版　举报热线：010 - 88191661
QQ：2242791300　营销中心电话：010 - 88191537
电子邮箱：dbts@ esp. com. cn）

课题组主要成员

首席专家 潘 敏
主要成员 黄 宪 代军勋 刘 岩 刘 姗
周 闯 张泽华等

总　序

哲学社会科学是人们认识世界、改造世界的重要工具，是推动历史发展和社会进步的重要力量，其发展水平反映了一个民族的思维能力、精神品格、文明素质，体现了一个国家的综合国力和国际竞争力。一个国家的发展水平，既取决于自然科学发展水平，也取决于哲学社会科学发展水平。

党和国家高度重视哲学社会科学。党的十八大提出要建设哲学社会科学创新体系，推进马克思主义中国化、时代化、大众化，坚持不懈用中国特色社会主义理论体系武装全党、教育人民。2016 年 5 月 17 日，习近平总书记亲自主持召开哲学社会科学工作座谈会并发表重要讲话。讲话从坚持和发展中国特色社会主义事业全局的高度，深刻阐释了哲学社会科学的战略地位，全面分析了哲学社会科学面临的新形势，明确了加快构建中国特色哲学社会科学的新目标，对哲学社会科学工作者提出了新期待，体现了我们党对哲学社会科学发展规律的认识达到了一个新高度，是一篇新形势下繁荣发展我国哲学社会科学事业的纲领性文献，为哲学社会科学事业提供了强大精神动力，指明了前进方向。

高校是我国哲学社会科学事业的主力军。贯彻落实习近平总书记哲学社会科学座谈会重要讲话精神，加快构建中国特色哲学社会科学，高校应发挥重要作用：要坚持和巩固马克思主义的指导地位，用中国化的马克思主义指导哲学社会科学；要实施以育人育才为中心的哲学社会科学整体发展战略，构筑学生、学术、学科一体的综合发展体系；要以人为本，从人抓起，积极实施人才工程，构建种类齐全、梯队衔接的高校哲学社会科学人才体系；要深化科研管理体制改革，发挥高校人才、智力和学科优势，提升学术原创能力，激发创新创造活力，建设中国特色新型高校智库；要加强组织领导、做好统筹规划、营造良好学术生态，形成统筹推进高校哲学社会科学发展新格局。

哲学社会科学研究重大课题攻关项目计划是教育部贯彻落实党中央决策部署的一项重大举措，是实施"高校哲学社会科学繁荣计划"的重要内容。重大攻关项目采取招投标的组织方式，按照"公平竞争，择优立项，严格管理，铸造精品"的要求进行，每年评审立项约40个项目。项目研究实行首席专家负责制，鼓励跨学科、跨学校、跨地区的联合研究，协同创新。重大攻关项目以解决国家现代化建设过程中重大理论和实际问题为主攻方向，以提升为党和政府咨询决策服务能力和推动哲学社会科学发展为战略目标，集合优秀研究团队和顶尖人才联合攻关。自2003年以来，项目开展取得了丰硕成果，形成了特色品牌。一大批标志性成果纷纷涌现，一大批科研名家脱颖而出，高校哲学社会科学整体实力和社会影响力快速提升。国务院副总理刘延东同志做出重要批示，指出重大攻关项目有效调动各方面的积极性，产生了一批重要成果，影响广泛，成效显著；要总结经验，再接再厉，紧密服务国家需求，更好地优化资源，突出重点，多出精品，多出人才，为经济社会发展做出新的贡献。

作为教育部社科研究项目中的拳头产品，我们始终秉持以管理创新服务学术创新的理念，坚持科学管理、民主管理、依法管理，切实增强服务意识，不断创新管理模式，健全管理制度，加强对重大攻关项目的选题遴选、评审立项、组织开题、中期检查到最终成果鉴定的全过程管理，逐渐探索并形成一套成熟有效、符合学术研究规律的管理办法，努力将重大攻关项目打造成学术精品工程。我们将项目最终成果汇编成"教育部哲学社会科学研究重大课题攻关项目成果文库"统一组织出版。经济科学出版社倾全社之力，精心组织编辑力量，努力铸造出版精品。国学大师季羡林先生为本文库题词："经时济世　继往开来——贺教育部重大攻关项目成果出版"；欧阳中石先生题写了"教育部哲学社会科学研究重大课题攻关项目"的书名，充分体现了他们对繁荣发展高校哲学社会科学的深切勉励和由衷期望。

　　伟大的时代呼唤伟大的理论，伟大的理论推动伟大的实践。高校哲学社会科学将不忘初心，继续前进。深入贯彻落实习近平总书记系列重要讲话精神，坚持道路自信、理论自信、制度自信、文化自信，立足中国、借鉴国外，挖掘历史、把握当代，关怀人类、面向未来，立时代之潮头、发思想之先声，为加快构建中国特色哲学社会科学，实现中华民族伟大复兴的中国梦做出新的更大贡献！

教育部社会科学司

前　言

20_{12} 年以来，在经历了 30 余年高速经济增长之后，中国经济发展进入了以"增长速度换档期、结构调整阵痛期、前期刺激政策消化期"三期叠加为主要特征的新常态时期。中国经济新常态既是实现经济增速从高速转向中高速，经济结构从中低端迈向中高端，发展方式从规模速度型转向质量效益型，发展动力从要素、投资驱动转向创新驱动的长期过程，也是宏观调控政策与微观行为主体关系重构、让市场在资源配置中发挥决定性作用并更好发挥政府调控作用的过程。在此背景下，作为宏观调控政策重要支柱之一的货币政策如何适应新常态，为新常态下的经济发展方式转变、结构转型升级和动力机制转换营造良好的货币金融环境，尤其是如何构建货币政策的新常态，服务实体经济发展，引领经济发展新常态，是当前和今后一个时期我国货币政策制定与实施中面临的首要问题。

自进入经济发展新常态以来，随着国内外经济形势的变化，我国宏观金融调控的任务和目标也随之发生调整。首先，为推动经济结构转型，自 2016 年开始，我国实施了以"三去一降一补"① 为主的供给侧结构性改革，并成为近年来我国宏观调控的主线。其次，面对我国金融领域出现的金融"脱实向虚"现象以及为供给侧结构性改革创造良好的宏观金融环境，2017 年召开的第五次全国金融工作会议，提出了"服务实体经济、防控风险和深化金融改革"三大任务。进一步

---

① "三去一降一补"是指 2016 年以来我国推进的供给侧结构性改革的"去产能、去杠杆、去库存、降成本和补短板"五大任务。

地，为完善宏观金融调控，党的十九大提出了构建货币政策和宏观审慎政策为主的双支柱宏观金融调控体系的目标。最后，2018年以来，面对中美贸易摩擦加剧，特别是2020年以来的全球新冠肺炎疫情冲击，我国经济转型发展的压力加大，货币政策逆周期调控进一步转向跨周期调控，宏观审慎和微观审慎监管相结合的防范系统性风险任务更加艰巨。为此，党中央、国务院提出了"保居民就业、保基本民生、保市场主体、保粮食能源安全、保产业链供应链稳定、保基层运转"和"稳就业、稳金融、稳外贸、稳外资、稳投资和稳预期"的"六保""六稳"宏观调控思路，并提出了构建以国内大循环为主，国内国际双循环相互促进的新格局的发展战略。

推进供给侧结构性改革，落实金融发展的三大任务，构建双支柱的宏观金融调控框架，实现"六稳"的宏观经济目标，推动经济高质量发展，构建国内大循环、国内国际双循环新发展格局等，均对完善我国货币政策目标体系、创新货币政策工具、优化政策工具组合、加快货币政策调控方式转换、疏通货币政策传导渠道、提升货币政策调控效果、强化货币政策与财政政策协调等提出了新的要求和挑战。面对经济发展新常态提出的宏观调控目标和任务，中国人民银行（以下简称"中央银行"）改变了传统的普遍降准、降息、大规模信贷投放的"大水漫灌"方式，通过采用结构性政策工具、定向降准、定向降息等"精准滴灌"的方式，同时配以中央银行政策沟通，适时适度地调节实体经济领域的流动性需求和资金成本，为新常态下经济结构调整、供给侧结构性改革的推进提供金融支持。通过全面推进利率市场化改革、利用借贷便利类政策工具、构建利率走廊等方式，加快实现政策调控方式由传统的数量型调控向价格型调控转型；与此同时，通过逆周期资本监管、构建宏观审慎评估体系等强化宏观审慎监管，合理引导金融资源向实体经济配置，提升货币政策的传导效果，并有力防范系统性风险。

本书立足于货币政策适应和引领经济发展新常态的客观要求以及中国中央银行完善货币政策体系的实践，分析经济发展新常态下货币政策环境的变化，客观审视和评估经济发展新常态以来我国结构性货币政策工具的效果，货币政策传导，货币政策与宏观审慎政策双支柱调控体系的构建，"六保""六稳"政策目标和"双循环"新发展格局构建背景下的货币政策与财政政策协调等重大问题，从目标体系完善、政策工具创新、调控方式转变、传导渠道疏通、宏观调控政策协调等方面研究我国经济发展新常态下货币政策体系完善的方向和路径，为经济发展新常态下我国货币政策体系的完善提供理论依据和政策建议。

全书在内容上由经济发展新常态下的货币政策环境、经济发展新常态下我国货币政策创新及其效果、货币政策与其他宏观调控政策的协调三篇共15章构成。第一篇是经济发展新常态下的货币政策环境分析。该篇由第一至三章构成，本篇立足于新常态下我国金融体系出现的"脱实向虚"、供给侧结构性改革下的去杠杆等现实背景，从经济与金融关联关系的视角分析了经济发展新常态下货币政策实施的环境及其变化。第二篇是经济发展新常态下我国结构性货币政策工具及其效果、开放经济下的货币政策规则、货币政策传导及其效果等问题研究。该篇由第四至十章构成，是本书的主体部分。第三篇是经济发展新常态下货币政策与宏观审慎政策、财政政策等宏观调控政策的协调研究。该篇由第十一至十五章构成。该篇重点分析了对金融稳定有重要影响的房地产市场和对外开放中的短期跨境资本流动的宏观审慎监管政策及其与货币政策的协调问题，同时，针对近年来中美贸易摩擦、新冠肺炎疫情全球蔓延带来的宏观经济下行压力加大的现实，分别探讨了"六保""六稳"政策目标下不同类型的积极财政政策工具的效果，货币政策锚选择问题，以及"双循环"新发展格局构建背景下面对外部冲击的财政货币政策组合问题。

通过研究，我们得到了一些初步的结论和观点：

第一，全球主要经济体金融体系发展的经验证据表明，金融发展与经济增长之间的关联是非线性的。金融发展对经济增长的促进作用存在一个阈值，当金融发展的规模超过某一阈值时，金融发展将会对经济增长产生抑制作用。金融部门去杠杆可能会对一国经济增长带来负面影响，加大经济波动；金融结构的变迁不会对金融去杠杆与宏观经济之间的关联产生显著的影响；居民家庭加杠杆在短期有可能促进消费，但从长期来看，其不利于居民家庭消费增长和消费升级。增加居民收入和财富水平是促进居民家庭消费和消费升级的根本之道。因此，在供给侧改革的结构性去杠杆过程中，在确保金融稳定，推进金融服务实体经济的同时，需要统筹考虑金融去杠杆对宏观经济波动可能带来的影响。同时，不能一味强调居民家庭加杠杆对消费的短期促进作用，而忽视家庭杠杆对居民消费增长和消费结构升级的长期负面影响。

第二，现有研究表明，结构性货币政策实施的目标在于缓解经济不确定性下商业银行流动性囤积行为，推动量化宽松货币政策下的货币宽松向信贷宽松传导。但是，结构性货币政策的实施存在着未能充分考虑市场经济主体信贷需求、货币政策与宏观审慎政策协调、商业银行资金使用中的道德风险等影响其有效性的内在问题。经济发展新常态下，中国中央银行实施的包括结构性货币政策工具在内的预调微调在总体上有利于平抑货币市场利率波动，显著降低利率走廊机制运行成本，同时预调和微调两者对不同期限利率的影响在结构上具有期限互补的特点。中国中央银行结构性货币政策工具通过资产负债匹配渠道和抵押品渠道提高了商业银行的证券投资比例，并通过"最后贷款人"渠道降低了商业银行的同业资产比例。但是，结构性货币政策工具在实现由货币宽松向信贷宽松传导方面的效果有待加强。

第三，面对资本账户逐渐开放下可能出现的短期跨境资本流动带来的经济金融风险冲击，在实施冲销干预的环境下，数量型货币政策规则在缓解因国外利率和需求冲击变动而引发的货币供给和通胀波动上的调控效果优于价格型货币政策规则；而价格型货币政策规则在应对国外利率和需求冲击带来的产出波动方面的调控效果优于数量型货币政策规则。

第四，面对《巴塞尔协议III》框架下的资本和流动性双重约束，商业银行风险承担水平会随货币政策倾向的变化而变化。为了提高宏观金融调控的精准性、有效性和前瞻性，监管部门在构建中国版《巴塞尔协议III》框架时，应重视资本和流动性双重约束所产生的对银行风险承担渠道的影响，加强宏观与微观审慎监管的协同。

第五，作为宏观审慎监管工具，贷款价值比（Loan to Value，LTV）的实施有助于维护金融稳定。在对房地产市场进行宏观审慎监管时，"盯房价"和"盯信贷"等引入逆周期因子的 LTV 动态调整规则比静态规则更占优。相比而言，动态调整规则中"盯信贷"规则的政策效果则更加显著。在实施动态调整规则时保持适度的实施弹性，避免过度受上期政策实施惯性的影响，有助于增强动态规则实施的经济金融稳定效果。

第六，随着资本账户开放程度的扩大，实施以外资占总负债比例或以外资占总产出比例为政策锚的动态调整的宏观审慎政策，均有利于平抑短期跨境资本流动冲击对国内经济金融系统带来的不利影响，其效果随着宏观审慎监管强度的提升而更加明显。在资本账户开放程度较低时，应对短期跨境资本流动冲击的最优政策是以泰勒规则为调控原则的货币政策。随着资本账户开放程度的提升以及短期跨境资本流动规模的扩大，最优的应对短期跨境资本流动风险的政策组合应是基于泰勒规则的货币政策和以外资在总产出中占比作为政策锚的动态宏观审慎监管政策的组合。

第七，为应对中美贸易摩擦、新冠肺炎疫情全球蔓延对宏观经济的冲击，实现"六保""六稳"的宏观调控政策目标，在短期，积极的财政政策应增加消费性财政支出与降低劳动收入税率；而在长期，则需注重发挥生产性财政支出政策对中国经济稳中求进的强基固本作用。同时为吸收积极财政政策引致的长期经济波动并减轻福利损失，稳健的货币政策在微调中应以物价稳定为锚。为应对美国联邦储备系统（以下简称"美联储"）退出无限量量化宽松政策时可能采取的加息政策对我国产出、消费和投资的影响，无论是当前还是在"双循环"发展格局逐渐形成以后，"减税型"的积极财政政策和"稳产出、稳物价"的货币政策在应对美联储加息冲击的不利影响时都具有较好的对冲效果。

相较于现有研究而言，本书研究可能的创新体现在以下三个方面：

第一，聚焦货币政策环境、政策效果和政策协调三个方面，探讨新常态下货币政策体系构建问题，选题视角具有较强的新颖性。经济发展新常态是一个长期的过程和经济发展状态。在此过程中，不同经济发展阶段、不同状态下，中央银行面临的环境及采取的政策目标、工具、调控方式和效果均可能会有所不同。作为新常态下中国中央银行货币政策体系构建的研究课题，其研究无法穷尽经济发展新常态以来我国货币政策实践的所有方面，需要有所取舍。本书选取了政策环境、政策效果、政策协调三个重点方面作为视角来展开研究。在保持逻辑一致性和自洽性的同时，将研究的问题聚焦于对货币政策体系构建可能会产生重大影响的环境、工具、调控规则、传导机制和与宏观审慎政策、财政政策的协调等核心问题方面，凸显其研究选题的重要性和创新性。

第二，立足经济发展新常态以来我国货币政策体系建设中的重大现实问题进行深入系统研究，研究问题的现实针对性和前沿性较强。本书所研究的问题均是经济发展新常态以来，我国中央银行货币政策宏观调控中面临的重大现实问题。在第一篇经济发展新常态下货币政策环境的分析中，有别于从经济增速、结构调整等方面全面描述中国经济进入新常态以来的宏观经济变化，本书针对经济发展新常态以来中国经济金融领域的突出问题——金融服务实体经济、供给侧结构性改革中结构性去杠杆的宏观经济效应等前沿和现实问题，围绕新常态下金融发展与经济增长的关系、金融去杠杆对经济增长与经济波动的影响、家庭部门加杠杆对消费的影响三个问题，探讨了新常态下金融与宏观经济的关联，以呈现经济发展新常态下货币政策实施环境的变化；在货币政策篇中，本书的研究集中于新常态下中央银行货币政策调控的重点——借贷便利类政策工具、定向降准降息和预期管理等预调微调政策，重点分析了这类政策工具对货币政策调控方式转型的影响（货币市场利率和利率走廊形成的影响）、传导机制和政策效果等；在政策协调篇，本书重点围绕住房市场和资本账户开放下的短期跨境资本流动这两个可能影响金融稳定的突出问题，聚焦于货币政策和宏观审慎政策双支柱调控框架的构建，研究了住房市场和金融开放下短期跨境资本流动的宏观审慎监管政策及其与货币政策的组合优化问题。针对近年来中美贸易摩擦和新冠肺炎疫情全球蔓延带来的经济下行压力增大下的宏观调控政策组合问题，我们重点研究了财政政策中不同增支和减税政策的效果，以及降低财政政策引起的社会福利损失的货币政策锚选择问题。同时，我们还前瞻性地分析了后疫情时代美联储推出无限量量化宽松政策对中国宏观经济增长和金融稳定的可能影响以及我国可能的财政金融应对政策组合问题。上述相关问题均是经济发展新常态以来我国货币政策体系构建中面临的重大理论和现实问题。本书围绕这些问题进行的研究具有较强的现实针对性。

第三，围绕金融发展的三大任务，通过研究提出相应的对策建议，其政策建议具有较强的针对性和前瞻性。落实金融发展三大任务和构建"双支柱"宏观金融调控框架是当前及今后一段时期内中央银行完善货币政策体系建设中要实现的长期目标。本书契合这一现实需求，前瞻性地对金融"脱实向虚"下的金融发展与经济增长之间的关系、供给侧结构性改革下的金融去杠杆、居民家庭部门加杠杆、结构性货币政策工具的效果、住房市场和短期跨境资本流动的宏观审慎监管及其与货币政策的协调、供给侧结构性改革下的财政政策与货币政策协调、美联储预期加息对中国经济金融的溢出效应及应对政策等一系列问题进行了前瞻性的研究，得到了一些颇有实践指导意义的结论和观点。显然，本书基于上述问题在前瞻性研究下提出的政策建议对我国中央银行货币政策体系的完善具有重要的实践指导意义和参考价值。

尽管本书尽可能有针对性地对经济发展新常态以来我国货币政策体系构建中涉及的重要问题进行了研究，但是，由于货币政策体系构建涉及面广，且中央银行货币政策面临的国内外宏观经济环境在不断发生变化，微观主体的行为也随着宏观经济形势和社会经济发展的变化而发生改变，因此，在本书的后续研究中，尚有一些问题有待进一步拓展和完善。这包括如何破解货币宽松向信贷宽松的难题、如何进一步完善货币政策与宏观审慎政策"双支柱"调控框架，以及强化货币政策与财政政策的协调问题等。

摘　要

　　针对经济发展新常态以来我国推进供给侧结构性改革，落实金融发展三大任务，构建"双支柱"的宏观金融调控框架，推动经济高质量发展，构建国内大循环为主体、国内国际"双循环"相互促进的新发展格局等对完善我国货币政策体系提出的任务和挑战，本书立足于近年来中国人民银行完善货币政策体系的实践，系统深入地分析了经济发展新常态下我国货币政策环境的变化，研究了经济发展新常态以来我国结构性货币政策工具及其传导效果、货币政策规则、货币政策与宏观审慎政策"双支柱"调控体系的构建、货币政策与财政政策协调等重大问题，从目标体系完善、政策工具创新、调控方式转变、传导渠道疏通、宏观政策协调等方面探讨了经济发展新常态下我国货币政策体系完善的方向和路径，提出了相应的政策建议。

　　本书的研究表明，第一，金融发展与经济增长之间的关联是非线性的。金融发展对经济增长的促进作用存在一个阈值，当金融发展的规模超过某一阈值时，金融发展将会对经济增长产生抑制作用。金融部门去杠杆可能会对经济增长产生副作用，加大经济波动。在供给侧结构性改革中，在确保金融稳定、推进金融服务实体经济的同时，需要统筹考虑金融去杠杆对宏观经济波动可能带来的影响。居民家庭加杠杆在短期有可能促进消费，但从长期来看，其不利于居民家庭消费增长和消费结构升级。增加居民收入和提高财富水平是促进居民家庭消费和消费升级的根本之道。第二，中国人民银行实施的包括结构性货币政策工具在内的预调微调在总体上有利于平抑货币市场利率波动，显著降低利率走廊机制运行成本，同时预调和微调两者对不同期限利率的影响在结构上具有期限互补的特点。结构性货币政策工具通过资产负债匹配渠道和抵押品渠道提高了商业银行的证券投资比例,并通过"最后贷款人"渠道降低了商业银行的同业资产比例。但是,结构性货币政策工具在实现由货币宽松向信贷宽松传导方面的效果有待加强。第三,面对资本账户逐渐开放下可能出现的短期跨境资本流动带来的经济金融风险,在实施冲销干预的环境下,数量型货币政策规则在缓解因国外利率和需求冲击变动而引发的货币供给和通胀波动上的调控效果优于价格型货币政策规则;而价格型货币政策规则在应对国外利率和需求冲击带来的产出波动方面的调控效果优于数量型货币政策规则。第四,面对《巴塞尔协议Ⅲ》框架下的资本和流动性双重约束,商业银行风险承担水平会随货币政策倾向的变化而变化。为了提高宏观金融调控的精准性、有效性和前瞻性,监管部门在构建中国版《巴塞尔协议Ⅲ》框架时,应重视资本和流动性双重约束所产生的对银行风险承担渠道的影响,加强宏观与微观审慎监管的协同。第五,在对房地产市场进行宏观审慎监管时,"盯房价"和"盯信贷"等引入逆周期因子的贷款价值比(LTV)动态调整规则比静态规则更占优。相比而言,动态调整规则中"盯信贷"规则的政策效果则更加显著。在实施动态调整规则时保持适度的实施弹性,有助于增强动态规则实施的经济金融稳定效果。第六,随着资本账户开放程度的扩大,实施以外资占总负债比例或以外资占总产出比例为政策锚的动态调整的宏观审慎政策,都有利于平抑跨境资本流动冲击对国内经济金融系统带来的不利影响,其效果随着宏观审慎监管强度的提升而更加明显。第七,为应对中美贸易摩擦、新冠肺炎疫情全球蔓延对宏观经济的冲击,在短期,积极的财政政策应增加消费性财政支出与降低劳动收入税率;而在长期,则需注重发挥生产性财政支出政策对中国经济稳中求进的强基固本作用。同时为吸收积极财政政策引致的长期经济波动并减轻福利损失,稳健的货币政策在微调中应以物价稳定为锚。为应对美联储退出无限量量化宽松政策对我国宏观经济金融的影响,无论是当前还是在"双循环"发展格局逐渐形成以后,"减税型"的积极财政政策和"稳产出、稳物价"的货币政策都具有较好的对冲效果。

Abstract

Since the economy has been the New Normal, China has been promoting supply-side structural reform, implementing three major tasks for financial development, developing the framework of macro-financial regulation underpinned by both monetary policy and macro-prudential policy, promoting high-quality economic development, and constructing the new development pattern in which domestic and foreign markets boost each other, with the domestic market as the mainstay. In view of the tasks and challenges presented by the New Normal Economy to improve China's monetary policy system, based on the practices of the People's Bank of China in recent years, this book systematically and deeply analyzes the changes of China's monetary policy environment in the context of New Normal in economic development, studies the major issues such as structural monetary policy tools and their transmission effects, monetary policy rules, construction of the regulation system underpinned by both monetary policy and macro-prudential policy, coordination between monetary policy and fiscal policy, and discusses the direction and path of improving China's monetary policy system under the New Normal in economic development from the aspects of improving target system, innovating policy tools, changing regulation pattern, removing obstacles in the transmission channels and coordinating macro policies.

The researches in this book show that: Firstly, the correlation between financial development and economic growth is non-linear. There exists a threshold for financial development to promote economic growth. When the scale of financial development exceeds a certain threshold, financial development has the negative effects on economic growth. Deleveraging in financial sector could depress a country's economic growth and increase economic volatility. In supply-side structural reform, while ensuring financial stability and promoting financial service for the real economy, we need to consider the potential impact of financial deleveraging on macroeconomic fluctuations. Rising leverages in household sector may boost consumption in the short term, but it is not conducive to household consumption growth and consumption upgrading in the long run. Increasing household income and wealth is the fundamental way to promote household consumption and consumption upgrading. Secondly, the pre-tuning and fine-tuning policies implemented by the People's Bank of China, including structural monetary policy tools, are generally conducive to suppressing interest rate fluctuations in the currency market, and significantly reduce the operating cost of mechanism for interest rate corridor. Meanwhile, the impacts of pre-tuning and fine-tuning policies on interest rates of different maturities are complementary in structure. Structural monetary policy tools increase the proportion of portfolio investment of commercial banks through the channel of asset-liability matching and mortgage, and reduce the proportion of inter-bank assets of commercial banks through the channel of "lender of last resort". However, the effect of structural monetary policy tools on the transmission from monetary easing to credit easing needs to be strengthened. Thirdly, facing the potential economic and financial risks caused by the short-term cross-border capital flows with opening capital account gradually, under the circumstance of sterilized intervention, the effects of quantitative monetary policy rules on alleviating the fluctuations in the monetary supply and inflation caused by changes in foreign interest rates and external demand shocks are better than that of price-based monetary policy rules; However, the effects of price-based monetary policy rule are better than that of quantitative monetary policy rule in coping with the output fluctuation caused by shocks of foreign interest rate and external demand. Fourthly, faced with the dual constraints of capital and liquidity under the framework of Basel III, the risk-taking level of commercial banks changes along with the preference of monetary policy. In order to improve the accuracy, effectiveness and foresight of macro financial regulation, regulatory authorities should pay attentions to the impacts of the dual constraints of capital and liquidity on banks' risk-taking channels when constructing China's framework of Basel III, and strengthen the coordination between macro and micro prudential supervision. Fifthly, in the macro-prudential supervision on the real estate market, the dynamic rules of LTV (Loan to Value) with counter-cyclical factors such as "anchoring housing price" and "anchoring credit" are better than the static rule. Relatively, the dynamic rule of "anchoring credit" has more significant policy effect. Keeping the dynamic rules with appropriate flexibility plays a helpful role in improving the effects of dynamic rules on economic and financial stability. Sixthly, with the expansion of capital account openness, implementing the macro-prudential policies of dynamic adjustment, which take the ratio of foreign investment to total debt or the ratio of foreign investment to total output as the policy anchor, are conducive to smoothing the negative impacts of cross-border capital flows on the domestic economic and financial system, and the effect is more significant with the strength of macro-prudential regulatory intensity. Seventhly, to cope with the shocks of trade frictions between China and U. S. and global spread of COVID - 19 on macro economy, proactive fiscal policy should increase consumption expenditure and decrease labor income tax rate in the short term; In the long run, we should pay attentions to the guarantee effect of productive fiscal expenditure policy on China's economy to pursue progress while ensuring stability. Meanwhile, in order to reduce the long-run economic fluctuations and welfare losses caused by proactive fiscal policy, prudent monetary policy should take price stability as the anchor in the fine-tuning process. In order to handle with the impacts of the withdrawal of the Federal Reserve's unlimited quantitative easing policy on China's macro economy, both the proactive fiscal policy of "tax-cutting" and the monetary policy of "stabilizing output and stabilizing prices" have good hedging effects, whether at present or after the new development pattern of "dual circulation" is gradually formed.

目　录

Contents

Contents

3

第一篇

经济发展新常态下的货币政策环境：基于金融与经济关联关系的视角

自2012年我国经济进入新常态以来，我国宏观经济金融形势发生了较大的变化，金融与经济之间的关联也随之发生改变，货币政策环境不断变化。首先，为应对2008年国际金融危机冲击实施的宽松货币政策和4万亿财政刺激计划，使得经济金融领域流动性极为宽松，以商业银行为代表的金融机构通过同业业务、表外业务等各种影子银行业务，将资金资源配置到同业或房地产等领域，导致资金在金融领域空转，出现了较为严重的资金"脱实向虚"现象，但实体经济领域融资难、融资贵的问题却长期得不到有效解决。其次，宽松财政货币政策的刺激以及房地产业的快速发展，导致水泥、钢材等行业严重的产能过剩和成本上升，实体经济领域的投资效率和全要素劳动生产率下降，宏观经济杠杆率快速上升等一系列问题。为提高产能利用率，降低宏观经济杠杆率上升可能带来的潜在系统性风险和实体经济领域的成本，自2016年开始，我国实施了以"三去一降一补"为主要内容的供给侧结构性改革。供给侧结构性改革中的去杠杆经历了最初的金融部门去杠杆以及随后的以国有企业和地方政府去杠杆为主的结构性去杠杆。

新常态下以商业银行为代表的金融体系的"脱实向虚"、供给侧结构性改革背景下的金融去杠杆等都会对宏观经济增长和金融稳定带来影响，改变了传统的金融与经济之间的关系，进而改变了货币政策实施的政策环境。基于此，在本书的第一篇我们结合新常态下供给侧结构性改革现实，分为三章，分别从新常态下的金融发展与经济增长关系的再认识、金融去杠杆对宏观经济增长和金融稳定的影响、家庭部门杠杆变化对家庭消费的影响三个方面分析新常态下货币政策环境的变化。

第一章

新常态下金融发展与经济增长关系的再认识

第一节　新常态下金融发展与经济增长关联的新事实

　　自 2008 年次贷危机以来，在经济发展新常态下，由于各国中央银行应对金融危机采取了持续大规模的非常规货币政策，全球金融市场流动性充裕。另外，由于实体经济复苏缓慢，发达经济体经济复苏进程的差异较大，经济前景充满不确定性。在此背景下，金融资源大量流向虚拟经济领域，资金"脱实向虚"的现象较为普遍。就我国而言，金融危机救市时实施的宽松货币政策以及为配合四万亿财政刺激计划而大量投放的信贷资金使得金融市场整体流动性较为充裕。在流动性宽松的背景下，以商业银行为代表的金融机构通过同业业务、表外业务等各种影子银行业务，将资金资源配置到同业或房地产等领域，导致资金在金融领域空转，出现了较为严重的资金"脱实向虚"现象。与此同时，实体经济领域融资难、融资贵的问题却长期得不到有效解决。

　　从理论上看，发展经济学和金融深化理论的基本共识是，金融发展与经济增长是正相关的，即随着金融深化程度加强，经济会呈现增长的趋势。然而，自从国际金融危机以后，伴随着全球金融业的快速发展，理论界和实务界都面对一个现象（见图 1 - 1 ～ 图 1 - 4）并提出疑问：如果金融发展促进了经济增长，那么为何从 2008 年国际金融危机以来，包括中国在内的大多数国家（德国除外）银行业的利润率和代表实体经济的工业利润率差距越来越大？代表金融业发展的金融深化是否存在一个产生负作用的边界？随着金融业链条的不断延伸和由此带来的金融结构日益复杂化，金融业对经济增长的影响是否存在一个拐点，当超过这一拐点时，金融发展是否就会抑制经济增长？

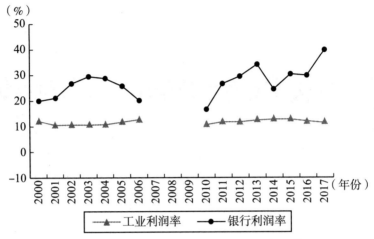

图 1 - 1 美国银行业和工业利润率比较

注：利润率指标 = 营业利润 ÷ 营业收入。数据剔除 2007 ~ 2009 年金融危机异常值。

资料来源：Bloomberg 数据库。

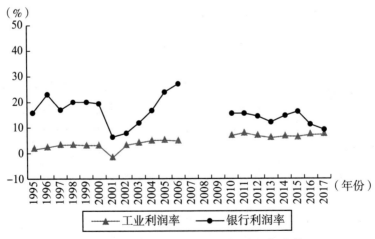

图 1 - 2 德国银行业和工业利润率比较

注：利润率指标 = 营业利润 ÷ 营业收入。数据剔除 2007 ~ 2009 年金融危机异常值。

资料来源：Bloomberg 数据库。

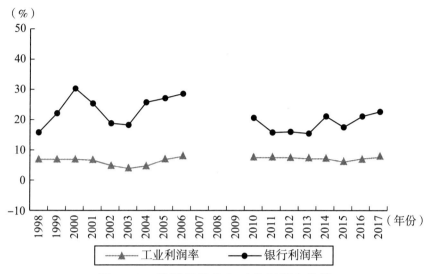

图 1-3　法国银行业和工业利润率比较

注：利润率指标＝营业利润÷营业收入。数据剔除 2007~2009 年金融危机异常值。

资料来源：Bloomberg 数据库。

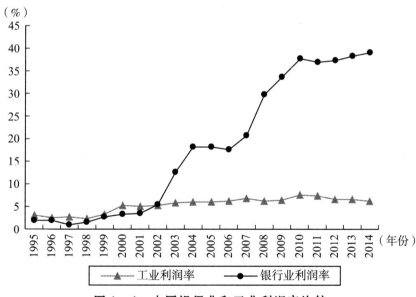

图 1-4　中国银行业和工业利润率比较

注：利润率指标＝营业利润÷营业收入。

资料来源：Bloomberg 数据库。

从现有文献来看，熊彼特（Schumpeter，1912）最早阐述了银行对经济增长的促进作用，开启了对金融发展和经济增长方面问题的研究。在此基础上，戈德史密斯（Goldsmith，1969）、麦金农（Mckinnon，1973）、帕加诺（Pagano，1993）以及金和列文（King and Levine，1993）等对金融发展对经济增长的促进作用进行了广泛的研究和探讨。列文（Levine，2005）从金融发展功能观的视角分析了金融发展对经济增长的作用：交易事前信用甄别和配置资本、交易事后监管企业并促进公司治理、风险分担以及动员储蓄和便捷交易，即金融发展通过自身的基本功能可以降低市场交易成本和信息成本，从而促进经济的增长。然而，鉴于金融危机的频繁发生和由此带来对经济增长的影响，一些学者开始谨慎看待和重新审视金融发展对经济增长的作用。真纳约利等（Gennaioli et al.，2012）从金融发展容易引发金融脆弱性的角度指出，金融创新由于被忽略的风险导致其被过多地创造，而一旦风险被识别，投资者会大范围抛售新产品，金融机构成为吸纳这些价值降低的金融产品的场所，但是由于金融产品过多地被创造，金融机构自身的规模不能完全吸收这些金融产品，最后导致风险蔓延到整个金融系统乃至整个经济体。墨菲等（Murphy et al.，1991）从资源配置的角度指出，金融部门和实体部门都是创造经济价值的个体，但两者之间却有质的区别，实体部门是直接生产和创造价值的部门，而金融部门则是通过制度安排进行财富再分配的部门，并不直接创造价值。由于资源是稀缺的，若金融部门超过实体部门发展过多，则会挤压用于实体部门直接创造价值的资源，降低经济的增长。对此，达科特和格雷希纳（Ductor and Grechyna，2015）进行了总结：金融发展会带来较高的系统性风险、次优的资源配置、过热的经济产能以及增加经济运行的成本。有些学者甚至推论金融发展对于经济增长的影响不再是简单的线性关系，而是呈现一种有拐点的非线性关系（Arcand et al.，2012；Cecchetti and Kharroubi，2012；Law and Singh，2014）。这意味着经济对于金融量和度的"容纳"是有限的，金融对于经济的影响同样受到促进经济增长的其他因素的制约。

在国内，一些学者运用中国的数据实证得出了金融发展对于经济增长具有促进作用的结论（谈儒勇，1999；周立和王子明，2002）。但是，随着我国金融部门的资产规模日益扩大，其所获收益与实体部门的收益差距越来越大，让人们不禁质疑金融发展是否真正促进了经济增长？朱民（2009）从金融上层建筑与经济基础关系的视角出发，指出虚拟经济以实体经济为基础，若虚拟经济膨胀太快，在规模上大大超过实体经济的承受范围，它就与实体经济相脱节，形成严重的泡沫。而当泡沫破灭时，虚拟经济就被强制性地回归实体经济，但此时整个社会已付出沉重的代价。张杰等（2015a；2015b）从金融结构角度指出，现阶段中国的金融中介与金融市场、影子银行和各类非正式金融机构形成的依次增强的隔离式、掠夺式金融体系已经对实体经济形成了掠夺和挤压效应。这种效应带来了制造业所需资本的短期化错配问题，影响其可持续发展。这表明，中国的金融发展带来的金融制度安排没有实质性地解决实体经济的外部融资需求问题，并已经明显偏离了林毅夫等（2006；2009）提出的与经济发展相匹配的最优金融结构，即在考虑金融发展和经济增长的关系时，不能割裂实体经济方面的特征，金融结构应该要与经济体要素禀赋结构所决定的产业结构相匹配，不能盲目追求金融深化。黄宪和黄彤彤（2017）发现中国存在金融"超发展"现象，较之于实体部门，金融部门的发展若超过一定的"厚度"和"宽度"，反而会不利于经济的持续增长。

现有研究为我们理解金融深化和经济增长的关系奠定了重要基础。但是，从图1-1~图1-4来看，尽管21世纪以来四个国家银行业的利润率都明显高于工业行业的利润率，而且在美国和中国呈现出差距不断扩大的趋势，但是，从德国和法国两国的情况来看，却呈现出差距不断缩小的趋势，这一点在德国的银行业表现得较为明显。众所周知，美国是以直接金融为主的金融体系，而德国则是以间接金融为主的金融体系。多年来，学术界从不同的角度分析了两种不同的金融体系下金融资源配置机制和效果。其中，20世纪90年代以来，法与金融研究领域的兴起，将一国金融体系的发展与其法律体系和法律渊源相关联。拉波特等（La Porta et al.，1998）系统论证了根植于法律体系的产权保护和投资者保护对金融体系的效率有着基础性作用，显著地影响着一国金融发展水平和特征；而一国法律体系的渊源，即其法系归属，又扮演了基础性的关键角色。列文（1999）进一步指出，有效的法律制度支撑着金融体系的发展，进而推动整体经济的可持续增长，而不同的法系归属会通过金融发展对经济增长发挥重要影响。拉波特等（2008）的综述总结了法系对一国法制及监管框架，进而对经济增长所产生的重大而深远的影响。在法与金融领域，基于当代法学界基本共识，将全球法律体系划分为普通法系下的英美法系，大陆法系下的德国法系、法国法系、斯堪的纳维亚法系，以及混合法系和伊斯兰法系等（米健，2010）。

由于法系对金融发展水平与特征有着基础作用，结合近年来所发现的金融发展对经济增长非线性作用的证据，我们可以提出一个重要的理论问题：法系是否会影响金融发展对经济增长促进作用的持续性？基于此，本章尝试从法系视角，分析英美法系、德国法系、法国法系三个法系如何通过法源及法理特征所衍生形成的社会机制与适应机制，影响不同法系国家金融发展与其经济增长之间的关系特征，并对此进行实证检验。

第二节 基于法与金融视角的金融发展和经济增长关联的理论分析

一、"社会机制"和"适应机制"的界定

为便于分析,本章首先对法系影响金融、经济关系的相关机制做出界定:"社会机制"指特定法系影响下的社会要素商品化范围和深度、人力资本的价值体现方式、国家与个人权利的界限等元素对金融发展模式与经济增长关系的影响;"适应机制"指特定法系影响下的金融体系资源配置特征,金融监管理念、方式以及标准等元素,在面对经济增长变化产生新需求时的适应能力。法与金融的已有研究指出,世界各国法律体系对金融发展的影响,可以概括为政治渠道和适应性渠道两种渠道。其中,政治渠道主要指法律体系对国家与个人权利的界定对金融发展的影响,也包括由此衍生的国家政治行动所带来的直接作用(Mahoney, 2001; Beck et al., 2003; Rajan and Zingales, 2003; Beck and Levine, 2005; Acemoglu and Johnson, 2005)。本研究借用这种分析思路,将其从单纯的政治范畴扩大到社会范畴,从仅考虑公域与私域关系的政治渠道,拓展到可以涵盖多个渠道的社会机制。与之对应的,我们将原有的适应性渠道拓展为适应性机制。值得注意的是,法系在社会机制与适应性机制诸渠道所产生的作用,可能互相存在交叉。

二、各法系法源和法理特征对两种机制的影响

大陆法系与英美法系各自理念特征的差异表现主要围绕着私人权益保护这个核心展开。私人权益保护的本质是公法与私法的区分:英美法系强调对国家权力的限制,给予私人缔约行为以完全的自由与保护;大陆法系则偏重私人缔约中权利与义务的协调、规范,特别是要考虑到公共利益对私人缔约的调节,而非绝对化私人缔约自由。在形式上,大陆法系强调规则,具有逻辑缜密的规范法系特征,而英美法系则避免过多的定式化法律规范,强调程序与判例。法学界对此的基本概括可总结为:大陆法偏重适用正确下的法律政策执行,而英美法则偏重于法律程序正义下的争端解决。

在社会机制中，本章重点考察特定法系影响下的市场要素商品化的范围和深度、人力资本的价值体现、政府与个人权利界限等核心元素对金融发展模式与经济增长关系的影响。大陆法系一般表现为强调市场商品化程度、人力资本等社会核心元素的公共利益属性优先于私人利益属性，且政府的权力范围一般高于英美法系国家，对国家和社会生活中的各项金融、经济活动加以干预，以限制经济、社会无秩序状态的出现；而英美法系在社会机制表现中，则强调司法具备灵活弹性且独立，更多地注重在市场商品化程度、人力资本等社会要素中维护个人各项权益最大化，以及利益免于政府侵犯、各项生产经济活动不受政府过度的限制（大木雅夫，2006）。

法系的适应机制重点考察金融体系资源配置的法理基础和金融监管理念、方式、标准等核心元素，在面对经济增长变化产生新需求时的适应能力。由于英美法系施行的是判例法，法官可以根据案件情况做出合适的法律解释，因此英美法系在适应机制中应该表现为法律对环境变化更加敏感和灵活、应对性强，易于适应社会经济环境的变化，并在金融体系的资源配置和金融监管等要素中会主动做出针对性反应。法国法系与德国法系虽同属大陆法系，但两者之间也存在差异。法国大革命后，受拿破仑法哲学影响，法官不再对案件的判决进行法律解释，而只是依赖于规范化法典进行判决，这就使得法国法系具有滞后性，并在法国法系被移植到殖民地国家后尤为凸显。与此不同，德国法系相对注重诉讼案件与法律条款的适应性、司法解释的合理性以及法律条款和法典与时俱进的更新，这有利于在国家秩序框架内提高对经济活动中私人产权和投资人的权益保护程度（Beck and Levine，2005）。因此，德国法系的适应能力要超过法国法系。

三、社会机制与适应机制下各法系金融和经济运行的特征与关联

（一）社会机制：市场商品化程度及人力资本的价值与配置特征

如上所述，社会机制涵盖市场要素商品化、人力资本价值、国家与个人权利界定三个方面的内容。其中国家与个人权利界定方面属于法与金融文献所论述的政治渠道，相关阐释已经较为充分，我们将主要针对其他两个方面展开论述。

1. 市场化或商品化的范围和深度

金融行业十分特殊，它是具有很强社会公共品属性的私营行业。一个国家主流社会对金融体系内各元素商品化和市场化程度的理解与共识，很大程度上影响了这个国家金融体系的结构、运行模式和特质性，及其对经济增长促进作用的机

9

理。我们借用阿尔贝尔（1995）的研究来说明法系差异对此的影响。如图 1 - 5 所示，社会七项要素中，除了宗教之外，其他都具有商品属性。但在英美法系下，其他要素的商品化程度远远大于大陆法系。这一差异与不同法系理念下所形成的经济、金融体系及文化自然相关。英美法系在偏重私产保护和国家权力限制的社会机制影响下，可以最大限度地调动私人及市场的活力，追求短期利益的动力较强，但同样可能带来外部性的扩散和公共利益的损失。而大陆法系社会机制中对公共利益和社会目标保护的强调及国家干预的增加，可以制约私人缔约行为的外部性影响。由于社会各元素的商品化程度存在差异，在社会经济长期利益与短期利益的衡量和追求中，英美法系与大陆法系也呈现出不同的偏好。

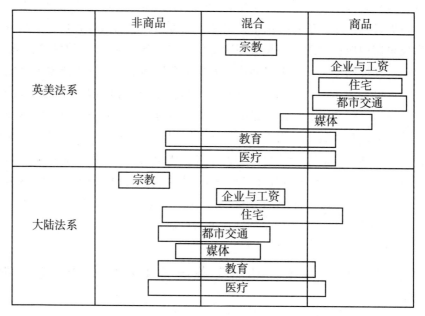

图 1-5　英美法系与大陆法系市场位置比较

资料来源：米歇尔·阿尔贝尔：《两种资本主义之争》，武庄英译，台北聊经出版公司 1995 年版，第 76 页。

一个国家社会诸元素一定程度的商品化是其正常金融、经济活动得以展开的基础，也是其金融体系得以深化发展的必要条件。金融活动的基础单元——证券合约，就是建立在一方所承诺的未来现金流得以商品化的基础之上。从这个角度看，我们甚至可以将事物的金融化视作其商品化的极致。然而，经济对象的过度金融化，可能会导致相应的金融活动脱离经济基础。2008 年国际金融危机之后，引起政策界、学术界高度关注的一个重要问题就是商品期货的过度金融化（Singleton，2014；Henderson et al.，2015），即商品期货投资品属性的加强与现货价格风险对冲功能的减弱甚至脱节。针对这一现象，索金和熊（Sockin and Xiong，2015）的理论模型分析表明，商品期货市场的过度金融化会降低期货价格的信息效率，带来无效的大幅价格波动。

诚然，商品期货金融化仅是社会要素商品化、金融化的一个侧面，但2008年国际金融危机中所暴露出来的金融产品、交易高度复杂化等问题，实质反映的是以美国、英国等为代表的金融体系利用技术手段过度提高产品金融化程度，获取超额租金收益，但却未能有效服务于实体经济活动的问题。从社会机制源头的角度观察，我们可以看到英美法系相较大陆法系，天然地倾向于社会要素的商品化乃至金融化，进而容易诱发金融体系脱离实体经济的弊病。

2. 人力资本价值的体现方式与配置特征

不同行业对于高素质人力资本的竞争，对于人才价值的体现和人力资本在各行业间的配置影响很大。金融业是典型的脑力劳动密集型产业，其市场价值和由其决定的职业价值观和行为方式，对于一国人力资源的行业配置效率具有显著影响。

英美法系强调私人权益，其人力资源偏重追求最佳竞争力。英美人力资本模式更多认为，金融机构的最佳竞争力来自个体的最优，因此要在市场上挑选最优者。但这很容易带来个人薪酬的"明星"效应，出现极高的工资溢价。实体部门的企业常常无法与金融业竞争，最终导致人力资本在部门间配置的扭曲。

大陆法系注重公共利益与群体利益目标协调，对个人价值与利益竞争的追求更为平稳。德国教育在强调培育"工匠"精神方面尤为突出，它体现三个原则：普惠制、平等性（中层教育优于精英教育）和职业教育，职业教育由企业和国家共同资助。法国与德国类似，也采取了学徒制的教育方式，但与德国大部分青年通过学徒制成功进入工作领域不同，法国接受职业中学教育的青年成功就业的比例相对要小，很多学徒们长期从事基础和琐碎的工作，往往没有什么发展前途（杜瓦尔，2016）。

图1-6展现了美国、德国、法国三个国家的金融业与制造业人均薪酬相对值的时间序列变化趋势。从中可见，德国和法国的金融业与制造业人均薪酬相对值都基本维持在1.5以内，且走势基本稳定；而美国金融业与制造业的人均薪酬相对值长期高于1.5，且不断上升。与此对应的，英美法系中社会精英将更多聚集在金融行业而疏远工业；在德国法系与法国法系中，社会精英和人才在两大类行业的分布则更为均匀。优秀人才的聚集，对该行业发展的速度和质量极为重要。人力资源的配置如果出现很大扭曲，则会严重降低各行业的资源配置和产出效率。

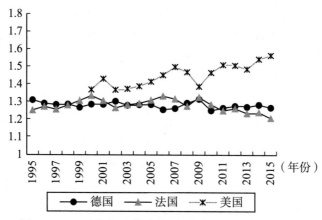

图1-6 三国金融业和制造业人均薪酬的相对值

资料来源：WORLD KLEMS数据库。

近年来，金融发展研究领域尤其注重从社会整体角度，衡量人力资本配置模式对金融、经济增长关系的影响。菲利庞（Philippon，2010）的理论分析表明，当一国经济增长主要依靠人力资本积累时，金融部门的过度发展通过人力资本错配会对经济增长造成负面影响。戈尔德等（Glode et al.，2012）的理论分析说明，金融机构的竞争造成专业人才的工资溢价，并且这种溢价会随着金融业由单纯中介业务向复杂的交易业务发展而加剧。库拉特（Kurlat，2019）进一步从理论模型出发，量化了美国金融业对专业才能的过度投资与社会效率损失。这一系列研究都表明，金融体系的过度发展有可能通过人力资本渠道，对实体经济增长造成负面影响。由此，我们有理由相信法系所带来的人力资本价值体现及配置模式差异会影响金融发展与经济增长间的关系。

（二）适应机制：金融体系资源配置及金融监管理念和标准

1. 金融体系结构和资源配置方式

英美法系与大陆法系在金融模式方面的主要区别在于前者以市场体系为主而后者以中介体系为主。英美法系对于产权保护度高、国家权力限制较多，社会有着最大程度的缔约自由，从而有利于直接金融的发展。大陆法系则对公共利益和社会目标有更多强调，较强国家干预容易导致直接融资成本较高，转而有利于间接融资的发展。两类模式在资源配置及经济增长方面的优劣，学术界争论从未停止。

现有研究认为金融市场配置资源占优的主要理由为：第一，资本市场在资金配置上优化了企业资本结构；第二，对于任何个人投资者，巨大的股票和债券数量以及丰富的衍生工具，使得任何风险都可以对冲，有助于获得充分的风险分担；第三，直接融资比银行等间接融资的成本更低，如果再考虑市场并购，好的企业在并购其他企业时，相当于获得了一笔低成本的融资。

支持中介体系配置资源占优的主要理由为：第一，间接契约有利于事前甄别和事后监督；第二，银行业有强大的支付系统与优势；第三，中介机构直接控制企业股权（如主银行制），使得机构与企业的关系紧密且长久；第四，银行导向，国家的大银行往往同时以利润和公共利益最大化为经营目标，更容易配合政府政策来平滑经济周期；第五，企业的退休基金存放于中介体系，免于金融市场波动，有助于跨期风险分担。

图1-7、图1-8分别显示了德国、法国、英国及美国的金融发展水平与金融结构的时间变动。图1-7表明，在时间序列上，法国和德国的金融发展水平在总量上明显低于英国和美国，然而这并不能够表明英美的金融业发展程度要高于德国和法国。图1-8显示，在国际金融危机发生前，各法系代表国的金融结构差异明显，美国与英国的直接融资比例要明显高于德国与法国，1999年它们之间金融结构的差异达到峰值，英国、美国、法国与德国分别为1.457、0.840、1.264、0.499。不过在1989～2015年期间，其金融结构变化走势呈现出收敛或趋同的态势：英美的直接融资比率显著下降，银行信贷比例上升，而德法的直接融资比率则表现为逐步上升。这说明，随着环境的变化和经济增长需要的变化，

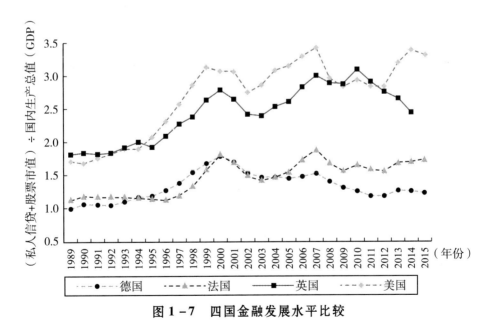

图1-7 四国金融发展水平比较

资料来源：GFDD数据库、WDI数据库。

各国的金融结构都在进行适应性调整。究其原因，关键之处在于两个方面：第一，1991 年欧盟启动后，区域内银行业探求新的发展方向，出现了并购重组潮，带来直接融资比例的上升；第二，2008 年全球金融危机后，美英理论界和实务界反思了中介机构高度市场化理念和追求短期高回报行为的利与弊，并进行了相应调整。考虑到相似的人均经济发展水平，我们均可以直观看到英美与德法两组国家在金融发展的总量和结构方面，都存在较大差异。这提示在不同法系下，金融发展对经济增长的作用机理和促进效应的持续性会存在差异。

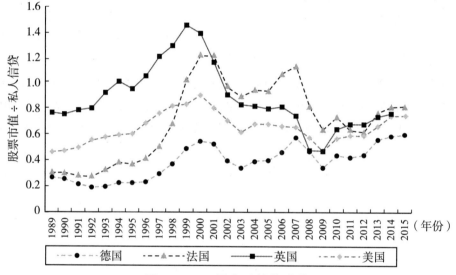

图 1-8 四国金融结构比较

资料来源：GFDD 数据库、WDI 数据库。

2. 法系理念差异下的金融监管

英美法系国家金融监管宽容度较高，这是由于其法系原理更偏向于对私人缔约权利的支持。这一特征的优点在于允许更多的金融创新进入试错期，使得金融创新不至于一开始就被扼杀在摇篮。然而其缺陷也很明显，有相当部分金融创新可能对社会有破坏性和负作用，或是为创新而创新，导致资金在系统内空转，或是在系统内累积风险，引发金融危机，甚至是经济衰退。

反观大陆法系国家，其金融监管宽容度较低，这是因为大陆法更偏向考虑公共利益及其对私人缔约的限制。这一特征的优点是整个金融体系运行比较稳健，金融业务和创新更多的只能围绕实体经济去拓展，不易出现由金融危机引发的经济危机。缺点是对更多的金融创新进行了限制，使得金融业活力不足。虽同属大陆法系，德国法系与法国法系的金融监管方式和标准又存在一定程度的区别。以德国为例，其十分重视宏、微观审慎监管。在金融业进入、交易活动以及退出的整个周期中，德国都对其制定了清晰明确的法律章程与规范（李稻葵和罗兰·贝格，2015）。与此稍有差异，法国传统上的金融监管较严，国家干预与控制色彩浓厚。20 世纪 90 年代后，受全球化、欧洲一体化与金融自由化的影响，法国进行了大量改革，逐渐形成以市场规则为基础的金融监管体系。但由于法律及历史等因素，法国政府直接干预和金融管控思维影响依旧存留。

四、各法系金融发展对经济增长促进作用和持续性的统计分布

接下来，我们对各法系的金融发展与经济增长关系是否呈现出较多的亲缘性趋同特征给出初步的经验证据。利用世界银行 WDI 和 GFDD 数据库，我们得到涵盖 98 个国家（地区）1989~2015 年的非平衡面板数据样本。再参考法与金融文献的标准（La Porta，1998；Ang and Fredriksson，2018），将样本细分为英美法系、德国法系及法国法系三个子样本，分别包括 24、17、57 个国家①。

图 1-9~图 1-12 分别对全样本及 3 个法系子样本，绘制了金融发展水平（横轴）与经济增长（纵轴）之间的散点图。全样本、英美法系以及法国法系子样本的金融发展水平与经济增长表现均呈现较为明显的倒"U"型非线性关系。德国法系子样本的金融发展水平与经济增长之间倒"U"型关系较弱，只是随着金融发展水平上升，其对经济增长的促进作用逐渐减弱。这一初步证据表明三个法系下金融发展与经济增长间的关系存在明显差异，表现为金融发展作用拐点位置存在区别。

---

① 三个法系所含的国家和地区样本分别是，（1）英美法系：澳大利亚、孟加拉国、加拿大、斐济、冈比亚、加纳、中国香港、印度、肯尼亚、爱尔兰、牙买加、马来西亚、尼泊尔、新西兰、尼日利亚、巴基斯坦、塞拉利昂、新加坡、苏丹、特立尼达和多巴哥、乌干达、英国、美国和赞比亚；（2）德国法系：奥地利、保加利亚、中国、克罗地亚、捷克共和国、爱沙尼亚、格鲁吉亚、德国、匈牙利、日本、韩国、蒙古国、拉脱维亚、波兰、斯洛伐克、斯洛文尼亚、瑞士；（3）法国法系：阿尔巴尼亚、阿尔及利亚、安哥拉、阿根廷、亚美尼亚、比利时、贝宁、玻利维亚、巴西、布基纳法索、布隆迪、佛得角、柬埔寨、喀麦隆、中非、乍得、智利、哥伦比亚、刚果、哥斯达黎加、科特迪瓦、厄瓜多尔、埃及、萨尔瓦多、埃塞俄比亚、法国、加蓬、希腊、海地、印度尼西亚、伊朗、意大利、哈萨克斯坦、老挝、立陶宛、马其顿、马达加斯加、马里、墨西哥、摩洛哥、莫桑比克、荷兰、巴拿马、秘鲁、葡萄牙、罗马尼亚、俄罗斯、卢旺达、塞内加尔、西班牙、斯威士兰、多哥、突尼斯、土耳其、乌拉圭、委内瑞拉、越南。

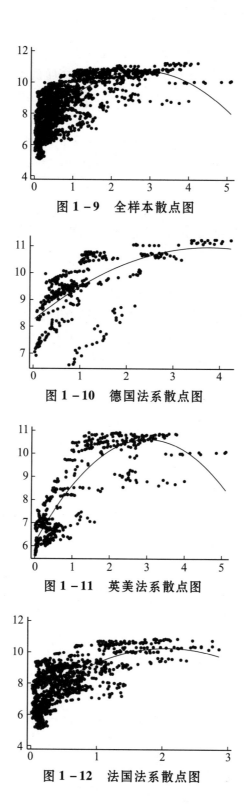

图1-9 全样本散点图

图1-10 德国法系散点图

图1-11 英美法系散点图

图1-12 法国法系散点图

第三节　基于法与金融视角的金融发展
与经济增长关联的实证分析

一、计量模型设定

金融发展与经济增长实证研究的一个常见技术障碍在于，被解释变量的序列相关性使得通过固定效应回归克服缺失变量内生性问题的方法失效。本研究参考现有文献的常用做法，通过动态面板一阶差分 GMM 估计来克服上述技术问题。此外，由于我们并不能保证法系分类的随机性，法系子样本内及全样本的分布特征可能不同，因此我们对全样本和各子样本分别进行估计。全样本所采用的基准模型如下：

$$\ln Y_{it} = \theta_1 \ln Y_{it-1} + \theta_2 \ln Y_{it-2} + \alpha FD_{it} + \beta FD_{it}^2 + X_{it}^T \xi + \mu_i + \varepsilon_{it} \tag{1.1}$$

而 3 个法系子样本的基准模型如下：

$$\ln Y_{it} = \theta_1 \ln Y_{it-1} + \alpha FD_{it} + \beta FD_{it}^2 + X_{it}^T \xi + \mu_i + \varepsilon_{it} \tag{1.2}$$

其中，μ_i 表示国家固定效应。为充分控制残差的序列相关性，全样本估计中我们使用了被解释变量的 2—阶滞后项，而子样本模型中仅需使用其 1—阶滞后项（使用相同的滞后设定不影响主要结果）。我们统一使用 1 步法进行 GMM 估计，并利用稳健标准误进行统计推断。此外，我们注意控制各组回归的工具变量数目，使其与界面样本数接近。

二、变量定义

回归模型中，$\ln Y_{it}$ 为被解释变量，表示第 i 国在 t 期的人均真实 GDP 对数值。主要解释变量为金融发展水平 FD_{it}，遵照文献标准将其定义为各国私人部门信贷与股票总市值之和除以 GDP。与文献一致，我们使用平方项 FD_{it}^2 捕捉金融发展与经济增长的非线性关系。控制变量统一表示为 X_{it}，包括人力资本水平（以中学入学率来衡量）、政府支出（控制政府直接调控政策对增长的影响）、经济开放度（控制经济对外开放程度对增长的影响）、通货膨胀水平（考虑实际增长）及城镇化率（控制城镇化对增长的影响）等。在稳健性检验部分，我们进一步引入金融结构指标（股票总市值÷私人部门信贷）作为控制变量。各变量定义

17

如表 1 - 1 所示，数据来源为世界银行 WDI、GFDD 数据库。

表 1 - 1　　　　　　　　　　变量定义

变量名	具体含义	变量定义及说明
lnY	经济增长程度	人均真实 GDP 的对数值，2010 年不变价美元
FD	金融发展水平	（股票总市值 + 私人部门信贷）÷GDP
FS	金融结构	股票总市值÷私人部门信贷
URBAN	城镇化程度	城镇人口÷总人口
SEC	人力资本	中学入学率
OPENNESS	经济开放度	（商品进出口贸易总额 + 服务进出口贸易总额）÷GDP
GOV	政府支出	政府消费支出÷GDP
CPI	通货膨胀率	消费物价指数

三、描述性统计

全样本数据的描述性统计结果如表 1 - 2 所示。可以看出，代表金融发展水平的指标 FD 最大值为 4.2302，最小值为 0.0096，两者之间差别较大。这说明各国之间金融发展水平的程度有很大差异。表中还报告了金融发展水平、金融结构、城镇化程度、人力资本、经济开放度、政府支出以及通货膨胀率的描述性统计结果。

表 1 - 2　　　　　　　　　　描述性统计

变量	均值	标准差	最小值	最大值
lnY	8.2862	1.5512	5.0866	11.2447
FD	0.7137	0.7568	0.0096	4.2302
FS	0.4760	0.5861	0	5.8804
URBAN	0.5448	0.2199	0.0534	0.9786
SEC	0.7428	0.3230	0.0493	1.6681
OPENNESS	0.7060	0.3516	0.1109	1.9936
GOV	0.1474	0.0493	0.0298	0.5972
CPI	0.1032	0.2229	- 0.3584	3.3845

四、实证结果分析

与研究经济增长的文献保持一致，为了消除短期经济波动的影响，我们在进行实证回归时，对数据进行了三年平均处理，最终面板数据时间跨度为 9 期。表 1—3 报告了全样本金融发展与经济增长的一阶差分 GMM 回归结果。其中，AR（2）检验结果表示残差项不存在 2—阶差分序列相关性；Sargan 检验结果表明所选择的工具变量不存在显著的过度识别问题，即设定的工具变量有效。

表 1—3 第（1）列汇报了金融发展与经济增长之间的基本关系，不包含控制变量。结果显示，金融发展水平指标项的系数为 0.2628，而金融发展水平指标的平方项前系数为 −0.0448，显著性水平均为 1%。这表明就全样本而言，金融发展与经济增长间存在倒"U"型关系，金融发展对经济增长的促进作用存在拐点。这一结论与图 1—9 全样本散点图中的倒"U"型关系一致，也与近年来已有的相关研究结论一致。另外，被解释变量滞后 1—阶和 2—阶项系数分别是 0.9718 和 −0.2158，显著性水平都为 1%，这说明初始金融发展水平对被解释变量的影响为正，经济增长随着金融发展具有收敛性，且解释变量自身序列相关性需要得到控制。此后逐渐增加控制变量，但两者之间非线性关系依然稳健。

表 1—3 中第（6）列报告了包含所有控制变量后的回归结果。从中可以看到，金融发展水平的一次项系数与二次项系数分别是 0.2693 和 −0.0421，显著性水平均为 1%，金融发展与经济增长之间呈现出明显的倒"U"型关系。利用回归结果估计系数计算出抛物线拐点的估计值是 3.198，即当私人部门信贷与股票总市值之和占 GDP 比小于 3.198 时，随着金融发展水平的提高，经济增长程度也不断提高；当私人部门信贷与股票总市值之和占 GDP 比大于 3.198 后，金融发展水平的进一步提升会逐渐降低经济增长程度。

表 1—3　　全样本金融发展与经济增长的实证结果

解释变量	（1）	（2）	（3）	（4）	（5）	（6）
$\ln Y_{it-1}$	0.9718 *** (0.0104)	0.9325 *** (0.0757)	0.8883 *** (0.0658)	0.7932 *** (0.0737)	0.8199 *** (0.0740)	0.7177 *** (0.0767)
$\ln Y_{it-2}$	− 0.2158 *** (0.0138)	− 0.1990 *** (0.0591)	− 0.1870 *** (0.0523)	− 0.1348 ** (0.0557)	− 0.1540 *** (0.0561)	− 0.0723 (0.0595)
FD_{it}	0.2628 *** (0.0172)	0.2714 *** (0.0536)	0.2257 *** (0.0463)	0.2412 *** (0.0482)	0.2486 *** (0.0493)	0.2693 *** (0.0490)

续表

解释变量	（1）	（2）	（3）	（4）	（5）	（6）
FD_{it}^2	− 0.0448 ***	− 0.0453 ***	− 0.0360 ***	− 0.0377 ***	− 0.0396 ***	− 0.0421 ***
	（0.0034）	（0.0116）	（0.0105）	（0.0107）	（0.0107）	（0.0109）
CPI		− 0.2012 ***	− 0.1249 ***	− 0.1624 ***	− 0.2018 ***	− 0.1890 ***
		（0.0403）	（0.0387）	（0.0385）	（0.0390）	（0.0489）
$URBAN$			0.5793 ***	0.6332 ***	0.6101 ***	0.5622 ***
			（0.1141）	（0.1158）	（0.1161）	（0.1506）
$OPENNESS$				0.0435	0.0476 *	0.0627 **
				（0.0285）	（0.0287）	（0.0306）
GOV					− 0.8682 ***	− 0.7716 ***
					（0.1810）	（0.1957）
SEC						0.0704
						（0.0470）
常数项	1.8948 ***	2.1225 ***	2.0876 ***	2.3781 ***	2.4531 ***	2.6090 ***
	（0.0599）	（0.2110）	（0.1840）	（0.2011）	（0.2047）	（0.2408）
国家固定效应	已控制	已控制	已控制	已控制	已控制	已控制
样本观测值	459	459	459	459	451	370
国家（地区）数量	93	93	93	93	92	88
工具变量数	67	77	101	85	80	87
AR（2）：p-值	0.5001	0.1089	0.1708	0.1656	0.1402	0.7235
$Sargan\ test$：p-值	0.1744	0.2751	0.6082	0.3116	0.3310	0.5006

注：括号中的数据表示标准误，*** 、** 、* 各自代表在 1%、5%、10% 水平下显著。

在建立上述基础结果后，接下来重点分析法系子样本的实证结果。表 1-4 汇报了相应结果，其中第（1）列对应德国法系，第（2）列对应英美法系，第（3）列对应法国法系。这 3 组回归中，我们纳入了所有控制变量。

德国法系的回归结果显示其金融发展水平一次项系数为 0.4315，二次项系数为 − 0.0577，且都在 1% 的显著性水平下显著，这验证了德国法系样本金融发展水平与经济增长也存在非线性关系。然而我们利用估计系数计算出曲线拐点为 3.74，这说明德国法系下，只有当私人部门信贷与股票总市值之和占 GDP 的比重大于 3.74 时，金融发展水平的进一步提高才会放缓经济增长速度。这一拐点数值明显高于总样本金融发展作用的拐点（3.198），说明德国法系下金融发展水平对经济增长出现抑制作用的阈值，较全样本要大。

英美法系的回归结果显示，其金融发展水平一次项系数为0.2389，二次项系数为-0.0411，且都在5%的显著性水平下显著，说明英美法系下金融发展与经济增长间同样呈现倒"U"型关系。对应的拐点阈值为2.91，不仅低于德国法系样本，甚至还低于全样本的拐点值。这表明英美法系下金融发展对经济增长的促进作用不仅存在着明确的倒"U"型关系，而且其促进作用的持续性要低于德国法系。

法国法系样本的回归结果显示，其金融发展水平一次项系数为0.4916，二次项系数为-0.1101，显著性水平都是1%，同样也表明了其金融发展水平与经济增长间存在倒"U"型关系。利用估计系数计算出的拐点为2.23。相较于全样本、德国法系和英美法系，法国法系的拐点出现最早，即法国法系下金融发展对经济增长促进作用的持续性最弱。

表1-4　　　　法系分样本金融发展与经济增长的实证结果

解释变量	（1）	（2）	（3）
$\ln Y_{it-1}$	0.4525 *** (0.0781)	0.6613 *** (0.1068)	0.7251 *** (0.0474)
FD_{it}	0.4315 *** (0.0800)	0.2389 ** (0.0937)	0.4916 *** (0.0800)
FD_{it}^2	-0.0577 *** (0.0146)	-0.0411 ** (0.0208)	-0.1101 *** (0.0217)
CPI	-0.0759 (0.1725)	-0.0398 (0.1632)	-0.2619 *** (0.0537)
URBAN	1.2585 *** (0.2918)	1.2432 * (0.6479)	-0.2805 (0.1909)
OPENNESS	0.1010 * (0.0558)	-0.0252 (0.0654)	0.0720 * (0.0422)
GOV	-0.0316 (0.3390)	-1.2225 *** (0.4172)	-0.8463 *** (0.2337)
SEC	0.3748 *** (0.1330)	0.1983 * (0.1144)	0.0037 (0.0537)

续表

解释变量	（1）	（2）	（3）
常数项	3.6277 *** （0.5055）	2.1140 *** （0.5923）	2.3489 *** （0.3247）
国家固定效应	已控制	已控制	已控制
样本观测值	93	80	266
国家（地区）数量	17	20	53
工具变量数	27	21	69
AR（2）：p-值	0.3754	0.3446	0.2149
$Sargan\ test$：p-值	0.9158	0.2626	0.8805

注：括号中的数据表示标准误，***、**、*各自代表在1%、5%、10%水平下显著。

图1-13更为明确地展示了这三类法系金融发展与经济增长非线性关系及其拐点位置差异。各曲线根据表1-4的估计系数绘制而成，横轴表示金融发展水平，纵轴表示经济增长。根据估计系数可算出，德国法系、英美法系及法国法系的拐点大小分别为3.74、2.91及2.23，体现出明显的差别。

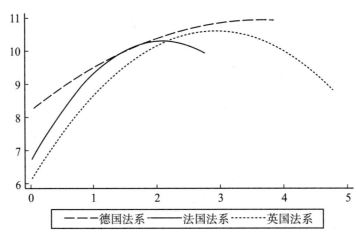

图1-13 三大法系国家（地区）经济增长拐点位置比较

为了更加精准地对比不同法系下金融发展对经济增长作用拐点的大小，我们设计了如下方法对三个拐点的差别进行统计检验。该检验设定为两两法系一组，每组检验的原假设H0代表它们的拐点值相等，备择假设H1代表其拐点值不同。通过计算得出，德国法系与英美法系、德国法系与法国法系以及英美法系与法国法系三组检验分别在6%、1%以及5%的显著性水平下拒绝原假设，说明这三大类法系下金融发展对经济增长的非线性作用拐点值在统计上有显著差异。[①]

五、稳健性检验

在稳健性检验中，我们首先考察金融结构是否会影响不同法系下金融发展与经济增长之间的关系。表 1 – 5 的稳健性检验结果表明，加入金融结构这一控制变量后，金融发展水平对经济增长的促进作用及持续性效果无明显变化，其都在 1% 或 5% 的水平下显著。再计算全样本、德国法系、英美法系以及法国法系子样本的金融发展对经济增长作用的拐点位置，它们分别是 3.19、3.40、3.11 和 2.32，与基准结果计算的拐点基本相同，排序也完全一致。此外，Sargan 检验以及 AR（2）序列相关性检验的结果表明此时模型设定同样有效。

表 1 – 5   考虑金融结构影响的稳健性检验

解释变量	（1）	（2）	（3）	（4）
$\ln Y_{it-1}$	0.7710 *** (0.0819)	0.5249 *** (0.0811)	0.6453 *** (0.0970)	0.7453 *** (0.0625)
$\ln Y_{it-2}$	– 0.0937 (0.0593)			
FD_{it}	0.2343 *** (0.0589)	0.3726 *** (0.0813)	0.2004 *** (0.0768)	0.4178 *** (0.1014)
FD_{it}^2	– 0.0367 *** (0.0118)	– 0.0548 *** (0.0137)	– 0.0322 ** (0.0160)	– 0.0903 *** (0.0239)
CPI	– 0.1949 *** (0.0490)	0.0580 (0.1712)	– 0.0096 (0.1710)	– 0.2851 *** (0.0520)
$URBAN$	0.5051 *** (0.1541)	1.0134 *** (0.2859)	1.5409 *** (0.5648)	– 0.2828 (0.1871)

① 对拐点位置进行检验，不同于常规的回归系数检验，需要单独构造，具体如下：令 $\hat{a}_i$，$\hat{b}_i$ 为第 i 组回归方程（2）中金融发展水平的 2 次和 1 次项系数，$i = E$，F，G 分别表示英美法系、法国法系、德国法系，对应的拐点为 $\hat{b}_i/(2\hat{a}_i)$。为检验 $\hat{b}_i/(2\hat{a}_i) = \hat{b}_j/(2\hat{a}_j)$，等价于检验零假设 $\hat{b}_i\hat{a}_j - \hat{a}_i\hat{b}_j = 0$。在面板数据基本假设下，$\hat{a}_i$，$\hat{b}_i$ 相互独立，均为渐进正态分布。上述交叉乘积之差，严格来说是 4 个 χ^2 - 分布随机变量线性组合对应的分布，是一个非标准分布。通过辅助模拟计算我们发现 $\hat{b}_i\hat{a}_j - \hat{a}_i\hat{b}_j$ 的分布很接近一个正态分布，因此可以直接计算其方差，构造 t - 统计量。由 i，j 间的独立性，有 $\mathrm{var}(\hat{b}_i\hat{a}_j - \hat{a}_i\hat{b}_j) = \mathrm{var}(\hat{b}_i\hat{a}_j) + \mathrm{var}(\hat{a}_i\hat{b}_j)$。由多元正态分布的 Isserlis 定理可知，$\mathrm{var}(\hat{b}_i\hat{a}_j) = \mathrm{var}(\hat{b}_i)\mathrm{var}(\hat{a}_j) + 2[\mathrm{cov}(\hat{b}_i，\hat{a}_j)]^2 = \mathrm{var}(\hat{b}_i)\mathrm{var}(\hat{a}_j)$，其中由独立性可得 $\mathrm{cov}(\hat{b}_i，\hat{a}_j) = 0$。这样，就得到近似的 t - 检验统计量。

23

续表

解释变量	（1）	（2）	（3）	（4）
OPENNESS	0.0657 **	0.0897 *	− 0.0412	0.0828 **
	(0.0311)	(0.0532)	(0.0637)	(0.0412)
GOV	− 0.7557 ***	− 0.0220	− 1.1716 ***	− 0.8752 ***
	(0.2001)	(0.3132)	(0.3907)	(0.2298)
SEC	0.0594	0.3966 ***	0.1594	0.0070
	(0.0478)	(0.1237)	(0.1078)	(0.0531)
FS	0.0049	0.0426	0.0065	− 0.0131
	(0.0159)	(0.0398)	(0.0146)	(0.0228)
常数项	2.3909 ***	3.1158 ***	2.1407 ***	2.2183 ***
	(0.2996)	(0.5363)	(0.5766)	(0.4439)
国家固定效应	已控制	已控制	已控制	已控制
样本观测值	366	90	80	266
国家（地区）数量	87	17	20	53
工具变量数	88	28	34	70
AR（2）：*p* - 值	0.7321	0.3811	0.5173	0.1516
Sargan test：*p* - 值	0.4820	0.9452	0.9826	0.9536
金融发展/经济增长拐点	3.19	3.40	3.11	2.32

注：括号中的数据表示标准误，***、**、* 各自代表在 1%、5%、10% 水平下显著；（1）式代表全样本，（2）式代表德国法系，（3）式代表英美法系，（4）式代表法国法系。

此外，因中国的法系归属问题较为特殊，基于研究的严谨性要求，我们将中国从德国法系样本中删除后进行了另一个稳健性检验（结果见表 1 - 6）。结果表明，去掉中国样本后，全样本与各法系样本下金融发展对经济增长的促进作用及持续性效果几乎不变，且都在类似水平下显著。再计算其拐点，各自数值也基本无变化。最后，Sargan 检验、序列相关性检验也与基准结果保持一致。

表 1 - 6   不含中国样本的稳健性检验结果

解释变量	（1）	（2）	（3）	（4）
$\ln Y_{it-1}$	0.7862 ***	0.4590 ***	0.6613 ***	0.7251 ***
	(0.0747)	(0.0817)	(0.1068)	(0.0474)
$\ln Y_{it-2}$	− 0.1227 **			
	(0.0588)			

续表

解释变量	（1）	（2）	（3）	（4）
FD_{it}	0.2397*** (0.0489)	0.4524*** (0.0849)	0.2389** (0.0937)	0.4916*** (0.0800)
FD_{it}^2	−0.0376*** (0.0110)	−0.0616*** (0.0154)	−0.0411** (0.0208)	−0.1101*** (0.0217)
CPI	−0.2047*** (0.0495)	−0.1652 (0.1916)	−0.0398 (0.1632)	−0.2619*** (0.0537)
URBAN	0.4054*** (0.1532)	0.5284* (0.2727)	1.2432* (0.6479)	−0.2805 (0.1909)
OPENNESS	0.0637** (0.0315)	0.0844 (0.0642)	−0.0252 (0.0654)	0.0720* (0.0422)
GOV	−0.7673*** (0.1990)	0.1752 (0.3503)	−1.2225*** (0.4172)	−0.8463*** (0.2337)
SEC	0.0791* (0.0476)	0.3427** (0.1346)	0.1983* (0.1144)	0.0037 (0.0537)
常数项	2.5568*** (0.2529)	4.0999*** (0.6550)	2.1140*** (0.5923)	2.3489*** (0.3247)
国家固定效应	已控制	已控制	已控制	已控制
样本观测值	364	86	80	266
国家（地区）数量	87	16	20	53
工具变量数	87	27	21	69
AR（2）：p-值	0.8021	0.2635	0.3446	0.2149
Sargan test：p-值	0.4247	0.8853	0.2626	0.8805
金融发展/经济增长拐点	3.19	3.68	2.91	2.23

注：括号中的数据表示标准误，***、**、* 各自代表在1%、5%、10%水平下显著；（1）式代表全样本，（2）式代表德国法系，（3）式代表英美法系，（4）式代表法国法系。

第四节　本章小结与政策含义

本章基于三个法系98个国家（地区）的理论分析和实证研究表明，金融发展与经济增长之间存在非线性的关联。在金融发展的规模占GDP的比值超过一定的阈值之前，金融发展对经济增长具有促进作用。而当金融发展占GDP的比

25

值超过特定的阈值之后，金融发展对经济增长就会产生负的作用。但是，不同法系下国家金融发展对经济增长影响的阈值存在差异。相比较而言，德国法系国家（地区）金融发展对经济增长影响的阈值最大，也即金融发展对经济增长促进作用的持续性最长，英美法系国家（地区）金融发展对经济增长的促进作用持续性居中，法国法系国家（地区）金融发展对经济增长的促进作用持续性在三者中表现最弱。上述实证结果与前述法系特征对金融发展与经济增长间关系的影响机理分析相结合，可以得到一些极有意义的启示。

第一，按照金融规模总量来衡量金融发展效果是有缺陷的。本章的研究结论表明，这类规模口径下所谓高水平金融发展不一定会促进经济持续增长。金融发展模式中各核心要素如果不是紧紧围绕实体经济的持续增长，那么这样的金融发展就会陷入"自我利益追逐和循环"的膨胀怪圈，并最终出现抑制经济增长的负面效应。

第二，直接融资占比超过间接融资的金融结构能更好地促进经济增长的观点，值得商榷。我们的实证研究表明，资本市场最发达的英美法系和直接融资后来上升极快的法国法系，金融发展对经济增长出现抑制效果的阈值都更低，或者说经济增长下降的拐点出现得更早。这反过来说明直接融资为主的金融结构并不一定能持续性促进经济增长。衡量我国资本市场是否健康发展的标准不应是上市公司的数量，而应是上市公司的质量；也不应将其定位于仅服务于国有企业的发展，而应注重服务于那些在我国经济发展中最有活力的企业。

第三，基于法系分类的研究结果表明，一国金融发展模式对促进其经济增长的作用强弱和持续性程度，除了与其所归属的法系在资源要素配置理念、业务模式、规则制定、价值判断和社会认知等因素有关之外，还与其在法学哲理等因素影响下构建的整体社会制度有关。

综合以上，自然引出对我国金融发展模式如何取向和完善的思考。对于促进经济增长，没有最优或完美的金融发展模式。我们的研究表明，除了英美法系模式之外，对德国等大陆法系下的金融发展模式也应高度重视。更为重要的是，中国是有着悠久且连续历史文化传统的大国，她孕育了许多优秀的传统哲理和文化。无论是数千年传统文化还是社会主义市场经济理念，都倡导协调发展，不鼓励只追求自我利益最大化下的"贪婪"。因此，我国金融发展在深化改革和走向不断成熟的过程中，必须尊重我国自身特点和经济运行的规律，需要深入考察和汲取各模式中适合本国的元素，通过不断吸纳、扬弃和完善，才能使得我国金融发展能最有效促进经济的持续增长。

第二章

供给侧结构性改革下金融去杠杆的
宏观经济效应

第一节　金融发展与金融去杠杆的宏观经济效应

在经济新常态下，为推进经济结构转型和增长动力机制的转换，自2015年以来，我国制定和实施了以"三去一降一补"为主要内容的供给侧结构性改革，并以此作为经济改革和宏观调控的思路。在供给侧结构性改革中，去杠杆在"三去一降一补"中处于重要地位。为此，自2016年开始，我国推进了以金融机构、国有企业和地方政府等部门为代表的去杠杆改革。经济部门去杠杆，特别是金融部门去杠杆虽然有利于防止经济泡沫化，挤出经济中的泡沫，但是，去杠杆本身也存在着一定的系统性风险。正因为如此，2017年7月召开的全国金融工作会议确立了"服务实体经济、防控金融风险、深化金融改革"三位一体的金融改革和发展目标。其中，特别强调了防范系统性金融风险的重要性。事实上，针对近年来在金融市场领域日益严重的资金"空转"和各种过度金融创新行为，自2016年下半年以来，包括"一行两会"① 在内的各级金融监管部门均颁布和实施了一系列的金融监管制度和措施，以合理引导资金流向实体经济领域，让金融回归服

---

① "一行两会"指中国人民银行、中国证券监督管理委员会和中国银行保险监督管理委员会。

务实体经济的本质。防控金融风险，让金融回归服务实体经济的本质要求金融部门去杠杆，摆脱依靠加杠杆进行资本套利的经营模式。而且，从资金空转转向服务实体经济的过程本身也是一个去杠杆的过程。正因为如此，2017 年以来，面对企稳回升的宏观经济态势，金融去杠杆是否会对宏观经济的增长和稳定带来不利影响，如何避免金融监管可能带来的"处置风险的风险"也就成为学术界关注的问题之一。

从微观的角度来看，金融部门去杠杆通常表现为以商业银行为代表的金融机构通过资产和负债的调整来降低负债率、提高权益资产比或资本充足率。但由于金融机构的资产往往构成家庭、企业和政府部门的负债，因此，从宏观的角度来看，金融机构去杠杆也会导致实体经济部门的去杠杆，从而对宏观经济产生影响。自费雪（Fisher，1933）提出债务—通货紧缩理论以来，金融部门杠杆变化与宏观经济周期变化之间的关联就成为现代货币经济学领域关注的核心问题之一。伯南克等（Bernanke et al.，1999）基于金融市场摩擦提出的金融加速器理论为费雪的债务—通货紧缩理论奠定了重要的微观基础。随后诸多学者从不同的角度对这一问题进行了研究。现有有关金融去杠杆对宏观经济影响的研究主要围绕其对经济增长的影响，相关研究表明，金融去杠杆会导致一国经济增速放缓（Buttiglione et al.，2014；杨明秋，2010；马勇等，2016），加剧宏观经济的波动，对经济稳定增长带来影响（Liu、Wang and Zha，2010；陈雨露等，2014；马勇等，2016）。而供给侧结构性改革背景下我国宏观调控的总目标是稳中求进。经济发展新常态下，经济增速的下调不可避免，但稳增长，确保不出现系统性宏观金融风险是宏观调控的主线。在此背景下，不仅需要评估金融部门去杠杆对经济增长的影响，更需要客观评估金融部门去杠杆对宏观经济稳定的影响。

另外，从主要发达经济体的经验来看，不同国家金融去杠杆对宏观经济的影响存在着一定的差异。在经历了 20 世纪 90 年代初期的资产价格泡沫破灭和亚洲金融危机之后，日本经历了长期的金融去杠杆过程。金融去杠杆对日本经济的增长和稳定带来了长期持续的负面影响。而在 2008 年的美国次贷危机之后，包括金融部门和家庭部门在内的美国各经济部门也都经历了一个去杠杆的过程。虽然，美国金融部门的去杠杆也使得银行部门出现了流动性囤积，并导致了信贷紧缩，但在经历了短期的经济衰退之后，美国经济迅速复苏，并成为发达经济体中最先退出非常规货币政策的国家。[①] 众所周知，日本和美国有着不同的金融结

---

① 自 2008 年国际金融危机开始，美国联邦储备系统（以下简称"美联储"）实施了多轮包括量化宽松和利率扭曲操作在内的非常规货币政策，并将政策利率降至零利率水平。但是，自 2015 年第三季度开始，美联储开始加息，退出非常规货币政策，推进货币政策的常规化。然而，受 2020 年全球性新冠肺炎疫情暴发的影响，美联储再次将政策利率降至零利率水平，重新开启了大规模的非常规货币政策。

构和金融发展水平。日本是以间接金融为主的金融体系，而美国是以直接金融为主的金融体系。不同金融体系下金融去杠杆后宏观经济复苏的差异是否意味着金融结构和金融发展水平的变化会对金融去杠杆与宏观经济之间的关联产生影响？事实上，从金融体系比较研究的角度来看，面对金融部门去杠杆的冲击，不同金融体系下实体经济的反应和受到的影响可能是不同的。艾伦和圣多马罗（Allen and Santomero，2001）认为，尽管市场主导型金融体系具有跨部门风险分担的功能，但在存在市场摩擦的情况下，银行主导型的金融体系不仅具有跨部门风险分担的功能，而且能够通过代际风险分担和资产积累实现跨期风险分散，从而降低系统性风险对实体经济部门的冲击。因此，在分析金融去杠杆对宏观经济的影响时，有必要从金融发展[①]的角度，进一步考察金融结构的变迁和金融发展水平的变化对金融部门去杠杆与宏观经济增长及周期变化之间关联的影响。

本章立足于金融发展的视角，以全球 97 个国家和地区（经济体）1980 ~ 2015 年的非平衡面板数据为样本，实证检验金融部门去杠杆对宏观经济增长和波动的影响。在此基础上，进一步考察金融结构变迁和金融发展水平变化对金融部门去杠杆与宏观经济之间关联的影响是否存在差异，从而为金融部门去杠杆对宏观经济影响的研究提供来自他国的经验证据。研究表明：第一，金融部门去杠杆会抑制一国的经济增长，同时加大经济波动；第二，金融结构的变迁不会对金融去杠杆与宏观经济之间的关联产生显著的影响；第三，以直接金融为主的金融市场的发展能够抑制金融去杠杆对经济增长的负效应和对经济波动的"放大效应"；第四，以间接金融为主的金融中介的发展对金融去杠杆与宏观经济之间的关联不会产生显著影响。本章的创新在于，在现有分析金融去杠杆对宏观经济增长影响的基础之上，考察了金融去杠杆对宏观经济稳定的影响，更为全面地评估了金融去杠杆对宏观经济的影响。同时，从金融结构和金融发展的角度探讨了金融去杠杆宏观经济效应可能存在的差异，从而为这一领域的研究提供了基于金融体系比较和金融发展视角的经验证据。

---

① 一般而言，金融发展既包括体现一国金融体系特征的直接金融与间接金融占比的金融结构的变化，也包括金融总体发展水平的变化。对于金融发展水平，现有文献通常用一国货币化水平来衡量［广义货币供应量（M2）占 GDP 的比值］。而随着学术界对金融发展与经济增长关系研究的深化，部分研究也将金融业增加值/GDP、国内信贷/GDP、股票市场市值/GDP 等指标作为金融发展的变量（Cournede and Denk，2015；Muhammad et al.，2016）。在本章中，与金融结构相对应，我们分别以资本市场为主的直接金融和以金融中介为主的间接金融占 GDP 的比值来考察金融发展水平的变化对金融部门去杠杆与宏观经济之间关联的影响。

第二节　金融去杠杆对宏观经济影响的理论分析

一、金融去杠杆对宏观经济的影响

20 世纪 90 年代末以来，针对亚洲金融危机和 2008 年美国次贷危机后不同国家金融部门去杠杆过程中宏观经济的变化，部分学者分析了金融部门去杠杆对宏观经济的影响。概括来看，相关研究主要集中在三个方面：第一，短期来看，金融部门去杠杆会导致一国经济增长放缓。国际货币基金组织（IMF，2008）认为，当经济产生较大不确定性时，金融部门会被迫去杠杆。金融部门可以通过筹集新资本、卖出问题资产以及减少信贷供给的方式达到降低杠杆率的目的。若私人部门不愿意向金融部门提供新资本或者购买其问题资产，金融部门只能通过削减对非金融部门信贷供给的方式来降低杠杆率。当金融部门去杠杆导致的信贷可获得性降低影响其他资产价格时，经济会受到巨大的下行压力。特别地，当多个金融机构同时去杠杆时，甩卖行为会导致资产价格大幅下降，带来杠杆率回升促进新一轮的甩卖行为，信贷快速紧缩影响经济增长。杨秋明（2010）的研究表明，去杠杆与一国经济下行相互影响，同时，该影响会通过国际贸易和国际资本流动的方式扩展至其他国家，加重全球经济疲软。第二，金融部门去杠杆会加剧金融体系的不稳定性。巴塔查里亚等（Bhattacharya et al.，2011）认为，在经济繁荣期，金融部门杠杆上升导致金融溢价下降，金融机构有动力投资更高风险的资产。当受到负面冲击时，违约率上升以及随之而来的杠杆率下降将严重影响金融体系的稳定性。马勇等（2016）的实证研究发现，金融部门去杠杆不仅对经济增长产生负面影响，同时也会对金融体系的稳定性产生负面影响。第三，金融部门去杠杆会导致私人部门信贷约束加大，私人部门应对流动性冲击的能力减小，导致经济波动加剧。阿基翁等（Aghion et al.，2010）认为，信贷约束的增加使企业面临流动性冲击时的应对能力减弱，导致长期投资产生顺周期特性，加大经济波动。还有学者发现，信贷约束会影响资产价格进而影响商业决策，通过这种机制，信贷约束的加强会放大经济波动并延长冲击影响的持续时间（Liu，Wang and Zha，2010）。

因此，从理论上来看，由于金融机构去杠杆主要通过筹集新资本、卖出问题资产或减少信贷供给等方式来进行，其对实体经济的影响也就主要体现在信贷紧缩和资产价格下降带来的影响两个方面。金融去杠杆导致的信贷紧缩，会减少私人部门的消费和投资，对经济增长产生不利影响。同时，金融去杠杆过程中的甩卖行为，导致资产价格的大幅下降，进一步影响私人部门可获信贷量以及投资意愿，加剧经济疲软。而金融去杠杆所导致的金融体系的不稳定和私人部门信贷约束的加大，均会加剧宏观经济的波动。因此，基于上述分析，我们提出实证假设 2－1：

H2－1：金融去杠杆会导致经济增长放缓，同时加剧经济波动。

二、金融结构、金融发展水平与金融去杠杆对宏观经济的影响

有关金融体系比较研究的文献表明，不同的金融体系由于其分担风险的功能不同，在面临系统性风险冲击时，宏观经济的反应和遭受的冲击可能不同。艾伦和圣多马罗（2001）认为，尽管以资本市场为主的市场主导型金融体系具有跨部门风险分担的功能，但在市场不完全和信息不对称的情况下，以间接金融为主的银行主导型金融体系不仅具有跨部门风险分担的功能，而且能够通过代际风险分担和资产积累实现跨期风险分散，从而降低系统性风险对实体经济部门的冲击。然而，部分研究也指出，银行主导型的金融体系虽然可以缓解来自实体部门的冲击，但会放大货币冲击，因此对经济波动的影响并不明确（Beck et al.，2006）。与此同时，艾伦和圣多马罗（2001）认为，金融中介发展水平的提高有助于抑制经济波动，而以直接金融为主的资本市场发展水平的提高则会加剧经济波动。原因在于，资本市场发展水平较高时，银行的风险管理优势会被资本市场上的投机行为削弱。哈恩（Hahn，2003）也发现资本市场发展水平越高产出波动越大。而贝克等（Beck et al.，2014）通过实证研究发现，长期来看，提高金融中介的发展水平有助于一国抑制经济波动。

因此，尽管不同金融体系的风险分担功能不同可能导致宏观经济面临系统性风险冲击时，其反应和遭受的冲击不同，但是，由于金融去杠杆主要通过信贷约束、资产价格下降等途径对宏观经济产生不利影响，所以理论上，面对金融去杠杆，以资本市场为主的市场主导型金融体系将有利于抑制金融去杠杆对宏观经济增长和波动的影响；而以间接金融为主的银行主导型金融体系由于其更依赖于信贷市场，其有可能放大金融去杠杆对宏观经济的影响。同样地，以直接金融为主的资本市场发展水平越高，其越有利于金融中介和企业在去杠杆时筹集新资本，减轻私人部门面临的信贷约束，推动投资和消费；而以间接金融为主的金融中介发展水平越高，金融去杠杆对宏观经济的影响可能会越大。基于此，我们提出研

究假设 2 - 2：

H2 - 2a：就金融结构而言，市场主导型的金融体系有可能会抑制金融去杠杆对宏观经济增长和波动的不利影响；而银行主导型的金融结构则有可能放大金融去杠杆对宏观经济的影响；

H2 - 2b：以直接金融为主的资本市场的发展有利于弱化金融去杠杆对宏观经济的影响；而以间接金融为主的金融中介的发展则有可能强化金融去杠杆对宏观经济的影响。

第三节　金融去杠杆对宏观经济增长影响的实证研究

一、模型设计与变量说明

基于前述研究目的，我们首先考察金融去杠杆对宏观经济增长和周期性波动的影响，随后加入体现一国金融发展的金融结构和金融发展水平与金融部门去杠杆的交叉项，进一步分析金融结构变迁与金融发展水平变化对金融去杠杆与宏观经济之间关联的影响。基于此，本章的实证模型设计如下：

（一）金融去杠杆对宏观经济增长和经济波动的影响

结合马勇等（2016）的相关研究，我们将基本的计量模型设定为：

$$Y_{it} = \beta_0 + \beta_1 Y_{i,t-1} + \beta_2 Y_{i,t-2} + \beta_3 DEL_{it} + \beta_4 MKT_{it} + \beta_5 FMD_{it}$$
$$+ \beta_6 FID_{it} + \beta_7 X_{it} + \mu + \varepsilon_{it} \tag{2.1}$$

其中，被解释变量 Y_{it} 表示国家 i 在 t 时期的经济增长或经济波动。我们选取 GDP 增长率（GDPG）来衡量经济增长，选取 t 时期产出缺口[①]的绝对值（GAP）作为宏观经济周期性波动的替代变量。$Y_{i,t-1}$ 和 $Y_{i,t-2}$ 分别代表经济增长（经济周期性波动）的一阶和二阶滞后项，根据相关理论和 AR（2）的检测值，在模型的解释变量中包含了被解释变量的一阶和二阶滞后项。

DEL_{it} 表示金融去杠杆，是核心解释变量。通常而言，现有研究用各种债务

---

① 产出缺口的测量方法有趋势估计法、生产函数法等，其中趋势估计法（HP 滤波）是一种普遍应用的估计方法，所以本章的产出缺口由 HP 滤波估计法得到。

比率，如资产债务比、资产权益比、负债权益比及这些指标的倒数来度量金融机构的杠杆程度。前述表明，以商业银行为主的金融机构去杠杆主要通过筹集资本、处理问题资产或减少信贷供给等方式来进行，进而会导致家庭和企业去杠杆。从这一角度来看，金融机构去杠杆实际上意味着宏观层面的金融去杠杆。就宏观金融杠杆而言，从金融与实体经济之间的关联来看，M2/GDP、金融业增加值/GDP 和国内私人部门信贷/GDP 通常被用来度量一国金融发展的程度（何德旭和王朝阳，2017；Cournede and Denk，2015；Muhammad et al.，2016），也可用来衡量一国的金融杠杆。由于 M2 包括流通中的现金、活期存款、定期存款、储蓄存款以及其他存款，在一定程度上可以反映包括商业银行在内的金融机构的负债。因此，在部分研究中，M2/GDP 也用来度量金融机构的杠杆（陈雨露等，2014）。但是，一方面，随着金融创新的发展，金融机构（特别是商业银行）负债资金的来源日益多元化，M2 各构成部分的界定日益模糊，与金融机构负债之间的关联日益减弱；另一方面，M2 的变化与中央银行货币政策的实施有关。M2/GDP 的下降可能是中央银行紧缩性货币政策所致，而非金融机构去杠杆的结果。金融业增加值/GDP 反映的是国民经济体系中金融部门在一定时期内通过提供金融服务创造的国民财富价值总量占 GDP 的比重，该指标刻画的是金融部门通过自身创造的价值对经济增长产生影响，在一定程度上可以反映金融部门规模的扩张程度（何德旭和王朝阳，2017）。因此，其变化也可在一定程度上体现金融杠杆的变化。但是，金融业增加值/GDP 的变化受一国金融市场竞争程度、金融创新和实体经济发展等多种因素影响。例如，若一国金融业垄断程度较高，则在其他因素不变的情况下，金融业增加值/GDP 也会较高。所以，其并非能够完全反映一国宏观金融杠杆的变化情况。国内私人部门信贷/GDP 反映的是包括商业银行在内的信贷机构对私人部门信贷融资占 GDP 的比值。根据世界银行的统计，国内私人部门信贷包括通过贷款、购买非股权证券、贸易信用和其他应收账款等方式提供给私人部门并且确立了偿还要求的金融资源，是金融活动中资金最活跃的部分。国际清算银行（BIS）将国内私人部门信贷/GDP 偏离其长期趋势值的差值称为信贷产出缺口。自从巴塞尔协议Ⅲ提出逆周期资本缓冲以来，很多国家将信贷产出缺口指标纳入宏观审慎监管框架之中，用以指导商业银行动态调整资本充足率。现有研究表明，信贷产出缺口可以作为政策制定者调整资本充足率的依据（Drehmann et al.，2010；Drehmann and Tsatsaronis，2014）。德莱曼等（Drehmann et al.，2010）、德莱曼和特索卡尼斯（Drehmann and Tsatsaronis，2014）运用多个国家和地区 1980～2009 年和 1980～2012 年期间的数据，对不同指标在判断商业银行信用扩张和系统性风险积累方面的有效性进行了实证对比分析，发现信贷产出缺口在判断信贷过快增长和系统性风险累积方面最为有效,其可以反映出银行在信贷政策等方面发生的变化,从而反映金融稳定程度的变化。由于信贷产出缺口的变动能够作为商业银行信贷周期变化的判断指标,并与逆周期资本缓冲下的银行资本充足率调整高度相关,而资本充足率的变化实际上也反映出了商业银行杠杆率的变化。因此,若以国内私人部门信贷/GDP 作为金融杠杆,采用恰当的方法分离出其实际值与长期趋势值的差值(信贷产出缺口),将该差值作为判断金融去杠杆的指标,则该指标能够体现一国金融机构去杠杆的动态变化。考虑到本章金融机构去杠杆对宏观经济的影响主要是金融机构通过"缩表"行为引起的,所以,参考马勇等(2016)、马勇和陈雨露(2017),我们采用国内私人部门信贷/GDP 作为金融杠杆的度量指标。

在选择国内私人部门信贷/GDP 作为金融杠杆的基础上,遵循上述测算信贷产出缺口的逻辑,我们参考现有研究的方法构建金融去杠杆度量指标(Bezemer and Zhang,2014)。首先,采用 HP 滤波将国内私人部门信贷/GDP 分解为趋势项和周期项,并保留周期项。随后分析周期项,即信贷/GDP 相对其长期趋势的波动状况,来判断金融机构去杠杆的时期。经 HP 滤波处理后的周期项也就是 BIS 所定义的信贷产出缺口,代表着国内私人部门信贷/GDP 与它长期趋势项之间的差值,该指标正向偏离 0 越大,意味着当期该国信贷繁荣程度越高;当该指标负向偏离 0 越大,则意味着当期该国信贷紧缩程度越大。在此基础上,我们按照国家分别计算出各个国家国内私人部门信贷/GDP 周期项的标准差。随后,逐个按照国家构建去杠杆指标,认为当一国某年国内私人部门信贷/GDP 的周期值负向偏离 0 且偏离程度大于一个标准差时,该国信贷紧缩程度较大,定义该年为该国信贷周期的一个峰谷。随后从这一年往前递推,寻找局部极大值点,即前后一年的周期项数值均小于该年的周期项,定义该年度为峰顶。从峰顶的下一年开始到峰谷,认为是去杠杆时期,将区间内的年份定义为 1,其余年份定义为 0,构建金融去杠杆(DEL_{it})指标。

MKT_{it} 为衡量一国金融结构的指标,FMD_{it} 和 FID_{it} 分别为衡量一国以直接融资为主的金融市场发展水平和一国以间接金融为主的金融中介发展水平的指标。现有研究通常以一国当年股票交易量/银行私人信贷量[①]和股票资本化总量/银行私人信贷量作为金融结构的衡量指标(Baum et al.,2011;Beck and Levine,2002)。前者关注的是股票市场活跃程度与银行信贷规模的比例,后者关注的是股票市场规模与银行信贷规模的比例。在本章中,我们以前者定义金融结构变量,并

① 这里的银行私人信贷量是指国内储蓄性金融机构(包括商业银行和接受存款的其他金融机构)提供给私人部门的信贷总量。

取其自然对数。该数值越大表明该国金融体系越偏向于市场主导型的直接金融体系。在后面的稳健性检验中，我们以后者作为金融结构的代理变量。借鉴现有研究（Hsu，Tian and Xu，2014），以股票市场资本化总量/GDP 定义一国金融市场发展水平（FMD_{it}），该指标越大表明以资本市场为代表的直接金融发展水平越高。同时，采用银行私人信贷量/GDP 来衡量金融中介发展水平（FID_{it}），该指标越大表明以金融中介为代表的间接金融发展水平越高，并对这两个变量进行对数化处理。衡量金融市场发展水平和金融中介发展水平的指标还有股票交易量/GDP 和储蓄银行资产/GDP，前者关注股票市场的活跃程度，后者关注银行部门资产规模（Beck et al.，2009），本章选取两者作为稳健性检验的代理变量。

X_{it} 是其他特征变量。根据莱文等（Laeven et al.，2015）以及马勇等（2016）的相关研究，我们选取如下变量：（1）进出口贸易规模（TRA）。该指标选取 t 时期国家 i 进出口规模总额占 GDP 的比重，反映一国对外贸易开放程度，该值越高表明该国对外贸易开放程度越高。（2）财政支出（GOV）。我们采用政府最终支出占 GDP 的比重来表示一国的财政支出。通常而言，财政支出规模越大越有助于抑制经济波动，但财政支出扩张带来的挤出效应也可能引起资源的无效配置，阻碍经济增长。（3）教育水平（EDU）。参考莱文等（2015），我们采用中学教育入学人数占中学教育年龄人口的百分比衡量 i 国 t 时期的教育水平。由于实际中学教育入学人数中包含低于或高于中学教育年龄的学生，所以该指标可能大于 1。（4）存款利率（DPI）。该指标选取商业银行向储户支付的存款利率，作为市场利率水平的代理变量，用以衡量一国货币政策的宽松程度。（5）城镇化（URB）。采用城镇人口占总人口的比例衡量，该指标越大表示一国城镇化程度越高。城镇化主要通过消费升级和投资拉动的机制增加社会总需求，以需求带动经济增长。但过度的城镇化也有可能会加大经济波动。（6）工业化程度（IND）。采用工业增加值占 GDP 的比例衡量，该值越大表示第二产业在产业结构中的比重越高。（7）人口增长率（POP）。采用人口增长的年度百分比来衡量 i 国 t 时期的人口增长率，该数值越高表明人口增长速度越快。（8）金融杠杆波动率（VOL）。参照马勇等（2016）的研究，对国内私人部门信贷/GDP 进行 HP 滤波处理保留周期项，以周期项的绝对值作为衡量金融杠杆波动率的指标。金融杠杆波动率的增加，会对一国经济增长造成负面影响，同时加剧金融不稳定性，影响经济波动。（9）通货膨胀率（INF）。参照一般文献的做法，采用 GDP 平减指数表示一国通胀程度。另外，μ_i 衡量了第 i 个国家的截面效应，ε_{it} 为残差项。

（二）金融结构、金融发展水平对金融去杠杆与宏观经济之间关联的影响

为检验金融结构变迁与金融发展水平变化对去杠杆与宏观经济之间关联的影响，我们在方程（2.1）的基础上依次加入金融去杠杆与反映金融体系特征的金融结构变量的交叉项 $DEL_{it} \times MKT_{it}$、金融去杠杆与金融市场发展水平的交叉项 $DEL_{it} \times FMD_{it}$ 以及金融去杠杆与金融中介发展水平的交叉项 $DEL_{it} \times FID_{it}$，建立如下计量模型：

$$Y_{it} = \beta_0 + \beta_1 Y_{i,t-1} + \beta_2 Y_{i,t-2} + \beta_3 DEL_{it} + \beta_4 MKT_{it} + \beta_5 FMD_{it} + \beta_6 FID_{it}$$
$$+ \beta_8 DEL_{it} \times MKT_{it} + \beta_7 X_{it} + \mu_i + \varepsilon_{it} \qquad (2.2)$$

$$Y_{it} = \beta_0 + \beta_1 Y_{i,t-1} + \beta_2 Y_{i,t-2} + \beta_3 DEL_{it} + \beta_4 MKT_{it} + \beta_5 FMD_{it} + \beta_6 FID_{it}$$
$$+ \beta_8 DEL_{it} \times FMD_{it} + \beta_7 X_{it} + \mu_i + \varepsilon_{it} \qquad (2.3)$$

$$Y_{it} = \beta_0 + \beta_1 Y_{i,t-1} + \beta_2 Y_{i,t-2} + \beta_3 DEL_{it} + \beta_4 MKT_{it} + \beta_5 FMD_{it} + \beta_6 FID_{it}$$
$$+ \beta_8 DEL_{it} \times FID_{it} + \beta_7 X_{it} + \mu_i + \varepsilon_{it} \qquad (2.4)$$

由于 DEL_{it} 是虚拟变量，直接加入虚拟变量与其他变量的交叉项容易引起多重共线性的问题，所以我们在加入交叉项之前，首先对 DEL_{it} 和金融发展相关变量进行去中心化处理，再用去中心化处理后的数据构建计量模型中的交叉项。方程（2.2）至方程（2.4）中交叉项所表明的经济学含义与方程中 DEL_{it} 的系数 β_3 相关。如果交叉项的系数与金融去杠杆的系数同为正或同为负，则表明一国金融体系越偏向于市场主导型的直接金融体系、金融市场发展水平越高以及金融中介发展水平越高均会强化金融去杠杆对宏观经济增长和波动的影响；反之相反。

二、估计方法

为克服采用最小二乘法（OLS）对动态面板模型进行估计可能产生的偏差。我们采用系统广义矩估计（SYS - GMM）方法，该方法能够有效规避内生性问题。同时，由于采用温德梅耶（Windmeijer，2005）提出的纠偏后的稳健性估计方法可以有效改善两步 GMM 的局限性，本书选用纠偏后的两步系统广义矩估计进行实证研究。

三、数据来源

我们使用的数据全部源于世界银行 WDI 数据库和 GFDD 数据库。基于数据

的可得性，本章的实证分析样本包括 97 个国家和地区（经济体）[①] 1980～2015 年的相关数据。为了尽可能利用数据，我们采用插值法补全缺失值较少[②] 的数据序列。

四、描述性统计

本章所涉及各变量的全样本描述性统计结果如表 2 - 1 所示。

表 2 - 1 变量描述性统计

变量名	变量含义	观测值	平均值	标准差	最小值	最大值
GDPG	GDP 增长率	2078	0.0359	0.0413	- 0.2293	0.3374
GAP	GDP 波动	2078	0.0976	0.0846	0.0000	0.5758
DEL	金融去杠杆	2078	0.2652	0.4415	0.0000	1.0000
MKT	金融结构	1673	- 2.3078	1.8277	- 8.6259	1.7943
FMD	金融市场发展水平	1618	3.1617	1.3305	- 3.5066	6.9906
FID	金融中介发展水平	2047	3.6655	0.8489	0.1398	5.5634
TRA	进出口贸易规模	2078	0.8402	0.5139	0.0632	4.4262
GOV	政府支出	2078	0.1616	0.0487	0.0332	0.3223
EDU	教育水平	2078	0.8185	0.2711	0.0522	1.6681
DPI	存款利率	2078	0.1028	0.2103	- 0.0018	4.0000
URB	城镇化率	2078	0.6133	0.2194	0.0609	1.0000

---

① 具体包括（按英文国名或地区名排序）：阿根廷、亚美尼亚、澳大利亚、奥地利、比利时、孟加拉国、保加利亚、巴林、玻利维亚、巴西、巴巴多斯、加拿大、瑞士、智利、中国、科特迪瓦、哥伦比亚、哥斯达黎加、塞浦路斯、捷克共和国、德国、丹麦、厄瓜多尔、埃及、西班牙、爱沙尼亚、芬兰、斐济、法国、英国、格鲁吉亚、加纳、希腊、圭亚那、中国香港特别行政区、克罗地亚、匈牙利、印度尼西亚、爱尔兰、伊朗、冰岛、意大利、牙买加、约旦、日本、肯尼亚、吉尔吉斯斯坦、圣基茨和尼维斯、韩国、科威特、黎巴嫩、斯里兰卡、立陶宛、卢森堡、拉脱维亚、摩洛哥、摩尔多瓦、墨西哥、马其顿、马耳他、黑山、蒙古国、毛里求斯、马拉维、马来西亚、纳米比亚、尼日利亚、荷兰、挪威、尼泊尔、新西兰、阿曼、巴基斯坦、巴拿马、秘鲁、菲律宾、波兰、葡萄牙、巴拉圭、巴勒斯坦、卡塔尔、罗马尼亚、俄罗斯、塞尔维亚、斯洛伐克、斯洛文尼亚、瑞典、斯威士兰、泰国、特立尼达和多巴哥、土耳其、乌干达、乌克兰、乌拉圭、委内瑞拉、南非、津巴布韦。

② 参照陈雨露等（2014）和马勇等（2016）的研究，对数据序列在时间维度上缺失小于 10% 的样本，利用插值法补全。

续表

变量名	变量含义	观测值	平均值	标准差	最小值	最大值
IND	工业化程度	2078	0.3094	0.0973	0.0647	1.5695
POP	人口增长率	2078	0.0116	0.0143	−0.0382	0.1633
VOL	金融杠杆波动率	2078	4.3268	5.0094	0.0018	47.4679
INF	通货膨胀率	2078	0.1067	0.3623	−0.2721	9.5865

从表 2-1 来看，金融结构、金融市场发展水平和金融中介发展水平的标准差比较大，说明各经济体金融体系的特征和金融发展水平差异较大。为检查解释变量之间是否存在多重共线性，我们进行了方差膨胀因子（VIF）检验，结果表明，解释变量的 VIF 均小于 5，说明不存在明显的多重共线性问题。

五、实证结果及分析

（一）金融去杠杆、金融发展水平对经济增长的影响

表 2-2 的第（1）~（4）列显示的是当被解释变量为经济增长时，模型（2.1）~模型（2.4）的回归结果。结果显示，经济增长的一阶和二阶滞后项的系数在 1% 的水平下显著，这反映了经济增长具有一定持续性，也证明了动态面板模型运用和被解释变量滞后阶数的选择是合理的。表 2-2 第（1）列为模型（2.1）的回归结果，可以看出金融去杠杆的系数在 5% 的显著性水平下为负，说明金融去杠杆会抑制一国经济增长，这与马勇等（2016）的研究结论一致，也验证了本章的实证假设 2-1。第（2）~（4）列所示模型（2.2）~模型（2.4）的结果表明，金融去杠杆以及其他控制变量系数的方向在加入金融结构和金融发展水平与金融去杠杆的交叉项后无明显的变化，进一步反映出模型（2.1）估计的稳健性。*DEL×MKT* 和 *DEL×FID* 这两项交叉项的系数不显著，表明金融结构的变迁以及以间接金融为主的金融中介发展水平的变化对金融去杠杆与经济增长之间的关联不会产生显著影响。而 *DEL×FMD* 的系数在 1% 的显著性水平下为正，表明以直接金融为主的金融市场的发展能够显著弱化金融去杠杆对经济增长的影响。另外，四个模型的回归结果均显示，金融结构（*MKT*）的变化对经济增长的影响不显著，而代表直接金融发展水平的金融市场发展指标（*FMD*）与经济增长显著正相关，同时，代表间接金融发展水平的金融中介发展指标（*FID*）与经济增长负相关。

表 2 - 2　　金融去杠杆对宏观经济的影响以及金融发展变化对两者关联的影响

变量	经济增长				经济波动			
	(1)	(2)	(3)	(4)	(5)	(6)	(7)	(8)
L. GDPG	0.0933*** (3.6076)	0.1262*** (2.9667)	0.0913** (2.5231)	0.1154*** (3.2725)				
L2. GDPG	-0.1203*** (-8.4912)	-0.1109*** (-7.0317)	-0.1251*** (-5.7560)	-0.1121*** (-7.2638)				
L. GAP					0.3668*** (12.4212)	0.3230*** (8.9185)	0.3436*** (13.0510)	0.3643*** (11.5610)
L2. GAP					-0.3265*** (-14.5439)	-0.3696*** (-11.2775)	-0.3690*** (-13.7729)	-0.3260*** (-14.5829)
DEL	-0.0055** (-2.0910)	-0.0064** (-2.0298)	-0.0065** (-2.3804)	-0.0072** (-2.2892)	0.0084* (1.6632)	0.0075* (1.7681)	0.0095* (1.7345)	0.0116* (1.9270)
MKT	0.0003 (0.1538)	0.0006 (0.3417)	0.0002 (0.0957)	0.0015 (1.0021)	0.0047 (1.0614)	0.0019 (0.5269)	0.0012 (0.2842)	0.0048 (1.0078)
FMD	0.0152*** (3.7404)	0.0145*** (4.1288)	0.0132*** (3.0078)	0.0142*** (4.1205)	-0.0027 (-0.4375)	-0.0014 (-0.1710)	0.0027 (0.4414)	-0.0014 (-0.2229)
FID	-0.0417*** (-8.7339)	-0.0402*** (-8.2813)	-0.0358*** (-6.7066)	-0.0435*** (-10.2837)	-0.0195** (-2.1789)	-0.0185** (-2.5174)	-0.0188** (-2.1162)	-0.0175* (-1.7999)
DEL × MKT		0.0003 (0.1652)				0.0058 (1.1508)		

续表

变量	经济增长				经济波动			
	(1)	(2)	(3)	(4)	(5)	(6)	(7)	(8)
$DEL \times FMD$			0.0062*** (2.5774)				-0.0085* (-1.7676)	
$DEL \times FID$				0.0049 (1.0779)				-0.0128 (-1.5929)
INF	0.0031 (0.7859)	0.0040 (1.2343)	0.0075** (2.2709)	0.0030 (0.7986)	-0.0028 (-0.3655)	0.0022 (0.3143)	0.0002 (0.0256)	-0.0007 (-0.0912)
VOL	-0.0004 (-1.5689)	-0.0004 (-1.5732)	-0.0006** (-2.0073)	-0.0004 (-1.3174)	0.0013** (2.2042)	0.0017** (2.0209)	0.0015*** (2.7530)	0.0013** (2.3392)
TRA	0.0140** (2.0019)	0.0219* (1.6894)	0.0138* (1.8471)	0.0171** (2.4958)	-0.0064 (-0.4074)	-0.0014 (-0.0929)	0.0007 (0.0457)	-0.0050 (-0.4041)
GOV	-0.2907*** (-3.5638)	-0.1908*** (-2.6960)	-0.2658* (-1.6730)	-0.2349** (-2.4786)	0.0998 (0.6130)	0.0582 (0.4004)	-0.0607 (-0.3774)	0.1335 (0.7318)
EDU	0.0408** (2.1816)	0.0488 (1.5571)	0.0368 (0.8194)	0.0435* (1.8118)	-0.0668* (-1.7730)	-0.0604 (-1.5464)	-0.0226 (-0.7154)	-0.0813* (-1.8954)
DPI	-0.0123** (-2.2986)	-0.0122** (-2.2618)	-0.0180*** (-3.7756)	-0.0107** (-2.2683)	-0.0116 (-1.0010)	-0.0164* (-1.9247)	-0.0141 (-1.5864)	-0.0156 (-1.5027)
URB	-0.0069 (-0.2559)	-0.0225 (-0.3954)	-0.0154 (-0.2795)	-0.0068 (-0.2416)	0.0266 (0.5110)	0.0252 (0.4120)	0.0056 (0.1285)	0.0192 (0.3563)

经济发展新常态下我国货币政策体系建设研究

续表

变量	经济增长				经济波动			
	(1)	(2)	(3)	(4)	(5)	(6)	(7)	(8)
IND	0.0982*** (2.8140)	0.0517 (1.2678)	0.0918*** (3.0634)	0.0903** (2.0946)	0.2049*** (2.9822)	0.2036*** (2.6375)	0.2191** (2.4857)	0.1983*** (2.6030)
POP	0.1204 (0.4635)	0.0906 (0.1695)	0.1982 (0.7651)	-0.0425 (-0.1525)	-1.4447*** (-3.4250)	-1.1963** (-2.1228)	-1.5714*** (-2.9122)	-1.4960*** (-3.1205)
CONST.	0.1253*** (5.5660)	0.1163*** (4.3467)	0.1163*** (4.6343)	0.1271*** (5.3056)	0.1623*** (4.2094)	0.1523*** (2.9912)	0.1313** (2.4959)	0.1637*** (4.0874)
NUMBERS	97	97	97	97	97	97	97	97
OBSERVAT-IONS	1550	1550	1550	1550	1555	1555	1555	1555
AR (1)	0.0000	0.0000	0.0000	0.0000	0.0000	0.0000	0.0000	0.0000
AR (2)	0.5661	0.5400	0.4802	0.5474	0.3797	0.8924	0.9854	0.3679
Sargan-P	1.0000	1.0000	1.0000	1.0000	1.0000	1.0000	1.0000	1.0000

注：（1）$L.GDPG$ 和 $L2.GDPG$ 表示 GDP 增长率的一阶滞后，$L.GAP$ 和 $L2.GAP$ 表示 GDP 波动率的一阶和二阶滞后；（2）各变量系数下括号中的数字为 z 值；（3）$AR(1)$ 和 $AR(2)$ 分别代表一阶和二阶自相关检验，$Sargan-P$ 代表对模型工具变量过度识别检验的 p 值；（4）*、**、*** 分别表示 z 统计量在 10%、5% 和 1% 水平下显著。

41

（二）金融去杠杆、金融发展对经济波动的影响

表 2 - 2 的第（5）~（8）列显示的是当被解释变量为经济波动时，模型（2.1）~模型（2.4）的回归结果。结果显示，第（5）列模型（2.1）中金融去杠杆的系数在 10% 的显著性水平下为正，表明金融去杠杆会加大经济波动。同时，模型（2.1）~模型（2.4）的结果还表明，一国金融结构的变迁（MKT）、以资本市场为主的金融市场的发展（FMD）对经济波动不产生显著影响；而反映一国间接金融发展的金融中介水平（FID）的变化会对经济波动产生显著的负向影响。进一步地，依次加入金融结构和金融发展水平与金融去杠杆的交叉项后，模型（2.1）中其他变量系数的方向没有显著的变化，反映出结论的稳健性。第（6）~（8）列的结果显示，$DEL \times MKT$ 和 $DEL \times FID$ 的系数不显著，表明金融结构的变迁和金融中介发展水平的变化不会对金融去杠杆对经济波动的"放大效应"产生显著影响。而第（7）列的结果显示，$DEL \times FMD$ 的系数在 10% 的显著性水平上为负，表明以直接金融为主的金融市场的发展能显著抑制金融去杠杆对经济波动的"放大效应"。

表 2 - 2 显示的各个模型的估计结果中，AR（1）均小于 0.05，AR（2）均大于 0.1，表明扰动项的差分存在一阶自相关但不存在二阶自相关，因此采用系统 GMM 估计方法是合适的，结果不受残差序列相关影响。同时，所有模型均通过 Sargan 检验，说明估计所选择的工具变量有效，实证结果是可靠的。

（三）实证结果分析

前述表 2 - 2 的结果显示，金融去杠杆会显著地对宏观经济增长和经济波动产生负面影响，即金融部门去杠杆在抑制一国经济增长的同时，也加大了一国经济波动，从而验证了本章的实证假设 2 - 1。同时，实证结果还表明，以直接金融为主的金融市场的发展会弱化金融去杠杆对宏观经济增长和波动的负面影响，而金融结构的变化和以间接金融为主的金融中介的发展对两者之间的关联没有显著影响。前者与我们的实证假设一致，而后者与我们的实证假设不一致。我们认为，实证结果与理论假设相左的可能原因在于：第一，就金融结构而言，其反映的是一国金融市场上直接融资与间接融资之比。理论上，该比值越大，意味着该国金融资源配置中直接融资规模和比例相较于间接融资越大，在金融体系上更偏向以资本市场为主的市场主导型金融体系。由于直接融资市场相对发达，从而在面临金融去杠杆时，将有助于缓解去杠杆给私人部门带来的间接融资约束，降低金融去杠杆对宏观经济的影响；但是，该比值越高也意味着以商业银行为代表的金融

中介在金融体系中的重要性相对不足。前述表明，金融中介不仅具有跨部门风险分担的功能，而且能够通过代际风险分担和资产积累实现跨期风险分散，从而降低系统性风险对实体经济部门的冲击。同时，我们的实证研究也表明，金融中介的发展具有平抑宏观经济风险的功能和作用，即减轻经济波动。随着银行部门重要性的下降，其平抑去杠杆对宏观经济不利影响的效果也会下降。因此，整体上表现为金融结构的变化对金融去杠杆与宏观经济之间的关联没有显著影响。第二，对以间接金融为主的金融中介的发展水平而言，由于金融去杠杆主要作用于信贷部门，通过影响信贷约束和资产价格作用于实体经济，而金融中介更依赖于间接金融，因此金融中介发展水平的提高可能会放大金融去杠杆对宏观经济的负面效应。但与此同时，前述表明的金融中介所具有的跨部门和跨期的风险管理优势，会使得更高的金融中介发展水平可以更有效地通过跨期、跨部门风险分担降低系统性风险对实体部门的冲击强度。因此，整体上表现为金融中介的发展对金融去杠杆与宏观经济之间的关联的影响没有显著的放大或抑制效应。

本章的实证结果还表明，金融中介发展水平的提高会抑制经济增长，金融市场发展水平的提高则有助于促进经济增长。从现有金融发展与经济增长关联的研究来看，大多数研究均认为，资本市场和金融中介的发展有利于促进金融资源的配置、降低信息不对称性、促进资本形成，从而有利于推动经济增长和要素生产率的提高。但大多数的研究也认为，包括金融中介在内的金融发展推动经济增长需要一定的前提条件，如较为稳定的宏观经济环境、较低的通货膨胀率以及金融市场竞争充分等因素。而本章的实证结果显示金融中介发展水平的提高会抑制经济增长，其可能的原因在于：第一，与样本的选择和分布有关。为保证样本选择的广泛性，在我们的样本中既包含了主要的经济发达国家，也包含部分发展中国家。而在发展中国家中，大部分拉丁美洲国家、非洲国家和中亚国家在样本期间都经历了较高的通货膨胀、货币贬值以及金融动荡等市场环境的不稳定，而且，大多数发展中国家的金融市场和金融中介并非完全竞争，存在着国家和私人家族垄断的问题。在此背景下，金融中介的发展可能会导致资源的错配，从而不利于经济发展。第二，对于部分发达国家而言，近年来也有研究表明，由于创新在经济增长中发挥着越来越重要的作用，而信贷市场的发展可能会阻碍企业，特别是中小企业的创新，从而影响经济增长。创新活动通常需要较多的无形资产，难以满足信贷所需抵押物要求，同时创新过程中不稳定的现金流也难以支持间接融资所需偿付的利率，因此银行的发展可能通过影响创新来抑制经济增长（Peia and Roszbach，2015）。

通过分析纳入模型的控制变量系数，可以得到其他控制变量变动对宏观经济的影响。具体而言，进出口规模的扩大、教育水平的提高以及工业化程度的加深均有助于促进经济增长。而财政支出的扩张和存款利率上升会阻碍经济增长，这可能源于财政支出扩张带来的"过度拥挤"效应以及存款利率上升导致的投资减少造成经济增速放缓。此外，金融杠杆波动率的上升以及工业化程度的加深会加剧经济波动，而人口增长率的提高可以抑制经济波动，这是因为人口增长速度加快改善了人口结构，少儿人口比例的增加可以缓解经济增长的长期波动（武康平等，2016）。

六、稳健性检验

为了确保本章估计结果的稳健性，我们对模型（2.1）~模型（2.4）进行稳健性检验。模型（2.1）旨在考察金融去杠杆对宏观经济的影响，我们采用金融去杠杆的另一定义，重新构建金融去杠杆的代理变量，实证检验模型（2.1）结论的稳健性。相关文献认为，当国内私人部门信贷/GDP 至少连续三年负增长且总下降幅度大于 10% 时，可以认定该国正处于金融去杠杆进程中（Lund et al.，2010；马勇等，2016）。基于此，我们按照国家分别计算出该国每一年的国内私人部门信贷/GDP 增长率，将至少连续三年增长率为负，并且三年总共下降幅度大于 10% 的区间判定为去杠杆区间，将区间内的年份定义为 1，其余年份定义为0，构建去杠杆指标，同时保持模型中其他变量不变。模型（2.2）~模型（2.4）主要探究金融发展对去杠杆与宏观经济关联的影响，所以金融发展变量的选取至关重要。在此，我们选取股票市场资本化总量/银行私人信贷量作为金融结构的代理变量，该数值越大表明越偏向于以直接融资渠道为主的市场主导型金融体系。同时，选取股票交易量/GDP 以及储蓄银行资产/GDP 分别作为金融市场发展水平和金融中介发展水平的代理变量，该数值越大表明金融市场和金融中介的发展水平越高。在此基础上，重新进行相关回归，回归结果如表 2-3 所示。从表 2-3 显示的回归结果来看，主要检验结果与表 2-2 的结论基本一致：金融去杠杆对经济增长有显著负效应，同时去杠杆会加大一国经济波动；金融结构的变迁和金融中介发展水平的变化不会明显改变去杠杆对宏观经济的影响效果；而金融市场发展水平的提高可以弱化去杠杆对经济增长的抑制作用和经济波动的"放大效应"。表明本章结果是稳健的。

表2-3　金融去杠杆对宏观经济的影响以及金融发展变化对二者关联的影响（稳健性检验）

变量	经济增长				经济波动			
	(1)	(2)	(3)	(4)	(5)	(6)	(7)	(8)
L. GDPG	0.1119*** (3.4882)	0.0769*** (2.6638)	0.0825* (1.8480)	0.0688** (2.2568)				
L2. GDPG	-0.1094*** (-5.0065)	-0.1535*** (-5.8443)	-0.1269*** (-3.9240)	-0.1536*** (-5.5624)				
L. GAP					0.3579*** (12.6645)	0.3427*** (14.6698)	0.3450*** (11.9505)	0.3462*** (8.5226)
L2. GAP					-0.3435*** (-16.8794)	-0.3763*** (-16.3963)	-0.3774*** (-13.3720)	-0.3660*** (-11.0733)
DEL	-0.0059* (-1.7487)	-0.0058** (-2.3984)	-0.0061** (-2.4255)	-0.0071*** (-2.7991)	0.0156** (2.1526)	0.0083 (1.7234)	0.0195** (2.2345)	0.0101* (1.7255)
MKT	0.0002 (0.1437)	0.0127*** (3.7792)	0.0102*** (3.4246)	0.0135*** (3.8671)	0.0043 (1.1505)	0.0047 (0.8254)	0.0070 (0.8229)	0.0054 (0.6794)
FMD	0.0146*** (4.1526)	0.0028* (1.7043)	0.0036** (2.2650)	0.0030* (1.8410)	-0.0043 (-0.6525)	-0.0002 (-0.1245)	-0.0038 (-1.5893)	-0.0009 (-0.4177)
FID	-0.0356*** (-8.5929)	-0.0242*** (-5.2107)	-0.0172*** (-3.4116)	-0.0252*** (-6.1362)	-0.0176** (-2.1995)	-0.0162** (-2.1878)	-0.0103 (-0.8731)	-0.0194* (-1.8111)
DEL×MKT		0.0020 (0.9297)				-0.0056 (-0.9357)		

续表

变量	经济增长				经济波动			
	(1)	(2)	(3)	(4)	(5)	(6)	(7)	(8)
DEL×FMD	0.0053** (2.1227)		0.0019** (2.1068)				-0.0060* (-1.6683)	
DEL×FID				0.0020 (0.6199)				-0.0120 (-1.2632)
INF		0.0063* (1.8485)	0.0057*** (2.8916)	0.0060*** (2.7231)	-0.0106 (-0.7701)	-0.0001 (-0.0110)	-0.0023 (-0.5233)	0.0018 (0.1975)
VOL	-0.0007** (-2.3126)	-0.0006*** (-2.6461)	-0.0004* (-1.7304)	-0.0005** (-2.5593)	0.0015*** (2.9875)	0.0017*** (3.2489)	0.0024*** (4.4980)	0.0021*** (4.2144)
TRA	0.0150*** (2.9991)	0.0092* (1.8240)	0.0105** (2.0845)	0.0121** (2.0656)	-0.0079 (-0.8782)	-0.0131* (-1.7404)	-0.0181 (-1.1375)	-0.0166* (-1.7057)
GOV	-0.2417*** (-2.7024)	-0.1825** (-2.3312)	-0.2119** (-2.2413)	-0.1533* (-1.7809)	0.0669 (0.5312)	0.0405 (0.3397)	0.0015 (0.0094)	0.0780 (0.4080)
EDU	0.0320* (1.7204)	0.0415** (2.5421)	0.0234 (1.3542)	0.0388** (2.3162)	-0.0255 (-0.7779)	-0.0786*** (-3.3093)	-0.0455 (-1.0515)	-0.0752* (-1.8297)
DPI	-0.0146*** (-3.9467)	-0.0147*** (-2.8000)	-0.0144*** (-4.7589)	-0.0141*** (-4.1475)	-0.0004 (-0.0228)	-0.0184 (-1.4463)	-0.0178** (-2.3807)	-0.0204 (-1.6149)
URB	-0.0178 (-1.0297)	-0.0362 (-1.3928)	-0.0288 (-1.3225)	-0.0421** (-2.2113)	0.0193 (0.5351)	0.0233 (0.5101)	0.0650 (1.3830)	0.0496 (1.1453)

续表

变量	经济增长					经济波动		
	(1)	(2)	(3)	(4)	(5)	(6)	(7)	(8)
IND	0.0812**	0.1035***	0.1262***	0.1219***	0.1404**	0.1638**	0.2421***	0.1908***
	(2.2574)	(2.8100)	(3.6930)	(3.3336)	(2.0155)	(2.1961)	(2.7310)	(2.8050)
POP	0.3083	0.2568	0.1113	0.3255	-1.4000***	-0.9351*	-1.9919***	-1.8120***
	(1.3076)	(1.0268)	(0.5247)	(1.5752)	(-3.0367)	(-1.8076)	(-3.6120)	(-2.7523)
CONST.	0.1110***	0.1210***	0.0971***	0.1179***	0.1565***	0.1798***	0.0985*	0.1685***
	(5.7333)	(4.6558)	(4.0411)	(5.0095)	(3.8663)	(3.8894)	(1.6525)	(2.8204)
NUMBERS	97	93	93	93	97	93	93	93
OBSERVAT-IONS	1550	1389	1389	1389	1555	1393	1393	1393
AR (1)	0.0000	0.0000	0.0000	0.0000	0.0000	0.0000	0.0000	0.0000
AR (2)	0.6879	0.1347	0.3101	0.1166	0.4982	0.9954	0.8432	0.8040
Sargan-P	1.0000	1.0000	1.0000	1.0000	1.0000	1.0000	1.0000	1.0000

注：（1）$L.GDPG$ 和 $L2.GDPG$ 表示 GDP 增长率的一阶和二阶滞后，$L.GAP$ 和 $L2.GAP$ 表示 GDP 波动率的一阶和二阶滞后；（2）各变量系数下括号中的数字为 z 值；（3）AR（1）和 AR（2）分别代表一阶和二阶自相关检验，$Sargan-P$ 代表对模型工具变量过度识别检验的 p 值；（4）*、**、*** 分别表示 z 统计量在 10%、5% 和 1% 水平下显著。

47

第四节　本章小结与政策含义

　　本章在对现有文献进行梳理并展开理论分析的基础上，运用 97 个国家和地区（经济体）1980～2015 年的非平衡面板数据，实证检验了金融去杠杆对经济增长和经济波动的影响。在此基础上，进一步探究了一国金融结构以及包括金融市场发展和金融中介发展在内的金融发展水平的变化对金融去杠杆与宏观经济之间关联的影响。实证结果显示，第一，总体上，金融去杠杆对经济增长有显著的负效应，而且会加剧宏观经济的波动；第二，以资本市场为代表的金融市场的发展会弱化金融去杠杆对经济增长的抑制作用和对经济波动的放大效果；第三，金融结构的变迁和以金融中介为代表的间接金融的发展对金融去杠杆与宏观经济之间的关联无显著影响。

　　本章的理论分析和实证研究结论表明，金融机构去杠杆会通过筹集新资本、处理问题资产或减少信贷供给的方式来进行，从而对实体经济部门带来融资约束或引发资产价格下跌，进而对宏观经济增长和波动带来负面影响。因此，金融监管部门和宏观经济决策部门，在事前应通过强化金融机构资本监管、避免金融机构过度金融创新带来资金套利、空转等政策和措施，防范金融机构过度加杠杆，避免金融高杠杆对经济发展带来的潜在风险；而在金融高杠杆形成后面临不得不去杠杆的情形下，在事后应尽可能采用可控的方式和节奏来稳步推进去杠杆进程。例如，要求金融机构尽可能通过筹集新资本的方式来降低其杠杆率，或采用内部核销而不是甩卖的方式来处理问题资产、调整信贷资产结构、减少对非实体经济领域的信贷供给、加大对实体经济领域信贷支持等。尽可能避免因为去杠杆力度过大导致的大量资产抛售行为，引发资产价格下降，从而出现"去杠杆越去越高"的现象，发生"处置风险的风险"。同时，前述表明，金融机构去杠杆的过程实际上表现为金融机构的"缩表"过程。由于实体经济部门的主要负债对应着金融机构的资产，金融机构"缩表"带来的信用能力创造的缩减会进一步导致实体经济部门中家庭、企业和政府部门的去杠杆。因此，为避免陷入金融机构去杠杆带来的被动去杠杆，实体经济部门应主动管理自身杠杆，通过主动去杠杆，降低债务风险来优化金融机构的资产结构，降低金融机构的杠杆水平，促使金融机构在事前去杠杆，从而达到有效防范金融风险的目的。特别是对于在信贷资源配置中处于有利地位的国有企业和地方政府而言，其自身的主动去杠杆对于改善商业银行等金融机构的资产结构、降低其杠杆水平、做好事前风险防范等具有更为重要的意义和作用。另外，本章的研究结论也表明，以直接融资为主的金融市场的发展有利于减轻金融去杠杆对宏观经济的不利影响。直接金融发展水平越高，越有利于金融中介和企业在去杠杆时筹集新资本，以此来减轻私人部门面临的信贷约束，推动投资和消费。因此在金融去杠杆过程中，应大力推进直接金融发展的力度，拓宽市场主体的融资渠道，有效减轻金融去杠杆给市场主体带来的融资约束加大等不利影响。最后，尽管本章的实证研究表明，以间接金融为主的金融中介的发展不会对金融去杠杆的宏观经济效应产生影响，且金融中介的发展有可能对经济增长带来负面影响，但我们的实证结果也表明，金融中介的发展将有利于经济发展的稳定，减轻经济的波动。因此，在金融去杠杆的过程中，也应该创造有利的宏观经济环境（如低的通货膨胀率、良好的市场竞争环境等），兴利除弊，充分发挥金融中介在跨部门和跨期风险分担中的作用，尽可能降低金融去杠杆过程中的宏观经济系统性风险。

第三章

经济发展新常态下家庭部门杠杆变化
对消费的影响

第一节 供给侧结构性改革中我国家庭
部门杠杆变化

2014 年以来,在我国经济进入新常态后,推进以结构调整和增长动能转换为主的供给侧结构性改革成为我国宏观经济改革和发展的主线。在供给侧改革过程中,"三去一降一补"成为近期结构性改革的主要任务。其中,首要任务是去杠杆。针对去杠杆,国内学术界和实务界的一个普遍观点是,当前我国去杠杆的主要对象应该是国有企业、地方政府和金融机构,而对于广大的家庭部门而言,目前的杠杆率并不高;相反,为推动经济由传统的投资和外需拉动的增长向以消费为主的内需拉动的内生性增长转型,家庭部门有必要加杠杆。事实上,从我国家庭部门的杠杆现状来看,尽管 2000 年以来我国家庭部门的杠杆率有较快的上升,但相对于全社会杠杆率的快速上升而言,家庭部门的杠杆率无论是绝对值还是上升的速度都有较大差距(见图 3 - 1)。塞切蒂等(Cecchetti et al. , 2011)基于 18 个经济合作与发展组织(OECD)国家 1980 ~ 2010 年间各经济部门杠杆率数据的测算表明,不同经济部门的杠杆率对经济增长的影响存在着由正面作用到负面效应的阈值,家庭部门杠杆率达到 85% 时将对经济产生负面影响。按此测算，我国家庭杠杆率尚低于这一水平，在此背景下提高家庭部门的杠杆率有可能会促进消费，推动经济增长动力的转型。但问题在于，在我国现有的经济结构、家庭收入和财富水平背景下，居民家庭加杠杆是否会带来消费的增加？显然，这是一个需要从经验检验的角度来予以回答的问题。

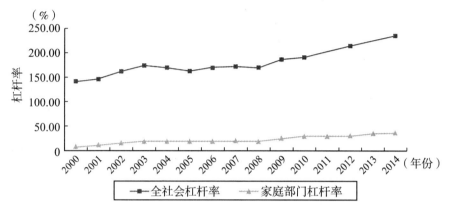

图 3 - 1 2000～2014 年中国全社会杠杆率和家庭部门杠杆率

资料来源：Wind 数据库。

从相关研究来看，有关居民家庭杠杆对家庭支出和消费影响的研究并未得到一致性的结论。基于现有研究，家庭杠杆对支出或消费的影响可以分为直接影响和间接影响两种途径。直接影响是家庭杠杆本身及其导致的结果对家庭支出行为的影响。现有研究表明，家庭杠杆自身作为调整目标及其产生的流动性约束和信贷约束会对消费产生负面作用（Dynan and Edelberg，2013；Dynan，2012）。间接影响则主要分析家庭杠杆对家庭消费决定因素与消费之间关联的影响。由于家庭收入和财富是影响家庭消费的两个最主要因素，所以，研究也就主要围绕家庭杠杆对收入（或财富）与消费之间关联的影响（收入消费效应和财富消费效应）来展开。贝克（Baker，2015）认为，在面对同样的收入冲击时，高杠杆家庭对支出的调整幅度显著大于低杠杆家庭。也有学者基于美国和挪威家庭微观数据的实证研究表明，高杠杆家庭具有更高的财富边际消费倾向（Mian，2013；Yao et al.，2015）。因此，仅从现有针对发达经济体家庭消费行为的研究来看，我们无法判断我国居民家庭加杠杆对其消费的直接和间接影响。而且，对我国居民家庭而言，其消费既包括满足家庭生存需要的衣、食、住等方面的生存型消费，也包括满足家庭更高层次需求的教育、通信和健康等方面的发展与享受型消费，那么，居民家庭杠杆对不同类型消费的直接影响和间接影响是否存在差异？居民家庭杠杆会怎样影响我国家庭的消费结构？进一步地，在长期的经济发展过程中，二元经济结构的存在，使得我国城镇居民家庭与农村居民家庭在收入、负债和消费等方面存在着较大的差异。在此背景下，城乡居民家庭加杠杆对其消费和消费结构的直接和间接影响是否也存在显著的不同？显然，对这些问题的分析，不仅能为我国居民家庭加杠杆能否促进消费提供经验证据，而且有利于我们了解和把握居民家庭加杠杆对消费结构转型和城乡居民家庭消费的影响，进而为供给侧结构性改革背景下去杠杆政策的准确实施提供理论依据。

基于上述目的，本章在对国内外相关文献进行梳理的基础上，利用中国家庭追踪调查（China Family Panel Studies，CFPS）的微观数据，实证检验了我国居民家庭杠杆对其总支出和消费性支出的直接与间接影响，并参照 CFPS 有关中国家庭消费性支出的分类，进一步检验了居民家庭杠杆对生存型消费、发展与享受型消费的直接和间接影响，以及杠杆对城乡居民家庭消费和消费结构影响的差异。检验结果表明，居民家庭杠杆对家庭总支出的直接影响为负，但会强化家庭总支出和消费性支出的财富消费效应；居民家庭杠杆对生存型消费的直接影响为正，同时强化了生存型消费的财富消费效应，但会抑制发展与享受型消费。家庭杠杆会抑制城镇居民家庭的总支出增加，但会促进农村居民家庭生存型消费的增加并强化其财富消费效应。

第二节　家庭杠杆对消费影响的理论分析

关于居民家庭负债对支出和消费活动的影响，早期研究大多建立在宏观数据分析的基础之上，并且研究结论不尽相同。巴切塔和格拉赫（Bacchetta and Gerlach，1997）以及路德维格森（Ludvigson，1996）发现，消费信贷、按揭贷款和消费支出之间存在正相关关系，而且这种关系在耐用品和服务的消费上尤为显著；但是，米什金（Mishkin，1976）则认为，家庭信贷与支出呈现出显著的负向关系。麦卡锡（McCarthy，1997）认为，一方面，由于家庭看好未来收入水平，家庭负债将促进消费；另一方面，家庭债务负担的加重最终将对消费产生负面影响。更多关于家庭负债的相关研究是在 2008 年全球金融危机之后兴起的，在住房按揭贷款方面的研究尤为集中。相关研究发现，违约行为和信贷约束造成了家庭贷款需求的下降（Brown et al.，2010；Bhutta，2010；Demyanyk and Koepke，2012），这是引起家庭消费支出下降的一个重要原因。

近年来，学术界逐渐意识到，消费理论以微观家庭为决策主体，其最优化条件不具有可加性（徐润和陈斌开，2015），直接使用宏观数据对消费理论进行检验存在着宏观数据"可加性"问题（Deaton，1992）。家庭负债对不同家庭消费的影响可能存在差异，采用宏观数据进行分析将无法控制家庭的人口统计与经济特征，也难以考察家庭杠杆影响家庭消费行为的微观机制。另外，相对于加总的宏观数据，微观层面上家庭不同财务状况的数据分布也更加广泛，基于家庭微观数据的考察将有利于更为精确地分析潜在的微观机理。正因为如此，从微观层面，基于家庭财务数据的消费行为研究也就成为近期该领域关注的重点。从现有微观层面的研究来看，各国学者主要致力于家庭负债形成原因和分布特征的研究（Magri，2002；Brown and Taylor，2008；陈斌开和李涛，2011；吴卫星、徐芊和白晓辉，2013），只有少量文献关注了家庭杠杆和消费支出活动之间的联系。

一、家庭杠杆对消费支出的直接影响

戴南和埃德伯格（Dynan and Edelberg，2013）指出，家庭杠杆对消费支出行为会产生负面影响。这主要是因为，过高的杠杆率会降低家庭进一步取得消费信贷的可能性，从而限制家庭的消费支出；因负债产生的每月还款会使家庭每月的现金流减少，从而迫使家庭削减支出；同时，高杠杆的家庭对于未来信贷可获得性的不确定性更高，因此可能会减少支出来降低未来的不确定性；更进一步地，家庭可能还会制定目标杠杆率，当真实的杠杆率超过目标杠杆率时，家庭可能会选择减少消费以偿还负债。戴南（Dynan，2012）认为，在金融危机期间，美国家庭的债务高悬迫使高杠杆家庭去杠杆，从而减少了消费，阻碍了经济发展。戴南和埃德伯格（2013）利用美国家庭经济动态调查数据（Panel Study of Income Dynamics，PSID），在控制了财富变动的因素后，发现高杠杆的家庭在金融危机爆发后更倾向于减少支出。他们认为，不仅家庭财富的减少通过财富效应减少了支出，家庭杠杆在其中也发挥了重要的作用。库珀（Cooper，2012）利用相同的数据，同样发现了美国家庭债务水平与消费之间的负相关关系，而且，这种负相关关系不仅体现在金融危机期间，在美国家庭开始去杠杆的金融危机之前也同样存在。

二、家庭杠杆对消费支出的间接影响

验证家庭杠杆对支出的直接影响固然重要，但无法明晰杠杆对消费支出的影响机制。对宏观经济的研究表明，经济或金融的冲击会通过家庭资产负债表渠道被放大（Mishkin et al.，1977；Mishkin，1978），较高的杠杆率及其增加都会强化家庭对消费的调整（Barrella et al.，2007）。在微观层面，受到各类因素的冲击，家庭对消费的调整是否也会受到杠杆的影响成为近几年来学术界关注的焦点。生命周期理论认为，消费的两个关键决定因素是人力财富和家庭财富，分别可以用收入和资产来衡量。因此对家庭杠杆间接影响的研究主要通过收入消费效应和财富消费效应来体现。约翰逊和李（Johnson and Li，2007）指出，关于现有的家庭负债和消费之间关系的研究，结论不尽相同的原因可能是负债并不是直接作用于消费，而是通过收入作用于收入与消费的关系。利用 1992～2005 年美国消费者支出调查的数据，约翰逊和李（2007）使用家庭层面的偿债率（DSR）来衡量家庭的负债水平。他们发现，面对相同的收入变动，拥有较低流动性资产的高杠杆家庭对支出的调整比拥有高流动性资产的低杠杆家庭更为敏感。贝克（2015）利用 2008～2013 年间高频的金融数据，将 15000 个家庭与其雇主的数据进行匹配，利用雇主的数据来衡量家庭收入的冲击，使数据同时包含了收入和支出的重要信息，来检验家庭杠杆是否会在收入对支出的影响中产生异质性效应。他们的研究结果表明，在面对同样的收入冲击时，高杠杆家庭对支出的调整幅度显著大于低杠杆家庭。缅（Mian，2013）则进一步证明，与低杠杆的家庭相比，高杠杆的家庭拥有更高的财富边际消费倾向，即财富增加同样的数量时，高杠杆的家庭将会更多地增加消费。此外，与富人相比，穷人也拥有更高的财富边际消费倾向。还有学者利用挪威的微观数据，在控制了财富因素后，发现面对同样的财富增量，高杠杆的家庭将比低杠杆的家庭增加更多的消费支出；基于该发现，他们建立了包含家庭负债在内的生命周期模型，用以分析家庭杠杆影响消费的理论机理，最终从理论上证明了杠杆通过提高财富的边际消费倾向促进了消费支出（Yao et al.，2015）。

现有关于家庭杠杆对消费支出影响的研究，特别是基于家庭层面微观数据的研究，为本书的研究奠定了重要的基础。但从上述文献综述来看，我们无法从现有研究中判断我国居民家庭杠杆对其消费支出的影响，而且，随着我国经济转型发展，我国居民家庭的消费也呈现出转型升级的态势。在此背景下，基于我国居民家庭的微观数据，实证检验和分析我国居民家庭杠杆对其消费支出行为的影响也就显得尤为必要，而近年来我国学术界在家庭微观层面数据调查方面所做的努力则为这一研究提供了可能。正因为如此，我们基于 CFPS 微观调查数据，以家庭杠杆与家庭消费支出之间的关联为出发点，实证检验我国居民家庭杠杆对家庭总支出和消费性支出的直接和间接影响，并在此基础上，进一步分析居民家庭杠杆对消费结构和城乡居民消费的影响，以考察家庭杠杆对不同消费以及城乡居民家庭消费可能带来的影响差异。

第三节　家庭杠杆对消费影响的实证研究

一、模型设定与变量含义

为检验我国居民家庭杠杆对家庭消费支出的直接和间接影响，我们设立以家庭总支出对数的变动为被解释变量，杠杆率为主要解释变量，家庭收入变动、总资产变动[①]和其他家庭特征为控制变量的实证模型。首先考察家庭杠杆对其总支出变动的直接影响，再依次加入收入变动与杠杆率以及资产变动与杠杆率之间的两个交互项，以此检验家庭杠杆对其总支出变动的间接影响。在此基础上，进一步检验家庭杠杆对其总支出中消费性支出的直接影响和间接影响，并按照家庭消费需求的不同，将家庭消费性支出划分为满足生存需要的生存型消费和满足更高层次需求的发展和享受型消费两类，检验家庭杠杆对两类不同消费的直接和间接影响。同时，将样本分为城镇居民家庭和农村居民家庭两个样本组，检验家庭杠杆对两类不同居民家庭总支出、消费性支出以及消费结构的直接和间接影响。基于上述思路，本章的实证模型设计如下：

（一）家庭杠杆对其总支出的直接影响

为考察家庭杠杆对其支出变动的影响，参考徐润和陈斌开（2015）以及戴南（2012）的模型设定方式，建立如下计量模型，检验我国居民家庭杠杆对其总支出的直接影响：

$$\Delta\ln exp_i = \alpha + \beta_1 lev_i + \beta_2 \Delta\ln inc_i + \beta_3 \Delta\ln asset_i + \gamma_1 \Delta X_i^a + \gamma_2 X_i^b + \mu_p + \varepsilon_i \qquad (3.1)$$

卡罗尔等（Carroll et al.，1999）指出，在家庭微观数据层面上，如果使用家庭数据水平值可能会使计量模型估计的残差大幅偏离正态分布。因此，和大多数研究家庭消费的实证模型一样，在计量模型中，我们对数值较大的数据进行了对数化处理。其中，被解释变量 $\Delta\ln exp_i$ 表示 2010 ~ 2012 年间家庭总支出（exp）的变化。根据 CFPS 的数据统计分类，总支出包括消费性支出（pce）、转移性支

---

①　在本章中，我们以家庭总资产作为家庭财富的替代变量。严格意义上的家庭总财富不仅包括土地、房产、金融资产、生产性固定资产和耐用消费品等资产，还包括家庭收入。但在本章中我们将分别检验家庭杠杆对收入消费效应和财富消费效应的影响，所以，仅以家庭总资产代替家庭总财富。

出（eptran）、福利性支出（epwelf）和建房购房贷款支出（mortgage）。①

lev_i 表示杠杆率，是我们关心的主要变量。这里我们选取期初的杠杆率水平，即家庭在 2010 年的资产负债率（家庭总负债÷家庭总资产）。之所以在模型中使用杠杆率的水平值而非变化值，是因为家庭增加负债往往是为了增加支出和消费，采用家庭杠杆的变化值将难以避免地导致支出和消费的增加，因此可能高估杠杆对消费的影响，采用期末的杠杆率水平（2012 年的杠杆率水平）也无法避免这一问题，因此，尽管 2010 年的杠杆率可能低估了家庭的负债水平，但期初杠杆率相比家庭杠杆的变化值和期末的杠杆率水平而言有着更好的外生性（Dynan，2012；Baker，2015；Yao et al.，2015），所以，我们使用期初杠杆率的水平值作为衡量家庭杠杆的指标。此外，由于消费者会跨期平滑消费，使用期初的杠杆率并不能完全克服由此导致的反向因果内生性，因此我们采用各省在 2010 年的平均房价②作为 2010 年家庭杠杆率的工具变量。该工具变量满足相关性和外生性两个假设。一方面，就相关性而言，房价可能对杠杆率的分子、分母同时产生影响：随着各省平均房价的上升，家庭为了购买住房可能会有更多的负债，同时房价上升也会使家庭拥有的房产价值上升，从而提升家庭的总资产；此外，从全样本户主的年龄来看，其平均年龄超过了 50 岁（见表 3 - 1——"变量描述性统计"）。这意味着样本中大部分家庭的购房行为可能都发生在 2010 年之前。对于这部分家庭而言，购买房屋的成本（进而是家庭为购房承担的负债）并不受 2010 年房价的影响，但是，其在 2010 年的房产价值（进而是家庭总资产）会受到 2010 年房价的影响。从工具变量回归的第一阶段回归结果来看，省级房价对家庭负债率的影响显著为负。这表明，工具变量主要是通过影响家庭资产而影响家庭负债率的。同时，我们对 2010 年省平均房价进行了弱工具变量检验，其弱工具变量检验的 F 统计量超过 10，表明使用其作为工具变量是有效的。另一方面，就外生性而言，各省平均房价是外生变量，且其对消费的影响主要来自由房价上涨导致的资产增值而产生的"财富效应"和因购房按揭偿还贷款而出现的"房奴效应"（颜色和朱国钟，2013）。考虑到 OLS 回归可能产生的内生性，本章结论以工具变量回归为准。

同时，我们控制了可能影响家庭支出变动的其他因素。$\Delta \ln inc_i$③表示家庭纯收入③的变化。按照现有消费理论和研究，我们预计 β_2 的系数显著为正，即收入提

---

① 消费性支出包括食品、衣着、居住、生活用品、医疗保健、交通通信、文化娱乐和其他消费。转移性支出包括上缴政府的税费、社会捐助支出和给亲戚的钱。福利性支出包括商业医保支出、商业财保支出和养老金支出。建房购房贷款支出是该年偿还的按揭贷款市值。

② 2010 年各省平均房价是指 2010 年各省房屋平均销售价格，数据来自国家统计局。

③ 家庭纯收入包括工资性收入与经营性收入、财产性收入、转移性收入和其他收入。

高将显著增加家庭的支出。$\Delta lnasset_i$ 表示家庭总资产的变化,家庭总资产主要由土地、房产、金融资产、生产性固定资产和耐用消费品构成,同样地,我们预计 β_3 的系数为正。ΔX_i^a 表示家庭人口数量（$familysize$）的变化,家庭人口数量是指家庭的常住人口数。X_i^b 包括了户主[①]性别、年龄及年龄的平方、教育程度、婚姻状况和健康状况等户主特征指标,以及家庭期初总支出、家庭期初总资产、家庭期初纯收入、家庭婚嫁情况和家庭居住状况等家庭特征指标。户主性别（$male$）为虚拟变量,男性赋值为 1,户主为女性则为 0。户主年龄（age）是家庭户主在 2012 年的周岁。考虑到户主年龄对支出可能存在的非线性影响,我们引入了户主年龄的平方项 age^2。户主教育程度（edu）用其受教育年限来衡量,参考李晓嘉和蒋承（2014）的做法,具体界定如下:小学以下的受教育年限为 0 年,小学为 6 年,初中为 9 年,高中、职业高中、中专、技校为 12 年,大专、高职为 15 年,大学本科为 16 年,硕士研究生为 19 年,博士研究生为 22 年。户主婚姻状况（$marriage$）包括未婚、已婚、离异和丧偶,为简化起见,记户主已婚为 1,其他为 0。我们将户主健康状况（$health$）按 CFPS 的分类方法分为以下 5 个等级:1 为非常健康,2 为很健康,3 为比较健康,4 为一般,5 为不健康。考虑到前期支出水平对当期支出变动可能产生的影响,我们引入家庭期初总支出作为控制变量,即家庭在 2010 年的支出水平。考虑到家庭的负债水平和杠杆率都与家庭财富水平和收入水平高度相关,可能会对模型结果产生影响,我们引入家庭期初总资产和家庭期初收入水平作为控制变量,即家庭在 2010 年的总资产水平（$lnasset10$）和家庭在 2010 年家庭纯收入水平（$lnincome10$）。出于为下一代婚姻和居住的考虑,父母会选择抑制消费,婚房问题成为男方家庭消费的负担（谢洁玉等,2012）。因此,我们加入家庭婚嫁状况（$wedding$）的控制变量,家庭中有成年未婚男性赋值为 1,其他为 0。家庭居住状况（$urban$）用是否为城镇家庭来表示,城镇家庭赋值为 1,农村家庭赋值为 0。此外,模型中还控制了省固定效应 μ_p。

（二）家庭杠杆对其总支出的间接影响

前述表明,家庭杠杆会通过影响家庭收入和家庭财富等因素与消费之间的关联关系而对消费产生间接影响。因此,为检验家庭杠杆对其总支出的间接影响,参考现有研究（Baker,2015；Yao et al.,2015）的模型设定,我们在计量模型（3.1）的基础上引入收入变动和杠杆率的交互项以及资产变动和杠杆率的交互项,建立计量模型（3.2）:

---

① 本章定义在问卷调查中对生活支出方面做出实际回答的为户主。

$$\Delta\mathrm{ln}exp_i = \alpha + \beta_1 lev_i + \beta_2 \Delta\mathrm{ln}inc_i + \beta_3 \Delta\mathrm{ln}asset_i + \beta_4 \Delta\mathrm{ln}inc_i \times lev_i$$

$$+ \beta_5 \Delta\mathrm{ln}asset_i \times lev_i + \gamma_1 \Delta X_i^a + \gamma_2 X_i^b + \mu_p + \varepsilon_i \tag{3.2}$$

其中，交互项 $\Delta\mathrm{ln}inc_i \times lev_i$ 用以考察家庭杠杆对收入与支出之间关联的影响（收入消费效应）。同样地，交互项 $\Delta\mathrm{ln}asset_i \times lev_i$ 用以考察家庭杠杆对家庭资产（财富）与支出之间关联的影响（财富消费效应）。按照生命周期理论，我们预计家庭收入与消费支出之间呈正相关关系。因此，如果 $\Delta\mathrm{ln}inc_i \times lev_i$ 的系数为正，那么家庭杠杆将强化收入的消费效应；相反，如果 $\Delta\mathrm{ln}inc_i \times lev_i$ 的系数为负，那么家庭杠杆将弱化收入消费效应。同样地，我们预计家庭资产与消费之间呈正相关关系。因此，如果 $\Delta\mathrm{ln}asset_i \times lev_i$ 的系数为正，那么家庭杠杆将强化财富消费效应；反之，则会弱化财富消费效应。

同样地，在计量模型（3.2）中，我们使用 2010 年省级平均房价作为杠杆率的工具变量，进一步地，使用收入变动与房价之积作为收入变动与杠杆率交互项的工具变量、资产变动与房价之积作为资产变动与房价交互项的工具变量。[1] 考虑到 OLS 回归可能产生的内生性，本章结论以工具变量回归为准。

二、数据说明

（一）数据来源

本章使用的数据全部来自北京大学"985"项目资助、北京大学中国社会科学调查中心执行的中国家庭追踪调查（CFPS）。CFPS 自 2010 年起正式开展访问，共采访了 14960 户家庭、42590 位个人，样本覆盖了 25 个省（区、市）。2012 年，CFPS 对 2010 年初访的 12625 个家庭全部进行了跟踪。根据模型设定，我们使用同时参加了 2010 年和 2012 年两期调查的家庭数据进行实证分析。利用 2010 年的调查数据，测算出家庭杠杆率（家庭总负债[2]÷家庭总资产）的数值。在数据整理中，我们剔除了一些数据不全的家庭和异常值，具体而言，剔除了满足如下任一条件的样本：（1）家庭编号或者个人编号缺失的样本；（2）家庭总支出缺失或小于 0 的样本；（3）家庭纯收入缺失或小于 0 的样本；（4）家庭总资产缺失或小于 0 的样本；（5）收入最低的 1% 的样本；（6）杠杆率最高的 1% 的样本；（7）其他主要变量缺失的样本。最终得到有效样本规模 6877 个。

---

[1] 模型（3.2）弱工具变量检验表明，三个工具变量的 F 统计量均超过 10，表明其是有效的。

[2] 在所选取的样本中，因住房产生的负债占家庭债务的 40.12%，其他负债占 59.88%。

（二）描述性统计

在确定最终样本后，按照 2010 年杠杆率的高低对样本进行分组，得到本章所涉及各主要变量的描述性统计结果，ln 表示对数值，结果如表 3-1 所示。

表3-1　　　　　　　　　　　变量描述性统计

变量	全样本	高杠杆家庭	低杠杆家庭	无杠杆家庭	高杠杆—低杠杆	高杠杆—无杠杆	低杠杆—无杠杆
	（1）	（2）	（3）	（4）	（5） （2）-（3）	（6） （2）-（4）	（7） （3）-（4）
lev_{2010}	0.0476 （0.123）	0.360 （0.183）	0.0640 （0.0445）	0 （0）	0.2961*** （0.0055）	0.3600*** （0.0026）	0.0640*** （0.0006）
$\ln exp_{2012}$	10.25 （0.863）	10.33 （0.862）	10.28 （0.790）	10.23 （0.880）	0.0512* （0.0388）	0.0950*** （0.0358）	0.0432* （0.0274）
$\ln exp_{2010}$	9.952 （0.817）	10.27 （0.866）	9.987 （0.755）	9.900 （0.814）	0.2797*** （0.0379）	0.3674*** （0.0334）	0.0872*** （0.0255）
$\ln pce_{2012}$	10.17 （0.822）	10.21 （0.784）	10.20 （0.765）	10.15 （0.841）	0.0016 （0.0367）	0.0548* （0.034）	0.0526 （0.0263）
$\ln pce_{2010}$	9.764 （0.789）	9.959 （0.828）	9.785 （0.725）	9.731 （0.796）	0.1733*** （0.0363）	0.2281*** （0.0325）	0.0546*** （0.0248）
$\ln income_{2012}$	10.06 （1.214）	10.06 （1.210）	9.993 （1.186）	10.08 （1.221）	0.0559 （0.0564）	-0.0253 （0.0497）	-0.0847 （0.0386）
$\ln income_{2010}$	9.936 （0.952）	9.871 （0.927）	9.861 （0.887）	9.965 （0.970）	0.0097 （0.0429）	-0.0930*** （0.0393）	-0.1023*** （0.0303）
$\ln asset_{2012}$	12.01 （1.288）	11.92 （1.221）	12.00 （1.071）	12.02 （1.346）	-0.0841* （0.0536）	-0.1046** （0.0542）	-0.0209* （0.0411）
$\ln asset_{2010}$	11.62 （1.441）	11.38 （1.147）	11.81 （1.015）	11.61 （1.559）	-0.4302*** （0.0506）	-0.2351*** （0.0616）	0.1954*** （0.0466）
$familysize_{2012}$	3.798 （1.707）	4.157 （1.662）	4.323 （1.720）	3.616 （1.675）	-0.1651** （0.0808）	0.5418*** （0.0681）	0.7072** （0.0535）

续表

变量	全样本	高杠杆家庭	低杠杆家庭	无杠杆家庭	高杠杆—低杠杆	高杠杆—无杠杆	低杠杆—无杠杆
	(1)	(2)	(3)	(4)	(5) (2)-(3)	(6) (2)-(4)	(7) (3)-(4)
gender	0.517 (0.500)	0.526 (0.500)	0.527 (0.499)	0.513 (0.500)	-0.0009 (0.0238)	0.0136 (0.0203)	0.0145 (0.0159)
age	50.63 (12.74)	46.93 (11.38)	47.22 (10.79)	52.00 (13.10)	-0.3046 (0.5232)	-5.0748*** (0.5252)	-4.7683*** (0.4023)
edu	7.440 (4.413)	7.512 (4.440)	6.834 (4.327)	7.582 (4.419)	0.6714*** (0.2076)	-0.0692 (0.1799)	-0.7449*** (0.1398)
marriage	0.894 (0.308)	0.907 (0.291)	0.918 (0.275)	0.886 (0.318)	-0.0107 (0.0133)	0.0211** (0.0128)	0.0319 (0.0098)
health	3.330 (1.163)	3.349 (1.170)	3.320 (1.203)	3.329 (1.152)	0.0252 (0.0566)	0.0195 (0.047)	-0.0077 (0.0369)
wedding	0.115 (0.319)	0.132 (0.339)	0.127 (0.333)	0.109 (0.312)	0.0047 (0.016)	0.0230** (0.0128)	0.0181 (0.01)
urban	0.467 (0.499)	0.337 (0.473)	0.346 (0.476)	0.516 (0.500)	-0.0074 (0.0226)	-0.1794*** (0.0202)	-0.1712 (0.0157)
N	6877	688	1239	4950	—	—	—

注：高杠杆家庭指 2010 年杠杆率在全样本中排在前 10% 的家庭，低杠杆家庭指除去高杠杆家庭后杠杆率为正的所有家庭，无杠杆家庭指杠杆率为 0 的家庭。第（5）~（7）列报告的是各组样本之间重要变量差额的 t 检验，H_0 为差额等于 0，即不同样本之间主要变量没有显著差异，***、** 和 * 分别表示在 1%、5% 和 10% 的显著性水平下显著不等于零，括号中报告的是标准误。

从表 3-1 可以看出，在全样本中，2010 年家庭杠杆率均值为 0.0476，2012 年家庭总支出对数的平均值为 10.25，家庭消费性支出对数的平均值为 10.17，家庭纯收入对数的平均值为 10.06，家庭总资产对数的均值为 12.01，相比 2010 年都有所上升。家庭人口数量的均值大约为 4 人，户主性别的男女分布较为均匀，户主平均年龄约为 51 岁，户主平均受教育年限约为 7.4 年，即初中学历水平，户主大多为已婚，健康状况平均而言处于比较健康的水平。有成年未婚男性的家庭相对较少，样本的城乡分布较为均匀，城镇家庭比例稍微偏低。

从表 3-1 中第（5）~（7）列可以看出，不同杠杆率水平的家庭，在总支出水平、消费水平、财富水平等方面均存在一定差异。具体而言，期初杠杆率越高的家庭，期初和期末的家庭总支出水平越高，期初的消费性支出水平也越高。同时，期初杠杆率越高的家庭，期初和期末的总资产水平也越低。与期初无杠杆的家庭相比，期初有杠杆的家庭期初的家庭纯收入水平更低，户主年龄也更小。

为检查解释变量之间是否存在多重共线性，本章计算了所有解释变量的方差膨胀因子（VIF）。结果表明，除年龄和年龄的平方项 VIF 较大以外，其余解释变量的 VIF 均小于 6，说明不存在明显的多重共线性问题。

三、实证结果及分析

（一）家庭杠杆对总支出的影响

模型（3.1）和模型（3.2）的回归结果如表 3-2 所示。

表 3-2 第（1）和第（2）列分别显示了计量模型（3.1）的 OLS 回归结果和工具变量回归结果。回归结果表明，杠杆率前面的系数显著性为负，说明居民家庭杠杆显著地抑制了其总支出的增加。

家庭纯收入变动对家庭总支出的变动有显著的正向影响，即收入消费效应为正，与理论预期相符。家庭纯收入变动前面的系数代表了家庭收入的边际消费倾向，为 0.0958，稍微偏低，这可能是因为我国家庭收入差距大（杨汝岱和朱诗娥，2007），预防性储蓄较高（宋铮，1999；杨汝岱和陈斌开，2009），并受以往的生活经验和行为模式的影响所致（程令国和张晔，2011）。家庭总资产变动对家庭总支出变动的影响显著为正，反映了财富变动对支出变动的正向影响，即财富消费效应也为正。此外，家庭期初资产的水平值和收入水平值对家庭总支出的变动也存在着显著的正向影响，这表明财富水平和收入水平更高的家庭倾向于增加更多的总支出。

在其他控制变量中，家庭和户主的特征也影响了家庭总支出的变动。具体而言，当家庭人口数量上升时，家庭总支出增加额也显著上升，这显然是因为人口的增加提高了家庭支出的需求。户主性别对家庭总支出变动不存在显著影响。户主年龄对家庭总支出变动的影响显著为负，表明越年轻的户主倾向于增加更多的家庭总支出，而户主年龄的非线性影响不显著。户主的教育程度、婚姻状况和健康状况对家庭总支出变动有显著正向影响。家庭期初的总支出水平对当期总支出的增加有显著的挤出效应。家庭婚嫁状况对家庭总支出变动没有显著影响。最后，城镇家庭的家庭总支出的增加额相对更高，反映了居民支出行为的城乡差异。

表3-2　家庭杠杆对居民家庭总支出直接和间接影响的回归结果

变量	家庭总支出							
	OLS	IV	OLS	IV	OLS	IV	OLS	IV
	(1)	(2)	(3)	(4)	(5)	(6)	(7)	(8)
lev	-0.135** (-2.002)	-0.115* (-1.674)	-0.115* (-1.660)	-3.720*** (-3.348)	-0.221*** (-2.640)	-5.573*** (-3.341)	-0.210** (-2.501)	-5.860*** (-3.154)
$\Delta \mathrm{lninc}$	0.0911*** (11.00)	0.0958*** (11.56)	0.0960*** (10.87)	0.116*** (3.060)	0.0908*** (10.96)	0.0899*** (8.308)	0.0964*** (10.90)	0.139*** (2.917)
$\Delta \mathrm{lnasset}$	0.144*** (14.76)	0.145*** (14.99)	0.143*** (14.74)	0.145*** (12.69)	0.140*** (14.00)	0.0602* (1.733)	0.139*** (13.91)	0.0480 (1.184)
$\Delta \mathrm{lninc} \times lev$			-0.0899 (-1.533)	-0.397 (-0.581)			-0.102* (-1.709)	-0.911 (-1.042)
$\Delta \mathrm{lnasset} \times lev$					0.116* (1.716)	2.436*** (2.635)	0.130* (1.894)	2.714** (2.570)
$\mathrm{lnasset}10$	0.133*** (15.01)	0.133*** (15.61)	0.133*** (14.98)	0.0985*** (6.368)	0.132*** (14.78)	0.0711*** (3.070)	0.131*** (14.71)	0.0624** (2.259)
$\mathrm{lnincome}10$	0.169*** (12.69)	0.183*** (13.68)	0.169*** (12.72)	0.131*** (5.874)	0.169*** (12.70)	0.131*** (5.484)	0.169*** (12.74)	0.130*** (5.247)
$\Delta \mathrm{familysize}$	0.0609*** (6.803)	0.0594*** (6.552)	0.0606*** (6.762)	0.0582*** (5.609)	0.0613*** (6.827)	0.0669*** (5.743)	0.0609*** (6.786)	0.0643*** (5.326)

续表

家庭总支出

变量	OLS (1)	IV (2)	OLS (3)	IV (4)	OLS (5)	IV (6)	OLS (7)	IV (8)
male	-0.0272 (-1.619)	0.00650 (0.392)	-0.0269 (-1.601)	0.0304 (1.400)	-0.0273 (-1.625)	0.0238 (1.055)	-0.0270 (-1.606)	0.0288 (1.167)
age	-0.0117*** (-2.599)	-0.0135*** (-2.956)	-0.0117*** (-2.607)	-0.0191*** (-3.251)	-0.0114** (-2.540)	-0.0138** (-2.298)	-0.0114** (-2.542)	-0.0139** (-2.201)
age^2	1.89e-05 (0.438)	2.78e-05 (0.636)	1.93e-05 (0.446)	4.62e-05 (0.874)	1.66e-05 (0.384)	-5.63e-07 (-0.0101)	1.67e-05 (0.386)	-3.89e-07 (-0.00666)
edu	0.0154*** (7.025)	0.0111*** (5.165)	0.0154*** (7.036)	0.00830*** (3.013)	0.0154*** (7.028)	0.00880*** (3.001)	0.0154*** (7.041)	0.00873*** (2.817)
marriage	0.117*** (4.139)	0.0972*** (3.405)	0.117*** (4.148)	0.0870** (2.550)	0.117*** (4.137)	0.0827** (2.242)	0.117*** (4.146)	0.0822** (2.151)
health	0.0183** (2.477)	0.0261*** (3.541)	0.0182** (2.473)	0.0383*** (3.961)	0.0184** (2.495)	0.0404*** (3.927)	0.0183** (2.493)	0.0413*** (3.832)
lnexp10	-0.723*** (-51.03)	-0.713*** (-49.69)	-0.723*** (-51.06)	-0.566*** (-11.91)	-0.721*** (-50.69)	-0.527*** (-8.696)	-0.721*** (-50.70)	-0.512*** (-7.450)
wedding	0.0225 (0.890)	0.0230 (0.895)	0.0230 (0.907)	0.0339 (1.036)	0.0227 (0.897)	0.0376 (1.116)	0.0232 (0.917)	0.0437 (1.208)

第三章　经济发展新常态下家庭部门杠杆变化对消费的影响

续表

变量	家庭总支出							
	OLS	IV	OLS	IV	OLS	IV	OLS	IV
	(1)	(2)	(3)	(4)	(5)	(6)	(7)	(8)
urban	0.0852***	0.0983***	0.0850***	0.00523	0.0847***	-0.00573	0.0845***	-0.0163
	(4.694)	(5.572)	(4.687)	(0.148)	(4.665)	(-0.146)	(4.654)	(-0.371)
Constant	4.497***	4.264***	4.499***	4.150***	4.489***	3.986***	4.490***	3.969***
	(22.20)	(25.40)	(22.24)	(20.32)	(22.15)	(17.55)	(22.19)	(16.76)
Obs	6 877	6 877	6 877	6 877	6 877	6 877	6 877	6 877
R^2	0.368	0.350	0.368	0.056	0.368		0.369	
$adj-R^2$	0.364	0.349	0.365	0.0533	0.365		0.365	
F	89.80	207.9	87.78	129.0	87.75	97.20	85.94	88.54

注：***、** 和 * 分别表示在 1%、5% 和 10% 的显著性水平下显著，括号中报告的是以稳健标准误计算的 t 值。

64

表 3 - 2 第（3）~（4）列分别显示了在计量模型（3.1）的基础上加入收入变动和杠杆率的交互项的模型（3.2）的 OLS 回归结果和工具变量回归结果，第（5）~（6）列分别显示了在计量模型（3.1）的基础上加入资产变动和杠杆率的交互项的模型（3.2）的 OLS 回归结果和工具变量回归结果。从第（3）~（4）列可以看出，收入变动和杠杆率交互项的系数不显著，即家庭杠杆没有对收入消费效应产生显著的促进或阻碍作用。而第（5）~（6）列回归结果显示，资产变动和杠杆率交互项的系数显著为正，表明家庭杠杆强化了财富消费效应，这与前述学者（Mian，2013；Yao et al.，2015）的研究结论是一致的。

表 3 - 2 第（7）~（8）列显示的是同时考虑了家庭杠杆对收入消费效应和资产消费效应影响的计量模型（3.2）的 OLS 回归结果及工具变量回归结果。从收入变动和杠杆率交互项系数以及资产变动和杠杆率交互项系数的显著性来看，与前面单独检验家庭杠杆对收入消费效应和财富消费效应影响的结果一致，进一步验证了家庭杠杆具有强化家庭总支出财富消费效应的结论。

（二）家庭杠杆对消费性支出的影响

前述表明，家庭总支出包括消费性支出、转移性支出、福利性支出和建房购房贷款支出，其中，消费性支出所占比例最大。因此探讨家庭杠杆如何影响家庭消费的影响，其关键是检验其对家庭消费性支出的影响。基于此，按照 CFPS 有关家庭支出的分类数据，我们将进一步考察家庭杠杆对消费性支出的影响。

表 3 - 3 显示的是将模型（3.1）和模型（3.2）中的被解释变量替换为消费性支出变动的回归结果，其中第（1）~（2）列分别显示了计量模型（3.1）的 OLS 回归结果和工具变量回归结果。结果表明，家庭期初的杠杆率水平对其消费性支出变动没有显著影响。家庭纯收入变动与家庭总资产变动对家庭消费性支出的变动均有显著的正向影响，收入消费效应和财富消费效应显著为正。

表 3 - 3 第（3）~（4）列分别显示了在计量模型（3.1）的基础上加入收入变动和杠杆率的交互项的模型（3.2）的 OLS 回归结果和工具变量回归结果，第（5）~（6）列分别显示了在计量模型（3.1）的基础上加入资产变动和杠杆率的交互项的模型（3.2）的 OLS 回归结果和工具变量回归结果。从工具变量的回归结果来看，家庭杠杆对消费性支出的间接影响与其对总支出的间接影响类似，即家庭杠杆对收入消费效应的影响不显著，但对财富消费效应的影响为正，即家庭杠杆会强化财富消费效应，随着杠杆率的上升，家庭资产价值的上升会更大幅度地促进消费性支出的增加。

表 3 - 3 第（7）~（8）列显示的是同时考虑了家庭杠杆对收入消费效应和资产消费效应影响的计量模型（3.2）的 OLS 回归结果与工具变量回归结果。从收

表3-3　家庭杠杆对居民家庭消费性支出直接和间接影响的回归结果

变量	消费性支出							
	OLS (1)	IV (2)	OLS (3)	IV (4)	OLS (5)	IV (6)	OLS (7)	IV (8)
lev	0.0868 (1.167)	0.102 (1.358)	0.105 (1.365)	-2.470** (-2.464)	0.0532 (0.582)	-4.379*** (-2.845)	0.0634 (0.689)	-4.619*** (-2.728)
$\Delta\ln inc$	0.0811*** (9.644)	0.0848*** (10.14)	0.0859*** (9.574)	0.0967*** (2.788)	0.0810*** (9.628)	0.0790*** (7.709)	0.0860*** (9.580)	0.120*** (2.744)
$\Delta\ln asset$	0.128*** (13.16)	0.128*** (13.26)	0.128*** (13.14)	0.128*** (12.10)	0.126*** (12.63)	0.0414 (1.292)	0.125*** (12.52)	0.0313 (0.834)
$\Delta\ln inc \times lev$			-0.0863 (-1.313)	-0.235 (-0.376)			-0.0918 (-1.374)	-0.750 (-0.937)
$\Delta\ln asset \times lev$					0.0449 (0.621)	2.482*** (2.844)	0.0579 (0.789)	2.712*** (2.730)
$\ln asset10$	0.119*** (13.32)	0.117*** (13.73)	0.118*** (13.28)	0.0931*** (6.884)	0.118*** (13.18)	0.0643*** (3.071)	0.118*** (13.10)	0.0571** (2.300)
$\ln income10$	0.134*** (10.07)	0.146*** (11.09)	0.134*** (10.10)	0.109*** (5.218)	0.134*** (10.07)	0.109*** (4.841)	0.134*** (10.11)	0.108*** (4.661)
$\Delta familysize$	0.0843*** (8.294)	0.0829*** (8.197)	0.0840*** (8.261)	0.0822*** (7.693)	0.0844*** (8.298)	0.0904*** (7.533)	0.0841*** (8.266)	0.0882*** (7.180)

续表

消费性支出

变量	OLS (1)	IV (2)	OLS (3)	IV (4)	OLS (5)	IV (6)	OLS (7)	IV (8)
male	-0.0115 (-0.678)	0.0125 (0.743)	-0.0112 (-0.660)	0.0292 (1.481)	-0.0116 (-0.680)	0.0235 (1.118)	-0.0113 (-0.662)	0.0276 (1.223)
age	-0.00419 (-0.921)	-0.00592 (-1.287)	-0.00421 (-0.926)	-0.00993* (-1.827)	-0.00409 (-0.899)	-0.00467 (-0.820)	-0.00408 (-0.898)	-0.00472 (-0.799)
age^2	-4.26e-5 (-0.977)	-3.14e-5 (-0.716)	-4.23e-5 (-0.973)	-1.83e-5 (-0.372)	-4.35e-5 (-0.998)	-6.46e-5 (-1.220)	-4.34e-5 (-0.999)	-6.46e-5 (-1.180)
edu	0.0101*** (4.480)	0.00677*** (3.045)	0.0101*** (4.488)	0.00475* (1.843)	0.0101*** (4.482)	0.00527* (1.895)	0.0101*** (4.490)	0.00519* (1.793)
marriage	0.107*** (3.720)	0.0883*** (3.035)	0.107*** (3.724)	0.0814*** (2.585)	0.107*** (3.720)	0.0779** (2.258)	0.107*** (3.725)	0.0771** (2.178)
health	0.0106 (1.416)	0.0175** (2.317)	0.0106 (1.411)	0.0261*** (2.899)	0.0107 (1.422)	0.0284*** (2.908)	0.0107 (1.419)	0.0291*** (2.872)
lnexp10	-0.622*** (-39.83)	-0.612*** (-39.35)	-0.622*** (-39.87)	-0.508*** (-11.86)	-0.621*** (-39.65)	-0.466*** (-8.430)	-0.621*** (-39.66)	-0.454*** (-7.310)
wedding	-0.0204 (-0.803)	-0.0243 (-0.945)	-0.0200 (-0.787)	-0.0167 (-0.565)	-0.0203 (-0.801)	-0.0118 (-0.376)	-0.0199 (-0.782)	-0.00686 (-0.206)

第三章　经济发展新常态下家庭部门杠杆变化对消费的影响

续表

消费性支出

变量	OLS (1)	IV (2)	OLS (3)	IV (4)	OLS (5)	IV (6)	OLS (7)	IV (8)
urban	0.0328* (1.776)	0.0476*** (2.656)	0.0327* (1.769)	-0.0185 (-0.580)	0.0326* (1.765)	-0.0314 (-0.871)	0.0325* (1.755)	-0.0401 (-1.009)
Constant	3.942*** (19.79)	3.782*** (22.21)	3.943*** (19.81)	3.702*** (19.40)	3.939*** (19.78)	3.535*** (16.40)	3.940*** (19.80)	3.521*** (15.78)
Obs	6 877	6 877	6 877	6 877	6 877	6 877	6 877	6 877
R^2	0.300	0.285	0.301	0.127	0.300		0.301	
$adj-R^2$	0.296	0.283	0.296	0.125	0.296		0.296	
F	60.95	141.0	59.70	104.0	59.36	75.77	58.19	69.81

注：***、** 和 * 分别表示在 1%、5% 和 10% 的显著性水平下显著，括号中报告的是以稳健标准误计算的 t 值。

入变动和杠杆率交互项系数以及资产变动和杠杆率交互项系数的显著性来看，与前面单独检验家庭杠杆对收入消费效应和财富消费效应影响的结果一致，进一步验证了家庭杠杆具有强化消费性支出财富消费效应的结论。

综合上述结果我们可以发现，家庭杠杆对消费性支出的直接影响不显著；从间接影响来看，家庭杠杆会强化财富对消费性支出的正向促进作用。

（三）基于消费结构和城乡居民家庭差异的进一步分析

1. 家庭杠杆对消费结构的影响

考察杠杆对家庭总支出和消费性支出的影响虽然有利于我们了解与把握居民家庭杠杆对家庭支出和消费总量变化的影响，但当前我国经济正处于结构转型阶段，伴随着经济结构的转型，家庭消费也在逐渐升级。与此同时，家庭消费的转型升级也有利于促进经济结构的转型。因此，在分析居民家庭杠杆对消费的影响时，有必要进一步考察家庭杠杆对消费结构的影响。根据国家统计局的分类，家庭消费性支出包括食品烟酒、衣着、居住、生活用品及服务、交通和通信、教育、文化和娱乐、医疗保健、其他用品和服务 8 个类别，CFPS 数据库据此也将样本中的消费性支出划分为对应的 8 类。这为我们进一步检验家庭杠杆对消费结构的影响提供了可能。

参考李晓楠和李锐（2013）的分类方法，我们把家庭消费性支出分为生存型消费和发展与享受型消费两类。其中生存型消费包括食品、衣着和居住①三个类别，是为了满足家庭基本生存需要而进行的消费；发展与享乐型消费包括生活用品、医疗保健、交通通信、文化娱乐和其他消费②，是人们为了寻求更好的发展和满足享受需要而产生的消费。

表 3-4 和表 3-5 分别显示了以生存型消费和发展与享受型消费作为被解释变量的计量模型（3.1）、模型（3.2）的回归结果。从杠杆对两种消费的直接影响来看，家庭杠杆会直接促进生存型消费的增加，但会抑制发展与享受型消费的增加。在间接影响方面，家庭杠杆对生存型消费的影响主要体现在其对财富消费效应的强化作用上。家庭杠杆对发展与享乐型消费的财富消费效应影响不显著，而对其收入消费效应有弱化作用。

---

① 食品包括外出就餐费、香烟酒水费、食品花费、自产农产品。衣着包括衣服、鞋帽、裤袜、手套、围巾等。居住包括水电费、燃料费、取暖费、物业费、现住房的房租（自有住房者无房租支出）。

② 生活用品包括雇工费、日用品费、汽车购置费、其他交通通信工具购买维修费、家电购置费、家具购置费及其他耐用品支出。医疗保健包括医疗支出、保健费用（包括健身锻炼及购买相关产品器械、保健品等）。交通通信包括邮电通信费和本地交通费。文娱包括文化娱乐支出、旅游支出、教育培训支出。其他包括彩票支出、美容支出和其他支出。

表 3－4　家庭杠杆对居民家庭生存型消费直接和间接影响的回归结果

变量	生存型消费							
	OLS	IV	OLS	IV	OLS	IV	OLS	IV
	(1)	(2)	(3)	(4)	(5)	(6)	(7)	(8)
lev	0.532*** (5.693)	0.546*** (5.841)	0.548*** (5.773)	-2.061* (-1.674)	0.587*** (5.123)	-5.323** (-2.573)	0.594*** (5.197)	-5.057** (-2.424)
$\Delta lninc$	0.0913*** (9.102)	0.0942*** (9.456)	0.0953*** (8.899)	0.00830 (0.167)	0.0914*** (9.117)	0.0852*** (6.545)	0.0951*** (8.877)	0.0402 (0.726)
$\Delta lnasset$	0.0873*** (7.295)	0.0899*** (7.659)	0.0870*** (7.272)	0.0952*** (7.363)	0.0899*** (7.306)	-0.0514 (-1.293)	0.0893*** (7.246)	-0.0402 (-0.940)
$\Delta lninc \times lev$			-0.0728 (-0.937)	1.550* (1.676)			-0.0665 (-0.844)	0.832 (0.802)
$\Delta lnasset \times lev$					-0.0739 (-0.780)	4.037*** (3.630)	-0.0645 (-0.669)	3.782*** (3.227)
$lnasset10$	0.0867*** (7.943)	0.0926*** (8.756)	0.0863*** (7.917)	0.0774*** (4.785)	0.0876*** (7.999)	0.0191 (0.679)	0.0872*** (7.961)	0.0272 (0.908)
$lnincome10$	0.0459*** (2.664)	0.0578*** (3.375)	0.0461*** (2.678)	0.0200 (0.722)	0.0459*** (2.661)	0.0182 (0.601)	0.0461*** (2.675)	0.0192 (0.630)
$\Delta familysize$	0.0605*** (5.221)	0.0616*** (5.361)	0.0602*** (5.196)	0.0677*** (5.448)	0.0602*** (5.201)	0.0736*** (5.035)	0.0600*** (5.180)	0.0761*** (5.151)

续表

变量	生存型消费							
	OLS	IV	OLS	IV	OLS	IV	OLS	IV
	(1)	(2)	(3)	(4)	(5)	(6)	(7)	(8)
$male$	0.00516 (0.249)	0.0302 (1.490)	0.00541 (0.261)	0.0372 (1.544)	0.00523 (0.253)	0.0396 (1.471)	0.00545 (0.263)	0.0350 (1.281)
age	-0.000662 (-0.123)	-0.00290 (-0.538)	-0.000676 (-0.126)	-0.00593 (-0.902)	-0.000827 (-0.154)	0.00127 (0.172)	-0.000819 (-0.153)	0.00133 (0.184)
age^2	-7.17e-05 (-1.377)	-5.57e-05 (-1.065)	-7.15e-05 (-1.373)	-5.16e-05 (-0.859)	-7.03e-05 (-1.349)	-0.000116* (-1.670)	-7.02e-05 (-1.349)	-0.000116* (-1.706)
edu	0.00227 (0.821)	-0.00157 (-0.590)	0.00228 (0.825)	-0.00344 (-1.140)	0.00226 (0.820)	-0.00291 (-0.838)	0.00227 (0.823)	-0.00283 (-0.827)
$marriage$	0.0531 (1.504)	0.0379 (1.074)	0.0531 (1.504)	0.0316 (0.825)	0.0532 (1.505)	0.0247 (0.549)	0.0532 (1.505)	0.0256 (0.575)
$health$	-0.00231 (-0.254)	0.00355 (0.393)	-0.00235 (-0.258)	0.0116 (1.073)	-0.00239 (-0.263)	0.0166 (1.343)	-0.00241 (-0.265)	0.0158 (1.280)
$lnexp10$	-0.448*** (-22.92)	-0.442*** (-22.76)	-0.448*** (-22.93)	-0.350*** (-6.514)	-0.449*** (-22.94)	-0.261*** (-3.495)	-0.449*** (-22.93)	-0.274*** (-3.566)
$wedding$	0.0237 (0.779)	0.0199 (0.649)	0.0241 (0.791)	0.0174 (0.514)	0.0236 (0.776)	0.0367 (0.942)	0.0240 (0.786)	0.0312 (0.802)

第三章 经济发展新常态下家庭部门杠杆变化对消费的影响

续表

变量	生存型消费							
	OLS	IV	OLS	IV	OLS	IV	OLS	IV
	(1)	(2)	(3)	(4)	(5)	(6)	(7)	(8)
$urban$	-0.0197	-0.0142	-0.0198	-0.0675*	-0.0194	-0.107**	-0.0195	-0.0977**
	(-0.874)	(-0.653)	(-0.879)	(-1.697)	(-0.861)	(-2.274)	(-0.867)	(-1.978)
$Constant$	3.535***	3.489***	3.537***	3.399***	3.540***	3.132***	3.541***	3.147***
	(14.80)	(17.15)	(14.80)	(14.70)	(14.80)	(11.18)	(14.80)	(11.34)
Obs	6877	6877	6877	6877	6877	6877	6877	6877
R^2	0.170	0.153	0.170		0.170		0.170	
$adj - R^2$	0.165	0.151	0.165		0.165		0.165	
F	29.76	66.33	29.13	45.61	29.06	33.68	28.44	30.96

注：***、** 和 * 分别表示在 1%、5% 和 10% 的显著性水平下显著，括号中报告的是以稳健标准误计算的 t 值。

表3－5　家庭杠杆对居民家庭发展与享乐型消费直接和间接影响的回归结果

变量	发展与享乐型消费							
	OLS (1)	IV (2)	OLS (3)	IV (4)	OLS (5)	IV (6)	OLS (7)	IV (8)
lev	-0.185* (-1.694)	-0.188* (-1.718)	-0.172 (-1.548)	-2.646 (-1.582)	-0.326** (-2.359)	-3.262 (-1.455)	-0.317** (-2.294)	-4.003 (-1.577)
$\Delta lninc$	0.0703*** (5.340)	0.0740*** (5.609)	0.0737*** (5.254)	0.183*** (2.982)	0.0699*** (5.306)	0.0713*** (5.128)	0.0743*** (5.296)	0.198*** (2.815)
$\Delta lnasset$	0.153*** (10.38)	0.152*** (10.42)	0.153*** (10.37)	0.148*** (9.416)	0.147*** (9.617)	0.118** (2.315)	0.146*** (9.558)	0.0862 (1.432)
$\Delta lninc \times lev$			-0.0611 (-0.682)	-2.008* (-1.823)			-0.0803 (-0.894)	-2.335* (-1.813)
$\Delta lnasset \times lev$					0.189* (1.779)	1.006 (0.749)	0.200* (1.869)	1.722 (1.108)
$lnasset10$	0.130*** (8.782)	0.123*** (8.788)	0.129*** (8.760)	0.0902*** (3.963)	0.127*** (8.597)	0.0898*** (2.984)	0.127*** (8.555)	0.0673* (1.806)
$lnincome10$	0.202*** (9.119)	0.215*** (9.808)	0.202*** (9.123)	0.180*** (5.341)	0.202*** (9.129)	0.183*** (5.657)	0.202*** (9.137)	0.180*** (5.194)
$\Delta familysize$	0.117*** (7.470)	0.114*** (7.340)	0.117*** (7.454)	0.107*** (6.424)	0.118*** (7.490)	0.117*** (7.114)	0.117*** (7.472)	0.111*** (6.410)

续表

发展与享乐型消费

变量	OLS (1)	IV (2)	OLS (3)	IV (4)	OLS (5)	IV (6)	OLS (7)	IV (8)
male	-0.0507* (-1.850)	-0.0348 (-1.293)	-0.0505* (-1.842)	-0.00887 (-0.280)	-0.0509* (-1.856)	-0.0228 (-0.774)	-0.0506* (-1.847)	-0.00992 (-0.303)
age	-0.0107 (-1.481)	-0.0108 (-1.505)	-0.0107 (-1.483)	-0.0157* (-1.898)	-0.0102 (-1.422)	-0.0122 (-1.534)	-0.0102 (-1.421)	-0.0123 (-1.443)
age^2	1.99e-05 (0.286)	1.87e-05 (0.268)	2.01e-05 (0.288)	4.02e-05 (0.532)	1.62e-05 (0.231)	1.11e-05 (0.148)	1.62e-05 (0.232)	1.05e-05 (0.131)
edu	0.0196*** (5.657)	0.0176*** (5.170)	0.0196*** (5.661)	0.0155*** (3.921)	0.0196*** (5.661)	0.0160*** (4.275)	0.0196*** (5.667)	0.0158*** (3.887)
marriage	0.154*** (3.285)	0.136*** (2.909)	0.154*** (3.286)	0.129*** (2.578)	0.154*** (3.282)	0.128*** (2.642)	0.154*** (3.283)	0.126** (2.455)
health	0.0472*** (4.075)	0.0527*** (4.552)	0.0472*** (4.072)	0.0617*** (4.493)	0.0474*** (4.095)	0.0613*** (4.603)	0.0474*** (4.093)	0.0636*** (4.406)
lnexp10	-0.710*** (-29.65)	-0.700*** (-29.33)	-0.710*** (-29.66)	-0.588*** (-8.164)	-0.707*** (-29.45)	-0.591*** (-7.363)	-0.707*** (-29.45)	-0.554*** (-5.939)
wedding	-0.0324 (-0.800)	-0.0403 (-0.993)	-0.0321 (-0.793)	-0.0232 (-0.499)	-0.0321 (-0.793)	-0.0327 (-0.767)	-0.0317 (-0.783)	-0.0170 (-0.352)

续表

发展与享乐型消费

变量	OLS	IV	OLS	IV	OLS	IV	OLS	IV
	(1)	(2)	(3)	(4)	(5)	(6)	(7)	(8)
urban	0.0489*	0.0736***	0.0488*	-0.00337	0.0481*	0.00991	0.0480*	-0.0170
	(1.685)	(2.600)	(1.682)	(-0.0647)	(1.658)	(0.190)	(1.652)	(-0.286)
Constant	3.836***	3.583***	3.837***	3.513***	3.823***	3.442***	3.824***	3.398***
	(11.79)	(12.83)	(11.79)	(11.52)	(11.75)	(10.99)	(11.75)	(10.17)
Obs	6877	6877	6877	6877	6877	6877	6877	6877
R^2	0.179	0.17	0.179	0.021	0.179	0.107	0.179	
$adj-R^2$	0.174	0.169	0.174	0.0186	0.174	0.105	0.174	
F	32.56	78.59	31.80	61.48	31.83	65.00	31.15	53.15

注: ***、 ** 和 * 分别表示在 1%、 5% 和 10% 的显著性水平下显著, 括号中报告的是以稳健标准误计算的 t 值。

75

2. 城乡居民家庭差异视角下的家庭杠杆对消费的影响

长期的二元经济结构使得我国城镇居民家庭与农村居民家庭在家庭收入、家庭负债、家庭消费方面均可能存在较大的差异，进而有可能对城乡居民家庭杠杆与消费之间的关联产生不同的影响。因此，为考察家庭杠杆对消费的影响在城镇居民和农村居民之间是否存在差异，我们将样本进一步分为城镇居民和农村居民，表3-6显示了两组样本在杠杆水平、负债结构、支出与消费水平和消费结构方面的描述性统计。统计结果表明，农村居民的杠杆率水平显著高于城镇居民，但负债水平显著低于城镇居民；农村居民非住房负债①占总负债的比率要显著高于城镇居民。农村居民的家庭总支出和家庭消费性支出均低于城镇家庭，2012年消费性支出占总支出之比和生存型消费占消费性支出之比均显著高于城镇居民。

表3-6　农村和城镇居民家庭杠杆水平、负债结构、支出和消费水平和消费结构对比

样本	农村居民	城镇居民	乡—城
	（1）	（2）	（3）
2010年杠杆率	0.0591 （0.132）	0.0344 （0.110）	0.0247748 *** （0.0029592）
2010年总负债	6765 （22853）	8460 （36025）	-1694.774 *** （718.8848）
2010年非住房负债占总负债比率	0.773 （0.412）	0.693 （0.457）	0.0799579 *** （0.0205443）
2012年家庭总支出	32555 （40533）	53108 （69537）	-20552.5 *** （1353.237）
2010年家庭总支出	23987 （25574）	35950 （38675）	-11962.17 *** （782.2018）
2012年家庭消费性支出	29972 （29069）	44054 （47274）	-14082.9 *** （934.3506）

---

①　非住房负债主要包括用于教育、购买消费品、家庭成员医疗、日常生活开支及其他方面的负债。该负债主要用于消费性支出。

样本	农村居民	城镇居民	乡—城
	（1）	（2）	（3）
2010 年家庭消费性支出	19331 （20214）	28942 （29975）	− 9610.723 *** （610.2706）
2012 年家庭消费性支出占总支出之比	0.953 （0.105）	0.918 （0.149）	0.0345819 *** （0.003083）
2010 年家庭消费性支出占总支出之比	0.853 （0.165）	0.852 （0.156）	0.0013607 （0.0038801）
2012 年家庭生存型消费占消费性支出之比	0.596 （0.215）	0.592 （0.206）	0.0033443 *** （0.005096）
2010 年家庭生存型消费占消费性支出之比	0.504 （0.214）	0.534 （0.195）	0.0013607 （0.0038801）
样本数量	3663	3214	—

注：第（3）列报告的是两组样本之间重要变量差额的 t 检验，H_0 为差额等于 0，即不同样本之间主要变量没有显著差异，*** 表示在 1% 的显著性水平下显著不等于零，括号中报告的是标准误。

利用城镇居民和农村居民两组样本的数据，基于模型（3.1）和模型（3.2），我们分别对城乡居民的家庭负债对其总支出、消费性支出、生存型消费和发展与享乐性消费的直接影响和间接影响进行了回归，回归结果如表 3-7 ~表 3-14 所示。

从表 3-7 ~表 3-14 的回归结果来看，与总样本的回归结果有所不同的是，杠杆对家庭总支出的直接抑制作用仅体现在城镇居民家庭中，而其对家庭总支出财富消费效应的强化作用仅体现在农村居民家庭中。家庭杠杆对城镇居民家庭的消费性支出直接影响为负，而对农村家庭的消费性支出的直接影响为正；与对家庭总支出的影响类似，家庭杠杆对家庭消费性支出财富消费效应的强化作用仅体现在农村居民家庭中。此外，家庭杠杆对生存型消费的直接促进作用仅体现在农村居民家庭中，而对发展与享乐型消费的直接抑制作用仅体现在城镇居民家庭中；与对总支出和消费性支出的影响类似，家庭杠杆对生存型消费的财富消费效应的强化作用仅体现在农村居民家庭中。

表 3 - 7　家庭杠杆对城镇居民家庭总支出直接和间接影响的回归结果

变量	城镇居民家庭总支出							
	OLS (1)	IV (2)	OLS (3)	IV (4)	OLS (5)	IV (6)	OLS (7)	IV (8)
lev	-0.275** (-2.509)	-0.299*** (-2.671)	-0.284** (-2.461)	-3.621** (-2.413)	-0.336*** (-2.491)	-5.696** (-2.155)	-0.341** (-2.485)	-6.183* (-1.867)
$\Delta lninc$	0.106*** (7.990)	0.114*** (8.589)	0.105*** (7.548)	0.137** (2.169)	0.106*** (7.966)	0.0988*** (5.725)	0.105*** (7.544)	0.175* (1.799)
$\Delta lnasset$	0.123*** (10.28)	0.122*** (10.31)	0.123*** (10.28)	0.116*** (8.048)	0.121*** (9.964)	0.0684 (1.526)	0.121*** (9.967)	0.0479 (0.727)
$\Delta lninc \times lev$			0.0423 (0.347)	-0.790 (-0.519)			0.0363 (0.293)	-1.932 (-0.770)
$\Delta lnasset \times lev$					0.0739 (0.871)	2.034 (1.221)	0.0711 (0.828)	2.658 (1.171)
$lnasset10$	0.114*** (10.84)	0.111*** (10.99)	0.114*** (10.85)	0.0893*** (5.419)	0.114*** (10.75)	0.0740*** (3.017)	0.114*** (10.75)	0.0611 (1.598)
$lnincome10$	0.171*** (8.406)	0.190*** (9.438)	0.170*** (8.370)	0.155*** (4.900)	0.171*** (8.399)	0.140*** (4.303)	0.170*** (8.367)	0.155*** (4.387)
$\Delta familysize$	0.0669*** (4.195)	0.0687*** (4.283)	0.0669*** (4.195)	0.0668*** (3.841)	0.0669*** (4.186)	0.0675*** (3.387)	0.0669*** (4.186)	0.0655*** (3.117)

续表

城镇居民家庭总支出

变量	OLS	IV	OLS	IV	OLS	IV	OLS	IV
	(1)	(2)	(3)	(4)	(5)	(6)	(7)	(8)
$male$	-0.0574** (-2.432)	-0.0358* (-1.707)	-0.0577** (-2.442)	-0.0346 (-1.191)	-0.0577** (-2.441)	-0.0465 (-1.524)	-0.0579** (-2.450)	-0.0395 (-1.139)
age	-0.0115* (-1.774)	-0.0108* (-1.660)	-0.0115* (-1.779)	-0.0101 (-1.380)	-0.0115* (-1.775)	-0.0102 (-1.348)	-0.0115* (-1.779)	-0.00863 (-1.006)
age^2	3.45e-05 (0.571)	2.64e-05 (0.434)	3.48e-05 (0.577)	-9.52e-06 (-0.139)	3.44e-05 (0.570)	-1.11e-05 (-0.155)	3.47e-05 (0.575)	-2.62e-05 (-0.319)
edu	0.0174*** (5.298)	0.0150*** (4.653)	0.0174*** (5.300)	0.0115*** (2.954)	0.0173*** (5.283)	0.0105** (2.379)	0.0174*** (5.285)	0.00954* (1.858)
$marriage$	0.0705* (1.852)	0.0493 (1.290)	0.0705* (1.850)	0.0400 (0.916)	0.0699* (1.834)	0.0202 (0.378)	0.0699* (1.833)	0.0162 (0.273)
$health$	0.00528 (0.471)	0.0122 (1.098)	0.00523 (0.467)	0.00878 (0.688)	0.00528 (0.471)	0.00849 (0.630)	0.00525 (0.468)	0.00866 (0.598)
lnexp10	-0.655*** (-29.57)	-0.642*** (-28.87)	-0.655*** (-29.52)	-0.552*** (-11.53)	-0.654*** (-29.42)	-0.514*** (-7.666)	-0.654*** (-29.39)	-0.511*** (-6.577)
$wedding$	0.0316 (0.833)	0.0377 (0.988)	0.0311 (0.823)	0.0408 (0.819)	0.0319 (0.843)	0.0396 (0.812)	0.0316 (0.834)	0.0599 (0.954)

续表

城镇居民家庭总支出

变量	OLS	IV	OLS	IV	OLS	IV	OLS	IV
	(1)	(2)	(3)	(4)	(5)	(6)	(7)	(8)
$Constant$	4.092***	3.787***	4.093***	3.721***	4.093***	3.755***	4.094***	3.704***
	(14.52)	(15.33)	(14.52)	(13.18)	(14.53)	(12.87)	(14.53)	(11.37)
Obs	3 215	3 215	3 215	3 215	3 215	3 215	3 215	3 215
R^2	0.320	0.302	0.320	0.043	0.320		0.320	
$adj - R^2$	0.312	0.298	0.311	0.0386	0.312		0.311	
F	31.95	79.16	31.10	56.88	31.19	42.22	30.38	34.69

注：***、** 和 * 分别表示在 1%、5% 和 10% 的显著性水平下显著，括号中报告的是以稳健标准误计算的 t 值。

表 3 - 8　家庭杠杆对农村居民家庭总支出直接和间接影响的回归结果

变量	农村居民家庭总支出							
	OLS (1)	IV (2)	OLS (3)	IV (4)	OLS (5)	IV (6)	OLS (7)	IV (8)
lev	-0.0211 (-0.247)	0.0246 (0.287)	0.00450 (0.0530)	-2.827 (-1.467)	-0.122 (-1.113)	-3.333 (-1.612)	-0.111 (-1.023)	-3.465 (-1.630)
Δlninc	0.0729*** (6.824)	0.0745*** (7.009)	0.0807*** (6.942)	0.0951* (1.691)	0.0727*** (6.795)	0.0738*** (5.808)	0.0815*** (7.006)	0.0899 (1.533)
$\Delta\text{lnasset}$	0.170*** (10.26)	0.172*** (10.55)	0.170*** (10.24)	0.181*** (9.543)	0.163*** (9.515)	0.0594 (1.112)	0.161*** (9.397)	0.0560 (1.053)
$\Delta\text{lninc} \times lev$			-0.120* (-1.954)	-0.254 (-0.295)			-0.137** (-2.219)	-0.247 (-0.275)
$\Delta\text{lnasset} \times lev$					0.144 (1.467)	2.316** (2.197)	0.171* (1.733)	2.377** (2.248)
$\text{lnasset}10$	0.166*** (10.16)	0.163*** (10.72)	0.165*** (10.12)	0.114*** (2.895)	0.164*** (9.978)	0.0995** (2.292)	0.163*** (9.908)	0.0953** (2.108)
$\text{lnincome}10$	0.145*** (8.037)	0.154*** (8.576)	0.144*** (8.028)	0.115*** (3.524)	0.145*** (8.057)	0.134*** (4.650)	0.145*** (8.051)	0.131*** (4.358)
$\Delta\text{familysize}$	0.0552*** (5.017)	0.053.*** (4.779)	0.0545*** (4.950)	0.0532*** (4.155)	0.0558*** (5.067)	0.0647*** (4.869)	0.0552*** (5.001)	0.0636*** (4.499)

续表

农村居民家庭总支出

变量	OLS (1)	IV (2)	OLS (3)	IV (4)	OLS (5)	IV (6)	OLS (7)	IV (8)
male	0.00477 (0.198)	0.0523** (2.238)	0.00515 (0.214)	0.0859** (2.386)	0.00464 (0.193)	0.0695** (2.100)	0.00506 (0.210)	0.0722** (2.077)
age	-0.00873 (-1.355)	-0.0112* (-1.723)	-0.00886 (-1.378)	-0.0201** (-2.039)	-0.00816 (-1.264)	-0.00736 (-0.829)	-0.00820 (-1.273)	-0.00782 (-0.857)
age^2	-2.85e-05 (-0.447)	-2.01e-05 (-0.313)	-2.72e-05 (-0.426)	3.43e-05 (0.408)	-3.36e-05 (-0.525)	-7.02e-05 (-0.866)	-3.30e-05 (-0.516)	-6.68e-05 (-0.806)
edu	0.0108*** (3.550)	0.00558* (1.886)	0.0109*** (3.577)	0.00494 (1.428)	0.0109*** (3.581)	0.00716** (2.044)	0.0110*** (3.617)	0.00724** (2.059)
marriage	0.180*** (4.307)	0.169*** (4.009)	0.180*** (4.310)	0.163*** (3.321)	0.181*** (4.331)	0.181*** (3.756)	0.181*** (4.340)	0.181*** (3.745)
health	0.0296*** (3.027)	0.0360*** (3.706)	0.0294*** (3.011)	0.0543*** (3.228)	0.0298*** (3.051)	0.0497*** (3.172)	0.0296*** (3.037)	0.0506*** (3.165)
lnexp10	-0.776*** (-41.91)	-0.771*** (-41.18)	-0.776*** (-41.90)	-0.622*** (-6.128)	-0.774*** (-41.60)	-0.641*** (-6.717)	-0.773*** (-41.51)	-0.631*** (-6.275)
wedding	0.0239 (0.701)	0.0221 (0.636)	0.0243 (0.713)	0.0359 (0.855)	0.0237 (0.696)	0.0341 (0.846)	0.0241 (0.708)	0.0354 (0.865)

续表

变量	农村居民家庭总支出							
	OLS	IV	OLS	IV	OLS	IV	OLS	IV
	(1)	(2)	(3)	(4)	(5)	(6)	(7)	(8)
Constant	4.735*** (17.41)	4.685*** (20.19)	4.741*** (17.48)	4.564*** (16.37)	4.718*** (17.30)	4.354*** (14.47)	4.722*** (17.36)	4.351*** (14.36)
Obs	3 662	3 662	3 662	3 662	3 662	3 662	3 662	3 662
R^2	0.414	0.397	0.414	0.209	0.414	0.230	0.415	0.218
$adj - R^2$	0.408	0.394	0.408	0.206	0.408	0.227	0.409	0.214
F	66.02	151.2	64.51	102.5	64.42	98.47	63.09	91.72

注: ***、** 和 * 分别表示在 1%、5% 和 10% 的显著性水平下显著, 括号中报告的是以稳健标准误计算的 t 值。

表 3 - 9　家庭杠杆对城镇居民家庭消费性支出直接和间接影响的回归结果

变量	城镇居民家庭消费性支出							
	OLS (1)	IV (2)	OLS (3)	IV (4)	OLS (5)	IV (6)	OLS (7)	IV (8)
lev	-0.210* (-1.815)	-0.228* (-1.936)	-0.233** (-1.985)	-2.513* (-1.852)	-0.255* (-1.786)	-4.201* (-1.776)	-0.271* (-1.894)	-4.564 (-1.583)
$\Delta lninc$	0.0917*** (7.375)	0.0995*** (7.982)	0.0873*** (6.635)	0.114* (2.019)	0.0916*** (7.353)	0.0881*** (5.770)	0.0873*** (6.632)	0.145* (1.706)
$\Delta lnasset$	0.103*** (8.998)	0.101*** (8.948)	0.103*** (9.016)	0.0975*** (7.596)	0.101*** (8.705)	0.0582 (1.487)	0.102*** (8.727)	0.0429 (0.749)
$\Delta lninc \times lev$			0.109 (0.917)	-0.528 (-0.387)			0.105 (0.867)	-1.443 (-0.660)
$\Delta lnasset \times lev$					0.0553 (0.632)	1.662 (1.129)	0.0473 (0.537)	2.128 (1.066)
$lnasset10$	0.101*** (9.969)	0.0972*** (10.02)	0.102*** (9.996)	0.0821*** (5.752)	0.101*** (9.895)	0.0692*** (3.257)	0.101*** (9.919)	0.0595* (1.827)
$lnincome10$	0.125*** (6.507)	0.142*** (7.554)	0.124*** (6.417)	0.118*** (4.099)	0.125*** (6.501)	0.107*** (3.626)	0.124*** (6.414)	0.119*** (3.754)
$\Delta familysize$	0.0827*** (5.466)	0.0838*** (5.499)	0.0828*** (5.465)	0.0826*** (5.182)	0.0827*** (5.456)	0.0830*** (4.622)	0.0828*** (5.456)	0.0815*** (4.365)

续表

变量	城镇居民家庭消费性支出							
	OLS	IV	OLS	IV	OLS	IV	OLS	IV
	(1)	(2)	(3)	(4)	(5)	(6)	(7)	(8)
$male$	-0.0419*	-0.0330	-0.0425*	-0.0294	-0.0421*	-0.0386	-0.0427*	-0.0334
	(-1.816)	(-1.442)	(-1.842)	(-1.127)	(-1.823)	(-1.417)	(-1.847)	(-1.111)
age	-0.000371	0.000770	-0.000484	0.00130	-0.000370	0.00124	-0.000478	0.00243
	(-0.0592)	(0.121)	(-0.0769)	(0.195)	(-0.0590)	(0.181)	(-0.0761)	(0.327)
age^2	-5.56e-05	-6.65e-05	-5.47e-05	-9.11e-05	-5.56e-05	-9.32e-05	-5.48e-05	-0.000104
	(-0.941)	(-1.114)	(-0.924)	(-1.438)	(-0.943)	(-1.416)	(-0.926)	(-1.448)
edu	0.0103***	0.00927***	0.0104***	0.00690*	0.0103***	0.00600	0.0103***	0.00531
	(3.129)	(2.845)	(3.136)	(1.877)	(3.119)	(1.477)	(3.127)	(1.155)
$marriage$	0.0725*	0.0485	0.0724*	0.0421	0.0720*	0.0261	0.0720*	0.0231
	(1.918)	(1.280)	(1.915)	(1.056)	(1.905)	(0.555)	(1.904)	(0.451)
$health$	-0.00713	-0.00115	-0.00724	-0.00352	-0.00713	-0.00374	-0.00723	-0.00361
	(-0.645)	(-0.104)	(-0.654)	(-0.295)	(-0.644)	(-0.300)	(-0.653)	(-0.274)
$lnexp10$	-0.559***	-0.547***	-0.558***	-0.486***	-0.558***	-0.455***	-0.558***	-0.453***
	(-24.29)	(-23.93)	(-24.21)	(-11.27)	(-24.23)	(-7.666)	(-24.16)	(-6.737)
$wedding$	0.00609	0.00642	0.00503	0.00839	0.00638	0.00851	0.00532	0.0237
	(0.165)	(0.172)	(0.136)	(0.191)	(0.172)	(0.198)	(0.144)	(0.440)

第三章 经济发展新常态下家庭部门杠杆变化对消费的影响

续表

城镇居民家庭消费性支出

变量	OLS	IV	OLS	IV	OLS	IV	OLS	IV
	(1)	(2)	(3)	(4)	(5)	(6)	(7)	(8)
$Constant$	3.551***	3.328***	3.555***	3.282***	3.552***	3.307***	3.556***	3.269***
	(12.98)	(13.61)	(12.99)	(12.63)	(12.99)	(12.43)	(13.00)	(11.36)
Obs	3 215	3 215	3 215	3 215	3 215	3 215	3 215	3 215
R^2	0.271	0.253	0.271	0.116	0.271	0.029	0.271	
$adj-R^2$	0.262	0.250	0.262	0.112	0.262	0.0244	0.262	
F	24.55	58.39	23.94	48.41	23.93	38.96	23.34	32.87

注：***、** 和 * 分别表示在 1%、5% 和 10% 的显著性水平下显著，括号中报告的是以稳健标准误计算的 t 值。

表3-10　家庭杠杆对农村居民家庭消费支出直接和间接影响的回归结果

变量	农村居民家庭消费支出							
	OLS (1)	IV (2)	OLS (3)	IV (4)	OLS (5)	IV (6)	OLS (7)	IV (8)
lev	0.279*** (2.902)	0.310*** (3.243)	0.310*** (3.208)	-1.825 (-1.021)	0.260** (2.189)	-2.631 (-1.296)	0.271** (2.275)	-2.642 (-1.291)
$\Delta lninc$	0.0646*** (5.667)	0.0652*** (5.819)	0.0739*** (6.020)	0.0703 (1.264)	0.0646*** (5.664)	0.0622*** (4.696)	0.0742*** (6.033)	0.0636 (1.056)
$\Delta lnasset$	0.159*** (9.331)	0.159*** (9.525)	0.159*** (9.300)	0.166*** (8.960)	0.158*** (8.835)	0.00675 (0.115)	0.156*** (8.708)	0.00646 (0.112)
$\Delta lninc \times lev$			-0.143** (-2.065)	-0.0295 (-0.0345)			-0.148** (-2.150)	-0.0210 (-0.0227)
$\Delta lnasset \times lev$					0.0275 (0.270)	3.042*** (2.620)	0.0567 (0.566)	3.048*** (2.649)
$lnasset10$	0.141*** (8.138)	0.140*** (8.637)	0.140*** (8.099)	0.105*** (2.903)	0.141*** (8.054)	0.0805* (1.872)	0.140*** (7.984)	0.0802* (1.829)
$lnincome10$	0.123*** (6.488)	0.132*** (6.993)	0.123*** (6.471)	0.103*** (3.226)	0.123*** (6.491)	0.125*** (4.121)	0.123*** (6.480)	0.125*** (3.887)
$\Delta familysize$	0.0849*** (5.978)	0.0826*** (5.935)	0.0841*** (5.915)	0.0836*** (5.638)	0.0850*** (5.978)	0.0971*** (5.956)	0.0843*** (5.921)	0.0970*** (5.711)

续表

农村居民家庭消费性支出

变量	OLS (1)	IV (2)	OLS (3)	IV (4)	OLS (5)	IV (6)	OLS (7)	IV (8)
male	0.0222 (0.887)	0.0593** (2.438)	0.0227 (0.906)	0.0834** (2.507)	0.0222 (0.886)	0.0655* (1.945)	0.0226 (0.905)	0.0657* (1.883)
age	-0.00380 (-0.561)	-0.00672 (-0.988)	-0.00395 (-0.586)	-0.0131 (-1.380)	-0.00369 (-0.544)	0.00270 (0.266)	-0.00373 (-0.553)	0.00266 (0.254)
age^2	-6.98e-05 (-1.045)	-5.45e-05 (-0.814)	-6.81e-05 (-1.024)	-1.64e-05 (-0.200)	-7.07e-05 (-1.059)	-0.000146 (-1.598)	-7.01e-05 (-1.052)	-0.000146 (-1.559)
edu	0.00805** (2.529)	0.00333 (1.076)	0.00814** (2.560)	0.00282 (0.832)	0.00807** (2.534)	0.00577 (1.522)	0.00819** (2.572)	0.00578 (1.531)
marriage	0.150*** (3.366)	0.141*** (3.136)	0.149*** (3.366)	0.137*** (2.831)	0.150*** (3.368)	0.159*** (3.063)	0.150*** (3.374)	0.159*** (3.067)
health	0.0237** (2.331)	0.0296*** (2.914)	0.0236** (2.314)	0.0431*** (2.726)	0.0238** (2.334)	0.0383** (2.374)	0.0236** (2.321)	0.0384** (2.341)
lnexp10	-0.667*** (-31.47)	-0.661*** (-31.41)	-0.666*** (-31.46)	-0.553*** (-5.889)	-0.666*** (-31.29)	-0.565*** (-5.957)	-0.665*** (-31.21)	-0.564*** (-5.703)
wedding	-0.0370 (-1.054)	-0.0430 (-1.222)	-0.0365 (-1.040)	-0.0331 (-0.825)	-0.0370 (-1.055)	-0.0339 (-0.803)	-0.0365 (-1.041)	-0.0338 (-0.788)

续表

农村居民家庭消费性支出

变量	OLS	IV	OLS	IV	OLS	IV	OLS	IV
	(1)	(2)	(3)	(4)	(5)	(6)	(7)	(8)
$Constant$	4.272***	4.144***	4.280***	4.048***	4.269***	3.776***	4.273***	3.776***
	(14.78)	(17.18)	(14.83)	(14.84)	(14.76)	(11.89)	(14.80)	(11.90)
Obs	3 662	3 662	3 662	3 662	3 662	3 662	3 662	3 662
R^2	0.331	0.3-6	0.332	0.211	0.331	0.103	0.332	0.102
$adj - R^2$	0.324	0.313	0.325	0.207	0.324	0.0989	0.325	0.0983
F	41.10	95.58	40.42	70.91	39.98	56.58	39.35	53.04

注：***、**和*分别表示在1%、5%和10%的显著性水平下显著，括号中报告的是以稳健标准误计算的t值。

第三章　经济发展新常态下家庭部门杠杆变化对消费的影响

表3-11　家庭杠杆对城镇居民家庭生存型消费直接和间接影响的回归结果

变量	城镇居民家庭生存型消费				城镇居民家庭生存型消费			
	OLS (1)	IV (2)	OLS (3)	IV (4)	OLS (5)	IV (6)	OLS (7)	IV (8)
lev	0.176 (1.294)	0.173 (1.267)	0.150 (1.059)	-1.125 (-0.750)	0.207 (1.169)	-2.218 (-0.890)	0.188 (1.061)	-1.904 (-0.726)
$\Delta lninc$	0.0843*** (5.811)	0.0916*** (6.324)	0.0793*** (5.141)	0.0238 (0.341)	0.0845*** (5.807)	0.0848*** (5.075)	0.0793*** (5.141)	0.0355 (0.455)
$\Delta lnasset$	0.0449*** (3.272)	0.0426*** (3.177)	0.0453*** (3.306)	0.0456*** (3.084)	0.0458*** (3.305)	0.0117 (0.331)	0.0464*** (3.349)	0.0249 (0.567)
$\Delta lninc \times lev$			0.122 (0.810)	1.595 (0.928)			0.126 (0.831)	1.248 (0.624)
$\Delta lnasset \times lev$					-0.0377 (-0.277)	1.211 (0.893)	-0.0473 (-0.344)	0.808 (0.500)
$lnasset10$	0.0747*** (6.251)	0.0715*** (6.201)	0.0752*** (6.306)	0.0709*** (4.438)	0.0750*** (6.300)	0.0540** (2.421)	0.0756*** (6.358)	0.0623** (2.259)
$lnincome10$	0.0478* (1.949)	0.0600** (2.529)	0.0464* (1.895)	0.0312 (0.882)	0.0479* (1.951)	0.0409 (1.198)	0.0464* (1.896)	0.0313 (0.888)
$\Delta familysize$	0.0694*** (4.045)	0.0717*** (4.186)	0.0695*** (4.046)	0.0729*** (4.061)	0.0694*** (4.047)	0.0712*** (3.872)	0.0696*** (4.048)	0.0725*** (3.897)

续表

城镇居民家庭生存型消费

变量	OLS	IV	OLS	IV	OLS	IV	OLS	IV
	(1)	(2)	(3)	(4)	(5)	(6)	(7)	(8)
male	-0.0427 (-1.626)	-0.0334 (-1.290)	-0.0435* (-1.654)	-0.0407 (-1.462)	-0.0426 (-1.621)	-0.0377 (-1.352)	-0.0434* (-1.649)	-0.0421 (-1.513)
age	-0.00547 (-0.784)	-0.00385 (-0.549)	-0.00560 (-0.804)	-0.00500 (-0.684)	-0.00547 (-0.785)	-0.00353 (-0.479)	-0.00560 (-0.805)	-0.00456 (-0.614)
age^2	-1.23e-06 (-0.0183)	-1.82e-05 (-0.272)	-2.06e-07 (-0.00308)	-1.82e-05 (-0.257)	-1.19e-06 (-0.0178)	-3.31e-05 (-0.457)	-1.26e-07 (-0.00189)	-2.33e-05 (-0.318)
edu	-0.00377 (-0.981)	-0.00491 (-1.325)	-0.00373 (-0.971)	-0.00562 (-1.425)	-0.00375 (-0.975)	-0.00681 (-1.621)	-0.00370 (-0.963)	-0.00622 (-1.436)
marriage	0.0344 (0.769)	0.0139 (0.448)	0.0344 (0.768)	0.0148 (0.324)	0.0347 (0.776)	0.00504 (0.102)	0.0348 (0.777)	0.00761 (0.154)
health	-0.0287** (-2.229)	-0.0232* (-1.819)	-0.0288** (-2.237)	-0.0246* (-1.874)	-0.0287** (-2.229)	-0.0245* (-1.861)	-0.0288** (-2.237)	-0.0246* (-1.871)
lnexp10	-0.402*** (-14.21)	-0.395*** (-14.14)	-0.401*** (-14.18)	-0.356*** (-6.955)	-0.402*** (-14.14)	-0.342*** (-5.235)	-0.401*** (-14.12)	-0.343*** (-5.264)
wedding	0.0174 (0.423)	0.0119 (0.290)	0.0162 (0.395)	-0.00478 (-0.106)	0.0172 (0.419)	0.0141 (0.326)	0.0159 (0.388)	0.00102 (0.0217)

第三章 经济发展新常态下家庭部门杠杆变化对消费的影响

续表

城镇居民家庭生存型消费

变量	OLS (1)	IV (2)	OLS (3)	IV (4)	OLS (5)	IV (6)	OLS (7)	IV (8)
Constant	3.392*** (10.72)	3.370*** (11.95)	3.397*** (10.74)	3.400*** (11.57)	3.392*** (10.72)	3.362*** (11.43)	3.396*** (10.74)	3.395*** (11.44)
Obs	3 215	3 215	3 215	3 215	3 215	3 215	3 215	3 215
R^2	0.160	0.142	0.160	0.071	0.160	0.063	0.161	0.062
$adj-R^2$	0.150	0.138	0.150	0.0663	0.150	0.0583	0.150	0.0571
F	12.71	28.51	12.38	24.32	12.42	23.81	12.12	22.10

注：***、**和*分别表示在1%、5%和10%的显著性水平下显著，括号中报告的是以稳健标准误计算的 t 值。

表3－12　家庭杠杆对农村居民家庭生存型消费直接和间接影响的回归结果

变量	农村居民家庭生存型消费							
	OLS (1)	IV (2)	OLS (3)	IV (4)	OLS (5)	IV (6)	OLS (7)	IV (8)
lev	0.722*** (5.703)	0.737*** (5.902)	0.756*** (6.037)	-5.005 (-1.594)	0.824*** (5.538)	-7.528** (-1.971)	0.835*** (5.631)	-6.656* (-1.737)
$\Delta lninc$	0.0862*** (6.251)	0.0851*** (6.264)	0.0964*** (6.455)	-0.0110 (-0.0968)	0.0865*** (6.275)	0.0816*** (3.606)	0.0959*** (6.416)	-0.0244 (-0.209)
$\Delta lnasset$	0.153*** (7.491)	0.157*** (7.716)	0.153*** (7.456)	0.179*** (6.403)	0.161*** (7.453)	-0.166 (-1.580)	0.159*** (7.347)	-0.144 (-1.338)
$\Delta lninc \times lev$			-0.156* (-1.864)	1.614 (0.914)			-0.145* (-1.704)	1.631 (0.888)
$\Delta lnasset \times lev$					-0.146 (-1.131)	6.558*** (3.074)	-0.117 (-0.908)	6.155*** (2.850)
$lnasset10$	0.0924*** (4.225)	0.111*** (5.189)	0.0915*** (4.194)	0.0276 (0.451)	0.0945*** (4.299)	-0.0490 (-0.632)	0.0933*** (4.251)	-0.0215 (-0.268)
$lnincome10$	0.0293 (1.205)	0.0371 (1.516)	0.0288 (1.185)	-0.0291 (-0.503)	0.0290 (1.191)	-0.00218 (-0.0421)	0.0286 (1.175)	0.0145 (0.245)
$\Delta familysize$	0.0538*** (3.385)	0.0557*** (3.574)	0.0530*** (3.325)	0.0683*** (3.456)	0.0532*** (3.340)	0.0880*** (3.758)	0.0525*** (3.293)	0.0953*** (3.962)

续表

农村居民家庭生存型消费

变量	OLS (1)	IV (2)	OLS (3)	IV (4)	OLS (5)	IV (6)	OLS (7)	IV (8)
$male$	0.0497 (1.570)	0.0893*** (2.901)	0.0502 (1.585)	0.142** (2.494)	0.0498 (1.575)	0.124** (2.176)	0.0502 (1.587)	0.107* (1.756)
age	0.00998 (1.214)	0.00483 (0.579)	0.00981 (1.196)	-0.00937 (-0.563)	0.00940 (1.144)	0.0194 (1.183)	0.00936 (1.141)	0.0225 (1.307)
age^2	-0.000201** (-2.473)	-0.000165** (-1.985)	-0.000200** (-2.455)	-8.92e-05 (-0.640)	-0.000196** (-2.412)	-0.000328** (-2.225)	-0.000196** (-2.407)	-0.000351** (-2.312)
edu	0.00671* (1.690)	0.00102 (0.267)	0.00681* (1.714)	-0.000710 (-0.139)	0.00661* (1.664)	0.00581 (0.937)	0.00672* (1.692)	0.00525 (0.870)
$marriage$	0.0804 (1.429)	0.0704 (1.235)	0.0802 (1.426)	0.0618 (0.849)	0.0795 (1.411)	0.105 (1.247)	0.0795 (1.411)	0.107 (1.238)
$health$	0.0183 (1.474)	0.0225* (1.817)	0.0181 (1.459)	0.0577** (2.186)	0.0181 (1.458)	0.0534* (1.947)	0.0180 (1.448)	0.0480* (1.706)
$lnexp10$	-0.470*** (-17.49)	-0.471*** (-17.59)	-0.469*** (-17.46)	-0.204 (-1.214)	-0.472*** (-17.61)	-0.165 (-0.957)	-0.471*** (-17.56)	-0.227 (-1.227)
$wedding$	0.0381 (0.860)	0.0351 (0.788)	0.0386 (0.871)	0.0564 (0.896)	0.0383 (0.865)	0.0635 (0.913)	0.0388 (0.875)	0.0551 (0.775)

续表

农村居民家庭生存型消费

变量	OLS	IV	OLS	IV	OLS	IV	OLS	IV
	(1)	(2)	(3)	(4)	(5)	(6)	(7)	(8)
$Constant$	3.887***	3.496***	3.895***	3.178***	3.904***	2.614***	3.908***	2.628***
	(11.50)	(11.82)	(11.54)	(7.302)	(11.55)	(4.827)	(11.57)	(4.944)
Obs	3 662	3 652	3 662	3 662	3 662	3 662	3 662	3 662
R^2	0.198	0.158	0.199		0.198		0.199	
$adj-R^2$	0.190	0.154	0.190		0.190		0.190	
F	21.14	41.63	20.78	17.27	20.67	13.42	20.29	11.29

注：***、** 和 * 分别表示在 1%、5% 和 10% 的显著性水平下显著，括号中报告的是以稳健标准误计算的 t 值。

表 3 - 13　家庭杠杆对城镇居民家庭发展与享受型消费直接和间接影响的回归结果

变量	城镇居民家庭发展与享受型消费							
	OLS	IV	OLS	IV	OLS	IV	OLS	IV
	(1)	(2)	(3)	(4)	(5)	(6)	(7)	(8)
lev	-0.378** (-2.029)	-0.407** (-2.175)	-0.395** (-2.178)	-2.853 (-1.234)	-0.513** (-2.278)	-4.987 (-1.286)	-0.523** (-2.360)	-5.922 (-1.174)
$\Delta lninc$	0.0993*** (4.952)	0.106*** (5.299)	0.0960*** (4.592)	0.194* (1.805)	0.0989*** (4.922)	0.0934*** (3.889)	0.0961*** (4.592)	0.240 (1.495)
$\Delta lnasset$	0.143*** (7.456)	0.145*** (7.662)	0.143*** (7.466)	0.135*** (6.294)	0.139*** (7.101)	0.0931 (1.355)	0.139*** (7.109)	0.0537 (0.507)
$\Delta lninc \times lev$			0.0814 (0.483)	-2.343 (-0.907)			0.0681 (0.397)	-3.712 (-0.899)
$\Delta lnasset \times lev$					0.164 (1.074)	1.986 (0.782)	0.158 (1.032)	3.185 (0.875)
$lnasset10$	0.104*** (6.019)	0.102*** (6.259)	0.105*** (6.037)	0.0785*** (3.128)	0.103*** (5.928)	0.0696** (2.015)	0.103*** (5.943)	0.0448 (0.762)
$lnincome10$	0.199*** (6.291)	0.220*** (7.064)	0.198*** (6.245)	0.209*** (4.350)	0.199*** (6.280)	0.180*** (3.850)	0.198*** (6.240)	0.209*** (4.000)
$\Delta familysize$	0.115*** (4.599)	0.117*** (4.698)	0.115*** (4.598)	0.114*** (4.449)	0.115*** (4.585)	0.116*** (4.240)	0.115*** (4.584)	0.112*** (3.872)

续表

城镇居民家庭发展与享受型消费

变量	OLS (1)	IV (2)	OLS (3)	IV (4)	OLS (5)	IV (6)	OLS (7)	IV (8)
$male$	-0.0561 (-1.488)	-0.0478 (-1.295)	-0.0566 (-1.500)	-0.0353 (-0.842)	-0.0566 (-1.502)	-0.0546 (-1.336)	-0.0570 (-1.510)	-0.0413 (-0.861)
age	0.00139 (0.144)	0.00287 (0.298)	0.00130 (0.136)	0.00479 (0.463)	0.00139 (0.145)	0.00343 (0.338)	0.00132 (0.138)	0.00650 (0.545)
age^2	-8.30e-05 (-0.912)	-9.55e-05 (-1.048)	-8.23e-05 (-0.904)	-0.000135 (-1.360)	-8.31e-05 (-0.914)	-0.000126 (-1.278)	-8.25e-05 (-0.907)	-0.000155 (-1.336)
edu	0.0264*** (5.018)	0.0257*** (5.086)	0.0265*** (5.019)	0.0226*** (3.949)	0.0263*** (5.002)	0.0220*** (3.605)	0.0264*** (5.003)	0.0202*** (2.750)
$marriage$	0.0633 (1.052)	0.0380 (0.637)	0.0633 (1.052)	0.0326 (0.519)	0.0619 (1.027)	0.0117 (0.166)	0.0620 (1.027)	0.00410 (0.0504)
$health$	0.0267 (1.500)	0.0321* (1.819)	0.0266 (1.495)	0.0296 (1.552)	0.0267 (1.500)	0.0292 (1.533)	0.0266 (1.497)	0.0295 (1.405)
lnexp10	-0.653*** (-18.48)	-0.642*** (-18.36)	-0.652*** (-18.45)	-0.581*** (-7.917)	-0.651*** (-18.38)	-0.536*** (-5.627)	-0.650*** (-18.35)	-0.531*** (-4.625)
$wedding$	0.00627 (0.105)	0.0135 (0.225)	0.00548 (0.0914)	0.0324 (0.442)	0.00712 (0.119)	0.0162 (0.250)	0.00643 (0.107)	0.0552 (0.608)

第三章 经济发展新常态下家庭部门杠杆变化对消费的影响

续表

城镇居民家庭发展与享受型消费

变量	OLS	IV	OLS	IV	OLS	IV	OLS	IV
	(1)	(2)	(3)	(4)	(5)	(6)	(7)	(8)
Constant	3.347***	2.979***	3.350***	2.878***	3.350***	2.956***	3.353***	2.857***
	(7.773)	(7.870)	(7.779)	(6.990)	(7.783)	(7.448)	(7.787)	(6.249)
Obs	3 215	3 215	3 215	3 215	3 215	3 215	3 215	3 215
R^2	0.164	0.155	0.165	0.009	0.165	0.032	0.165	
$adj-R^2$	0.154	0.152	0.154	0.00429	0.155	0.0276	0.154	
F	13.85	34.56	13.48	27.76	13.56	25.57	13.20	18.90

注：***、** 和 * 分别表示在 1%、5% 和 10% 的显著性水平下显著，括号中报告的是以稳健标准误计算的 t 值。

表3-14　家庭杠杆对农村居民家庭发展与享受型消费直接和间接影响的回归结果

变量	农村居民家庭发展与享受型消费							
	OLS	IV	OLS	IV	OLS	IV	OLS	IV
	(1)	(2)	(3)	(4)	(5)	(6)	(7)	(8)
lev	-0.00689 (-0.0506)	-0.00165 (-0.0122)	0.0105 (0.0758)	-0.461 (-0.162)	-0.158 (-0.884)	0.505 (0.166)	-0.150 (-0.837)	-0.570 (-0.182)
$\Delta lninc$	0.0464*** (2.644)	0.0496*** (2.846)	0.0517*** (2.734)	0.181** (2.035)	0.0459*** (2.622)	0.0491*** (2.769)	0.0528*** (2.792)	0.180** (2.030)
$\Delta lnasset$	0.156*** (6.618)	0.156*** (6.807)	0.155*** (6.609)	0.153*** (6.194)	0.145*** (5.894)	0.159* (1.866)	0.143*** (5.829)	0.132 (1.546)
$\Delta lninc \times lev$			-0.0816 (-0.797)	-2.011 (-1.461)			-0.105 (-1.047)	-2.010 (-1.455)
$\Delta lnasset \times lev$					0.216 (1.513)	-0.0888 (-0.0532)	0.237* (1.672)	0.408 (0.244)
$lnasset10$	0.177*** (6.206)	0.159*** (5.972)	0.177*** (6.185)	0.137*** (2.363)	0.174*** (6.074)	0.168*** (2.650)	0.173*** (6.034)	0.134** (2.013)
$lnincome10$	0.186*** (5.819)	0.201*** (6.360)	0.185*** (5.812)	0.183*** (3.580)	0.186*** (5.838)	0.206*** (4.878)	0.186*** (5.831)	0.186*** (3.977)
$\Delta familysize$	0.118*** (5.796)	0.112*** (5.616)	0.117*** (5.772)	0.101*** (4.617)	0.119*** (5.829)	0.112*** (5.124)	0.118*** (5.802)	0.103*** (4.456)

99

续表

农村居民家庭发展与享受型消费

变量	OLS (1)	IV (2)	OLS (3)	IV (4)	OLS (5)	IV (6)	OLS (7)	IV (8)
$male$	-0.0368 (-0.927)	-0.0162 (-0.418)	-0.0366 (-0.920)	0.00286 (0.0522)	-0.0370 (-0.932)	-0.0211 (-0.442)	-0.0367 (-0.924)	0.000494 (0.00970)
age	-0.0219** (-1.983)	-0.0217** (-1.997)	-0.0219** (-1.993)	-0.0266* (-1.865)	-0.0210* (-1.902)	-0.0207 (-1.634)	-0.0210* (-1.907)	-0.0245* (-1.796)
age^2	0.000120 (1.084)	0.000112 (1.027)	0.000121 (1.094)	0.000152 (1.219)	0.000112 (1.014)	0.000107 (0.883)	0.000113 (1.019)	0.000135 (1.053)
edu	0.00996** (2.080)	0.00821* (1.745)	0.0100** (2.092)	0.00853* (1.704)	0.0101** (2.111)	0.00824* (1.686)	0.0102** (2.129)	0.00893* (1.752)
$marriage$	0.263*** (3.555)	0.257*** (3.503)	0.263*** (3.553)	0.252*** (3.266)	0.264*** (3.578)	0.257*** (3.487)	0.264*** (3.578)	0.255*** (3.330)
$health$	0.0589*** (3.812)	0.0656*** (4.277)	0.0588*** (3.804)	0.0699*** (2.912)	0.0592*** (3.835)	0.0626*** (2.914)	0.0591*** (3.828)	0.0693*** (3.044)
$lnexp10$	-0.764*** (-22.91)	-0.758*** (-22.65)	-0.764*** (-22.90)	-0.705*** (-4.607)	-0.760*** (-22.73)	-0.783*** (-5.647)	-0.759*** (-22.69)	-0.706*** (-4.771)
$wedding$	-0.0546 (-0.984)	-0.0718 (-1.301)	-0.0543 (-0.979)	-0.0636 (-1.057)	-0.0549 (-0.989)	-0.0740 (-1.312)	-0.0545 (-0.983)	-0.0636 (-1.066)

续表

农村居民家庭发展与享受型消费

变量	OLS	IV	OLS	IV	OLS	IV	OLS	IV
	(1)	(2)	(3)	(4)	(5)	(6)	(7)	(8)
Constant	4.108*** (9.163)	4.069*** (10.21)	4.112*** (9.176)	4.118*** (9.349)	4.082*** (9.094)	4.099*** (8.552)	4.085*** (9.104)	4.082*** (8.283)
Obs	3 662	3 662	3 662	3 662	3 662	3 662	3 662	3 662
R^2	0.203	0.190	0.203	0.107	0.204	0.187	0.204	0.114
$adj-R^2$	0.195	0.187	0.195	0.103	0.195	0.184	0.195	0.110
F	21.90	52.16	21.40	43.69	21.37	48.47	20.94	41.36

注：***、** 和 * 分别表示在 1%、5% 和 10% 的显著性水平下显著，括号中报告的是以稳健标准误计算的 t 值。

第三章　经济发展新常态下家庭部门杠杆变化对消费的影响

（四）实证结果分析

上述实证结果表明，居民家庭杠杆对家庭消费支出的影响是一把"双刃剑"。

家庭在期初的杠杆水平会显著地抑制家庭当期总支出的增加，这表明尽管在现实中家庭"加杠杆"的目的可能是为了增加消费，但负债形成后，已有的杠杆水平本身会对当期的支出变动产生负向影响。家庭杠杆对总支出增加的抑制作用可能通过以下几个渠道产生：第一，当期支出的增加受到了已有还款需求的限制；第二，金融机构不愿意向高杠杆的家庭发放贷款，因此家庭的杠杆水平越高，其取得贷款的可能性就越低，阻碍了支出的增加；第三，我国居民债务厌恶的情绪可能使得其对期初较高的债务水平感到不适，从而增加当期的预防性储蓄，抑制了总支出的增加。不仅如此，杠杆还会强化家庭总支出的财富消费效应，这表明随着家庭杠杆率上升，家庭总资产的增加会更大幅度地促进家庭总支出的增加。导致这一结果的原因可能与财富边际消费倾向递减有关。早在20世纪30年代，凯恩斯就提出了包括收入在内的财富边际消费倾向递减的理论，并成为其消费理论的基础。而相关学者的实证检验也表明，确实存在着财富边际消费倾向递减的经验证据（Yao et al.，2015）。由表3-1描述性统计结果可知，杠杆率越高的家庭，其总资产水平值越低。因此，其财富边际消费倾向可能越高。当杠杆增加时，家庭资产价值上升会更大幅度地增加支出。需要注意的是，如果家庭总资产减少，家庭杠杆则可能会进一步强化财富减少对支出变动的负向影响，使得家庭支出进一步减少。此外，杠杆对家庭总支出的收入消费效应无显著影响，可能与杠杆率和收入水平负向关系不显著有关。

对家庭总支出中消费性支出的研究表明，居民家庭杠杆对消费性支出的直接影响不显著。家庭杠杆对总支出的影响显著为负，但对消费性支出的影响不显著，这可能与杠杆对总支出中其他支出的影响有关[①]。此外，杠杆也会强化消费性支出的财富消费效应，即当杠杆率上升时，家庭总资产的增加会更大幅度地促进家庭消费性支出的增加。与前述分析类似，该现象产生的原因可能是，在其他因素不变的情况下，杠杆率越高的家庭可能拥有越高的财富边际消费倾向。当杠杆率增加时，家庭资产价值上升会更大幅度地促进消费。

从家庭杠杆对消费结构的影响来看，家庭杠杆直接促进了生存型消费的增加，但抑制了发展与享受型消费的增加。这可能与两类消费的特征和构成有关。

---

① 通过对杠杆对家庭总支出中的转移性支出、福利性支出和建房购房贷款支出的影响进行回归检验，我们发现，杠杆对家庭总支出变动的负向影响主要体现在转移性支出上。其原因可能在于杠杆产生后，面临还债压力的家庭心理账户中的"闲钱"可能会作为未来还债的预防性储蓄，而不是转移给亲戚朋友或进行社会捐赠，因此更倾向于削减转移性支出。

生存型消费是家庭相对刚性的支出需求，发展与享受型消费则是弹性更大的高层次支出需求。与家庭杠杆抑制家庭当期总支出增加的作用渠道类似，在家庭已负债的情况下，面对未来还款需求的压力，需求弹性较大的发展与享受型消费会受到限制；而且，从发展与享受型消费的构成来看，其包括汽车购置、其他交通通信工具购买维修、家电购置、家具购置及其他耐用品等方面的需求支出，这类需求往往会在一定程度上借助于消费信贷来实现，而已有的负债水平可能会限制其获得信贷的可能性，从而限制其用消费信贷来满足发展与享受型消费需求的实现。而在发展与享受型消费受到抑制的情况下，家庭消费的增加则主要体现为生存型消费的增加，或者家庭进一步负债的目的则主要是满足生存型消费的相对刚性需求。从这一角度来看，负债对发展与享受型消费的抑制作用是直接的，而对生存型消费的促进作用则可能是间接的。同时，家庭杠杆对发展与享乐型消费的财富消费效应影响不显著，而对其收入消费效应有弱化作用，这可能与我国家庭较保守的消费行为有关，即当家庭负债水平越高，由于未来还款的需要，增加的收入越不可能用于满足享受需要，因此抑制了发展和享受型消费的增加。综上，随着家庭杠杆率的上升，家庭资产价值上升会更大幅度地促进生存型消费，收入上升反而会抑制发展与享乐型消费的增加，不利于家庭生活品质的提高和消费的优化升级。

从家庭杠杆对城乡居民家庭的影响差异来看，家庭杠杆对家庭总支出的直接抑制作用仅体现在城镇居民家庭中，而其对家庭总支出财富消费效应的强化作用仅体现在农村居民家庭中。一个可能的原因是，城镇居民家庭可能对杠杆本身更为敏感，杠杆本身带来的不适使城镇居民家庭倾向于减少家庭总支出；而农村居民家庭在发生借贷后，在其他条件不变的情况下，净资产相比于无杠杆的家庭而言更低，使得有杠杆的农村居民家庭边际消费倾向可能更高，因此在杠杆增加时，家庭资产价值上升会更大幅度地增加支出。家庭杠杆对城镇居民家庭消费性支出的直接影响为负，而对农村居民家庭消费性支出的直接影响为正，这可能是由于农村居民家庭借款用于消费性支出的比例更大，后期的消费性支出由于惯性也处于较高水平，而城镇居民家庭更有可能将借款用于购房，因此在杠杆增加后削减了消费性支出。同时，与对家庭总支出的影响类似，家庭杠杆对家庭消费性支出财富消费效应的强化作用仅体现在农村居民家庭中。此外，家庭杠杆对生存型消费的直接促进作用仅体现在农村居民家庭中，而对发展与享乐型消费的直接抑制作用仅体现在城镇居民家庭中，这表明不论是对于农村居民家庭还是城镇居民家庭，杠杆的存在都不利于其消费结构的升级。最后，与对总支出和消费性支出的影响类似，家庭杠杆对生存型消费的财富消费效应的强化作用仅体现在农村居民家庭中。

四、稳健性检验

在上述实证模型的解释变量中，在使用家庭纯收入衡量收入对消费的影响时，由于农村家庭和城市家庭收入来源不同，可能会带来不准确的结果。同时，尽管家庭纯收入中经营性收入、财产性收入、转移性收入和其他收入占比不高，但经营性收入和财产性收入会受经济周期因素的影响而发生波动，转移性收入的不确定性也较大，进而对家庭纯收入的稳定性产生影响。考虑到家庭工资性收入一般而言较为稳定，且占比较大①，参考江等（Jiang et al.，2012）的稳健性检验方法②，将家庭纯收入的变化替换为家庭工资性收入的变化（$\Delta lnwage_i$）进行稳健性检验。稳健性检验结果见表3–15~表3–26。

表3–15　　家庭杠杆对居民家庭总支出影响的稳健性检验结果

变量	家庭总支出							
	OLS	IV	OLS	IV	OLS	IV	OLS	IV
	(1)	(2)	(3)	(4)	(5)	(6)	(7)	(8)
lev	-0.192**	-0.188**	-0.185**	-4.388***	-0.276***	-6.483***	-0.271**	-6.512***
	(-2.341)	(-2.244)	(-2.149)	(-2.797)	(-2.670)	(-2.854)	(-2.537)	(-2.883)
$\Delta lnwage$	0.0258**	0.0297***	0.0264**	0.0188	0.0260**	0.0474***	0.0264**	0.0330
	(2.448)	(2.820)	(2.370)	(0.284)	(2.471)	(2.798)	(2.372)	(0.423)
$\Delta lnasset$	0.173***	0.176***	0.173***	0.178***	0.169***	0.0628	0.169***	0.0671
	(12.43)	(13.01)	(12.42)	(10.08)	(11.83)	(1.271)	(11.82)	(1.309)
$\Delta lnwage \times lev$			-0.0117	0.391			-0.00722	0.261
			(-0.181)	(0.326)			(-0.114)	(0.187)
$\Delta lnasset \times lev$					0.115	2.962**	0.115	2.896**
					(1.430)	(2.496)	(1.427)	(2.429)
lnasset10	0.150***	0.149***	0.150***	0.113***	0.148***	0.0697*	0.148***	0.0735*
	(12.04)	(12.75)	(12.02)	(4.749)	(11.85)	(1.931)	(11.83)	(1.902)

---

①　工资性收入是指家庭成员从事农业打工或从事非农受雇工作挣取的税后工资、奖金和实物形式的福利。2012年，工资性收入分别占城镇居民家庭和农村居民家庭纯收入的63.21%和68.27%，2010年工资性收入分别占城镇居民家庭和农村居民家庭纯收入的69.16%和58.85%。

②　作者在文中使用人均工资作为人均收入的稳健性检验的替代指标。

变量	家庭总支出							
	OLS	IV	OLS	IV	OLS	IV	OLS	IV
	(1)	(2)	(3)	(4)	(5)	(6)	(7)	(8)
$\ln income10$	0.142 ***	0.154 ***	0.142 ***	0.0750 *	0.142 ***	0.0743 *	0.142 ***	0.0758 *
	(7.090)	(7.730)	(7.090)	(1.941)	(7.093)	(1.732)	(7.092)	(1.738)
$\Delta familysize$	0.0663 ***	0.0657 ***	0.0663 ***	0.0602 ***	0.0667 ***	0.0675 ***	0.0667 ***	0.0681 ***
	(4.960)	(4.882)	(4.957)	(3.757)	(4.981)	(3.938)	(4.978)	(3.901)
$male$	−0.0146	0.0176	−0.0145	0.0447	−0.0150	0.0341	−0.0150	0.0325
	(−0.659)	(0.808)	(−0.657)	(1.450)	(−0.679)	(1.036)	(−0.678)	(0.947)
age	−0.0126 *	−0.0125 *	−0.0126 *	−0.0193 **	−0.0125 *	−0.0175 *	−0.0125 *	−0.0181 *
	(−1.768)	(−1.713)	(−1.762)	(−2.033)	(−1.759)	(−1.810)	(−1.755)	(−1.803)
age^2	3.51e−05	2.86e−05	3.49e−05	7.12e−05	3.46e−05	6.03e−05	3.45e−05	6.48e−05
	(0.479)	(0.381)	(0.475)	(0.759)	(0.473)	(0.624)	(0.471)	(0.655)
edu	0.0158 ***	0.0128 ***	0.0158 ***	0.0106 ***	0.0158 ***	0.0114 ***	0.0158 ***	0.0112 ***
	(5.379)	(4.427)	(5.386)	(2.769)	(5.382)	(2.657)	(5.387)	(2.605)
$marriage$	0.104 **	0.0791 *	0.104 **	0.0561	0.104 **	0.0396	0.104 **	0.0428
	(2.407)	(1.808)	(2.403)	(1.010)	(2.403)	(0.590)	(2.400)	(0.636)
$health$	0.0111	0.0196 **	0.0112	0.0301 **	0.0113	0.0354 **	0.0113	0.0349 **
	(1.144)	(2.023)	(1.144)	(2.323)	(1.160)	(2.485)	(1.160)	(2.431)
$\ln exp10$	−0.707 ***	−0.693 ***	−0.707 ***	−0.517 ***	−0.705 ***	−0.452 ***	−0.705 ***	−0.458 ***
	(−36.79)	(−35.84)	(−36.79)	(−7.360)	(−36.44)	(−4.836)	(−36.44)	(−4.731)
$wedding$	0.0254	0.0244	0.0253	0.0221	0.0262	0.0432	0.0262	0.0430
	(0.818)	(0.781)	(0.816)	(0.540)	(0.843)	(0.942)	(0.843)	(0.950)
$urban$	0.0635 ***	0.0772 ***	0.0637 ***	−0.0299	0.0633 ***	−0.0440	0.0634 ***	−0.0432
	(2.690)	(3.396)	(2.693)	(−0.622)	(2.682)	(−0.795)	(2.683)	(−0.788)
$Constant$	4.570 ***	4.143 ***	4.569 ***	4.074 ***	4.566 ***	3.943 ***	4.566 ***	3.961 ***
	(14.76)	(15.84)	(14.76)	(12.60)	(14.74)	(11.46)	(14.74)	(11.16)
Obs	3 978	3 978	3 978	3 978	3 978	3 978	3 978	3 978
R^2	0.352	0.335	0.352		0.352		0.352	
$adj-R^2$	0.345	0.333	0.345		0.345		0.345	
F	46.60	109.8	45.57	61.53	45.82	42.05	44.84	40.40

注：***、** 和 * 分别表示在1%、5%和10%的显著性水平下显著，括号中报告的是以稳健标准误计算的 t 值。

表3—16

家庭杠杆对居民消费性支出影响的稳健性检验结果

变量	消费性支出							
	OLS	IV	OLS	IV	OLS	IV	OLS	IV
	(1)	(2)	(3)	(4)	(5)	(6)	(7)	(8)
lev	0.0407 (0.467)	0.0490 (0.554)	-0.0103 (-0.114)	-2.152* (-1.656)	0.0279 (0.248)	-4.228** (-2.251)	-0.0269 (-0.233)	-4.231** (-2.241)
$\Delta lnwage$	0.0242** (2.136)	0.0266** (2.341)	0.0198* (1.656)	0.0241 (0.448)	0.0242** (2.138)	0.0390*** (2.667)	0.0198* (1.656)	0.0380 (0.598)
$\Delta lnasset$	0.150*** (10.85)	0.151*** (11.20)	0.151*** (10.86)	0.151*** (9.857)	0.150*** (10.41)	0.0422 (1.100)	0.150*** (10.43)	0.0425 (1.032)
$\Delta lnwage \times lev$			0.0809 (1.197)	0.146 (0.151)			0.0817 (1.216)	0.0193 (0.0170)
$\Delta lnasset \times lev$					0.0176 (0.213)	2.839*** (2.914)	0.0220 (0.266)	2.834*** (2.845)
$lnasset10$	0.136*** (10.82)	0.133*** (11.30)	0.137*** (10.83)	0.113*** (5.831)	0.136*** (10.70)	0.0742** (2.515)	0.136*** (10.72)	0.0745** (2.311)
$lnincome10$	0.118*** (5.713)	0.128*** (6.261)	0.118*** (5.711)	0.0860*** (2.589)	0.118*** (5.713)	0.0867** (2.342)	0.118*** (5.710)	0.0868** (2.305)
$\Delta familysize$	0.0875*** (6.342)	0.0865*** (6.238)	0.0877*** (6.356)	0.0835*** (5.636)	0.0875*** (6.340)	0.0912*** (5.650)	0.0877*** (6.355)	0.0912*** (5.561)

续表

消费性支出

变量	OLS	IV	OLS	IV	OLS	IV	OLS	IV
	(1)	(2)	(3)	(4)	(5)	(6)	(7)	(8)
male	-0.0157	0.00817	-0.0159	0.0229	-0.0158	0.0111	-0.0160	0.0110
	(-0.706)	(0.373)	(-0.717)	(0.894)	(-0.709)	(0.397)	(-0.720)	(0.377)
age	-0.00341	-0.00316	-0.00362	-0.00664	-0.00340	-0.00536	-0.00361	-0.00540
	(-0.478)	(-0.434)	(-0.506)	(-0.810)	(-0.476)	(-0.624)	(-0.504)	(-0.610)
age^2	-4.28e-05	-5.08e-05	-4.10e-05	-2.93e-05	-4.29e-05	-3.59e-05	-4.10e-05	-3.56e-05
	(-0.582)	(-0.678)	(-0.556)	(-0.358)	(-0.583)	(-0.417)	(-0.557)	(-0.404)
edu	0.0113***	0.00922***	0.0112***	0.00811**	0.0113***	0.00867**	0.0112***	0.00865**
	(3.819)	(3.170)	(3.791)	(2.465)	(3.819)	(2.364)	(3.790)	(2.329)
marriage	0.105**	0.0801*	0.105**	0.0673	0.105**	0.0540	0.105**	0.0543
	(2.345)	(1.778)	(2.362)	(1.374)	(2.344)	(0.930)	(2.361)	(0.917)
health	0.00141	0.00901	0.00137	0.0147	0.00143	0.0193	0.00140	0.0193
	(0.143)	(0.920)	(0.139)	(1.306)	(0.146)	(1.542)	(0.142)	(1.509)
lnexp10	-0.618***	-0.607***	-0.619***	-0.513***	-0.618***	-0.455***	-0.619***	-0.455***
	(-29.89)	(-29.34)	(-29.92)	(-8.862)	(-29.76)	(-5.894)	(-29.77)	(-5.627)
wedding	-0.0147	-0.0132	-0.0145	-0.0205	-0.0146	2.94e-05	-0.0143	2.06e-05
	(-0.470)	(-0.612)	(-0.464)	(-0.593)	(-0.466)	(0.000758)	(-0.459)	(0.000531)

续表

变量	消费性支出							
	OLS	IV	OLS	IV	OLS	IV	OLS	IV
	(1)	(2)	(3)	(4)	(5)	(6)	(7)	(8)
urban	0.00638	0.0186	0.00555	-0.0381	0.00634	-0.0511	0.00550	-0.0511
	(0.265)	(0.815)	(0.230)	(-0.951)	(0.263)	(-1.115)	(0.228)	(-1.116)
Constant	3.952***	3.675***	3.956***	3.636***	3.951***	3.524***	3.955***	3.525***
	(13.17)	(14.22)	(13.18)	(12.84)	(13.16)	(11.63)	(13.18)	(11.20)
Obs	3 978	3 978	3 978	3 978	3 978	3 978	3 978	3 978
R^2	0.292	0.277	0.292	0.162	0.292		0.292	
$adj-R^2$	0.285	0.274	0.285	0.159	0.285		0.285	
F	32.54	75.72	31.90	57.94	31.72	39.44	31.12	37.25

注：***、** 和 * 分别表示在 1%、5% 和 10% 的显著性水平下显著，括号中报告的是以稳健标准误计算的 t 值。

表3-17　家庭杠杆对居民生存型消费影响的稳健性检验结果

变量	生存型消费							
	OLS (1)	IV (2)	OLS (3)	IV (4)	OLS (5)	IV (6)	OLS (7)	IV (8)
lev	0.496*** (4.300)	0.493*** (4.236)	0.478*** (4.121)	-2.248 (-1.409)	0.632*** (4.250)	-4.720** (-2.010)	0.616*** (4.380)	-4.806** (-2.065)
$\Delta lnwage$	0.0203 (1.546)	0.0213 (1.618)	0.0187 (1.350)	-0.0235 (-0.342)	0.0199 (1.515)	0.0366** (2.089)	0.0187 (1.349)	-0.00638 (-0.0832)
$\Delta lnasset$	0.114*** (6.967)	0.119*** (7.427)	0.114*** (6.989)	0.125*** (6.582)	0.121*** (7.174)	-0.0217 (-0.434)	0.121*** (7.180)	-0.00866 (-0.167)
$\Delta lnwage \times lev$			0.0297 (0.347)	0.937 (0.744)			0.0226 (0.260)	0.780 (0.562)
$\Delta lnasset \times lev$					-0.186 (-1.518)	3.684*** (2.889)	-0.184 (-1.515)	3.487*** (2.738)
$lnasset10$	0.104*** (7.068)	0.114*** (8.132)	0.104*** (7.104)	0.100*** (4.431)	0.106*** (7.207)	0.0415 (1.132)	0.106*** (7.235)	0.0527 (1.404)
$lnincome10$	-0.000193 (-0.00724)	0.0105 (0.398)	-0.000221 (-0.00829)	-0.0329 (-0.779)	-0.000348 (-0.0131)	-0.0365 (-0.764)	-0.000368 (-0.0138)	-0.0320 (-0.678)
$\Delta familysize$	0.0620*** (4.109)	0.0626*** (4.140)	0.0621*** (4.115)	0.0614*** (3.757)	0.0614*** (4.069)	0.0691*** (3.671)	0.0614*** (4.074)	0.0710*** (3.790)

续表

生存型消费

变量	OLS	IV	OLS	IV	OLS	IV	OLS	IV
	(1)	(2)	(3)	(4)	(5)	(6)	(7)	(8)
$male$	0.00700 (0.259)	0.0296 (1.113)	0.00691 (0.255)	0.0408 (1.339)	0.00773 (0.285)	0.0309 (0.887)	0.00765 (0.283)	0.0261 (0.757)
age	-5.27e-05 (-0.00581)	1.62e-05 (0.00178)	-0.000129 (-0.0142)	-0.00539 (-0.520)	-0.000167 (-0.0185)	-0.00234 (-0.205)	-0.000225 (-0.0248)	-0.00387 (-0.333)
age^2	-6.22e-05 (-0.653)	-6.71e-05 (-0.702)	-6.16e-05 (-0.646)	-2.96e-05 (-0.279)	-6.14e-05 (-0.646)	-5.07e-05 (-0.432)	-6.09e-05 (-0.640)	-3.73e-05 (-0.315)
edu	0.00494 (1.367)	0.00253 (0.724)	0.00491 (1.360)	0.000638 (0.162)	0.00493 (1.364)	0.00196 (0.437)	0.00490 (1.359)	0.00131 (0.290)
$marriage$	0.00448 (0.0840)	-0.0162 (-0.305)	0.00481 (0.0903)	-0.0222 (-0.376)	0.00502 (0.0940)	-0.0478 (-0.646)	0.00527 (0.0988)	-0.0383 (-0.526)
$health$	-0.0127 (-1.063)	-0.00503 (-0.428)	-0.0127 (-1.064)	6.89e-06 (0.000520)	-0.0129 (-1.083)	0.00743 (0.485)	-0.0129 (-1.084)	0.00571 (0.372)
lnexp10	-0.447*** (-16.92)	-0.443*** (-16.81)	-0.447*** (-16.94)	-0.350*** (-5.113)	-0.450*** (-17.02)	-0.261*** (-2.701)	-0.450*** (-17.03)	-0.279*** (-2.934)
$wedding$	0.0254 (0.681)	0.0208 (0.555)	0.0255 (0.683)	0.0204 (0.493)	0.0241 (0.646)	0.0459 (0.972)	0.0242 (0.647)	0.0456 (0.976)

续表

变量	生存型消费							
	OLS	IV	OLS	IV	OLS	IV	OLS	IV
	(1)	(2)	(3)	(4)	(5)	(6)	(7)	(8)
urban	-0.0532*	-0.0553*	-0.0535*	-0.119**	-0.0528*	-0.137**	-0.0530*	-0.135**
	(-1.788)	(-1.947)	(-1.795)	(-2.438)	(-1.777)	(-2.397)	(-1.782)	(-2.395)
Constant	3.811***	3.692***	3.812***	3.693***	3.817***	3.502***	3.818***	3.557***
	(10.45)	(11.62)	(10.45)	(10.65)	(10.46)	(8.970)	(10.45)	(9.018)
Obs	3 978	3 973	3 978	3 978	3 978	3 978	3 978	3 978
R^2	0.164	0.144	0.164	0.021	0.164		0.164	
$adj - R^2$	0.155	0.141	0.155	0.0173	0.156		0.156	
F	16.27	35.42	15.86	27.36	15.95	18.81	15.56	18.19

注：***、** 和 * 分别表示在 1%、5% 和 10% 的显著性水平下显著，括号中报告的是以稳健标准误计算的 t 值。

表3-18 家庭杠杆对居民发展与享乐型消费影响的稳健性检验结果

变量	发展与享乐型消费							
	OLS	IV	OLS	IV	OLS	IV	OLS	IV
	(1)	(2)	(3)	(4)	(5)	(6)	(7)	(8)
lev	-0.260**	-0.254*	-0.318**	-1.439	-0.431***	-3.217	-0.499***	-3.143
	(-2.021)	(-1.951)	(-2.506)	(-0.718)	(-2.623)	(-1.211)	(-3.011)	(-1.157)
$\Delta lnwage$	0.0334*	0.0359**	0.0284	0.0701	0.0339*	0.0446**	0.0284	0.0815
	(1.868)	(2.008)	(1.502)	(0.825)	(1.897)	(2.239)	(1.504)	(0.878)
$\Delta lnasset$	0.183***	0.180***	0.183***	0.176***	0.174***	0.0977	0.174***	0.0866
	(9.117)	(9.251)	(9.130)	(7.895)	(8.444)	(1.589)	(8.459)	(1.282)
$\Delta lnwage \times lev$			0.0919	-0.566			0.101	-0.670
			(0.920)	(-0.371)			(1.037)	(-0.407)
$\Delta lnasset \times lev$					0.235**	2.153	0.240**	2.323
					(1.962)	(1.411)	(2.008)	(1.465)
$lnasset10$	0.150***	0.137***	0.151***	0.117***	0.147***	0.0952**	0.148***	0.0855*
	(7.835)	(7.756)	(7.854)	(3.865)	(7.630)	(2.425)	(7.654)	(1.866)
$lnincome10$	0.212***	0.221***	0.211***	0.191***	0.212***	0.195***	0.212***	0.191***
	(6.424)	(6.807)	(6.421)	(3.749)	(6.436)	(3.810)	(6.434)	(3.611)
$\Delta familysize$	0.107***	0.106***	0.108***	0.102***	0.108***	0.110***	0.108***	0.109***
	(4.953)	(4.910)	(4.959)	(4.572)	(4.982)	(4.876)	(4.989)	(4.726)

续表

发展与享乐型消费

变量	OLS	IV	OLS	IV	OLS	IV	OLS	IV
	(1)	(2)	(3)	(4)	(5)	(6)	(7)	(8)
male	-0.0755**	-0.0520	-0.0758**	-0.0379	-0.0765**	-0.0518	-0.0768**	-0.0476
	(-2.209)	(-1.551)	(-2.217)	(-0.974)	(-2.236)	(-1.383)	(-2.245)	(-1.194)
age	-0.0140	-0.0131	-0.0142	-0.0140	-0.0138	-0.0143	-0.0141	-0.0130
	(-1.280)	(-1.197)	(-1.300)	(-1.179)	(-1.268)	(-1.246)	(-1.289)	(-1.074)
age^2	5.58e-05	4.20e-05	5.78e-05	4.43e-05	5.48e-05	5.08e-05	5.70e-05	3.92e-05
	(0.497)	(0.373)	(0.514)	(0.373)	(0.488)	(0.439)	(0.507)	(0.325)
edu	0.0184***	0.0165***	0.0183***	0.0163***	0.0184***	0.0162***	0.0183***	0.0168***
	(4.090)	(3.759)	(4.067)	(3.466)	(4.094)	(3.472)	(4.069)	(3.422)
marriage	0.156**	0.134*	0.157**	0.119*	0.155**	0.116	0.156**	0.108
	(2.274)	(1.959)	(2.286)	(1.659)	(2.269)	(1.599)	(2.282)	(1.413)
health	0.0373**	0.0426***	0.0372**	0.0473***	0.0376***	0.0497***	0.0375***	0.0511***
	(2.529)	(2.903)	(2.526)	(2.956)	(2.550)	(3.020)	(2.548)	(2.985)
lnexp10	-0.689***	-0.674***	-0.689***	-0.602***	-0.685***	-0.571***	-0.685***	-0.555***
	(-22.45)	(-22.02)	(-22.47)	(-6.514)	(-22.32)	(-5.265)	(-22.33)	(-4.753)
wedding	-0.0206	-0.0302	-0.0204	-0.0319	-0.0190	-0.0154	-0.0187	-0.0151
	(-0.422)	(-0.617)	(-0.417)	(-0.633)	(-0.388)	(-0.297)	(-0.382)	(-0.286)

第三章 经济发展新常态下家庭部门杠杆变化对消费的影响

续表

发展与享乐型消费

变量	OLS	IV	OLS	IV	OLS	IV	OLS	IV
	(1)	(2)	(3)	(4)	(5)	(6)	(7)	(8)
urban	0.0265	0.0551	0.0255	0.0184	0.0260	0.00966	0.0250	0.00772
	(0.712)	(1.542)	(0.687)	(0.303)	(0.701)	(0.150)	(0.673)	(0.119)
Constant	3.538***	3.187***	3.543***	3.123***	3.530***	3.079***	3.536***	3.032***
	(7.626)	(8.143)	(7.636)	(7.576)	(7.607)	(7.552)	(7.619)	(7.021)
Obs	3 978	3 978	3 978	3 978	3 978	3 978	3 978	3 978
R^2	0.184	0.172	0.184	0.135	0.184	0.104	0.184	0.076
$adj-R^2$	0.176	0.169	0.175	0.132	0.176	0.100	0.176	0.0719
F	19.25	44.28	18.90	39.44	18.83	36.05	18.49	32.29

注：***、**和*分别表示在1%、5%和10%的显著性水平下显著，括号中报告的是以稳健标准误计算的 t 值。

114

表 3 - 19　城镇居民家庭杠杆对家庭总支出影响的稳健性检验结果

变量	城镇居民家庭总支出							
	OLS (1)	IV (2)	OLS (3)	IV (4)	OLS (5)	IV (6)	OLS (7)	IV (8)
lev	-0.236* (-1.874)	-0.276** (-2.124)	-0.334** (-2.336)	-4.399** (-2.060)	-0.330** (-2.102)	-7.553** (-2.058)	-0.446** (-2.502)	-7.824 (-1.635)
$\Delta lnwage$	0.0437*** (2.921)	0.0499*** (3.251)	0.0385** (2.517)	0.0608 (0.460)	0.0438*** (2.929)	0.0730*** (2.617)	0.0382** (2.507)	0.139 (0.507)
$\Delta lnasset$	0.147*** (8.779)	0.150*** (9.217)	0.149*** (8.809)	0.138*** (3.637)	0.144*** (8.463)	0.0339 (0.441)	0.145*** (8.496)	-0.00345 (-0.0176)
$\Delta lnwage \times lev$			0.162 (1.260)	0.200 (0.0518)			0.173 (1.463)	-1.914 (-0.248)
$\Delta lnasset \times lev$					0.117 (1.124)	3.617 (1.575)	0.131 (1.235)	4.352 (0.961)
$lnasset10$	0.118*** (8.370)	0.117*** (8.821)	0.120*** (8.420)	0.0840* (1.709)	0.117*** (8.273)	0.0470 (0.993)	0.119*** (8.333)	0.0181 (0.128)
$lnincome10$	0.181*** (6.528)	0.203*** (7.426)	0.180*** (6.496)	0.147*** (3.461)	0.180*** (6.518)	0.125** (2.201)	0.179*** (6.482)	0.118 (1.440)
$\Delta familysize$	0.0693*** (3.334)	0.0724*** (3.479)	0.0698*** (3.357)	0.0808*** (3.042)	0.0697*** (3.343)	0.0925*** (3.129)	0.0703*** (3.368)	0.0899*** (2.708)

续表

变量	城镇居民家庭总支出							
	OLS	IV	OLS	IV	OLS	IV	OLS	IV
	(1)	(2)	(3)	(4)	(5)	(6)	(7)	(8)
male	-0.0502* (-1.698)	-0.0345 (-1.174)	-0.0518* (-1.751)	-0.0212 (-0.399)	-0.0512* (-1.731)	-0.0556 (-1.145)	-0.0530* (-1.791)	-0.0447 (-0.651)
age	-0.0121 (-1.184)	-0.00863 (-0.834)	-0.0121 (-1.188)	-0.0126 (-1.050)	-0.0121 (-1.193)	-0.0131 (-0.977)	-0.0122 (-1.200)	-0.0142 (-0.795)
age^2	5.68e-05 (0.541)	1.79e-05 (0.169)	5.66e-05 (0.540)	3.32e-05 (0.268)	5.76e-05 (0.551)	5.03e-05 (0.379)	5.75e-05 (0.551)	7.00e-05 (0.366)
edu	0.0208*** (4.738)	0.0193*** (4.537)	0.0208*** (4.742)	0.0153*** (2.875)	0.0208*** (4.716)	0.0133** (2.003)	0.0207*** (4.717)	0.0127 (1.550)
marriage	0.0714 (1.313)	0.0416 (0.755)	0.0726 (1.336)	0.00999 (0.128)	0.0684 (1.255)	-0.0914 (-0.724)	0.0694 (1.274)	-0.130 (-0.572)
health	0.0125 (0.901)	0.0192 (1.393)	0.0119 (0.858)	0.0127 (0.641)	0.0123 (0.887)	0.00696 (0.348)	0.0117 (0.839)	0.0105 (0.399)
lnexp10	-0.641*** (-22.40)	-0.625*** (-21.89)	-0.640*** (-22.36)	-0.495*** (-6.225)	-0.639*** (-22.18)	-0.413*** (-3.465)	-0.638*** (-22.10)	-0.378*** (-1.629)
wedding	0.0333 (0.768)	0.0422 (0.975)	0.0313 (0.722)	0.0215 (0.299)	0.0347 (0.802)	0.0540 (0.807)	0.0327 (0.756)	0.0825 (0.588)

续表

变量	城镇居民家庭总支出							
	OLS	IV	OLS	IV	OLS	IV	OLS	IV
	(1)	(2)	(3)	(4)	(5)	(6)	(7)	(8)
$Constant$	3.792*** (9.561)	3.245*** (9.293)	3.783*** (9.527)	3.283*** (7.239)	3.795*** (9.584)	3.319*** (7.196)	3.786*** (9.546)	3.439*** (4.737)
Obs	2 022	2 022	2 022	2 022	2 022	2 022	2 022	2 022
R^2	0.295	0.273	0.296		0.295		0.296	
$adj-R^2$	0.282	0.268	0.282		0.282		0.282	
F	19.49	48.44	19.28	29.67	19.25	17.38	19.17	13.13

注：***、** 和 * 分别表示在 1%、5% 和 10% 的显著性水平下显著，括号中报告的是以稳健标准误计算的 t 值。

表3－20　农村居民家庭杠杆对家庭总支出影响的稳健性检验结果

变量	农村居民家庭总支出							
	OLS	IV	OLS	IV	OLS	IV	OLS	IV
	(1)	(2)	(3)	(4)	(5)	(6)	(7)	(8)
lev	-0.129 (-1.195)	-0.0844 (-0.793)	-0.0794 (-0.687)	-1.851 (-0.912)	-0.191 (-1.353)	-2.550 (-1.132)	-0.140 (-0.973)	-2.562 (-1.096)
$\Delta lnwage$	-0.000271 (-0.0181)	0.00185 (0.128)	0.00521 (0.321)	0.00760 (0.0905)	5.83e-05 (0.00389)	0.00966 (0.585)	0.00546 (0.337)	0.00455 (0.0510)
$\Delta lnasset$	0.202*** (8.380)	0.202*** (8.808)	0.201*** (8.370)	0.212*** (8.272)	0.197*** (7.987)	0.125** (2.235)	0.197*** (7.970)	0.126** (2.384)
$\Delta lnwage \times lev$			-0.0763 (-0.914)	-0.0516 (-0.0442)			-0.0753 (-0.903)	0.0697 (0.0563)
$\Delta lnasset \times lev$					0.0908 (0.726)	1.596 (1.494)	0.0893 (0.717)	1.583 (1.563)
$lnasset10$	0.207*** (8.687)	0.198*** (8.930)	0.206*** (8.660)	0.171*** (4.570)	0.205*** (8.584)	0.150*** (3.022)	0.205*** (8.555)	0.151*** (3.301)
$lnincome10$	0.0631** (2.032)	0.0650** (2.169)	0.0632** (2.036)	0.0243 (0.473)	0.0638** (2.052)	0.0440 (0.889)	0.0639** (2.057)	0.0445 (0.917)
$\Delta familysize$	0.0641*** (3.604)	0.0615*** (3.457)	0.0640*** (3.596)	0.0547*** (2.808)	0.0645*** (3.619)	0.0617*** (3.135)	0.0643*** (3.611)	0.0619*** (3.121)

续表

农村居民家庭总支出

变量	OLS (1)	IV (2)	OLS (3)	IV (4)	OLS (5)	IV (6)	OLS (7)	IV (8)
male	0.0477 (1.416)	0.0926*** (2.869)	0.0477 (1.416)	0.110*** (2.817)	0.0476 (1.412)	0.106*** (2.642)	0.0476 (1.412)	0.105*** (2.664)
age	-0.00918 (-0.909)	-0.0124 (-1.210)	-0.00888 (-0.880)	-0.0159 (-1.234)	-0.00912 (-0.903)	-0.0148 (-1.300)	-0.00882 (-0.874)	-0.0151 (-1.172)
age^2	-2.15e-05 (-0.207)	7.20e-07 (0.00682)	-2.45e-05 (-0.236)	2.33e-05 (0.183)	-2.21e-05 (-0.212)	1.57e-05 (0.138)	-2.50e-05 (-0.241)	1.84e-05 (0.144)
edu	0.00760* (1.844)	0.00401 (1.000)	0.00772* (1.877)	0.00464 (1.014)	0.00766* (1.860)	0.00564 (1.268)	0.00778* (1.892)	0.00551 (1.178)
marriage	0.132* (1.884)	0.117* (1.671)	0.131* (1.870)	0.108 (1.409)	0.134* (1.918)	0.157** (1.974)	0.133* (1.904)	0.157* (1.911)
health	0.0112 (0.824)	0.0150 (1.416)	0.0111 (0.817)	0.0309 (1.608)	0.0115 (0.846)	0.0339 (1.643)	0.0114 (0.839)	0.0338* (1.691)
lnexp10	-0.767*** (-29.50)	-0.755*** (-29.27)	-0.766*** (-29.41)	-0.656*** (-6.361)	-0.766*** (-29.27)	-0.654*** (-5.694)	-0.765*** (-29.16)	-0.656*** (-6.152)
wedding	0.00202 (0.0457)	-0.00135 (-0.0334)	0.00114 (0.0259)	0.00240 (0.0475)	0.00246 (0.0556)	0.0134 (0.269)	0.00159 (0.0359)	0.0141 (0.270)

续表

变量	农村居民家庭总支出							
	OLS	IV	OLS	IV	OLS	IV	OLS	IV
	(1)	(2)	(3)	(4)	(5)	(6)	(7)	(8)
Constant	5.357***	5.182***	5.314***	5.059***	5.354***	4.996***	5.311***	5.009***
	(12.35)	(13.17)	(12.16)	(11.07)	(12.34)	(11.48)	(12.15)	(10.66)
Obs	1 956	1 956	1 956	1 956	1 956	1 956	1 956	1 956
R^2	0.421	0.406	0.422	0.328	0.422	0.312	0.422	0.314
$adj-R^2$	0.410	0.401	0.410	0.323	0.410	0.307	0.410	0.309
F	33.76	78.88	32.92	66.20	32.94	60.60	32.17	57.09

注：***、** 和 * 分别表示在 1%、5% 和 10% 的显著性水平下显著，括号中报告的是以稳健标准误计算的 t 值。

表 3-21　城镇居民家庭杠杆对家庭消费性支出影响的稳健性检验结果

变量	城镇居民家庭消费性支出				城镇居民家庭消费性支出			
	OLS	IV	OLS	IV	OLS	IV	OLS	IV
	(1)	(2)	(3)	(4)	(5)	(6)	(7)	(8)
lev	-0.157 (-1.181)	-0.187 (-1.364)	-0.297** (-2.158)	-2.369 (-1.293)	-0.255 (-1.505)	-5.462* (-1.762)	-0.418** (-2.431)	-5.830 (-1.275)
Δlnwage	0.0418*** (2.847)	0.0468*** (3.092)	0.0344** (2.289)	0.0724 (0.610)	0.0419*** (2.858)	0.0617*** (2.625)	0.0341** (2.278)	0.151 (0.550)
Δlnasset	0.118*** (7.341)	0.120*** (7.703)	0.119*** (7.404)	0.108*** (3.138)	0.114*** (7.009)	0.0156 (0.265)	0.116*** (7.062)	-0.0352 (-0.179)
Δlnwage×lev			0.230 (1.542)	-0.465 (-0.134)			0.243* (1.802)	-2.602 (-0.335)
Δlnasset×lev					0.122 (1.116)	3.398* (1.891)	0.142 (1.246)	4.397 (0.985)
lnasset10	0.105*** (7.440)	0.103*** (7.874)	0.107*** (7.526)	0.0782* (1.767)	0.104*** (7.350)	0.0509 (1.298)	0.105*** (7.439)	0.0116 (0.0812)
lnincome10	0.148*** (5.358)	0.165*** (5.978)	0.147*** (5.320)	0.133*** (3.453)	0.148*** (5.345)	0.114** (2.258)	0.147*** (5.302)	0.105 (1.286)
Δfamilysize	0.0776*** (3.798)	0.0794*** (3.858)	0.0783*** (3.833)	0.0825*** (3.459)	0.0780*** (3.804)	0.0952*** (3.586)	0.0789*** (3.843)	0.0917*** (2.935)

续表

城镇居民家庭消费性支出

变量	OLS (1)	IV (2)	OLS (3)	IV (4)	OLS (5)	IV (6)	OLS (7)	IV (8)
male	-0.0529* (-1.825)	-0.0438 (-1.522)	-0.0551* (-1.902)	-0.0310 (-0.654)	-0.0539* (-1.858)	-0.0695* (-1.722)	-0.0564* (-1.943)	-0.0547 (-0.855)
age	-0.00240 (-0.245)	0.00117 (0.117)	-0.00248 (-0.252)	-0.00136 (-0.123)	-0.00246 (-0.251)	-0.00144 (-0.123)	-0.00255 (-0.260)	-0.00304 (-0.176)
age^2	-1.95e-05 (-0.193)	-5.84e-05 (-0.573)	-1.97e-05 (-0.195)	-4.49e-05 (-0.390)	-1.86e-05 (-0.186)	-3.45e-05 (-0.294)	-1.87e-05 (-0.186)	-7.66e-06 (-0.0411)
edu	0.0132*** (3.074)	0.0130*** (3.094)	0.0132*** (3.073)	0.0107** (2.251)	0.0131*** (3.053)	0.00882 (1.536)	0.0131*** (3.047)	0.00807 (1.039)
marriage	0.0930* (1.707)	0.0573 (1.039)	0.0948* (1.739)	0.0341 (0.491)	0.0899* (1.649)	-0.0548 (-0.535)	0.0913* (1.676)	-0.108 (-0.480)
health	-0.00994 (-0.717)	-0.00377 (-0.275)	-0.0108 (-0.776)	-0.00592 (-0.332)	-0.0101 (-0.732)	-0.0130 (-0.725)	-0.0110 (-0.797)	-0.00817 (-0.325)
lnexp10	-0.569*** (-19.03)	-0.555*** (-18.48)	-0.568*** (-19.02)	-0.477*** (-6.765)	-0.566*** (-18.94)	-0.406*** (-4.007)	-0.565*** (-18.89)	-0.359 (-1.549)
wedding	0.00600 (0.139)	0.00852 (0.198)	0.00314 (0.0727)	0.00369 (0.0567)	0.00745 (0.173)	0.0266 (0.485)	0.00466 (0.108)	0.0653 (0.472)

续表

城镇居民家庭消费性支出

变量	OLS	IV	OLS	IV	OLS	IV	OLS	IV
	(1)	(2)	(3)	(4)	(5)	(6)	(7)	(8)
$Constant$	3.410***	3.009***	3.398***	3.063***	3.413***	3.059***	3.401***	3.221***
	(8.901)	(8.803)	(8.869)	(7.538)	(8.922)	(7.530)	(8.888)	(4.512)
Obs	2 022	2 022	2 022	2 022	2 022	2 022	2 022	2 022
R^2	0.258	0.233	0.259	0.067	0.258		0.260	
$adj-R^2$	0.243	0.228	0.244	0.0599	0.243		0.245	
F	14.86	34.35	14.83	27.04	14.53	18.02	14.66	11.96

注：***、**和*分别表示在 1%、5% 和 10% 的显著性水平下显著，括号中报告的是以稳健标准误计算的 t 值。

第三章 经济发展新常态下家庭部门杠杆变化对消费的影响

表 3 - 22　农村居民家庭杠杆对家庭消费支出影响的稳健性检验结果

变量	农村居民家庭消费性支出							
	OLS	IV	OLS	IV	OLS	IV	OLS	IV
	(1)	(2)	(3)	(4)	(5)	(6)	(7)	(8)
lev	0.206*	0.235**	0.197	0.238	0.280*	-0.548	0.271*	-0.556
	(1.730)	(1.995)	(1.567)	(0.132)	(1.848)	(-0.269)	(1.704)	(-0.263)
$\Delta lnwage$	-0.000544	0.00270	-0.00156	0.00896	-0.000941	0.00918	-0.00187	0.00556
	(-0.0328)	(0.166)	(-0.0866)	(0.122)	(-0.0566)	(0.522)	(-0.104)	(0.0721)
$\Delta lnasset$	0.188***	0.186***	0.188***	0.186***	0.194***	0.0893	0.194***	0.0900
	(7.735)	(7.970)	(7.729)	(7.632)	(7.585)	(1.413)	(7.583)	(1.491)
$\Delta lnwage \times lev$			0.0142	-0.0860			0.0130	0.0495
			(0.175)	(-0.0866)			(0.161)	(0.0467)
$\Delta lnasset \times lev$					-0.109	1.778	-0.109	1.769
					(-0.909)	(1.505)	(-0.906)	(1.559)
$lnasset10$	0.186***	0.174***	0.187***	0.172***	0.188***	0.150***	0.189***	0.151***
	(7.785)	(7.729)	(7.777)	(5.092)	(7.799)	(3.272)	(7.794)	(3.517)
$lnincome10$	0.0560*	0.0617*	0.0560*	0.0604	0.0552*	0.0826*	0.0551*	0.0830*
	(1.709)	(1.953)	(1.708)	(1.219)	(1.682)	(1.665)	(1.681)	(1.690)
$\Delta familysize$	0.0973***	0.0947***	0.0973***	0.0943***	0.0969***	0.102***	0.0969***	0.102***
	(5.081)	(4.964)	(5.080)	(4.640)	(5.062)	(4.788)	(5.061)	(4.739)

续表

农村居民家庭消费性支出

变量	OLS (1)	IV (2)	OLS (3)	IV (4)	OLS (5)	IV (6)	OLS (7)	IV (8)
$male$	0.0445 (1.282)	0.0816** (2.445)	0.0445 (1.282)	0.0825** (2.253)	0.0446 (1.285)	0.0778** (2.006)	0.0446 (1.285)	0.0775** (2.011)
age	-0.00342 (-0.324)	-0.00606 (-0.572)	-0.00348 (-0.329)	-0.00579 (-0.479)	-0.00349 (-0.330)	-0.00470 (-0.401)	-0.00354 (-0.335)	-0.00488 (-0.387)
age^2	-7.51e-05 (-0.690)	-5.91e-05 (-0.541)	-7.46e-05 (-0.685)	-6.21e-05 (-0.516)	-7.45e-05 (-0.684)	-6.95e-05 (-0.594)	-7.40e-05 (-0.680)	-6.76e-05 (-0.537)
edu	0.00695 (1.634)	0.00399 (0.964)	0.00693 (1.629)	0.00414 (0.950)	0.00687 (1.613)	0.00520 (1.149)	0.00685 (1.609)	0.00511 (1.104)
$marriage$	0.116 (1.546)	0.0989 (1.317)	0.116 (1.547)	0.0974 (1.273)	0.113 (1.498)	0.152* (1.770)	0.113 (1.499)	0.152* (1.731)
$health$	0.0114 (0.820)	0.0196 (1.422)	0.0114 (0.822)	0.0199 (1.130)	0.0110 (0.793)	0.0232 (1.188)	0.0111 (0.794)	0.0230 (1.203)
lnexp10	-0.657*** (-23.23)	-0.652*** (-23.23)	-0.658*** (-23.17)	-0.649*** (-6.827)	-0.659*** (-23.19)	-0.647*** (-6.153)	-0.659*** (-23.14)	-0.649*** (-6.463)
$wedding$	-0.0542 (-1.188)	-0.0567 (-1.258)	-0.0541 (-1.182)	-0.0575 (-1.237)	-0.0548 (-1.200)	-0.0449 (-0.910)	-0.0546 (-1.195)	-0.0445 (-0.880)

125

续表

农村居民家庭消费性支出

变量	OLS	IV	OLS	IV	OLS	IV	OLS	IV
	(1)	(2)	(3)	(4)	(5)	(6)	(7)	(8)
$Constant$	4.422***	4.431***	4.430***	4.415***	4.426***	4.350***	4.433***	4.359***
	(9.838)	(11.27)	(9.814)	(10.25)	(9.832)	(10.39)	(9.806)	(9.591)
Obs	1 956	1 956	1 956	1 956	1 956	1 956	1 956	1 956
R^2	0.344	0.327	0.344	0.327	0.344	0.247	0.344	0.247
$adj-R^2$	0.331	0.322	0.331	0.322	0.331	0.241	0.331	0.241
F	22.37	52.15	21.77	48.59	21.90	39.73	21.33	37.53

注: ***、**和*分别表示在1%、5%和10%的显著性水平下显著,括号中报告的是以稳健标准误计算的 t 值。

表 3 - 23　城镇居民家庭杠杆对家庭生存型消费影响的稳健性检验结果

变量	城镇居民家庭生存型消费				城镇居民家庭消费			
	OLS	IV	OLS	IV	OLS	IV	OLS	IV
	(1)	(2)	(3)	(4)	(5)	(6)	(7)	(8)
lev	0.209 (1.314)	0.183 (1.124)	0.230 (1.356)	-3.088 (-1.430)	0.395* (1.649)	-5.478 (-1.600)	0.433** (2.119)	-5.634 (-1.411)
$\Delta lnwage$	0.0301* (1.710)	0.0338* (1.911)	0.0312* (1.729)	0.0317 (0.264)	0.0299* (1.695)	0.0518** (2.037)	0.0317* (1.753)	0.0898 (0.417)
$\Delta lnasset$	0.0538*** (3.105)	0.0609*** (3.544)	0.0535*** (3.115)	0.0539 (1.530)	0.0602*** (3.460)	-0.0295 (-0.455)	0.0599*** (3.443)	-0.0510 (-0.328)
$\Delta lnwage \times lev$			-0.0346 (-0.212)	0.470 (0.128)			-0.0558 (-0.322)	-1.102 (-0.177)
$\Delta lnasset \times lev$					-0.232 (-1.444)	2.811 (1.405)	-0.237 (-1.582)	3.234 (0.877)
$lnasset10$	0.0703*** (4.524)	0.0823*** (5.494)	0.0700*** (4.553)	0.0600 (1.356)	0.0725*** (4.690)	0.0276 (0.645)	0.0721*** (4.699)	0.0110 (0.0990)
$lnincome10$	0.0286 (0.854)	0.0447 (1.357)	0.0287 (0.859)	0.00126 (0.0275)	0.0297 (0.887)	-0.0159 (-0.274)	0.0299 (0.895)	-0.0198 (-0.277)
$\Delta familysize$	0.0612*** (2.622)	0.0633*** (2.728)	0.0611*** (2.610)	0.0707** (2.516)	0.0604*** (2.597)	0.0789*** (2.638)	0.0602*** (2.581)	0.0774** (2.419)

续表

城镇居民家庭生存型消费

变量	OLS (1)	IV (2)	OLS (3)	IV (4)	OLS (5)	IV (6)	OLS (7)	IV (8)
male	-0.0258 (-0.781)	-0.0213 (-0.649)	-0.0255 (-0.771)	-0.0140 (-0.291)	-0.0238 (-0.718)	-0.0377 (-0.827)	-0.0233 (-0.702)	-0.0314 (-0.571)
age	-0.0186 (-1.468)	-0.0149 (-1.163)	-0.0185 (-1.467)	-0.0177 (-1.257)	-0.0185 (-1.458)	-0.0183 (-1.172)	-0.0184 (-1.457)	-0.0190 (-1.075)
age^2	0.000160 (1.194)	0.000121 (0.895)	0.000160 (1.193)	0.000130 (0.863)	0.000158 (1.180)	0.000146 (0.898)	0.000158 (1.180)	0.000158 (0.828)
edu	-0.00577 (-1.145)	-0.00526 (-1.079)	-0.00576 (-1.144)	-0.00837 (-1.493)	-0.00561 (-1.113)	-0.00997 (-1.500)	-0.00560 (-1.112)	-0.0103 (-1.368)
marriage	0.0245 (0.386)	0.000148 (0.00230)	0.0242 (0.383)	-0.0214 (-0.267)	0.0304 (0.481)	-0.103 (-0.888)	0.0300 (0.477)	-0.126 (-0.674)
health	-0.0359** (-2.164)	-0.0298* (-1.834)	-0.0358** (-2.152)	-0.0356* (-1.769)	-0.0355** (-2.143)	-0.0393* (-1.952)	-0.0353** (-2.126)	-0.0373 (-1.564)
lnexp10	-0.396*** (-10.86)	-0.397*** (-10.94)	-0.396*** (-10.86)	-0.298*** (-3.942)	-0.401*** (-10.89)	-0.232** (-2.050)	-0.401*** (-10.90)	-0.212 (-1.143)
wedding	-0.00184 (-0.0392)	-0.00405 (-0.0847)	-0.00141 (-0.0301)	-0.0239 (-0.352)	-0.00459 (-0.0978)	0.00506 (0.0809)	-0.00395 (-0.0841)	0.0215 (0.188)

续表

城镇居民家庭生存型消费

变量	OLS (1)	IV (2)	OLS (3)	IV (4)	OLS (5)	IV (6)	OLS (7)	IV (8)
$Constant$	3.886*** (8.345)	3.653*** (8.417)	3.887*** (8.346)	3.662*** (7.149)	3.880*** (8.337)	3.710*** (7.100)	3.883*** (8.340)	3.778*** (5.624)
Obs	2 022	2 022	2 022	2 022	2 022	2 022	2 022	2 022
R^2	0.158	0.126	0.158		0.159		0.159	
$adj-R^2$	0.141	0.120	0.141		0.142		0.142	
F	8.356	16.83	8.141	12.97	8.182	9.955	7.975	8.490

注：***、**和*分别表示在1%、5%和10%的显著性水平下显著，括号中报告的是以稳健标准误计算的t值。

表3-24　农村居民家庭杠杆对家庭生存型消费影响的稳健性检验结果

变量	农村居民家庭生存型消费							
	OLS (1)	IV (2)	OLS (3)	IV (4)	OLS (5)	IV (6)	OLS (7)	IV (8)
lev	0.656*** (4.023)	0.672*** (4.202)	0.654*** (4.036)	9.10e-05 (3.48e-05)	0.775*** (4.008)	-1.273 (-0.424)	0.774*** (4.053)	-1.458 (-0.465)
$\Delta lnwage$	0.00426 (0.216)	0.00942 (0.477)	0.00409 (0.191)	-0.0519 (-0.397)	0.00362 (0.184)	0.0225 (0.999)	0.00359 (0.168)	-0.0581 (-0.435)
$\Delta lnasset$	0.196*** (6.757)	0.194*** (6.863)	0.196*** (6.755)	0.200*** (6.094)	0.206*** (6.604)	0.00819 (0.0897)	0.206*** (6.601)	0.0227 (0.248)
$\Delta lnwage \times lev$			0.00234 (0.0227)	0.852 (0.481)			0.000370 (0.00361)	1.101 (0.604)
$\Delta lnasset \times lev$					-0.177 (-1.021)	3.444** (1.964)	-0.177 (-1.021)	3.249* (1.873)
$lnasset10$	0.144*** (4.797)	0.146*** (5.178)	0.144*** (4.796)	0.149*** (3.266)	0.147*** (4.846)	0.0936 (1.507)	0.147*** (4.844)	0.110* (1.782)
$lnincome10$	-0.0501 (-1.153)	-0.0415 (-0.959)	-0.0501 (-1.153)	-0.0430 (-0.593)	-0.0515 (-1.182)	-0.0107 (-0.148)	-0.0515 (-1.181)	-0.00155 (-0.0210)
$\Delta familysize$	0.0650*** (3.341)	0.0643*** (3.304)	0.0650*** (3.342)	0.0658*** (3.031)	0.0644*** (3.302)	0.0773*** (3.113)	0.0644*** (3.303)	0.0805*** (3.206)

续表

农村居民家庭生存型消费

变量	OLS (1)	IV (2)	OLS (3)	IV (4)	OLS (5)	IV (6)	OLS (7)	IV (8)
$male$	0.0398 (0.907)	0.0903** (2.127)	0.0398 (0.907)	0.0879* (1.805)	0.0401 (0.912)	0.0871 (1.617)	0.0401 (0.912)	0.0788 (1.454)
age	0.0165 (1.310)	0.0139 (1.097)	0.0165 (1.307)	0.00991 (0.630)	0.0164 (1.303)	0.0156 (1.029)	0.0164 (1.300)	0.0116 (0.675)
age^2	−0.000265** (−2.052)	−0.000253* (−1.944)	−0.000265** (−2.046)	−0.000214 (−1.376)	−0.000264** (−2.048)	−0.000267* (−1.773)	−0.000264** (−2.042)	−0.000224 (−1.321)
edu	0.0135** (2.572)	0.00937* (1.845)	0.0135** (2.575)	0.00805 (1.361)	0.0134** (2.550)	0.0119* (1.936)	0.0134** (2.553)	0.00984 (1.468)
$marriage$	−0.0370 (−0.402)	−0.0647 (−0.703)	−0.0370 (−0.402)	−0.0524 (−0.532)	−0.0420 (−0.453)	0.0357 (0.294)	−0.0420 (−0.453)	0.0486 (0.378)
$health$	0.0105 (0.621)	0.0195 (1.169)	0.0105 (0.621)	0.0208 (0.900)	0.00987 (0.586)	0.0292 (1.077)	0.00987 (0.586)	0.0267 (0.975)
$lnexp10$	−0.466*** (−12.58)	−0.472*** (−12.88)	−0.466*** (−12.58)	−0.473*** (−3.416)	−0.469*** (−12.70)	−0.437*** (−2.845)	−0.469*** (−12.70)	−0.473*** (−3.077)
$wedding$	0.0464 (0.795)	0.0476 (0.827)	0.0464 (0.795)	0.0575 (0.903)	0.0456 (0.780)	0.0714 (1.073)	0.0456 (0.779)	0.0815 (1.144)

续表

农村居民家庭生存型消费

变量	OLS (1)	IV (2)	OLS (3)	IV (4)	OLS (5)	IV (6)	OLS (7)	IV (8)
$Constant$	3.716*** (6.834)	3.775*** (7.827)	3.717*** (6.742)	3.893*** (6.895)	3.722*** (6.831)	3.591*** (6.451)	3.722*** (6.738)	3.790*** (6.068)
Obs	1 956	1 956	1 956	1 956	1 956	1 956	1 956	1 956
R^2	0.200	0.171	0.200	0.149	0.200		0.200	
$adj-R^2$	0.184	0.165	0.184	0.142	0.184		0.184	
F	11.01	21.61	10.73	18.61	10.78	12.59	10.51	12.11

注：***、** 和 * 分别表示在 1%、5% 和 10% 的显著性水平下显著，括号中报告的是以稳健标准误计算的 t 值。

表3-25　城镇居民家庭杠杆对家庭发展与享受型消费影响的稳健性检验结果

变量	城镇居民家庭发展与享受型消费				城镇居民家庭发展与享受型消费			
	OLS (1)	IV (2)	OLS (3)	IV (4)	OLS (5)	IV (6)	OLS (7)	IV (8)
lev	-0.311 (-1.443)	-0.333 (-1.524)	-0.601*** (-2.997)	-0.255 (-0.0863)	-0.658** (-2.453)	-3.713 (-0.838)	-1.006*** (-3.944)	-4.348 (-0.664)
Δlnwage	0.0485** (2.121)	0.0545** (2.348)	0.0332 (1.414)	0.122 (0.608)	0.0489** (2.142)	0.0610** (2.091)	0.0323 (1.379)	0.215 (0.535)
Δlnasset	0.168*** (6.673)	0.168*** (6.898)	0.171*** (6.760)	0.150** (2.562)	0.156*** (6.138)	0.0683 (0.739)	0.159*** (6.219)	-0.0193 (-0.0664)
Δlnwage×lev			0.478** (2.165)	-1.958 (-0.337)			0.520*** (2.760)	-4.485 (-0.396)
Δlnasset×lev					0.432** (2.429)	3.478 (1.181)	0.473*** (2.735)	5.200 (0.783)
lnasset10	0.120*** (5.251)	0.111*** (5.341)	0.124*** (5.385)	0.0861 (1.152)	0.116*** (5.086)	0.0750 (1.461)	0.120*** (5.233)	0.00730 (0.0352)
lnincome10	0.237*** (5.207)	0.252*** (5.624)	0.235*** (5.162)	0.245*** (3.988)	0.235*** (5.181)	0.227*** (3.312)	0.233*** (5.129)	0.211* (1.868)
Δfamilysize	0.102*** (3.415)	0.105*** (3.577)	0.103*** (3.465)	0.101*** (2.980)	0.103*** (3.448)	0.117*** (3.419)	0.105*** (3.505)	0.111*** (2.734)

续表

城镇居民家庭发展与享受型消费

变量	OLS	IV	OLS	IV	OLS	IV	OLS	IV
	(1)	(2)	(3)	(4)	(5)	(6)	(7)	(8)
male	-0.126***	-0.107**	-0.130***	-0.0877	-0.129***	-0.141***	-0.135***	-0.116
	(-2.770)	(-2.395)	(-2.875)	(-1.150)	(-2.851)	(-2.601)	(-2.970)	(-1.285)
age	0.000776	0.00345	0.000609	0.00202	0.000582	0.00279	0.000382	3.77e-05
	(0.0531)	(0.240)	(0.0415)	(0.125)	(0.0401)	(0.179)	(0.0262)	(0.00160)
age^2	-6.00e-05	-9.17e-05	-6.05e-05	-7.35e-05	-5.70e-05	-7.57e-05	-5.72e-05	-2.95e-05
	(-0.401)	(-0.624)	(-0.403)	(-0.438)	(-0.382)	(-0.486)	(-0.382)	(-0.116)
edu	0.0316***	0.0301***	0.0316***	0.0297***	0.0313***	0.0279***	0.0313***	0.0266***
	(4.770)	(4.750)	(4.773)	(4.298)	(4.734)	(3.799)	(4.728)	(2.581)
marriage	0.108	0.0721	0.111	0.0505	0.0969	-0.0260	0.0998	-0.117
	(1.327)	(0.900)	(1.374)	(0.498)	(1.190)	(-0.208)	(1.231)	(-0.371)
health	0.0267	0.0316	0.0250	0.0361	0.0259	0.0252	0.0240	0.0334
	(1.256)	(1.500)	(1.177)	(1.331)	(1.223)	(1.055)	(1.135)	(0.967)
lnexp10	-0.653***	-0.634***	-0.651***	-0.605***	-0.644***	-0.547***	-0.642***	-0.466***
	(-14.43)	(-14.11)	(-14.43)	(-5.242)	(-14.31)	(-3.918)	(-14.26)	(-1.410)
wedding	0.00634	0.0143	0.000411	0.0358	0.0115	0.0419	0.00549	0.109
	(0.0918)	(0.210)	(0.00595)	(0.351)	(0.166)	(0.569)	(0.0795)	(0.547)

续表

城镇居民家庭发展与享受型消费

变量	OLS	IV	OLS	IV	OLS	IV	OLS	IV
	(1)	(2)	(3)	(4)	(5)	(6)	(7)	(8)
Constant	2.777***	2.343***	2.752***	2.463***	2.788***	2.370***	2.762***	2.650***
	(4.537)	(4.468)	(4.502)	(3.894)	(4.563)	(4.323)	(4.525)	(2.621)
Obs	2 022	2 022	2 022	2 022	2 022	2 022	2 022	2 022
R^2	0.165	0.150	0.167	0.070	0.167	0.026	0.170	
$adj-R^2$	0.149	0.144	0.151	0.0626	0.151	0.0183	0.153	
F	9.072	21.04	9.321	17.40	9.000	16.75	9.573	9.015

注：***、** 和 * 分别表示在 1%、5% 和 10% 的显著性水平下显著，括号中报告的是以稳健标准误计算的 t 值。

表 3 - 26　农村居民家庭杠杆对家庭发展与享受型消费影响的稳健性检验结果

变量	农村居民家庭发展与享受型消费							
	OLS	IV	OLS	IV	OLS	IV	OLS	IV
	(1)	(2)	(3)	(4)	(5)	(6)	(7)	(8)
lev	-0.148 (-0.920)	-0.155 (-0.969)	-0.120 (-0.712)	-1.259 (-0.431)	-0.159 (-0.762)	-1.734 (-0.536)	-0.130 (-0.606)	-1.664 (-0.498)
$\Delta lnwage$	0.0137 (0.519)	0.0114 (0.437)	0.0168 (0.578)	0.0481 (0.367)	0.0138 (0.521)	0.0157 (0.573)	0.0169 (0.580)	0.0464 (0.347)
$\Delta lnasset$	0.188*** (5.685)	0.192*** (5.977)	0.188*** (5.679)	0.197*** (5.508)	0.187*** (5.476)	0.153* (1.747)	0.187*** (5.471)	0.148* (1.778)
$\Delta lnwage \times lev$			-0.0431 (-0.362)	-0.487 (-0.275)			-0.0429 (-0.361)	-0.418 (-0.230)
$\Delta lnasset \times lev$					0.0156 (0.0915)	0.828 (0.496)	0.0147 (0.0863)	0.902 (0.567)
$lnasset10$	0.205*** (6.044)	0.183*** (5.556)	0.204*** (6.024)	0.159*** (2.977)	0.205*** (6.010)	0.154* (2.333)	0.204*** (5.991)	0.148** (2.345)
$lnincome10$	0.150*** (3.012)	0.157*** (3.263)	0.150*** (3.011)	0.125 (1.563)	0.150*** (3.009)	0.140* (1.913)	0.150*** (3.009)	0.136* (1.864)
$\Delta familysize$	0.113*** (3.598)	0.110*** (3.598)	0.113*** (3.595)	0.104*** (3.192)	0.113*** (3.596)	0.109*** (3.431)	0.113*** (3.592)	0.108*** (3.352)

续表

农村居民家庭发展与享受型消费

变量	OLS (1)	IV (2)	OLS (3)	IV (4)	OLS (5)	IV (6)	OLS (7)	IV (8)
male	0.0193 (0.367)	0.0301 (0.598)	0.0192 (0.367)	0.0457 (0.783)	0.0192 (0.366)	0.0399 (0.699)	0.0192 (0.366)	0.0431 (0.749)
age	-0.0265 (-1.598)	-0.0269 (-1.637)	-0.0264 (-1.589)	-0.0277 (-1.456)	-0.0265 (-1.597)	-0.0288* (-1.676)	-0.0264 (-1.588)	-0.0272 (-1.440)
age^2	0.000150 (0.878)	0.000153 (0.903)	0.000149 (0.869)	0.000151 (0.794)	0.000150 (0.877)	0.000165 (0.956)	0.000148 (0.868)	0.000148 (0.781)
edu	0.00170 (0.265)	0.00138 (0.222)	0.00177 (0.276)	0.00259 (0.373)	0.00171 (0.267)	0.00232 (0.354)	0.00178 (0.277)	0.00309 (0.438)
marriage	0.229* (1.920)	0.222* (1.861)	0.229* (1.915)	0.208* (1.657)	0.230* (1.922)	0.241* (1.875)	0.229* (1.916)	0.236* (1.789)
health	0.0448** (2.162)	0.0494** (2.413)	0.0448** (2.159)	0.0585** (2.154)	0.0449** (2.162)	0.0592** (2.089)	0.0448** (2.158)	0.0601** (2.145)
lnexp10	-0.732*** (-17.52)	-0.713*** (-17.14)	-0.731*** (-17.48)	-0.633*** (-3.956)	-0.731*** (-17.49)	-0.646*** (-3.976)	-0.731*** (-17.46)	-0.633*** (-3.995)
wedding	-0.0692 (-0.987)	-0.0874 (-1.255)	-0.0697 (-0.993)	-0.0895 (-1.219)	-0.0691 (-0.986)	-0.0790 (-1.088)	-0.0696 (-0.992)	-0.0828 (-1.101)

续表

农村居民家庭发展与享受型消费

变量	OLS (1)	IV (2)	OLS (3)	IV (4)	OLS (5)	IV (6)	OLS (7)	IV (8)
$Constant$	4.162*** (6.395)	4.093*** (7.019)	4.138*** (6.312)	3.930*** (5.737)	4.162*** (6.390)	3.977*** (6.341)	4.138*** (6.308)	3.902*** (5.608)
Obs	1 956	1 956	1 956	1 956	1 956	1 956	1 956	1 956
R^2	0.224	0.202	0.224	0.173	0.224	0.182	0.224	0.175
$adj-R^2$	0.209	0.196	0.209	0.167	0.209	0.176	0.208	0.168
F	13.36	30.13	13.00	26.19	13.03	26.35	12.69	24.24

注：***、** 和 * 分别表示在 1%、5% 和 10% 的显著性水平下显著，括号中报告的是以稳健标准误计算的 t 值。

需要指出的是，稳健性检验结果显示，家庭杠杆对发展与享受型消费的收入消费效应没有显著影响。在城乡居民家庭差异的稳健性检验中，杠杆对城镇居民家庭消费性支出和发展与享受型消费的直接影响不再显著，对农村家庭总支出和消费性支出的财富消费效应也不再显著。除此之外，主要检验结果均与前述检验结果基本一致，这表明本章主要结论具有稳健性。

第四节　本章小结与政策含义

本章在对现有文献进行梳理的基础上，使用 CFPS 中国家庭追踪调查的微观数据，实证检验了我国居民家庭杠杆对家庭总支出、消费性支出和消费结构的直接和间接影响以及这些影响在城乡居民家庭中的差异。实证结果显示，第一，居民家庭杠杆对家庭总支出的影响为负，但会强化家庭总支出和消费性支出的财富消费效应；第二，居民家庭杠杆对满足低层次需求的生存型消费的增加有显著促进作用，而对更高层次的发展与享乐型消费的增加具有抑制作用，并且会强化家庭财富对生存型消费的正向促进作用；就家庭杠杆对城乡居民家庭消费的影响差异而言，家庭杠杆会抑制城镇居民家庭的总支出增加，但会促进农村居民家庭生存型消费的增加并强化其财富消费效应。

本章的研究表明，居民家庭杠杆对消费的影响是一把"双刃剑"。虽然居民家庭"加杠杆"的目的可能是消费，但负债形成后，已有的杠杆会阻碍家庭总支出的增加，因此"加杠杆"对支出的促进作用不具有持续性。此外，虽然随着家庭杠杆率的上升，家庭资产价值上升会更大幅度地促进消费的增加尤其是生存型消费的增加，但不利于消费结构优化升级。因此，从促进消费增长和消费结构转型升级的角度来看，加杠杆可能并不是一个有效的途径，而增加家庭收入和以总资产为代表的家庭财富才是其根本之道。

第二篇

经济发展新常态下我国货币政策创新及其效果

2008年国际金融危机之后，为应对量化宽松的非常规货币政策下商业银行流动性囤积，实现货币宽松向信贷宽松的传导，发达经济体中央银行普遍推出了以借贷便利为代表的结构性货币政策工具。与此同时，中国金融市场面临着总体流动性充裕和实体经济流动性短缺的矛盾，货币政策的信贷传导机制不畅，农业、农村、农民（三农）、中小微企业等实体经济领域融资难、融资贵的问题长期得不到有效缓解。基于此，自2014年以来，中国人民银行推出了以短期借贷便利、中期借贷便利和抵押借贷便利为代表的结构性货币政策工具。因此，从国内外中央银行操作实践来看，经济发展进入新常态后，全球中央银行货币政策操作的显著特征之一是借贷便利类结构性政策工具的运用和实施。基于这一特征，在研究经济发展新常态下我国货币政策体系构建时，有必要对新常态下货币政策调控的主要工具——借贷便利类结构性货币政策工具的目标、传导机制和实施效果等问题进行全面、系统、深入的分析。

另外，经济发展新常态下，随着我国利率市场化改革进程的加快以及市场在资源配置中起决定性作用的发挥，我国货币政策调控方式也面临着由传统的数量型调控向价格型调控转型。但是，在由数量型调控向价格型调控转型的过程中，货币政策调控面临的环境也在不断变化。特别是，随着新常态下世界各主要经济体经济复苏进程的不一致和我国对外开放进程的加快，经常项目和资本项目变化引发的国际收支变化对我国货币供给的自主性、货币政策的独立性以及货币政策规则的选择等都带来挑战。在此背景下，有必要对开放经济环境下数量型货币政策和价格型货币政策规则的效果进行考察，为货币政策调控方式的转型提供理论依据。

与此同时，货币政策传导渠道畅通与否，以及其效果如何体现了货币政策的有效性。2008年次贷危机之后，在发达经济体实施大规模的非常规货币政策背景下，货币宽松向信贷宽松传导不畅成为货币政策传导领域探讨的重要问题之一。基于此，在经济发展新常态下，我国货币政策传导渠道及其传导效果的研究也就显得尤为重要。

基于上述背景，作为本书的主体部分，本篇分7章，分别就经济发展新常态下借贷便利类结构性货币政策工具的目标、传导机制和效果，开放经济环境下我国货币政策调控方式的选择，货币政策传导渠道及其行业和宏观经济效应等问题进行研究。

第四章

新常态下中央银行结构性货币政策工具的理论分析

2008 年国际金融危机之后，为应对金融危机带来的金融市场流动性冲击和避免金融危机向经济危机蔓延，包括美联储、日本银行和欧洲中央银行在内的发达经济体中央银行实施了大规模的以量化宽松为特征的非常规货币政策。但是，由于实体经济复苏缓慢，经济不确定性较大，包括商业银行在内的金融机构的风险偏好较大，发达经济体中央银行通过非常规货币政策释放的流动性被商业银行大量持有，从而导致商业银行流动性囤积，商业银行惜贷、慎贷的现象较为普遍，货币政策传导机制受阻。为疏通货币政策传导渠道，以美国、欧洲、英国为代表的发达经济体的中央银行在实施零利率、利率扭曲操作等价格型政策调整的同时，创设了人量结构性货币政策工具，进行流动性的结构调整，引导资金通过银行信贷渠道进入实体经济及特定领域，支持实体经济部门发展以扭转经济下滑。代表性的结构性政策工具包括：英格兰银行的融资换贷款计划（Funding for Lending Scheme，FLS）、欧洲中央银行的定向长期再融资操作（Targeted Longer - Term Refinancing Operations，TLTRO）以及美联储的短期拍卖便利（Term Auction Facility，TAF）、定期资产支持证券借贷便利（Term Asset - Backed Securities Loan Facility，TALF）、一级交易商信贷便利（Primary Dealer Credit Facility，PDCF）、商业票据信贷便利（Commercial Paper Funding Facility，CPFF）等。发达经济体中央银行创新的货币政策工具都是在传统价格型工具失效情况下的数量型管理措施，其本质主要是通过常规和非常规手段定向投放流动性，实现流动性结构调整，缓解实体经济"融资难、融资贵"的困境（邓雄，2015）。

自 2012 年我国经济进入新常态以来，面对新常态下经济增速放缓以及金融领域总体流动性充裕和结构性流动性短缺的矛盾，我国中央银行摒弃传统的"大水漫灌"的货币投放模式，在实施稳健货币政策的基础上采用微调预调，陆续推出了一系列包括短期流动性调节工具（Short-term Liquidity Operations，SLO）、常备借贷便利（Standing Lending Facility，SLF）、中期借贷便利（Medium-term Lending Facility，MLF）、抵押补充贷款（Pledged Supplementary Lending，PSL）、支小再贷款、支农再贷款、定向降准、信贷资产质押再贷款等在内的一系列结构性货币政策工具，以期引导信贷资金流向实体经济领域，切实缓解实体经济"融资难、融资贵"的问题。结构性货币政策工具的实施对增强货币政策调控的针对性和灵活性，引导商业银行降低贷款利率和社会融资成本，支持实体经济增长等均发挥了积极的作用（马理等，2015；汪川，2015；张晓慧，2015）。但是，也有部分学者认为，结构性货币政策工具的实施具有较强的政府干预，会阻碍市场机制的恢复与运行，不利于金融经济的运行（余丰慧，2014；封北麟和孙家希，2016）。

尽管从表面上来看，我国中央银行与发达经济体中央银行的结构性货币政策工具都是在宏观经济整体流动性充裕、实体经济流动性短缺、货币政策银行信贷传导渠道受阻的背景下展开的，结构性货币政策工具的操作特征也有一定的类似性。但由于货币政策实施面临的宏观经济和金融市场环境，以及微观市场主体的市场化程度不同，因而，我国中央银行与发达经济体中央银行的结构性货币政策工具在实施目标、传导机制和调控效果等方面存在着较大差异。

但是，作为经济新常态以来，包括我国中央银行在内的全球各国中央银行货币政策实施的主要工具，与传统的货币政策工具相比，结构性货币政策工具在政策目标、作用机制和效果等方面有不同的特征。正因为如此，在本章，基于现有文献，我们从理论上分析和探讨新常态下结构性货币政策工具的实施背景、目标、作用机制和可能产生的效果，以为后续中国结构性货币政策有效性的研究提供理论基础。

第一节　结构性货币政策工具的实施背景和目标

尽管有学者认为，自 2012 年以来，全球经济都进入了新常态（EI‑Erian，2014），但是，由于各国经济发展面临的内外部环境和发展阶段不同，中央银行实施结构性货币政策工具的背景和目标也自然会有所不同。

一、结构性货币政策工具实施的背景

（一）发达经济体中央银行实施结构性货币政策工具的背景

2008年爆发的次贷危机使全球金融市场陷入极度的流动性恐慌之中，资产价格急剧下跌，为避免资产价格下跌带来的自有资本约束恶化，商业银行普遍采取了惜贷的行为。因此，为抑制金融危机向经济危机传染，避免经济大衰退，发达经济体的中央银行采取了以量化宽松为主的非常规货币政策。通过量化宽松和零利率下限，发达经济体的中央银行向市场注入了大量的流动性，缓解了市场流动性危机，稳定了市场预期。但是，量化宽松下的货币宽松能否促进实体经济的发展还取决于是否会实现信贷宽松，而信贷宽松则取决于商业银行的信贷偏好和行为决策。

由于受到金融危机期间资产价格急剧下降、抵押品价值大幅缩水的影响，加之危机之后，发达国家经济复苏缓慢，经济发展前景不明，出于对未来融资流动性的担忧和自身风险暴露增加的考虑，以商业银行为代表的金融机构因预防性动机而进行流动性囤积（Diamond and Rajan，2009；Gale and Yorulmazer，2013），商业银行因担心未来从外部获得流动性困难，内部出现流动性短缺，出于预防风险的目的大量增持流动性资产。另外，当预计到未来资产价值下降时，为避免资产贬值所造成的损失，同时利用多余流动性收购廉价资产获取收益，商业银行开始进行流动性的投机性囤积（Diamond and Rajan，2009；Berrospide and Jose，2012）。与此同时，金融危机期间金融环境的恶化带来严重的市场信息不对称，银行间市场流动性风险加剧，金融机构风险厌恶程度加深，惜贷避险情绪严重，交易对手风险的不确定性也加剧了商业银行的流动性囤积行为（Gorton，2009），也即商业银行因预防性动机、投机性动机及对交易对手风险的担心，采取了流动性囤积行为。来自中央银行量化宽松政策释放的流动性被商业银行存放在中央银行超额准备金账户，货币宽松渠道受阻，货币宽松无法向信贷宽松转化，实体经济流动性短缺的问题依然得不到解决，导致发达经济体中央银行通过量化宽松货币政策注入的巨额流动性以超额准备金的形式停滞在银行系统内，并未真正进入实体经济（张亦春和胡晓，2010；万志宏和曾刚，2012；Mattingly and Abouzaid，2015）。奥尔洛西（Orlowshi，2015）对美国商业银行资产配置行为的研究表明，金融危机后商业银行的准备金存款比例提高，货币乘数明显下降，美联储基础货币的增加导致了商业银行超额准备金、证券投资的增加和信贷投放的下降。在此背景下，各发达经济体中央银行在实施量化宽松货币政策的同时纷纷推出结构性货币政策工具以疏通货币政策的传导机制，进行流动性的结构性调整，引导资金以银行信贷方式流入实体经济。

（二）经济发展新常态下中国结构性货币政策工具推出的背景

与发达经济体中央银行结构性货币政策工具的推出源于商业银行的流动性囤积不同，我国中央银行结构性货币政策的推出源于总量流动性充裕下的银行信贷资金配置的结构性失衡。

1. 总量流动性充裕与实体经济流动性短缺的悖论

为应对 2008 年国际金融危机对国内经济产生的冲击，我国实施了宽松的货币政策与积极的财政政策，并出台了以"四万亿"为核心的"一揽子"经济刺激方案。"四万亿"投资计划在短期内迅速拉动经济增长，使我国经济暂时摆脱了国际金融危机的影响。但伴随着经济刺激计划的实施，银行信贷规模迅猛扩张，货币供应量大幅增加。与此同时，在经常项目与资本项目持续双顺差的推动下，我国外汇储备规模急剧扩张，导致中央银行以外汇占款方式被动投放的基础货币逐年攀升。2014 年底，我国外汇储备规模达到 3.84 万亿美元，占全球外汇储备总量的近 1/3。外汇储备增加带来的基础货币投放进一步扩张了中央银行的资产规模。2014 年底，我国广义货币供应量已突破 120 万亿元，M2/GDP 比值已突破 193%，远高于美国的 68% 和欧盟的 96%。[①] 盘踞高位的货币存量、社会融资总量与新常态下实体经济增速放缓相背离。大量资金游离于金融机构之间，通过票据融资、进出口贸易和影子银行在金融体系内部空转，并没有进入实体经济（耿同劲，2014）。随着经济增速放缓，银行信贷资产不良贷款率上升，商业银行受制于资本监管和自身风险控制的约束对民营企业和中小微企业信贷需求慎贷惜贷现象较为严重。与此同时，由于金融机构、利率结构、汇率结构及资本可得性等体制和机制扭曲，存在着较大套利空间，大量资金在银行间市场或金融机构之间空转（李扬，2013），导致中央银行投放的大量流动性并未转换为有效的银行信贷，货币供应量和社会融资量的大幅增长并未解决实体经济的资金短缺问题。实体经济领域，特别是中小微企业和"三农"领域面临的"融资难、融资贵"等问题愈益突出，金融领域的总量流动性充裕与实体经济领域的流动性短缺矛盾凸显（李祺，2015）。

2. 金融资源配置扭曲下的货币政策调控困境

总量流动性充裕下的金融资源配置不仅表现为金融资源"脱实就虚"、在金

[①] 中国外汇储备和广义货币供应量数据源于中国人民银行网站，美国和欧盟的数据源于美联储和欧洲中央银行网站。

融体系内空转，而且，这些资金在经过商业银行"创新"的各种表外、非标等业务之后，最终以理财产品、银信合作及银行同业业务等方式通过影子银行渠道流向地方投融资平台、国有企业和房地产行业（裘翔和周强龙，2014）。由于地方政府投融资平台、国有企业的软预算约束和房价高涨带来的房地产行业高盈利预期，其资金需求的利率敏感性较低，需求量巨大，由此导致了对中小微企业和"三农"等实体经济领域信贷资源配置的挤出效应，并提高了整个实体经济的融资成本，给中小微企业带来了"融资难、融资贵"的局面。不仅如此，在以间接融资为主要融资方式的经济环境下，信贷资源配置的扭曲还带来了经济结构的失衡和扭曲。信贷资源向地方政府所主导的公共基础设施（铁路、公路和城市基础设施）和房地产行业的过度配置，导致钢铁、水泥、煤矿、汽车等高耗能、高污染行业的产能严重过剩，而作为国民经济发展基础的第一产业（农业）和以中小微企业为主的第三产业的发展却得不到信贷资源的支持而经济活力不足。经济发展新常态下的产业结构调整和经济质量提升得不到金融的有效支持。与此同时，大量的金融资源配置到产能过剩行业，也导致了金融资源配置效率的降低，大规模的刺激政策效果递减（张晓慧，2015），增量资金对经济增长的推动作用有限，长期依赖的高投资促增长模式不可持续。相反，在此背景下，依靠"大水漫灌"式的扩张性货币政策只会加剧产能过剩和资产价格泡沫，进一步固化信贷资源配置的扭曲和经济失衡。

因此，在我国经济进入新常态后，货币政策面临着保增长、调结构、促改革和防风险的多重任务，调控方式迫切需要由"大水漫灌"式的总量调控向"精准滴灌"式的定向调控转变。为优化信贷结构，疏通货币政策传导渠道，打通货币政策传导的"最后一公里"，加大金融对"三农"、中小微企业、水利水电及棚户区改造等实体经济薄弱环节和重点领域的信贷支持，2012年以来，我国中央银行在坚持"总量稳定、结构优化"的前提下不断丰富和完善货币政策工具组合，相继推出了短期流动性调节工具（SLO）、常备借贷便利（SLF）及中期借贷便利（MLF）等创新工具。相关政策工具推出的目的在于，一方面用以调节银行间市场临时性、突发性因素导致的资金需求，熨平市场资金利率波动，促进社会融资成本平稳运行；另一方面形成覆盖短中长期的利率体系，构建利率走廊调控机制调控短期利率，并引导中长期利率趋势，货币政策逐渐由数量型调控向价格型调控转变。此外，中央银行还多次实施了包括定向降准、抵押补充贷款（PSL）、提高支农支小再贷款规模等在内的定向调控工具大力支持"三农"、中小微企业及棚户区改造等薄弱领域。

二、结构性货币政策工具的目标

从上述发达经济体中央银行和我国中央银行推出结构性货币政策工具的背景

来看，两者具有共同之处，也有一定的差异性。其共同之处主要表现为：

（一）为金融市场提供流动性支持，稳定金融市场利率水平

从发达经济体来看，国际金融危机之后，受危机中资产价格暴跌的影响，市场恐慌情绪蔓延，商业银行恐慌性抛售金融资产的情况时有发生，导致市场流动性短缺。在此背景下，在实施非常规的量化宽松和零利率政策的同时，中央银行推出部分短期性的流动性调节工具，不仅有利于为市场提供必要的流动性，而且有助于平抑市场恐慌情绪，避免危机蔓延。从中国来看，经济新常态下，经济中高速增长和金融市场的平稳发展都需要良好的金融环境。而在中央银行无法继续实施大规模信贷投放的背景下，采取一定的结构性调节措施，可以起到调节货币市场流动性需求、平抑货币市场利率波动和降低资金成本的目的。

（二）疏通货币政策传导渠道，实现由货币宽松向信贷宽松的传导

就发达经济体而言，结构性货币政策工具主要是量化宽松政策下以商业银行为主的金融机构囤积流动性而慎贷惜贷，量化宽松货币政策传导机制受阻而采取的结构性调控措施。其目的是疏通货币政策的信贷传导渠道，促使资金进入特定的实体经济领域，促进消费和投资的复苏。而就中国中央银行而言，结构性货币政策工具的推出也是为了解决总量流动性宽裕下的实体经济"融资难和融资贵"问题，其目的也是疏通由货币宽松向信贷宽松传导的渠道和机制。

（三）引导资金流向特定经济领域

无论是发达经济体中央银行还是中国中央银行推出的结构性货币政策工具，在疏通货币政策传导渠道的基础上，其部分工具的目的都在于引导信贷资金流向中小微企业等特定领域，缓解经济领域中融资受到约束领域或行业企业的"融资难"问题。

但是，我们也应该看到，中国中央银行和发达经济体中央银行在运用结构性货币政策工具时，其目的也有特殊性，这主要表现为：（1）完善利率体系，构建利率走廊调控机制。多年来，由于金融市场产品有限，我国利率体系尚不完善，特别是短期和中期利率品种不足。而在货币政策调控由数量型调控为主向价格型调控为主的转换过程中，缺乏明确的政策调控"锚"。正因为如此，借助于多样化的长短期结构性政策工具，既可以丰富利率品种，完善利率体系，也可以构建利率走廊机制。（2）推动经济结构性调整。从发达经济体中央银行结构性货币政策工具来看，其借贷便利类政策工具大多为数量型的结构性政策工具，其目的是

解决特定领域的"融资难"问题；而在中国，除数量型的结构性政策工具外，还有价格型结构性政策工具，如定向降准和定向降息。其目的是为经济发展中面临融资约束的中小微企业、"三农"领域提供低成本的信贷资金支持，意在解决"融资难"的同时，也能解决"融资贵"的问题。

第二节　结构性货币政策工具的传导机制

结构性货币政策工具本质上是传统货币政策工具中再贴现工具在非常规货币政策中的运用，是非常规货币政策中的质化宽松政策的组成部分。前述表明，其主要目的在于为市场提供流动性，疏通货币政策渠道，实现由货币宽松向信贷宽松的传导，其传导主要通过定向宽松、激励相容和预期引导等机制来实现。

一、定向宽松机制

与传统的一般性货币政策工具不同，结构性货币政策工具主要是通过大规模的资产购买计划、向特定领域提供信贷支持的信贷便利工具来实现流动性投放，缓解商业银行等金融机构在危机或经济下行期间面临的流动性约束，降低货币市场利率和流动性风险溢价，提升金融机构的资金可获得性并降低其资金成本，从而促使包括商业银行在内的金融机构增加向实体经济领域的信贷投放意愿和能力。货币市场利率和流动性风险溢价的下降有利于引导市场实际利率的下降，刺激耐用消费品消费和企业投资。金融机构外部融资可得性的提升，有利于改善金融机构流动性囤积状况，并通过低成本流动性来降低银行的融资成本，促进银行降低信贷成本，进而降低实体经济的融资成本。美联储直接针对存款机构、主要证券交易商、货币市场共同基金、商业票据发行者及特定企业和法人提供资金而创设的一系列流动性便利工具，如短期证券借贷便利（TSLF）、商业票据信贷便利（CPFF）、短期拍卖便利（TAF）、一级交易商信贷便利（PDCF），英格兰银行的融资换贷款计划（FLS），欧洲中央银行的定向长期再融资操作（TLTRO）等，其目的都在于通过定向宽松，为货币市场提供流动性，改善商业票据市场、资产支持证券市场、货币市场等市场因金融危机引起的市场流动性短缺，恢复金融市场的功能，并以此引导金融机构融资成本的下降。

就我国中央银行在经济新常态下采用的结构性货币政策工具而言，除采用各种长短期借贷便利以保证货币市场流动性充裕外，还采用定向降准和定向再贷款等工具，实现信贷资金向特定领域和行业的投放。就定向降准而言，中央银行对县域农村商业银行、农村合作银行、农村信用社和村镇银行，及对"三农"和小微企业贷款达标的商业银行、财务公司、金融租赁公司和汽车租赁公司等涉农涉微金融机构定向降低法定存款准备金率，缓解涉农涉微金融机构的流动性约束，降低这些金融机构的资金成本，提高其信贷能力，刺激"三农"和小微企业的信贷增长，促进"三农"和小微企业的发展；从定向再贷款来看，中央银行通过支农再贷款、支小再贷款、抵押补充贷款直接对涉农涉微金融机构补充低成本的流动性，再由这些金融机构向"三农"、小微企业及棚户区改造进行定向信贷投放，推动"三农"、小微企业信贷扩张，刺激"三农"、小微企业投资，促进实体经济增长。

二、激励相容机制

前述表明，结构性货币政策工具是再贴现和再贷款工具的创新与衍生。与再贴现政策类似，在结构性货币政策工具实施过程中，中央银行处于被动地位。如果商业银行流动性充裕，或商业银行对未来经济发展的预期比较悲观，风险偏好较强，则结构性货币政策工具的作用会受到限制。因此，要实现结构性货币政策工具的目标，在政策工具设计时，就必须具备激励相容约束，给予商业银行等金融机构参与政策传导和对实体经济扩大信贷投放的激励与约束。

一般而言，结构性货币政策工具主要通过以下机制设计来实现对商业银行的激励相容：第一，向金融机构投放低成本的长期流动性吸引金融机构积极参与，提升金融机构的信贷意愿。如英格兰银行的融资换贷款计划（FLS）的资金成本远低于银行通过信用债券融资的利率水平，而欧洲中央银行的第一阶段定向长期再融资操作（TLTRO）的融资利率仅在主要再融资利率基础上加 10 个基点（第二阶段 TLTRO 融资利率为主要再融资利率），远低于欧元区主要国家的银行平均融资成本。第二，将中央银行定向投放的流动性规模与商业银行新增信贷规模正向挂钩、流动性成本与新增信贷规模反向挂钩，约束商业银行的资产配置行为，进而控制资金的初始流向。例如，英格兰银行 FLS 置换资金被限定用于对企业和家庭部门发放贷款，并重点倾斜中小企业；欧洲中央银行 TLTRO 释放的资金被严格限定用于非金融企业和家庭贷款（除了住房抵押贷款外）；中国中央银行实施的定向降准和定向降息等。第三，利用窗口指导和宏观审慎评估体系指标的设计来激励和约束商业银行的信贷行为。例如，为支持中小微企业、"三农"领域和推进扶贫攻坚任务的完成，中国中央银行对商业银行对中小微企业、"三农"领域的信贷占总信贷资产的比例作了明确的要求，并通过构建宏观审慎评估指标体系进行动态考核，以激励商业银行疏通信贷渠道。

三、预期引导机制

由货币宽松到信贷宽松，除需要给予商业银行激励约束外，还需要改变商业银行对未来经济不确定性的预期，降低其风险偏好程度。在实施非常规货币政策期间，发达经济体的零利率政策本身就具有预期引导的功能。而结构性货币政策工具，既向市场传递了中央银行确保市场流动性的决心，也传递了中央银行支持经济发展或者经济结构调整的意图。所以，其有利于提振市场信心，缓解金融机构的流动性囤积行为和惜贷情绪，引导金融机构的信贷资产配置，促进金融市场融资中介职能和货币政策传导机制的修复。现有对欧美等经济体中央银行的结构性货币政策的研究表明，结构性货币政策公告对货币市场利率、长期国债收益率、股票价格等具有非常显著的信号效应（Peersman et al.，2011；Ait - Sahalia et al.，2012）。

第三节 结构性货币政策工具的实施效果及其局限性

前述表明，无论是发达经济体的中央银行还是中国中央银行，其实施结构性货币政策的目标是缓解市场流动性短缺，为货币市场提供临时性的流动性，降低市场风险溢价。同时，通过定向调控，打通货币宽松向信贷宽松的传导渠道，疏通货币政策传导机制，促进实体经济发展。正因为如此，自国际金融危机以来，众多学者对发达经济体中央银行和中国中央银行实施的结构性货币政策的效果进行了实证检验和分析。

一、发达经济体中央银行结构性货币政策工具的实施效果

在发达经济体中央银行中，最早推出结构性货币政策工具的是美联储。国际金融危机之后，为避免金融市场出现流动性恐慌，美联储推出了一系列流动性支持便利工具。现有研究表明，美联储推出的流动性便利工具，对于缓解银行间市场的资金紧张、降低市场的风险溢价、平抑短期利率的快速上升发挥了重要的作用（Christensen et al.，2009）。具体而言，美联储的结构性货币政策工具推出

后，货币市场 TED 息差①指标明显回落，金融市场信心不断增强，衡量金融市场情绪变化的波动率指数（Volatility Index，VIX 指数）缓慢下降到较低水平，以商业票据市场为代表的金融市场交易规模开始扩大。相关学者有关各流动性支持便利工具对改善市场流动性、降低市场利差效果的研究也支持了这一结论。研究表明，美联储 TAF 的推出有效降低了 3 个月 LIBOR - OIS 利差②，缓解了银行间市场流动性紧张的局面（McAndrews et al.，2008；Wu，2011）。坎贝尔等（Campbell et al.，2011）发现，TALF 能有效改善整个资产证券化市场的流动性，但对单个资产支持证券流动性的影响效果有限。而对于短期证券借贷便利（TSLF），弗莱明（Fleming et al.，2010）、黄和斯里格曼（Hrung and Seligman，2015）研究发现，TSLF 能够有效缓解担保市场的紧缩局面，并且能够有效刺激市场参与者对高流动性国债的需求。因此，从整体而言，美联储通过结构性货币政策工具发挥"最后贷款人"职能，增强了金融机构的信贷能力，促进了美国商业票据市场、资产证券化市场、担保市场、货币市场等金融市场功能的恢复，引导信贷资金进入实体经济，在一定程度上刺激了美国经济的复苏。而国际金融危机之后，美国经济的复苏以及美联储宽松货币政策的退出也表明，美联储结构性货币政策的效果明显。

相较于美联储的流动性便利工具，英格兰银行的融资换贷款计划（FLS）和欧洲中央银行的定向长期再融资操作（TLTRO）推出的时间较晚，两者在缓解市场流动性紧张，防止信贷市场萎缩方面具有一定效果，但在促进信贷扩张、控制资金流向方面效果并不如意。丘尔姆（Churm，2012）认为，英格兰银行的 FLS 可以带动信贷供给的增长，从而加强对实体经济的融资支持程度。但此后的实践经验表明，FLS 在改善信贷结构方面的效果并不明显，FLS 置换资金更多地流向了房地产互助协会和金融体系，结果导致房地产抵押贷款利率在第一轮 FLS 实施后平稳下降，而小微企业和非金融私人企业贷款利率并没有明显下降（Inman，2014）。具体而言，英格兰银行的 FLS 实施后，信贷市场整体缓慢复苏，中小企业贷款并未得到改善，但房地产抵押贷款和大企业贷款却明显增长，随着 2014 年英格兰银行削减了融资换贷款规模后，参与银行对中小企业的净贷款连续两个季度出现净下降。与此同时，房地产抵押贷款利率在 FLS 实施后平稳下降，2 年期房地产抵押贷款固定利率在 FLS 实施至 2013 年底时已下降了 120 个基点，5 年

---

① TED 息差是指美国 3 个月期短期国债利率与 3 个月期伦敦同业拆借利率之差。TED 息差可用于衡量市场对信用风险的评估。TED 息差越低，市场整体的信用违约风险越低，市场间的借贷意愿越强，流动性越充裕。

② LIBOR - OIS 利差是 3 个月美元伦敦同业拆借利率与隔夜指数掉期利率之间的利差，主要反映的是全球银行体系的信贷压力，息差缩小被视为银行间拆借的意愿上升。

期房地产抵押贷款固定利率下降了约 80 个基点[1]，而中小企业和非金融私人企业贷款利率并没有明显下降。

而对于欧洲中央银行定向长期再融资操作（TLTRO），阿加瓦尔等（Agarwal et al.，2015）以及巴尔福西亚和吉布森（Balfoussia and Gibson，2015）认为，欧洲中央银行的 TLTRO 在一定程度上改善了金融环境，促进非金融企业和家庭部门的信贷增长，进而对实体经济活动有正向的促进作用，但格罗斯、阿尔西迪和乔瓦尼尼（Gros，Alcidi and Giovannini，2014）则认为，实体经济有效需求不足导致信贷需求下降，使得 TLTRO 对改善银行信贷、促进实体经济增长的作用并不显著。欧洲金融市场的实践操作效果也表明，资本约束以及企业缺乏足够的贷款需求和抵押品使得欧洲商业银行对于申请定向长期再融资缺乏积极性，欧洲中央银行于 2014 年 9 月和 12 月推出的两次 TLTRO 分别向 255 家银行和 306 家银行发放了 826 亿和 1298 亿欧元贷款，远低于市场预期和 4000 亿欧元的规模上限（王信和朱锦，2015）。

英国及欧洲经济缓慢复苏以及经济发展中不确定性的增大也充分说明了结构性货币政策在欧洲实施效果的有限性。除受欧洲债务危机、英国脱欧等一系列事件的影响外，欧洲经济长期不振，欧洲中央银行不仅未能退出非常规货币政策，而且，进一步加大量化宽松的力度，甚至实施负利率政策，这些在一定程度上也表明，结构性货币政策在推动欧洲货币市场流动性宽裕和信贷宽松方面的局限性。

上述分析表明，美联储的流动性便利工具在改善金融市场流动性、恢复金融机构功能、刺激经济复苏方面效果显著，而英格兰银行的 FLS 和欧洲中央银行的 TLTRO 在促进银行信贷扩张、降低社会融资成本、刺激经济复苏方面的效果并不明显。这可能与金融危机后各经济体经济复苏的状况、金融体系的稳健性有关。在金融危机爆发后，美联储迅速采取一系列措施大力削减了银行体系的不良资产，夯实了银行资本基础，银行借贷能力很快得以恢复，而在欧洲，受欧洲主权债务危机的影响，欧洲银行业去杠杆化过程相对滞后，同时又受到资本监管约束增大，银行信贷能力恢复缓慢的影响（Carpenter，Demiralp and Eisenschmidt，2014）。

二、中国中央银行结构性货币政策工具实施的效果

自 2014 年开始，中国中央银行创设短期流动性调节工具、常备借贷便利、中期借贷便利以及抵押补充贷款等结构性货币政策工具。在 2014～2016 年期间，中国中央银行累计运用短期流动性调节工具（SLO）向市场投放短期流动性约

---

[1] 数据来自英格兰银行网站。

2.5 万亿元，并进一步将常备借贷便利（SLF）推广至中央银行各分支机构，以适时满足金融机构大额资金需求。截至 2016 年底，累计运用中期借贷便利（MLF）和抵押补充贷款（PSL）投放中长期基础货币约 5.5 万亿元；实施了 7 次定向降准，并多次上调支农支小再贷款额度，鼓励商业银行向"三农"和小微企业发放贷款。相关政策工具的实施维持了市场流动性的合理充裕，同时促进了社会资金成本的明显回落。中国外汇交易中心统计数据显示，各期限的市场利率在波动中呈明显下降趋势，截至 2016 年底，一年期银行间同业拆借加权利率已降至 4.6%，较 2014 年 4 月底下降了 1.55 个百分点，人民币贷款加权平均利率由 2014 年一季度的 7.18% 下降到 2016 年底的 5.27%。[1]

从信贷宽松的效果来看，不仅中小微企业和"三农"领域贷款规模在扩大，而且，自 2014 年第三季度开始，小微企业贷款同比增速明显超过金融机构各项贷款的同比增速，并远高于大中型企业贷款的同比增速。但是，农业贷款的同比增速仍略低于工业贷款和服务业贷款的同比增速。这说明，以定向降准、再贷款为代表的结构性货币政策工具对促进小微企业信贷增长具有一定作用，但对改善"三农"信贷萎缩的效果并不明显。近年来，中国银行业信贷投放的经验事实也表明，尽管中央银行着力于通过结构性货币政策工具的实施来疏通货币政策传导的"最后一公里"，但是，大量的金融资源通过以商业银行为代表的金融机构的各种影子银行业务流向地方政府公共基础设施和房地产领域，中小微企业和"三农"领域"融资难、融资贵"的现象并没有得到有效缓解，相反，因地方融资平台的大量出现和影子银行业务的盛行，金融资源配置"脱实向虚"的现象愈益明显。

三、结构性货币政策工具效果的有限性

总体上，货币政策是总量性的调控手段，而非结构性调控政策。因此，利用总量调控政策来实现资金资源配置的结构性优化目标，其局限性也是很明显的。这主要体现为：

（一）经济部门的信贷需求问题

总体上，与一般性货币政策工具一样，结构性货币政策工具的着力点是商业银行的信贷供给意愿和能力。但其忽略了资金需求端——家庭和企业部门的资金需求。在经济衰退阶段，家庭和企业部门的资产负债表恶化，有效消费和投资需

---

[1] 数据源于中国人民银行网站。

求不足。如果经济复苏缓慢，家庭和企业部门的资产负债表长期得不到修复。此时，即使商业银行的信贷供给充分，信贷扩张也难以实现，货币政策传导的渠道仍难以畅通。格罗斯、阿尔西迪和乔瓦尼尼（2014）认为，欧洲中央银行的定向长期再融资操作（TLTRO）并未显著改善银行信贷、促进实体经济增长最根本的原因在于实体经济信贷需求萎缩，而并不在于信贷供给的约束。

（二）货币政策与监管政策的协调问题

首先，金融危机之后，各国均强化了商业银行资本充足监管，提高了对商业银行，特别是系统重要性金融机构的资本充足监管标准。在此情况下，商业银行迫于资本充足率监管压力和对自身风险控制要求制约了其信贷扩张意愿（万志宏和曾刚，2012）。福布斯等（Forbes et al.，2016）对融资换贷款计划（FLS）的研究表明，资本充足率监管对跨国银行的信贷增长具有抑制效应，而英格兰银行实施的融资换贷款计划（FLS）显著地放大了资本充足率监管政策对跨国银行信贷增长的抑制效应，2012～2013年的融资换贷款计划（FLS）使得跨国银行信贷紧缩了约30%。因此，金融危机后全球金融监管政策的加强有可能对冲结构性货币政策的效果，使得结构性货币政策的有效性下降。

（三）商业银行资金运用中的道德风险问题

结构性货币政策工具虽然在机制设计上充分利用激励相容机制刺激了银行信贷发放，引导了信贷资金的初始流向，但仍很难控制信息不对称环境下商业银行资产配置中的道德风险。由于结构性货币政策工具主要是通过降低金融机构的融资成本来间接引导资金流向，中央银行对资金的最终使用方向及风险状况的约束力仍有限，因而结构性货币政策工具导致的低利率水平和市场分割现象很可能会诱发市场套利行为（孙丹和李宏瑾，2017），大大弱化结构性货币政策工具对流动性结构的调控效果。例如，英国实施融资换贷款计划（FLS）后，商业银行利用低成本的融资换贷款计划资金替换较高成本的到期信用债券，导致低融资成本并未有效传导至贷款利率上（Borio and Zabai，2016），欧洲央行早期实施的1万亿欧元的长期再融资操作（LTRO）中，大部分资金则被商业银行用于金融市场套利，仅有5%的资金最终流向实体经济（王信和朱锦，2015）。

（四）难以解决中小企业"融资难、融资贵"问题

各经济体中央银行实施结构性货币政策工具的目的之一是通过定向调控，促进银行信贷资源向实体经济薄弱行业和领域倾斜。但是，中小微企业"融资难、

融资贵"问题的根源在于信息不对称、抵押品不足和单位资金成本高,而结构性货币政策工具在解决这些问题方面尚缺乏有效的机制。因此,无论是发达经济体中央银行实施的结构性货币政策工具还是中国中央银行推出的定向降准、定向再贷款以及定向降息,其实施效果都比较有限。现有研究也印证了这一客观现实。例如,英格兰银行实施第一轮融资换贷款计划置换的资金主要促进了房地产抵押贷款和大企业贷款的明显增长,并未明显改善中小企业的贷款情况。第二轮融资换贷款计划进一步将支持对象缩窄为中小非金融企业,不再对家庭部门提供信贷支持,且在对银行的融资额度和成本审批中对中小企业贷款赋予了更高权重,但中小企业获得的净贷款仍持续下降。房地产抵押贷款利率在第一轮融资换贷款计划实施后平稳下降,而小微企业和非金融私人企业贷款利率并没有明显下降(Inman,2014)。而对于欧洲中央银行定向长期再融资操作,截至 2016 年底,尽管欧洲中央银行已推出两轮定向长期再融资操作,欧元区非金融企业和家庭部门信贷仍呈下降趋势。

第四节 本 章 小 结

本章通过对经济发展新常态下发达经济体中央银行和中国中央银行面临的货币政策环境分析,从理论上探讨了不同国家中央银行结构性货币政策推出的背景和目标,分析了结构性货币政策的传导机制,并结合现有文献,探讨了其政策的有效性问题。

首先,次贷危机中的金融市场流动性短缺、非常规货币政策下的商业银行流动性囤积,以及由此导致的货币政策由货币宽松向信贷宽松传导受阻等是发达经济体中央银行推出结构性货币政策工具的主要背景。而对于中国中央银行而言,结构性货币政策工具的推出则与新常态下宏观经济领域存在的总量流动性充裕和结构性流动性不足、金融"脱实向虚"、经济结构调整等有关。

其次,尽管发达经济体中央银行与中国中央银行推出结构性货币政策工具的背景不同,但从目标来看,有其相似性,也存在差异。为金融市场提供短期流动性需求,缓解市场流动性短缺导致的资金成本上升,疏通货币政策渠道,实现货币政策由货币宽松向信贷宽松的传导等是发达经济体中央银行和中国中央银行实施结构性货币政策工具的共同目标。但是,中国中央银行实施结构性货币政策工具的目标还包括完善市场利率体系、构建利率走廊机制,以及促进经济结构调整等。

　　最后，就传导机制而言，结构性货币政策工具主要通过定向宽松、激励相容和预期引导三个机制来实现其政策目标。就实施效果而言，从目前的研究及各国的实践来看，结构性货币政策工具在缓解市场流动性紧张、促进货币宽松向信贷宽松传导等方面发挥了较好的作用。但是，结构性货币政策工具的实施也存在未能考虑市场经济主体信贷需求、货币政策与宏观审慎政策协调不够、商业银行资金使用中的道德风险等影响其有效性的内在问题。

第五章

中央银行借贷便利政策工具与货币市场利率

第一节　我国中央银行借贷便利政策工具的操作目标

前章研究表明，自 2014 年以来，受欧洲主权债务危机以及发达经济体经济复苏不确定性的影响，国际金融市场跨境资本流动规模加大，对国内金融市场流动性带来了较大的外部性冲击。另外，在国内总量流动性较为充裕的背景下，金融机构利用影子银行开展表外和非标业务的规模也日益扩大。各种影子银行业务使得金融资源的配置出现了较为严重的"脱实向虚"，资金空转现象严重，也增大了货币市场流动性风险，导致在季末和年末出现货币市场利率异常性升高的"钱荒"现象时有发生，银行间市场利率波动不断加大。在此背景下，为实现新常态下保增长、调结构、防风险的宏观调控总目标，我国中央银行根据市场流动性需求的期限、主体和用途不断丰富与完善货币政策工具组合，创新地推出公开市场短期流动性调节工具（SLO）、常备借贷便利（SLF）、中期借贷便利（MLF）和抵押补充贷款（PSL）等借贷便利政策工具。各借贷便利政策工具依次覆盖了从超短期、短期到中长期的流动性调节和利率调控，从而成为中央银行调节市场流动性结构、引导市场利率走势的重要工具，并以此疏通货币政策由短端资金利率向长端融资利率的传导机制。各借贷便利货币政策工具的推出，一方面有利于中央银行及时有效地调节银行间市场临时性、突发性因素导致的资金需求，熨平银行间资金利率的波动，降低市场流动性风险；另一方面，不同期限的借贷便利工具利率有助于中央银行构建利率走廊机制调控短期利率，并引导中长期利率走势，形成覆盖短、中、长期的利率调控体系。

从操作实践情况来看，近年来，中央银行借贷便利政策工具的使用越来越常态化，且短期流动性调节工具和常备借贷便利多于短期货币市场利率波动较大时开展，主要集中在因临时性、突发性因素引起短期利率快速上升的时点和季末年初、重大节假日附近，呈现出偶发性和簇集性的操作特点，而中期借贷便利主要集中在外汇占款等月度金融数据披露后的中下旬，且已基本形成滚动发行的操作特征。从直观的操作效果来看，当短期市场利率波动剧烈时，中央银行及时采用短期流动性调节工具和常备借贷便利向市场投放流动性，在大部分情况下有效平抑了货币市场利率的"尖峰值"，熨平了货币市场利率的大幅波动，而中期借贷便利较好地对冲了外汇占款的下降，维持了市场流动性的适度宽裕，引导了市场利率的平稳运行。自各借贷便利货币政策工具推出以来，货币市场利率的波动幅度明显下降，有效地避免了流动性风险事件的再次出现[①]，可见中央银行借贷便利政策工具操作与货币市场利率之间确实体现出一定的相关性。但在理论和实践上，借贷便利政策工具对货币市场利率的作用机制如何？中央银行历次实施的借贷便利政策工具操作是否显著地影响了货币市场利率水平及其波动率，实现了中央银行调节市场利率水平、平抑市场利率波动的政策目标？不同期限的借贷便利政策工具对货币市场利率及其波动率的影响是否存在差异？这些问题不仅需要从理论上作进一步的探讨，更需要从实证的角度提供经验证据。

从现有文献来看，近年来，有关国内外借贷便利政策工具操作及其有效性的研究主要集中在三个方面。第一，借贷便利政策工具在利率走廊机制构建中的作用。针对 20 世纪 90 年代以来部分国家为构建利率走廊机制而创设的借贷便利政策工具，如英格兰银行的操作性常备便利、欧洲中央银行的边际贷款便利、加拿大中央银行的常备流动性便利等，部分学者探讨了这类工具在引导和调控利率水平，发挥利率走廊机制功能方面的作用。研究表明，金融机构通过存款便利工具和借贷便利工具向中央银行进行短期存款和贷款，中央银行通过调节存贷便利工具的利率（无须改变市场流动性），来调整利率走廊上下限的位置及宽度，进而达到调整市场利率的目的（Woodford，2001；Berentsen and Monnet，2008）。与

---

① 2013 年 6 月受国内外一系列因素，特别是商业银行表外同业拆借业务快速发展影响，我国银行间同业拆借市场出现了罕见的流动性紧张。6 月 5 日，受市场传闻兴业银行和光大银行出现千亿元资金交割违约的影响，上海银行间同业拆借市场的隔夜和 7 天拆借利率大幅上涨，分别上涨 231.20 和 152.00BP 至8.2940% 和 6.6570%。随后，市场流动性紧张趋势蔓延，6 月 20 日，隔夜拆借利率上涨至 30%，7 天期同业拆借利率也上涨至史无前例的 28%。这一时期的流动性紧张也被市场称为"钱荒"事件。6 月 20 以后，在中央银行和相关监管部门的积极干预和引导下，市场利率逐步趋稳。

传统的准备金制度和公开市场操作相比，利用借贷便利政策工具构建的利率走廊机制更有利于金融市场主体形成稳定的预期，及时对市场流动性冲击做出反应，更有效地调控货币市场利率波动（Whitsell，2006；Martin and Monnet，2011）。此外，借贷便利利率水平及其宽度也会影响市场利率的波动率，贷款便利利率与存款便利利率之间的走廊宽度越大，银行间拆借市场交易量越大，金融机构向中央银行申请借贷便利的交易量越小，短期市场利率的波动率越大（Bindseil and Jablecki，2011）。第二，借贷便利政策工具对市场流动性的影响。针对2008年次贷危机后以美联储为代表的发达经济体中央银行创设的一系列新型借贷便利政策工具，如短期拍卖便利、一级交易商信贷便利、商业票据信贷便利等，部分学者实证检验了这类政策工具在缓解金融危机后市场流动性和引导利率方面的作用。研究表明，美联储开展的各种借贷便利操作，极大地缓解了银行间市场的资金紧张，降低了银行间市场的流动性风险溢价，平抑了短期利率的快速上升（Christensen et al.，2014）。各借贷便利政策工具充分发挥了中央银行"最后贷款人"的作用，在调节市场流动性和短期利率方面发挥了一定的效果。如有研究发现，美联储短期拍卖便利的推出有效地降低了3个月 LIBOR‑OIS 利差，缓解了银行间市场流动性紧张的局面（Wu，2011）。安德森和加斯肯（Anderson and Gascon，2009）的研究也表明，美联储通过商业票据信贷便利工具直接给商业票据发行人提供流动性，显著地提高了美国商业票据市场的发行量，降低了商业票据的市场利率。第三，我国中央银行借贷便利政策工具操作的有效性。国内相关研究主要集中在对各类借贷便利政策工具的定位、操作特征、实施效果的对策性分析上（中国人民银行营业管理部课题组，2013；马理和刘艺，2014；卢岚和邓雄，2015）。在对借贷便利政策工具的作用机制和有效性的研究方面，余振等（2016）运用事件分析法考察抵押补充贷款在降低社会融资成本方面效果的研究表明，抵押补充贷款仅在部分实施阶段有效地降低了中期利率水平，其政策效果在个别阶段相对较弱且不稳定。

现有文献为研究我国中央银行借贷便利政策工具的实施效果奠定了重要的基础。但是，现有研究主要集中在对策性分析和运用数理模型进行理论推导上，少量实证性研究则仍局限在以事件分析法考察各借贷便利政策工具对市场利率水平的宣告效应，并未考虑各借贷便利政策工具在较长期间内的实施效果。因此，从中长期来看，中央银行借贷便利政策工具操作是否实现了"削峰填谷"、平抑市场利率波动的效果，是否有效地发挥了利率走廊机制的作用等问题，仍需要从理论和实证的角度予以阐述与检验，以便客观把握各类借贷便利政策工具的操作效果。

基于上述现实和理论发展的需要，本章运用 EGARCH 模型实证检验我国中央银行各借贷便利政策工具操作对货币市场利率及其波动的影响，并对不同期限的中期借贷便利的操作效果是否存在差异进行了分析。研究结果表明，常备借贷便利工具较好地发挥了引导货币市场利率走势、平抑市场利率波动和利率走廊的功能；而短期流动性调节工具不仅未能有效引导市场利率走势和熨平货币市场利率的波动，反而加剧了货币市场利率的波动；中期借贷便利并未有效地引导市场利率下降，但有助于减小市场利率的波动，且不同期限的中期借贷便利对货币市场利率及其波动率的影响也存在着明显的差异。

本章可能的主要贡献在于：第一，运用 EGARCH 模型实证检验了我国中央银行借贷便利政策工具操作对货币市场利率水平和波动的影响，为准确了解和把握这类政策工具的实施效果提供了客观的经验证据；第二，考虑到市场利率数据的高度波动性和借贷便利政策工具操作的偶发性、簇集性特征，本章采用高频的日度数据全面考察了各借贷便利政策工具对不同期限的货币市场利率及波动率的即期影响，并进一步对不同期限的中期借贷便利政策工具操作调节市场利率的效果进行了对比分析。其结果对于提高借贷便利政策工具调控效果，完善利率调控机制，促进我国货币政策由数量型调控向价格型调控转变具有重要的理论和现实意义。

第二节 借贷便利政策工具操作对货币市场利率的影响及其异质性

一、中央银行借贷便利政策工具操作对货币市场利率的影响机制

我国中央银行推出的借贷便利政策工具是一种数量型和价格型综合运用的政策性工具。一方面，中央银行可运用借贷便利政策工具投放或回笼流动性，通过直接调节市场流动性的"量"来间接影响市场利率水平；另一方面，中央银行可主动发挥借贷便利政策工具作为政策利率的引导作用，直接调节借贷便利政策工具的利率对市场流动性的"价"进行调节。当前，各借贷便利政策工具利率的调节仍滞后于基准存贷款利率和法定存款准备金率等传统货币政策工具的调节，尚未充分发挥政策利率的引导作用，中央银行主要运用借贷便利政策工具的流动性操作进行预调微调、适时引导市场利率走势。

中央银行借贷便利政策工具流动性操作主要通过以下两个效应机制对市场利

率产生影响：一是流动性效应（liquidity effect）（Kopchak，2011）。即中央银行运用借贷便利政策工具向市场投放或回笼流动性直接影响金融机构的超额准备金，进而影响市场的流动性状况和利率水平。二是预期效应（expect effect）。随着货币政策透明度的不断提高，市场预期在货币政策实施过程中的作用越来越重要，而中央银行借贷便利政策工具操作向市场传递了中央银行积极干预市场流动性的政策信号，引导市场经济主体对资金面稳定和货币政策宽松的预期，从而降低市场流动性的不确定性和市场利率水平，发挥市场预期引导作用。此外，各借贷便利政策工具在本质上是中央银行发挥"最后贷款人"职能向金融机构提供流动性支持的工具。"最后贷款人"制度的存在降低了商业银行对未来流动性不足的担心，进而降低银行间市场的流动性风险溢价（Christensen et al.，2014），发挥"自动稳定器"的作用。一方面，从供给角度来看，借贷便利政策工具的推出增强了商业银行应对不可预期流动性冲击的信心，提高了资金盈余性商业银行向市场拆出资金的意愿，进而提高了市场流动性的供给水平；另一方面，从需求角度来看，由于商业银行未来流动性的异质性需求可通过向中央银行申请借贷便利获得，这在一定程度上降低了商业银行向市场融资来满足流动性的预防性需求，从而降低了市场流动性的需求水平，引导市场利率水平的下行。因此，在上述流动性效应、预期效应和"最后贷款人"职能的共同作用下，理论上，中央银行借贷便利政策工具的操作会有利于降低货币市场利率水平，并熨平货币市场利率的波动。基于此。本书提出实证研究假设5-1：

H5-1：中央银行运用借贷便利政策工具投放流动性会引导货币市场利率的下降，并熨平货币市场利率的波动。

二、不同操作期限的借贷便利政策工具对货币市场利率影响的异质性

借贷便利政策工具在本质上是传统的再贷款、再贴现工具在抵押品扩充、期限变更、功能扩展后的衍生和创新，而我国中央银行推出的各借贷便利政策工具具有典型的期限结构特征，依次覆盖了超短期、短期到中长期的流动性供给和利率调节。不同期限的借贷便利政策工具对市场流动性结构的影响不同，进而可能对不同期限货币市场利率的影响存在差异。一方面，按照传统的市场预期理论和流动性偏好理论，中长期利率由未来不同时点的短期利率预期加权平均及流动性溢价组成，短期利率的变动会通过市场预期传导至中长期利率的变动，而金融摩擦和市场分割现象的普遍存在使得短期利率向长期利率的传导机制并不畅通（Haldane and Read，2000），因而中央银行运用短期货币政策工具对短期利率的

调节并不能完全有效地传导至中长期市场利率，运用长期货币政策工具对长期利率的调整则可能会引起短期利率的过度波动（Woodford，2005）。另一方面，从金融机构资产配置的角度来看，不同期限的资金来源会导致商业银行资产配置过程中长短期资产配置的不同。相对长期的抵押补充贷款资金和中期借贷便利资金可能会主要被配置在信贷资产和债券投资上，直接导致信贷市场和债券市场的供给增长，进而影响贷款市场利率和债券市场利率；而相对短期的短期流动性调节工具资金和常备借贷便利资金则可能主要被配置在同业资产上，直接影响货币市场利率。因此，基于中央银行借贷便利政策工具操作对市场利率期限结构和金融机构资产配置的可能影响，我们提出实证研究假设 5 - 2：

H5 - 2：不同操作期限的借贷便利政策工具对不同期限货币市场利率的影响存在着异质性。

第三节　借贷便利政策工具操作对货币市场利率影响的实证分析

一、变量及定义

（一）货币市场利率变量

银行间债券回购市场是当前我国交易量最大、成长最快的银行间交易市场，银行间债券质押式回购利率在价格形成机制、报价连续性、期限完整性等方面都具有较强的代表性。由于银行间债券回购利率具有较其他市场利率更好的市场性、波动性及基础性特征，能较好地反映市场流动性状况和货币政策走势。因此，本章选取银行间债券质押式回购加权利率（REPOR）作为货币市场利率的代理变量。同时，考虑到市场利率的调控情况和中央银行操作实践，研究对象主要针对相对短期的货币市场利率：一是从不同期限结构的银行间债券质押式回购加权利率来看，受市场流动性变化和货币政策调控的影响，短期利率的波动较为频繁且波幅相对较大，而长期利率的波动频率和幅度均较小，并不能充分反映具有相机抉择特点的借贷便利货币政策工具操作的冲击性影响；二是从操作层面来看，中央银行各借贷便利政策工具多于短期货币市场利率波动较大时开展，通过及时的流动性干预平滑短期市场利率走势，抑制短期货币市场利率的大幅波动。此外，短期流动性调节工具、常备借贷便利和中期借贷便利依次覆盖了超短期

（7 天以内）、短期（1 个月以内）和中期（3 个月、6 个月和 1 年）的流动性供给和货币市场利率调控，且中央银行明确提出探索常备借贷便利利率发挥市场利率走廊机制的上限作用以及中期借贷便利利率发挥中期政策利率的引导作用。因此，本书选取短期的银行间债券质押式回购加权利率（隔夜、7 天、1 个月、3 个月）[①] 来检验不同期限的货币市场利率对中央银行借贷便利政策工具操作的反应。

（二）借贷便利政策工具变量

由于各借贷便利政策工具利率调整次数较少，且历次借贷便利利率下调都是中央银行被动适应多次降准、降息政策带来的低利率环境，并未真正发挥政策利率的主动引导作用，对市场利率的影响有限。因此，本章重点分析中央银行各借贷便利政策工具流动性操作对货币市场利率的水平值和波动率的影响。

常备借贷便利自 2013 年 9 月推出后被市场广泛解读为中央银行探索构建市场利率走廊调控机制以有效应对流动性的季节性波动，促进货币市场平稳运行（申琳，2015；方先明，2015）。但推出初期，仅政策性银行和全国性商业银行可通过常备借贷便利获得期限为 1~3 个月期的流动性，且各金融机构处于被动地位，常备借贷便利的可得性并不高。自 2014 年 1 月 20 日起，中央银行在北京等 10 个城市开展常备借贷便利操作试点，由当地人民银行分支机构向符合条件的中小金融机构提供短期流动性支持，操作对象扩展至城市商业银行、农村商业银行、农村合作银行和农村信用社四类中小金融机构，操作期限也缩短为隔夜、7 天和 14 天三个档次，此举增强了常备借贷便利的透明性和可得性。2015 年 2 月 11 日，中央银行宣布在全国推广分支机构常备借贷便利，进一步提高了常备借贷便利的可得性和便利性，并正式公布将常备借贷便利利率打造成利率走廊上限的政策意图。因此，基于常备借贷便利的操作特征，本书将利率走廊机制的实施过程划分为两个阶段，并参考国内学者的通行做法对常备借贷便利变量进行赋值[②]。具体而言，2015 年 2 月 11 日前尚未实施利率走廊机制，$SLF_t = 0$；而 2015 年 2 月 11 日后开始探索利率走廊机制，$SLF_t = 1$。

2013 年初，中央银行创设短期流动性调节工具（SLO），作为公开市场常规操作的必要补充，在银行体系流动性出现临时性波动时相机使用。实践操作过程

---

① 由于 3 个月以上银行间债券质押式回购利率交易清淡报价不连续，而 3 个月以上的其他货币市场利率如 Shibor 并不平稳，故本书来选择 3 个月以上银行间债券质押式回购利率。

② 常备借贷便利作为中央银行日常的短期流动性补充工具，其操作频次较高，且操作金额随季节分布非常不均匀，中央银行仅按月公开常备借贷便利的月度操作金额和月度余额数据。故此处不便以操作事件为常备借贷便利赋值，而是根据常备借贷便利发挥利率走廊上限的作用进行赋值。

中，短期流动性调节工具（SLO）以 7 天内超短期回购为主，采用市场化利率招标方式开展操作，且多于利率波动较大时开展，主要集中在因临时性、突发性因素引起短期市场利率快速上升的时点和季末年初、重大节假日附近的季节性时点。如 2013 年 12 月底、2014 年 12 月底市场利率因季节性流动性紧张而快速上升，中央银行及时动用短期流动性调节工具（SLO）多次投放短期流动性，缓解市场流动性紧张局面。2013 年底市场利率大幅波动时，中央银行也运用短期流动性调节工具及时回笼流动性，抑制市场利率的快速下降。为充分考察中央银行运用短期流动性调节工具（SLO）操作对市场利率的预期效应和流动性效应，本章将短期流动性调节工具投放和回笼流动性的实际操作量纳入实证分析。

中期借贷便利（MLF）于 2014 年 9 月创设，是中央银行提供基础货币的重要货币政策工具。中期借贷便利的推出，一方面有效地对冲了外汇占款不断下降带来的基础货币短缺，维持了市场流动性适度宽松；另一方面中央银行运用中期借贷便利利率构建中期利率调控机制，引导市场中长期利率走势。自 2015 年 7 月以来，中期借贷便利操作越来越常态化，操作金额和操作频次不断增加，且操作期限日趋加长。由于中期借贷便利的投放操作和到期回笼都会直接影响市场流动性和预期，进而影响市场利率。因此，本章以中期借贷便利净投放量作为中期借贷便利工具的代理变量纳入实证分析中。

由表 5－1 可知，从 2013 年 10 月 8 日至 2017 年 3 月 31 日，我国中央银行共计 29 次运用短期流动性调节工具调节市场流动性，其中流动性投放操作 26 次，累计投放流动性 24980 亿元，流动性回笼操作 3 次，累计回笼流动性 3500 亿元。从现实的操作时段来看，短期流动性工具的运用主要集中在 2013 年 10 月至 2015 年 1 月，且约 65.52% 的短期流动性调节工具都发生在 12 月和 1 月，这说明短期流动性工具主要用于季节性和临时性的流动性调节。从中期借贷便利的使用情况来看，中央银行共实施了 35 次中期借贷便利操作，累计投放中期流动性98423 亿元，截至 2017 年 3 月底，到期回笼流动性 57816 亿元，中央银行通过中期借贷便利向市场净投放流动性达 40607 亿元。从操作期限来看，中央银行最倾向于运用 6 个月期中期借贷便利，其投放金额占全部投放金额的 40.8%，而 3 个月期的中期借贷便利投放金额占比约为 34.0%，1 年期的中期借贷便利占比约为 25.2%。从操作频次来看，中期借贷便利操作自 2015 年 7 月后日趋常态化，中央银行往往会在中期借贷便利到期日附近开展展期操作或新投放操作，以维持市场流动性适度宽松，因此，中期借贷便利操作表现出明显的滚动投放趋势。

表 5 - 1　　　　　　　　中国人民银行借贷便利操作情况统计
（2013 年 10 月 8 日至 2017 年 3 月 31 日）

操作类型	操作次数	投放量 （亿元）	回笼/到期量 （亿元）	样本期期末余额 （亿元）
常备借贷便利（SLF）				
短期流动性调节（SLO）	29	24980	3500	—
中期借贷便利（MLF）* **	35	98423	57816	40607
3 个月期 MLF（3M）	15	33421	33421	0
6 个月期 MLF（6M）	29	40190	21865	18325
1 年期 MLF（1Y）	19	24848	2530	22318

注：* 由于中国人民银行只公布了 2015 年 6 月之后中期借贷便利操作的相关信息，为保证相关数据和实证结果的准确性和可靠性，我们运用百度搜索引擎获得中央银行在 2015 年 7 月之前的中期借贷便利操作数据。主要包括：2014 年 9 月 17 日运用中期借贷便利投放 3 个月期流动性 5000 亿元，2014 年 10 月 17 日投放 3 个月期流动性 2659 亿元，2014 年 12 月 17 日因到期续作 5000 亿元流动性（3 个月期），2015 年 1 月 17 日投放 3 个月期流动性 3159 亿元，2015 年 3 月投放 3 个月期流动性 5000 亿元。

** 中央银行根据市场流动性结构状况开展不同期限的中期借贷便利操作，在部分情况下中央银行同时开展各期限的中期借贷便利操作，比如同时开展 3 个月期和 6 个月期的中期借贷便利操作，或 6 个月期和 1 年期的中期借贷便利操作。因此，其总操作次数为 35 次。

资料来源：中国人民银行网站。

（三）控制变量

除了中央银行借贷便利操作对货币市场利率有影响外，其他因素如货币政策调整与干预也会直接影响货币市场利率的水平值与波动率。国内学者针对货币市场利率的影响因素进行了大量研究，结果表明，货币投放量、存贷款基准利率、法定存款准备金率等是银行间市场利率的最主要影响因素（何东和王红林，2011；张强和胡荣尚，2014；张明等，2015）。因此，本书选择货币政策调整（包括法定存款准备金调整及考核方式的变动、基准存贷款利率调整）和公开市场操作货币净投放量作为控制变量，以便更好地研究中央银行借贷便利操作对货币市场利率的影响。

1. 货币政策调整（MP）变量

在本章选取的样本期（2013 年 10 月 8 日到 2017 年 3 月 31 日）内，中央银行采取稳健宽松的货币政策，共计 5 次宣布下调法定存款准备金率，6 次下调存贷款基准利率。此外，为缓解"三农"和中小微企业"融资难、融资贵"的问题，于 2014 ~ 2015 年期间共实施了 6 轮定向降准。尽管定向降准在释放流动性规模、公告效应等方面不及全面降准对货币市场和实体经济的影响深远，但历次定向降准仍通过定向宽松机制和预期引导作用对货币市场利率带来一定程度的影响。此外，2015 年 9 月 11 日中央银行公布将法定存款准备金的考核方式由时点法改为平均法，此举有助于提高金融机构管理流动性的灵活性和便利性，减少金融机构对应急备付金的需求，平滑货币市场波动。因此，本章的货币政策调整主要包括存贷款基准利率下调、全面降准和定向降准，以及存款准备金考核方式的变动，发生货币政策调整时赋值为 1，无货币政策调整时赋值为 0。由于货币政策调整的实施日往往滞后于公告日，但市场理性预期的存在会使得市场主体在公告日及时做出反应，而货币政策调整公告通常在晚上，因此，在公告日的下一个交易日对货币政策调整赋值。

2. 公开市场操作货币净投放（OMO）变量

公开市场操作是我国中央银行调节市场流动性最常用的货币政策工具，中央银行运用票据和回购协议来投放或回笼流动性，并通过流动性效应和预期效应引导货币市场利率和利率预期。因此本章将货币净投放量作为公开市场操作的代理变量，按照公开市场操作的交易品种，公开市场操作的货币净投放量取决于以下因素：

公开市场操作的货币净投放量 = 货币投放量 – 货币回笼量 = 票据到期 + 正回购到期 + 逆回购 – 票据发行 – 正回购 – 逆回购到期

二、数据来源及变量描述性统计

针对短期货币市场利率的高波动性，为充分考察货币市场利率对中央银行借贷便利工具操作的反应，我们采用相对高频的日度数据进行分析。考虑到各借贷便利政策工具的起始实施时点，本章选择的样本区间为 2013 年 10 月 8 日至 2017 年 3 月 31 日。银行间债券质押式回购利率和公开市场操作的数据源于 Wind 数据库，中央银行货币政策调整公告、各借贷便利政策工具的数据源于中国人民银行网站和同花顺数据库。由于公开市场操作的货币净投放量有正负零，不能以取对数的方式缩小量纲，为保证短期流动性调节工具、中期借贷便利工具和公开市场操作投放流动性数据量纲的一致性，本章参考张明等（2016）的方法直接采用原始数据[①]进行实证检验（见表 5 – 2）。

———————————

① 各原始数据的单位为百亿元。本章运用单位换算法放大或缩小原始数据后，再次检验的结果表明，量纲大小只影响实证结果中参数值的大小，并不影响其显著性，且对其他变量的参数值和显著性的影响微乎其微。

表 5 - 2 相关变量描述性统计

变量	均值	标准差	最大值	最小值	偏度	峰度	J - B 检验	P - VALUE	观测值
R001	2.420	0.713	5.297	1.024	0.811	4.073	136.815	0.000	869
R007	3.162	0.919	8.937	1.939	1.459	6.071	649.932	0.000	869
R1M	4.003	1.199	8.679	2.242	0.976	3.662	153.776	0.000	869
R3M	4.114	1.168	9.318	2.716	0.768	3.094	85.670	0.000	869
SLF	0.608	0.489	1.000	0.000	- 0.441	1.194	146.20	0.000	869
SLO	0.247	2.032	25.500	- 15.000	5.736	61.876	130275.6	0.000	869
MLF	0.467	5.838	50.000	- 50.000	2.392	34.795	37432.73	0.000	869
MP	0.014	0.117	1.000	0.000	8.333	70.431	174691.4	0.000	869
OMO	0.218	6.621	41.000	- 37.000	- 0.024	9.862	1704.79	0.000	869

三、模型设定

本章采用标准的 EGARCH (1, 1) 模型作为计量模型。由相关变量的描述性统计结果可知，Jarque - Bera 统计量显示各期限利率并不服从正态分布，且各利率的偏度值都不为 0，峰度值都大于 3，呈现出明显的有偏、尖峰特征。GARCH 模型运用均值方程扰动项的滞后期和上一期的预测方差来模拟当期条件方差，可以较好地修正偏态、尖峰态和市场利率随时间变动的波动性，分析各货币市场利率变量的波动集聚特征。但标准 GARCH 模型为保证条件方差为正值而需对所有参数实施非负限制，而这一非负限制使得 GARCH 模型的最大似然估计变得困难，且 GARCH 模型中各变量均以方差形式出现，不能很好地解释利率波动的非对称性。而标准正态分布的 EGARCH 模型的条件方差方程放松了所有参数的非负限制，能够避免估计过程中标准 GARCH 模型对参数实施的非负限制带来的诸多问题。同时，也可以较好地解释不同期限的借贷便利政策工具操作对货币市场利率可能存在的非对称性影响。借鉴纳尔逊（Nelson，1991）、博恩等（Born et al.，2012）等的方法，建立如下 EGARCH (1, 1) 模型：

$$R_t = \alpha_0 + \alpha_1 R_{t-1} + \alpha_2 SLF_t + \alpha_3 SLO_t + \alpha_4 MLF_t + \alpha_5 MP_t + \alpha_6 OMO_t + \mu_t \quad (5.1)$$

$$\ln(h_t) = \beta_0 + \beta_1 \ln(h_{t-1}) + \beta_2 \left(\left| \frac{\mu_{t-1}}{\sqrt{h_{t-1}}} \right| - \sqrt{\frac{2}{\pi}} \right) + \beta_3 \frac{\mu_{t-1}}{h_{t-1}} + \beta_4 SLF_t + \beta_5 SLO_t$$

$$+ \beta_6 MLF_t + \beta_7 MP_t + \beta_8 OMO_t \quad (5.2)$$

其中，式（5.1）为均值方程，用于检验中央银行借贷便利政策工具操作对货币市场利率水平的影响。R_t 表示 t 时刻不同期限的利率水平，而 R_{t-1} 表示 $t-1$ 时刻的利率水平，SLF_t、SLO_t 和 MLF_t 分别表示中央银行常备借贷便利、短期流动性调节工具和中期借贷便利的操作变量，MP_t 为货币政策调整变量，OMO_t 为公开市场操作变量。μ_t 为误差项，假设 $\mu_t = \sqrt{h_t} v_t$，其中 v_t 独立同分布，服从标准正态分布，则 μ_t 服从均值为 0、方差为 h_t 的正态分布。

式（5.2）为条件方差方程，用于检验中央银行借贷便利政策工具操作对货币市场利率波动性的影响。$\ln(h_t)$ 为对 t 时刻的方差取对数，$\ln(h_{t-1})$ 为对 $t-1$ 时刻的方差取对数，由于 $h_t = \exp(\ln(h_t)) > 0$，因而 EGARCH 模型对条件方差方程的参数没有任何限制，且只要 $\beta_3 \neq 0$，则表明市场利率的波动存在着非对称性效应。当借贷便利工具的系数显著为正时，说明借贷便利工具加剧了市场利率的波动，如果该系数显著为负，则说明借贷便利政策工具平抑了市场利率的波动。

四、变量检验

为保证实证结果的准确性，我们对各时间序列变量进行平稳性检验，结果显示各变量在 10% 的显著性水平下都拒绝了含有单位根的原假设，是平稳的。表 5-3 为各时间序列变量的平稳性检验结果。

表 5-3　　　　　　　各时间序列变量的平稳性检验

变量	检验类型（C，T，L）	ADF 统计量	P 值
$R001$	（c，0，1）	-3.440987	0.0099
$R007$	（c，0，4）	-3.623422	0.0055
$R1M$	（c，0，0）	-3.151495	0.0233
$R3M$	（c，0，0）	-2.595412	0.0943
SLO	（c，t，2）	-11.60188	0.0000
MLF	（c，t，0）	-31.04546	0.0000
OMO	（c，0，3）	-14.14498	0.0000

注：检验类型 C，T，L 分别表示单位根检验方程中包含的截距项、趋势项和滞后阶数，滞后阶数的选择采用 SC 最小原则。

　　结合平稳性检验结果，同时参考被解释变量的自相关和偏自相关函数图［见图 5 - 1（a）~ 图 5 - 1（d）］发现，各市场利率序列存在着显著的自相关和偏自相关，进一步运用 AIC 准则和 SC 准则确定各序列的均值方程类型及滞后阶数，并对估计后的残差进行 ARCH 效应检验（见表 5 - 4）。结果表明，在 99% 的置信水平下，各市场利率的收益率序列均存在 ARCH 效应，说明各收益率序列存在条件异方差，具有明显的波动集聚性，因此采用 EGARCH 模型进行波动率分析是合理的。

Autocorrelation	Partial Correlation		AC	PAC	Q-Stat	Prob
		1	0.983	0.983	563.38	0.000
		2	0.959	−0.210	1100.8	0.000
		3	0.934	−0.028	1610.8	0.000
		4	0.909	0.020	2094.7	0.000
		5	0.885	0.018	2554.6	0.000
		6	0.859	−0.097	2988.7	0.000
		7	0.835	0.081	3399.9	0.000
		8	0.812	−0.041	3788.7	0.000
		9	0.789	0.017	4156.5	0.000
		10	0.770	0.088	4507.3	0.000

图 5 - 1（a）　　R001 自相关和偏自相关检验结果

Autocorrelation	Partial Correlation		AC	PAC	Q-Stat	Prob
		1	0.964	0.964	541.95	0.000
		2	0.915	−0.209	1030.8	0.000
		3	0.868	0.042	1471.3	0.000
		4	0.824	0.002	1868.9	0.000
		5	0.792	0.147	2237.1	0.000
		6	0.769	0.047	2584.8	0.000
		7	0.751	0.048	2917.2	0.000
		8	0.732	−0.042	3233.7	0.000
		9	0.715	0.060	3535.9	0.000
		10	0.699	0.019	3825.2	0.000

图 5 - 1（b）　　R007 自相关和偏自相关检验结果

Autocorrelation	Partial Correlation		AC	PAC	Q-Stat	Prob
		1	0.981	0.981	561.61	0.000
		2	0.956	−0.212	1094.9	0.000
		3	0.927	−0.050	1597.4	0.000
		4	0.898	0.009	2070.2	0.000
		5	0.874	0.110	2518.7	0.000
		6	0.851	−0.026	2944.6	0.000
		7	0.831	0.053	3351.5	0.000
		8	0.810	−0.057	3739.1	0.000
		9	0.792	0.077	4110.1	0.000
		10	0.777	0.039	4467.3	0.000

图 5－1（c）　　R1M 自相关和偏自相关检验结果

Autocorrelation	Partial Correlation		AC	PAC	Q-Stat	Prob
		1	0.981	0.981	561.09	0.000
		2	0.964	0.042	1103.8	0.000
		3	0.950	0.072	1631.6	0.000
		4	0.936	−0.002	2144.7	0.000
		5	0.923	0.029	2644.3	0.000
		6	0.912	0.056	3133.1	0.000
		7	0.899	−0.041	3609.2	0.000
		8	0.887	0.029	4073.9	0.000
		9	0.875	−0.021	4527.0	0.000
		10	0.866	0.086	4971.6	0.000

图 5－1（d）　　R3M 自相关和偏自相关检验结果

表 5－4　　　　　　　各市场利率的 ARCH 效应检验结果

变量	方程类型	残差序列的 ARCH－LM 检验				结论
		F－统计量	P 值	$n \times R^2$	P 值	
$R001$	$AR（1）$	46.4403	0.0000	43.8523	0.0000	存在 ARCH 效应
$R007$	$AR（1）$	12.1758	0.0000	12.0135	0.0005	存在 ARCH 效应
$R1M$	$AR（1）$	33.5542	0.0000	32.2047	0.0000	存在 ARCH 效应
$R3M$	$AR（1）$	187.7300	0.0000	150.5871	0.0000	存在 ARCH 效应

五、实证结果与分析

（一）中央银行借贷便利政策工具操作对货币市场利率的总体影响

表 5 – 5 所示是将常备借贷便利、短期流动性调节工具、中期借贷便利引入前述 EGARCH 模型中得到的实证结果。由估计结果的 ARCH – LM 检验可以看出，各残差序列不存在 ARCH 效应，表明结果都是平稳的，该模型较好地消除了各均值方程的 ARCH 效应。

表 5 – 5   中央银行借贷便利操作对货币市场利率的总体影响

	R001	R007	R1M	R3M
均值方程				
α_0	0.0371 *** (0.0000)	0.1745 *** (0.0000)	0.1363 *** (0.0000)	0.1004 *** (0.0000)
R_{t-1}	0.9852 *** (0.0000)	0.9498 *** (0.0000)	0.9677 *** (0.0000)	0.9808 *** (0.0005)
SLF	– 0.0081 ** (0.0349)	– 0.0446 *** (0.0000)	– 0.0330 ** (0.0361)	– 0.0353 ** (0.0136)
SLO	0.0066 *** (0.0000)	0.0009 (0.4745)	0.0040 (0.3714)	0.0118 *** (0.0001)
MLF	0.0004 *** (0.0082)	0.0018 *** (0.0000)	0.0029 *** (0.0000)	0.0010 ** (0.0497)
MP	– 0.0854 *** (0.0000)	– 0.0588 *** (0.0000)	– 0.0282 (0.2184)	– 0.0359 (0.1927)
OMO	0.0009 *** (0.0000)	– 0.0002 (0.6001)	0.0018 *** (0.0000)	0.0003 (0.5164)
条件方差方程				
β_0	– 0.8307 *** (0.0000)	– 0.7508 *** (0.0000)	– 0.6513 *** (0.0000)	– 0.4823 *** (0.0000)
$\left\| \dfrac{\varepsilon_{t-1}}{\sqrt{h_{t-1}}} \right\| - \sqrt{\dfrac{2}{\pi}}$	0.7143 *** (0.0000)	0.5765 *** (0.0000)	0.4473 *** (0.0000)	0.3154 *** (0.0000)
$\dfrac{\varepsilon_{t-1}}{h_{t-1}}$	0.1684 *** (0.0000)	0.3016 *** (0.0000)	0.2710 *** (0.0000)	0.2014 *** (0.0000)

续表

	R001	R007	R1M	R3M
$\ln h_{t-1}$	0.9211***	0.8980***	0.8837***	0.9157***
	(0.0000)	(0.0000)	(0.0000)	(0.0000)
SLF	-0.0894***	-0.1279***	-0.1344***	-0.1339***
	(0.0000)	(0.0000)	(0.0000)	(0.0000)
SLO	0.0388***	0.0196**	0.0156	0.0191***
	(0.0024)	(0.0487)	(0.1044)	(0.0001)
MLF	-0.0181***	-0.0066*	-0.0196***	-0.0047
	(0.0000)	(0.0602)	(0.0085)	(0.4684)
MP	0.2394	-0.4304	-0.6720	-0.2267
	(0.5126)	(0.1661)	(0.1438)	(0.2086)
OMO	0.0224***	0.0078***	0.0096***	0.0138***
	(0.0000)	(0.0015)	(0.0020)	(0.0000)
AIC	-2.4835	-1.2008	-0.6828	-1.1563
SC	-2.3956	-1.1129	-0.5949	-1.0685
残差的 ARCH - LM 检验结果				
F-统计值	0.8779	0.0713	0.0009	1.6173
P 值	0.3490	0.7895	0.9759	0.1838

注：括号内为 P 值；*、**、*** 分别表示该系数估计值在 10%、5% 和 1% 的水平下显著。

从表 5 - 5 的均值方程回归结果来看，常备借贷便利与各期限的回购市场利率之间均呈显著的负向关系，短期流动性调节工具与隔夜和 3 个月期的回购市场利率之间呈显著的正向关系，而中期借贷便利则与各期限的回购市场利率都呈显著的正向关系。整体而言，中央银行实施的常备借贷便利显著地降低了货币市场利率水平，符合中央银行的预期方向。而短期流动性调节工具和中期借贷便利则推动了货币市场利率的上升，与理论预期和假设并不一致。我们认为，这可能源于我国货币市场利率存在明显的回滞现象，即当市场利率快速上升时，中央银行采用的小规模流动性投放干预[①]并未导致市场利率的及时回落，而是在高位徘徊

---

① 短期流动性调节工具作为公开市场操作的补充，所投放的流动性规模并不大，并未能及时有效地抑制短期货币市场利率因季节性、临时性因素引起的快速上升，但持续徘徊在高位的短期利率在中央银行连续多次运用短期流动性调节工具投放流动性后开始快速回落，因而在短期流动性调节工具的操作期间，短期利率普遍表现出先快速上升、后快速下降的走势。而中期借贷便利操作多发生于外汇占款数据公布之后，且中期借贷便利操作逐步形成滚动发行的操作特征，到期后的续作投放量往往被市场所预期，净投放额度并不大。

173

一段时间后才回落，因而短期流动性调节工具和中期借贷便利与货币市场利率在统计回归过程中表现出正向关系。此外，货币政策调整变量对隔夜和 7 天回购市场利率有着显著的负向影响，这说明中央银行下调存贷款基准利率和法定存款准备金率会导致短期货币市场利率的显著下降。而公开市场操作仅对隔夜和 1 个月期回购利率有着显著的正向影响，对其他期限回购利率的影响都不显著，这可能是由于我国中央银行公开市场操作的主要目标是保证基础货币平稳增长和货币市场利率稳定，而非调节货币市场利率走势。

表 5－5 的条件方差方程回归结果显示，常备借贷便利对各期限货币市场利率的波动率有着显著的负向影响，这说明用以构建利率走廊机制的常备借贷便利显著地降低了各期限货币市场利率的波动率，这与采用利率走廊机制减小货币市场利率波动的初衷一致。短期流动性调节工具对隔夜、7 天、1 个月期和 3 个月期回购市场利率的波动率均有着显著的"放大效应"。这表明相机抉择的短期流动性调节工具并未有效地熨平货币市场利率的波动，反而在一定程度上加剧了货币市场利率的波动。对此，我们认为：一方面，短期流动性调节工具仅限于公开市场业务一级交易商中具有系统重要性、资产状况良好、政策传导能力强的部分金融机构，操作对象的定向性在很大程度上影响了市场资金的可得性和流动性，弱化了短期流动性调节工具对货币市场利率的"流动性效应"；另一方面，短期流动性调节工具的操作信息通常在 1 个月后发布，信息披露的不及时导致市场不能做出及时有效的反应，减弱了该工具对货币市场利率的"宣告效应"和"预期效应"。中期借贷便利在一定程度上减小了隔夜、7 天和 1 个月期回购利率的波动率，但对 3 个月期回购市场利率波动率的影响并不显著，这表明中期借贷便利操作提供的中长期流动性有利于从整体上调控市场流动性，改变市场预期，抑制市场利率的大幅波动。此外，传统货币政策调整工具对各货币市场利率波动率的影响并不显著。而公开市场操作对各期限货币市场利率的波动率有显著的正向影响，这表明中央银行公开市场操作会引起货币市场利率一定程度的波动。

（二）不同操作期限的借贷便利政策工具对货币市场利率的影响

前述实证结果表明，各借贷便利政策工具对不同期限货币市场利率的影响并不一致，但不同操作期限的同一借贷便利政策工具对货币市场利率的影响是否存在差异？由于短期流动性调节工具和常备借贷便利所投放的流动性主要集中在 1 个月以内，对中长期的利率期限结构和金融机构资产配置的期限效应并不明显，且操作期限和操作金额的分布非常不均匀，而中期借贷便利投放的流动性则涵盖了从短期的 3 个月期到相对长期的 6 个月期和 1 年期，具有明显的期限结构特征，且作为中央银行对冲外汇占款下降的重要工具，中期借贷便利的操作也日益常态化，操作期限和操作金额分布较均匀。因此本章进一步以不同期限的中期借贷便利为例来探讨不同操作期限的借贷便利政策工具对货币市场利率影响的异质性。基于此，我们将中期借贷便利操作细分为 3 个月期、6 个月期和 1 年期的中期借贷便利操作，作为 3 个不同的变量代入 EGARCH 模型进行对比分析，进一步考察不同期限的中期借贷便利操作对各期限货币市场利率的影响，实证结果见表 5－6。

表 5－6   不同期限的中期借贷便利操作对货币市场利率的影响

变量	$R001$	$R007$	$R1M$	$R3M$
均值方程				
α_0	0.0290*** (0.0000)	0.1761*** (0.0000)	0.1275*** (0.0002)	0.0942*** (0.0000)
R_{t-1}	0.9879*** (0.0000)	0.9494*** (0.0000)	0.9694*** (0.0000)	0.9814*** (0.0004)
SLF	−0.0144* (0.0220)	−0.0447*** (0.0000)	−0.0290* (0.0552)	−0.0328** (0.0159)
SLO	0.0066*** (0.0000)	0.0009 (0.4894)	0.0060* (0.0974)	0.0130*** (0.0000)
MLF（$3M$）	−0.0002 (0.2880)	−0.0016** (0.0213)	−0.0042*** (0.000)	0.0010 (0.2635)
MLF（$6M$）	0.0006 (0.1100)	−0.0014* (0.0988)	−0.0013* (0.0885)	−0.0015 (0.1134)
MLF（$1Y$）	0.0007 (0.3088)	0.0081*** (0.0002)	0.0063*** (0.0000)	0.0006 (0.8599)
MP	−0.0880*** (0.0000)	−0.0598*** (0.0000)	−0.0331* (0.0951)	−0.0335 (0.1900)
OMO	0.0004** (0.0351)	−0.0002 (0.5714)	0.0017*** (0.0003)	0.0003 (0.5325)
条件方差方程				
β_0	−0.6831*** (0.0000)	−0.7471*** (0.0000)	−0.6795*** (0.0000)	−0.4846*** (0.0000)
$\left\| \dfrac{\varepsilon_{t-1}}{\sqrt{h_{t-1}}} \right\| - \sqrt{\dfrac{2}{\pi}}$	0.5995*** (0.0000)	0.5787*** (0.0000)	0.4720*** (0.0000)	0.3062*** (0.0000)

续表

变量	$R001$	$R007$	$R1M$	$R3M$
$\dfrac{\varepsilon_{t-1}}{h_{t-1}}$	0.1915 *** (0.0000)	0.2761 *** (0.0000)	0.2691 *** (0.0000)	0.2109 *** (0.0000)
$\ln h_{t-1}$	0.9380 *** (0.0000)	0.8987 *** (0.0000)	0.8792 *** (0.0000)	0.9130 *** (0.0000)
SLF	-0.0979 *** (0.0000)	-0.1470 *** (0.0000)	-0.1436 *** (0.0000)	-0.1580 *** (0.0000)
SLO	0.0329 *** (0.0031)	0.0266 ** (0.0116)	0.0192 *** (0.0000)	0.0204 *** (0.0001)
MLF (3M)	-0.0255 ** (0.0211)	-0.0196 (0.2759)	-0.0236 (0.1389)	-0.0221 ** (0.0475)
MLF (6M)	-0.0813 *** (0.0000)	-0.0273 ** (0.0316)	-0.0465 *** (0.0092)	-0.0248 (0.1023)
MLF (1Y)	0.1001 *** (0.0000)	0.0431 *** (0.0000)	0.0101 (0.6699)	0.0012 (0.9477)
MP	0.3391 (0.1993)	-0.4794 (0.1293)	-0.6557 (0.1092)	-0.2371 (0.2416)
OMO	0.0260 *** (0.0000)	0.0080 *** (0.0076)	0.0094 ** (0.0112)	0.0152 *** (0.0000)
AIC	-2.5251	-1.2318	-0.6942	-1.1597
SC	-2.4153	-1.1220	-0.5844	-1.0499
残差的 ARCH - LM 检验结果				
F - 统计值	2.0311	0.1841	0.0262	2.6083
P 值	0.1545	0.6680	0.8714	0.1067

注：括号内为 P 值；*、**、*** 分别表示该系数估计值在 10%、5% 和 1% 的水平下显著。

表 5 - 6 中均值方程的回归结果显示，3 个月期中期借贷便利操作和 6 个月期中期借贷便利操作显著地降低了 7 天和 1 个月期回购市场利率水平，而 1 年期中期借贷便利则显著促进了 7 天和 1 个月期回购利率的上升，且各期限的中期借贷便利操作对隔夜和 3 个月期回购利率的影响都不显著。整体而言，3 个月期和 6 个月期中期借贷便利操作显著地引导市场利率的下行，而 1 年期中期借贷便利操作则显著地推动了市场利率的上升。

从表 5 - 6 条件方差方程的回归结果来看，3 个月期中期借贷便利操作与隔夜和 3 个月期回购利率的波动率之间存在着显著的负向关系，6 个月期中期借贷便利操作对隔夜、7 天和 1 个月期回购利率的波动率存在着显著的负向关系，但对 3 个月期回购利率的波动率的影响并不显著；而 1 年期中期借贷便利操作对隔夜和 7 天回购利率的波动率存在着显著的正向影响，但对 1 个月期和 3 个月期回购利率的波动率的影响并不显著。从整体上而言，不同期限的中期借贷便利对货币市场利率波动率的影响并不一致：3 个月期和 6 个月期的中期借贷便利操作在一定程度上减小了货币市场利率的波动，而 1 年期中期借贷便利操作显著地加剧了短期货币市场利率的波动率。从影响系数来看，3 个月期和 6 个月期中期借贷便利操作对短期货币市场利率波动率的"熨平效应"大于 1 年期中期借贷便利操作对短期货币市场利率波动率的"放大效应"。

对于不同期限的中期借贷便利对市场利率波动的异质性影响，我们认为，随着外汇占款数额的不断下降，中期借贷便利成为中央银行补充市场流动性缺口的重要方式，中央银行出于审慎调控和预调微调的需要，所投放的 1 年期中期借贷便利流动性规模普遍较小，而 3 个月期和 6 个月期中期借贷便利流动性规模则普遍较大。因此，3 个月期和 6 个月期中期借贷便利操作较好地发挥了流动性效应，缓解了市场流动性的紧张，引导货币市场利率的下行，且熨平市场利率的波动，而相对长期的 1 年期中期借贷便利操作的流动性效应相对较弱，且会引起市场经济主体对于短期流动性趋紧的预期，反而引起短期货币市场利率的上升，加剧货币市场利率的波动。

（三）稳健性检验

为了对本章的主要结论进行进一步验证，我们选取了上海同业拆借市场利率（Shibor）作为货币市场利率的替代变量，分别对不同借贷便利政策工具操作及不同期限的中期借贷便利操作对上海同业拆借市场利率的影响进行了稳健性检验。但由于 3 个月期 Shibor 利率并不平稳，故我们只选取了隔夜、7 天和 1 个月期的 Shibor 利率进行检验。稳健性检验结果分别如表 5 - 7 和表 5 - 8 所示，所得结果与本章主要结果基本一致。

表 5 - 7　　　　中央银行借贷便利操作对上海同业拆借市场
利率影响（稳健性检验）

变量	Shibor001	Shibor 007	Shibor 1M
均值方程			
α_0	0.0375 *** (0.0000)	0.0656 *** (0.0000)	0.0329 *** (0.0002)

续表

变量	Shibor001	Shibor 007	Shibor 1 M
R_{t-1}	0.9789 *** (0.0000)	0.9785 *** (0.0000)	0.9794 *** (0.0000)
SLF	- 0.0060 ** (0.0608)	- 0.0141 *** (0.0071)	- 0.0190 * (0.0823)
SLO	0.0060 *** (0.0000)	0.0027 *** (0.0000)	0.0034 *** (0.0007)
MLF	0.0003 *** (0.0000)	0.0001 *** (0.0005)	- 1.47E - 05 (0.7641)
MP	- 0.0589 *** (0.0000)	- 0.0811 *** (0.0000)	- 0.0258 ** (0.0381)
OMO	0.0016 ** (0.0351)	0.0004 *** (0.0000)	0.0002 *** (0.0000)
条件方差方程			
β_0	- 1.6535 *** (0.0000)	- 0.6389 *** (0.0000)	- 0.8433 *** (0.0000)
$\left\| \dfrac{\varepsilon_{t-1}}{\sqrt{h_{t-1}}} \right\| - \sqrt{\dfrac{2}{\pi}}$	1.1197 *** (0.0000)	0.6145 *** (0.0000)	0.8583 *** (0.0000)
$\dfrac{\varepsilon_{t-1}}{h_{t-1}}$	0.2353 *** (0.0000)	0.1759 *** (0.0000)	0.0952 *** (0.0000)
$\ln h_{t-1}$	0.7546 *** (0.0000)	0.9408 *** (0.0000)	0.9330 *** (0.0000)
SLF	- 0.6670 *** (0.0000)	- 0.2737 *** (0.0000)	- 0.3135 *** (0.0000)
SLO	0.0899 *** (0.0031)	0.0729 ** (0.0000)	0.0070 (0.4657)
MLF	- 0.0614 *** (0.0000)	- 0.0053 * (0.0616)	- 0.0063 ** (0.0389)
MP	0.7507 ** (0.1361)	0.7961 *** (0.0000)	1.4361 *** (0.0000)

变量	Shibor001	Shibor 007	Shibor 1M
OMO	0.0238 ***	0.0177 ***	0.0010
	(0.0000)	(0.0000)	(0.8445)
AIC	-2.8467	-3.3149	-3.5650
SC	-2.7589	-3.2271	-3.4772
F-统计值	0.1501	0.2199	0.1457
P值	0.6985	0.6453	0.7028

注：括号内为 P 值；*、**、*** 分别表示该系数估计值在 10%、5% 和 1% 的水平下显著。

表5-8　　不同期限的中期借贷便利操作对上海同业拆借市场利率的影响（稳健性检验）

变量	Shibor001	Shibor007	Shibor 1M
均值方程			
α_0	0.0409 ***	0.0622 ***	0.0899 ***
	(0.0000)	(0.0000)	(0.0002)
R_{t-1}	0.9773 ***	0.9760 ***	0.9821 ***
	(0.0000)	(0.0000)	(0.0000)
SLF	-0.0062 *	-0.0132 **	-0.0190 *
	(0.0696)	(0.0105)	(0.0552)
SLO	0.0063 ***	0.0027 ***	0.0031 ***
	(0.0000)	(0.0000)	(0.0008)
MLF (3M)	-0.0001	-0.0001 *	0.0001
	(0.6696)	(0.0731)	(0.4578)
MLF (6M)	-4.87e-05	-0.0001 *	-0.0001
	(0.8035)	(0.0835)	(0.2085)
MLF (1Y)	0.0006 ***	0.0002 **	0.0001
	(0.0002)	(0.0469)	(0.6548)
MP	-0.0818 ***	-0.0815 ***	-0.0323 ***
	(0.0000)	(0.0000)	(0.0099)
OMO	0.0016 ***	0.0004 ***	0.0003 ***
	(0.0000)	(0.0000)	(0.0000)

续表

变量	Shibor001	Shibor007	Shibor 1M
条件方差方程			
β_0	-1.7727^{***}	-0.6558^{***}	-0.9102^{***}
	(0.0000)	(0.0000)	(0.0000)
$\left\| \dfrac{\varepsilon_{t-1}}{\sqrt{h_{t-1}}} \right\| - \sqrt{\dfrac{2}{\pi}}$	1.0996^{***}	0.6321^{***}	0.7812^{***}
	(0.0000)	(0.0000)	(0.0000)
$\dfrac{\varepsilon_{t-1}}{h_{t-1}}$	0.2199^{***}	0.1779^{***}	0.0769^{***}
	(0.0000)	(0.0000)	(0.0000)
$\ln h_{t-1}$	0.7282^{***}	0.9384^{***}	0.9087^{***}
	(0.0000)	(0.0000)	(0.0000)
SLF	-0.7391^{***}	-0.2865^{***}	-0.3917^{***}
	(0.0000)	(0.0000)	(0.0000)
SLO	0.0832^{***}	0.0752^{***}	0.0130^{***}
	(0.0031)	(0.0000)	(0.0000)
MLF （$3M$）	-0.0387^{**}	-0.0086	-0.0134^{**}
	(0.0418)	(0.1174)	(0.0474)
MLF （$6M$）	-0.0830^{***}	-0.0026	-0.0251^{***}
	(0.0013)	(0.8171)	(0.0440)
MLF （$1Y$）	0.0576^{***}	0.0050	0.0138^{*}
	(0.0008)	(0.7388)	(0.0511)
MP	0.8205^{**}	0.7739^{***}	1.7190^{***}
	(0.0498)	(0.0000)	(0.0000)
OMO	0.0220^{***}	0.0174^{***}	-0.0006
	(0.0000)	(0.0000)	(0.9106)
AIC	-2.8491	-3.3061	-3.5335
SC	-2.7393	-3.1963	-3.4237
F-统计值	0.1409	0.1408	0.1042
P 值	0.7075	0.7075	0.7469

注：括号内为 P 值；*、**、*** 分别表示该系数估计值在 10%、5% 和 1% 的水平下显著。

第四节　本章小结与政策含义

　　针对近年来我国中央银行频繁采用的借贷便利政策工具，本章运用 EGARCH 模型实证检验了中央银行借贷便利政策工具操作对不同期限货币市场利率及其波动率的影响。研究发现：（1）常备借贷便利对于降低货币市场利率水平、熨平货币市场利率波动具有较为显著的作用，增强常备借贷便利政策工具的便利性和可得性，加快实施市场利率走廊机制有助于减小货币市场利率的波动；（2）当货币市场利率出现剧烈波动时，中央银行"相机抉择"的短期流动性调节工具未及时有效地引导货币市场利率的快速回落，熨平货币市场利率的波动；（3）中期借贷便利并未有效地引导市场利率下降，但有助于减小市场利率的波动，且不同期限的中期借贷便利操作对货币市场利率及其波动率的影响存在着明显的差异：3 个月期和 6 个月期的中期借贷便利政策操作在一定程度上减小了短期货币市场利率的波动；而 1 年期中期借贷便利则显著地促进了隔夜、7 天和 1 年期回购利率的上升，并加剧了短期货币市场利率的波动。

　　以上实证研究说明，作为中央银行常规性货币政策工具的补充，各结构性货币政策工具的操作和实施，虽然达到了调节市场流动性的目标，但在调节货币市场利率和发挥利率走廊作用等方面，其效果存在差异。总体来看，常备借贷便利在引导市场利率走势和平抑市场利率波动方面均取得了较好的效果，有效地发挥了利率走廊的作用；而短期流动性调节工具和中期借贷便利在引导市场利率走势、熨平货币市场利率波动方面的效果却不尽如人意，其部分操作甚至对货币市场利率的波动产生了"放大"效应。其原因可能与这两类结构性货币政策工具的操作特征有关：（1）在操作时点上，中央银行的短期流动性调节工具和中期借贷便利操作通常发生在货币市场利率出现持续快速上升后，而我国货币市场利率的回滞现象弱化了结构性货币政策工具的调控效果；（2）在操作期限上，中央银行用于调节市场长期流动性的 1 年期中期借贷便利显著地加剧了短期货币市场利率的波动，降低了中期借贷便利政策工具平抑市场利率波动的作用；（3）在操作对象上，各结构性货币政策工具具有较强的定向性，如短期流动性调节工具仅限于公开市场业务一级交易商中具有系统重要性、资产状况良好、政策传导能力强的部分金融机构，中期借贷便利仅限于符合宏观审慎监管要求的商业银行和政策性银行，这种定向操作方式在很大程度上影响了市场资金的可得性和流动性，弱化了借贷便利政策工具对市场利率及其波动率的调控效果；（4）在信息披露方面，结构性货币政策工具操作过程中仍存在着信息披露不及时的问题，未能有效地发挥市场预期引导作用。短期流动性调节工具的操作信息通常在 1 个月后发布，中期借贷便利创设于 2014 年 9 月，但中央银行在 2015 年 7 月后才开始正式披露相关操作信息，且中期借贷便利的信息披露由最初的不定期披露逐步转变成按月发布，再通过官方微博滞后发布当日操作情况。信息披露的不及时导致市场不能对中央银行结构性货币政策工具做出及时有效的反应，减弱了两类结构性货币政策工具对市场利率的"宣告效应"和"预期效应"。

因此，为更好发挥中央银行结构性货币政策工具调节市场流动性、引导市场利率走势、熨平市场利率波动的作用，建立有效的利率调控机制，尚需进一步完善结构性货币政策工具的操作方式，提高政策调控效果。第一，在操作时点上，针对我国货币市场利率波动具有较强的回滞效应，中央银行应加强对市场流动性的监测，在市场利率大幅波动前及时运用结构性货币政策工具对市场流动性进行提前干预，有效避免货币市场利率的大幅波动；第二，在操作期限上，适当增加 3 个月期和 6 个月期中期借贷便利操作频次，并在临近到期前及时实施展期操作或流动性新投放操作，减小市场参与主体对市场流动性的波动预期；第三，在操作对象上，进一步扩大各结构性货币政策工具的作用范围，提高结构性货币政策工具的便利性和可得性，进而提高金融机构的市场融资可得性，增强金融机构应对不可预期流动性冲击的信心，从而降低市场流动性的需求水平和潜在风险溢价，发挥"自动稳定器"的作用；第四，提升结构性货币政策工具的信息披露程度，以预期引导的方式增强市场经济主体对政策的适应性调整，充分发挥市场预期引导作用。以上实证研究说明，总体来看，常备借贷便利在引导市场利率走势和平抑市场利率波动方面均取得了较好的效果，有效地发挥了利率走廊的作用；而短期流动性调节工具在引导市场利率走势、平抑货币市场利率波动方面的效果却不尽如人意，其部分操作甚至对货币市场利率的波动产生了"放大效应"。而这很可能是由于各借贷便利政策工具在操作模式上的不完善、操作对象的定向性以及实践操作过程中信息披露不及时、不透明等问题，减弱了各借贷便利政策工具对货币市场利率的流动性效应和预期效应。

为更好发挥中央银行借贷便利政策工具调节市场流动性、引导市场利率走势、熨平市场利率波动的作用，尚需进一步完善借贷便利政策工具的操作方式，提高政策调控效果：第一，进一步加强常备借贷便利操作，充分发挥其作为市场利率走廊上限的"自动稳定器"作用，为利率走廊机制的构建创造有利条件。第二，由于短期流动性调节工具对市场利率波动存在的"放大效应"可能与其操作对象的定向性、信息披露的不及时有关，因此，要想充分发挥其在调节市场利率过程中的流动性效应和预期效应，则有必要进一步扩大短期流动性调节工具的操作对象，增强短期流动性资金的可得性和流动性。同时，提高短期流动性调节工具信息披露的及时性和透明度。第三，重点加强中期借贷便利在平抑市场利率波动方面的作用，特别是当利率波动较大时，可适当增加3个月期和6个月期的中期借贷便利操作频次，减小市场参与主体对市场流动性的波动预期。

第六章

中央银行货币政策预调微调
与利率走廊机制

第一节 货币政策预调微调与利率走廊机制构建

经济发展新常态下，中国中央银行货币政策调控的典型特征是，不再沿袭传统的"大水漫灌"式的大规模货币供应量增加的模式，而是采用"精准滴灌"的方式来调节经济发展中的流动性需求，并辅以中央银行预期管理的形式，为新常态下供给侧结构性改革提供良好的货币金融环境。因此，为实现经济发展新常态下稳中求进、保增长、调结构和防风险的宏观调控目标，并为供给侧结构性改革提供良好的货币金融市场环境，我国中央银行除创新性地推出了包括短期流动性调节工具、常备借贷便利、中期借贷便利和抵押补充贷款等在内的一系列以定向调控为特征的微调工具之外，还以中央银行货币政策报告、中央银行官员口头谈话等预期管理，初步形成了以预调微调为主要特征的货币政策调控机制。从短期来看，预调微调的目的在于缓解市场流动性短缺，引导金融资源流向实体经济领域；但更为重要的是，从长期来看，中央银行希望通过预调微调工具的实施构建利率走廊机制调控短期货币市场利率，并引导中长期利率走势，形成覆盖短中长期的利率调控体系，以实现货币政策由数量型调控向价格型调控的转换。

_184_

就理论而言，利率走廊机制的核心是利率的波动幅度不能太大，其实质是中央银行在利率波动和操作成本之间的权衡（牛慕鸿等，2017）。而发达经济体的实践也表明，利率波动与利率走廊区间呈现正向关系（申琳，2015）。利率波动越大、利率走廊的区间越宽，中央银行承担的操作成本也就越大。如果近年来我国中央银行的预调微调操作有效平抑了市场利率的波动，那么这将极大降低中央银行的机制运行成本，从而有利于利率走廊机制的构建。因此，尽管从实践来看，中央银行的预调微调操作对于缓解市场流动性短缺，合理引导资金向特定实体经济领域投放方面发挥了重要的作用，但是，其是否有效平抑了货币市场利率波动，引导了中长期利率走势，从而有助于利率走廊的构建？显然，这是一个需要从经验检验的角度予以回答的问题。

从现有研究来看，国内外有关中央银行预期管理的大多数文献都认为，预期管理通过提升货币政策透明度，在总体上有利于平抑各期限市场利率的波动（Woodford，2005；Blinder et al.，2008；冀志斌和周先平，2011；张强和胡荣尚，2014；王博和刘翀，2016）。而对 2008 年国际金融危机以来各主要经济体中央银行采取的各种借贷便利类政策工具实施效果的研究也表明，借助借贷便利类货币政策工具的微调，市场流动性得到缓解，溢价降低，进而平抑了市场利率的波动（McAndrews et al.，2016；Wu，2011；Christensen et al.，2014；卢岚和邓雄，2015）。但是，也有研究认为，中央银行的预期管理（预调）主要对长期利率而非各期限利率产生作用（Brand et al.，2010），其对利率期限结构的影响在不同货币政策环境下的效果迥异（Greenwood et al.，2015）；借贷便利类货币政策工具的微调操作对熨平利率波动的实际效果有限（Campbell et al.，2011；刘澜飚等，2017），或者具有鲜明的阶段性有效的特点（余振等，2016），甚至可能带来负面影响，需要与其他的货币政策工具结合起来共同使用才能充分发挥其效果（马理和刘艺，2013）。因此，就现有研究而言，有关预调微调对市场利率的影响在实证经验方面并未得出一致性的结论。特别地，预调微调的实施是否有助于利率走廊机制的构建，现有研究尚不能提供客观的经验证据。而且，当中央银行分别采用预调和微调时，两者对于不同期限利率的影响是否存在差异？或者两者的效果是否相辅相成？另外，中央银行在实践中主要使用中央银行沟通（以下简称"央行沟通"）进行预期管理，众所周知，央行沟通有书面和口头两种方式，同时微调操作中各借贷便利政策工具的期限品种在实践中亦不断丰富，那么不同预调微调操作方式对货币市场利率波动分别产生了怎样的影响？显然，这些问题也值得进一步考察和研究。

有鉴于此，本章基于经济发展新常态以来我国中央银行预调微调的实践，通

185

过构建 EGARCH 模型，实证检验我国中央银行预调微调操作对不同期限货币市场利率波动的影响，以探求其是否有利于利率走廊机制的构建。研究结果表明，预调微调在总体上平抑了货币市场利率波动，从而可显著降低利率走廊机制运行成本，同时预调和微调两者对不同期限利率的影响在结构上具有期限互补的特点，因而现有预调微调机制有利于实现我国中央银行构建利率走廊的长期目标。本章的主要边际贡献在于：第一，区别以往立足于预调和微调各自视角的研究，本章在同时考虑预调微调的情况下，实证检验了近年来我国中央银行预调微调在平抑利率波动方面的效果，其结果有助于考察预调和微调在熨平市场利率波动中的各自作用及其相互关系；第二，以平抑利率波动的事实效果为准绳，判断现有预调微调政策是否有利于实现中央银行构建利率走廊机制的长期目标，从而为中央银行构建利率走廊提供借鉴。

第二节　预调微调对货币市场利率波动影响的机制

一、预期管理与货币市场利率

长期以来，有关预期管理对金融市场利率的影响一直是货币政策重点关注的问题之一。萨克和科恩（Sack and Kohn, 2004）认为，美国联邦公开市场委员会（FOMC）声明和美联储主席的国会证词显著地影响了市场利率，中央银行可通过向市场传达有关近期政策意图和远景经济发展的重要信息进行预期管理调控，从而实现部分政策目标。埃格特松和伍德福德（Eggertsson and Woodford, 2004）较早考察了在零利率下限环境下中央银行预期管理对市场利率的影响。他们认为，零利率下限会对市场利率产生扭曲，而这一扭曲在市场参与者对未来预期存在不确定性冲击时可能会引起大幅波动，此时公开市场操作和非常规货币政策如果不能稳定市场对未来政策操作的预期，将功效乏力，而中央银行实施可信承诺式的预期管理政策可以起到有效缓解的作用。布林德等（Blinder et al., 2008）研究发现，中央银行预期管理政策增强了货币政策决定的可预测性，稳定了金融市场利率波动，进而潜在地有助于央行实现宏观经济目标。尽管各国实施预调的方式多种多样，可能并没有唯一的最优策略，但布鲁巴克等（Brubakk et al., 2017）认为，预期管理在稳定利率波动的机制上主要依赖目标和路径两种因素发挥作用。然而，也有部分学者提出了不同的看法。布兰德等（Brand et al.，2010）虽然承认预调的重要作用，但却认为预期管理的效力主要在稳定数年期的长期利率上。格林伍德等（Greenwood et al.，2015）发现在美联储推出量化宽松（QE）以来，预期管理对利率期限结构的影响在各个阶段具有不同表现，从而预调在稳定利率波动上会受货币政策环境的影响。

国内有关研究起步较晚，冀志斌和周先平（2011）的研究表明，我国中央银行的预期管理同样在稳定各期限利率的波动方面具有显著作用，但不足以抵消货币政策决定中意外成分的冲击。这可能与当时中国利率市场化的程度不高有关。随着近年来利率市场化的基本完成，研究结果呈现新的变化。王博和刘翀（2016）发现，随着中国利率市场化进程的加快，中央银行预调操作对平抑1年以内的货币市场利率具有合意且显著的影响，但对更长期限的利率作用有限。

二、借贷便利类货币政策工具与货币市场利率波动

2008 年全球金融危机以来，货币政策实践的一个典型事实是，各国普遍实施了借贷便利等非常规货币政策工具。从本质上看，借贷便利属于一种再贴现政策工具，是在抵押品范围、期限设定和功能引导等方面对传统再贴现政策工具的衍生拓展，在各国中央银行操作实践中也体现出定向、精准的微调特征。更重要的是，这些借贷便利工具在后危机时代被各国中央银行赋予新的功能。其中借贷便利的微调操作对以利率为核心的价格机制的影响较为引人注目。克里斯滕森等（Christensen et al.，2014）对后危机时期美联储政策操作的研究表明，借助借贷便利工具的微调操作有助于降低短期银行间利率的流动性溢价，压缩了息差。也有学者认为，风险溢价和流动性溢价均是影响利率波动走势的重要因素，其中风险溢价更多受宏观经济和金融市场的不确定性所驱动，借贷便利的微调政策对消除这一不确定性作用有限，但却可通过缓释银行过度的流动性关注，降低流动性溢价，进而显著平复由此产生的利率波动（Wu，2011）。麦克安德鲁斯等（McAndrews et al.，2016）的研究也表明，借贷便利等创新政策工具的微调效果对中央银行缓解利率大幅波动、维护金融稳定发挥着至关重要的作用。国内对 2013 年以来中国中央银行借贷便利与市场利率的实证研究还较少。卢岚和邓雄（2015）对我国中央银行微调的研究表明，微调操作降低了中国货币市场的流动性风险，减轻了利率波动。然而也有学者持谨慎看法。马理和刘艺（2013）认为微调对稳定利率的真实作用可能是十分有限的，长期实施还可能会对金融市场运行带来负

187

面影响。刘澜飚等（2017）也指出，微调对稳定利率的影响存在着不少制约因素。而余振等（2016）的实证结果也认为，微调只在部分实施阶段发挥合意效果。事实上，微调除通过"量"的调控发挥作用外，本身也发挥了部分预调功能。刘澜飚等（2017）认为，中国中央银行的微调操作可通过信号渠道影响市场预期和货币市场利率。

现有研究为本章的研究奠定了重要的基础。尽管前述文献展示的一些证据认为中央银行的预调和微调均对平抑利率波动具有一定的效果，但这些研究均仅立足于预调或者微调各自的视角，尚未在一个统一的框架中对两者进行实证研究。更重要的是，我国中央银行自 2013 年以来推出预调微调的调控措施，目的不仅在于调节市场流动性，还寄希望于通过预调微调来建立中国的基准利率调节机制即利率走廊机制，从而加快货币政策调控机制转型。牛慕鸿等（2017）认为，利率走廊与市场预期、利率波动关系密切，实行走廊机制要综合考虑利率波动和调控成本等因素。申琳（2015）也认为利率走廊可降低市场利率对经济变量冲击的敏感度，而走廊区间与利率波幅高度正相关。因此，对于我国中央银行的预调微调调控措施是否有效减弱了市场利率的波动，从而有利于利率走廊机制的构建，需要从实证的角度予以检验。

第三节　货币政策预调微调对货币市场利率影响的实证分析

一、变量说明

（一）被解释变量

如前文所述，中国人民银行预调微调的目的是在调节市场流动性的同时，希望通过预调微调建立中国的基准利率调节机制即利率走廊机制。而从预调微调特别是微调的具体操作对象来看，主要是通过政策利率来干预其临近端的市场基础利率，因此，我们选择货币市场利率作为被解释变量。

目前，银行间债券回购市场是中国交易量最大的货币交易市场，市场交易活跃、产品期限品种齐全、报价连续，价格形成发现机制完备，能较好地反映市场整体流动性和货币政策走势。基于此，我们选取银行间债券质押式回购利率作为货币市场利率代理变量。为检验不同期限货币市场利率对预调微调的反应，分别选取隔夜、7 天、1 个月、3 个月和 6 个月的银行间债券质押式回购利率进行考察。①

（二）主要解释变量

1. 预调变量

从国内外政策实践看，中央银行预期管理主要以前瞻性指引和央行沟通为代表，两者关系紧密但也略有不同，由于前瞻性指引需要有较好的利率市场化基础为前提，而我国中央银行实践中主要运用中央银行沟通进行预期管理。因此，本章选择中央银行沟通作为预期管理的代理变量，记为 COM_t。目前，对于中央银行沟通的量化主要有两种方法：一是由海涅曼和乌尔里希（Heinemann and Ull-rich，2007）提出的措辞提取法，核心是根据措辞在不同货币政策时期的差异显著性程度提取出有效措辞，再根据措辞频率赋值，最终构建一个中央银行沟通指数。卞志村和张义（2012）、林建浩等（2015）的研究采用了此法。二是事件赋值法，即按照示性函数的原理，根据沟通事件出现与否给予 0 或 1 赋值（或带有意图方向）。近年来德米拉尔普等（Demiralp et al.，2012）、马理等（2013）、王博和刘翀（2016）使用此法。显然，第一种方法有赖于措辞本身在不同货币政策时期的差异程度，因而要求样本时期跨度较长以涵盖不同的货币政策时期，多用长期的书面沟通量化；而第二种方法并不依赖长跨度、多样化的货币政策环境，不仅能量化书面沟通，还能处理口头沟通。鉴于我国实施预调微调政策的时间跨度较短，研究对象主要为日度高频数据，口头沟通的作用不容忽视，因此，我们采取第二种方法。

在具体量化过程中，对于货币政策执行报告、货币政策委员会例会、相关金融发展报告等书面沟通，我们在通读报告的基础上，根据文中对于货币政策的明确定位进行赋值。但对口头沟通，目前国内大多数文献仅统计中央银行行长的口头沟通事件。诚然，由于中央银行行长的特殊身份，其沟通行为对市场的影响势必很大，但从数据上看，其他中央银行官员的沟通对市场利率也产生了明显的影响。事实上，至少在某些可能涉及重大金融改革（如存款保险制度的出台和汇率机制改革的实施等）的时点上，中央银行的口头沟通行为并非一次性的，而是渐

---

① 关于 1 年期的银行间债券质押式回购利率，一方面由于其交易清淡且报价不连续，单位根检验亦不平稳；另一方面，从其日度走势看，大多呈现阶梯状，其变动主要并不是受中央银行预调微调操作的影响，因此本章未纳入 1 年期银行间债券质押式回购利率。

近地由不同身份的中央银行官员多次与市场沟通，因而采用更宽的口头沟通统计口径可能更加合意。基于此，本书囊括以下人员的口头沟通事件：一类是中央银行官员，包括行长、副行长、行长助理和承担货币政策操作的货币政策司负责人以及官方发言人，另一类是货币政策委员会的外部委员①。中央银行沟通事件通过中央银行官网和百度搜索两种渠道获取。为保障计量沟通事件不遗漏、重复，我们对不同人员就同一事项的沟通分别计量，对同一人员就同一事项的连续沟通只记首次。赋值上，我们将央行沟通按其政策意图分为紧缩、中性、宽松三种，分别赋值 +1、0、–1。鉴于沟通时间与货币市场交易时间的差异性，赋值采取以下规则：若沟通发布时间在货币市场交易时间段内，则沟通赋值记在当天；若沟通发布时间在货币市场交易结束时间段内，则沟通赋值记在下一天，如遇休假日则顺延至最近的下一个交易日。② 最终，统计得到央行沟通共计 95 次，其中紧缩意图 17 次、中性意图 54 次、宽松意图 24 次，分别占比 18%、57%、25%，体现了新常态以来中国货币政策稳健中性、松紧适度的主基调。

2. 微调变量

前述表明，2013 年以来，我国中央银行创新了短期流动性调节工具（SLO）、常备借贷便利（SLF）、中期借贷便利（MLF）等借贷便利政策工具（见表 6 – 1）。从期限结构上看，SLO、SLF 和 MLF 依次覆盖了超短期（7 天以内）、短期（1 个月以内）和中期（3 个月、6 个月和 1 年）的流动性供给和货币市场利率调控，与银行间债券质押式回购利率的期限品种关联紧密。因此，本章选择借贷便利政策工具作为微调代理变量。③

---

① 中国的货币政策委员会由内部委员和外部委员构成，其中内部委员除中央银行官员外，主要是宏观经济调控和监管部门如发展和改革委员会（以下简称"发改委"）、财政部、中国证券监督管理委员会（以下简称"证监会"）、中国银行保险监督管理委员会（以下简称"银保监会"）的主要负责人。内部委员的关注点主要集中在自己的专业任职领域，一般不会对货币政策做过多评述。而外部委员主要由金融领域的资深专家担任，他们经常会在学术交流、公共访谈等公开场合对国际国内经济形势和货币政策进行评述与预判，因此本章将外部委员纳入口头沟通的统计口径。

② 为避免因个人主观判断而可能产生的主观评价偏误，在赋值过程中由多人同时独立地进行识别量化，若结果相同则直接予以确认，若存在不同则进行讨论，并最终根据多数占优原则予以确认。

③ 我国中央银行的借贷便利政策工具还包括抵押补充贷款（PSL），但其服务对象仅限于政策性银行，提供的是 3 年期以上的中长期资金，且严格限定于棚改、重大基础设施建设、人民币"走出去"项目等领域，具有极强的定向调控特点。这在很大程度上降低了资金的便利性、可得性和流动性，进而对 1 年期以内的货币市场利率的影响微弱。因此，本章不将 PSL 操作纳入实证检验。

表 6 – 1 借贷便利政策工具操作情况一览表

（2013 年 10 月 8 日至 2017 年 3 月 31 日）

工具	操作次数	总操作金额（亿元）
常备借贷便利（SLF）	—	—
短期流动性调节工具（SLO）	29	28480
中期借贷便利（MLF）	34	97123

注：对 MLF，央行仅公布了 2015 年 7 月后的操作信息，为保障研究期内的数据完整性，我们通过网页搜索获得了此前的 MLF 操作数据。MLF 常常在同一天内进行多个不同期限品种的操作，本章仅记为一次操作，但操作金额合计。

SLF 自 2013 年初创设以来，大体经历了三个发展阶段：一是初创期。首次运用该工具始于 2013 年 6 月，为了应对 2013 年下半年爆发的两次"钱荒"，中央银行连续 4 个月运用 SLF 投放流动性。在这一时期，SLF 覆盖面仅限政策性银行和全国性商业银行。二是试点期。中央银行决定自 2014 年 1 月 20 日起在"9 省（直辖市）+1 市"[①] 开展 SLF 操作试点，覆盖面扩展到符合条件的城市商业银行、农村商业银行、农村信用合作社和农村合作银行等，同时品种期限也缩短至 1 个月以内，增加了隔夜、7 天等品种。此举也被市场解读为央行开始探索实施利率走廊机制。三是全面推广期。经过一年试点，2015 年 2 月 11 日中央银行将 SLF 的实施范围推广至全国，从而极大提高了全体金融机构 SLF 的便利性和可得性。其间，中央银行还正式明确提出建设以 SLF 利率为上限的利率走廊机制，货币政策的利率走廊机制进程明显加快。截至样本期末，中央银行仅发布了 2013 年 9 月以来的 SLF 月度余额以及 2015 年 12 月以来分品种的月度操作总额，均为月度数据，而利率波动的相关研究有赖于日度高频数据，为此，需要创新对 SLF 的日度操作的度量。从 SLF 的发展历程看，其对金融机构的便利性和可得性是从无到有、逐渐增加的，而资金调剂的便利性和可得性恰是该工具发挥作用的关键。因此，本章根据便利性和可得性程度对 SLF 进行赋值：初创期赋值为 0，试点期赋值为 1，全面推广期赋值为 2。同时，考虑到虚拟变量取值的增多也可能会对波动率造成影响，本章还进行第二种赋值，将全面推广期（即央行明确锚定 SLF 为利率走廊上限的时刻）之前均赋值为 0，之后赋值为 1，以减轻此种不利影响。[②]

---

① 即北京、江苏、山东、广东、河北、山西、浙江、吉林、河南 9 个省（直辖市）和深圳市。

② 截至样本期末，中央银行仅公布了 SLO 和 MLF 的日度数据，但并未公开 SLF 的操作时点、操作方向、操作金额等具体操作信息，仅按月公开了月度操作金额和月度余额。受数据所限，我们无法同另两个工具一样直接使用携带更丰富信息的 SLF 日度实际操作量进行实证。然而，我们认为，根据便利性和可得性程度，采用书中的赋值方法仍然可以从整体上探讨 SLF 发挥市场利率走廊机制的作用。事实上，随着便利性和可得性的提高，SLF 作为央行日常的短期流动性补充工具，操作频率很高，可视为日均操作。当然，随着未来数据的完善，我们将在后续深化对这一领域的研究。

SLO 创设于 2013 年初，主要是作为公开市场常规操作的必要补充，目的是应对银行体系出现的临时性流动性需求。SLO 在实践操作中以市场化利率招标的形式开展，期限多以 7 天以内的超短期回购为主。从历史经验看，自 2013 年 10 月 28 日首次使用以来，SLO 的操作主要集中在因临时性、突发性因素引起短期市场利率快速上升的时点和季末年初、重大节假日附近的季节性时点。然而，自 2016 年 1 月 20 日进行了 1500 亿元的投放操作之后，中央银行已事实上暂停了 SLO 的使用。当前，中央银行已对外公布了 SLO 的日度净操作数据。

MLF 于 2014 年 9 月宣告创设，其推出背景主要是为了有效对冲新常态下外汇占款下降所带来的基础货币回笼，是重要的基础货币提供手段；另外也是中央银行在货币政策向价格型转变进程中意图强化对中长期利率的引导和调控。在 2015 年 7 月以前的一年多的时间里 MLF 操作稀疏，此后操作日益常态化，操作金额和频次持续增加。2015 年 7 月开始，中央银行对外公布了 MLF 的日度操作数据，但由于 MLF 在同一交易日存在着投放和到期回笼两种方向相反的操作，而实际对市场利率产生影响的是最终的净操作额。因此，本章对公开数据进行加工，以 MLF 的日度操作增量数据进行实证检验。其中，MLF 净投放额 = MLF 投放额 − MLF 到期回笼额。

（三）控制变量

货币市场利率除了受预调微调货币政策的影响外，还受到其他货币政策决定的影响。一方面存款准备金率的调整会影响市场的流动性，进而影响货币市场利率；另一方面中央银行基准利率是各类市场利率的一个重要风向标，基准利率的调整也会对货币市场利率产生影响。而对金融机构监管考核的制度性变化也是影响货币市场利率的重要因素。为此，本章将前述三个因素统称为货币政策决定，作为控制变量加以控制，记为 MP_t。[①] 根据调整的方向，我们将货币政策决定分为紧缩型和宽松型，紧缩赋值 +1，宽松赋值 −1。需要说明的是，货币政策决定的公布时间和实施时间往往存在若干天的间隔。鉴于市场经济主体的预期，一般认为市场利率的调整无须待到具体实施日发生，而是在发布之时便会产生影响。货币政策决定的发布信息自央行官网获得。

---

① 诚然，包括国际国内宏观经济环境、金融监管的阶段性强弱、各金融市场的联动关系在内的诸多因素都可能会对货币市场利率的波动产生影响，但从既有文献来看，绝大多数研究表明货币政策决定是影响货币市场利率的主要因素，学者们大多将其作为控制变量。货币政策决定通常主要指法定存款准备金率和基准存贷款利率的调整，但我们还注意到中央银行于 2015 年 9 月 11 日调整了存款准备金的考核方式，由时点法改为平均法，这也会对市场流动性进而对货币市场利率造成一定的影响，因此本章将考核方式的调整也纳入货币政策决定中。由于此举减小了金融机构对应急备付金的需求，降低了时点存款冲量的动机，被视为一定程度上的宽松政策，因此按宽松型货币政策决定赋值。事实上，尽管控制变量无法涵盖上述诸多影响因素，但货币政策决定所包含的信息在相当程度上反映了宏观经济环境、监管强度等多方面因素。

此外，公开市场操作是中央银行传统的干预市场流动性的日常工具，其通过正逆回购等方式既实际调控市场整体资金面，又释放出中央银行货币政策的信号，从而也对货币市场利率波动产生重要影响。因此，我们也将公开市场操作的净投放额作为控制变量加以控制，记为 OMO_t。其中，净投放额 = 逆回购额 − 逆回购到期额 + 正回购到期额 − 正回购额。

二、变量描述性统计

考虑到各操作工具的具体实施时期，基于研究目的，本章样本区间为 2013 年 10 月 8 日至 2017 年 3 月 31 日，其中预期管理和 SLF 横跨整个样本期，SLO 的样本区间为 2013 年 10 月 8 日至 2016 年 1 月 31 日，MLF 的样本区间为 2014 年 9 月 1 日至 2017 年 3 月 31 日。各变量的相关数据如无特殊说明，均来自 Wind 数据库，变量数据的匹配时点皆与预调变量的规则一致。各期限货币市场利率的平稳性检验、有关变量的描述性统计分别如表 6 − 2 和表 6 − 3 所示。

表 6 − 2　　　　　　　各期限货币市场利率的平稳性检验

变量	检验类型（c, t, l）	t 统计量	P 值	是否平稳
$R001$	（c, 0, 1）	− 3.448703	0.0097	是
$R007$	（c, 0, 4）	− 3.617390	0.0056	是
$R1M$	（c, 0, 0）	− 3.155131	0.0231	是
$R3M$	（c, 0, 0）	− 2.600999	0.0931	是
$R6M$	（c, 0, 3）	− 2.569012	0.0993	是

注：检验类型 c, t, l 分别表示单位根检验方程中包含的截距项、趋势项和滞后阶数，滞后阶数的选择采用 SIC 最小原则确定。

表 6 − 3　　　　　　　　相关变量描述性统计

变量	均值	标准差	最大值	最小值	偏度	峰度	观测值
$R001$	2.4181	0.7119	5.2966	1.0241	0.8156	4.0830	873
$R007$	3.1603	0.9177	8.9372	1.9393	1.4619	6.0798	873
$R1M$	3.9989	1.1986	8.6792	2.2422	0.9812	3.6713	873
$R3M$	4.1121	1.1681	9.3181	2.7162	0.7687	3.0908	873
$R6M$	4.3267	1.0384	7.2728	2.8000	0.5356	2.4172	873
COM	− 0.0103	0.2463	1.0000	− 1.0000	− 0.5653	16.4243	873
SLF[a]	1.5246	0.6476	2.0000	0.0000	− 1.0294	2.9191	873

变量	均值	标准差	最大值	最小值	偏度	峰度	观测值
SLF^b	0.6094	0.4882	1.0000	0.0000	-0.4484	1.2011	873
SLO	0.0370	0.2477	2.5500	-1.5000	4.5942	41.0587	581
MLF	0.0717	0.6295	-3.2800	5.0000	3.2754	26.8191	645
MP	-0.0126	0.1116	-1.0000	0.0000	-8.7394	77.3764	873
OMO	0.0046	0.6473	-3.7000	4.1000	0.1986	10.2423	873

注：SLF 上标 a 表示第一种赋值方式，取值 0、1、2；上标 b 表示第二种赋值方式，取值 0、1。SLO、MLF 和 OMO 为实际操作净投放金额，单位为千亿元。

三、模型设定

从时间序列图上看（见图 6 - 1），各期限货币市场利率走势存在明显的波动性聚集现象，进一步进行自相关和偏自相关检验，确认各利率变量存在着显著的 ARCH 效应。因此，针对变量数据有偏、尖峰明显的特征和高频数据 ARCH 效应的存在，我们选择采用 EGARCH 模型开展实证检验。该模型能有效修正偏态、尖峰态及利率随时间而变的波动性，且由于模型的条件方差方程为指数化形式，从而放松了参数估计的非负限制，避免了用 MLE 方法估计过程参数非负限制带来的诸多问题。后面实证计量亦显示模型中的各 ARCH 项均显著，进一步证实了模型选择的适用性。参考纳尔逊（1991）、博恩等（2012）等的做法，运用信息准则比选，最终建立如下 EGARCH（1，1）模型：

$$R_t = \alpha_0 + \alpha_1 R_{t-1} + \alpha_2 COM_t + \sum_{i=3}^{5} \alpha_i Facility_{i,t} + \alpha_6 MP_i + \alpha_7 OMO_t + \varepsilon_i$$

$$(6.1)$$

$$\ln h_t = \beta_0 + \beta_1 \ln h_{t-1} + \beta_2 \left| \frac{\varepsilon_{t-1}}{\sqrt{h_{t-1}}} \right| + \beta_3 \frac{\varepsilon_{t-1}}{\sqrt{h_{t-1}}} + \beta_4 |COM_t| + \sum_{j=5}^{7} \beta_j |Facility_{j,t}|$$

$$+ \beta_8 |MP_t| + \beta_9 |OMO_t|$$

$$(6.2)$$

式（6.1）为均值方程，式（6.2）为条件方差方程，其中 $Facility$ 表示三种微调操作的变量，R_t 表示 t 时刻相应期限的利率，ε_t 为误差项，服从均值为 0、方差为 h_t 的正态分布，$\ln(h_{t-1})$、$\left|\frac{\varepsilon_{t-1}}{\sqrt{h_{t-1}}}\right|$、$\frac{\varepsilon_{t-1}}{\sqrt{h_{t-1}}}$ 分别为 EGARCH 项、EARCH_a 项和 EARCH 项。本章将通过式（6.2）检验预调微调对货币市场利率波动性的影响，若变量前系数显著为正，则加剧了利率波动，反之则熨平了波动。

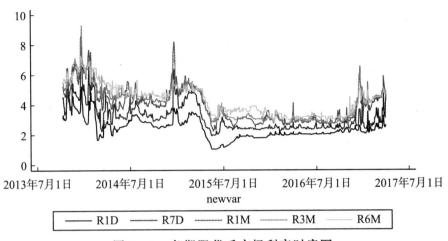

图 6 - 1　各期限货币市场利率时序图

资料来源：Wind 数据库。

四、实证计量与结果分析

（一）不同样本期间下预调微调对货币市场利率波动的影响

　　表 6 - 4 显示了在 2013 年 10 月 8 日至 2016 年 1 月 31 日间预调微调对货币市场利率波动的影响效果。结果显示，中央银行预调操作对各期限货币市场利率的波动均具有显著影响，加剧了以隔夜利率为代表的超短期货币市场利率的波动，但熨平了 1 个月期以上的短、中期利率的波动。微调操作中，SLF 对隔夜、7 天等超短期货币市场利率和 1 个月、3 个月期的短期货币市场利率均有着显著的负向影响，甚至一定程度上减轻了 6 个月期的中期利率的波动，而 SLO 主要加剧了隔夜、7 天等超短期货币市场利率的波动。实证结果还表明，SLF 赋值方法的变化并不改变实证检验的结果，这既进一步证明了 SLF 在稳定利率波动上的有力作用，也体现了实证结果的稳健性。

　　表 6 - 5 展示了 2014 年 9 月 1 日至 2017 年 3 月 31 日间的预调微调效果。结果显示，中央银行预调操作的效果与表 6 - 4 基本一致；SLF 降低了隔夜、1 个月和 3 个月期利率的波动，对 7 天和 6 个月利率作用不显著；MLF 除缓解了 1 个月期利率波动外，总体上加剧了其他各期限利率的波动。不过也应注意到，由于 MLF 的期限品种多样，其对各期限利率波动性影响的真实情况还有待进一步观察确认。同样，SLF 赋值方法的变化也不改变实证检验的结果。

表6—4　预调微调对货币市场利率波动的影响（2013年10月8日至2016年1月31日）

变量	R001	R007	R1M	R3M	R6M	R001	R007	R1M	R3M	R6M
COM	0.8413*** (0.0000)	0.0874 (0.4750)	-0.2637*** (0.0035)	-0.2503*** (0.0002)	-0.4351*** (0.0001)	0.7658*** (0.0000)	0.1228 (0.2869)	-0.2481** (0.0157)	-0.2701*** (0.0000)	-0.4864*** (0.0000)
SLF^a	-0.3489*** (0.0000)	-0.2609*** (0.0000)	-0.0887*** (0.0000)	-0.1124*** (0.0000)	-0.0077 (0.7845)					
SLF^b						-0.3356*** (0.0000)	-0.3530*** (0.0000)	-0.1461*** (0.0001)	-0.1438*** (0.0000)	-0.0096 (0.7859)
SLO	0.2801** (0.0196)	0.5873*** (0.0001)	0.1171 (0.1301)	0.1974*** (0.0028)	-0.1421 (0.4439)	0.2288** (0.0404)	0.6962*** (0.0000)	0.1416 (0.1270)	0.1930*** (0.0032)	-0.1959 (0.3125)
MP	0.7640* (0.0659)	-0.0249 (0.9500)	0.1961 (0.5222)	-0.0109 (0.9634)	0.3363 (0.2550)	0.5575 (0.1601)	-0.0656 (0.8661)	0.0909 (0.7861)	-0.0018 (0.9944)	0.4061 (0.1816)
OMO	0.0258 (0.7229)	0.2723*** (0.0000)	0.0448 (0.3837)	0.0135 (0.8125)	0.3365*** (0.0000)	-0.1665*** (0.0030)	0.2124*** (0.0005)	0.0237 (0.6714)	-0.0167 (0.7743)	0.3740*** (0.0000)
$EARCH_a$	0.8091*** (0.0000)	0.6264*** (0.0000)	0.2399*** (0.0000)	0.2504*** (0.0000)	0.3933*** (0.0000)	0.8276*** (0.0000)	0.6300*** (0.0000)	0.3042*** (0.0000)	0.2582*** (0.0000)	0.3809*** (0.0000)
EARCH	0.1785*** (0.0000)	0.3009*** (0.0000)	0.1479*** (0.0000)	0.2425*** (0.0000)	0.1753*** (0.0007)	0.1551*** (0.0000)	0.3004*** (0.0000)	0.1644*** (0.0000)	0.2636*** (0.0000)	0.2344*** (0.0000)
EGARCH	0.8540*** (0.0000)	0.8183*** (0.0000)	0.9172*** (0.0000)	0.8927*** (0.0000)	0.6532*** (0.0000)	0.8928*** (0.0000)	0.8095*** (0.0000)	0.9000*** (0.0000)	0.8916*** (0.0000)	0.6118*** (0.0000)

注：括号内为P值；*、**、***分别表示该系数估计值在10%、5%和1%的水平下显著。

表 6 - 5　　预调微调对货币市场利率波动的影响（2014 年 9 月 1 日至 2017 年 3 月 31 日）

变量	R001	R007	R1M	R3M	R6M	R001	R007	R1M	R3M	R6M
COM	0.3598*** (0.0001)	-0.1881** (0.0499)	-0.1528 (0.1692)	-0.3294*** (0.0000)	-0.5423*** (0.0000)	0.3485*** (0.0003)	-0.1895** (0.0484)	-0.1454 (0.1816)	-0.3290*** (0.0000)	-0.5224*** (0.0000)
SLF[a]	-0.1704** (0.0150)	0.0343 (0.3356)	-0.0898* (0.0997)	-0.0524** (0.0208)	0.0085 (0.2284)					
SLF[b]						-0.1836* (0.0674)	0.0337 (0.3441)	-0.0899* (0.0956)	-0.0524** (0.0207)	0.0011 (0.8655)
MLF	0.2508*** (0.0003)	0.0822* (0.0762)	-0.2044*** (0.0018)	0.0204 (0.6994)	0.2079*** (0.0000)	0.2226** (0.0106)	0.0819* (0.0769)	-0.2009*** (0.0017)	0.0201 (0.7035)	0.2161*** (0.0000)
MP	-0.2324 (0.5249)	-0.0246 (0.9449)	-0.8746** (0.0113)	-0.1053 (0.6186)	1.1879*** (0.0000)	0.4028 (0.2869)	-0.0270 (0.9397)	-0.8132** (0.0228)	-0.1059 (0.6178)	1.1545*** (0.0000)
OMO	0.2325*** (0.0000)	0.0376 (0.2115)	-0.0227 (0.5815)	0.0548*** (0.0035)	-0.0323*** (0.0000)	0.1646** (0.0102)	0.0384 (0.2023)	-0.0222 (0.5849)	-0.0547*** (0.0037)	-0.0313*** (0.0000)
EARCH_a	1.2401*** (0.0000)	0.5784*** (0.0000)	0.5353*** (0.0000)	0.2600*** (0.0000)	-0.1382*** (0.0000)	1.3299*** (0.0000)	0.5792*** (0.0000)	0.5425*** (0.0000)	0.2600*** (0.0000)	-0.1336*** (0.0000)
EARCH	0.2284*** (0.0004)	0.3186*** (0.0000)	0.2639*** (0.0000)	0.2277*** (0.0000)	0.1072*** (0.0000)	0.1823*** (0.0061)	0.3190*** (0.0000)	0.2667*** (0.0000)	0.2276*** (0.0000)	0.0860*** (0.0000)
EGARCH	0.7960*** (0.0000)	0.8956*** (0.0000)	0.8902*** (0.0000)	0.9367*** (0.0000)	0.9668*** (0.0000)	0.8108*** (0.0000)	0.8951*** (0.0000)	0.8911*** (0.0000)	0.9367*** (0.0000)	0.9671*** (0.0000)

注：括号内为 P 值；*、**、*** 分别表示该系数估计值在 10%、5% 和 1% 的水平下显著。

197

从表6-4和表6-5的结果还可进一步发现，预调对市场利率波动的影响随着期限的增加，由加剧波动到作用不显著再到缓解波动，可见其缓解利率波动的作用随期限增加呈不断增强趋势，而恰恰相反，以SLF为代表的微调操作对市场利率波动的平抑作用随着期限的增加而逐渐减弱，两者在平抑利率波动上恰好呈现期限互补特点。因此，预调微调操作的协调配合能够起到平抑货币市场利率波动的作用，进而降低利率走廊机制的运行成本，助力于实现中央银行构建利率走廊的长期目标。

（二）预调微调操作方式和利率波动

作为预调代理变量的央行沟通有书面和口头两种操作方式，部分研究指出它们产生的政策效果存在差异性（冀志斌和周先平，2011；张强和胡荣尚，2014）。另外，表6-4和表6-5的实证结果也显示MLF不仅影响中期利率，可能也会对短期利率产生一定影响，而MLF在期限上覆盖了3个月到1年期。那么在中央银行的预调微调操作中，不同操作方式对货币市场利率波动分别产生了怎样的影响？为此，我们将预调细化，构建书面方式（COM_pa）和口头方式（COM_sp）两个独立的哑变量，微调操作将MLF按期限分为三小类，进行实证检验，结果如表6-6、表6-7所示。[①]

实证结果表明，书面方式和口头方式的预调操作的效果具有较好的一致性，均在总体上加剧了以隔夜利率为代表的超短期利率的波动，但减轻了1个月以上的短、中期利率的波动。微调操作中的SLF对各期限利率波动的影响与表6-4、表6-5的结果基本一致，其平抑作用大体也呈现出随期限递减的趋势，这进一步稳健地证实了SLF较好发挥了利率走廊上限的作用。SLO对各期限利率波动的影响系数符号与表6-4完全一致。而不同期限的MLF操作与表6-5显示的MLF整体效果存在明显差异，呈现出分化现象：3个月期MLF主要缓解了隔夜利率的波动，一定程度上加剧了6个月期利率波动，对其他利率影响不显著；6个月期MLF总体上减轻了各期限利率的波动；而1年期MLF则总体加大了各期限利率的波动。同时从系数上看，1年期MLF对利率波动的加剧程度总体略高于3个月期MLF和6个月期MLF，这表明当同时进行规模相当的3个月期MLF或6个月期MLF和1年期MLF操作时，最终会加大货币市场利率的波动。同样，SLF赋值方法的变化不改变本小节实证检验的结果。

---

① 理论上，短期流动性调节工具也因存在投放和回笼操作而进行类别细分，但纵观其操作历史，回笼操作仅3次，且金额极小，与投放操作极度不对称，因而没有进行此种细分的必要。关于预调操作分类的赋值，若当天出现书面（口头）沟通的预调操作，则按第二部分预调变量的量化方法，在相应的交易日记为1，否则记0。若当日出现多次同一种预调操作方式，则仅记一次，相应赋值1；若当日两种预调操作方式均出现，则分别赋值1。

表6－6　操作方式对货币市场利率波动的影响（2013年10月8日至2016年1月31日）

变量	R001	R007	R1M	R3M	R6M	R001	R007	R1M	R3M	R6M
COM_pa	0.5703*** (0.0005)	1.3928*** (0.0000)	-0.8257*** (0.0001)	-0.6387*** (0.0000)	-0.2759* (0.0891)	0.3846** (0.0137)	1.2411*** (0.0000)	-0.8203*** (0.0002)	-0.6265*** (0.0001)	-0.2916* (0.0674)
COM_sp	0.9042*** (0.0000)	-0.2607* (0.0504)	-0.1451 (0.1491)	-0.1547** (0.0283)	-0.4959*** (0.0003)	0.8497*** (0.0000)	-0.1895 (0.1388)	-0.0959 (0.3958)	-0.1693** (0.0163)	-0.5748*** (0.0000)
SLF^a	-0.3549*** (0.0000)	-0.3877*** (0.0000)	-0.0931*** (0.0000)	-0.1102*** (0.0000)	-0.0054 (0.8474)					
SLF^b						-0.3242*** (0.0000)	-0.4635*** (0.0000)	-0.1567*** (0.0000)	-0.1466*** (0.0000)	0.0014 (0.9695)
SLO	0.2819** (0.0191)	0.5898*** (0.0007)	0.1215 (0.1343)	0.1908*** (0.0047)	-0.1344 (0.4772)	0.3054** (0.0118)	0.7554*** (0.0001)	0.1378 (0.1501)	0.1888*** (0.0046)	-0.1941 (0.3252)
MP	0.7012* (0.0870)	0.2751 (0.5246)	0.0971 (0.7402)	-0.1219 (0.6262)	0.4231 (0.1770)	0.3450 (0.4020)	0.1654 (0.6890)	0.0148 (0.9606)	-0.0895 (0.7357)	0.5059 (0.1136)
OMO	0.0384 (0.5964)	0.4598*** (0.0000)	0.0404 (0.4449)	-0.0128 (0.8244)	0.3403*** (0.0000)	0.0978 (0.1467)	0.3489*** (0.0000)	0.0065 (0.9104)	-0.0407 (0.4950)	0.3758*** (0.0000)
$EARCH\_a$	0.7951*** (0.0000)	0.7484*** (0.0000)	0.2719*** (0.0000)	0.2623*** (0.0000)	0.3945*** (0.0000)	0.8298*** (0.0000)	0.7193*** (0.0000)	0.3246*** (0.0000)	0.2732*** (0.0000)	0.3898*** (0.0000)
$EARCH$	0.1812*** (0.0000)	0.3564*** (0.0000)	0.1206*** (0.0008)	0.2297*** (0.0000)	0.1781*** (0.0007)	0.1214*** (0.0000)	0.3495*** (0.0000)	0.1374*** (0.0002)	0.2502*** (0.0000)	0.2287*** (0.0000)
$EGARCH$	0.8534*** (0.0000)	0.7491*** (0.0000)	0.9174*** (0.0000)	0.8922*** (0.0000)	0.6455*** (0.0000)	0.8848*** (0.0000)	0.7541*** (0.0000)	0.9022*** (0.0000)	0.8904*** (0.0000)	0.6123*** (0.0000)

注：括号内为P值；*、**、***分别表示该系数估计值在10%、5%和1%的水平下显著。

表6-7　操作方式对货币市场利率波动的影响（2014年9月1日至2017年3月31日）

变量	R001	R007	R1M	R3M	R6M	R001	R007	R1M	R3M	R6M
COM_pa	0.4097 *	0.0708	-0.7305 ***	-0.2006	0.1008	0.4011 *	0.0510	-0.7358 ***	-0.2014	0.0749
	(0.0628)	(0.6777)	(0.0004)	(0.2182)	(0.1935)	(0.1000)	(0.7601)	(0.0003)	(0.2177)	(0.2936)
COM_sp	0.3595 **	-0.2901 ***	0.0669	-0.2961 ***	-0.4379 ***	0.4035 ***	-0.2773 **	0.0660	-0.2957 ***	-0.3505 ***
	(0.0101)	(0.0081)	(0.6352)	(0.0000)	(0.0000)	(0.0033)	(0.0111)	(0.6415)	(0.0000)	(0.0000)
SLF^a	-0.3976 ***	0.0375	-0.0665	-0.0444 *	0.0081					
	(0.0008)	(0.3176)	(0.1974)	(0.0702)	(0.1325)					
SLF^b						-0.4185 ***	0.0377	-0.0665	-0.0443 *	-0.0074 *
						(0.0005)	(0.3152)	(0.1978)	(0.0714)	(0.0833)
$MLF3M$	-0.5060 ***	0.0202	-0.1541	-0.0648	0.1894 ***	-0.4978 ***	0.0128	-0.1523	-0.0642	0.1692 ***
	(0.0073)	(0.9867)	(0.3204)	(0.5147)	(0.0000)	(0.0088)	(0.9243)	(0.3237)	(0.5199)	(0.0000)
$MLF6M$	-0.4356 **	-0.5097 ***	-0.5772 ***	-0.5733	-0.2045 ***	-0.4206 **	-0.5050 ***	-0.5763 ***	-0.0569	-0.1621 ***
	(0.0356)	(0.0008)	(0.0000)	(0.4955)	(0.0001)	(0.0371)	(0.0012)	(0.0000)	(0.5020)	(0.0003)
$MLF1Y$	0.5153 **	0.7957 ***	0.2207	0.2317	0.7265 ***	0.4908 **	0.7934 ***	0.2173	0.2309	0.7696 ***
	(0.0143)	(0.0000)	(0.3204)	(0.1649)	(0.0000)	(0.0172)	(0.0000)	(0.3293)	(0.1700)	(0.0000)
MP	0.0747	0.0257	-0.8129 **	-0.0512	1.225 ***	0.0215	-0.0013	-0.8221 ***	-0.0533	1.1224 ***
	(0.8995)	(0.9467)	(0.0106)	(0.8097)	(0.0000)	(0.9707)	(0.9971)	(0.0089)	(0.8024)	(0.0000)
OMO	0.0616	-0.0222	-0.0424	0.0798 ***	-0.0671 ***	0.0551	-0.0245	-0.0433	-0.0796 ***	-0.0716 ***
	(0.2700)	(0.5871)	(0.3013)	(0.0009)	(0.0000)	(0.3192)	(0.5586)	(0.2994)	(0.0016)	(0.0000)
$EARCH\_a$	1.8726 ***	0.5914 ***	0.5075 ***	0.2328 ***	-0.1475 ***	1.8977 ***	0.5890 ***	0.5088 ***	0.2333 ***	-0.1337 ***
	(0.0000)	(0.0000)	(0.0000)	(0.0000)	(0.0000)	(0.0000)	(0.0000)	(0.0000)	(0.0000)	(0.0000)
$EARCH$	0.1549 **	0.3260 ***	0.2228 ***	0.2333 ***	0.0671 ***	0.1638 **	0.3245 ***	0.2223 ***	0.2330 ***	0.0135 ***
	(0.0196)	(0.0000)	(0.0000)	(0.0000)	(0.0000)	(0.0125)	(0.0000)	(0.0000)	(0.0000)	(0.0000)
$EGARCH$	0.5845 ***	0.8937 ***	0.9101 ***	0.9383 ***	0.9611 ***	0.5781 ***	0.8945 ***	0.9098 ***	0.9382 ***	0.9635 ***
	(0.0000)	(0.0000)	(0.0000)	(0.0000)	(0.0000)	(0.0000)	(0.0000)	(0.0000)	(0.0000)	(0.0000)

注：括号内为P值；*、**、***分别表示该系数估计值在10%、5%和1%的水平下显著。

（三） 实证结果分析

上述实证结果显示，以书面方式和口头方式进行沟通的中央银行预调操作会加剧超短期利率的波动，但会平抑1个月以上的短、中期利率的波动。这可能是因为，当中央银行采用任何一种方式的预调操作（书面或口头方式）时，市场超短期利率都会迅速予以反应，从而加剧了超短期利率的波动。然而，该预调行为同时也向市场宣告了中央银行的政策立场，稳定了市场对未来的预期，进而降低了相对较长期限利率的波动。就微调操作来看，SLF会平抑所有期限的货币市场利率的波动，而SLO则会加剧隔夜和7天等超短期利率的波动。其原因可能与这两种工具的期限特点有关。事实上，SLF的期限主要为1个月以内，它的创设和实施被普遍认为是中央银行探索建立利率走廊机制的重要举措，实证结果也证实了SLF的确比较有效地发挥了利率走廊上限的作用；而SLO的期限为7日以内，主要进行临时性的流动性调节，"逆风向行事"的特点明显，但其逆风向行事属事后应激性反应，往往出现在货币市场利率本身已经出现剧烈波动之时，且其相关操作信息常在实施后一段时间才向市场公布，致使市场有效反应略显滞后，因而SLO的操作反而加剧了超短期利率的波动性集聚现象。而MLF的总体和不同品种操作对利率波动的影响结果则表明，尽管MLF的设计初衷是引导中长期利率，但也会对短期利率产生一定影响。同时，不同期限品种MLF效果的分化亦表明，较短期限的MLF操作（如3个月、6个月期）有助于缓解短期利率波动，而更长期限的MLF操作（如1年期）反而会进一步加大短期利率波动。这是因为，根据利率期限结构理论，较长期的利率是未来不同时点短期利率预期的加权平均，一旦长端政策利率做出目标调整，则意味着短期利率要放大式地多倍变动才能达到由利率期限结构理论确定的无套利收益率曲线所决定的合理水平，从而加大了短期利率的波动程度。这从利率的时序图（见图6-1）上可以得到明证，2015年下半年到2016年上半年的货币市场利率总体保持平稳，而该时期MLF操作主要进行的是3个月期和6个月期的同时操作，因而有利于稳定利率的波动；但转入2016年下半年之后，货币市场利率呈现出较之前更大的波动，其中可能的原因是这一时期出现的MLF操作主要进行的是6个月期和1年期的同时操作，且两者规模相当甚至有时1年期规模更大。[①] 因此，反观表6-5显示的MLF整体效果是加剧了短期利率的波动，这实际上与整个MLF的操作结构密切相关。

---

① 当然，2015年下半年至2016年上半年的市场利率平稳与当时中央银行"稳健略宽松"的政策密不可分，而2016年下半年以来的利率波动也与整体监管趋严政策叠加密切相关。本章仅就中央银行预调微调操作而言，提出产生这一现象的重要原因之一。

五、稳健性检验

考虑到前面在预调变量的统计量化过程中纳入了通过百度搜索的相关媒体报道和货币政策委员会外部委员的公开评论，这本身可能就已经存在了一次来自媒体或外部委员对货币政策的主观评价，书中的量化可能存在二次主观评价的问题，很可能会受第一次主观评价的影响。因此，除了 SLF 不同赋值方法提供了一种稳健性之外，为检验研究结论的科学性和可靠性，我们将这一部分量化事件剔除，仅保留中央银行官网信息及时任有关官员的公开评论，新构建预调变量数据，同时保持其他变量不变，再次进行稳健性检验。检验结果分别如表 6 – 8 至表 6 – 11 所示。从稳健性检验结果来看，总体上绝大多数变量的系数情况与前述表 6 – 4 至表 6 – 7 的结果一致，从而支持了前面的主要实证结果，表明本章的研究具有较好的稳健性。

表 6-8　稳健性检验：预调微调对货币市场利率波动的影响（2013 年 10 月 8 日至 2016 年 1 月 31 日）

变量	R001	R007	R1M	R3M	R6M	R001	R007	R1M	R3M	R6M
COM	0.2846*** (0.0064)	0.4740*** (0.0007)	-0.2871*** (0.0070)	-0.3779*** (0.0000)	-0.3601*** (0.0030)	0.0267 (0.8152)	0.4519*** (0.0003)	-0.2311* (0.0526)	-0.3760*** (0.0000)	-0.3971*** (0.0009)
SLF^a	-0.5574*** (0.0000)	-0.3145*** (0.0000)	-0.0890*** (0.0000)	-0.1125*** (0.0000)	-0.0299 (0.3314)					
SLF^b						-0.6716*** (0.0000)	-0.4200*** (0.0000)	-0.1487*** (0.0002)	-0.1373*** (0.0000)	-0.0217 (0.5586)
SLO	-0.1197 (0.1406)	0.6104*** (0.0001)	0.1189 (0.1162)	0.2144*** (0.0015)	-0.1807 (0.3733)	-0.1215 (0.1627)	0.7453*** (0.0000)	0.1452 (0.1116)	0.2078*** (0.0017)	-0.1796 (0.3759)
MP	1.1156*** (0.0043)	-0.1818 (0.6500)	0.1488 (0.6171)	-0.0389 (0.8716)	0.2354 (0.3802)	1.2038*** (0.0025)	-0.1809 (0.6465)	0.0883 (0.7871)	-0.0445 (0.8632)	0.3661 (0.2086)
OMO	0.1031 (0.2207)	0.3278*** (0.0000)	0.0438 (0.3761)	-0.0034 (0.9522)	0.3403*** (0.0000)	-0.0719 (0.3549)	0.2435*** (0.0004)	0.0198 (0.7220)	-0.0199 (0.7346)	0.3696*** (0.0000)
$EARCH\_a$	1.2213*** (0.0000)	0.5703*** (0.0000)	0.2453*** (0.0000)	0.2516*** (0.0000)	0.4676*** (0.0000)	1.3192*** (0.0000)	0.6584*** (0.0000)	0.3090*** (0.0000)	0.2544*** (0.0000)	0.3923*** (0.0000)
EARCH	0.2893*** (0.0000)	0.3158*** (0.0000)	0.1439*** (0.0000)	0.2425*** (0.0000)	0.1189*** (0.0036)	0.2569*** (0.0000)	0.3098*** (0.0000)	0.1645*** (0.0000)	0.2668*** (0.0000)	0.2227*** (0.0000)
EGARCH	0.8140*** (0.0000)	0.7900*** (0.0000)	0.9184*** (0.0000)	0.8845*** (0.0000)	0.6757*** (0.0000)	0.8432*** (0.0000)	0.7848*** (0.0000)	0.9002*** (0.0000)	0.8861*** (0.0000)	0.6175*** (0.0000)

注：括号内为 P 值；*、**、*** 分别表示该系数估计值在 10%、5% 和 1% 的水平下显著。

203

表 6-9　稳健性检验：预调微调对货币市场利率波动的影响（2014 年 9 月 1 日至 2017 年 3 月 31 日）

变量	R001	R007	R1M	R3M	R6M	R001	R007	R1M	R3M	R6M
COM	0.2697** (0.0257)	0.0712 (0.4897)	-0.0964 (0.4653)	-0.2092*** (0.0008)	-0.3761*** (0.0000)	0.2701** (0.0251)	0.0710 (0.4909)	-0.0991 (0.4578)	-0.2091*** (0.0008)	-0.3761*** (0.0000)
SLF^a	-0.2082*** (0.0043)	0.0123 (0.7421)	-0.0929* (0.0873)	-0.0538** (0.0170)	0.0952*** (0.0001)					
SLF^b						-0.2068*** (0.0046)	0.0126 (0.7347)	-0.0926* (0.0906)	-0.0540** (0.0170)	0.0954*** (0.0001)
MLF	0.2375*** (0.0006)	0.0694 (0.1524)	-0.2057*** (0.0013)	-0.0018 (0.9719)	0.3144*** (0.0000)	0.2366*** (0.0006)	0.0694 (0.1520)	-0.1995*** (0.0019)	-0.0018 (0.9706)	0.3141*** (0.0000)
MP	-0.2979 (0.4121)	-0.1864 (0.6200)	-0.8691** (0.0108)	-0.2140 (0.2827)	0.3739* (0.0862)	-0.2945 (0.4178)	-0.1869 (0.6188)	-0.8289** (0.0205)	-0.2139 (0.2859)	0.3740* (0.0863)
OMO	0.2238*** (0.0001)	0.0588* (0.0674)	-0.0191 (0.6451)	-0.0632*** (0.0008)	-0.0490** (0.0274)	0.2245*** (0.0001)	0.0586* (0.0682)	-0.0231 (0.5827)	-0.0631*** (0.0010)	-0.0491** (0.0272)
$EARCH\_a$	1.3280*** (0.0000)	0.6076*** (0.0000)	0.5248*** (0.0000)	0.2636*** (0.0000)	0.1511*** (0.0000)	1.3239*** (0.0000)	0.6080*** (0.0000)	0.5507*** (0.0000)	0.2635*** (0.0000)	0.1508*** (0.0000)
EARCH	0.1920*** (0.0038)	0.3020*** (0.0000)	0.2693*** (0.0000)	0.2349*** (0.0000)	0.1882*** (0.0000)	0.1868*** (0.0049)	0.3018*** (0.0000)	0.2679*** (0.0000)	0.2349*** (0.0000)	0.1885*** (0.0000)
EGARCH	0.8125*** (0.0000)	0.8879*** (0.0000)	0.8887*** (0.0000)	0.9381*** (0.0000)	0.8263*** (0.0000)	0.8145*** (0.0000)	0.8880*** (0.0000)	0.8903*** (0.0000)	0.9381*** (0.0000)	0.8265*** (0.0000)

注：括号内为 P 值；*、**、***分别表示该系数估计值在 10%、5% 和 1% 的水平下显著。

表6-10 稳健性检验：操作方式对货币市场利率波动的影响（2013年10月8日至2016年1月31日）

变量	R001	R007	R1M	R3M	R6M	R001	R007	R1M	R3M	R6M
COM_pa	0.5273*** (0.0064)	1.4438*** (0.0000)	-0.7902*** (0.0002)	-0.6202*** (0.0001)	-0.2127 (0.1916)	0.3910* (0.0510)	1.2741*** (0.0000)	-0.7904*** (0.0002)	-0.5982*** (0.0001)	-0.2258 (0.1680)
COM_sp	0.1898 (0.1174)	-0.1887 (0.2718)	-0.0314 (0.8065)	-0.2640** (0.0025)	-0.4246** (0.0125)	-0.1822 (0.2248)	-0.1485 (0.3617)	0.0741 (0.6099)	-0.2615*** (0.0030)	-0.5111*** (0.0011)
SLF^a	-0.5576*** (0.0000)	-0.3986*** (0.0000)	-0.1047*** (0.0000)	-0.1095*** (0.0000)	-0.0295 (0.3284)					
SLF^b						-0.6442*** (0.0000)	-0.4762*** (0.0000)	-0.1837*** (0.0000)	-0.1407*** (0.0000)	-0.0139 (0.7214)
SLO	-0.1199 (0.1399)	0.6211*** (0.0004)	0.1170 (0.1501)	0.2068*** (0.0026)	-0.1751 (0.4016)	-0.1158 (0.1855)	0.7734*** (0.0001)	0.1342 (0.1557)	0.2034*** (0.0026)	-0.1755 (0.4047)
MP	1.2002*** (0.0026)	0.2129 (0.6105)	-0.0101 (0.9723)	-0.1007 (0.6911)	0.3235 (0.2498)	1.3763*** (0.0008)	0.1510 (0.7169)	-0.0448 (0.8811)	-0.0859 (0.7475)	0.4739 (0.1175)
OMO	0.1123 (0.1801)	0.4581*** (0.0000)	0.0425 (0.4155)	-0.0134 (0.8187)	0.3403*** (0.0000)	-0.0441 (0.5782)	0.3510*** (0.0000)	-0.0064 (0.9124)	-0.0368 (0.5374)	0.3723*** (0.0000)
$EARCH\_a$	1.2295*** (0.0000)	0.7529*** (0.0000)	0.2969*** (0.0000)	0.2645*** (0.0000)	0.4737*** (0.0000)	1.3306*** (0.0000)	0.7241*** (0.0000)	0.3462*** (0.0000)	0.2714*** (0.0000)	0.4045*** (0.0000)
$EARCH$	0.2960*** (0.0000)	0.3491*** (0.0000)	0.1290*** (0.0003)	0.2313*** (0.0000)	0.1188*** (0.0036)	0.2600*** (0.0000)	0.3480*** (0.0000)	0.1451*** (0.0001)	0.2511*** (0.0000)	0.2170*** (0.0001)
$EGARCH$	0.8132*** (0.0000)	0.7478*** (0.0000)	0.9121*** (0.0000)	0.8866*** (0.0000)	0.6637*** (0.0000)	0.8437*** (0.0000)	0.7497*** (0.0000)	0.8955*** (0.0000)	0.8870*** (0.0000)	0.6033*** (0.0000)

注：括号内为P值；*、**、***分别表示该系数估计值在10%、5%和1%的水平下显著。

205

表6-11　稳健性检验：操作方式对货币市场利率波动的影响（2014年9月1日至2017年3月31日）

变量	R001	R007	R1M	R3M	R6M	R001	R007	R1M	R3M	R6M
COM_pa	0.5755 *** (0.0027)	0.0340 (0.8385)	-0.7192 *** (0.0004)	-0.2309 (0.1421)	-0.5186 *** (0.0009)	0.5903 *** (0.0015)	0.0343 (0.8371)	-0.7474 *** (0.0002)	-0.2311 (0.1418)	-0.5328 *** (0.0007)
COM_sp	0.0331 (0.8549)	0.0611 (0.6143)	0.3652 ** (0.0409)	-0.0592 (0.3485)	-0.2973 *** (0.0010)	0.0291 (0.8726)	0.0610 (0.6143)	0.3709 ** (0.0377)	-0.0593 (0.3477)	-0.2947 *** (0.0013)
SLF[a]	-0.2476 *** (0.0010)	0.0201 (0.6005)	-0.1044 * (0.0550)	-0.0612 ** (0.0104)	0.0711 *** (0.0008)					
SLF[b]						-0.2429 *** (0.0011)	0.0202 (0.5979)	-0.1022 * (0.0582)	-0.0617 *** (0.0099)	0.0711 *** (0.0009)
MLF3M	-0.3925 ** (0.0186)	-0.0022 (0.7451)	-0.2205 (0.1717)	-0.1420 (0.1813)	0.1905 * (0.0529)	-0.3800 ** (0.0222)	-0.0018 (0.9891)	-0.2148 (0.1795)	-0.1419 (0.1819)	0.1956 * (0.0519)
MLF6M	-0.4410 *** (0.0042)	-0.4908 *** (0.0012)	-0.5203 *** (0.0002)	-0.0291 (0.7223)	-0.1285 (0.2925)	-0.4375 *** (0.0046)	-0.4910 *** (0.0012)	-0.5219 *** (0.0002)	-0.0286 (0.7271)	-0.1240 (0.3186)
MLF1Y	0.3867 ** (0.0388)	0.7152 *** (0.0000)	0.2334 (0.2918)	0.2492 (0.1384)	0.8799 *** (0.0000)	0.3923 ** (0.0354)	0.7152 *** (0.0000)	0.2346 (0.2866)	0.2490 (0.1385)	0.8774 *** (0.0000)
MP	-0.0516 (0.9057)	-0.2588 (0.5012)	-0.8879 *** (0.0061)	-0.2204 (0.2700)	0.2960 (0.1516)	0.0469 (0.9147)	-0.2588 (0.5025)	-0.9142 *** (0.0029)	-0.2198 (0.2706)	0.2980 (0.1532)
OMO	0.2200 *** (0.0001)	-0.0056 (0.8918)	-0.0246 (0.5636)	-0.0742 *** (0.0028)	-0.0835 *** (0.0000)	0.2203 *** (0.0001)	-0.0058 (0.8888)	-0.0255 (0.5506)	-0.0743 *** (0.0027)	-0.0817 *** (0.0000)
EARCH_a	1.3613 *** (0.0000)	0.5989 *** (0.0000)	0.5243 *** (0.0000)	0.2485 *** (0.0000)	0.1226 *** (0.0000)	1.3509 *** (0.0000)	0.5988 *** (0.0000)	0.5152 *** (0.0000)	0.2488 *** (0.0000)	0.1262 *** (0.0001)
EARCH	-0.0294 (0.5884)	0.2969 *** (0.0000)	0.2231 *** (0.0000)	0.2285 *** (0.0000)	0.1537 *** (0.0000)	-0.0263 (0.6201)	0.2969 *** (0.0000)	0.2200 *** (0.0000)	0.2286 *** (0.0000)	0.1537 *** (0.0000)
EGARCH	0.8210 *** (0.0000)	0.8932 *** (0.0000)	0.9108 *** (0.0000)	0.9423 *** (0.0000)	0.8653 *** (0.0000)	0.8189 *** (0.0000)	0.8933 *** (0.0000)	0.9111 *** (0.0000)	0.9423 *** (0.0000)	0.8623 *** (0.0000)

注：括号内为P值；*、**、***分别表示该系数估计值在10%、5%和1%的水平下显著。

第四节　本章小结与政策含义

　　本章在现有研究文献的基础上，实证研究了近年来我国中央银行实施的预调微调操作对货币市场利率波动的影响，以此考察其是否有利于实现中央银行构建利率走廊的长期目标。研究发现，第一，中央银行预调操作会加剧 1 个月以内的超短期利率波动，但同时也通过信号渠道宣告了中央银行政策立场，稳定了市场未来预期，从而熨平了 1 个月以上较长端利率的波动。中央银行微调操作中，SLF 缓解了各期限利率尤其是 1 个月以内的超短期利率的波动，有效发挥了利率走廊上限的作用；SLO 加剧了超短期利率的波动；尽管 MLF 的主要目标是引导中长期利率，但也会对超短期利率产生影响，整体影响与实施的期限品种结构密切相关，目前总体加大了利率的波动。第二，从操作方式看，预调的书面和口头两种操作方式对利率的影响较为一致，总体上加剧了 1 个月以内超短期利率的波动，但减轻了 1 个月以上相对较长端利率的波动，特别是对 6 个月期的中期利率具有显著的熨平作用。不同期限品种 MLF 操作的效果则明显分化，3 个月期和 6 个月期 MLF 一定程度上减轻了超短期利率的波动，而 1 年期 MLF 则加剧了利率波动，规模相当的情况下，1 年期 MLF 对超短期利率波动的加剧程度略高于 3 个月或 6 个月期 MLF 的平抑作用。第三，预调操作对市场利率波动的熨平作用随利率期限增加呈现出从无到有、不断增强的趋势，而恰恰相反，微调操作中的 SLF 和 MLF（3 个月期和 6 个月期品种），尤其是 SLF 对市场利率波动的熨平作用随利率期限增加呈现出由强到弱的递减趋势，从而使预调和微调在平抑利率波动上呈现良好的期限互补特点。因此综合而言，2013 年以来中国中央银行推出的预调微调政策能够比较有效地平抑货币市场利率的波动，降低利率走廊机制的运行成本，进而有利于中央银行构建利率走廊机制这一长期目标的实现。

　　本章的实证结果表明，在当前稳健中性货币政策的主基调下，为更好地发挥中央银行预调微调的政策效果，建立有效的利率调控机制，缓解市场利率波动，需要科学把握预调和微调的各自特点，加强政策工具的协调配合，不断提高政策实施精准性。第一，要充分发挥预调微调在熨平货币市场利率波动上的期限互补作用。对于 1 个月以内的超短期货币市场利率可更多地依赖 SLF、较短期限的 MLF 等微调操作进行调控，不断强化 SLF 利率走廊上限和 MLF 利率引导功能；而对于较长期限利率则应更多发挥央行沟通等预调操作的预期引导作用，不断完善现有预调微调机制，加快实现中国中央银行构建利率走廊机制的长期目标。第二，要充分考虑预调微调不同操作方式的政策效果差异。注重合理利用预期管理所具有的低成本优势，完善央行沟通的形式和内容，强化其对市场中长期预期的持续稳定作用。注意不同期限品种 MLF 效果分化的特征，把握好操作的期限品种结构，更加灵活地应对市场利率波动。第三，在实施预调微调操作时，要注意当前中国货币市场利率本身存在较强的回滞效应，加强市场动态监测和前瞻研判，把握好政策实施的节奏和力度，避免利率大幅波动。

第七章

经济发展新常态下冲销干预
与货币政策规则选择

第一节 开放经济环境下的货币政策规则选择问题

经济发展新常态下，随着我国利率市场化改革进程的加快以及市场在资源配置中起决定性作用的发挥，我国货币政策调控方式也面临着由传统的数量型调控向价格型调控转型。但是，在由数量型调控向价格型调控转型的过程中，货币政策调控面临的环境也在不断变化。特别是，随着新常态下世界各主要经济休经济复苏进程的不一致和我国对外开放进程的加快，经常项目和资本项目变化引发的国际收支变化对我国货币供给的自主性、货币政策的独立性以及货币政策规则的选择等都带来挑战。在此背景下，有必要对开放经济环境下数量型货币政策和价格型货币政策规则的效果进行考察，为货币政策调控方式的转型提供理论依据。

自加入世界贸易组织（WTO）之后，我国外汇储备呈快速增长的趋势。其中，贸易顺差是我国外汇储备积累的主要来源。但是，在 2008 年全球金融危机之后，由于发达经济体经济增速放缓，经济复苏步伐缓慢，我国出口面临的外部需求下降，贸易顺差增速趋缓。另外，由于全球经济不稳定，发达经济体货币政策走势呈现较大的差异性，全球资本跨境流动的规模增大，导致我国外汇储备规模变动加大。外汇储备变化引发基础货币投放渠道的变动进而导致货币供应量发生改变。因此，如何处理因国际收支变化引起的货币供给波动也就成为开放经济环境下货币政策研究的重要课题之一。从现有研究来看，冲销干预是一种被广泛认可的货币供给干预政策。在理论分析中，对冲销干预的研究一般涉及两部分内容，一是汇率干预，即中央银行利用外汇储备对汇率进行调整，其中包括动用外汇储备进行直接干预，或者是采用汇率"逆周期因子"形式进行预期引导；二是外汇冲销，即中央银行通过调整资产负债结构以缓解外汇储备变动对货币供应量的冲击。由此可见，汇率干预的目的在于降低汇率波动，属于一种汇率政策形式，而外汇冲销在于降低外汇储备变动对货币供应量的冲击。由于汇率干预的实现机制是在外汇市场买入或卖出外汇储备，因此汇率干预政策将会和外汇冲销政策互相影响。在外汇干预研究方面，艾德勒和托瓦尔（Adler and Tovar, 2011）以汇率偏离均衡值作为工具变量对"逆风向"干预的效果进行评估，认为外汇干预能够影响汇率升值速度。朱孟楠和闫帅（2016）等基于中国数据的实证研究也得到了类似的结论。蒙托罗和奥尔蒂斯（Montoro and Ortiz, 2016）从汇率干预的操作方式出发，发现基于规则的汇率干预方式比任意干预模式在降低汇率波动方面效果更显著。在外汇冲销的研究方面，张勇（2015）认为通过发行央行票据能较好地对冲外汇储备的变动，从而缓解货币供给波动。

在对于外汇冲销政策和汇率干预政策的组合政策探讨中，有学者认为在存在冲销干预的政策环境中，浮动型汇率制度优于固定汇率制度，能够提高家庭福利水平（Chang et al. , 2015）。彭红枫等（2018）对比分析了固定汇率制度、管理浮动型汇率政策和浮动型汇率政策，认为存在冲销干预政策时，浮动型汇率制度相比最佳，但是，管理浮动型汇率制度应当与资本管制政策相协调，然后逐步实现市场化改革。王爱俭和邓黎桥（2016）认为，管理浮动型汇率制度更符合中国实际，并基于此对规则型和随机型汇率干预方式进行比较，认为规则型汇率干预政策在降低经济波动方面的政策效果更好。值得注意的是，这些研究多是直接将汇率政策和泰勒规则相互结合起来，然而，冲销干预本身会引起货币供应量的变动。而且，近年来，在经济发展新常态下，中央银行采用的主要是借贷便利工具、定向降准和公开市场操作等数量型货币政策调整。因此。在外汇冲销政策实施过程中，数量型货币政策也是一种重要的政策类型，因为冲销干预、借贷便利、公开市场操作调节机制能够直接对货币供应量产生影响，从而提高调节货币波动的效果。孙俊和于津平（2014）认识到两者差异，在 DSGE 模型设定中对公开市场操作和泰勒规则模式进行了区分。高道奈茨等（Gadanecz et al. , 2014b）检验了新兴市场经济体通过公开市场操作能够减轻资本流动对基础货币供应量的冲击。

现有文献对冲销干预方式进行了广泛的研究，但未能对冲销干预背景下货币政策规则的有效性进行探讨，忽视了数量型货币政策和价格型货币政策在应对外汇储备变动引发货币供给波动上的差异，同时对冲销干预机制实施对货币供给变动的改善情况也缺乏进一步的探讨。在经济新常态下，尽管经济增速放缓，但是，稳增长依然是我国宏观经济调控政策的首要目标。因此，本章立足于稳增长的视角，研究和讨论以下问题：在有无外汇冲销干预两种情形下，外生冲击对本国经济波动的影响有何不同？在冲销干预政策背景下，数量型货币政策规则和价格型货币政策规则的政策效果是否存在差异？随着汇率政策的变化，这两种货币政策规则的效果会发生何种变化？对这些问题的研究有利于我们加深对外汇冲销干预、汇率政策、货币政策三者之间关系的理解，为经济发展新常态下政策转型提供理论依据。

我们参考现有相关研究，借鉴张勇（2015）对外汇冲销干预的设定，同时在泰勒规则基础上参照孙俊和于津平（2014），拓展出数量型货币政策类型，构建一个含有跨境资本流入的小国开放 DSGE 模型。然后基于该模型，首先在多种外部冲击下观察主要经济变量对外生冲击的反应状况，以便增强参数校准的准确性和模型解释力的可靠性，接着将上述两种货币政策规则纳入模型进行探讨，以便分析冲销干预的政策效果，同时与两种货币政策规则相结合，对两种货币政策规则的效果进行对比分析，最后设定两种差异化的汇率管制情形来探讨货币政策效果与汇率政策之间的关系。

本章研究可能的边际贡献在于：第一，在现有文献基础上，对实施冲销干预政策的经济稳定效果进行了分析，加深了对冲销干预政策经济稳定效果的认识；第二，探究了冲销干预下的数量型货币政策规则和价格型货币政策规则的政策效果，拓展了货币政策规则领域的研究；第三，结合不同干预强度的汇率政策，对这两类货币政策规则操作方式的动态演变过程进行了探讨，为我国在不同汇率制度环境下货币政策操作方式的选择提供了方案和思路，增强了政策实践的操作性。

第二节　冲销干预及其政策效果的文献回顾

冲销干预政策的实施建立在管理浮动型汇率制度和固定汇率制度的基础之上。浮动型汇率制度作为一种市场调节的制度安排，政府部门仅需要做好市场的"守夜人"。对于管理浮动型汇率制度和固定汇率制度而言，外汇管理部门需要采取积极的方式对汇率波动进行调节，以便将汇率控制在合意水平。理论上，抑制

211

汇率波动的手段主要包括基于数量型规则的冲销干预政策和基于利率平价机制的利率政策。对于前一种操作方式，外资流动引发的汇率波动将会通过发行本币对货币进行吸收，从而将汇率波动转化为本币供应量的波动，降低本国货币供应规则的独立性；对于后者，可以通过调节利率与汇率波动方向的一致性来稳定汇率走势，但这种政策也会降低本国利率政策的独立性。

恩格尔（Engel，2019）从理论层面分析了冲销干预的作用机制，认为冲销行为本质上是一种资产互换，即中央银行调整自身资产组合的构成，从而改变公众持有资产的组合结构。从政策模拟角度来看，在 DSGE 模型中引入冲销干预有三种方式：第一种模式以张等（Chang et al.，2015）的模式为代表。张等（2015）以中国贸易顺差时的外汇储备形成机制为例，研究了中央银行因贸易顺差持有大量国外资产时，为了缓解外汇占款对本国货币供给的冲击，通过发行央票进行冲销干预的效果。此后，国内外众多学者借鉴这种冲销干预机制设定，对冲销干预的作用机制和政策效果进行了研究（彭红枫等，2018；邓贵川等，2019）。第二种模式以孙俊和于津平（2014）、张勇（2015）为代表。这类模型的特点是将汇率引入冲销干预方程。孙俊和于津平（2014）在两国 DSGE 模型中区别构建了大国和小国货币政策机制，大国采用传统的泰勒规则，小国货币政策则是央票发行对经济波动的反应函数，从而将汇率波动机制与冲销干预结合在一起，较好地刻画了冲销干预的运行机制，在此基础之上探讨不同类型的跨境资本流动下本国福利水平的差异。张勇（2015）则是将本国外汇储备与汇率波动（直接标价法）联系起来，两者之间呈现负相关关系，研究发现外汇干预政策能够减小汇率波动，但其作用效果因冲击来源而存在差异。第三种模式以王爱俭和邓黎桥（2016）、蒙托罗和奥尔蒂斯（2016）为代表。王爱俭和邓黎桥（2016）构建了汇率任意调整、基于汇率变动逆势调整的规则干预、基于实际汇率失调调整的规则干预三种汇率干预形式，比较分析了不同干预方式对汇率波动的影响程度，研究发现基于规则的汇率干预政策能够更好地稳定汇率波动，中央银行事前预设好汇率干预区间有利于降低干预成本，起到更好的干预效果。蒙托罗和奥尔蒂斯（2016）采取同样的模型设定，研究结果发现，外汇干预与货币政策有较强的协同效应，同时外汇干预政策能够防范外部金融风险冲击。采用规则型干预机制能够起到较好的预期引导作用，政策效果明显优于相机抉择机制。贝内斯（Benes，2013）、德弗罗和耶特曼（Devereux and Yetman，2014）等的研究也得到了类似的结论。

除了上述理论模型和政策模拟文献外，还有大量实证文献对冲销干预的政策效果进行了考察和检验。有学者利用 2005 年以来中国外汇市场干预的高频数据探讨了外汇干预决策的驱动因素，研究发现我国外汇干预中期为逆风行事，长期为顺风而为，并且外汇冲销干预有效抑制了汇率大幅波动（Li et al.，2017）。此外，都马克（Domaç，2004）、奥杜纳（Oduncu，2013）、库尔施泰纳等（Kuer-steiner et al.，2018）分析了外汇干预在其他新兴市场国家的有效性，也得到了干预有效的结论。但是对于外汇干预对汇率预期的影响，迪斯雅泰（Disyatat，2007）、米亚基马（Miyajima，2013）认为，外汇干预对汇率预期并没有系统性的显著影响。此外，部分文献对汇率干预政策和货币政策组合的有效性进行了检验。歌勒西和霍卢布（Gersi and Holub，2006）认为，干预措施与通货膨胀目标框架具有一致性，嘉娜宝等（Gnabo et al.，2010）认为外汇干预措施和货币政策是相互关联的，但是外汇操作并不一定要与货币政策保持协调，有些国家的外汇干预政策独立于货币政策环境。高道奈茨等（2014a）从银行系统资产负债表出发，实证检验了新兴市场经济体外汇干预政策对商业银行资产负债表的影响。研究结果显示，即使公开市场操作能够减少基础货币供应量的波动，但是冲销干预依然能够刺激商业银行信贷供给增加，因此政策部门应当积极关注外汇干预对商业银行资产负债表的影响。

第三节　包含冲销干预的 DSGE 模型构建

一、模型构建

本章以张勇（2015）所构建的小国开放经济模型为基准，借鉴孙俊和于津平（2014）的设计方式，在不含有金融系统的 DSGE 模型中探讨冲销干预下的货币政策规则选择问题。模型中的经济主体包含六个部门，分别是家庭部门、生产部门、资本品生产商、财政部门、国外部门和货币当局，其中生产部门包括对中间品生产和最终品加工以及由此形成的价格粘性机制。模型刻画的经济为：家庭部门为中间品厂商提供劳动并获得报酬，同时进行消费、投资和缴纳税赋；中间品厂商利用家庭部门提供的劳动和资本品生产商提供的资本进行生产，其产品具有垄断竞争性质；最终品厂商将中间产品加工成最终品，最终品具有完全竞争属性；财政部门发行债券融资，并决定政府购买规模；货币当局能够对跨境资本流动进行冲销干预，实施既定的货币政策和汇率政策；国外部门包括商品流动和资本流动，商品流动决定本国对外出口规模，资本流动决定跨境资本流动规模。

（一）代表性家庭

作为代表性家庭，无限期内的社会福利函数表达式为：

$$\max : E_0 \sum_{t=0}^{\infty} \beta^t \left(\frac{c_t^{1-\sigma}}{1-\sigma} + \theta_m \frac{m_t^{1+\varphi_m}}{1+\varphi_m} - \theta_n \frac{n_t^{1+\varphi_n}}{1+\varphi_n} \right) \tag{7.1}$$

其中，β 表示家庭的主观贴现因子，c_t 表示代表性家庭在第 t 期的消费总量，m_t 代表实际货币需求量，n_t 表示家庭的劳动供给数量。三个参数 σ、φ_m、φ_n 分别表示代表性家庭的跨期消费替代弹性的倒数、货币需求弹性的倒数、劳动供给弹性的倒数，θ_m、θ_n 分别表示货币余额、劳动供给在总效用中对于消费的相对权重。

代表性家庭仅为劳动的提供者和资金的供给者，而不持有实物资本，因此代表性家庭面临的预算约束为：

$$c_t + m_t + b_t + T_t = w_t n_t + \frac{m_{t-1}}{\pi_t} + R_{t-1} \frac{b_{t-1}}{\pi_t} + \Pi_t \tag{7.2}$$

其中，等式左边为代表性家庭收入分配情况，包括本期消费实际量 c_t，下一期货币持有规模 m_t 和名义债券配置数量 b_t，以及需缴纳税赋 T_t；等式右边为代表性家庭的收入来源，$w_t n_t$ 代表实际工资收入，上一期货币存量的现值为 $\frac{m_{t-1}}{\pi_t}$，上一期投资债券到期总量的现值为 $R_{t-1} \frac{b_{t-1}}{\pi_t}$，$\Pi_t$ 为家庭以企业获得的利润分红，π_t 表示第 t 期的通胀水平，即 $\pi_t = \frac{P_t}{P_{t-1}}$。

求解以表达式（7.1）为目标函数和等式（7.2）为约束条件的最优化问题，分别对 c_t 和 n_t、m_t、b_t 求一阶导，结果如下所示：

$$\lambda_t = c_t^{-\sigma} \tag{7.3}$$

$$\lambda_t w_t = \theta_n n_t^{\varphi_n} \tag{7.4}$$

$$\lambda_t = \beta \frac{\lambda_{t+1}}{\pi_{t+1}} + \theta_m m_t^{\varphi_m} \tag{7.5}$$

$$\lambda_t = \beta \frac{\lambda_{t+1} R_{t+1}}{\pi_{t+1}} \tag{7.6}$$

式（7.3）为拉格朗日乘子的表达式，代表家庭消费的影子价格；式（7.4）是最优劳动供给方程，它表明工资越高，家庭部门愿意提供的劳动供给越多；式（7.5）代表家庭部门的货币需求方程，货币需求量与当期消费和跨期消费有关；式（7.6）是消费需求欧拉方程，表明家庭部门的消费与债券利率正相关，债券利率的下降会降低未来的消费水平。

在开放经济模型中，家庭部门的消费由本国消费和国外消费两部分组成，两者以 CES 形式进行合成，即：

$$c_t = \left(\gamma^{\frac{1}{\rho}} \left(c_t^h \right)^{\frac{\rho-1}{\rho}} + (1-\gamma)^{\frac{1}{\rho}} \left(c_t^f \right)^{\frac{\rho-1}{\rho}} \right)^{\frac{\rho}{\rho-1}} \quad (7.7)$$

其中 c_t^h 和 c_t^f 分别为家庭部门购买的本国产品和国外产品规模，ρ 代表本国商品对外国商品的替代弹性，γ 代表家庭部门对本国商品的偏好程度。此时家庭的消费支出是国内消费和国外消费基于相应价格的线性组合：

$$P_t c_t = P_t^h c_t^h + P_t^f c_t^f \quad (7.8)$$

在消费总量约束下，消费加成总量分别对 c_t^h 和 c_t^f 求偏导，得到本国家庭部门对本国商品和国外商品的需求方程分别为：

$$c_t^h = \gamma \left(\frac{P_t^h}{P_t} \right)^{-\rho} c_t \quad (7.9)$$

$$c_t^f = (1-\gamma) \left(\frac{P_t^f}{P_t} \right)^{-\rho} c_t \quad (7.10)$$

将上述两消费品需求方程代入国内外消费复合方程，得到本国最终消费者价格指数与国内外物价之间的关系式，即：

$$P_t = \left(\gamma \left(P_t^h \right)^{1-\rho} + (1-\gamma) \left(P_t^f \right)^{1-\rho} \right)^{\frac{1}{1-\rho}} \quad (7.11)$$

（二）生产部门

本章将生产部门划分为中间品生产商和零售商，中间品生产商主要进行生产活动，生产过程中需要两种要素，分别为资本品生产商提供的资本和家庭部门提供的劳动；零售商用于设定粘性定价机制，即 Calvo 定价。

1. 中间品生产商

假设中间品生产商为完全竞争，中间品生产商从家庭部门获得劳动，从资本品生产商获得资本，其生产函数服从 Cobb - Douglas 形式，则中间品生产商的最优决策问题表述如下：

$$\min_{\{k_t, n_t\}} w_t n_{j,t} + r_t^k k_{j,t} \quad (7.12)$$

$$s.t.\ y_t^j = a_t k_{j,t-1}^{\alpha_k} n_{j,t}^{\alpha_n} \quad (7.13)$$

其中，y_t^j、a_t、$k_{j,t}$、$n_{j,t}$ 分别表示中间产品 j 在 t 期的产量、全要素生产率、资本投入、家庭劳动。参数 α_k、α_n 分别表示资本和劳动在生产函数中所占的份额，$w_t n_{j,t}$ 和 $r_t^k k_{j,t}$ 分别代表生产过程中面临的劳动成本和资本租金价格。

构建两式的拉格朗日函数，分别对 $k_{j,t}$、$n_{j,t}$ 求导，得到中间品生产商的一阶均衡条件为：

$$r_t^k = \alpha_k mc_t \frac{y_t^j}{k_{j,t}} \quad (7.14)$$

$$w_t = \alpha_n mc_t \frac{y_t^j}{n_{j,t}} \tag{7.15}$$

$$mc_t = a_t^{-1} \alpha_k^{-\alpha_k} \alpha_n^{-\alpha_n} (r_t^k)^{\alpha_k} w_t^{\alpha_n} \tag{7.16}$$

其中变量 w_t 为劳动的实际工资率，r_t^k 为厂商的实际资本回报率，mc_t 为实际边际成本。

2. 最终品生产商（零售商）

零售商以批发价格从中间品生产商手中获得中间品，然后将商品进一步打包后出售给消费者，不同中间品之间的替代弹性设定为 ϵ，零售商的生产函数满足 CES 形式，因此零售商品总量为：

$$y_t = \left(\int_0^1 (y_t^j)^{\frac{\epsilon-1}{\epsilon}} \mathrm{d}j \right)^{\frac{\epsilon}{\epsilon-1}} \tag{7.17}$$

假设所有零售商价格调整遵循卡尔沃（Calvo，1983）的规则，每期只有 $1 - \omega_c$ 比例的零售商能够重新调整价格，其余零售商价格保持上一期的价格水平不变。因此本国产品价格 P_t 的运动方程为：

$$P_t = (\omega_c (P_{t-1})^{1-\epsilon} + (1 - \omega_c)(P_t^*)^{1-\epsilon})^{\frac{1}{1-\epsilon}} \tag{7.18}$$

零售商的目标函数为在一定价格调整概率下无限期预期收益最大化，从而进行最优价格调整决策：

$$\max_{P_t^*} \sum_{k=0}^{\infty} \theta^k \mathbf{E}_t \left(\beta^k \left(\frac{c_{t+k}}{c_t} \right)^{-\sigma} \left(\frac{P_t}{P_{t+k}} \right) (P_t^* y_{t+k}^j - mc_{t+k} P_{t+k} y_{t+k}^j) \right) \tag{7.19}$$

式（7.19）对 P_t^* 求一阶导，得到相应的一阶条件为：

$$\sum_{k=0}^{\infty} \theta^k \mathbf{E}_t \left(\beta^k \left(\frac{c_{t+k}}{c_t} \right)^{-\sigma} \left(P_t^* y_{t+k}^j - \frac{\epsilon}{1-\epsilon} mc_{t+k} P_{t+k} y_{t+k}^j \right) \right) = 0 \tag{7.20}$$

在一阶条件稳态附近对数线性化，可得新凯恩斯菲利普斯曲线：

$$\pi_t = \beta \mathbf{E}_t \pi_{t+1} + \frac{(1 - \omega_c)(1 - \beta \omega_c)}{\omega_c} mc_t \tag{7.21}$$

3. 资本品生产商

资本品生产商从中间品生产商处收回剩余资本 $(1-\delta)k_t$，并且购入新的投资规模 I_t，参考克里斯滕森和迪卜（Christensen and Dib，2008）的资本品演化路径，资本品在生产过程中面临 $s\left(\dfrac{I_t}{I_{t-1}}\right)$ 的二次调整成本，令 $s\left(\dfrac{I_t}{I_{t-1}}\right) = \dfrac{\phi_I}{2}\left(\dfrac{I_t}{I_{t-1}} - 1\right)^2 I_t$，其中 ϕ_I 为投资的成本调整系数，该系数与投资变动粘性正相关，由此，资本积累方程如下所示：

$$k_{t+1} = (1-\delta)k_t + \left(1 - s\left(\frac{I_t}{I_{t-1}}\right)\right)I_t \tag{7.22}$$

资本品生产商利润最大化的目标函数为：

$$\max_{I_t} \mathbf{E}_t \sum_{i=0}^{\infty} \Lambda_{t,t+i} \left(q_{t+i} k_{t+1+i} - I_{t+i} - (1-\delta) q_{t+i} k_{t+i} \right) \tag{7.23}$$

将上式对 I_t 求导，得到资本价格的决策方程为：

$$1 + s(\cdot) + s'(\cdot)I_t + \mathbf{E}_t \phi_t \Lambda_{t,t+1} s'(\cdot) I_{t+1} = q_t \tag{7.24}$$

其中 $\Lambda_{t,t+1}$ 为随机贴现因子，且 $\Lambda_{t,t+1} = \beta \mathbf{E}_t \lambda_{t+1} / \lambda_t$；$q_t$ 为资本品的实际价格。

（三）财政部门

财政部门的收入方面包括当期国债发行和税收收入，支出方面包括政府购买和对上一期债券进行本息偿还，由此得到政府部门的收支恒等式，即：

$$\zeta_t G_t + \frac{R_{t-1} b_{t-1}^g}{\pi_t} = b_t^g + T_t + m_t - \frac{m_{t-1}}{\pi_t} \tag{7.25}$$

其中，G_t 代表政府购买的实际规模，ζ_t 为外生给定的政府购买冲击变量，b_t^g 代表实际国债发行量，$\dfrac{R_{t-1} b_{t-1}^g}{\pi_t}$ 代表政府在 t 期时需要支付上一期国债的实际本息额。T_t 代表政府向家庭部门的征税总额，其规模与税率 τ 和家庭工资收入有关，表达式如下所示：

$$T_t = \tau w_t n_t \tag{7.26}$$

（四）国外部门

对于本国出口而言，国外部门按照自身总需求规模和本国商品与外国商品价格关系决定进口总规模，参照现有学者（Chang et al.，2015）的设定方式，将国外部门对本国商品的需求方程设定为如下所示：

$$c_t^{h^*} = \left(\frac{P_t^h}{P_t^{h^*} e_t} \right)^{-\vartheta} y_t^* \tag{7.27}$$

其中，$P_t^{h^*} e_t$ 代表本国商品的外国货币标价，y_t^* 代表国外部门经济体的总需求规模，其服从 AR（1）过程。由于该 DSGE 模型构建在小国开放经济模型上，缺乏对国外部门的微观机理构建，所以国外物价不能作为内生变量处理，参考张勇（2015）的构建，假定国外物价不随时间改变，将其设定为单位一。对汇率的设定而言，e_t 代表直接标价法下的名义汇率，根据一价定律有 $P_t^f = e_t P_t^{h^*}$，其中 $P_t^{h^*}$ 是国外产品外币价格，P_t^f 是国外产品的本币价格。

根据福布斯和沃诺克（Forbes and Warnock，2012）及 IMF（2013）对短期跨境资金流动的驱动因素分析，将国际资本流动主导因素划分为拉动和推动两方面，其中拉动因素包括汇率的预期和对资本回报率的估计，推动因素来自全球平均利率水平变动和国际市场上的流动性状况。由于我国对短期资本流动存在管

217

制，因此在模型构建中应当加入管制因子，该因子是一个由监管当局控制的变量。参考张勇（2015）和李力等（2016）的模型构造，设定短期资本流动规模 cf_t^* 如下式所示：

$$cf_t^* = \psi\left(\frac{e_t R_t}{E_t e_{t+1} R_t^*} - 1\right) \quad (7.28)$$

其中，参数 ψ 衡量了动态的资本管制强度，参数大小与资本管制强弱表现为负相关。$\dfrac{e_t R_t}{E_t e_{t+1} R_t^*}$ 代表短期资本流动的预期相对收益率，当 $\dfrac{e_t R_t}{E_t e_{t+1} R_t^*} > 1$，将会导致国际短期资本流入，反之会诱发资本流出。$R_t^*$ 作为外生变量，令其服从 AR（1）过程，由于国外部门的物价为常数，因此外币资产名义收益率等于其实际收益率。

（五）中央银行

中央银行是货币政策和汇率政策的制定者和执行者，同时可以决定是否采取冲销干预政策来应对跨境资本流动对本国货币供给行为的影响。对汇率制度的设定而言，基于我国现实，我国中央银行实施的是有管理的浮动汇率制度，汇率中间价参考前一日银行间汇率收盘价及一篮子货币汇率变化来确定。因此，参照彭红枫等（2018）对汇率机制的设定，从政府持有外汇债券余额相对汇率变动具有一定弹性角度出发，将汇率决定机制表示为：

$$\frac{B_t^*}{B_{t-1}^*} = \left(\frac{e_t}{\bar{e}}\right)^{-\varpi} \quad (7.29)$$

其中 B_t^* 代表中央银行持有的外汇规模。参数 ϖ 代表中央银行的汇率干预力度，该参数值越大，意味着中央银行在限制汇率与稳态值之间的偏离，当该值达到无穷大时，该汇率机制退化成固定汇率制度；反之，随着该参数值的减小，中央银行对汇率波动的容忍度也随之增加，当该值减小到零时，汇率和外汇储备之间不存在相关性，此时汇率机制为完全浮动汇率制。因此，我们可以通过调节 ϖ 构造出不同形式的汇率干预政策。

中央银行资产负债表的资产端包括调节性项目下的外汇资产，负债端由本国货币供给量组成，因此中央银行流量平衡约束的基本形式为：

$$e_t(B_t^* - R_{t-1}^* B_{t-1}^*) = M_t - M_{t-1} + \varrho(CP_t - R_{t-1} CP_t) \quad (7.30)$$

$\dfrac{CP_t}{CP} = \left(\dfrac{CP_t}{CP}\right)^{\rho_{cp}}$。参数 ϱ 代表冲销干预政策实施状况，当 $\varrho = 0$ 时，此时中央银行没有实施冲销干预政策，当 $\varrho = 1$ 时，中央银行采用了冲销干预政策来应对跨境资本流动对本国货币供给量的冲击。

对于货币政策而言，存在数量型和价格型货币政策类型，张勇（2015）和王爱俭等（2016）在探讨冲销干预时均采用了泰勒规则型的价格型货币政策规则。然而当跨境资本流动引发货币供给波动时，其实质是对货币规模的影响，对于数量型货币政策规则的设定，本章参考孙俊和于津平（2014）的设定形式，即将央票发行规模设定为受产出缺口和通胀缺口的影响，由此构建出数量型和价格型两种货币政策类型，即：

数量型货币政策规则为：

$$\frac{CP_t}{CP} = \left(\frac{CP_t}{CP}\right)^{\rho_{cp}} \left[\left(\frac{\pi_t}{\pi}\right)^{\rho_{cp,\pi}} \left(\frac{y_t}{y}\right)^{\rho_{cp,y}}\right]^{1-\rho_{cp}} \tag{7.31}$$

价格型货币政策规则为：

$$\frac{R_t}{R} = \left(\frac{R_{t-1}}{R}\right)^{\rho_R} \left[\left(\frac{\pi_t}{\pi}\right)^{\rho_{r,\pi}} \left(\frac{y_t}{y}\right)^{\rho_{r,y}}\right]^{1-\rho_R} \tag{7.32}$$

当中央银行没有进行冲销干预时，将会引发本国货币政策独立性受到冲击，此时仅有汇率干预政策；当实施冲销干预政策后，中央银行存在上述两种政策规则选择方式。

（六）市场出清

生产部门的总产出最终分配给家庭消费、资本积累、政府购买、资本品生产商破产清偿时的支出，因此资本积累形式和市场出清条件可以表示如下：

$$k_{t+1} = (1-\delta)k_t + \left[1 - \frac{\phi_I}{2}\left(\frac{I_t}{I_{t-1}} - 1\right)^2\right]I_t \tag{7.33}$$

$$y_t = c_t + I_t + \zeta_t G_t + \frac{\phi_I}{2}\left(\frac{I_t}{I_{t-1}} - 1\right)^2 I_t \tag{7.34}$$

根据国际收支平衡方程式，一国自主性项目将会与调节性项目实现收支平衡，因此本国国际收支平衡可以表示为：

$$B_t^* - cf_t^* + \pi_t(c_t^{h^*} - c_t^f) \tag{7.35}$$

债券市场的供给方为政府部门和中央银行，需求方为家庭部门，因此债券市场出清条件为：

$$\pi_t b_t^g + \varrho CP_t = \pi_t b_t \tag{7.36}$$

（七）外部冲击

本模型涉及的冲击因素包括生产技术冲击、政府购买冲击、国外利率冲击、国外需求冲击，本章先对这4类冲击下的宏观经济变量脉冲响应曲线进行说明，然后重点考察国外需求和国外利率冲击下的冲销干预政策效果，并基于方差对相应的汇率政策和冲销干预政策的组合效果进行对比分析。与大多数文献一样，此处设定各类冲击均服从 AR（1）过程。

生产技术冲击：

$$\log a_t = \rho_a \log a_{t-1} + \epsilon_a \qquad (7.37)$$

政府购买冲击：

$$\log \zeta_t = \rho_\zeta \log \zeta_t + \epsilon_\zeta \qquad (7.38)$$

国外利率冲击：

$$\log R_t^* - \log R^* = \rho_{R*}(\log R_t^* - \log R^*) + \epsilon_{R*} \qquad (7.39)$$

国外需求冲击：

$$\log y_t^* - \log y^* = \rho_{y*}(\log y_{t-1}^* - \log y^*) + \epsilon_{y*} \qquad (7.40)$$

在以上 4 个冲击方程中，ρ_a、ρ_ζ、ρ_{R*}、ρ_{y*} 分别表示生产技术冲击、政府购买冲击、国外利率冲击、国外需求冲击的持久惯性特征，相应的冲击扰动项均设定为服从正态独立同分布的白噪声，$\epsilon_a \sim iid(0, \sigma_a^2)$、$\epsilon_\zeta \sim iid(0, \sigma_\zeta^2)$、$\epsilon_{R*} \sim iid(0, \sigma_{R*}^2)$、$\epsilon_{y*} \sim iid(0, \sigma_{y*}^2)$。

二、参数校准和贝叶斯估计

在 DSGE 模型的参数设定问题上，现有研究对反映稳态特性的参数取值基本达成共识，一般可以借鉴相关文献校准得到。因此，与大部分文献一致，本章将家庭主观贴现率的季度值 β 设定为 0.995，对应中国经济数据中实际无风险利率为 2%。参考费亚和莫纳切利（Faia and Monacelli，2004），家庭部门跨期消费替代弹性倒数 σ 取值为 2；劳动供给弹性的倒数 φ_n 一般在 0 ~ 1 之间，参考梅冬洲和龚六堂（2011）将其设定为 0.3，劳动供给相对消费的权重 θ_n 为 1。对于实际货币余额对于消费的相对权重 θ_m，沿用查里等（Chari et al.，2000）的设定，取值为 0.006，货币需求弹性的倒数 φ_m 取值为 -1。在本国家庭对本外国商品的消费偏好以及本外国商品替代性的参数设定方面，参考格特勒等（Gertler et al.，2007），将本国商品对外国商品的替代弹性 ρ 设定为 1，由于我国属于新兴市场国家，假定我国居民更偏好本国商品，因此将本国商品在家庭消费中的权重参数 γ_c 设定为 0.75。在生产函数方面，劳动要素投入占比参数 α_n 一般设定在 0.5 ~ 0.66 之间，本章设定为 0.6，相应的产出资本需求弹性 α_k 设定为 0.4。资本折旧率 δ 设定为 0.025，相当于年折旧率为 1%。基于克里斯蒂诺等（Christiano et al.，2005）的研究，将投资调整成本系数设定为 1。对于 Calvo 粘性定价的参数设定方面，价格粘性参数 ω_c 设定为 0.75，它代表国外利率价格粘性持续时间为 4 个季度；中间品替代弹性参数 ϵ 一般设定为 11 或 6，分别代表中间品价格加成为 1.1 或 1.2，在此将该参数设定为 11。对于劳动税税率设定，岳树民和李静（2011）利用中国数据进行了测算，本章参考该文的估计结果，将 τ 设定为 0.07。在对国外部门参数设定方面均参照张勇（2015）的设定，国外需求稳态值参数设定为 0.5，出口需求价格弹性参数 ϑ 设定为 1。模型参数的校准值如表 7－1 所示。

表 7－1   参数校准赋值说明

参数	经济含义	数值
β	家庭主观贴现因子	0.995
σ	消费跨期替代弹性倒数	2.000
φ_n	劳动供给弹性倒数	0.300
θ_n	劳动供给相对消费的权重	1.000
φ_m	实际货币需求弹性的倒数	－1.000
θ_m	实际货币余额相对消费的权重	0.006
ρ	本外国商品的替代弹性	2.000
γ_c	本国商品在家庭消费中的权重	1.000
α_k	产出资本需求弹性	0.400
α_n	劳动要素投入占比参数	0.600
Φ_I	投资的成本调整系数	1.000
δ	资本折旧率	0.025
ω_c	价格粘性参数	0.750
τ	劳动税税率	0.070
ϵ	中间品替代弹性参数	11.000
ϑ	出口需求价格弹性参数	1.000

接下来采用贝叶斯估计方法对外生冲击自相关系数和方差以及货币政策反应系数进行估计。对于技术冲击、国外需求冲击、国外利率冲击、政府购买冲击的惯性系数均设定为服从 Beta 分布，均值和标准差分别为 0.9 和 0.1。而对于货币政策反应系数的设定方式而言，利率和公开市场操作的惯性系数服从 Beta 分布，均值和标准差分别设定为 0.9 和 0.1，两类货币反应方程中的产出和通胀相对权重服从 Gamma 分布，相应均值分别设定为 0.5 和 1.5，标准差均为 0.1。冲击的标准差设定为服从逆 Gamma 分布，贝叶斯估计结构如表 7－2 所示。

表 7 - 2　　　　　　　　　　**贝叶斯参数估计结果**

参数	先验分布	均值	标准差	后验均值	95% 置信区间
ρ_a	Beta	0.9	0.1	0.8732	[0.7833, 0.9195]
ρ_ζ	Beta	0.9	0.1	0.7943	[0.7584, 0.8873]
ρ_{R*}	Beta	0.9	0.1	0.8892	[0.8328, 0.9454]
ρ_{y*}	Beta	0.9	0.1	0.8650	[0.8142, 0.9345]
ρ_{omo}	Beta	0.9	0.1	0.9115	[0.8629, 0.9466]
$\rho_{m\pi}$	Gamma	1.5	0.1	1.7498	[1.4709, 1.9211]
ρ_{my}	Gamma	0.5	0.1	0.4042	[0.2182, 0.7955]
ρ_R	Beta	0.9	0.1	0.9031	[0.8604, 0.9397]
$\rho_{R\pi}$	Gamma	1.5	0.1	1.4636	[1.2498, 1.6417]
ρ_{Ry}	Gamma	0.5	0.1	0.5840	[0.3882, 0.7413]
σ_a	逆 Gamma	0.0100	∞	0.0083	[0.0051, 0.0096]
σ_ζ	逆 Gamma	0.0250	∞	0.0263	[0.0211, 0.0302]
σ_{R*}	逆 Gamma	0.0250	∞	0.0184	[0.0160, 0.0225]
σ_{y*}	逆 Gamma	0.0250	∞	0.0229	[0.0207, 0.0286]

第四节　外部冲击与模型拟合效果

　　本节在中央银行未实施冲销干预而只有汇率干预的政策环境下，采用上述校准和贝叶斯估计的参数值测试模型系统对外部冲击的动态脉冲响应，并试图对各脉冲响应做出机制解释。如果显示的脉冲响应图能较合理地为模型的相应机制所解释，则表明模型的构建和参数的设定较为可靠，从而为后续冲销干预政策以及货币政策操作规则的探讨奠定基础。

一、本国技术冲击

　　图 7 - 1 展示了本国主要经济变量面对国内技术冲击时的脉冲响应结果。由

图可知，当国内技术面临一个标准差的正向冲击时，本国产出、货币供应量、外汇储备、出口规模、资本流动均表现为正向波动，而通货膨胀、利率面临负向影响，本币呈现出升值趋势。

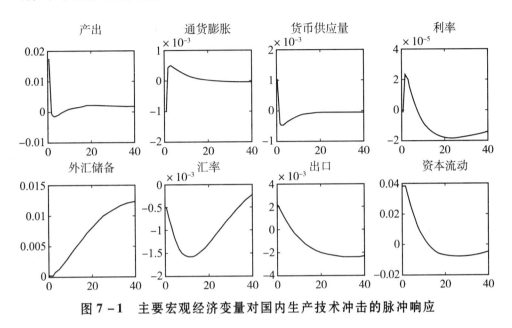

图7-1　主要宏观经济变量对国内生产技术冲击的脉冲响应

产生上述结果的作用机制是：当本国全要素生产率突然大幅提高时，将会引发本国产出大幅扩张，总供给增加，此时物价水平将会出现下降，以及引发对货币内在需求的扩张，随着货币供给规模扩大将会改善通货膨胀水平，这使得通货膨胀出现了先下降后上升，然后逐渐向稳态收敛的脉冲曲线特征。对开放经济环境下的宏观经济变量而言，产出增加将会引发出口扩张，从而改善了本国经常账户状况，同时由于本国资本回报率的提升将会促进跨境资本流入本国，这使得本国汇率呈现出升值趋势，以及外汇储备规模大幅提升，并且从脉冲图上看，在面临正向技术冲击时，外汇储备增幅的持续期很长，其影响程度很大。总体来看，本国技术正向冲击会引发经济扩张，对出口和资本流动产生正向刺激作用，并引发本币升值和外汇储备积累。

二、政府购买冲击

图7-2展示了本国主要经济变量面对本国政府购买冲击时的脉冲响应结果。由脉冲图可知，当本国政府购买面临一单位标准差的正向冲击时，本国产出、通

货膨胀、利率、资本流动、汇率表现出正向波动，货币供应量、外汇储备和出口规模面临负向波动。

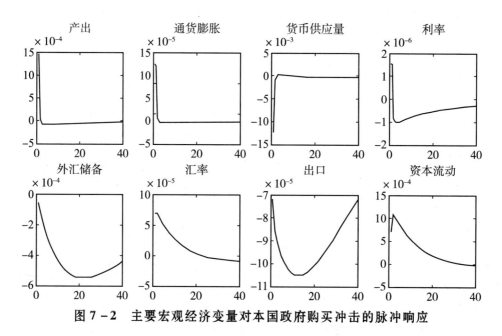

图 7 - 2　主要宏观经济变量对本国政府购买冲击的脉冲响应

　　产生上述结果的作用机制是：当本国政府购买面临正向冲击时，将会刺激本国总需求扩张，引发本国物价和产出正向波动，本国投资回报率的上升吸引跨境资本流入本国。然而由于本国物价上涨，对出口产生负向冲击作用，导致经常账户负向波动，虽然跨境资本呈现流入趋势，但是其规模不及出口下滑引发的贸易逆差数额，两者加总后表现为外汇储备负向波动，随着外汇流出，本币呈现贬值趋势，对货币供给也产生了负向冲击作用。总体来看，本国政府购买冲击引发了经济正向波动，但是引发外汇储备和货币供应减少。

三、国外利率冲击

　　图 7 - 3 展示了本国主要经济变量面对外国利率冲击时的脉冲响应结果。由图可知，当面临国外利率一个标准差的负向冲击时，本国产出、通货膨胀、货币供应量、利率、外汇储备、资本流动均表现为正向波动，本币呈现出升值趋势，出口面临负向波动。

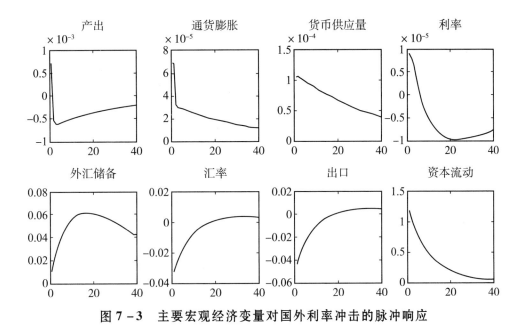

图7-3 主要宏观经济变量对国外利率冲击的脉冲响应

产生上述结果的作用机制是：当国外利率负向冲击时，将会引发资本流入本国，因此跨境资本流动表现出显著的正向波动特征。与此同时，本币将面临升值走势，该升值特征与资本流动具有一定的对称性，但由于本国实施了管理浮动型汇率制度，因此汇率波动幅度受到一定程度的限制。汇率升值将会削弱本国商品的国际竞争力，因此出口规模面临负向波动，但是出口降幅低于资本流入增幅，因此外汇储备依然表现为正向波动。这与金融危机后国外实施的宽松型货币政策对我国的影响相一致，金融危机爆发减弱了国外需求规模，但此时的宽松型货币政策使得国际市场流动性极其充裕，最终跨境资本流动成为稳定本国外汇储备增速的主导因素。随着外汇储备的扩张，本国货币供应量随之增加，货币供应量的扩张形成了宽松型货币政策环境，从而引发本国通货膨胀上升和产出波动增加。由于资本管制的存在，使得无抛补利率平价机制受到扭曲，本国利率表现为先正向波动，后逐渐减小转为负向波动的走势。总体来看，国外利率负向冲击刺激了外资流入本国和本币升值，虽然对出口产生负向影响，但是并没有阻止外汇储备的扩张，从而构造出宽松型货币政策的环境，加剧了产出和通货膨胀波动。

四、国外需求冲击

图7-4展示了国外需求冲击对本国主要经济变量的脉冲响应结果。由图可知，当国外需求遭受一单位标准差的正向冲击时，除了本币表现为升值使得其脉

冲响应图负向波动外，图中展现的产出、通货膨胀、货币供应量、利率、外汇储备、出口和资本流动均呈现出正向波动。

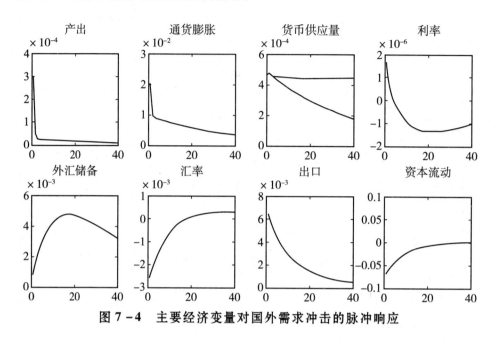

图 7 - 4　主要经济变量对国外需求冲击的脉冲响应

产生上述结果的作用机制是：当国外需求增加时，首先引发本国出口规模的扩张，这将会对本国贸易顺差产生正向影响，同时引发本币升值，而本币升值将会引发跨境资本流入，但是与图 7 - 3 中的资本流动对比发现，国外需求冲击引发的资本流动波动幅度远低于国外利率负向冲击下的情形，这说明由国外需求冲击形成的间接影响机制弱于国外利率变动的直接冲击效果。回到图 7 - 4 中，经常账户和资本账户的正向波动引发了外汇储备扩张，进而对货币供应量产生正向冲击，同样会加剧本国通货膨胀和产出的正向波动，由于国外总需求没有对出口产生负向影响，因此产出一直呈现出正向波动，然后逐渐向稳态值收敛，并没有表现国外利率冲击下出现的期初为正向波动，随后由正向负转换的波动特征。总体而言，国外需求正向冲击会同时引发经常账户和资本账户的盈余，从而刺激了本国外汇储备和货币供应量的增加，加剧了本国经济波动。

第五节　不同货币政策规则下冲销干预的政策效果

本节分别在国外利率负向冲击和国外产出正向冲击两种情形下，对比分析没有冲销干预与存在冲销干预时，基于数量型货币政策规则和价格型货币政策规则的两种货币政策操作规则下的政策效果，其中将没有冲销干预时的情形看成是基准参照组。

一、国外利率冲击下的货币政策效果

根据图 7-5 展示的三条脉冲曲线可以发现，当实施冲销干预后，本国经济波动幅度明显改善。具体来看，对货币供应量和利率变动而言，冲销干预政策有效降低了货币波动幅度，但相比而言，实施数量型货币政策规则的政策效果更为显著，其原因在于本模型中的数量型货币政策规则能够通过中央银行资产负债表更快地传递至负债端，从而对货币发行形成有效冲击，而以利率为调节对象的政策规则缓解货币波动的效果较弱；对于利率波动而言，由于泰勒规则的操作渠道在于调节利率，因此当经济波动时，泰勒规则机制将会通过事先对产出和通货膨胀的权重设定将利率提高到一定水平，增加了利率的波动幅度。透过货币供应量和利率变动能够发现，两种货币政策操作手段的差异性表现得十分明显。

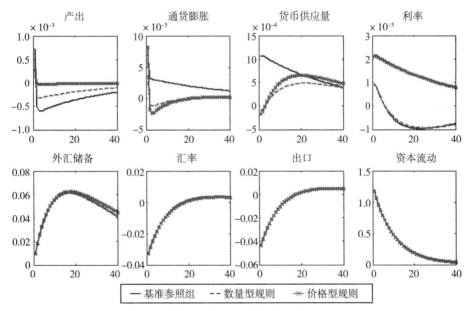

图 7-5 不同操作规则下主要宏观经济变量对国外利率冲击的脉冲响应

从产出和通货膨胀波动来看，两种操作规则在改善产出波幅方面的效果基本一致，但是泰勒规则下的产出脉冲响应曲线能够更快地收敛至稳态值，而数量型货币政策规则下的脉冲曲线平滑程度虽然优于基准型，但是其向稳态收敛速率较慢。对

227

通货膨胀而言，这种现象与产出相反，数量型货币政策规则的通货膨胀波动持续期较短，而泰勒规则下的持续期较长。但这些政策在外汇储备、汇率、出口和资本流动方面的影响不大。由此可见，冲销干预政策主要是缓解外生冲击对本国经济波动的影响，而对资本流动、汇率、出口的影响较为有限，在缓解本国宏观经济波动的效应方面，数量型货币政策规则缓解货币供给和通货膨胀波动的效果十分显著，而在缓解产出波动方面的效果不及通货膨胀，但总体而言优于泰勒规则下的政策效果。

二、国外需求冲击下的货币政策效果

根据图7-6展示的三条脉冲曲线可以发现，在应对国外产出正向冲击时，不同的货币政策操作规则的政策效果存在显著差异。具体而言，首先在应对货币供应量波动方面，数量型货币政策规则能够有效地降低波动幅度，但从操作方式来看，数量型货币政策规则下的货币供应量下降幅度更大，并且在一定时期后出现由正转负的波动特征，这说明为了防止经济过热，数量型货币政策规则的调控力度很大，且对货币供给产生了负向冲击；而价格型货币政策规则下的货币供应量总体依然为正向波动，这说明虽然存在冲销干预政策，但价格型货币政策规则依然以调节利率为主要手段，因此对比利率波动能够发现，价格型货币政策规则下的利率波动幅度更大，为了应对宏观经济的正向冲击，货币当局在此规则下需要提高利率水平，从而加剧了利率波动。

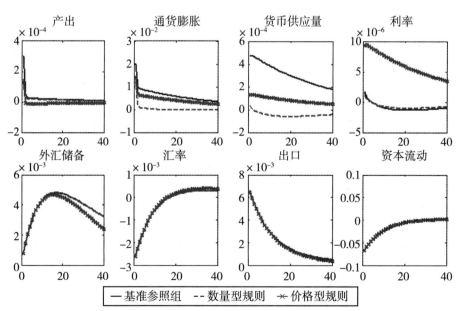

图7-6　不同操作规则下主要经济变量对国外产出冲击的脉冲响应

从产出和通货膨胀波动来看，价格型货币政策规则较好地缓解了本国产出波动，政策效果优于数量型货币政策规则，但是数量型货币政策规则在缓解通货膨胀方面的效果强于价格型货币政策规则。而资本流动、汇率、出口的波动基本与货币政策操作方式无关，但是价格型货币政策规则起到了缓解外汇储备波动的效果，而外汇储备影响在数量型货币政策规则下持续时间更长。总体而言，国外产出冲击下的不同操作规则表现形式与国外利率冲击下的表现形式一样，数量型货币政策规则能够更好地缓解货币供给波动，有利于减小对本国通货膨胀冲击的影响，而价格型货币政策规则在缓解产出波动方面更具有优势。

第六节　汇率政策和货币政策组合分析

前面是在相同程度的汇率管理强度下对比分析了不同货币政策操作形式的差异，然而汇率管理程度的强弱同样会对开放经济环境下的外生冲击产生调节作用，有学者（Chang et al.，2015）认为浮动型汇率政策下的福利收益高于固定汇率制度。基于此，本节构造出多种汇率干预强度情形，然后结合上述两种货币政策形式，对比分析不同类型的汇率管理政策和货币政策组合的政策效果。

在汇率政策构造方面，由式（7.27）可知，汇率管制力度与参数ϖ呈正相关关系，彭红枫等（2018）根据中国外汇储备及名义有效汇率数据将该值设定为0.92，由于我国长期实施较严格的汇率管制政策，因此将该数值作为强管理力度下汇率政策所对应的参数值，为了模拟汇率弹性更大的政策类型，本节将弱管制参数设定为0.3，由此构造出两种汇率管制政策。在此通过对比宏观经济变量的方差数值来探讨政策效果，即方差数值越小，说明该变量波动越小，政策效果越好。由于不同变量的方差数值差异较大，为了便于观测和比较，本节将强汇率政策干预下的无冲销干预作为参照组，其他政策环境下的方差均与相应参照组数据求比值，因此无干预情形下的相应方差规范化为单位一。

从表7-3和表7-4可以看出，无论是否存在货币政策干预，随着汇率管制强度的降低，产出和通货膨胀的波动都得到不同程度的减少，这说明在开放经济环境中，汇率政策应当逐渐从强管制向弱管制转变。从货币政策类型来看，数量型货币政策规则有效降低了货币和通货膨胀的方差数值，同时对降低产出波动也有较好的效果；由于价格型货币政策规则是通过实施紧缩型货币政策来实现政策目标，因此利率正向波动幅度较大，进而对缓解产出波动方面具有明显的效果，但是在其他变量上的政策效果较弱。从政策组合效果来看，随着汇率弹性的增加，外汇储备、货币供应量、产出和通货膨胀波动都随之减弱，数量型货币政策规则在缓解货币供给波动方面的相对优势有所降低，而价格型货币政策规则对提高利率的政策需求也逐渐减弱，因此价格型货币政策规则的政策效果改善程度大于数量型货币政策规则。由此可知，在强汇率管制环境下，数量型货币政策规则在维持各宏观经济变量稳定性方面更加均衡，而价格型货币政策规则的政策效果相对较弱，但随着汇率弹性的不断增加，价格型货币政策规则的效果优势逐渐提升。

表 7 - 3 国外利率冲击下的政策组合的效果

货币政策类型	汇率管理强度	产出	通货膨胀	货币供应量	利率	外汇储备	汇率	资本流动
无冲销干预	0.92	1	1	1	1	1	1	1
	0.3	0.6214	0.6288	0.7284	0.5859	0.7366	2.3665	0.5994
数量型货币政策规则	0.92	0.8279	0.3072	0.3890	0.9979	0.9894	0.9990	0.9976
	0.3	0.4004	0.1914	0.1319	0.5524	0.7366	2.3662	0.5995
价格型货币政策规则	0.92	0.5201	0.6025	0.6468	3.5717	0.6468	0.9987	0.9976
	0.3	0.3393	0.2214	0.1648	0.8952	0.5566	2.3663	0.5996

表 7 - 4 国外需求冲击下的政策组合效果

货币政策类型	汇率管理强度	产出	通货膨胀	货币供应量	利率	外汇储备	汇率	资本流动
无冲销干预	0.92	1	1	1	1	1	1	1
	0.3	0.7467	0.4681	0.6944	0.7528	0.8418	3.6574	0.8711
数量型货币政策规则	0.92	0.5727	0.4003	0.4983	0.9993	0.9992	0.9981	0.9990
	0.3	0.1307	0.1006	0.2460	0.7433	0.8420	3.6572	0.8713
价格型货币政策规则	0.92	0.5325	0.6818	0.5625	5.7817	0.7849	0.9891	0.9985
	0.3	0.0836	0.1037	0.2935	1.0701	0.5963	3.6574	0.8725

第七节 本章小结与政策含义

本章立足于经济新常态下稳增长的视角，构建一个含有跨境资本流入的小国开放 DSGE 模型，通过参数校准和贝叶斯估计，在多种外部冲击下考察了主要经济变量对外生冲击的反应状况，将数量型和价格型两种货币政策规则纳入模型进行探讨，分析了冲销干预的政策效果，以及冲销干预下两种不同类型货币政策规则的效果。在此基础上，设定两种差异化的汇率管制情形，模拟了货币政策与汇率政策协调的效果。本章研究的结果及其政策含义为：

第一，在一个不考虑金融部门的经济体系中，当遭受外生冲击时，外汇储备的波动将会引发货币供给规模的变化，从而对本国物价水平和经济产出产生冲击，但是外汇储备变化受到贸易渠道和资本流动渠道下的外资流动共同影响，在不同冲击下两者变化存在差异，此时需要就冲击类型具体分析。

第二，数量型货币政策规则在缓解因外国利率和需求冲击变动而引发的货币供给和通货膨胀波动上的调控效果优于价格型货币政策规则；而价格型货币政策规则在应对国外利率和需求冲击带来的产出波动方面的调控效果优于数量型货币政策规则。面对外部冲击时，价格型货币政策规则因其调控利率的政策属性将会引发本国利率出现大幅波动，而数量型货币政策规则能够通过中央银行资产负债表将政策意图传递至负债端，从而对货币供给起到调节作用。

第三，随着弹性汇率制度的实施，资本流动规模波动幅度随之减小，价格型货币政策规则下的利率波动幅度逐渐减小，数量型货币政策规则的政策优势也逐渐减弱。因此随着汇率制度由强管制向弱管制变迁，货币政策操作规则也可以从数量型向价格型转变。

第四，冲销干预政策对汇率、跨境资本流动等开放经济环境下的宏观经济变量没有明显的调节作用，政策效果更多地集中在对货币、利率的影响上。这说明冲销干预政策在抑制跨境资本流动方面的政策效果有限。

第八章

资本和流动性双重约束下的中国货币政策传导

——基于风险承担渠道的视角

第一节 《巴塞尔协议Ⅲ》下的资本和流动性双重约束

货币政策传导机制一直是货币政策体系构建的重要内容之一。传统的货币政策传导机制理论强调了货币渠道在货币政策传导中的重要性，但其建立在经济主体，特别是金融中介机构对利率、汇率反应的同质性基础之上。建立在信息不对称基础之上的银行信贷渠道强调了货币政策变化对银行和企业、家庭资产负债表的影响。但是，其前提仍然是假设包括商业银行在内的经济主体是同质的。然而，2008 年全球金融危机表明，金融中介对市场风险状况是敏感的。金融中介的风险态度及风险承担水平会受到货币政策变化的影响，进而影响货币政策的传导效果。由此，有学者（Borio and Zhu，2008）提出了货币政策传导的银行风险承担渠道，将货币政策调整与金融机构微观特征相关联，认为货币政策的调整会改变银行风险偏好以及风险承担，从而导致银行重新配置风险资产组合，进而有可能影响金融系统稳定乃至实体经济发展。因此，在货币政策影响银行风险偏好和风险资产组合配置的情况下，货币政策的传导也会因银行风险资产组合的变化而发生改变。

另外，2008 年次贷危机之前及危机中金融市场和金融中介表现出的金融顺周期性及流动性短缺，使得国际银行界充分认识到对商业银行进行逆周期资本监管和流动性监管的重要性。在此背景下，2010 年巴塞尔协议 Ⅲ 的推出，标志着全球银行业进入以资本和流动性双重约束为主要特征的监管阶段。传统资本约束下银行对监管政策的反应主要是通过风险偏好和资金成本渠道，进而对银行的资产组合和信贷规模产生影响（马理等，2013）。流动性约束下银行对监管政策的调整也是通过风险偏好和资金成本渠道，但相较于资本约束强调信用风险与市场风险，流动性约束更重视流动性风险。显而易见，两种监管约束对银行经营行为的作用既有一致性（资金成本渠道），也存在异质性（风险偏好渠道），且资本和流动性约束之间存在一定的交互作用。从微观审慎出发的资本监管和从宏观审慎出发的流动性监管能否自洽相容，一直是监管当局和货币政策当局面临的难题，因为两者之间交互影响的未知性将可能诱使银行风险行为发生变异，从而加大监管难度，也将导致货币政策效果的不确定性。

为适应国际银行业资本监管和流动性监管的新趋势，2014 年 2 月，银行业监督管理委员会发布《商业银行流动性风险管理办法》（以下简称《办法》）。《办法》的出台将我国银行业带入资本和流动性双重约束新阶段，我国银行业不得不考虑双重约束对其经营管理和风险资产配置产生的冲击与影响。因此，对新常态下货币政策传导渠道的研究，需要在考虑货币政策对商业银行信贷行为产生影响的同时，考察宏观审慎监管下资本监管和流动性监管双重约束的合成效应，理顺银行监管与货币政策的逻辑关系。

基于此，本章通过梳理国内外关于资本和流动性双重约束下的银行行为机理及其影响的研究，借鉴德利斯和库雷塔斯（Delis and Kouretas，2011）的模型，以 2010～2015 年期间国内 50 家商业银行微观数据为样本，采用系统 GMM 方法，实证检验了新的监管框架下货币政策风险承担渠道的异化，希望通过本研究为资本和流动性双重约束下银行监管制度的完善和宏观审慎货币政策的改进提供一定的参考。

第二节　资本和流动性双重约束对银行风险承担的影响

一、货币政策传导的风险承担渠道

自博里奥和朱（Borio and Zhu，2008）提出货币政策传导的银行风险承担渠道以来，围绕这一观点，国内外学术界对风险承担渠道的存在性以及可能存在的异质性进行了广泛的理论和实证研究。就风险承担渠道的存在性而言，马达洛尼和佩德罗（Maddaloni and Peydro，2011）根据欧元区的银行信贷调查数据，检验了货币政策风险承担渠道的存在性，即长期宽松的货币政策加大了银行的风险容忍度，进而影响银行业整体风险承担程度。希门内斯等（Jimenez et al.，2014）则基于西班牙银行信贷登记数据进行研究，实证分析显示：货币政策立场的改变，会通过银行风险偏好的调整来影响整体风险承担程度，但宽松货币环境对银行风险承担的影响会随着时间而变化。而在风险承担渠道的异质性方面，相关研究认为，这种异质性与银行自身的特征有关。布赫等（Buch et al.，2014）采用FAVAR 模型对 1997~2008 年美国银行样本数据进行的实证分析发现，货币政策对美国大型银行及海外银行风险承担的影响不大，而对中小银行的风险承担影响较大。随着理论研究的深入，格鲁特（Groot，2014）通过构建包含银行部门和中央银行的 DSGE 模型，检验了货币政策外部冲击通过风险承担渠道对银行经营行为的影响。

在国外学者研究的基础上，国内学者对我国货币政策银行风险承担渠道的存在性及其异质性进行了广泛的研究。徐明东和陈学彬（2012）采用一阶差分GMM 方法检验了货币政策环境、资本充足水平对银行风险承担的影响。结果显示，规模越大、资本越充足银行的风险承担行为对货币政策的敏感性越低，从而验证了我国货币政策风险承担渠道的存在性。刘晓欣和王飞（2013）从银行微观特征（规模、资本充足水平、流动性水平等）的视角，实证检验了银行微观特征对货币政策风险承担渠道的影响。他们认为，银行微观特征对货币政策风险承担渠道的影响具有差异性。与此同时，为了区分银行的风险承担和过度风险承担行为，金鹏辉等（2014）通过构造银行业贷款审批条件指数测算了银行过度风险承担行为，实证结果表明，宽松货币政策会加大银行过度风险承担意愿，且过高或过低的资本充足率都不利于银行的发展。

二、资本和流动性双重约束对商业银行行为影响的研究

针对巴塞尔协议Ⅲ下资本和流动性监管的双重约束，国内外学者探讨了其对银行风险承担行为的可能影响。金（King，2010）最早从实证层面探寻双重约束对银行信用价差的影响。通过构造评估双重约束对银行信用价差影响的数理模型，并基于美欧银行样本数据进行实证，金（2010）认为，在其他假设不变的情况下，银行一般倾向于增加信贷价差来抵补资本充足约束的成本，并且流动性约束的提高也将导致银行提高信贷价差。德尼科勒等（De Nicolo et al.，2012）通

过构建动态最优化模型，借助参数校准和仿真模拟，分析了资本和流动性监管对银行经营的影响。模拟结果显示，资本监管约束和银行贷款规模、运营效率、福利成本之间呈先正后负关系，且提高资本和流动性监管标准会造成银行信贷、社会福利的下降。科瓦斯和德里斯科尔（Covas and Driscoll，2014）在德尼科勒等（2012）的基础上，通过构建非线性动态一般均衡模型，探究了在已有资本约束的基础上加入最低流动性标准的冲击对银行行为和宏观经济的影响。研究结果表明，在市场资金趋紧时，放松对流动性约束的管制会抑制产出对总冲击的响应程度。博瓦赛和科拉德（Boissay and Collard，2016）通过构建宏观经济模型，研究了资本和流动性约束的传导机制及其对经济和福利的影响，结果表明双重约束监管不仅会减少信贷总额，而且会促使信贷分配效率提升。戈什（Ghosh，2016）基于 1996～2012 年间海湾合作委员会国家银行数据测试了信用风险、资本和流动性之间的交互关系。结果显示，银行会同时协调资本、流动性和风险调整，且银行风险与流动性之间存在双向关系。

在资本和流动性监管对我国商业银行风险承担影响的研究方面，代军勋和陶春喜（2016）基于 2006～2014 年中国 36 家商业银行微观数据，采用联立方程模型实证验证了银行资本和流动性双重约束下风险承担渠道的变化。结果显示，资本和流动性监管标准变动越大，商业银行风险承担变动越小，且银行会依据前期资本、流动性与风险承担的变动进行反向调整。姚舜达和朱元倩（2017）基于现阶段双重约束的监管要求，引入流动性危机情况下的存款赎回函数，通过构建理论模型和面板门限回归模型验证了流动性约束对风险承担渠道的门限效应。

现有国内外相关成果为该领域研究的拓展和深化奠定了重要基础。现有研究对资本和流动性约束对商业银行风险承担的影响机理及其货币政策传导效应的理论分析相对较为统一，但实证研究结果的差异较大，这主要是由于研究选取的角度、模型、方法、数据各不相同。为考察经济发展新常态下中国货币政策传导的银行风险承担渠道是否存在以及揭示中国银行业面对资本和流动性双重约束的特殊反应，本章立足于中国银行业的样本数据，在现有实证研究的基础上，作如下拓展：第一，在实证方法上，充分考虑资本和流动性约束之间的交互关系，通过构建双重约束的交互项来重新审视资本和流动性约束对银行风险行为调整的影响及其货币政策效应；第二，在研究内容上，主要关注资本和流动性约束对商业银行风险承担的微观影响，并以此作为研究货币政策传导的中间变量，使得宏观与微观的结合更紧密；第三，在研究指标上，采用巴塞尔协议Ⅲ倡导的净稳定资金比率（NSFR）作为银行流动性约束指标，用社会融资规模增速作为货币政策代理变量，指标选取上相对更符合中国银行业实际。

第三节 资本和流动性双重约束下货币政策
风险承担效应的实证研究

一、模型构建

为了检验货币政策传导的银行风险承担渠道，德利斯和库雷塔斯（Delis and Kouretas，2011）基于2001～2008年欧元区银行数据构建了GMM动态非平衡面板模型，在方法上保证了参数估计的无偏性和一致性，一定程度上解决了内生性问题，在识别上既考虑了银行风险承担的高度连续性，也控制了银行微观特征和宏观经济变量对风险承担渠道的影响。

为了识别资本和流动性双重约束对商业银行风险承担的影响及其货币政策传导效应，我们借鉴德利斯和库雷塔斯（2011）的实证框架，构建了以下两个动态非平衡面板实证模型：

（1）构建资本和流动性约束交叉项（$CAR_{it} \times NSFR_{it}$），检验资本和流动性双重约束下我国银行业的风险承担及其货币政策传导效应，具体模型如下：

$$Risk_{it} = \alpha_1 Risk_{it-1} + \alpha_2 MP_{t-1} + \alpha_3 CAR_{it} + \alpha_4 NSFR_{it}$$
$$+ \alpha_5 CAR_{it} \times NSFR_{it} + \alpha_6 Controls + \nu_i + \mu_{it} \tag{8.1}$$

（2）构建货币政策与银行微观特征交叉项（$MP_{t-1} X_{it}$），进一步分析资本和流动性双重约束下，不同类型货币政策如何通过银行微观特征影响我国银行业的风险承担及其货币政策传导效应，具体模型如下：

$$Risk_{it} = \beta_1 Risk_{it-1} + \beta_2 MP_{t-1} + \beta_3 CAR_{it} + \beta_4 NSFR_{it} + \beta_5 PROA_{it} + \beta_6 MP_{t-1} \times SIZE_{it}$$
$$+ \beta_7 MP_{t-1} \times CAR_{it} + \beta_8 MP_{t-1} \times NSFR_{it} + \beta_9 MP_{t-1} \times PROA_{it}$$
$$+ \beta_{10} MP_{t-1} \times NIRR_{it} + \beta_{11} NIRR_{it} + \beta_{12} GDP_t + \nu_i + \mu_{it} \tag{8.2}$$

其中 $i = 1，2 \cdots N$，表示样本银行个体；t 表示相关年份，$Risk$ 为银行风险承担，MP 代表货币政策，CAR 为资本充足率，$NSFR$ 为净稳定资金比率。控制变量包括：银行规模（$SIZE$）、银行盈利能力（$PROA$）、银行资产表外化程度（$NIRR$）、银行业集中程度（$CDBANK$）、国内生产总值增长率（GDP），ν_i 表示个体固定效应，μ_{it} 表示模型误差项。考虑到货币政策传导的时滞性，货币政策代理变量选取其一阶滞后值。

二、变量选取

(一) 被解释变量

本章选取的被解释变量为银行风险承担水平。考虑到银行风险计量的多样性和复杂性，选取合适的指标精确刻画银行风险承担水平是实证研究的出发点和落脚点。现有研究选取的指标有 Z 值（潘敏和张依茹，2012）、不良贷款率（代军勋和陶春喜，2016）、风险加权资产比、预期违约概率等。但由于 Z 值内生性较强且波动易偏斜、国内不良贷款率数据变化较大、预期违约概率数据无法外部获取等原因，导致其均不能准确反映货币政策引导下的中国银行业风险承担的实际状态。基于巴塞尔协议Ⅲ所倡导的风险评价和风险约束机制，我们选取风险加权资产比率[①]反映银行风险承担水平，即该指标越大，表明银行的风险承担意愿越大。

(二) 解释变量

借鉴现有研究经验，本章选择的货币政策代理变量分为：价格型政策变量（上海银行间同业拆借利率[②]、短期存款利率）、数量型政策变量（存款准备金率、社会融资规模余额增速的相反数[③]）。

考虑到银行业监管现状，本章采用 *CAR*（资本充足率）和 *NSFR*（净稳定资金比率）作为资本和流动性约束的代理变量，稳健性检验采用存贷比 *LD* 的倒数[④]。本章拟借鉴巴斯克斯和费德里科（Vazquez and Federico，2012）的方法，借助 Bankscope 数据库测算我国商业银行的 *NSFR* 指标，测算权重如表 8 - 1 所示。

[①] 从银行历年披露的年报数据来看，银行风险资产数据存在较大缺失，为避免实证样本的不足，本章借鉴吴俊等（2008）、刘生福和李成（2014）的方法，用净贷款÷总资产的比率近似替代银行风险加权资产比率。

[②] 本章选取上海同业拆借利率的年度加权平均值。

[③] 选取社会融资余额增速相反数是为了与其他货币政策代理变量的方向保持一致。

[④] 我国存贷比指标＝银行贷款总额÷银行存款总额，倒数处理是为了与净稳定资金比率的方向保持一致。

表 8 - 1　　　　　　　　　　　NSFR 测算权重

	资产	权重（%）		负债与权益	权重（%）
1	盈利资产		1	存款和短期融资	
			1. A	客户存款	
1. A	贷款	100	1. A. 1	活期存款	85
			1. A. 2	定期存款	70
1. B	其他盈利资产	35	1. B	同业负债	0
			1. C	其他存款和短期借款	0
2	固定资产	100	2	其他有息债务	
			2. A	衍生品	0
3	非盈利资产		2. B	交易性负债	0
			2. C	长期融资	100
3. A	现金及存放央行款项	0	3	其他非利息负债	100
3. B	商誉	100	4	贷款减值准备金	100
3. C	其他无形资产	100	5	其他准备金	100
3. D	其他资产	100	6	股东权益	100

$$NSFR = \frac{可用稳定存款 + 其他可用稳定资金}{贷款所需稳定资金 + 其他业务所需稳定资金} = \frac{(\alpha + \beta) \times 各项存款}{(\gamma + \delta) \times 各项贷款}$$

$$= \frac{(\alpha + \beta)}{(\gamma + \delta)} \Big/ 存贷比$$

其中 α、β 表示各类可用稳定资金占存款比例，γ、δ 表示各类所需稳定资金占贷款比例。

NSFR 指标不仅反映了存贷比的变化，也可反映银行表外业务的状况，能更全面反映银行所面临的流动性风险。大量实证研究发现，银行流动性越好，其所承担的风险越低。

（三）控制变量

1. 银行微观特征变量

依据现阶段我国银行业经营现状，选取银行规模（银行总资产的对数，SIZE）、盈利能力（税前利润÷总资产，PROA）、银行业务表外化程度（非利息收入占比，*NIRR*）作为模型（8.1）的银行特征控制变量。

2. 宏观经济变量

由于商业银行在进行贷款投放、回收过程中会受到宏观经济状况的影响，故选取国内生产总值增速 GDP 作为宏观经济状况的代理变量。

3. 行业竞争程度

关于银行业市场结构的衡量，我们拟采用行业集中率 CR_n 反映银行业竞争程度。考虑到现阶段我国中国工商银行、中国农业银行、中国银行、中国建设银行、交通银行（工、农、中、建、交）五大国有控股商业银行资产市场份额的优势，采取 CR_5 作为银行业竞争程度的衡量指标，其值越大说明银行业集中程度越高。

三、数据来源以及描述性统计

本章样本[①]为 2010～2015[②] 年期间中国 50 家商业银行年度非平衡面板数据，包括工、农、中、建、交五家国有大型商业银行，招商银行、兴业银行、华夏银行等全国性股份制商业银行和部分城市商业银行及农村商业银行。相关银行数据源自 Bankscope 数据库，宏观经济变量数据来自 CEIC 数据库和 SHI-BOR 官网。

表 8-2 为模型变量的描述性统计，表 8-3 为变量之间的相关系数矩阵。从表 8-3 的相关系数来看，除了货币政策变量之间的相关系数较高外，其他变量的相关性并不高，为避免多重共线性的影响，后续模型估计每次只选取一个货币政策代理变量。从描述性统计数据来看，样本银行资本充足率均值为 12.88%，净稳定资金比率均值为 1.0854，均满足银保监会对于资本和流动性监管的最低要求。

---

① 样本银行：中国工商银行、中国建设银行、中国农业银行、中国银行、交通银行、招商银行、兴业银行、中信银行、上海浦东发展银行、中国民生银行、华夏银行、北京银行、广发银行、恒丰银行股份有限公司、南京银行、渤海银行股份有限公司、厦门国际银行股份有限公司、吉林银行、包商银行股份有限公司、成都银行、长沙银行、大连银行、苏州银行、河北银行、九江银行、洛阳银行、厦门银行股份有限公司、温州银行、台州银行、宁夏银行、浙江泰隆商业银行、营口银行、鄞州银行、辽阳银行（2021 年后合并至辽沈银行）、绍兴银行股份有限公司、沧州银行、德阳银行股份有限公司、莱商银行股份有限公司、东营银行、金华银行股份有限公司、重庆农村商业银行、广州农村商业银行、天津农商银行、江南农村商业银行、武汉农村商业银行、威海银行、福建海峡银行、南海农商银行、广西北部湾银行、吴江农商行（2019 年更名为苏农银行）。

② 2010 年全球银行业正式步入巴塞尔协议 III 时代。

表8-2

变量描述性统计

变量名称	代理变量	符号	均值	标准差	最小值	最大值
银行风险	风险资产占比	Risk	45.2315	9.5911	17.9730	64.1180
货币政策	社会融资规模增速	SSGR	-18.1017	4.5714	-26.9685	-12.5517
	存款准备金率	RRR	18.9236	1.2928	16.5000	20.3333
	上海同业拆借利率	SHIBOR	4.2700	0.8142	2.6692	4.9764
	一年期存款利率	DR	2.8182	0.4484	2.1160	3.2800
银行特征	存贷比	LD	0.6481	0.1042	0.2730	0.9028
	资本充足率	CAR	12.8844	2.4516	6.9000	40.3500
	净稳定资金比率	NSFR	1.0854	0.1278	0.7143	1.6259
	税前利润÷总资产	PROA	1.6010	0.5127	0.2260	3.4562
	非利息收入占比	NIRR	16.0745	12.3974	-5.6400	73.6300
	规模（千）对数	SIZE	17.6639	1.8225	15.0722	21.9533
宏观经济	GDP增长速度	GDP	8.3398	1.3135	6.9400	10.6393
	银行业竞争强度	CSBANK	0.7316	0.0115	0.7130	0.7463

表8-3

变量相关系数矩阵

变量	RISK	SSGR	RRR	SHIBOR	DR	CAR	NSFR	SIZE	PROA	NIRR	GDP	CSBANK
RISK	1											
SSGR	-0.170	1										
RRR	-0.070	0.491	1									
SHIBOR	-0.089	0.611	0.975	1								
DR	0.005	0.049	0.884	0.816	1							
CAR	-0.038	-0.080	-0.036	-0.044	-0.007	1						
NSFR	-0.006	-0.166	-0.065	-0.086	0.012	0.330	1					
SIZE	0.041	0.153	0.057	0.079	-0.006	-0.184	-0.386	1				
PROA	0.397	-0.074	0.159	0.128	0.217	0.276	0.356	-0.099	1			
NIRR	-0.021	0.185	-0.024	0.013	-0.116	-0.172	-0.332	0.330	-0.234	1		
GDP	0.189	-0.887	-0.362	-0.491	-0.005	0.093	0.156	-0.167	0.090	-0.202	1	
CSBANK	0.170	-0.870	-0.048	-0.206	0.359	0.087	0.154	-0.157	0.164	-0.231	0.913	1

四、实证结果与分析

模型（8.1）和模型（8.2）为动态面板模型，为控制内生性，拟采用 GMM 方法准确刻画货币政策与银行风险承担之间动态调整的过程。相较于两步 GMM 估计和一步差分 GMM 估计，一步系统 GMM 估计利用了更多的信息，解决了更多内生性和弱工具变量的问题，故采用一步系统 GMM 估计方法。本章通过 Sargan 检验和二阶序列自相关检验判断了工具变量选取的合理性。

在进行系统 GMM 估计时，需确定相关的前定变量和内生变量。根据前人研究经验，将规模变量 $SIZE$ 设定为前定变量，将其他微观特征变量设定为内生变量。

（一）基准模型实证结果

如表 8-4 所示，模型（8.1）的 Sargan 检验值表明不存在过度识别问题，即工具变量选取合理，AR（2）的 P 值表明不存在显著序列自相关问题，符合系统 GMM 方法使用要求。

表 8-4　　　　　　　　　　　基准模型回归结果

变量	RISK			
	（1）	（2）	（3）	（4）
RISK（-1）	0.701 *** (16.58)	0.698 *** (16.48)	0.682 *** (16.10)	0.694 *** (16.38)
SSGR	-0.788 *** (-3.00)			
RRR		-3.280 *** (-2.78)		
DR			-2.396 (-1.00)	
SHIBOR				-2.068 ** (-2.48)
CAR	8.613 *** (4.67)	8.413 *** (4.54)	8.386 *** (4.44)	8.353 *** (4.48)

变量	RISK			
	（1）	（2）	（3）	（4）
NSFR	119. 132 *** （5. 44）	119. 049 *** （5. 40）	121. 938 *** （5. 48）	119. 568 *** （5. 40）
CAR × NSFR	− 7. 640 *** （− 4. 60）	− 7. 551 *** （− 4. 51）	− 7. 693 *** （− 4. 54）	− 7. 551 *** （− 4. 49）
PROA	0. 510 （0. 48）	0. 541 （0. 51）	1. 114 （1. 06）	0. 649 （0. 61）
SIZE	2. 976 *** （8. 49）	2. 986 *** （8. 49）	2. 985 *** （8. 38）	2. 990 *** （8. 47）
NIRR	− 0. 071 ** （− 2. 15）	− 0. 072 ** （− 2. 17）	− 0. 069 ** （− 2. 07）	− 0. 072 ** （− 2. 15）
GDP	− 3. 958 *** （− 2. 73）	− 9. 797 *** （− 2. 72）	− 1. 827 （− 0. 89）	− 3. 358 ** （− 2. 26）
CSBANK	57. 463 （1. 33）	570. 542 *** （2. 82）	140. 587 （1. 08）	179. 941 ** （2. 33）
_cons	− 198. 554 *** （− 4. 87）	− 447. 212 *** （− 4. 44）	− 253. 356 *** （− 3. 30）	− 266. 877 *** （− 5. 22）
N	242	242	242	242
AR （2）（P 值）	0. 3576	0. 3573	0. 4668	0. 3587
Sargan （P 值）	0. 9513	0. 9348	0. 9502	0. 9275

注：括号内数值为 Z 统计量数值，**、***分别表示在 5% 和 1% 的水平下显著。

模型（8.1）的结果显示，价格型和数量型货币政策与银行风险承担负相关，即宽松的货币环境加大了银行风险承担意愿。从价格型货币政策来看，存款基准利率（DR）的系数并不显著，这与我国利率市场化进程的逐步完成有关，越来越多的金融机构在进行风险资产配置时更多考量的是上海同业拆借利率（SHI-BOR）。与此同时，本期风险承担行为与上一期风险承担行为显著正相关，具有一定的持续性。

资本和流动性双重约束（CAR × NSFR）的合成效应对银行风险承担的影响为负，即单一资本缓冲（黄宪和熊启跃，2013）、流动性缓冲（刘晓欣和王飞，2013）的提升会加大银行风险承担意愿，但在银行资本和流动性约束下，银行风险承担行为将发生异化。这是因为当银行面临的流动性约束加强，银行可以通过改变其资产结构（如通过资产证券化将信贷资产转化为证券投资、将低流动性资产转变为高流动性资产等）提升其流动性水平。而随着银行资产结构的改变，在现有风险资产计算框架下会导致其风险加权资产的下降，从而提升其资本充足率，此为协同效应。当然，如果流动性约束监管过于严苛（银行流动性稀缺），银行为了补充短期流动性，在不能或不愿意改变原有资产结构的情况下会倾向于采取扩表策略，即增大对负债存款的吸纳，并将新增存款转换为高流动性资产（如固定收益类产品），从而满足流动性约束的要求。但银行增持的高流动性资产毕竟存在市场风险，也会计入风险加权资产，在资本规模没有相应调整的情况下会导致银行的资本充足率水平短期下降，即产生所谓的抵消效应。从各国现实经验来看，协同效应远大于抵消效应，所以银行最优行为模式和经营策略是降低原有的风险承担意愿，重新权衡其资产负债配置。

宏观环境（GDP）与银行风险承担显著负相关，与潘敏和张依茹（2012）的研究结果一致；银行业竞争强度（CSBANK）与银行风险承担显著正相关，说明现阶段五大行的垄断局面将加大银行业整体系统性风险。

（二）货币政策风险承担异质性的回归结果

表8-5显示的是模型（8.2）的回归结果。表中Sargan检验值表明不存在过度识别问题，即工具变量选取合理，AR（2）的P值表明不存在显著序列自相关问题，符合系统GMM方法使用要求。

由于$\frac{\partial RISK}{\partial Bank} = \beta_x + \beta_y \times MP$（Bank表示银行特质性变量、$\beta_x$为银行特质性变量系数，$\beta_y$为交叉项系数），故单独分析模型（8.2）的交叉项系数是无意义的，本章将借助偏效应分析方法探寻双重约束下不同货币政策如何通过银行微观特征影响我国银行业的风险承担及其货币政策传导效果。

表8-5 货币政策风险承担异质性的回归结果

变量	RISK			
	SSGR	RRR	DR	SHIBOR
RISK（-1）	0.723 *** (16.69)	0.757 *** (15.96)	0.736 *** (16.17)	0.739 *** (16.40)
MP	-2.385 ** (-2.11)	-8.162 ** (-2.24)	-9.364 (-0.73)	-6.935 (-1.34)

续表

变量	RISK			
	SSGR	RRR	DR	SHIBOR
CAR	3.907 ***	− 13.386 ***	− 6.478 ***	− 3.800 ***
	(4.52)	(− 5.54)	(− 4.68)	(− 4.55)
NSFR	− 17.327	175.725 ***	96.584 ***	72.154 ***
	(− 1.18)	(4.19)	(3.97)	(4.75)
PROA	− 6.730 **	35.485 ***	20.600 ***	9.343 ***
	(− 2.20)	(3.49)	(3.56)	(2.61)
SIZE	4.545 ***	− 8.219 ***	− 2.590 *	− 0.879
	(6.00)	(− 3.21)	(− 1.76)	(− 0.91)
NIRR	− 0.506 ***	4.381 ***	2.039 ***	1.175 ***
	(− 3.74)	(6.81)	(6.02)	(4.99)
GDP	− 5.289 ***	− 12.812 ***	− 0.433	− 2.918 *
	(− 3.46)	(− 3.31)	(− 0.20)	(− 1.84)
CSBANK	28.079	737.059 ***	60.481	147.387 *
	(0.60)	(3.38)	(0.44)	(1.80)
MP × CAR	0.179 ***	0.701 ***	2.110 ***	0.864 ***
	(4.39)	(5.56)	(4.57)	(4.66)
MP × NSFR	− 1.683 **	− 8.197 ***	− 25.687 ***	− 11.808 ***
	(− 2.31)	(− 3.83)	(− 3.27)	(− 3.68)
MP × PROA	− 0.359 **	− 1.814 ***	− 6.567 ***	− 1.982 ***
	(− 2.38)	(− 3.47)	(− 3.47)	(− 2.64)
MP × SIZE	0.096 ***	0.546 ***	1.655 ***	0.745 ***
	(2.65)	(4.24)	(3.59)	(3.90)
MP × NIRR	− 0.026 ***	0.226 ***	− 0.679 ***	− 0.254 ***
	(− 3.30)	(− 6.92)	(− 6.23)	(− 5.33)
_cons	− 83.525 **	− 332.533 ***	− 64.355	− 109.434 **
	(− 2.17)	(− 2.67)	(− 0.74)	(− 2.10)
N	242	242	242	242
AR (2) (P 值)	0.7729	0.7343	0.9360	0.5031
Sargan (P 值)	0.9707	0.9280	0.8646	0.8882

注：括号内数值为 Z 统计量数值，* 、** 、*** 分别表示在 10% 、5% 和 1% 的水平下显著。

245

　　图 8-1 和图 8-2 为双重约束下货币政策对银行风险承担的偏效应。这里我们只刻画社会融资规模增速（数量型）和上海同业拆借利率（价格型）对银行风险承担偏效应影响的分析图。

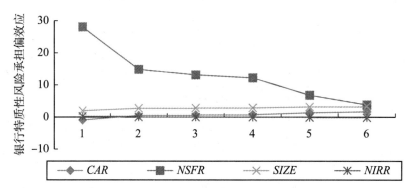

图 8-1　社会融资规模增速的影响

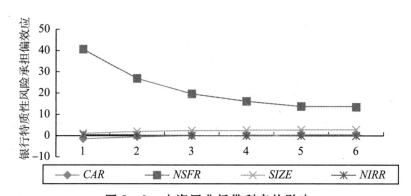

图 8-2　上海同业拆借利率的影响

注：横轴表示货币政策变量数据升序排列（由宽趋紧），纵轴表示偏效应大小。

1. 资本约束与货币政策传导

　　如图 8-1 和图 8-2 所示，不同类型的货币政策下，资本充足率对银行风险承担行为的影响呈现出非对称效应，但 $\dfrac{\partial RISK}{\partial CAR}$ 的整体变化趋势均为由负转正，即当货币政策极度宽松时，$\dfrac{\partial RISK}{\partial CAR} < 0$，极度宽松的市场环境掩盖了银行业潜在的资产负债问题，出于监管压力和银行自身稳健发展的需要，此时资本充足率的提升带来的往往是更稳健的资产配置策略，相应的风险承担意愿有所下降；当货币政策稳健并趋紧时，$\dfrac{\partial RISK}{\partial CAR} > 0$，由于对市场预期的看好，此时资本充足率的提升会促使银行投资高风险项目获取高利润的意愿加强，从而风险承担水平也相应提高。

2. 流动性约束与货币政策传导

图 8－1 和图 8－2 显示，不同类型货币政策环境下，净稳定资金比率对银行风险承担的影响不尽相同，但变化趋势一致，即 $\frac{\partial RISK}{\partial NSFR} > 0$，且随着货币政策的趋紧，$\frac{\partial RISK}{\partial NSFR}$ 的值会逐步减小。在满足监管当局静态流动性监管指标后，随着净稳定资金比率的提升，银行在资产配置方面会更加灵活，从逐利角度出发会加大高风险资产配置，因而其风险承担意愿会逐步增强，而随着货币政策的趋紧，为实现流动性、盈利性、安全性之间的平衡，银行的经营会趋于稳健，净稳定资金比率对银行风险承担的影响也会相应减小。

3. 银行规模与货币政策传导

图 8－1、图 8－2 的结果显示，不同类型、强度的货币政策环境下，规模特征对银行的风险承担的偏效应 $\frac{\partial RISK}{\partial SIZE} > 0$，且随着货币政策的趋紧，$\frac{\partial RISK}{\partial SIZE}$ 的值会逐步增加，规模特征对银行风险承担的影响越来越大。一般而言，大型商业银行拥有完备的风控技术和健全的金融安全网，风险承担意愿会大于中小银行，而随着整体货币环境的趋紧，这种差异性会更加明显。

4. 经营风格与货币政策传导

图 8－1、图 8－2 的结果显示，不同类型、强度的货币政策环境下，银行业务表外化程度对其风险承担偏效应也具有差异性，当货币政策较为宽松时，$\frac{\partial RSIK}{\partial NIRR} > 0$，即宽松的市场环境提升了银行同业理财、委外等高风险业务收入占比，进而加大了银行整体风险承担意愿；而当货币政策趋紧时，$\frac{\partial RISK}{\partial NIRR} < 0$，即偏紧的市场环境使得大量高风险表外业务无法顺利实施，此时银行业表外业务更多是中介服务类业务，表外业务占比的提升有利于改善银行收入结构，从而降低银行整体风险承担意愿。

五、稳健性检验

为检验基准模型回归结果的稳健性，我们采用存贷比的倒数 DL 作为流动性约束指标对基准模型（8－1）进行了稳健性检验，结果如表 8－6 所示。表 8－6 显示，资本和流动性双重约束下我国货币政策风险承担渠道依然存在，且双重约束的合成效应对银行风险承担的影响仍为负，说明了基准模型的结果是稳健的。

表 8 - 6　　　　　　　　　　稳健性检验回归结果

变量	RISK			
	（1）	（2）	（3）	（4）
RISK （-1）	0.214***	0.211***	0.191***	0.207***
	(4.54)	(4.40)	(3.92)	(4.27)
SSGR	-0.641***			
	(-3.38)			
RRR		-2.167**		
		(-2.49)		
DR			0.313	
			(0.17)	
SHIBOR				-1.183**
				(-1.90)
CAR	3.329***	3.079***	3.406***	3.070***
	(3.11)	(2.80)	(3.00)	(2.76)
DL	2.587	1.737	4.843	2.102
	(0.30)	(0.20)	(0.53)	(0.23)
CAR × DL	-2.169***	-2.096***	-2.365***	-2.126***
	(-3.34)	(-3.15)	(-3.46)	(-3.16)
PROA	5.583***	5.843***	6.344***	6.007***
	(7.47)	(7.77)	(8.56)	(7.99)
SIZE	0.983***	0.986***	0.982***	0.987***
	(3.93)	(3.88)	(3.77)	(3.85)
NIRR	-0.135***	-0.139***	-0.137***	-0.140***
	(-5.91)	(-5.98)	(-5.70)	(-5.95)
GDP	-3.040***	-6.253**	0.579	-1.683
	(-2.91)	(-2.35)	(0.38)	(-1.52)
CSBANK	44.263	374.503**	-4.134	101.867*
	(1.39)	(2.51)	(-0.04)	(1.79)
_cons	-13.152	-171.930**	4.262	-45.467
	(-0.48)	(-2.35)	(0.08)	(-1.27)
N	242	242	242	242
AR（2）（P值）	0.9275	0.8937	0.7512	0.9509
Sargan（P值）	0.9663	0.9784	0.9644	0.9751

注：括号内数值为 Z 统计量数值，*、**、*** 分别表示在 10%、5% 和 1% 的水平下显著。

第四节　本章小结和政策启示

本章在梳理国内外文献基础上，利用 2010～2015 年国内 50 家商业银行的财务数据，实证检验了资本和流动性双重约束下银行行为机理的异化以及货币政策风险传导的效应。基准估计模型显示，银行风险承担意愿随着货币政策环境的趋松而提升，随着利率市场化改革的逐步深化，更多的金融机构在进行风险配置时会参照同业拆借利率而非存贷款基准利率。整体来看，大型商业银行对风险承担的意愿强于中小银行，且相较于单一资本或流动性约束，资本和流动性双重约束的协同、抵消效应将促使银行降低其原有的风险承担意愿，而表外业务的开展有助于改善银行的风险承担水平。

货币政策交叉项模型实证考察了资本和流动性双重约束下，银行特质性与货币政策风险承担渠道之间的交互关系，结果显示，不同货币政策倾向下的资本充足监管和流动性监管对银行风险承担的影响具有差异性。对资本充足性监管而言，极度宽松的货币政策环境掩盖了银行业潜在的资产负债问题，为应对监管压力和稳健经营的需要，银行资本水平的提升会使得银行的投资策略更加审慎，从而降低其整体风险承担水平，而当货币政策较为稳健乃至趋紧时，对市场预期的看好会促使银行扩充资本的同时，加大高风险资产项目的配置，进而加大其整体风险承担水平；对流动性监管而言，净稳定资金比率的提升意味着流动性缓冲的加大，因此银行风险承担意愿会逐步增强，而随着货币政策的趋紧，这种影响会相应减小。这也说明了银行资本和流动性监管与货币政策环境密切相关，中央银行在制定和实施货币政策时，应保持宏观审慎监管的理念，妥善协调好货币政策与监管政策之间的关系。

综上所述，为了提高宏观金融调控的精准性、有效性和前瞻性，监管当局在构建中国版巴塞尔协议 Ⅲ 框架时，应重视资本和流动性双重约束所产生的合成效应及其带来的影响，不断加强宏观与微观审慎监管的协同，在宏观审慎监管政策与货币政策的冲突和协调中重构货币政策体系，健全货币政策和宏观审慎政策双支柱的调控框架。新监管框架下，商业银行只有不断在资本、流动性以及风险承担之间进行动态优化调整，才能找到其最优经营模式和风险管理体系。

第九章

经济发展新常态下结构性货币政策的银行信贷效应

第一节　结构性货币政策下的银行信贷资产配置问题

自 2012 年我国经济进入新常态以来，基于我国总体流动性充裕和结构性流动性短缺的现实，中央银行实施了一系列包括借贷便利、定向降准、定向降息和加大预期管理等在内的预调微调政策。客观分析这类货币政策实施的效果有利于准确把握政策调整的方向，以便做到精准施策。

前述表明，无论是发达经济体还是中国的中央银行，其采用结构性货币政策工具的目标都是缓解市场流动性，降低货币市场利率，并在此基础上，通过激励约束机制，引导商业银行等金融机构的资金资源流向实体经济领域，疏通货币政策渠道，实现由货币宽松到信贷宽松的传导。例如，中国中央银行通过定向降准、定向降息和抵押补充贷款等引导金融机构加大对国民经济重点领域、薄弱领域和民生领域的信贷资金配置。从实践来看，结构性货币政策在引导资金流向实体经济、支持经济结构调整和产业结构升级等方面发挥了一定的作用（王信和朱锦，2015；彭愈超和方意，2016）。但不容忽视的事实是，我国实体经济领域，特别是"三农"、中小微企业以及棚户区改造等领域的"融资难、融资贵"问题并没有得到有效解决（楚尔鸣等，2016；林朝颖等，2016；马理等，2017），金融机构之间资金空转的现象依然比较普遍，特别是以同业理财、同业存单及非标类资产为代表的影子银行的规模不断膨胀。对此有学者认为，尽管结构性货币政策工具释放的流动性以银行信贷的方式在一定程度上改善了实体领域的融资环境，但是，商业银行通过结构性政策实施得到的流动性，仍有部分被转移到银行间市场，或通过影子银行业务流向房地产领域和地方融资平台获取高额利润，商业银行对实体经济"惜贷"的现象仍存在，大大弱化了结构性货币政策工具的信贷宽松效果（张平，2017；黎齐，2017）。因此，一个值得探讨的问题是，在市场整体流动性充裕和实体经济流动性短缺的大背景下，中央银行频繁采用的结构性货币政策工具是否有效引导了商业银行的信贷资源配置，实现了由货币宽松到信贷宽松的传导？众所周知，信贷宽松的实现取决于货币政策引导下的商业银行信贷资产配置行为。正因为如此，在本章，我们对结构性货币政策实施下的商业银行信贷资产配置行为进行实证检验，判断结构性货币政策的银行信贷传导效果，以期为进一步完善和疏通结构性货币政策工具的传导机制提供来自资金供给侧（商业银行）的经验证据。

进一步地，从新常态以来商业银行信贷资产结构配置的实践来看，随着货币投放中外汇占款的下降，商业银行在负债端更加依赖于中央银行通过结构性货币政策工具投放的流动性，大型商业银行以结构性货币政策工具向中央银行借款的规模及其占总负债的比重均迅速上升。[①] 与此同时，大型商业银行的资产结构也发生了明显的变化，证券投资占比明显上升，而同业资产占比明显下降。以 16 家上市银行的资产负债数据为例（见图 9-1），各上市银行的中央银行借款占非存款负债的比重由 2013 年的 1.57% 迅速上升至 2017 年第一季度的 11.35%，结构性货币政策工具对商业银行负债结构的影响不断扩大；在资产端，信贷资产占总资产的比重较为稳定，而证券投资占总资产的比重由 2013 年的 20.23% 上升至 2017 年第一季度的 28.09%，同业资产占总资产的比重则由 2013 年的 10.74% 下降至 2017 年第一季度的 6.25%（见图 9-2）。由此自然引申出的问题是，结构性货币政策工具与商业银行不断提升的证券投资比例、不断下降的同业资产比例之间是否存在内在联系？如存在联系，在中央银行通过结构性货币政策工具不断投放有期限、成本偏高的流动性的情形下，商业银行不断提升证券投资比例的动机是什么？是为了提高流动性，还是为了提高投资收益？进一步地，面对资产规模大小不同，负债资金来源存在较大差异的商业银行，结构性货币政策的信贷传导效应是否存在异质性？显然，从实证的角度对这些问题予以检验和回答，将有

---

① 结构性货币政策工具在商业银行资产负债表中反映在负债端的"中央银行借款"科目，在中央银行资产负债表中反映在资产端的"对其他存款性金融机构债权"科目。

利于客观考察结构性货币政策工具的信贷宽松传导机制。

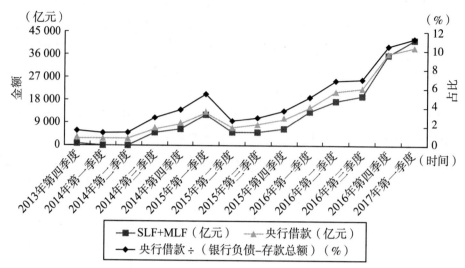

图 9-1　结构性货币政策工具规模与 16 家上市银行向中央银行借款

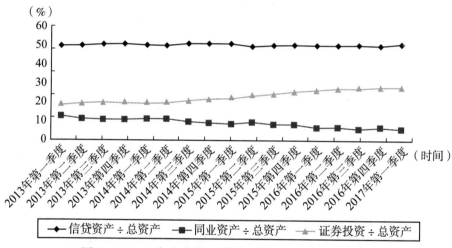

图 9-2　16 家上市银行资产配置结构的变动走势

中央银行的货币政策能否有效地影响金融机构的信贷供给取决于金融机构的资产配置行为（袁锦，2005）。由于结构性货币政策工具直接作用于大型商业银行，我国大型商业银行作为货币政策传导过程中的重要中枢，其资产配置行为充分反映了其对于货币政策调控、市场流动性变动的投资决策结果。因此，本章运用 2013~2017 年期间我国 16 家上市银行的季度数据，实证检验结构性货币政策工具对我国商业银行资产结构的影响，从银行资产配置行为的微观视角来探析结构性货币政策工具对市场流动性的传导过程。

第二节 结构性货币政策工具对商业银行
资产配置的影响机制

一、结构性货币政策工具与商业银行资产配置

结构性货币政策微调工具主要通过短期、中期借贷便利为商业银行提供短中期流动性支持。同时，这类流动性支持往往需要商业银行提供担保。因此，结构性货币政策工具主要通过资产负债配置渠道、抵押品渠道和"最后贷款人"制度影响商业银行的资产配置行为。

（一）资产负债期限匹配效应

不同的结构性货币政策工具提供的借贷便利的期限和成本不同。由于依赖于结构性货币政策工具获得的负债资金期限和成本的变化，出于资产负债期限匹配的考虑，商业银行资产端不同期限资产的配置结构也会发生变化。一方面，中央银行通过结构性货币政策工具提供的流动性的期限包括超短期、短期和中期，使用最为普遍的中期借贷便利的最长期限仅为一年。短期融资来源的增加会促使银行在资产配置过程中为了减少展期风险而将资产短期化（Paligorova and Santos，2017）。另一方面，商业银行通过结构性货币政策工具获得借贷便利资金的成本虽然低于同期限资金的市场融资成本，但仍高于外汇占款下的资金和存款性负债资金来源。融资成本的变化也会促使商业银行资产配置结构的变动，在流动性宽松环境下，融资成本的下降会激励银行配置更少的风险性资产和更多的流动性储备资产（彭建刚等，2015）。因而就商业银行负债端的期限和成本变化角度而言，结构性货币政策工具很可能会促使商业银行减少高风险、长期限的信贷资产的配置，而增加低风险、相对短期限的证券投资和同业资产的配置。

（二）抵押品效应

结构性货币政策工具要求商业银行以国债、中央银行票据、政策性金融债以及高信用等级的企业债作为抵（质）押品向中央银行获得流动性，因而在市场流动性"紧平衡"的环境下，为获得更多低于市场融资成本的流动性，商业银行会

253

迎合中央银行定向再融资政策合格抵押品的要求，增加对证券投资的持有比例。因此，从抵押品的角度来看，定向再融资政策在一定程度上会促进商业银行扩大证券投资的规模。

（三）"最后贷款人"效应

结构性货币政策工具在本质上都是中央银行充分发挥"最后贷款人"的职能向金融机构提供定向流动性支持的工具。现有研究表明，"最后贷款人"制度的存在提高了商业银行得到流动性支持的可能性，进而降低了商业银行对未来流动性不足的担心，减弱了商业银行囤积流动性的动机，从而促使银行持有更少的流动性资产和更多的风险性资产（Repullo，2004；Franck and Krausz，2007）。弗兰克和克劳斯（Franck and Krausz，2007）从理论上证明了当存在"最后贷款人"制度时，商业银行持有的流动性资产较不存在"最后贷款人"制度时低。因而从"最后贷款人"制度角度，结构性货币政策工具会促进商业银行增加对低流动性、高风险的信贷资产的配置，减少对高流动性、低风险的证券投资和同业资产的配置。

因此，在上述三种渠道的作用下，中央银行结构性货币政策工具对商业银行资产配置结构的影响取决于三种渠道的综合效应。具体而言，结构性货币政策工具对信贷资产的影响取决于资产负债匹配渠道的负效应和"最后贷款人"渠道的正效应，对证券投资的影响取决于资产负债匹配渠道的正效应、抵押品渠道的正效应和"最后贷款人"渠道的负效应，对同业资产的影响则取决于资产负债匹配渠道的正效应和"最后贷款人"渠道的负效应。为此，我们提出假设9-1。

H9-1：结构性货币政策工具会显著影响商业银行在信贷资产、证券投资和同业资产的配置结构。

二、结构性货币政策工具与商业银行非信贷资产配置

商业银行传统的证券投资标的主要包括国债、中央银行票据、政策性金融债以及高信用等级的企业债。自2013年以来，为规避信贷规模管制并增加投资收益，商业银行广泛投资于同业理财、非标债权、信托与资管计划等"非标"资产。此外，同业存单自2013年底推出后便成为大型商业银行向中小型商业银行转移流动性的重要工具（任泽平，2017）。而从证券投资的具体分类来看，商业银行的证券投资主要包括交易性金融资产、可供出售金融资产、持有至到期投资和应收款项类投资。其中，交易性金融资产和可供出售金融资产均以近期出售

或回购、获取短期价差收益和补充商业银行流动性为持有目的，故将其划入交易类投资；而持有至到期投资和应收款项类投资通常以长期持有、获取利息收入为持有目的，故将其划入配置类投资。因而，配置类投资既能较好地满足商业银行运用结构性货币政策工具获取流动性的合格抵押品要求，又能显著提高商业银行的投资收益，规避资金成本上升带来的利润下降；交易类投资则具有较强的投机动机，且能有效地提高商业银行的流动性。因此，结构性货币政策工具对证券投资的资产负债匹配效应和抵押品效应主要是通过配置类投资发挥作用，而"最后贷款人"效应主要是通过交易类投资发挥作用。据此，我们提出假设 9 - 2。

H9 - 2：结构性货币政策工具会显著促进商业银行增加对配置类证券投资的比例，减少对交易类证券投资的比例。

三、结构性货币政策工具对银行信贷配置影响的异质性

由于不同商业银行在融资结构、流动性水平等特征上的差异，使得商业银行面对市场流动性冲击的敏感性不同，进而导致不同个体特征的商业银行面对流动性冲击时的资产配置行为存在较大的差异（索彦峰和陈继明，2008；中国人民银行营业管理部课题组，2011）。一方面，资产规模大的银行拥有更广泛的融资渠道和更低的融资成本，因而其资产配置结构更为稳健，面对货币政策冲击时具有更强的抵御缓冲能力（Kim and Sohn，2017）；另一方面，核心负债来源更稳定、对短期负债依赖程度越小的银行对外部流动性冲击的敏感性越小，因而其资产配置结构受结构性货币政策工具的影响越小。科内特等（Cornett et al.，2011）对美国的银行业研究发现，金融危机期间，融资来源更稳定的银行更倾向于维持稳定的信贷增长，而非流动性资产比例较高、未使用表外信贷承诺的银行则有更强的动机去囤积流动性。莱格和金姆（Jung and Kim，2015）对韩国银行信贷行为的研究也发现，当面临严重的市场流动性紧缩时，批发性融资占比高的银行受到的冲击较大，倾向于大幅缩减信贷资产，而核心融资占比高的银行受到的冲击较小，反而会继续增加对企业的贷款。因此，我们提出假设 9 - 3。

H9 - 3：对于不同资产规模和不同负债结构的商业银行，结构性货币政策工具对其资产配置行为具有异质性效应。

第三节　结构性货币政策对商业银行信贷
资产配置影响的实证分析

一、模型设定与变量选取

根据本章的研究目标，参考熊启跃和曾刚（2015）的方法，构建以商业银行资产结构为被解释变量，结构性货币政策工具为主要解释变量的动态面板模型。由于商业银行的生息资产主要包括信贷资产、证券投资和同业资产，故本章依次将各类资产占总资产的比重作为被解释变量以全面考虑结构性货币政策工具对各类资产占比的影响。假定商业银行在做出当期资产配置决策时会综合考虑上一期资产质量、收益水平、风险水平、监管政策等情况，故我们在模型中引入解释变量的滞后一期来进行检验。

（一）结构性货币政策工具对商业银行资产配置行为的影响

$$Loan_{i,t} = \beta_0 + \beta_1\,Loan_{i,t-1} + \beta_2\,Facility_{i,t-1} + \beta_3\,Controls_4 + U_i + \varepsilon_{i,t} \qquad (9.1)$$

$$Sec_{i,t} = \beta_0 + \beta_1\,Sec_{i,t-1} + \beta_2\,Facility_{i,t-1} + \beta_3\,Controls + U_i + \varepsilon_{i,t} \qquad (9.2)$$

$$Inter_{i,t} = \beta_0 + \beta_1\,Inter_{i,t-1} + \beta_2\,Facility_{i,t-1} + \beta_3\,Controls + U_i + \varepsilon_{i,t} \qquad (9.3)$$

其中，被解释变量 $Loan_{i,t}$ 表示 i 银行在第 t 期的信贷余额占总资产的比例；$Sec_{i,t}$ 表示 i 银行在第 t 期的证券投资余额占总资产的比例，此处的证券投资主要包括交易性金融资产[①]、可供出售金融资产、持有至到期投资和应收款项类投资的总和；$Inter_{i,t}$ 表示 i 银行在第 t 期的同业资产余额占总资产的比例，此处的同业资产主要包括存放同业、拆出资金以及买入返售金融资产的总和。与此同时，我们分别选取了各类资产占比的滞后一期来度量商业银行资产结构的持续性。

核心解释变量 $Facility_{i,t}$ 表示结构性货币政策工具，即 i 银行在第 t 期通过结构性货币政策工具向中央银行获得的流动性占总负债的比重。在实践操作过程中，商业银行通过再贷款、再贴现、常备借贷便利、中期借贷便利、信贷资产质

---

① 包括交易性金融资产和以公允价值计量且变动计入当期损益的金融资产。

押再贷款等工具[1]向中央银行获得流动性，并形成中央银行资产端的"对其他存款性金融机构债权"和商业银行负债端的"中央银行借款"，这些结构性货币政策工具在本质上都是中央银行向金融机构提供定向流动性支持的工具，是传统的再贴现工具在抵押品扩充、期限调整、功能扩展后的衍生和创新。与传统的法定存款准备金率、公开市场操作等总量性货币政策工具不同的是，结构性货币政策工具在操作上具有较强的定向调控性，在一定程度上导致了基础货币投放的定向性和市场流动性的结构效应。因此，商业银行向中央银行借款可以较好地度量其通过各类结构性货币政策工具向中央银行获得的流动性。此外，通过对比中央银行资产端"对其他存款性金融机构债权"和同期中期借贷便利和抵押补充贷款的余额数据，以及16家上市银行向中央银行借款数据，可以发现中期借贷便利是商业银行向中央银行借款的最主要途径（见图9-1）。

考虑到银行的资产配置行为受到内部监管政策、资金来源额度及成本、风险水平以及外部宏观经济环境等诸多因素的影响，本章的控制变量包括银行特征变量和宏观经济变量。在银行特征方面，我们选择的控制变量主要包括：（1）核心负债比（$Core$），即存款占总负债的比例。存款是商业银行最稳定且成本最低的负债来源，已有研究表明不同融资结构的银行的资产配置行为存在较大差异（Cornett et al.，2011；Ivashina and Scharfstein，2010；Jung and Kim，2015）。（2）银行资产规模（$Size$）。不同规模银行的资产配置结构存在明显的差异。资产规模特征是影响商业银行对货币政策异质性反应的重要因素（徐明东和陈学彬，2011）。从我国商业银行资产配置情况来看，资产规模较大的银行以传统信贷业务为主，而规模较小银行的信贷市场份额较小，更加倾向证券投资和同业业务。（3）净资产收益率（Roe），度量商业银行的收益水平。一般而言，信贷资产的平均收益率高于证券投资和同业资产的平均收益率，商业银行的收益水平在一定程度上可以反映其资产配置结构，高收益率的银行更有可能配置较多的信贷资产（高风险资产）和较少的债券资产和同业资产（低风险资产）。（4）不良贷款率（Npl），衡量商业银行的风险水平。风险水平高的银行很可能在下期资产配置过程中减少高风险资产，增加低风险资产。（5）贷存比（Ldr），衡量商业银行的流动性水平。瓦格纳（Wagner，2007）运用理论分析表明，银行资产流动性的改善可以明显提高银行资产的变现能力，进而促使银行持有更多的风险性资产。而沢田（Sawada，2010）研究却发现，商业银行的存款变化与流动资产配置比例成反比，遭受较大的流动性负冲击的商业银行，在下一期资产配置过程中会

---

[1] 由于抵押补充贷款的操作对象只针对三家政策性银行（国家开发银行、中国农业发展银行、中国进出口银行），故此处未考虑抵押补充贷款。

明显提高流动资产比例，以提高流动性冲击的防御能力。（6）资本充足率（*Car*）。大量研究都表明资本监管对银行资产配置行为具有重要的影响。大部分学者认为资本充足率低的银行会减少高风险资产，增持低风险资产，在保证一定收益的同时较大幅度地提高资本充足率（黄宪和熊启跃，2011；Francis and Osborne，2009），也有学者研究发现，由于资本调整成本的存在，银行资本充足率往往与其信贷增速呈负相关关系（Mora and Logan，2010；Conffinet，2012）。2014 年 5 月 16 日，中央银行、银监会、证监会、保监会和外汇管理局联合发布《关于规范金融机构同业业务的通知》，银监会发布《中国银监会办公厅关于规范商业银行同业业务治理的通知》，重点对商业银行同业业务和影子银行进行了约束和规范，为控制上述文件对商业银行资产配置行为的影响，设置虚拟变量（Supervision）。当样本时间处于 2014 年第二季度至 2015 年第一季度时该值取 1，否则取 0。

在宏观经济变量方面，我们主要选取了经济增速（*Gdp*）和广义货币供应量增速（*M2*）分别衡量宏观经济冲击和货币政策环境对商业银行资产配置行为的影响。此外，U_i 是衡量单个银行截面效应的变量，$\varepsilon_{i,t}$ 为残差项。

（二）结构性货币政策工具对商业银行证券投资结构的影响

证券投资兼具提高流动性和增加投资收益的双重目标，不同科目的证券投资在持有目的和交易特征方面存在较大差异，交易类投资（包括交易类金融资产和可供出售金融资产）的持有期限较短，投资收益稳定性较差，但能显著提高商业银行的流动性；配置类投资（包括持有至到期投资和应收款账项投资）的持有期限较长且投资收益较为稳定，能有效提高商业银行的投资收益。当面对中央银行通过结构性货币政策工具投放的有期限、成本偏低的流动性，商业银行不断提高证券投资比例的背后究竟是为了提高流动性，还是为了增加投资收益？因此，我们将进一步考察结构性货币政策工具对商业银行证券投资结构的影响，以探索结构性货币政策工具对商业银行资产配置行为作用的深层次原因。

$$Sec1_{i,t} = \beta_0 + \beta_1 Sec1_{i,t-1} + \beta_2 Facility_{i,t-1} + \beta_3 Controls + U_i + \varepsilon_{i,t} \tag{9.4}$$

$$Sec2_{i,t} = \beta_0 + \beta_1 Sec2_{i,t-1} + \beta_2 Facility_{i,t-1} + \beta_3 Controls + U_i + \varepsilon_{i,t} \tag{9.5}$$

其中，被解释变量 $Sec1_{i,t}$ 表示 i 银行在第 t 期的交易类投资占总资产的比例，$Sec2_{i,t}$ 表示 i 银行在第 t 期的配置类投资占总资产的比例。

（三）结构性货币政策工具对商业银行资产配置行为的异质性影响

如前所述，不同规模、不同负债结构的银行资产配置行为存在差异，其资产结构对结构性货币政策工具的反应也可能会存在异质性。我们在前述模型的基础上依次加入结构性货币政策工具与银行资产规模、核心负债占比的交互项

$Facility_{i,t-1} \times Size_{i,t-1}$、$Facility_{i,t-1} \times Core_{i,t-1}$ 来分别检验结构性货币政策工具对不同特征银行的资产配置行为的异质性影响。

$$Asset_{i,t} = \beta_0 + \beta_1 Asset_{i,t-1} + \beta_2 Facility_{i,t-1} + \gamma_1 Facility_{i,t-1} \times Size_{i,t-1}$$
$$+ \beta_3 Size_{i,t-1} + \beta_4 Controls_{i,t-1} + U_i + \varepsilon_{i,t} \tag{9.6}$$

$$Asset_{i,t} = \beta_0 + \beta_1 Asset_{i,t-1} + \beta_2 Facility_{i,t-1} + \gamma_1 Facility_{i,t-1} \times Core_{i,t-1}$$
$$+ \beta_3 Core_{i,t-1} + \beta_4 Controls_{i,t-1} + U_i + \varepsilon_{i,t} \tag{9.7}$$

其中，$Asset$ 依次代表信贷资产占比（$Loan$）、证券投资占比（Sec）、同业资产占比（$Inter$）和交易类投资占比（$Sec1$）、配置类投资占比（$Sec2$）。上述方程中的交互项分别用以考察结构性货币政策工具对不同资产规模、不同融资结构银行的资产配置行为的影响，其系数的经济学含义受到 $Facility_{i,t-1}$ 系数的影响。方程（9.6）中，当 $Facility_{i,t-1}$ 系数为正（负），同时交互项 $Facility_{i,t-1} \times Size_{i,t-1}$ 系数亦显著为正（负），即资产规模越大的银行，结构性货币政策工具对其该类资产配置的正（负）向效应会增强；反之，若 $Facility_{i,t-1}$ 系数为正（负），同时交互项 $Facility_{i,t-1} \times Size_{i,t-1}$ 系数显著为负（正）时，即资产规模越大的银行，结构性货币政策工具对其该类资产配置的正（负）向效应会减弱。方程（9.7）中交互项的经济含义与方程（9.6）类似。

二、样本选取与数据说明

（一）样本选取

由于结构性货币政策工具的操作对象都具有较强的定向调控性，如抵押补充贷款只针对三家政策性银行，中期借贷便利的操作对象仅限于符合宏观审慎管理要求的商业银行和政策性银行，早期的常备借贷便利的操作对象主要是政策性银行和全国性商业银行，同时考虑到中央银行并未公布各结构性货币政策工具的具体操作对象。因此，我们的样本选定为 2013 年第四季度至 2017 年第一季度 16 家上市银行①的平衡面板数据②。基础数据主要来自 Bankscope 数据库、各上市银行定期报告（季报、半年报和年报）以及 Wind 资讯。相关变量定义及数据来源如表 9 - 1 所示。

---

① 本章选取的 16 家上市银行主要包括 5 家国有控股商业银行（中国工商银行、中国银行、中国建设银行、中国农业银行、交通银行）、8 家股份制商业银行（招商银行、中信银行、中国民生银行、兴业银行、上海浦东发展银行、华夏银行、平安银行、光大银行）以及 3 家城市商业银行（北京银行、南京银行、宁波银行）。

② 北京银行并未公布第一季度和第三季度的资本充足率数据，我们采取移动平均法的方式进行补缺。

表 9-1　　　　　　　　　　　　变量说明与数据来源

变量标识	变量名称	含义	数据来源
Loan	信贷资产占比	信贷余额÷总资产	笔者计算得到
Sec	债券资产占比	债券余额÷总资产	笔者计算得到
Inter	同业资产占比	同业资产余额÷总资产	笔者计算得到
Sec1	交易类投资占比	（交易性金融资产+可供出售金融资产）÷总资产	笔者计算得到
Sec2	配置类投资占比	（持有至到期投资+应收款项类投资）÷总资产	笔者计算得到
Facility	结构性货币政策工具	向中央银行借款÷总负债	银行定期报告
Core	核心负债占比	存款余额÷总负债	笔者计算得到
Size	银行资产规模	总资产的自然对数	Bankscope 数据库
Roe	净资产收益率	净利润÷净资产	Bankscope 数据库
Ldr	贷存比	贷款总额÷存款总额	Bankscope 数据库
Npl	不良贷款率	不良贷款余额÷贷款余额	Bankscope 数据库
Car	资本充足率	资本净额÷风险加权资产	Bankscope 数据库
Supervision	金融监管	虚拟变量	笔者设置
Gdp	宏观经济增速	GDP 增长率	Wind 资讯
M2	广义货币增速	M2 增长率	Wind 资讯

（二）描述性统计

各变量的全样本描述性统计结果如表 9-2 所示。

表 9-2　　　　　　　　　　全样本描述性统计

变量	观测数	平均值	标准差	最小值	最大值
Loan	224	45.90	7.41	26.89	55.78
Sec	224	26.81	10.78	9.44	54.97
Inter	224	11.08	6.11	1.66	31.42
Sec1	224	8.57	6.34	0.58	37.98
Sec2	224	18.93	7.53	5.30	41.80
Facility	224	1.25	1.491	0	6.17
Core	224	69.75	9.13	45.97	86.95

变量	观测数	平均值	标准差	最小值	最大值
Size	224	15.31	1.05	12.98	17.03
Roe	224	16.32	3.78	7.75	25.80
Ldr	224	72.71	9.35	42.68	94.75
Npl	224	1.32	0.58	0.65	8.19
Car	224	12.33	1.29	9.88	15.55
Supervision	224	0.29	0.45	0	1.00
Gdp	224	7.03	0.31	6.70	7.70
M2	224	12.42	1.07	10.60	14.70

从表 9-2 来看，在商业银行资产配置中，信贷资产占总资产的比例最大（平均值为 45.90%），证券投资占比次之（26.81%），同业资产占比最小（为 11.08%）。而在证券投资结构中，交易类投资占比仅为 8.57%，配置类投资占比达到 18.93%。但不同银行的资产配置结构存在较大差异，信贷资产占总资产比例最大值为 55.78%（2015 年第四季度中国建设银行），最小值为 26.89%（2015 年第三季度南京银行）；证券投资占总资产比例最大值为 54.97%（2016 年第一季度南京银行），最小值为 9.44%（2013 年第四季度中国民生银行）；同业资产占总资产比例最大为 31.42%（2014 年第一季度兴业银行），最小值仅为 1.66%（2016 年第四季度兴业银行）。此外，在证券投资结构方面，交易类投资占总资产比例最大为 37.98%（2016 年第一季度宁波银行），最小仅为 0.58%（2013 年第四季度平安银行），而配置类投资占总资产比例最大为 41.80%（2016 年第二季度兴业银行），最小为 5.3%（2013 年第四季度中国民生银行）。总体而言，自 2013 年以来，上市银行的证券投资占总资产的比例稳步上升，同业资产占比缓慢下降，而信贷资产占比的变动并不明显。在证券投资结构中，交易类投资占总资产比例由 2013 年底的 6.57% 缓慢上升至 2017 年第一季度的 9.72%，而配置类投资占比则由 13.66% 快速上升至 18.37%。

此外，从商业银行的负债结构来看，存款占总负债的比例最大为 86.95%（2014 年第一季度中国农业银行），最小仅为 45.97%（2016 年第三季度兴业银行）。商业银行通过结构性货币政策工具向中央银行获得的借款不断增加，其占总负债的比例最大值达到 6.17%（2017 年第一季度交通银行）。

三、估计方法

由于 OLS 方法对动态面板模型估计的结果会因为被解释变量的滞后项与截面效应之间的相互关联导致的内生性问题而产生偏差（Arellano and Bond，1991；Bond and Bludell，1998），因此，本章采用差分广义矩估计（GMM）方法进行估计，该方法通过引入 IV 式和 GMM 式工具变量，能有效地避免引入被解释变量滞后项带来的内生性问题。由于单步 GMM 估计能在样本量较少的情况下利用更多的数据信息，对于样本量受限的模型而言，单步 GMM 估计相比两步 GMM 估计更为可靠，因此，本章选用单步 GMM 对上述模型进行估计。

四、实证结果与分析

（一）结构性货币政策工具与商业银行资产配置行为

表 9 - 3 显示了结构性货币政策工具与银行资产配置行为的关系，其中第（1）~（3）列从整体上反映了结构性货币政策工具分别对商业银行信贷资产、证券投资、同业资产配置比例的影响，第（4）和第（5）列从证券投资的结构角度出发，进一步分析了结构性货币政策工具对商业银行交易类投资与配置类投资的影响。为保证估计的有效性和稳健性，我们对所有模型都进行了工具变量的过度识别检验和扰动项的序列自相关检验，所有的 $Sargan - P$ 和 $AR（2）- P$ 值都大于 0.1，表明所选择的工具变量合适，且扰动项并不存在二阶和更高阶的序列自相关，系统 GMM 的估计结果是有效的。

表 9 - 3   结构性货币政策工具对银行资产配置的影响

Variables	(1)	(2)	(3)	(4)	(5)
	loan	sec	inter	sec1	sec2
Loan（-1）	0.433** (2.12)				
Sec（-1）		0.776*** (9.10)			
Inter（-1）			0.777*** (8.19)		

续表

Variables	(1) loan	(2) sec	(3) inter	(4) sec1	(5) sec2
Sec1 (−1)				0.697*** (12.83)	
Sec2 (−1)					0.773*** (17.47)
Facility (−1)	0.003 (0.02)	0.554*** (2.77)	−0.657*** (−2.74)	−0.029 (−0.31)	0.714*** (3.11)
Core (−1)	0.137 (0.85)	−0.158* (−1.75)	0.357** (2.56)	−0.022 (−0.64)	−0.111* (−1.84)
Size (−1)	2.983** (2.16)	−9.360*** (−3.99)	3.294 (1.44)	3.208*** (2.58)	−13.213*** (−5.33)
Roe (−1)	−0.037 (−1.00)	−0.015 (−0.23)	−0.049 (−1.27)	0.017 (1.08)	−0.066 (−1.20)
Ldr (−1)	0.099 (0.70)	−0.140 (−1.21)	0.194 (0.87)	0.008 (0.12)	−0.186* (−1.92)
Npl (−1)	0.248 (1.13)	−0.055 (−0.36)	−0.093 (−0.44)	0.099 (0.98)	0.110 (0.42)
Car (−1)	0.039 (0.23)	0.332 (0.71)	0.595 (0.98)	0.160 (0.85)	−0.023 (−0.08)
Supervision (−1)	0.823*** (5.38)	0.076 (0.20)	−1.397*** (−2.78)	0.052 (0.15)	−0.060 (−0.19)
Gdp (−1)	1.296* (1.89)	−5.142*** (−3.87)	3.127*** (2.97)	0.133 (0.23)	−5.778*** (−3.49)
M2 (−1)	0.080 (0.98)	0.195 (1.28)	−0.414*** (−2.90)	−0.037 (−0.44)	0.246 (1.46)
Constant	−46.963 (−1.40)	198.386*** (4.47)	−109.732** (−2.10)	−48.071* (−1.78)	266.199*** (5.15)
Observation	192	192	192	192	192
AR (1)	0.0019	0.0143	0.0023	0.0693	0.0069
AR (2)	0.2835	0.1524	0.4120	0.3536	0.3024
Sargan − P	0.4517	0.2195	0.2456	0.2016	0.2756

注：各变量系数后括号内的数字为经小样本调整的 t 统计量，*、** 和 *** 分别表示在 10%、5% 和 1% 的置信水平下显著；AR（1）和 AR（2）分别代表一阶和二阶残差自相关检验的 P 值，$Sargan-P$ 为对工具变量的过度识别检验的 P 值。

从表9-3可以看出，各类资产占比的滞后项的系数都显著为正，这表明商业银行的资产配置行为具有一定的持续性，也从侧面证明了本章选用动态面板模型的合理性。结构性货币政策工具对商业银行各类资产结构的影响并不相同：在模型（1）中，结构性货币政策工具的系数为正，但并不显著，表明结构性货币政策工具对信贷资产的影响并不明显；在模型（2）中，结构性货币政策工具的系数显著为正，表明结构性货币政策工具显著地促进了商业银行资产中证券投资比例的上升；模型（3）中，结构性货币政策工具的系数显著为负，表明结构性货币政策工具显著地降低了商业银行资产中同业资产的比例。因此，该结论，一方面证实了前述假设9-1，即结构性货币政策工具显著地影响了商业银行对证券投资和同业资产的配置结构，但对信贷资产配置的影响并不显著；另一方面说明结构性货币政策工具通过资产负债匹配渠道和抵押品渠道对证券投资的正效应强于"最后贷款人"渠道对证券投资的负效应，通过"最后贷款人"渠道对同业资产的负效应强于通过资产负债匹配渠道对同业资产的正效应。

从银行层面的控制变量来看，核心负债占比与证券投资占比显著负相关，与同业资产占比显著正相关，这表明存款占总负债比例低的银行更倾向于提高证券投资比例、降低同业资产的比例。资产规模与信贷资产占比显著正相关，与证券投资占比显著负相关，这说明大银行更倾向于配置较高比例的信贷资产和较低比例的证券投资资产。样本期间不断强化的金融监管政策显著地降低了商业银行对同业资产的配置比例，提升了商业银行对信贷资产的配置比例。此外，其他银行特征变量与各资产配置结构之间并不存在显著的相关关系。从宏观层面的控制变量来看，在经济上行期间，商业银行更倾向配置较高比例的信贷资产和同业资产，并减少证券投资的比例，这可能由经济形势向好时实体经济信贷需求增加，商业银行减少证券投资比例并增加信贷投放所致。与此同时，扩张型货币政策会促进商业银行增加信贷资产和证券投资的比例，并减少同业资产的比例。

进一步对商业银行证券投资结构分析，通过模型（9.4）和模型（9.5）可以发现，结构性货币政策工具对交易类投资的影响为负但并不显著，但对配置类投资具有显著的正向影响，这说明结构性货币政策工具主要提高了商业银行配置类投资的比例。结合前述假设9-2，说明结构性货币政策工具通过资产负债匹配渠道和抵押品渠道显著地促进了配置类证券投资的增加，但"最后贷款人"效应并不明显，交易类证券投资并未出现显著下降。对此我们认为，一方面，在中央银行不断运用结构性货币政策工具对冲外汇占款下降的过程中，商业银行的资金成本不断提高，商业银行面临着提高投资收益、增加低成本流动性来源的迫切需求，因而在资产负债的期限及成本匹配渠道和合格抵押品渠道下，显著地提高了优质债券资产以及资产管理计划、资金信托计划、理财产品等"非标"资产的配置；另一方面，我国商业银行的交易类证券投资在维持流动性的同时具有更强的投机动机，结构性货币政策工具的"最后贷款人"渠道主要通过高流动性、低风险的同业资产发挥作用。

（二）结构性货币政策工具与商业银行资产配置行为的异质性

表 9 - 4 为引入结构性货币政策工具与资产规模交互项的全样本估计结果。从估计结果来看，各模型中结构性货币政策工具变量以及其他控制变量的系数与表 9 - 3 中的估计基本保持一致。模型（1）的回归结果显示，结构性货币政策工具与资产规模的交互项 $Facility_{i,t-1} \times Size_{i,t-1}$ 的系数并不显著，进一步说明结构性货币政策工具对商业银行的信贷资产配置的影响并不显著。模型（2）中结构性货币政策工具与资产规模的交互项 $Facility_{i,t-1} \times Size_{i,t-1}$ 的系数显著为负，表明随着商业银行资产规模的增大，结构性货币政策工具对证券投资配置的正向效应降低，即商业银行增加证券投资的比例会有所下降。模型（3）中结构性货币政策工具与资产规模的交互项 $Facility_{i,t-1} \times Size_{i,t-1}$ 的系数显著为正，这表明随着商业银行资产规模的增大，结构性货币政策工具对同业资产配置的负向效应会降低。而对于商业银行证券投资结构，模型（4）中结构性货币政策工具与资产规模的交互项 $Facility_{i,t-1} \times Size_{i,t-1}$ 的系数并不显著，而模型（5）中结构性货币政策工具与资产规模的交互项 $Facility_{i,t-1} \times Size_{i,t-1}$ 的系数显著为负，说明随着资产规模的扩大，结构性货币政策工具对配置类投资的正向效应会降低，这与模型（2）中的结论非常一致，进一步说明商业银行证券投资的变化主要源于配置类投资资产的变动。表 9 - 4 的结论证实了前述假设 9 - 3。

表 9 - 4　　结构性货币政策工具对不同规模商业银行资产配置的异质性影响

Variables	(1) loan	(2) sec	(3) inter	(4) sec1	(5) sec2
Loan（-1）	0.517** (2.52)				
Sec（-1）		0.734*** (5.02)			
Inter（-1）			0.821*** (8.33)		
Sec1（-1）				0.727*** (12.40)	

续表

Variables	(1)	(2)	(3)	(4)	(5)
	loan	sec	inter	sec1	sec2
Sec2（-1）					0.711*** (7.44)
Facility（-1）	-0.578 (-0.35)	6.617** (2.04)	-14.578*** (-3.06)	0.360 (0.19)	7.925** (2.52)
Facility（-1）× Size（-1）	0.039 (0.36)	-0.411** (-2.00)	0.869*** (2.87)	-0.028 (-0.23)	-0.493** (-2.41)
Core（-1）	0.091 (0.58)	-0.151** (-2.03)	0.723*** (4.95)	-0.030 (-0.99)	-0.152* (-1.63)
Size（-1）	3.368** (2.29)	-5.883 (-1.28)	9.363** (2.20)	2.943*** (2.64)	-9.109*** (-2.73)
Roe（-1）	-0.012 (-0.34)	-0.022 (-0.50)	-0.034 (-0.71)	0.017 (1.10)	-0.022 (-0.48)
Ldr（-1）	0.059 (0.44)	-0.157** (-2.11)	0.636*** (6.51)	0.009 (0.15)	-0.143*** (-2.83)
Npl（-1）	0.261 (1.14)	-0.095 (-1.18)	0.010 (0.08)	0.108 (1.06)	-0.085 (-1.48)
Car（-1）	0.121 (0.73)	0.350** (2.18)	-0.356 (-1.04)	0.086 (0.55)	0.386** (2.07)
Supervision（-1）	0.813*** (5.37)	0.172 (0.43)	-1.242** (-2.38)	0.078 (0.23)	0.071 (0.22)
Gdp（-1）	1.423** (2.04)	-4.414*** (-3.54)	3.261*** (3.12)	-0.018 (-0.04)	-4.483*** (-3.03)
M2（-1）	0.082 (1.10)	0.135 (0.89)	-0.356** (-2.19)	-0.047 (-0.54)	0.229 (1.16)
Constant	-52.942 (-1.55)	145.060* (1.93)	-250.448*** (-3.11)	-41.665* (-1.77)	190.431*** (3.12)
Observation	192	192	192	192	192
AR（1）	0.0017	0.0357	0.0076	0.0518	0.0145
AR（2）	0.3670	0.1983	0.1794	0.4281	0.3369
Sargan-P	0.3813	0.4052	0.1449	0.1682	0.1091

注：各变量系数后括号内的数字为经小样本调整的 t 统计量，*、** 和 *** 分别表示在 10%、5% 和 1% 的置信水平下显著；AR（1）和 AR（2）分别代表一阶和二阶残差自相关检验的 P 值，$Sargan-P$ 为对工具变量的过度识别检验的 P 值。

表 9 - 5 为引入结构性货币政策工具与核心负债占比交互项的全样本估计结果。从估计结果来看，模型（2）中结构性货币政策工具与核心负债占比的交互项 $Facility_{i,t-1} \times Core_{i,t-1}$ 的系数显著负相关，这说明随着商业银行核心负债占比的下降，结构性货币政策工具对证券投资配置的正向效应会增强，而模型（3）中结构性货币政策工具与核心负债占比的交互项 $Facility_{i,t-1} \times Core_{i,t-1}$ 的系数显著正相关，说明随着商业银行核心负债占比的下降，结构性货币政策工具对同业资产配置的负向效应会增强。因此，商业银行核心负债占比的下降，会进一步强化结构性货币政策工具对银行资产配置行为的影响。对此，我们认为，随着外汇占款的不断下降以及互联网金融的冲击，商业银行的存款占总负债的比例不断下降，导致商业银行负债端的成本不断上升，而结构性货币政策工具相对于批发性融资、发行债券等融资渠道而言具有明显的成本优势，因而核心负债占比越低的银行更倾向于运用结构性货币政策工具获得融资，进而导致结构性货币政策工具对银行资产配置行为的影响更大。表 9 - 5 的结论也证实了前述假设 9 - 3。

表 9 - 5　　结构性货币政策工具对不同负债结构商业银行资产
配置的异质性影响

Variables	(1)	(2)	(3)	(4)	(5)
	loan	sec	inter	sec1	sec2
Loan （-1）	0.644** (2.09)				
Sec （-1）		0.803*** (15.53)			
Inter （-1）			0.720*** (13.34)		
Sec1 （-1）				0.735*** (12.01)	
Sec2 （-1）					0.740*** (10.10)
Facility （-1）	-0.203 (-0.19)	2.756** (1.69)	-6.145*** (-2.63)	0.092 (0.12)	2.231* (1.30)
Facility （-1） × Core （-1）	0.006 (0.37)	-0.036* (-1.51)	0.084** (2.37)	-0.003 (-0.27)	-0.024 (-0.92)
Core （-1）	-0.215 (-1.11)	-0.241** (-2.40)	0.191* (1.80)	-0.036 (-1.63)	-0.171* (-1.79)

Variables	(1)	(2)	(3)	(4)	(5)
	loan	sec	inter	sec1	sec2
Size（-1）	2.549	-10.291 ***	3.535	2.847 **	-14.077 ***
	(1.14)	(-4.90)	(1.25)	(2.31)	(-4.45)
Roe（-1）	-0.004	-0.030	0.010	0.015	-0.071
	(-0.15)	(-0.60)	(0.25)	(0.98)	(-1.41)
Ldr（-1）	-0.208	-0.176 **	0.251 **	0.012	-0.235 ***
	(-1.06)	(-2.55)	(2.57)	(0.22)	(-3.47)
Npl（-1）	0.236	-0.063	0.062	0.066	0.402
	(1.07)	(-0.33)	(0.88)	(0.58)	(0.81)
Car（-1）	0.102	-0.343	0.260	0.075	-0.232
	(0.47)	(-0.88)	(0.59)	(0.45)	(-0.81)
Supervision（-1）	0.922 ***	0.342	-1.200 ***	0.090	0.029
	(4.15)	(0.82)	(-2.72)	(0.28)	(0.09)
Gdp（-1）	1.359 *	-5.808 ***	4.191 ***	-0.047	-6.525 ***
	(1.72)	(-5.19)	(3.35)	(-0.10)	(-4.36)
M2（-1）	0.047	0.174	-0.344 **	-0.047	0.197
	(0.80)	(1.06)	(-1.96)	(-0.55)	(1.18)
Constant	-4.644	236.109 ***	-110.819 *	-39.614 *	296.065 ***
	(-0.09)	(6.68)	(-1.93)	(-1.65)	(4.67)
Observation	192	192	192	192	192
AR（1）	0.0021	0.0193	0.0052	0.0671	0.0097
AR（2）	0.4091	0.3219	0.4193	0.4439	0.5123
Sargan-P	0.1346	0.2088	0.3121	0.2097	0.1638

注：各变量系数后括号内的数字为经小样本调整的 t 统计量，*、** 和 *** 分别表示在 10%、5% 和 1% 的置信水平下显著；AR（1）和 AR（2）分别代表一阶和二阶残差自相关检验的 P 值，$Sargan-P$ 为对工具变量的过度识别检验的 P 值。

五、稳健性检验

为了对前面得出的主要结论进行验证，本章使用系统 GMM 重新对模型进行估计。系统 GMM 将水平 GMM 与差分 GMM 结合在一起，将水平方程与差分方程作为一个方程系统进行 GMM 估计，可以更好地解决弱工具变量的问题。稳健性检验结果分别如表 9 - 6 至表 9 - 8 所示，所得结果与前述实证中的主要结论基本保证一致。

表 9 - 6　　结构性货币政策工具对银行资产配置的影响（稳健性检验）

Variables	(1)	(2)	(3)	(4)	(5)
	loan	sec	inter	sec1	sec2
Loan (-1)	0.708 ***				
	(3.03)				
Sec (-1)		0.831 ***			
		(19.47)			
Inter (-1)			0.866 ***		
			(25.95)		
Sec1 (-1)				0.971 ***	
				(52.11)	
Sec2 (-1)					0.851 ***
					(18.70)
Facility (-1)	0.167 *	0.248 *	-0.430 **	-0.004	0.189 *
	(1.72)	(1.69)	(-2.01)	(-0.06)	(1.64)
Core (-1)	0.123	-0.173 ***	0.070 **	-0.046 ***	-0.039
	(0.76)	(-2.93)	(2.41)	(-2.89)	(-0.63)
Size (-1)	0.634 *	-0.417	-0.354	-0.154	-0.196
	(1.80)	(-1.03)	(-0.92)	(-0.63)	(-0.41)
Roe (-1)	-0.060	0.054	-0.048	0.034 **	0.049
	(-1.39)	(1.18)	(-0.98)	(2.39)	(0.97)
Ldr (-1)	0.104	-0.124 **	0.081 **	-0.007	-0.033
	(0.68)	(-2.47)	(2.10)	(-0.37)	(-0.66)
Npl (-1)	0.205	0.061	-0.214	0.180 ***	0.132
	(0.90)	(0.21)	(-0.86)	(6.11)	(0.47)
Car (-1)	-0.278 **	0.347	-0.045	0.289	-0.439
	(-2.03)	(1.00)	(-0.23)	(1.24)	(-1.35)
Supervision (-1)	0.639 ***	0.563	-1.117 ***	0.092	0.564
	(3.41)	(1.52)	(-2.68)	(0.30)	(1.59)

续表

Variables	(1)	(2)	(3)	(4)	(5)
	loan	sec	inter	sec1	sec2
Gdp (-1)	0.185	-1.570*	1.347**	-0.062	-1.902*
	(0.31)	(-1.66)	(2.06)	(-0.11)	(-1.96)
M2 (-1)	0.237**	0.123	-0.412***	-0.033	0.135
	(2.32)	(0.82)	(-3.09)	(-0.45)	(0.76)
Constant	-12.906	36.769***	-6.482	3.084	27.384**
	(-1.05)	(3.49)	(-0.77)	(0.73)	(2.35)
Observation	208	208	208	208	208
AR (1)	0.0026	0.0215	0.0037	0.0676	0.0340
AR (2)	0.5658	0.6173	0.2331	0.4644	0.5713
Sargan - P	0.7123	0.2545	0.2817	0.4656	0.3736

注：各变量系数后括号内的数字为经小样本调整的 t 统计量，*、** 和 *** 分别表示在 10%、5% 和 1% 的置信水平下显著；AR（1）和 AR（2）分别代表一阶和二阶残差自相关检验的 P 值，Sargan - P 为对工具变量的过度识别检验的 P 值。

表 9 - 7　　　　结构性货币政策工具对不同规模商业银行资产
配置的异质性影响（稳健性检验）

Variables	(1)	(2)	(3)	(4)	(5)
	loan	sec	inter	sec1	sec2
Loan (-1)	0.681***				
	(2.77)				
Sec (-1)		0.870***			
		(24.00)			
Inter (-1)			0.771***		
			(14.55)		
Sec1 (-1)				0.963***	
				(51.54)	
Sec2 (-1)					0.875***
					(26.99)
Facility (-1)	1.777*	6.779*	-10.435**	-1.405	7.332**
	(1.74)	(1.88)	(-1.97)	(-1.59)	(2.08)

续表

Variables	(1) loan	(2) sec	(3) inter	(4) sec1	(5) sec2
Facility (−1) × Size (−1)	−0.103 (−1.56)	−0.442* (−1.93)	0.635* (1.89)	0.088 (1.57)	−0.474** (−2.05)
Core (−1)	0.168 (1.02)	−0.165*** (−3.51)	0.148*** (3.59)	−0.052*** (−3.01)	−0.059 (−1.22)
Size (−1)	0.596* (1.80)	−0.434 (−0.97)	−1.833*** (−2.87)	−0.278 (−1.08)	−0.262 (−0.41)
Roe (−1)	−0.053 (−1.30)	0.058 (1.36)	−0.023 (−0.41)	0.033** (2.46)	0.007 (0.15)
Ldr (−1)	0.127 (0.82)	−0.080* (−1.93)	0.221*** (3.97)	−0.007 (−0.34)	−0.040 (−0.99)
Npl (−1)	0.096 (0.65)	0.042 (0.27)	−0.142 (−0.52)	0.230*** (4.01)	0.102 (0.86)
Car (−1)	−0.274** (−1.99)	−0.026 (−0.10)	−0.133 (−0.33)	0.323 (1.31)	−0.679* (−1.86)
Supervision (−1)	0.612*** (3.18)	0.638* (1.73)	−1.332*** (−2.94)	0.055 (0.17)	0.575 (1.55)
Gdp (−1)	−0.036 (−0.07)	−1.793** (−2.08)	1.398* (1.80)	−0.070 (−0.13)	−2.005* (−1.86)
M2 (−1)	0.236** (2.44)	0.079 (0.52)	−0.359** (−2.53)	−0.031 (−0.41)	0.067 (0.41)
Constant	−14.377 (−1.16)	39.018*** (3.76)	1.455 (0.17)	5.118 (1.25)	35.272*** (3.03)
Observation	208	208	208	208	208
AR (1)	0.0019	0.0237	0.0038	0.0089	0.0010
AR (2)	0.3238	0.8104	0.2476	0.3856	0.4770
Sargan − P	0.4599	0.1710	0.3426	0.3160	0.1374

注：各变量系数后括号内的数字为经小样本调整的 t 统计量，*、** 和 *** 分别表示在 10%、5% 和 1% 的置信水平下显著；AR（1）和 AR（2）分别代表一阶和二阶残差自相关检验的 P 值，Sargan − P 为对工具变量的过度识别检验的 P 值。

**表 9－8　　结构性货币政策工具对不同负债结构商业银行资产
配置的异质性影响（稳健性检验）**

Variables	(1) loan	(2) sec	(3) inter	(4) sec1	(5) sec2
Loan（－1）	0.939 *** (3.23)				
Sec（－1）		0.854 *** (23.49)			
Inter（－1）			0.798 *** (21.28)		
Sec1（－1）				0.971 *** (51.79)	
Sec2（－1）					0.831 *** (18.67)
Facility（－1）	1.021 (1.54)	0.377 * (0.86)	－2.007 * (－1.72)	－0.615 (－1.58)	0.441 ** (0.93)
Facility（－1）× Core（－1）	－0.011 (－1.08)	－0.002 * (－0.09)	0.024 * (1.45)	－0.009 (－1.50)	0.001 (0.06)
Core（－1）	0.019 (0.10)	－0.147 *** (－2.64)	0.043 (1.20)	－0.059 *** (－3.63)	－0.075 (－0.88)
Size（－1）	0.574 * (1.74)	－0.385 (－0.85)	－0.560 (－1.38)	－0.107 (－0.42)	0.155 (0.23)
Roe（－1）	－0.045 (－1.10)	0.050 (1.06)	－0.019 (－0.40)	0.035 ** (2.50)	0.001 (0.01)
Ldr（－1）	－0.034 (－0.19)	－0.084 ** (－2.29)	0.108 *** (3.03)	－0.007 (－0.37)	－0.065 (－1.23)
Npl（－1）	0.270 (0.93)	0.019 (0.12)	－0.189 (－0.80)	0.199 *** (6.49)	0.182 (0.63)
Car（－1）	－0.392 *** (－2.71)	0.061 (0.25)	－0.029 (－0.10)	0.278 (1.22)	－0.547 (－1.48)
Supervision（－1）	0.644 *** (2.99)	0.541 (1.53)	－1.174 *** (－2.86)	0.097 (0.32)	0.597 (1.59)

Variables	（1）	（2）	（3）	（4）	（5）
	loan	sec	inter	sec1	sec2
Gdp（-1）	-0.243 （-0.42）	-1.891** （-2.46）	1.962*** （2.84）	-0.021 （-0.04）	-2.067** （-1.98）
M2（-1）	0.229** （2.23）	0.106 （0.69）	-0.353*** （-3.11）	-0.037 （-0.50）	0.075 （0.44）
Constant	-1.304 （-0.09）	37.182*** （4.29）	-8.394 （-1.16）	3.189 （0.75）	31.279*** （2.72）
Observation	208	208	208	208	208
AR（1）	0.0018	0.0138	0.0013	0.0189	0.0105
AR（2）	0.5460	0.2348	0.1905	0.6237	0.8622
Sargan-P	0.6522	0.2154	0.5347	0.5879	0.1819

注：各变量系数后括号内的数字为经小样本调整的 t 统计量，*、** 和 *** 分别表示在 10%、5% 和 1% 的置信水平下显著；AR（1）和 AR（2）分别代表一阶和二阶残差自相关检验的 P 值，Sargan-P 为对工具变量的过度识别检验的 P 值。

第四节　本章小结与政策含义

中央银行结构性货币政策微调工具的目的是在为市场提供流动性，减低市场资金成本的同时，疏通货币政策渠道，实现由货币宽松向信贷宽松的传导。但是，信贷宽松能否实现，政策效果如何，取决于商业银行的行为选择。本章通过理论分析表明，结构性货币政策工具主要通过资产负债期限匹配、抵押品和"最后贷款人"制度三个渠道影响商业银行资产配置行为。为探索结构性货币政策工具引导金融机构资金以银行信贷方式进入实体经济的调控效果，本章运用我国16家上市银行 2013 年第四季度至 2017 年第一季度的平衡面板数据，实证检验了结构性货币政策工具对上市商业银行各类资产配置结构的影响，并进一步从银行资产规模和融资结构的角度出发，检验了结构性货币政策工具对不同规模、不同融资结构的商业银行资产配置行为的异质性效应。本章的实证结果表明：第一，结构性货币政策工具对商业银行的资产配置结构具有显著的影响。具体而言，结构性货币政策工具通过资产负债匹配渠道和抵押品渠道显著地提高了商业银行的证券投资比例，并通过"最后贷款人"渠道显著地降低了商业银行的同业资产比例，但资产负债匹配渠道和"最后贷款人"渠道对信贷资产比例的综合效应并不显著。第二，从商业银行的证券投资结构来看，结构性货币政策工具对证券投资的"促进"作用主要体现在对配置类投资的增加。具体而言，结构性货币政策工具通过资产负债匹配渠道和抵押品渠道对配置类证券投资具有显著的促进作用，但"最后贷款人"渠道对交易类证券投资的抑制作用并不显著。第三，结构性货币政策工具对不同特征银行的资产配置行为具有显著的异质性：资产规模大、核心负债占比高的银行，其资产配置行为受结构性货币政策工具的影响较小，即随着商业银行资产规模的扩大、核心负债占比的上升（下降），结构性货币政策工具对证券投资配置的正向效应会减弱（增强），对同业资产配置的负向效应也会减弱（增强）。

以上结论表明，在基础货币的投放渠道由外汇占款向结构性货币政策工具转换的过程中，面对基础货币的期限缩短和成本上升，商业银行的资产配置行为更倾向于在维持流动性的同时提高投资收益，这表现在证券投资占比的明显上升，同业资产占比的下降，且证券投资占比的上升主要源于商业银行对配置类投资的增加。因此，本章的结论一方面表明结构性货币政策工具并未有效地引导资金以银行信贷方式进入实体经济，另一方面表明结构性货币政策工具促进了商业银行配置类证券投资的增加，在侧面验证了基础货币供给方式的转变在根源上导致了市场流动性的"脱实向虚"（张平，2017）。因此，为更好地发挥结构性货币政策工具对冲外汇占款并引导资金流向的作用，中央银行还需进一步完善结构性货币政策工具的操作方式：第一，进一步完善结构性货币政策工具的期限结构，适度延长基础货币的投放期限，增强基础货币的稳定性；第二，进一步扩大结构性货币政策工具的合格抵押品范围，将优质信贷资产纳入更多结构性货币政策工具的合格抵押品范围，鼓励商业银行将流动性更多地配置到信贷资产；第三，进一步扩大结构性货币政策工具的操作对象范围，减少基础货币投放的不均匀性，避免市场流动性的结构性短缺引起的资金空转。

第十章

经济发展新常态下货币政策的产业传导效应

第一节　货币政策传导的产业非对称性

经济发展新常态既是传统增长模式向新的稳态增长路径跨越的过程，也是经济结构重构和发展动力重塑的过程。作为宏观调控政策重要支柱之一的货币政策如何适应新常态，为新常态下的经济发展方式转变、结构转型升级和动力机制转换营造良好的货币金融环境，是当前和今后一个时期我国货币政策制定和实施中面临的首要问题。

目前有关货币政策的研究，大都假设经济体中每个产业部门受到的政策冲击是相同的，即货币政策通过影响微观主体的消费和投资需求对国民经济总量产生影响。货币政策是总量政策，以总量调节为目标，难以有效调控经济中频繁出现的结构性失衡情况。然而，进一步分析发现，考虑到中国区域间要素禀赋条件、产业结构、经济发展水平等方面的差异，总量性的货币政策确实存在着显著的区域、产业非对称性效应（曹永琴，2010；郭晔和赖章，2010；潘敏和缪海斌，2012；潘敏和唐晋荣，2013）。也就是说，产业异质性将可能导致货币政策传导效应的差异化。由于各产业间资本、技术等要素密集程度存在差异，不同产业对同样的货币政策冲击可能做出差异化的反应。各产业因处于产业链的不同位置而表现出不同的消耗关系，货币政策效果亦可能在不同的产业间传导。特别地，在供给侧结构性改革过程中，随着去产能的推进，不同行业企业面临的外部环境发生了较大的变化，在此背景下，货币政策传导的效果在行业间的异质性可能会更加明显。

从现有理论研究来看，在探讨货币政策传导效果非对称性的过程中，现有文献对货币政策的产业结构效应是否存在非对称性以及影响这种非对称性的因素进行了广泛的研究。在货币政策产业效应的存在性问题上，格特勒和吉尔克里斯特（Gertler and Gilchrist，1994）、伯南克和格特勒（Bernanke and Gertler，1995）、甘利和萨尔蒙（Ganley and Salmon，1997）以零售业、批发贸易、建筑业、耐用品、非耐用品消费、制造业、服务业和农业8大行业为产业划分依据，验证了产业间货币政策传导效果的异质性。哈约和乌伦布鲁克（Hayo and Uhlenbrock，1999）认为，货币政策非对称性源于行业差异性。德多拉和里皮（Dedola and Lippi，2005）基于信贷渠道证实了欧美等国家货币政策存在明显的产业效应，其中重工业尤其敏感。上述研究以OECD国家制造业数据为样本，通过引入信用渠道变量来对上述问题进行研究，并分析造成此类差异性的微观经济变量，研究发现货币政策冲击具有明显的行业异质性，同时上述结果在不同国家具有较为一致的跨行业分布特征。达斯和戈什（Das and Ghosh，2009）基于行业层面的金融加速器效应和利率传导机制，发现印度各行业间也具有明显的差异。格特勒和卡迪（Gertler and Karadi，2014）运用VAR模型，引入高频数据，考察经济、金融变量对货币政策的冲击反应，结果显示由于期限结构和信用利差效应的影响，未预期到的货币政策冲击影响在短期内较平和，长期则会提升信用成本波动性。在货币政策产业效应产生原因的问题上，卡利诺和德菲内（Carlino and DeFina，1998）认为区域产业结构差异导致了货币冲击对美国不同州产生效应的差异性。大卫和凯尔温德（David and Kalvinder，2005）发现，对货币政策冲击反应的不对称性致使美国各州的真实汇率存在差异，该差异可部分由包括地区工业特征、银行规模、房地产价格以及人口年龄分布在内的地区经济特征来解释。在我国货币政策传导效果的非对称性方面，戴金平、金永军和陈柳钦（2005）通过建立有关行业要素密集度的模型证明了要素密集度会影响货币政策的行业效应，论证了货币政策具有一定的结构调整效应。闫红波和王国林（2008）从资本存量、行业的投资行为、行业规模、利息负担、对外依赖性以及政策支持力度六个方面总结了货币政策非对称行业效应的影响因素，并通过实证检验证明了资本密集度、资本的产出效率以及行业的对外依存度能够解释我国货币政策的行业效应的非对称性。汪昊旻（2009）利用三大产业的面板数据进行固定效应分析，并通过VAR模型进行脉冲响应分析，验证了货币政策产业效应的存在性。叶蓁（2010）、刘舒潇和段文斌（2010）则从货币政策对产业经济影响的非均质假设出发，证明了金融加速器效应普遍存在于各产业经济内。受各产业金融结构异质性影响，货币政策对不同产业经济的影响并不是均质的，而货币政策对产业经济的影响与产业金融结构存在系统性关联，产业金融结构对货币政策实施效果有放大或抵消作用。王剑和刘玄（2005）通过行业间投入产出联系对货币政策在不同行业间的隐性传导渠道进行了开创性研究。他们应用时间序列 VAR 模型考察了货币政策的行业效应，发现货币政策对不同行业经济的冲击存在较大差异，总量货币政策难以取得预想的效果，而建筑业则是构筑行业间隐性渠道的传导枢纽，是关联机制的核心环节。耿鹏（2009）指出产业之间具有无法直接观测的内生性联系，利用 GVAR 模型分析中国产业的状况，验证了各个产业间存在显著的内生性联系，而外生冲击基本上沿着固定的内生性路径逐步影响各个产业。潘敏、罗霄和缪海斌（2011）则通过构建反映实体经济各行业之间内在联系的 GVAR 模型，实证检验了我国商业银行信贷资金投放的行业产出效应和溢出效应，验证了各行业产出对信贷资金冲击的反应存在着明显的差异。吉红云、干杏娣（2014）利用上市公司面板数据实证检验了货币政策对第二产业各要素密集度产业的影响，发现货币政策冲击的影响程度由资本密集型依次向技术密集型、劳动力密集型递减，证明了货币政策存在产业结构调整效应。吴伟军、刘万晴（2011）将理论分析与实证研究相结合，分析了货币政策的行业异质性效应，发现各行业产出对货币政策冲击的短期效应差异明显、我国货币政策存在较明显的行业效应，而资本密集度、资产规模和债务比率是导致行业异质性效应的主要因素。

尽管国内外学者在货币政策传导效果的非对称性领域研究成果丰富，也发现和实证检验了货币政策产业效应的存在性，但也存在一定的局限性。这主要表现为：第一，现有研究大多将单个区域或产业孤立地加以分析，而实际上各产业因处于产业链的不同位置而表现出不同的消耗关系，货币政策效果亦可能在不同的产业间传导；第二，大部分关于货币政策结构效应的研究均依赖于 VAR 模型，由于各产业的 VAR 系统彼此独立，因此在研究过程中未考虑行业间的关联机制，估计结果并不能够最大限度地准确反映实际经济运行情况。

基于此，本章构建全局向量自回归模型（Global VAR，GVAR），通过理论分析，以要素禀赋差异作为产业异质性的划分基础，通过产业间的投入产出关系，构建 GVAR 模型来实证检验以货币供应量和利率为代表的我国货币政策对各产业产出和资产规模的影响及其关联效应，以此判断产业异质性，以期为我国央行制定适应供给侧改革的结构性货币政策调控框架提供相应的理论建议。

第二节　理论分析：基于两部门金融发展模型的拓展

　　货币政策具有总量特征，通过利率渠道、信贷渠道等影响金融资源的配置，促使资本在不同产业间的流动，从而形成产业差异。产业间技术、金融发展水平的差距要通过调整资本分配、改善配置效率来减少货币政策产业效应的差异，实现区域经济均衡发展。

　　为了分析货币政策产业效应的机理，本章以加尔比斯两部门金融发展模型作为研究基础，借鉴王福岭（2011）将生产技术内生化的方法，对其进行拓展，构建内生化加尔比斯两部门模型。

　　首先，假设整个经济系统中存在一个低效生产部门 A 和一个高效生产部门 B，两部门的产出如式（10.1）和式（10.2）所示：

$$y_1 = f_1(k_1) = A_1 k_1 \tag{10.1}$$
$$y_2 = f_2(k_2) = A_2 k_2 \tag{10.2}$$

其中，y_i 表示各部门产出，A_i 表示生产各部门一单位资本的产出效率，k_i 代表各部门资本投入量，$i = 1, 2$。

　　在市场达到出清条件下，要素的生产价格即为边际生产率，对式（10.1）和式（10.2）分别求一阶偏导，可得：

$$\frac{\partial y_1}{\partial k_1} = A_1$$

$$\frac{\partial y_2}{\partial k_2} = A_2$$

　　我们假定部门 B 的生产效率优于部门 A，即在资本投入相同的情况下部门 B 资本收益率更高，即 $A_2 > A_1$。

　　假定生产要素充分利用，经济整体的产出方程如式（10.3）所示：

$$y = y_1 + y_2 = A_1 k_1 + A_2 k_2 \tag{10.3}$$

　　已知全社会资本总量 k 保持恒定，且 $k = k_1 + k_2$。部门 B 资本收益率更高（$A_2 > A_1$），故我们倾向于通过减少部门 A 的资本投放（相对地，部门 B 的资本投放增加）来提高全社会经济产出 y。我们认为通过提高资本配置效率，将资本由低效生产部门向高效生产部门转移的过程，除加剧行业发展差距外，还能够有效地提高整体经济的产出。

　　接下来分析两部门的储蓄—投资行为，假定：（1）A 部门得不到外部金融资本支持，其投资资本仅源于利润留存的内源补充；（2）B 部门不存款并将全部储蓄用于投资，且能够获得外部金融资本支持。

当 A 部门储蓄大于投资，其投资函数如式（10.4）所示：

$$I_1 = H_1[A_1, (i_d - p^*)]y_1 \tag{10.4}$$

其中，i_d 为银行存款利率，p^* 为通货膨胀率；I_1 与 A_1 正相关、与 $(i_d - p^*)$ 负相关。对式（10.4）求偏导可得：

$$\frac{\partial I_1}{\partial A_1} > 0$$

$$\frac{\partial I_1}{\partial (i_d - p^*)} < 0$$

因此，在 A 部门的资本收益率 A_1 不变的情况下，如果实际利率 $(i_d - \rho^*)$ 很低，则 A 部门有动力减少储蓄而增加投资。因此，政策制定者可通过制定合适的存款利率水平引导低效生产部门减少投资、增加储蓄。

假定 A 部门的储蓄为 S_1，因为 A 部门不具备获得外部金融资本支持的能力，仅通过储蓄的方式保有存款并用于投资，因此我们可以认为 $S_1 > I_1$，此时 A 部门的储蓄量如式（10.5）所示：

$$S_1 = I_1 + \mathrm{d}\left(\frac{M}{p}\right)\bigg/ \mathrm{d}t \tag{10.5}$$

其中，$\mathrm{d}\left(\frac{M}{p}\right)\bigg/ \mathrm{d}t$ 为 A 部门实际存款余额的增加量。

由于 B 部门能够得到外部金融资本用于投资，我们假定其不存款并将全部储蓄用于投资；而整体银行体系可贷资金源于 A 部门实际存款余额的增加量，因此 B 部门的投资量如式（10.6）所示：

$$I_2 = S_2 + \mathrm{d}\left(\frac{M}{p}\right)\bigg/ \mathrm{d}t \tag{10.6}$$

B 部门的投资决策主要建立在投资收益与银行贷款的资金成本两人因素之上，B 部门的投资函数如式（10.7）所示：

$$I_2 = H_2[A_2, (i_b - p^*)]y_2 \tag{10.7}$$

其中，i_b 表示银行贷款利率，p^* 为通货膨胀率；I_2 与 A_2 正相关、与 $(i_b - p^*)$ 负相关。对式（10.7）式求偏导可得：

$$\frac{\partial I_2}{\partial A_2} > 0$$

$$\frac{\partial I_2}{\partial (i_b - p^*)} < 0$$

加尔比斯指出，经济越不发达地区的先进技术部门的收益率可能越高，相应地，不发达地区可投资本的需求也是远高于供给的。对应于我们模型中，生产效率更高的 B 部门投资需求是否能够得到满足的关键在于是否能够获得足够的银行贷款。因此，政策制定者可通过调整货币政策影响产业发展。以紧缩性货币政策为例，在利率上升的背景下，资本收益率更低的 A 部门减少投产、增加储蓄，此举将增加银行系统的资金供给，资本收益率相对较高的 B 部门因而能够更充分地获得外部金融资本支持，有动力增加投资，扩大生产，如图 10 - 1 所示。

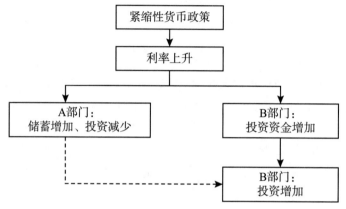

图 10 - 1　货币政策对产业资本分配的影响

第三节　货币政策产业传导效应的实证分析

一、模型设定

向量自回归模型（VAR）由西蒙（Sim）于 1980 年提出以来，在经济学领域得到了广泛应用。在经济系统较多的时候，VAR 模型中估计系数相对于样本长度来说过于庞大。VAR 模型一般适用于估计不超过 6 个变量的经济系统。在此背景下，佩萨兰等（Pesaran et al.，2001）通过联结各个经济体 VARX * 模型构成了 GVAR 模型，用于研究多个国家间经济的内在关系，分析不同变量的冲击对各经济体内生变量的影响以及各经济体之间的溢出效应。GVAR 模型既可用于研究多个国家间经济的内在关系，也可用于分析某一产业内生变量之间的相互作用，以及其与其他产业弱外生变量之间的动态关系（Pesaran et al.，2001；Hiebert and Vansteenkiste，2010）。因此，相对于传统的 VAR 模型，不同产业的相互作用能够更好地体现在 GVAR 模型当中。

按照 GVAR 建模思路，本章首先设定 N 个产业，各产业模型的内生变量为 $k_i \times 1$ 阶向量 $X_{i,t}$，其余 $N-1$ 个产业变量的加权平均值用 $X_{i,t}^*$ 表示；d_t 为可观测的 $s \times 1$ 阶（弱）外生变量；$e_{i,t}$ 为 $k_i \times 1$ 阶残差向量。

为表述方便，假设产业内生变量 $X_{i,t}$ 和可观测的（弱）外生变量 d_t 的滞后阶数均为 1，将第 i 个产业的 $\text{VARX}^*(1, 1)$ 模型用以下形式设定，如式（10.8）所示：

$$X_{i,t} = a_{i,o} + \Phi_i X_{i,t-1} + A_{i0} X_{i,t}^* + A_{i1} X_{i,t-1}^* + \Psi_{i,0} d_t + \Psi_{i,1} d_{t-1} + e_{i,t} \qquad (10.8)$$

其中，$e_{i,t}$ 代表各产业的自主冲击，是 $k_i \times 1$ 阶向量；Φ_i、A_{i0} 和 A_{i1} 为 $k_i \times k_i$ 阶系数矩阵，$\Psi_{i,0}$ 和 $\Psi_{i,1}$ 为 $k_i \times s$ 阶系数矩阵。我们假定余下产业内生变量 $X_{i,t}^*$ 和可观测的（弱）外生变量 d_t 同时满足（弱）外生性条件；各产业的自发冲击均值为零，且具有非序列相关性，即 $e_{i,t} \sim i.i.d.(0, \sum_{i, i^*})$。此外 $\sum_{i, i^*}(i, 1, \cdots, N)$ 具有时不变性，不随着时间的变化而变化。

$$X_{i,t}^* = \sum_{j=1}^{N} w_{i,j} x_{j,t}, \ i \neq j, \ \sum_{j=1}^{N} w_{i,j} = 1, \ \forall i, j = 1, \cdots, N, \ w_{i,j}$$ 表示第 i 个产业与第 j 个产业的关联程度，一般通过产业间的投入产出表计算。

将产业内生变量 $X_{i,t}$ 和其余 $N-1$ 个产业变量的加权平均值 $X_{i,t}^*$ 结合起来形成一个 $(k_i + k_i^*) \times 1$ 阶向量 $Z_{i,t} = (X_{i,t}, X_{i,t}^*)$。式（10.8）可变形为式（10.9）：

$$A_i Z_{i,t} = a_{i,o} + B_i Z_{i,t-1} + \Psi_{i,0} d_t + \Psi_{i,1} d_{t-1} + e_{i,t} \qquad (10.9)$$

其中，$A_i = [I - \Lambda_{i0}]$，$B_i = [\Phi_{it} \Lambda_{it}]$。

令 $Z_{i,t} = W_i X_t$，其中 $X_t = (X_{1,t}, X_{2,t}, \cdots, X_{N,t})$，代入式（10.9）得式（10.10）：

$$GX_t = a_o + HX_{t-1} + \Psi_0 d_t + \Psi_1 d_{t-1} + e_t, \ e \sim i.i.d.(0, \sum *) \qquad (10.10)$$

$$G = \begin{bmatrix} A_1 W_1 \\ A_2 W_2 \\ \vdots \\ A_N W_N \end{bmatrix}, \ H = \begin{bmatrix} B_1 W_1 \\ B_2 W_2 \\ \vdots \\ B_N W_N \end{bmatrix}, \ a_o = \begin{bmatrix} a_{o1} \\ a_{o2} \\ \vdots \\ a_{oN} \end{bmatrix}, \ \Psi_j = \begin{bmatrix} \Psi_{j,1} \\ \Psi_{j,2} \\ \vdots \\ \Psi_{j,N} \end{bmatrix}, \ j = 0, 1, \ e = \begin{bmatrix} e_1 \\ e_2 \\ \vdots \\ e_N \end{bmatrix},$$

$e_{p,q}(p \neq q)$ 不全等于 0。

式（10.10）两边同时左乘 G^{-1} 可变形为式（10.11）：

$$X_t = b_o + FX_{t-1} + \gamma_0 d_t + \gamma_1 d_{t-1} + \mu_t \qquad (10.11)$$

式（10.11）即为 GVAR 模型。其中，矩阵 F 满足稳定条件。$b_o = G^{-1} a_o$，$F = G^{-1} H$，$\gamma_0 = G^{-1} \Psi_0$，$\gamma_1 = G^{-1} \Psi_1$，$\mu_t = G^{-1} e_t$，按照 GVAR 模型的基本思想，它们可用来考察各产业之间三种相互联系的途径，它们既具有独立性，又具有内在的相互联系：

途径 1：内生变量 $X_{i,t}$ 依赖于外生变量的当期值 $X_{i,t}^*$ 和外生变量的滞后值 $X_{i,t-1}^*$；

途径 2：各产业的变量同时受各类货币政策变量影响；

途径 3：第 i 个产业会受到第 j 个产业所受到的当期冲击的影响，具体见式 (10.10) 的 $\sum *$。

我们可以通过分别估计 GVAR 的子系统来构建 GVAR 模型，即通过分别估计各个产业的模型来构建 GVAR 模型，分析各产业间的联系。

二、变量与数据选取

本章以第二产业为分析对象，参照王岳平的方法[①]将中国工业行业按要素密集程度划分为六大类，然后将以自然资源为对象的采掘业单列为资源采掘型产业，具体分类情况如表 10 - 1 所示。在构建的 GVAR 模型中，变量 $N = 7$。

表 10 - 1 　　　　　　　　　按要素密集程度划分行业

行业划分	包含的具体子行业
技术密集型（X_1）	电子及通信设备制造业
中度资本技术密集型（X_2）	化学纤维制造业、烟草加工业、化学原料及制品制造业、黑色金属冶炼及压延加工业
中度劳动技术密集型（X_3）	医药制造业、普通机械制造业、专用设备制造业、交通运输设备制造业、电气机械及器材制造业、仪器仪表文化办公用机械、塑料制品业、印刷业记录媒介的复制
资本密集型（X_4）	石油加工及炼焦业、电力蒸汽热水生产供应业
中度资本密集型（X_5）	煤气的生产和供应业、自来水的生产和供应业、有色金属冶炼及压延加工业、饮料制造业、造纸及纸制品业
劳动密集型（X_6）	食品加工业、食品制造业、纺织业、服装及其他纤维制品制造、皮革毛皮羽绒及其制品业、木材加工及竹藤棕草制品业、家具制造业、文教体育用品制造业、木材及竹材采运业、橡胶制品业、非金属矿物制品业、金属制品业
资源采掘业（X_7）	煤炭采选业、石油和天然气开采业、黑色金属矿采选业、有色金属矿采选业、非金属矿采选业

---

① 采用资本—劳动力比率衡量资本密集程度，用劳动力报酬—产出比率衡量劳动密集程度，用 R&D ÷ 销售额、工程技术人员数 ÷ 就业总人数和微电子设备 ÷ 生产经营设备来衡量技术密集程度。

货币政策工具可划分为数量型和价格型两大类。考虑到我国货币政策操作实际，本章参照张红和李洋（2013）的方法选择广义货币供应量（m_2）作为数量型货币政策工具的代理变量，1月期银行间同业拆借利率（ibr）作为价格型货币政策工具的代理变量，分别作为货币政策的代理变量进行实证模型分析。在各产业模型的经济变量选取上，参照潘敏等（2011）的方法，以各产业的固定资产投资（fci）作为行业产出的代理变量[①]，故 $X_t = (fci)$，$d_t = MP$。

鉴于相关数据的可得性，选取2003年1月到2014年12月的月度数据。其中，m_2、ibr 来自中国人民银行网站，各产业固定资产投资（fci）来自中经网数据库[②]。本章采用 X - 11 方法对所有数据做季节调整，采用以2002年12月为基期的消费者物价指数（CPI）将各名义变量调整为实际变量，然后对所有变量取对数。

三、产业关联权重与中间需求系数

为构建产业外变量 $X_{i,t}^*$，参照耿鹏和赵昕东（2009）以及潘敏等（2011）的方法，利用135部门投入产出表来计算各产业间的关联权重 $w_{i,j}$，以刻画产业间不可观测的内生性联系。其中，$w_{i,j} = K_{i,j} \Big/ \sum_{i-1}^{N} K_{i,j}(i \neq j)$，$K_{i,j}$ 表示产业 i 对产业 j 的投入。按照要素密集度划分的各产业间的关联权重如表10 - 2所示。因此，由

$$X_{i,t}^* = \sum_{j=0}^{N} w_{i,j} x_{j,t},\ i \neq j,\ \sum_{j=0}^{n} w_{i,j} = 1,\ \forall i, j = 1,\ \cdots,\ N,\ 即可计算出其余 N - 1 个$$

产业变量的加权平均值 $X_{i,t}^* = (X^*,\ A^*)$。

表 10 - 2 产业关联权重

产业	技术密集型（X_1）	中度资本技术密集型（X_2）	中度劳动技术密集型（X_3）	资本密集型（X_4）	中度资本密集型（X_5）	劳动密集型（X_6）	资源采掘业（X_7）
技术密集型（X_1）	0	0.001333	0.092177	0.001247	0.001346	0.006880	0.005716
中度资本技术密集型（X_2）	0.168510	0	0.312977	0.026932	0.128622	0.501166	0.184887

---

① 一般来说，国民收入中统计的投资包括固定资产投资和存货。考虑到存货的逆周期特性、固定资产投资的顺周期特性，投资对经济增长的促进作用主要是通过固定资产投资产生的。除潘敏等（2011）外，刘斌（2001）以及王剑和刘玄（2005）在货币政策相关研究中，都采用了固定资产投资作为实体经济产出的替代变量。

② 由于1月固定资产投资和资产总计的数据均未公布，我们采用插值计算和倒推的方法近似填补。

续表

产业	技术密集型（X_1）	中度资本技术密集型（X_2）	中度劳动技术密集型（X_3）	资本密集型（X_4）	中度资本密集型（X_5）	劳动密集型（X_6）	资源采掘业（X_7）
中度劳动技术密集型（X_3）	0.258186	0.168274	0	0.161486	0.221157	0.142339	0.298064
资本密集型（X_4）	0.058441	0.324944	0.058855	0	0.169178	0.142940	0.341095
中度资本密集型（X_5）	0.154660	0.066678	0.270412	0.012483	0	0.110532	0.023129
劳动密集型（X_6）	0.357969	0.113607	0.254211	0.026184	0.171941	0	0.147109
资源采掘业（X_7）	0.002234	0.325163	0.011369	0.771668	0.307756	0.096143	0

表 10 - 2 中，每一列的数据加总等于 1，每一行的数据加总即代表各产业的中间需求系数[①]。表 10 - 3 总结了各产业的中间需求系数。按照中间需求系数的大小，按要素密集度划分的产业在产业链中的位置由上游到下游依次是：资源采掘业（X_7）、中度资本技术密集型（X_2）、中度劳动技术密集型（X_3）、资本密集型（X_4）、劳动密集型（X_6）、中度资本密集型（X_5）和技术密集型（X_1）。可以发现，以资源采掘业为首的资本技术、劳动技术等要素密集程度相对较高的产业处于产业链上游，其他产业对其产出的消耗程度较高，相对来说对其他产业的辐射拉动作用强；而在产业链下游行业中，资本、技术等要素的密集程度相对较高。

表 10 - 3 　　　　　　　　　　**各产业的中间需求系数表**

技术密集型（X_1）	中度资本技术密集型（X_2）	中度劳动技术密集型（X_3）	资本密集型（X_4）	中度资本密集型（X_5）	劳动密集型（X_6）	资源采掘业（X_7）
0.108698	1.323094	1.249506	1.095453	0.637895	1.071021	1.514333

四、模型估计

在各项代理变量确定之后，式（10.8）变形为以下形式：

[①] 经济活动中其他产业对某一产业产出的消耗程度之和用中间需求系数表示，该值越大说明相关产业处于产业链的上游，反之则处于产业链的下游。

$$fci_{i,t} = a_{io} + \Phi_i fci_{i,t-1} + A_{i0} fci_{i,t}^* + A_{i1} fci_{i,t-1}^* + \Psi_{i,0} MP_t + \Psi_{i,1} MP_{t-1} + e_{i,t} (i = 1, \cdots, N)$$

$$(10.12)$$

在所有变量确定之后，我们利用 ADF 方法检验数据的平稳性。检验结果显示，对所有变量取一阶差分后均在 5% 显著水平下为平稳序列，具体检验结果如表 10-4 所示。结果表明，所有变量均在 1% 显著性水平下平稳。

在式（10.12）中我们采用水平变量建模，在采用变量水平值构建的 GVAR 模型中，无论是否存在协整关系都不会导致识别错误（张红和李洋，2013）。由式（10.8）的假设条件可知，在单独估计每个产业的 VARX* 方程时，$\Delta x_{i,t}^*$ 和 $\Delta d_{i,t}$ 必须符合弱外生性假设。分别计算各产业的 $\Delta x_{i,t}^*$、$\Delta d_{i,t}$ 与 $\varepsilon_{i,t}$ 的平均相关系数可以发现，当 $N \to 0$ 时，$cov(\Delta x_{i,t}^*, \varepsilon_{i,t}) \to 0$，$cov(\Delta d_{i,t}, \varepsilon_{i,t}) \to 0$，$\Delta x_{i,t}^*$ 和 $\Delta d_{i,t}$ 均符合弱外生性，因此，采用 SUR 方法对式（10.12）单独估计的结果有效。

表 10-4　　　　　　　　　　ADF 单位根检验结果

| 变量 | | | t 临界值 | | | ADF 检验 t 值 | p 值 | 结论 |
			1%	5%	10%			
Xt	fci	$fci1$	-2.58	-1.94	-1.62	-12.8787	0.0000	平稳
		$fci2$	-2.58	-1.94	-1.62	-19.6619	0.0000	平稳
		$fci3$	-2.58	-1.94	-1.62	-13.4835	0.0000	平稳
		$fci4$	-2.58	-1.94	-1.62	-12.6514	0.0000	平稳
		$fci5$	-3.48	-2.88	-2.58	-5.3500	0.0000	平稳
		$fci6$	-2.58	-1.94	-1.62	-11.1681	0.0000	平稳
		$fci7$	-2.58	-1.94	-1.62	-10.7851	0.0000	平稳
Xt^*	fci^*	$fci1^*$	-3.48	-2.88	-2.58	-13.5695	0.0000	平稳
		$fci2^*$	3.48	2.88	-2.58	-4.6408	0.0002	平稳
		$fci3^*$	-3.48	-2.88	-2.58	-2.9388	0.0437	平稳
		$fci4^*$	-3.48	-2.88	-2.58	-14.8243	0.0000	平稳
		$fci5^*$	-3.48	-2.88	-2.58	-4.4790	0.0004	平稳
		$fci6^*$	-3.48	-2.88	-2.58	-4.2212	0.0009	平稳
		$fci7^*$	-2.58	-1.94	-1.62	-17.5047	0.0000	平稳
dt		$m2$	-2.58	-1.94	-1.62	-9.3243	0.0000	平稳
		ibr	-2.58	-1.94	-1.62	-13.7084	0.0000	平稳

五、脉冲响应分析

在 VAR 模型框架下，一般用正交化的脉冲响应函数（OIRF）分析变量之间的相互影响。在 GVAR 模型框架下，则多采用由库普等（Koop et al. , 1996）以及佩萨兰和茜恩（Pesaran and Shin, 1998）提出的广义脉冲响应函数（GIRF）。本部分采用 GIRF 分析货币政策对不同产业的产出和资产规模的影响。

（一）货币供应量（m_2）冲击的产出效应

广义货币供应量（m_2）是我国数量型货币政策工具的重要组成部分，若以 m_2 作为货币政策（MP）的代理变量，货币供应量变动对各类型产业固定资产投资的冲击结果如图 10 - 2 所示。对应单位货币供应量冲击，资源采掘业（X_7）、中度资本密集型产业（X_2）和劳动密集型产业（X_6）的固定资产投资规模在第 2 个月即达到最大的正向响应强度；中度劳动技术密集型产业（X_3）、资本密集型产业（X_4）和中度资本密集型产业（X_5）的固定资产投资规模在第 3 个月达到最大的正向响应强度。从累积响应来看，资源采掘业（X_7）的累积值最大，接下来依次是中度资本密集型产业（X_2）和资本密集型产业（X_4），上述各行业对于货币供应量（m_2）冲击的累积响应基本在第 5 个月趋于稳定。

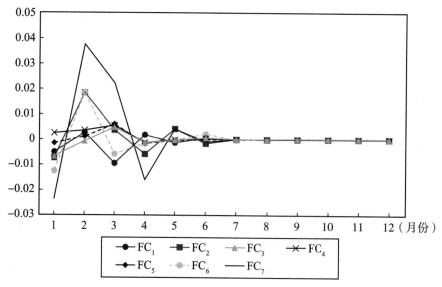

图 10 - 2　货币供应量冲击的产出效应

考虑到中度资本密集型产业（X_2）和资源采掘业（X_7）对于资金数量和成本变动反应的敏感性特征，短期内行业固定资产投资规模对于货币供应量冲击的反应显著。此外，劳动密集型产业（X_6）固定资产投资对于货币供应量变动的冲击反应亦相对较大，其主要对应的行业以食品、服装、医药及普通机械为主，说明货币政策变动对于短期内扩大消费和就业、促进产业结构调整有所裨益。此外，亦说明，在目前制造业仍以劳动密集型产业占主导地位的背景下，数量型货币政策工具的作用效果存在一定的偏向性。从累积响应强度来看，资源采掘业（X_7）的累积值最大，政策的持续效果更显著，货币政策冲击对中度资本密集型产业（X_2）和资本密集型产业（X_4）的持续性亦较明显。

（二）利率（ibr）冲击的产出效应

利率政策是我国重要的价格型货币政策之一，既会通过利率渠道或资产价格渠道影响实体经济，亦会对微观产业的发展造成影响。在不断推进利率市场化改革的背景下，随着经济金融化程度的提高以及市场经济的不断完善，作为资本价格信号的利率将成为配置资源的基础。

若以利率（ibr）作为货币政策（MP）的代理变量，利率冲击对各产业固定资产投资的影响如图 10 - 3 所示。与数量型货币政策的产出效应相类似，对应一个标准差的利率冲击，资源采掘业（X_7）、中度劳动技术密集型产业（X_3）和资本密集型产业（X_4）的固定资产投资规模分别在第 1 个月即达到最大的正向响应

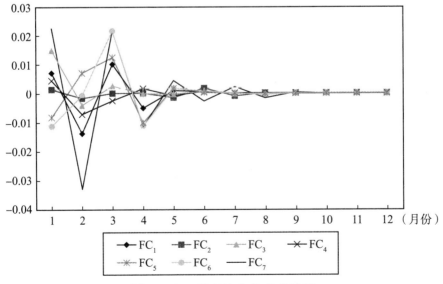

图 10 - 3 利率冲击的产出效应

强度，之后脉冲响应强度有所减弱；中度资本密集型产业（X_5）和劳动密集型产业（X_6）在短期内以负向响应为主，在第 3 个月达到最大的正向响应强度。从脉冲响应的累积值来看，货币政策冲击的持续性排名前三的行业依次是中度劳动技术密集型产业（X_3）、资源采掘业（X_7）和资本密集型产业（X_4）。

从社会资本配置效率的角度来看，我们认为基于货币政策的利率传导渠道，货币政策变动会通过影响企业的投资成本以及影响居民边际消费倾向从而影响企业投资乘数两个方面来影响实体经济投资或产出情况。考虑到不同产业部门技术和资本要素密集程度的差异，在存在生产效率差异的加尔比斯两部门模型中，紧缩性货币政策背景下，利率上升，资本收益率低的部门将减少投资增加储蓄，资本收益率高的部门将因此获得更多的资金来源，因而产业间的差异进一步拉大。表现在模型中，即资本规模较大的资源采掘业（X_7）以及中度劳动技术密集型产业（X_3）、资本密集型产业（X_4）在短期内受到的正向冲击更明显，其余各产业以负向冲击为主。此外从累积响应强度来看，货币政策冲击对这些产业的持续性亦更强。

总的来说，与货币供应量的冲击不同，利率冲击对于除资本密集型产业（X_4）和资源采掘业（X_7）以外的其他产业的作用效果刚好相反，在利率提升、资金成本上升的情况下，对应产业的固定资产投资规模反而扩大，说明价格型货币政策工具在优化社会资本配置效率方面存在一定的优势。此外，亦说明在我国利率市场化水平不高的背景下，还存在许多非市场化因素会影响产业的产出与规模，我国价格型货币政策工具的作用效果在资金敏感性较低的产业表现出不同程度的偏差。

（三）货币政策冲击及产业间溢出效应的进一步分析

1. 货币政策冲击对资本密集度高的产业影响更加显著

各产业对数量型和价格型货币政策冲击的反应速度较一致，资本密集度较高的产业反应速度快于劳动或技术密集产业。一般来说，要素资本密集度高的产业对于资金的需求量大，货币供应量或利率的轻微波动都会对其资金供给、资金成本以及市场需求产生影响，相关产业对货币政策信号的反应更加强烈。而劳动或技术等要素密集度高的产业，无论是培育熟练劳动力还是将资金投入转化为技术均需要较长的时间，它们对于资金成本和数量变动的反应不及资本密集型产业，因此对于货币政策冲击的反应速度也相对较慢。

2. 数量型货币政策的传导路径基本与产业间的消耗关系一致

从不同类型的货币政策冲击在产业间的传导路径来看，数量型货币政策冲击在产业间的传导路径较为清晰。结合货币政策冲击反应的峰值和出现的时点，分别分析货币政策冲击对固定资产投资的效应可以发现，对于数量型货币政策工具，货币政策冲击的传导大致由资本密集型产业、劳动密集型产业、中度资本密集型产业向技术密集型产业传导；对于价格型货币政策冲击对固定资产投资的效应，其传导路径则存在显著的差异。

一般来说，货币供应量的变动会沿着产业链传导，在上游行业投资扩张、产出增大的背景下，下游产业能够随着资本或产品投入，增大资产规模。整体来看，数量型货币政策的传导路径与表 10－3 所列举的中间需求系数所显示的产业间的消耗关系较一致。产业的中间需求系数越大，表明其他产业对其产出的消耗程度越高，此产业对其他产业的辐射拉动作用亦越强。总的来说，货币政策的传导效果具有显著的行业差异，行业的异质性特征决定了其对货币政策冲击响应的多样性。

3. 价格型货币政策工具通过优化资本配置效率进行产业调整效果更显著

对比内生变量对货币政策冲击的累积反应可以发现，在各产业对数量型货币政策变动的冲击反应与价格型货币政策工具基本相当的情况下，利率冲击对于除资本密集型产业（X_4）和资源采掘业（X_7）以外的其他产业的作用效果刚好相反，在利率提升、资金成本上升的背景下对应产业的固定资产投资规模反而扩大，说明价格型货币政策工具在优化社会资本配置效率方面存在一定的优势。

第四节　本章小结

本章以要素禀赋差异作为产业异质性的划分基础，将中国工业行业按要素密集程度划分为 7 个产业，并以投入产出表为分析基础确立产业关联权重，通过 GVAR 模型实证检验了我国 2003 年 1 月到 2014 年 12 月间不同货币政策工具冲击对不同产业固定资产投资的影响。研究表明：第一，货币政策对不同产业的冲击存在显著差异，不论是对应数量型货币政策工具还是价格型货币政策工具，资本密集度较高的产业反应速度均快于劳动或技术密集产业；第二，数量型货币政策的传导路径基本与产业间的消耗关系较一致，大致由资本密集型向劳动密集型、中度资本密集型、技术密集型产业传导，而价格型货币政策的传导路径则存在显著的差异；第三，价格型货币政策工具通过优化资本配置效率进行产业调整效果更显著，在利率提升、资金成本上升的背景下，具备资本或技术优势的相关产业的固定资产投资规模反而扩大，说明价格型货币政策工具在优化社会资本配置效率方面存在优势。

　　总体而言，上述实证结果充分证明了产业异质性对货币政策传导的影响，这也构成了结构性货币政策的产业基础。由于产业异质性的长期存在和不断变化，货币政策也需要做出相应调整。当前，以优化产业结构为核心的供给侧结构性改革提出了基于产业差异实施针对性货币政策的更高要求。

第三篇

货币政策与其他宏观调控政策的协调

经济发展新常态下我国宏观调控的重要目标之一是在稳增长的基础上调结构和推动供给侧结构性改革。与此同时，在稳增长、调结构的同时，确保不发生系统性风险是供给侧结构性改革的三大攻坚战之一。[①] 正因为如此，党的十九大提出构建货币政策与宏观审慎政策双支柱的宏观调控体系。另外，近年来，为应对中美贸易摩擦、全球新冠肺炎疫情冲击的影响，中央提出了"六保""六稳"宏观调控目标；与此同时，为应对我国经济发展面临的"百年未有之大变局"，推动经济高质量发展，中央提出了加快形成双循环新发展格局的战略决策。实现"六保""六稳"宏观调控目标，加快形成"双循环"新发展格局，不仅需要构建运行有效的财政、货币政策体系，更需要建立财政政策和货币政策相互协调的机制和体制。因此，在完善货币政策体系的过程中，需要协调货币政策与宏观审慎政策、货币政策和财政政策之间的关系，构建不同的政策组合，在稳增长的前提下推进供给侧结构性改革，加快形成"双循环"的新发展格局，并确保不发生系统性金融风险。

---

① 2017年10月召开的党的十九大指出，要坚决打好防范化解重大风险、精准脱贫、污染防治的攻坚战，使全面建成小康社会得到人民认可、经得起历史检验。

就金融稳定而言，房地产市场的波动和跨境资本流动通常是系统性风险——金融危机发生的重要诱因。1997 年的亚洲金融危机源自东南亚部分国家货币贬值引发的大规模资本外流，2008 年的全球金融危机最初源自美国金融市场的次贷危机，也正因为如此，2008 年金融危机之后，相关国际金融监管机构和各国金融监管部门相继提出宏观审慎监管的理念和具体措施。就新常态下我国宏观调控的总体目标来看，为应对中美贸易摩擦、全球新冠肺炎疫情的冲击以及加快形成"双循环"的新发展格局，财政货币政策的协调显得尤为重要。总体上看，货币政策属于总量政策，而对于推动经济结构性变革和高质量发展，财政政策的效果会更为明显，但财政政策的实施也需要良好的货币政策环境。

基于此，本篇我们以房地产市场调控和对外开放中的短期跨境资本流动监管为研究对象，以"稳增长"和"防风险"为目标，探讨房地产市场和短期跨境资本流动的宏观审慎监管政策以及其与货币政策的协调问题。同时，在当前我国实施的积极财政政策和稳健货币政策总基调下，探讨供给侧结构性改革和加快形成"双循环"新发展格局进程中财政政策选择和货币政策协调问题。

第十一章

住房市场宏观审慎监管与金融稳定

第一节 住房市场宏观审慎调控规则和政策锚选择问题

党的十九大报告指出，要深化金融体制改革，健全货币政策和宏观审慎政策的双支柱调控框架，守住不发生系统性金融风险的底线。为此，近年来，金融监管部门颁布和实施了一系列防范化解金融风险的政策措施，以为经济高质量发展提供稳定的宏观金融环境。众所周知，房地产市场作为资产市场的重要组成部分，其稳定与否直接影响金融是否稳定。多年来，而对房地产价格的不断上涨，我国宏观调控部门相继采取了包括控制房地产信贷增速、调整贷款价值比例、限购、限售和限价等在内的一系列调控房价的措施。尽管每次房地产市场调控对于短期内稳定房价都起到了一定的作用，但从趋势来看，我国房价却陷入了"调控—涨价—再调控—再涨价"的螺旋式上升的变化轨迹。因此，如何进一步健全房地产市场调控机制，推进房地产市场稳步发展和防范系统性风险，真正落实党的十九大报告提出的"房子是用来住的，而不是用来炒的"调控目标和思想，是当前构建货币政策和宏观审慎政策双支柱调控体系的重要组成部分。

现有国内外相关研究从不同角度分析了住房抵押融资约束等金融摩擦在房地产市场与金融稳定之间风险传染的作用机制（Kiyotaki and Moore，1997；

Gerali et al.，2010；Iacoviello，2015），也探讨了造成住房市场价格波动的因素（王云清等，2013；Liu et al.，2013），但从宏观调控的角度来看，如何更好地监管和调控，无论是货币政策还是宏观审慎政策目前均尚无定论。货币政策方面，亚科维埃洛（Iacoviello，2005）和米什金（Mishkin，2011）等认为，由于缺乏粘性、泡沫难以识别、付出代价较高等原因，货币政策不应对住房价格做出反应。但是，侯成琪和龚六堂（2014）认为，货币政策对住房市场做出反应能降低福利损失。宏观审慎政策方面，就房地产市场而言，如何通过政策干预来缓解住房市场与金融稳定之间风险传染机制的核心——住房抵押约束这类金融摩擦所造成的扭曲则是政策调控的重点。事实上，在宏观审慎监管框架推出之前，贷款价值比（Loan－to－Value，LTV）就以固定比率的静态形式为政策制定者所采用，而最新的一些研究认为，实施动态 LTV 调整政策可能会取得更好的经济和金融稳定效果（Guerrieri and Iacoviello，2017；Jensen et al.，2018）。

现有理论研究表明，以 LTV 为代表的宏观审慎监管工具对于缓解房地产市场波动对金融稳定的影响具有积极作用。然而进一步的问题是，宏观审慎监管中 LTV 的调控操作应采用何种调整规则？是以静态规则为主还是以动态调整规则为主？如果动态调整规则更优，那么在实施动态调整规则时以何种指标作为其政策锚？从我国涉及房地产市场的金融活动的调控实际来看，调控政策的出台一方面会受房价上涨过快而带来的市场压力以及担忧资产价格泡沫破灭可能诱发系统性金融风险的影响；另一方面也会受到涉房信贷规模快速扩张的影响，那么在实际操作中，监管部门以 LTV 为操作工具的宏观审慎监管操作是盯住房价还是盯住信贷？选择何种政策锚更有利于宏观经济和金融稳定？显然，这些问题都有待从理论和实证的角度作进一步的探讨。

基于上述目的，本章试图构建一个存在住房抵押融资摩擦，包含异质性家庭和房地产生产商的多部门 DSGE 模型，通过模拟分析，考察不同情形下住房需求冲击和杠杆率冲击对金融稳定和宏观经济的影响，比较分析宏观审慎监管框架下 LTV 动态调整规则与静态规则的宏观经济及金融稳定效果，以及 LTV 动态调整规则下"盯信贷"与"盯房价"动态规则的政策锚选择问题。

本章可能的边际贡献在于：第一，在格里瑞里和亚科维埃洛（Guerrieri and Iacoviello，2017）以及杰森等（Jensen et al.，2018）研究的基础上，基于经济金融稳定的目标，更加清晰地提出了具体的 LTV 宏观审慎动态调整规则；第二，在现有研究的基础上，结合中国实际，探讨了动态调整规则下，"盯信贷"与"盯房价"的政策锚选择问题，从而为当前我国房地产市场宏观审慎调控政策体系的完善提供了可供选择的方案和思路；第三，立足于政策实践，考察了"盯信贷"动态调整规则实施的弹性问题，强调了适度保持 LTV 动态调整规则实施弹性对金融稳定的重要性，从而增强了政策实践的可操作性。

第二节　文献梳理与理论基础

一、住房抵押融资约束与金融稳定

清泷和摩尔（Kiyotaki and Moore，1997）通过引入资产抵押约束所带来的信贷限制摩擦，强调了资产流动性对经济波动的巨大影响。青木等（Aoki et al.，2004）认为，房地产市场上存在的资产抵押信贷数量摩擦和外部融资溢价摩擦均放大与传染了货币政策冲击对于经济波动的影响。但在他们的模型中，住房并没有带来效用，仅是财富贮藏资产之一。亚科维埃洛（Iacoviello，2005）融合了住房的居住和资产双重属性，开创性地建立了一套嵌入住房抵押约束的DSGE 模型。研究表明，住房抵押的存在加大了外部冲击对住房价格和总需求的影响。然而，这些研究的主要落脚点仍在于解释经济波动的原因，对金融稳定的关注略显不足。次贷危机之后，相关研究日益增多。杰拉利等（Gerali et al.，2010）认为，抵押约束的金融摩擦会对信贷需求端和供给端都产生影响，进而放大住房市场波动向金融市场波动的跨市场传染风险。兰贝蒂尼和福拉蒂（Lambertini and Forlati，2011）将住房抵押贷款违约风险内生化，发现金融风险的强度比违约风险外生时的情形要大。亚科维埃洛（2015）将金融中介显性化，刻画了抵押约束和金融中介监管约束两大金融摩擦。研究发现，住房抵押贷款违约倒逼金融体系剧烈去杠杆，引发急剧的信贷收缩和金融风险，进而放大并传导到实体经济。格里瑞里和亚科维埃洛（2017）则研究了抵押约束偶然非紧的情形，发现房地产市场对金融稳定的影响存在明显的非对称性效应。

二、房地产市场调控和金融风险防范的政策设计及其有效性

部分学者试图从房地产波动的源头着手，探索政策调控方向。亚科维埃洛和诺里（Iacoviello and Neri，2010）认为，住房需求冲击比货币因素更能解释美国房地产市场的波动。还有学者（Liu et al.，2013）比较了不同类型外部冲击的

影响，发现抵押约束不会显著放大技术冲击造成的不利影响，但会放大抵押率冲击和需求冲击造成的不利影响。另一部分学者则更关注调控房地产市场、防范金融风险的监管规则问题。货币政策方面，学术界对于是否应将资产价格稳定纳入政策目标存有争议。亚科维埃洛（2005）认为，货币政策对住房价格作出反应不能改善稳定经济的效果。欧塞皮等（Eusepi et al.，2011）认为住房价格缺乏价格粘性，货币政策不应对其反应。米什金（2011）则认为，住房类资产价格存在泡沫难以识别的问题，因而"事后处理"优于"事前反应"。而侯成琪和龚六堂（2014）则认为，货币政策应对住房价格作出反应以降低福利损失。宏观审慎政策方面，多数学者认为关键在于如何通过政策干预来缓解房地产市场与金融稳定之间风险传染机制的核心——房地产抵押约束这类金融摩擦所造成的扭曲。近年来的研究表明，贷款价值比（LTV）的宏观审慎政策可能会取得更好的金融稳定效果。杰森等（2018）认为，简单静态的 LTV 规则会加大抵押约束成为紧约束的概率，不利于防范金融风险的效果，并提出了 LTV 动态调整规则的设想。罗娜和程方楠（2017）在研究双支柱政策协调效应时，引入了对信贷作反应的 LTV 动态规则，认为其对房价调控具有结构性功能。张婧屹和李建强（2018）则在引入房地产生产部门的基础上探讨了最优抵押杠杆的政策规则。

现有研究为探讨房地产市场金融风险的监管奠定了重要基础，但对于如何构建有效的宏观金融监管体系，防范化解房地产市场潜在系统性金融风险还存在较大的探讨空间。特别是对我国而言，在当前构建货币政策和宏观审慎政策双支柱的宏观金融调控体系的过程中，如果货币政策主要旨在平滑经济周期，宏观审慎政策用于应对金融周期，那么面对房地产市场可能存在的对金融稳定的潜在冲击，如何构建以 LTV 为监管工具的宏观审慎监管规则？是以静态监管规则为主还是以动态监管规则为主？如果动态监管规则更优，那么在实施动态监管规则时以何种指标作为其政策锚？是以"盯房价"为主还是以"盯信贷"为主？显然，对这些问题的研究不仅有利于进一步丰富和发展现有的宏观审慎监管政策理论，而且能为我国双支柱宏观调控体系的构建提供理论支撑和经验证据。

第三节　基准模型构建

本节基于亚科维埃洛（2005）、亚科维埃洛和诺里（2010）、格里瑞里和亚科维埃洛（2017）等经典文献，构建一个嵌入抵押融资约束金融摩擦、包含异质性家庭和房地产生产商的多部门 DSGE 模型。

一、家庭部门

假定存在两类无限生命的家庭，即耐心家庭和缺乏耐心家庭。前者的时间偏好较弱，从而更倾向于储蓄；后者相反，更看重当期效用，倾向于借贷。两类家庭提供的劳动存在差异，不能完美替代。[①]

耐心家庭的目标效用函数为：

$$\max_{\{C_{H,t},H_{H,t},L_{H,t},B_{H,t},K_{C,t},K_{H,t}\}} E_0 \sum_{t=0}^{\infty} \beta_H^t \left(\log C_{H,t} + \alpha_t \log H_{H,t} - \frac{1}{1+\eta_t} L_{H,t}^{1+\eta_t} \right) \quad (11.1)$$

其中，E_0 为期望算子，β_H 为耐心家庭的主观贴现率；α_t 代表住房在效用函数中的权重，经济含义为对住房的需求程度；$1/\eta_t$ 为劳动的供给弹性，且 $\alpha_t > 0$，$\eta_t > 0$；$C_{H,t}$、$H_{H,t}$、$L_{H,t}$ 分别为第 t 期耐心家庭的消费、住房和劳动。

设第 t 期的住房价格为 q_t，住房的折旧率为 δ_H；消费品生产商从耐心家庭租赁的资本为 $K_{C,t}$，租金率为 $R_{C,t}$，折旧率为 δ_{KC}；住房生产商租赁的资本为 $K_{H,t}$，租金率为 $R_{H,t}$，折旧率为 δ_{KH}；劳动供给面临的工资水平为 $w_{H,t}$。耐心家庭作为储蓄者可将储蓄资金贷出，并在下一期收回本息，相应的信贷规模为 $B_{H,t}$，贷款面临的市场利率为 R_t（为包含本息的总利息率，gross rate）。因而，耐心家庭面临以下预算约束条件：

$$C_{H,t} + K_{C,t} + K_{H,t} + q_t H_{H,t} + B_{H,t} = (R_{C,t} + 1 - \delta_{KC})K_{C,t-1} + (R_{H,t} + 1 - \delta_{KH})K_{H,t-1} + q_t(1-\delta_H)H_{H,t-1} + R_{t-1}B_{H,t-1} + w_{H,t}L_{H,t} \quad (11.2)$$

类似地，缺乏耐心家庭的目标效用函数为：

$$\max_{\{C_{S,t},H_{S,t},L_{S,t},B_{H,t}\}} E_0 \sum_{t=0}^{\infty} \beta_S^t \left(\log C_{S,t} + \alpha_t \log H_{S,t} - \frac{1}{1+\eta} L_{S,t}^{1+\eta} \right) \quad (11.3)$$

其中，β_S 为缺乏耐心家庭的主观贴现率且 $\beta_S < \beta_H \in (0, 1)$，$C_{S,t}$、$H_{S,t}$、$L_{S,t}$ 分别为第 t 期缺乏耐心家庭的消费、住房和劳动。设第 t 期缺乏耐心家庭的劳动供给面临的工资水平为 $w_{S,t}$；在以自有住房作抵押的条件下，缺乏耐心家庭可在信贷市场上以市场利率 R_t 进行借款融资，借款规模为 $B_{S,t}$。因此，缺乏耐心家庭除面临预算约束外还面临抵押融资约束。

[①] 此处借鉴大多数刻画异质性家庭文献的一般性设定。这是因为现实经济中储蓄者或者比借贷者具有更丰富的工作阅历，或者具有创造更高价值的技能，或者本身就是企业的所有者和管理者。一个更为具体的解释可参见 Rubio M. Short and Long – term Interest Rates and the Effectiveness of Monetary and Macroprudential policies [J]. *Journal of Macroeconomics*, 2016, 47: 103 – 115。

预算约束为：

$$C_{S,t} + q_t H_{S,t} + R_{t-1} B_{S,t-1} = q_t (1 - \delta_H) H_{S,t-1} + B_{S,t} + w_{S,t} L_{S,t} \tag{11.4}$$

抵押融资约束：

$$R_t B_{S,t} \leq E_t m_t q_{t+1} H_{S,t} \tag{11.5}$$

式（11.5）中 m_t 具有较丰富的经济含义：一方面，当不存在政策干预时，该变量表征自由市场对抵押融资所提供的有限信贷程度，即撬动资金杠杆的程度；另一方面，当存在政策干预时，该变量便成为政策制定者对抵押所限定的法定贷款价值比，即 LTV 值，理论上讲，它既可以是静态不变的，也可以由政策制定者根据政策目标动态调整。

两类家庭在各自约束条件下做最优化决策，得到相应一阶条件。耐心家庭的一阶条件为：

$$\frac{1}{C_{H,t}} = \beta_H E_t \frac{R_t}{C_{H,t+1}} \tag{11.6}$$

$$\frac{\alpha_t}{H_{H,t}} = \frac{q_t}{C_{H,t}} - \beta_H E_t \frac{q_{t+1}(1 - \delta_H)}{C_{H,t+1}} \tag{11.7}$$

$$L_{H,t}^{\eta_t} = \frac{w_{H,t}}{C_{H,t}} \tag{11.8}$$

$$\frac{1}{C_{H,t}} = \beta_H E_t \frac{R_{C,t+1} + 1 - \delta_{KC}}{C_{H,t+1}} \tag{11.9}$$

$$\frac{1}{C_{H,t}} = \beta_H E_t \frac{R_{H,t+1} + 1 - \delta_{KH}}{C_{H,t+1}} \tag{11.10}$$

缺乏耐心家庭的一阶条件为：

$$\frac{1}{C_{S,t}} = \beta_S E_t \frac{R_t}{C_{S,t+1}} + \lambda_{S,t} R_t \tag{11.11}$$

$$\frac{\alpha_t}{H_{S,t}} = \frac{q_t}{C_{S,t}} - \beta_S E_t \frac{q_{t+1}(1 - \delta_H)}{C_{S,t+1}} - \lambda_{S,t} E_t m_t q_{t+1} \tag{11.12}$$

$$L_{S,t}^{\eta_t} = \frac{w_{S,t}}{C_{S,t}} \tag{11.13}$$

其中，式（11.6）和式（11.11）为两类家庭的欧拉方程，比较两式可见，缺乏耐心家庭多了一项由抵押融资约束所带来的额外效应（即 $\lambda_{S,t} R_t$）；式（11.8）和式（11.13）为两类家庭异质性劳动的供给方程；式（11.7）和式（11.12）是两类家庭住房的跨期无套利方程，比较两式可见，缺乏耐心家庭多了一项由抵押融资约束所带来的资金撬动效应（即 $\lambda_{S,t} E_t m_t q_{t+1}$）；式（11.9）和式（11.10）为耐心家庭提供消费品生产资本和住房生产资本的跨期无套利方程。$\lambda_{S,t}$ 为第 t 期缺乏耐心家庭抵押融资约束的影子价格，通过稳态求解可以证明，其稳态值取决于两类家庭的主观贴现因子之差[①]。综合上述一阶条件还可发现，住房抵押融资约束形成了一个楔子（wedge）对缺乏耐心家庭的跨期决策产生影响，但并不影响期内决策行为。

二、房地产生产商

房地产生产商向耐心家庭租赁生产资本，在土地市场上购买土地，进行住房生产。为刻画经济现实，设定房地产生产商以自己持有的土地为抵押在信贷市场上融资，从而与缺乏耐心家庭类似，也在预算约束之外面临着抵押融资约束。作为一类特定产品的生产者，房地产生产商的效用仅取决于消费水平。

住房生产商的目标效用函数为：

$$\max_{\{C_{E,t}, D_t, K_{H,t}, B_{E,t}, \Delta H_t\}} E_0 \sum_{t=0}^{\infty} \beta_E^t (\log C_{E,t}) \tag{11.14}$$

预算约束为：

$$C_{E,t} + q_{D,t}D_t + R_{t-1}B_{E,t-1} + R_{H,t}K_{H,t-1} = q_t \Delta H_{S,t-1} + B_{E,t} \tag{11.15}$$

抵押融资约束为：

$$R_t B_{E,t} \leq E_t m_t q_{D,t+1} D_t \tag{11.16}$$

与式（11.5）类似，式（11.16）中 m_t 为房地产开发贷款的 LTV，意味着房地产生产商仅以抵押方式获得其土地价值一定比例的信贷融资[②]。

不同于消费品生产，住房生产主要依赖资本要素和土地要素，特别是土地在住房生产中居于核心地位，而劳动要素则占比极低，因此，为刻画这一经济现实，并与消费品生产严格区分开，设定房地产生产商的住房生产函数为以下的 Cobb - Douglas 形式：

$$\Delta H_t = A_{H,t} K_{H,t-1}^{1-\mu_D} D_t^{\mu_D} \tag{11.17}$$

式（11.14）至式（11.17）中，β_E 为房地产生产商的主观贴现率且 $\beta_E < \beta_H \in (0, 1)$，$C_{E,t}$、$B_{E,t}$、$D_t$、$\Delta H_t$ 分别为第 t 期住房生产商的消费、融资、土地持有和住房生产，$q_{D,t}$ 为土地价格，$A_{H,t}$ 为房地产生产的全要素生产率。μ_D 表示

---

① 具体证明过程为，对式（11.6）和式（11.11）求解稳态方程式，再作初等代数运算，可得稳态时 $\lambda_S = \dfrac{(\beta_H - \beta_S)}{C_s}$。

② 在本章中，缺乏耐心家庭部门进行住房抵押贷款和住房生产部门以土地作为抵押进行房地产开发贷款面临的抵押融资约束（贷款价值比）是相同的。但显然，现实中，这两类主体在信贷市场上面临的抵押贷款比例是存在差异的。由于本章研究的目的主要是考察整体的抵押融资摩擦（贷款价值比）对宏观经济金融稳定的影响及其调整规则，因此，为了简便，在模型设定中对家庭部门和住房生产部门的抵押融资比例不加区别，这并不影响模拟分析的主要结论。

土地在住房生产中所占的份额，$\mu_D \in (0, 1)$。

根据动态优化算法，可得一阶条件：

$$\frac{1}{C_{E,t}} = \beta_E E_t \frac{R_t}{C_{E,t+1}} + \lambda_{E,t} R_t \tag{11.18}$$

$$E_t R_{H,t+1} K_{H,t} = (1 - \mu_D) E_t q_{t+1} \Delta H_{t+1} \tag{11.19}$$

$$\frac{q_{D,t}}{C_{E,t}} = \frac{q_t \mu_D \Delta H_t}{C_{E,t} D_t} + E_t \lambda_{E,t} m_t q_{D,t+1} \tag{11.20}$$

其中，式（11.18）为欧拉方程，与缺乏耐心家庭类似，也多了一项由抵押融资约束所带来的额外效应（即 $\lambda_{E,t} R_t$）；式（11.19）为住房生产商的资本需求方程；式（11.20）为土地需求方程，可以发现，由于土地可作为抵押物进行融资，因而带来了额外的效应（即 $\lambda_{E,t} E_t m_t q_{D,t+1}$）。$\lambda_{E,t}$ 为第 t 期住房生产商抵押融资约束的影子价格，与缺乏耐心家庭的抵押融资约束影子价格类似，通过稳态求解也可以证明，其稳态值取决于住房生产商与耐心家庭两者主观贴现因子之差[1]。综合上述一阶条件可以发现，抵押融资约束也形成一个楔子（wedge）对住房生产商的跨期决策产生影响。

三、消费品生产商

消费品生产商租赁生产性资本和向两类家庭分别雇佣具有异质性的劳动作为生产要素，生产完全同质的消费品[2]。消费品生产商的生产函数采用以下的 Cobb – Douglas 形式：

$$Y_t = A_{C,t} (L_{H,t}^\gamma L_{S,t}^{1-\gamma})^{1-\mu_C} K_{C,t-1}^{\mu_C} \tag{11.21}$$

其中，Y_t 为消费品产出，$A_{C,t}$ 为消费品生产的全要素生产率，γ、$1-\gamma$ 分别表示两类劳动各自在劳动要素中的相对比重，μ_C 表示资本在生产中所占的份额，γ、$\mu_C \in (0, 1)$。

消费品生产商根据成本最小化的原则决策最优的要素投入，其一阶条件即为

---

[1] 具体结果为，稳态时 $\lambda_E = \dfrac{(\beta_H - \beta_E)}{C_E}$。

[2] 基于本章研究的焦点是基于真实摩擦的宏观审慎政策设计，而非价格等名义摩擦，因此借鉴现有研究的做法，忽略对价格粘性的刻画。详见 Iacoviello M. House Prices, Borrowing Constraints and Monetary Policy in the Business Cycle [J]. *American Economic Review*, 2005, 95 (3): 739 – 764; Iacoviello M. Financial Business Cycles [J]. *Review of Economic Dynamics*, 2015, 18 (1): 140 – 163; Liu Z, Wang P F, Zha T. Land – Price Dynamics and Macroeconomic Fluctuations [J]. *Econometrica*, 2013, 81 (3): 1147 – 1184; Jensen H, Ravn S O, Santoro E. Changing Credit Limits, Changing Business Cycles [J]. *European Economic Review*, 2018, 102: 211 – 239。

对各生产要素的需求。

$$w_{H,t}L_{H,t} = \gamma(1-\mu_C)Y_t \tag{11.22}$$

$$w_{S,t}L_{S,t} = (1-\gamma)(1-\mu_C)Y_t \tag{11.23}$$

$$R_{C,t}K_{C,t-1} = \mu_C Y_t \tag{11.24}$$

四、地方政府土地供应

在我国，城市土地归属国有，除少数公益性用地为划拨形式外，包括房地产开发在内的项目建设用地均采用土地出让制度，地方政府是最主要的土地供应方，以土地出让金为代表的土地财政是地方政府的重要收入来源。现有研究指出，地方政府具有推高土地出让价格的动机，土地供应和土地出让价格与住房价格密切相关（张双长和李稻葵，2010；高然和龚六堂，2017）。为此，设定地方政府土地供给规则如下：

$$\log D_{t+1} = \log D + \xi\log\left(\frac{q_{D,t}}{q_D}\right) \tag{11.25}$$

其中，D、q_D 分别为稳态时的土地供应和土地价格，$\xi>0$ 为地方政府土地供应对土地价格的弹性，反映土地财政的依赖程度。由上式可知，地方政府在土地价格上升时增加土地供应以多获取土地出让金，反之则反是，从而提高土地财政收入。

五、市场出清

综上，本模型共有住房、消费品、信贷、土地和劳动五个市场，其中劳动由于异质性，又分为两个子市场，均衡时各市场出清。

住房市场出清：

$$\Delta H_t = H_{H,t} - (1-\delta_H)H_{H,t-1} + H_{S,t} - (1-\delta_H)H_{S,t-1} \tag{11.26}$$

消费品市场出清：

$$Y_t = C_{H,t} + C_{S,t} + C_{E,t} + K_{C,t} - (1-\delta_{KC})K_{C,t-1} + K_{H,t} - (1-\delta_{KH})K_{H,t-1} \tag{11.27}$$

信贷市场出清：

$$B_{H,t} = B_{S,t} + B_{E,t} \tag{11.28}$$

由于采用相同的符号标识，土地市场和劳动市场已然隐含了出清之意。

根据国民经济核算，全社会真实 GDP 和总消费分别为：

$$GDP_t = Y_t + q_t \Delta H_t \qquad (11.29)$$

$$C_t = C_{H,t} + C_{S,t} + C_{E,t} \qquad (11.30)$$

六、外部冲击

本章引入劳动供给弹性冲击、房地产生产技术冲击、消费品生产技术冲击、住房需求冲击和杠杆率冲击 5 类冲击，首先模拟它们对经济系统的影响，然后基于房地产调控的目标，有针对性地分析住房需求和杠杆率这两类冲击的差异化特征，最后设计比选相关的宏观审慎政策。

与大多数文献一样，此处设定各类冲击均为 AR(1) 过程。

劳动供给弹性冲击：

$$\log \eta_t - \log \eta = \rho_\eta (\log \eta_{t-1} - \log \eta) + u_{\eta,t} \qquad (11.31)$$

房地产生产技术冲击：

$$\log A_{H,t} - \log A_H = \rho_{AH} (\log A_{H,t-1} - \log A_H) + u_{AH,t} \qquad (11.32)$$

消费品生产技术冲击：

$$\log A_{C,t} - \log A_C = \rho_{AC} (\log A_{C,t-1} - \log A_C) + u_{AC,t} \qquad (11.33)$$

住房需求冲击：

$$\log \alpha_t - \log \alpha = \rho_\alpha (\log \alpha_{t-1} - \log \alpha) + u_{\alpha,t} \qquad (11.34)$$

杠杆率冲击：

$$\log m_t - \log m = \rho_m (\log m_{t-1} - \log m) + u_{m,t} \qquad (11.35)$$

上述诸式中，ρ_η、ρ_{AH}、ρ_{AC}、ρ_α、ρ_m 分别表示劳动供给弹性冲击、房地产生产技术冲击、消费品生产技术冲击、住房需求冲击和杠杆率冲击的持久惯性，各自相应的冲击扰动项均设定为服从正态独立同分布的白噪声 $u_{\eta,t} \sim iidN(0, \sigma_\eta^2)$、$u_{AH,t} \sim iidN(0, \sigma_{AH}^2)$、$u_{AC,t} \sim iidN(0, \sigma_{AC}^2)$、$u_{\alpha,t} \sim iidN(0, \sigma_\alpha^2)$、$u_{m,t} \sim iidN(0, \sigma_m^2)$。

第四节　参数校准与估计

本节对于部分参数借鉴国内外既有研究的设定，并结合我国的国情和实际进行校准，另一部分结构性参数则采用贝叶斯估计的方法得到。所有参数均在季度频率上设定。表 11-1 显示了模型部分参数的校准值及其主要参考依据。

表 11 - 1   **模型主要参数校准值**

参数	经济含义	校准值	依据
α	稳态时住房在效用函数中的权重，表征住房需求水平	0.4	中国民众对住房的需求偏好相比外国更强，住房也是家庭财富的最大载体，参考张婧屹和李建强（2018），去尾数取为 0.4
β_H	耐心家庭的主观贴现因子	0.9925	根据中国 1 年期存款利率均值在 3% 左右，对应取 0.9925
β_S	缺乏耐心家庭的主观贴现因子	0.9878	根据中国 1 年期个人住房抵押贷款利率均值在 5% 左右，对应取 0.9878
β_E	住房生产商的主观贴现因子	0.9765	根据中国房地产开发贷款的利率均值在 10% 左右，对应取 0.9765
η	劳动供给弹性的倒数	1	微观经济学研究一般认为劳动供给弹性为 0.5 左右，侯成琪和龚六堂（2014）对中国的贝叶斯估计结果也为 0.4857；但多梅和弗洛登（2006）指出可能存在 50% 的低估，故取 1
ξ	土地供给对地价的价格弹性	0.058	采用刘洪玉和姜沛言（2015）的实证结果
γ	耐心家庭劳动在消费品生产中占全部劳动的相对份额	0.64	采用亚科维埃洛（2005）的取值
μ_C	资本在消费品生产中所占的份额	0.5	采用侯成琪和龚六堂（2014）的取值
μ_D	土地在住房生产中所占的份额	0.6	根据中国现实经济中房地产开发的土地成本和涉地税费占总成本的 60% 左右，对应取值
m	稳态时的贷款价值比（LTV）	0.7	银行对家庭首套住房抵押贷款的首付比一般为 3 成，金融监管部门规定房地产土地抵押贷款不得超过抵押价值的 70%，故 LTV 设为 0.7

续表

参数	经济含义	校准值	依据
δ_H	住房的折旧率	0.0125	根据住房折旧计提年限为 20 年换算取值
δ_{KC}	消费品生产所使用资本的折旧率	0.025	根据年折旧率 10% 换算取值
δ_{KH}	住房生产所使用资本的折旧率	0.025	

关于效用函数中住房的权重 α，根据中国特定的经济现实，民众对住房的需求偏好相比外国更强，住房是家庭财富的最大载体，因此，本章参考张婧屹和李建强（2018）在类似效用函数中的设定，去尾数取为 0.4。关于主观贴现因子 β_H、β_S、β_E，鉴于中国 1 年期存款利率、个人住房抵押贷款利率和房地产开发贷款利率长期在 3%、5% 和 10% 左右，分别取 0.9925、0.9878 和 0.9765。劳动供给弹性 $\frac{1}{\eta}$ 一般被认为在 0.5 左右，侯成琪和龚六堂（2014）采用贝叶斯方法估计中国劳动供给弹性的结果为 0.4857，与之较为接近，但多梅和弗洛登（Domeij and Floden，2006）的研究认为现有劳动供给弹性的估计均被低估了 50%，因此取 1。关于土地供给对土地价格的弹性，采用刘洪玉和姜沛言（2015）的实证结果，取 0.058。关于消费品生产函数中耐心家庭劳动占全部劳动的相对份额 γ，作为较早刻画家庭异质性的学者，亚科维埃洛（2005）认为较为富有的储蓄者一般受过较好的教育或技能培训，其提供的劳动的技术含量更高，在现代企业生产中的贡献相对更大，进一步通过现实经济数据估计其份额为 64%，本章沿用该取值。关于消费品生产函数中的资本份额 μ_C，参考侯成琪和龚六堂（2014）的设定，取值 0.5。关于住房生产函数中的土地份额 μ_D，根据中国现实经济中房地产开发的土地成本和涉地相关税费占总成本的 60% 左右，对应取 0.6。关于稳态时的贷款价值比 m，一方面，由于中国商业银行对家庭首套住房抵押贷款的首付比一般为 3 成；另一方面，金融监管部门也对房地产开发项目的土地抵押贷款做出了要求，人民银行和原银监会颁布的《关于金融促进节约集约用地的通知》规定"土地储备贷款采取抵押方式的，应具有合法的土地使用证，贷款抵押率最高不得超过抵押物评估价值的 70%"，故统一设为 0.7。最后，关于住房的折旧率 δ_H，按照住房折旧计提年限为 20 年计算，转换为季度值取 0.0125；而关于两类生产资本的折旧率 δ_{KC}、δ_{KH}，则均按照资本的年折旧率为 10% 计算，转换为季度值取 0.025。

对于剩下的各类冲击的相关参数，本章采用贝叶斯方法进行估计。对于劳动供给弹性冲击、房地产生产技术冲击、消费品生产技术冲击、住房需求冲击和杠杆率冲击的惯性系数均设定为服从 Beta 分布，均值为 0.9，标准差为 0.1；冲击的标准差设定为服从逆 Gamma 分布，均值分别为 0.010、0.025、0.010、0.025、0.035，标准差不作限制。贝叶斯估计结果如表 11 - 2 所示。

表 11 - 2　　　　　　　　贝叶斯参数估计结果

参数	先验分布	均值	标准差	后验均值	95% 置信区间
ρ_η	Beta	0.9	0.1	0.9107	[0.7181, 0.9205]
ρ_{AH}	Beta	0.9	0.1	0.8545	[0.8193, 0.9221]
ρ_{AC}	Beta	0.9	0.1	0.8826	[0.8481, 0.9446]
ρ_α	Beta	0.9	0.1	0.8773	[0.6819, 0.9352]
ρ_m	Beta	0.9	0.1	0.8004	[0.5713, 0.8970]
σ_η	逆 Gamma	0.010	∞	0.0073	[0.0067, 0.0087]
σ_{AH}	逆 Gamma	0.025	∞	0.0215	[0.0118, 0.0342]
σ_{AC}	逆 Gamma	0.010	∞	0.0111	[0.0068, 0.0325]
σ_α	逆 Gamma	0.025	∞	0.0283	[0.0153, 0.0512]
σ_m	逆 Gamma	0.035	∞	0.0419	[0.0297, 0.0488]

第五节　外部冲击与模型拟合效果

本节在上一节校准和估计的参数值基础上进一步测试模型系统对外部冲击的动态脉冲响应，并试图对各脉冲响应做出机制解释。如果显示的脉冲响应图能较合理地为基于模型的相应机制所解释，则表明模型的构建和参数的设定较为可靠，从而为后续基于该模型考察某些特定冲击下住房市场宏观调控的政策效果模拟研究提供保障。

一、劳动供给弹性冲击与经济波动

图 11 - 1 显示了在校准值的基准情形下，劳动供给弹性冲击发生后模型主要经济金融变量对该外生冲击的脉冲响应结果。由图可知，当发生一个标准差的正

向劳动供给弹性冲击时，大多数经济金融变量均呈现向上波动的走势。其中，总产出 GDP、消费品产出和金融市场利率当期就及时上升，随后逐步回落至稳态水平。相较而言，金融市场利率回复至稳态的速度较快。总消费、信贷、住房价格和土地价格则呈先上升后下降的驼峰趋势。总消费在第 10 期上升至最大水平后逐渐回落至稳态；信贷规模当期及时扩大，到第 5 期达最大值后逐渐向稳态水平回落；住房价格在前 10 期快速上升，到达峰值后反转下降向稳态回落；土地价格持续上升，在第 20 期到达最大值，而后下降缓慢向稳态回落。住房产出则在当期出现下降，随后持续回升，于第 7 期恢复至稳态水平并超过稳态值继续上升，至第 20 期达到最大值之后逐步回复至稳态。

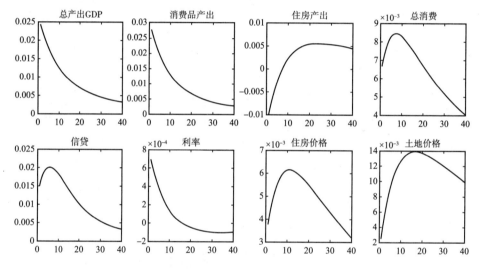

图 11－1　劳动供给弹性冲击对主要经济金融变量的影响

产生上述结果的作用机制是：当发生正向的劳动供给弹性冲击时，意味着劳动工资水平的一单位正向变化将激发耐心家庭和缺乏耐心家庭提供更多的劳动，更多的劳动参与消费品生产商的消费品生产使得消费品产出增加，同时两类家庭的劳动报酬收入也增加，进而在收入效应的作用下对消费、住房持有和信贷水平带来影响。消费方面，家庭（包括耐心家庭和缺乏耐心家庭）的消费水平随着家庭收入的增加而增加；住房方面，家庭收入的上升促使家庭对住房需求的上升，从而住房价格随之上涨；信贷方面，收入的增加使得更多的资金能够参与资金的融通，同时住房价格的上涨也使得缺乏耐心家庭以住房抵押可得到更多的信贷资金，促使了信贷水平的上升。与此同时，住房需求的上升引致住房生产商对土地的需求上升，从而使得土地价格上涨，进而提高了住房生产商的抵押融资水平，也促使了信贷水平的上升。值得一提的是，模拟结果显示住房生产呈现当期下降后逐步回升的情形，这是因为，尽管由住房需求上升引致的土地需求上升使得土地价格上涨，但在当前的地方政府土地供应规则下，土地供应的价格弹性较小（$\xi = 0.058$）[①]，从而土地价格上涨得更快，因而在当期尽管房价上涨对增加住房生产有激励作用，但土地价格上涨对增加住房生产则有更大的抑制作用，两方共同作用的结果则是住房生产的下降；而后，随着两种力量的此消彼长，住房生产逐步增加，住房生产商的收入水平也随之提高，从而也提升了消费水平。最终，提振的消费品产出和住房产出共同使得 GDP 水平上升。

二、房地产生产技术冲击与经济波动

图 11 - 2 显示了在校准值的基准情形下，房地产生产技术冲击发生后模型主要经济金融变量对该外生冲击的脉冲响应结果。由图可知，当发生一个标准差的正向房地产生产技术冲击时，总产出 GDP、住房产出和金融市场利率当期就及时上升，随后逐步回落至稳态水平。与之相反，消费品产出、住房价格和信贷水平则在当期就及时下降，随后逐步向稳态水平回升；总消费呈先上升后下降的驼峰趋势，先不断攀升，在第 15 期上升至最大水平后逐渐回落至稳态；土地价格则呈"U"型曲线，先持续下跌，在第 20 期达到最低值后逐渐向稳态回升。

产生上述结果的作用机制是：当发生正向的房地产生产技术冲击时，意味着房地产部门的全要素生产率上升，因而住房产出增加；在住房需求相对稳定的情况下，住房供给的增加将使得住房价格下降，随着住房供给不断减少至稳态，在供求关系的作用下，住房价格也随之上升至稳态；住房价格的下降削弱了住房生产商购置土地的积极性，引致对土地要素的需求减少，土地价格出现下跌。同时，住房价格的下降还使得缺乏耐心家庭以住房为抵押获取融资更加困难，从而降低了家庭部门的信贷水平，随着住房价格的回升，家庭部门的信贷水平也逐步向稳态回升。而土地价格的下跌则使得住房生产商以土地抵押融资获取信贷的能力下降，从而降低了企业部门的信贷水平。家庭部门和企业部门信贷水平均出现下降使得全社会整体信贷下降。另外，住房生产部门全要素生产率的上升也从边际上增加了对资本要素的需求，从而使得资本从消费品生产部门转移到住房生产部门，使得消费品产出出现较轻微的下降；由于对消费品生产部门而言，劳动和资本两大要素具有边际替代性，消费品生产部门转而在边际上增加对劳动的需

[①]　多数研究和现实经济均表明，我国地方政府的土地供应是缺乏弹性的。

求，从而使家庭的劳动报酬有所增加，家庭部门的消费水平相应略有增加。而尽管住房价格的下降降低了住房生产商的收益，但正的住房生产技术冲击使得住房生产上升幅度更大，从而占据了提高住房生产商收入的主导地位，进而促进了住房生产部门的消费。最终，总消费水平上升，叠加住房产出的上升，全社会 GDP水平也上升。

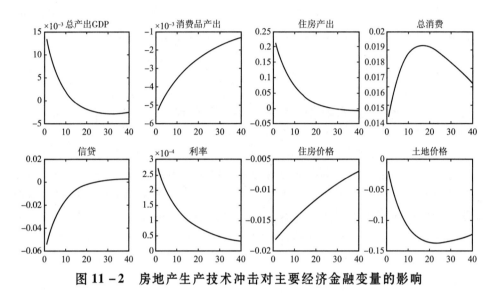

图 11 - 2　房地产生产技术冲击对主要经济金融变量的影响

三、消费品生产技术冲击与经济波动

图 11 - 3 显示了在校准值的基准情形下，消费品生产技术冲击发生后模型主要经济金融变量对该外生冲击的脉冲响应结果。由图可知，当发生一个标准差的正向消费生产技术冲击时，主要经济金融变量大多呈现向上波动的走势。其中，总产出 GDP、消费品产出和金融市场利率当期就及时上升，随后逐步回落至稳态水平。与之相反，住房产出则在当期及时下降，随后逐步向稳态水平回升。总消费、信贷、住房价格和土地价格则呈先上升后下降的驼峰趋势。总消费在当期及时上升后不断上行，在第 9 期达最大水平后逐渐回落至稳态；信贷上升到第 5 期达最大值后逐渐向稳态水平回落；住房价格在前 10 期快速上升，到达峰值后反转下降向稳态回落；土地价格持续上升，在第 15 期到达最大值，而后缓慢向稳态回落。而住房产出则在当期出现下降，随后持续回升，于第 8 期恢复至稳态水平并超过稳态值继续上升，至第 20 期达到最大值之后逐步回落至稳态。

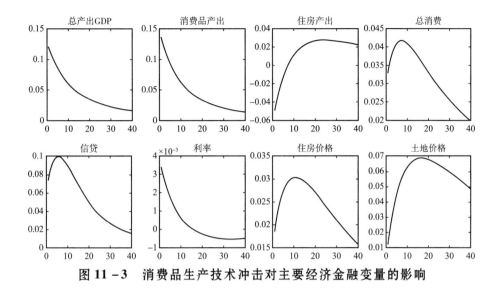

图 11 - 3　消费品生产技术冲击对主要经济金融变量的影响

上述结果发生的作用机制是：当发生正向的消费品生产技术冲击时，意味着消费品部门的全要素生产率上升，因而消费品产出增加，并带来生产性实物资本积累的增加，使得消费品生产部门的资本存量上升，从而增加对协同生产的劳动要素的需求，家庭的劳动报酬随之上升。家庭收入水平的提高既使得全社会总消费中家庭消费部分上升，又增加了家庭对住房持有的需求，进而住房价格上涨，从而使得缺乏耐心家庭以住房为抵押的信贷融资规模上升。住房需求的上升和房价的上涨引致住房生产商对土地的需求上升，土地价格上涨，从而使得住房生产商以土地抵押融资获取信贷的能力上升，进而提高了企业部门的信贷水平。家庭部门和企业部门信贷水平均出现上升共同使得全社会整体信贷水平上升。另外，由于地方政府土地供应对土地价格的弹性较小，因而土地价格上涨比房价上涨得更快，这对住房生产产生了一定的抑制作用，结果是在当期住房生产下降，但随着房价上涨带来的收益逐步超过土地价格的成本因素，住房生产逐步增加。住房价格和住房生产的上升使住房生产商的收入水平得到提高，相应地增加其消费，故全社会总消费中的企业消费部分也上升，叠加家庭消费的上升，因而全社会总消费上升。最后，全社会 GDP 由消费品产出和住房产出共同组成，因而 GDP 水平也上升。

四、住房需求冲击与经济波动

图 11 - 4 显示了在校准值的基准情形下，住房需求冲击发生后模型主要经济金融变量对该外生冲击的脉冲响应结果。由图可知，当发生一个标准差的负向住

309

房需求冲击时，各主要经济金融变量均呈现向下波动的走势。其中，总产出GDP、消费品产出、住房产出、总消费、信贷水平和住房价格在当期就出现下降，随后逐步回升至稳态水平。利率和土地价格则呈先下降后上升的"U"型趋势。利率在当期下跌后继续下行，至第8期达到最小值后逐渐上升至稳态。土地价格持续下跌至第20期达到最小值后缓慢向稳态回升。就回复速度而言，土地价格回复至稳态的速度显著慢于金融市场利率的回复速度。

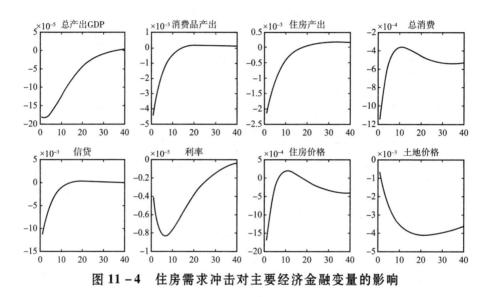

图 11-4　住房需求冲击对主要经济金融变量的影响

产生上述结果的作用机制是：当发生负向住房需求冲击时，首先引起家庭部门（包括耐心家庭和缺乏耐心家庭）的住房需求下降，使得住房价格下跌，从而给家庭带来负的财富效应，致使家庭部门的消费下降。而住房价格的下跌又进一步约束了缺乏耐心家庭的住房抵押信贷，使得家庭部门的信贷水平下降。同时住房价格的下跌还降低了住房生产商生产住房带来的收益，使住房生产商的住房产出供给下降，对土地要素的需求下降，从而带来土地价格的下跌，这使得住房生产商以土地进行抵押融资获取信贷的能力下降，企业部门的信贷水平下降。家庭部门和企业部门信贷水平的双双下降共同使得全社会信贷水平收缩。房价的下跌和住房产出的下降共同降低了住房生产商的收入水平，其消费也随之下降，叠加家庭部门消费的下降，最终总消费水平也下降。最后总消费和住房产出的下降共同降低了全社会 GDP 水平。

五、杠杆率冲击与经济波动

图 11-5 显示了在校准值的基准情形下，杠杆率冲击发生后模型主要经济金

融变量对该外生冲击的脉冲响应结果。由图可知，当发生一个标准差的负向杠杆率冲击时，大多数经济金融变量均呈现向下波动的走势。其中，总产出 GDP、消费品产出、住房产出、总消费、信贷水平、住房价格和土地价格在当期就出现下降，随后逐步回升至稳态水平。利率则在当期出现上升，而后呈现先下降后上升的"U"型趋势，其从当期上升的最高点快速下降到负半轴以下，至第 10 期达到最小值后逐渐回升至稳态。

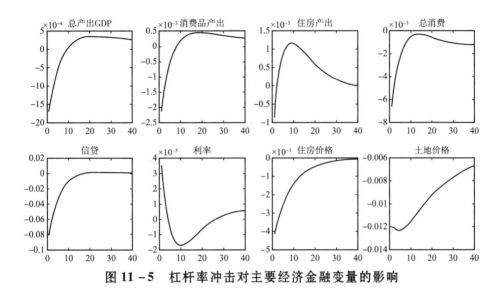

图 11 – 5　杠杆率冲击对主要经济金融变量的影响

产生上述结果的作用机制是：当发生负向杠杆率冲击时，意味着抵押物融资的抵押率下降，换言之，融资主体撬动资金杠杆的程度下降，因而面临抵押融资约束的缺乏耐心家庭和住房生产商的金融杠杆被降低，直接造成家庭部门和企业部门信贷水平的双双下降，全社会总信贷收缩。对缺乏耐心家庭而言，其信贷下降使得住房需求下降，房价下跌，而房价的下跌又通过以住房为抵押物的抵押融资约束进一步降低其信贷；与之类似，对住房生产商而言，其信贷下降使得对土地要素的需求下降，土地价格下跌，而土地价格的下跌又通过以土地为抵押物的抵押融资约束进一步降低其信贷，因而全社会总信贷进一步收缩。另外，房价下跌给家庭部门（包括耐心家庭和缺乏耐心家庭）带来了负的财富效应，造成家庭部门的消费下降。而对住房生产商而言，房价的下降则降低了其生产住房的积极性，住房产出下降，加上信贷的收缩，其消费也下降。最终，总消费水平下降，消费品产出下降，叠加住房产出数量和价格的下降，全社会 GDP 也下降。

第六节　基于 LTV 调整的宏观审慎政策引入的必要性

在上一节模拟的 5 大冲击中，前三类冲击具有较强的外生性，难以从政策上进行干预，而后两类冲击则较易受政策调控的影响。事实上，近年来我国对住房市场实施的限购、限售、限贷、限价等措施的主要目的在于调控过度的住房需求和融资杠杆。但一个紧接而来的问题是，在这两种不同的调控方向中，哪一个才更应成为政策的着力点？因此，本节通过比较住房需求和杠杆率对经济系统的影响程度，进而探讨引入 LTV 型宏观审慎政策规则的可行性和必要性。此外，现实经济中地方政府土地供应对住房市场具有重要影响，因此，本节还对不同土地供应弹性因素进行了分析。

一、基准情形下住房需求冲击与杠杆率冲击的影响比较

图 11 - 6 显示了在住房需求和杠杆率稳态值为校准值的基准情形下，住房需求冲击和杠杆率冲击发生后模型主要经济金融变量对外生冲击的脉冲响应结果。由图可知，住房需求和杠杆率各自一个标准差的负向冲击均使得实体经济产出、金融市场信贷、住房及土地价格出现向下波动。但从主要经济金融变量的波动程

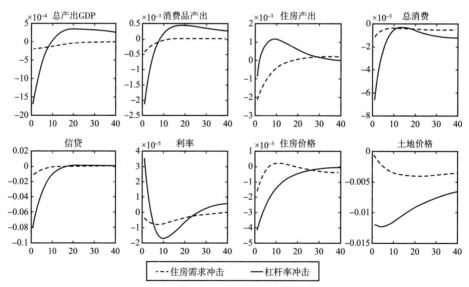

图 11 - 6　住房需求冲击和杠杆率冲击对主要经济金融变量的影响比较

度来看，相比而言，同为一个标准差的负向冲击，杠杆率冲击比住房需求冲击对经济系统的影响相对更大，特别是对表征金融稳定的信贷指标和表征住房市场平稳的住房价格指标，杠杆率冲击都造成了更大的波动。

产生上述结果的作用机制是：（1）当发生负向杠杆率冲击时，面临抵押融资约束的缺乏耐心家庭和住房生产商的金融杠杆被降低，直接造成两者信贷水平双双下降。对缺乏耐心家庭而言，其信贷下降使得住房需求下降，房价下跌，而房价下跌又通过抵押融资约束进一步降低其信贷。房价下跌给家庭部门（包括耐心家庭和缺乏耐心家庭）带来了负的财富效应，造成家庭部门的消费下降。而对住房生产商而言，房价的下降则降低了其生产住房的积极性，住房生产下降，加上信贷的收缩，其消费也下降；同时，住房生产商对土地要素的需求也下降，造成土地价格下跌，从而进一步通过抵押融资约束收紧了住房生产商的融资规模。最终，全社会信贷水平收缩，总消费水平下降，消费品产出下降，叠加住房生产数量和价格的下降，全社会 GDP 也下降。（2）当发生负向住房需求冲击时，首先引起家庭部门（包括耐心家庭和缺乏耐心家庭）的住房需求下降，住房价格下跌，从而给家庭带来负的财富效应，消费下降。而住房价格下跌进一步约束了缺乏耐心家庭的住房抵押信贷，并降低住房生产商生产住房带来的收益，住房的生产供给下降，进而对土地要素的需求下降，土地价格下跌，从而降低了住房生产商的抵押融资水平，加上住房生产数量和价格的下降，住房生产商的消费也下降。最终，全社会信贷水平收缩，总消费水平进而消费品产出下降，住房产出下降，全社会 GDP 降低。

从上述作用机制上看，相对于住房需求冲击，杠杆率冲击通过抵押融资约束作用于金融市场的路径更为直接，对主要经济金融变量造成的影响更大，从而形成了图 11-6 所显示的波动更明显的现象。然而，不同稳态住房需求水平和杠杆水平下经济系统面对外部冲击的响应可能存在差异。

二、不同住房需求水平下杠杆率冲击的影响

图 11-7 显示了表征住房需求的参数取值为 0.2、0.4、0.6 和 0.8 时，面对同一杠杆率冲击，模型主要经济金融变量的脉冲响应结果。如图所示，随着住房需求水平的上升，一单位杠杆率的负向冲击对主要经济金融变量造成的波动总体呈现加大趋势，其中对总消费水平、消费品产出和全社会 GDP 的影响更为明显。尽管如此，就表征金融稳定的信贷变化和表征住房市场平稳的住房价格及土地价格变化来看，总体上不同住房需求水平下杠杆率冲击造成波动的差别较小，在图中表现为多条脉冲曲线基本粘合。

313

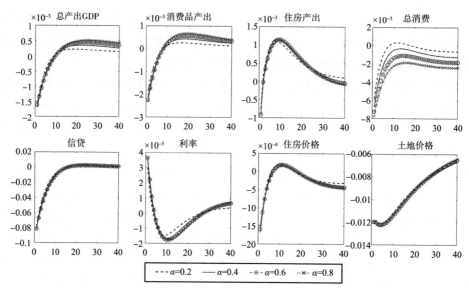

图 11-7 不同住房需求水平下杠杆率冲击对主要经济金融变量的影响

三、不同杠杆水平下住房需求冲击的影响

类似地，图 11-8 显示了表征杠杆水平（住房信贷价值比）分别为 0.3、0.5、0.7 和 0.8 时，面对同一住房需求冲击，模型主要经济金融变量的脉冲响应

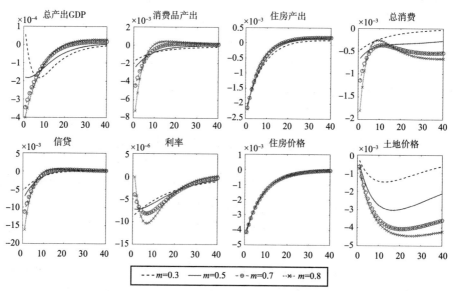

图 11-8 不同杠杆水平下住房需求冲击对主要经济金融变量的影响

结果。如图所示，随着杠杆水平的上升，一单位住房需求的负向冲击对主要经济金融变量造成的波动也呈现加大趋势，但与图11-7的情形不同，不同杠杆水平下主要经济金融变量受外部冲击而产生的波动差异非常明显，在图中表现为多条脉冲曲线的显著分离。这表明，杠杆水平越高的经济系统对于外部住房需求冲击越敏感，从而意味着经济体更容易受到住房市场扰动的波及。

四、地方政府土地供应弹性的影响

图11-9显示了保持其他参数为校准值时，面对同一杠杆率冲击，地方政府不同土地供应弹性对模型主要经济金融变量脉冲响应的影响。此处设置了三种土地供应弹性（不含基准值），从小到大依次为 $\xi=0.1$、0.4 和 0.8，值越大表示地方政府的土地供应对土地价格更敏感，地价高涨时土地供应更多，地价低迷时土地供应也越少。需要说明的是，所取弹性值均小于1，从而与地方政府土地供应缺乏弹性的中国经济现实相对应。由图可知，当发生一个标准差的负向杠杆率冲击时，不同土地供应弹性下各主要经济金融变量的走势与土地供应弹性为基准值时（$\xi=0.058$）大体相同。但比较各组曲线的特点来看，消费品产出、总消费、信贷水平基本不受地方政府土地供应弹性的影响，表现为各组曲线重合在一起。全社会GDP和利率受土地供应弹性的影响较小，表现为随着土地供应弹性的增加，全社会GDP波动略有加大，利率波动略有减少；而受土地供应弹性变

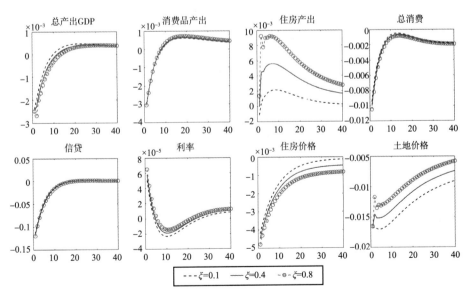

图11-9 不同土地供应弹性下杠杆率冲击对主要经济金融变量的影响

315

化影响最大的是住房产出、住房价格和土地价格，各组曲线显著分离，表现为随着土地供应弹性的增加，土地价格波动明显降低，住房价格和住房产出波动明显加大。

土地供应弹性主要对土地价格，进而对与土地这类生产要素关系密切的住房生产和住房价格影响最大，而对其他变量影响较小。因此，此处着重分析解释土地供应弹性增加使得土地价格波动减小而住房价格和产出波动加大的主要原因。与上文所阐述的杠杆率冲击的传导作用机制一样，负向杠杆率冲击使得住房价格和土地价格下跌，而更高的土地供应弹性意味着地方政府在土地价格下跌时提供更少的土地供应，从而对抑制地价过快下行具有积极作用，最终平复土地价格向下波动的程度。土地价格下行有助于房地产生产商扩大抵押融资和购置土地进行生产，因而土地供应弹性较大时的住房生产会高于土地供应弹性较小时的住房生产，但这也在增加住房供给的同时降低了住房价格，因而土地供应弹性较大时的住房价格向下波动的程度大于土地供应弹性较小时的住房价格向下波动的程度。

综合上述各项模拟结果可知，当不施加任何政策干预时，杠杆率冲击对经济系统，特别是金融稳定的影响比住房需求冲击的影响要大。与此同时，土地供应弹性对杠杆率冲击作用于住房市场（包括土地价格、住房价格和住房生产等）的强度也具有重要影响。基于此，宏观审慎政策应加强对经济系统杠杆的干预，一个直观并为政策所实践的方式是通过官定某个固定的杠杆水平（如首付比例）来直接消除杠杆率冲击，但显然这不是唯一的干预方式。因此，需要进一步研究宏观审慎政策围绕杠杆干预的最优监管规则。

第七节　不同宏观审慎调整规则下的经济金融稳定效果模拟分析

一、宏观审慎政策规则

事实上，随着宏观审慎监管理念的提出，世界各国围绕金融杠杆端的监管均逐渐趋严，LTV 已为各国广泛运用，特别是在中国等新兴市场国家，其有着相对较长的政策实践历史。理论上讲，LTV 可以有两种干预方式：一种是相对固定的静态规则，即如前文提及的，由政府规定某个固定的 LTV 值，并在一定时期内保持不变，同时保留政府根据经济环境变化而调整的权利；另一种是动态调整规则，即引入逆周期动态调节因子，使 LTV 在基准水平上参照某个政策锚而每期动态的调整。本节将通过数值模拟比较 LTV 静态规则和动态调整规则的政策效果。

关于 LTV 动态调整规则的政策锚应该选择何种指标，目前尚无定论。但就我国涉及住房市场的金融活动的调控来看，政府调控政策的出台一方面会受到房价上涨过快而带来的市场压力的影响和出于对资产价格泡沫可能潜在地诱发系统性金融风险的担忧；另一方面也会受到涉房信贷规模快速扩张的影响，从而衍生出锚定房价和锚定信贷两类政策调控思路。因此，本节将 LTV 动态调整规则设置为"盯房价"和"盯信贷"两种类型。

"盯房价"的 LTV 动态调整规则：

$$m_t = m\left(\frac{q_t}{q_{t-1}}\right)^{\phi_m} \tag{11.36}$$

"盯信贷"的 LTV 动态调整规则：

$$m_t = m\left(\frac{B_{H,t}}{B_{H,t-1}}\right)^{\phi_m} \tag{11.37}$$

m 为稳态时的 LTV 值（同时也是静态规则的 LTV 值），$\phi_m < 0$ 为动态调整系数，以刻画逆周期宏观审慎监管。若当期住房价格或信贷相较上期增长过快，则 LTV 值将下降，从而提高抵押融资约束的绷紧度，反之则反是。关于 ϕ_m 的值，本章参考罗娜和程方楠（2017）贝叶斯估计的结果，设定基准值为 −0.5。

二、不同 LTV 调整规则下的政策效果比较

图 11-10 显示了在模型参数为基准值的情形下，不同的 LTV 监管规则下主要经济金融变量面对住房需求一个标准差负向冲击时的脉冲响应图。结果显示，代表金融市场的信贷和利率指标、代表住房市场的住房价格及土地价格指标、代表总体经济的总消费和 GDP 指标在静态规则下的波动显著高于"盯房价"和"盯信贷"的动态调整规则，这表明引入逆周期因子的动态调整规则比静态规则更占优。从模型机制上看，当面临负向外部冲击时，静态规则下 LTV 值不能调整，经济系统只能被动承受冲击，而在动态调整规则下，LTV 值将会对负向冲击造成的住房价格下行或信贷收缩做出动态的逆周期调整，从而减轻抵押融资约束的绷紧程度，缓解经济系统波动。

图 11-10 的结果还显示，尽管两类动态调整规则均优于静态规则，在总体上都降低了住房市场波动和金融风险，但从缓解波动的程度看，"盯信贷"规则的效果要略好于"盯房价"，这表明动态调整规则中"盯信贷"规则要优于"盯

房价"规则。然而这一结果有可能仅仅是由模型所设定的逆周期调整系数 ϕ_m 的值造成的，其可靠性仍需要做进一步验证。为此，本节选取不同的逆周期调整系数值进行稳健性检验，图 11 - 11 至图 11 - 14 报告了 ϕ_m 分别为 - 0.2、- 0.4、- 0.6、- 0.8 时主要经济金融变量的脉冲结果，结果证实了"盯信贷"规则一致占优于"盯房价"规则。

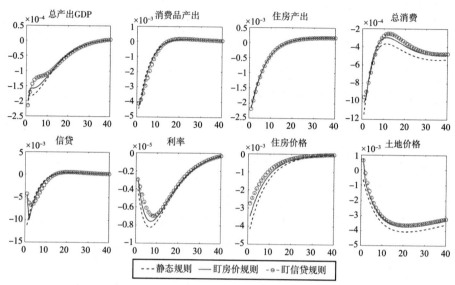

图 11 - 10　不同 LTV 调整规则下住房需求冲击对主要经济金融变量的影响

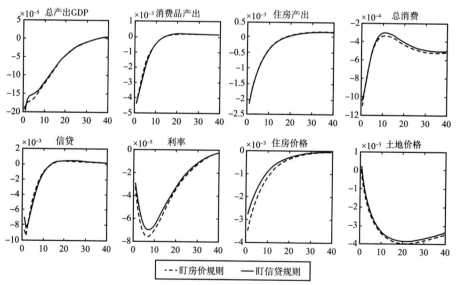

图 11 - 11　动态 LTV 规则政策效果比较（$\phi_m = - 0.2$）

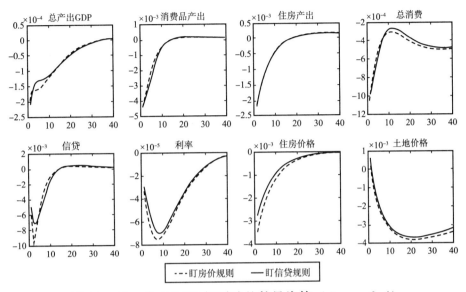

图 11 - 12　动态 LTV 规则政策效果比较（$\phi_m = -0.4$）

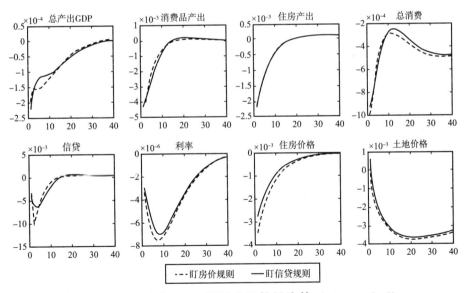

图 11 - 13　动态 LTV 规则政策效果比较（$\phi_m = -0.6$）

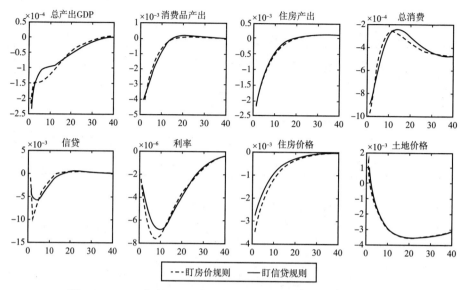

图 11-14　动态 LTV 规则政策效果比较（$\phi_m = -0.8$）

三、不同杠杆水平下"盯信贷"规则的政策效果

上文的模拟分析为实施"盯信贷"的动态调整规则提供了有力支持，而根据此前模拟的证据，杠杆水平越高的经济系统受外部负向冲击的影响越大，那么在实施"盯信贷"调整规则后，高杠杆水平经济系统与低杠杆水平经济系统的经济金融稳定性是否存在差异？为回答这一问题，本章进一步模拟研究不同杠杆水平下"盯信贷"动态调整规则的效果。

图 11-15 显示了调整系数取基准值（$\phi_m = -0.5$）时，不同杠杆水平下"盯信贷"动态调整规则面对同一负向外部冲击时模型主要经济金融变量的脉冲响应结果。如图所示，实施"盯信贷"的动态调整规则后，当杠杆水平从低到高依次为 0.3、0.5、0.7 和 0.8 时，一单位负向冲击对主要经济金融变量造成的波动呈现明显加大趋势。这表明，杠杆水平越高的经济系统即便实施"盯信贷"的动态调整规则，其受到负向冲击造成的波动程度仍然越大。脉冲结果显示，杠杆率 $m = 0.8$ 的经济体的信贷波动程度是杠杆率 $m = 0.3$ 的经济体的 2 倍。因此，尽管实施"盯信贷"的动态规则能起到缓解金融风险和经济波动的效果，但这也只是边际上的改进，杠杆率高企的巨大风险隐患依然存在，而这实际上有赖于更深层次地从源头上推进"去杠杆"结构性改革。

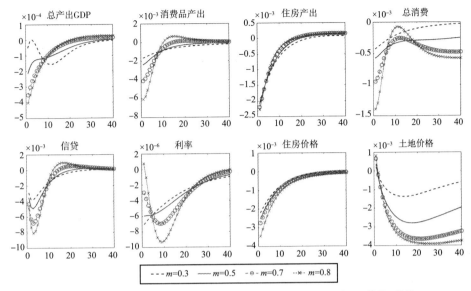

**图 11-15　不同杠杆水平下实施"盯信贷"动态调整规则的
经济金融稳定效果**

四、不同土地供应弹性下"盯信贷"规则的政策效果

图 11-16 显示了调整系数取基准值（$\phi_m = -0.5$）时，不同地方政府土地供应弹性下"盯信贷"动态调整规则面对同一负向外部冲击时模型主要经济金融变量的脉冲响应结果。与前文一样，此处设置了三种土地供应弹性，从小到大依次为 $\xi = 0.1$、0.4 和 0.8，所取弹性值也均小于 1 以对应中国现实经济情况。由图可见，土地供应弹性的增加对消费品生产波动的影响不大，除土地价格波动和利率波动的程度有一定的降低之外，信贷、住房价格、住房产出、总消费和 GDP 的波动均有所增加。这表明，LTV 动态调整规则不能有效冲抵由于土地供应弹性发生变动对经济系统带来的影响，尽管土地供应弹性增加有利于降低土地要素的价格波动，从而增加住房生产商的住房生产，但这也会使得作为抵押物的住房数量和土地数量受外部冲击带来更大程度的波动，从而加大经济系统中部分指标的波动。因此，实施"盯信贷"的动态规则还需要因地制宜，充分预估深化土地制度改革和不同地区土地市场供给弹性的差异性对规则实施效果带来的影响。

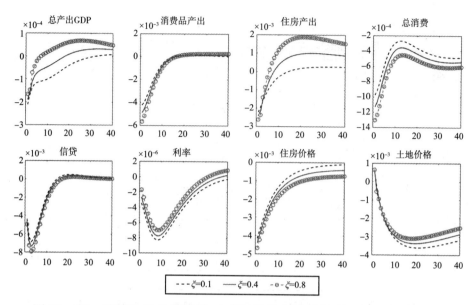

图 11 – 16　不同土地供应弹性下"盯信贷"动态调整规则的政策效果

五、考虑政策实施跨期惯性下的"盯信贷"动态调整规则的效果

现有研究表明，包括货币政策、财政政策等在内的宏观调控政策的实施均存在跨期惯性（持久性），而跨期惯性的存在会影响政策的实施效果。因此，在讨论 LTV 动态调整规则的设计时，有必要考虑其跨期惯性。基于此，我们在式（11.37）"盯信贷"的 LTV 动态调整规则中引入跨期惯性：

$$m_t = m_{t-1}^{\theta} \left[m \left(\frac{B_{H,t}}{B_{H,t-1}} \right)^{\phi_m} \right]^{1-\theta} \qquad (11.38)$$

其中，$\theta > 0$ 为惯性系数，反映上期实施的 LTV 值 m_{t-1} 对下期值 m_t 的影响程度，$\theta = 0$ 则对应着前文没有实施惯性的情形。θ 越大，表明惯性越大，反过来意味着实施动态 LTV 规则的弹性越小，受上期制约越明显。为保证模拟结果的可比性，除了惯性系数外，其他参数值均为前文模型基准值，其中稳态 LTV 值 $m = 0.7$，动态调整系数 $\phi_m = -0.5$。

图 11 – 17 显示了参数基准值下不同惯性程度的"盯信贷"动态调整规则面对同一住房需求冲击的政策效果。如图所示，当实施惯性较小时（θ 低于 0.6），一单位负向住房需求冲击造成主要经济金融变量的波动程度大体相当；而当实施惯性较大时，同样一单位负向住房需求冲击造成信贷、利率、总消费和 GDP 等主要经济金融变量的波动程度则有所加大。这表明，在实施动态调整规则时保持

322

适度的实施弹性，避免过度受上期政策实施惯性的影响，能有效增强动态规则实施的经济金融稳定效果。

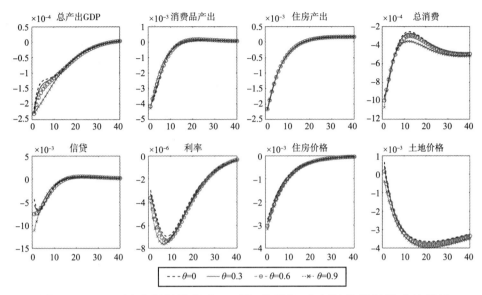

图 11-17　不同跨期惯性程度下"盯信贷"动态调整规则的政策效果

第八节　本章小结与政策含义

综合上述动态模拟和分析，本章研究发现：

第一，当存在住房抵押融资约束的金融摩擦时，负向的住房需求冲击和杠杆率冲击均会导致实体经济产出、金融市场信贷、住房及土地价格出现明显的向下波动，从而对金融稳定产生负面影响。由于作用传导机制上的差异，杠杆率冲击通过抵押融资约束作用于金融市场的路径更为直接，从而对主要经济金融变量造成的影响更大。因此，杠杆率冲击比住房需求冲击对经济系统特别是金融稳定的负面影响更大。

第二，住房需求水平和杠杆水平越高的经济系统，外部负向冲击对其经济金融稳定的负面影响也越大。但不同住房需求水平下经济金融波动的差别较小，而不同杠杆水平下经济金融波动的差别较大，意味着杠杆水平越高的经济系统更容易受到住房市场扰动的波及。

第三，政府部门可以通过对杠杆端施加 LTV 工具来实施宏观审慎监管，进而有助于维护金融稳定。从缓解金融乃至宏观经济的波动程度看，"盯房价"和

"盯信贷"等引入逆周期因子的 LTV 动态调整规则比静态规则更占优，而相比而言，动态调整规则中"盯信贷"规则的政策效果则更加显著。

第四，尽管实施"盯信贷"的动态调整规则能起到缓解金融风险和经济波动的效果，但杠杆水平越高的经济系统受到负向冲击造成的波动程度仍然越大，高杠杆率的巨大风险隐患依然存在，因而，"盯信贷"动态规则的政策效果只是边际上的，要从源头上化解金融风险实际上还有赖于更深层次地从源头上推进"去杠杆"结构性改革。

第五，在实施动态调整规则时保持适度的实施弹性，避免过度受上期政策实施惯性的影响，有助于增强动态规则实施的经济金融稳定效果。

第十二章

新常态下住房市场宏观审慎监管
与货币政策协调

第一节　住房市场调控中的宏观审慎与货币政策协调

货币政策作为最为基础的宏观调控政策之一，对金融稳定具有重要的影响。大多数研究认为，2008 年金融危机前美联储对于房地产市场宽松的货币政策是诱发金融风险的重要因素（Iacoviello and Neri，2010；Liu et al.，2013；王云清等，2013）。因此，2008 年金融危机之后，有关货币政策是否应承担金融稳定的职能在学术界引起了广泛深入的探讨。从既有研究来看，无论是基于发达经济体的历史数据分析，还是通过构建 DSGE 模型，不少研究都认为，虽然货币政策在多数情况下对维护物价稳定的效果良好，但在应对某些金融冲击时功效不足（Beau et al.，2012），利率规则难以达到金融稳定的目标（Angelini et al.，2012）。而对于是否将住房等资产价格纳入货币政策视野，以更多体现调控住房市场、维护金融稳定的审慎职能，部分学者认为，住房价格缺乏价格粘性，其对资源配置的扭曲进而对社会福利造成的损失微乎其微，货币政策不应对此作出反应（Eusepi et al.，2011），甚至会因为资产泡沫识别和政策时机选择困难而带来较高的成本（Mishkin，2011），而宏观审慎政策对资产价格做出政策反应则能带来较为明显的福利增进（Suh，2011）。但也有研究认为，货币政策

325

盯住房价变化能较好地防止房价泡沫的形成（Iacoviello，2005；侯成琪和龚六堂，2014），美国的货币政策实际上已经在对房价做出反应了（Iacoviello and Neri，2010）。

另外，从金融危机后各国致力于防范系统性金融风险的政策实施架构来看，自宏观审慎政策提出以来，包括中国在内的许多国家均将宏观审慎政策制定和实施的职能赋予了中央银行，这意味着一个部门内部将出现宏观审慎政策和货币政策制定与实施中的冲突及协调问题。而在此之前，不同的政策通常分别由不同的部门制定和实施，如货币政策一般由各国中央银行负责实施，财政政策一般由各国财政部门负责实施，且国家在法律制度上对中央银行和财政部门进行了严格的分隔设置，对部门之间的协调目前也形成了较为完备的机制，积累了成熟的经验。但相比较而言，对于中央银行内部货币政策和宏观审慎政策的协调尚未有可供借鉴的成熟经验。就理论研究来说，对于中央银行如何协调宏观审慎政策和货币政策，现有研究尚未形成较为一致的观点。部分研究认为，无论在合作还是非合作的情形下，宏观审慎政策的引入都有利于加强宏观调控的效果和提高社会福利（Rubio and Carrasco – Gallego，2014；Collard et al.，2017）；另一些研究认为，宏观审慎政策和货币政策的协调效果实际上与驱动经济周期的冲击类型有关，在一些冲击下宏观审慎政策可能只带来轻微的好处，但却加大了与货币政策冲突的概率，而在另一些冲击下则能弥补货币政策的不足，从而促进社会福利的增进（Kannan et al.，2012；Angelini et al.，2012；王爱俭和王璟怡，2014）。也有研究认为，两类政策在达到金融稳定的长期目标上是一致的，但在短期存在金融稳定目标和价格稳定目标相冲突的情形（Cecchetti and Kohler，2012）。还有研究指出，政策协调效果与引入宏观审慎的方式有关，将金融稳定纳入传统货币政策的目标会使金融危机更加严重（Benigno et al.，2012）。近年来，一些文献探讨了货币政策与宏观审慎政策的协调框架规则，认为货币政策和宏观审慎政策以相机抉择的方式相对独立行事，并在事先辅以确定政策主导者的授权协议，能较好地缓解双方潜在的协调冲突（Paoli and Paustian，2017；Gelain and Ilbas，2017）。

那么，在哪些情况下货币政策和宏观审慎政策会存在冲突？进一步地，如果从住房市场宏观调控防范金融风险的角度来看，住房市场上的金融冲击是否会引发货币政策和宏观审慎政策之间的冲突？如果存在冲突，该如何设计相应的政策协调组合？具体来说，是调整现有货币政策规则，使之对住房市场金融稳定做出反应更占优，还是引入独立的宏观审慎政策，保持两者相对的独立性更能取得良好的政策效果？显然，对上述问题的研究对于调控住房市场平稳发展、维护金融稳定、促进货币政策与宏观审慎政策的协调，并形成政策合力，都具有重要的理论和现实意义。

有鉴于此，本章在现有研究的基础上，参考亚科维埃洛（Iacoviello，2005；2015）刻画家庭异质性的方法，构建一个嵌入住房抵押融资约束和价格粘性的新凯恩斯 DSGE 模型，通过引入多种外部冲击，增强参数校准和贝叶斯估计的准确性，并观察模型动态对各外部冲击的响应以检验模型的拟合效果。在此基础上，通过模拟分析，比较分析了在技术冲击和以住房需求冲击为代表的金融冲击下不同宏观审慎政策和货币政策的组合在调控住房市场、维护金融稳定方面的政策协调效果，并以福利增进为基准，探讨了最优政策组合问题。研究发现，技术冲击下传统的货币政策对于减轻产出波动和维持价格稳定效力已然较好，加入对信贷做出反应的带有宏观审慎特征的货币政策并没有显著改善经济的波动，且对金融稳定作用不明显，引入独立的 LTV 宏观审慎政策有助于维护金融稳定和增进社会福利；而在由住房需求波动引发的金融冲击下，带有宏观审慎特征的货币政策易受冲击方向的影响而具有典型的非对称效应，在面对正向金融冲击时，货币政策和宏观审慎政策的目标方向具有一致性，而在面临负向金融冲击时两者出现严重冲突。研究认为，在传统的货币政策之外引入独立的 LTV 宏观审慎政策，实施相对独立的政策组合，有助于应对多种外部冲击，特别是在治理由住房需求波动所引发的金融冲击时效果更为显著。

本章研究可能的边际贡献在于：第一，基于一个部门内部而非多个部门之间的多政策目标视角，讨论部门内不同政策潜在冲突的协调问题，拓展和深化了货币政策和宏观审慎政策协调领域的研究，为我国构建以宏观审慎政策和货币政策为主的双支柱宏观调控体系提供了理论支撑；第二，探讨了政策冲突产生的情形，重点分析了住房市场受到金融冲击时的非对称效应对政策协调的影响，进而提出了相对占优的政策组合，从而为住房市场宏观调控、防范金融风险提供了可供选择的政策协调方案。

第二节　包含异质性家庭的 DSGE 模型

本章设定一个由异质性家庭、完全竞争的最终产品厂商、垄断竞争的中间品厂商和政策当局等多部门组成的 DSGE 模型，在此模型中，异质性家庭通过住房抵押融资约束与住房市场相联系，政策当局则通过货币政策和宏观审慎政策来调控宏观经济，并最终影响家庭和厂商的决策行为。

一、家庭部门

假定存在两类无限生命周期的家庭，即耐心家庭和缺乏耐心家庭。前者的时间偏好较弱，对未来期的效用价值评价较高，从而更倾向于储蓄；后者则相反，更看重当期效用，倾向于一定程度的借贷行为。除此之外，两类家庭提供的劳动也存在差异。家庭异质性的存在与现实世界更加契合。所有的家庭具有相同的效用形式，取决于消费、住房和劳动，并以终身家庭效用最大化为目标。

耐心家庭的效用函数为：

$$U_t(\ \cdot\ ) = \log C_t + \alpha_t \log H_t - \frac{L_t^{\eta_t+1}}{\eta_t+1} \tag{12.1}$$

目标是最大化效用现值：

$$\max_{\{C_t,H_t,L_t\}} E_0 \sum_{t=0}^{\infty} \beta^t U_t(\cdot) = E_0 \sum_{t=0}^{\infty} \beta^t \left(\log C_t + \alpha_t \log H_t - \frac{L_t^{\eta_t+1}}{\eta_t+1} \right) \tag{12.2}$$

其中，E_0 为期望算子，β 为耐心家庭的主观贴现率，C_t、H_t、L_t 分别为第 t 期耐心家庭的消费、住房和劳动，α_t 代表住房在效用函数中的权重，$1/\eta_t$ 为劳动的供给弹性，$\alpha_t > 0$，$\eta_t > 0$。

设第 t 期的房地产的实际价格为 q_t，耐心家庭（储蓄者）劳动供给面临的真实工资水平为 w_t，出于简化分析，假定住房的折旧为 0[①]。耐心家庭作为储蓄者可选择将储蓄贷款给缺乏耐心家庭，并在下一期收回本息。因而，耐心家庭面临以下预算约束条件：

$$C_t + q_t H_t + B_t + I_t \leqslant q_t H_{t-1} + w_t L_t + \frac{R_{t-1} B_{t-1}}{\Pi_t} + R_{K,t} K_t \tag{12.3}$$

式（12.3）中 R_{t-1} 为第 $t-1$ 期确定的将于第 t 期获得的贷款总收益率（gross rate），B_t 为第 t 期发生的信贷规模，I_t 为第 t 期耐心家庭所决策的投资水平，Π_t 为第 t 期的总通胀水平（gross inflation rate），K_t 为第 t 期积累的资本存量，$R_{K,t}$ 为名义资本回报率。相应的资本积累方程为：

$$K_{t+1} = A_{K,t} I_t + (1 - \delta_K) K_t \tag{12.4}$$

其中，δ_K 为资本折旧率；$A_{K,t}$ 为某种专有的投资资本转化技术，表示投资资本转化效率，其值越高表明投资转化为资本的效率越高、成本越低。

类似地，缺乏耐心家庭最大化其效用现值：

---

① 理论上讲，住房属大宗耐用品，与资本具有相同特性，应考虑时间折旧。但从中国住房市场发展的现实历程看，住房价格虽经多次调整，总体上仍呈不断上升趋势，因而其折旧效应较为微弱，故为简化分析，本章将折旧视为 0。

$$\max_{\{\tilde{C}_t, \tilde{H}_t, \tilde{L}_t\}} E_0 \sum_{t=0}^{\infty} \tilde{\beta}^t \left(\log \tilde{C}_t + \alpha_t \log \tilde{H}_t - \frac{\tilde{L}_t^{\eta_t+1}}{\eta_t + 1} \right) \tag{12.5}$$

其中，$\tilde{\beta}$ 为缺乏耐心家庭的主观贴现率且 $\tilde{\beta} < \beta \in (0, 1)$，$\tilde{C}_t$、$\tilde{H}_t$、$\tilde{L}_t$ 分别为第 t 期缺乏耐心家庭的消费、住房和劳动，缺乏耐心家庭（借款者）劳动供给面临的真实工资水平为 $\tilde{w}_t$。在以自有住房作抵押的条件下，缺乏耐心家庭可在信贷市场上进行借款融资，但为避免庞氏策略，抵押融资有垫头（cut-off）要求，因此，缺乏耐心家庭除面临预算约束外还面临抵押融资约束。

预算约束：

$$\tilde{C}_t + q_t \tilde{H}_t + \frac{R_{t-1} \tilde{b}_{t-1}}{\Pi_t} \leq q_t \tilde{H}_{t-1} + \tilde{w}_t L_t + \tilde{b}_t \tag{12.6}$$

住房抵押融资约束：

$$E_t \frac{R_t \tilde{b}_t}{\Pi_{t+1}} \leq m_t E_t q_{t+1} \tilde{H}_t \tag{12.7}$$

式（12.7）中 m_t 为贷款价值比（LTV），即表示住房的抵押融资比率；不等式左边表示缺乏耐心家庭（借款者）应偿还的实际本息和，右边表示其所拥有的住房资产的最大抵押融资额。

两类家庭在各自的约束条件下做最优化决策，相应地，耐心家庭的一阶条件为：

$$\frac{1}{C_t} = \beta E_t \frac{R_t}{\Pi_{t+1} C_{t+1}} \tag{12.8}$$

$$L_t^{\eta_t} = \frac{w_t}{C_t} \tag{12.9}$$

$$\frac{\alpha_t}{H_t} = \frac{q_t}{C_t} - \beta E_t \frac{q_{t+1}}{C_{t+1}} \tag{12.10}$$

$$\beta E_t \left(R_{K,t+1} + \frac{1-\delta_K}{A_{K,t+1}} \right) \frac{1}{C_{t+1}} = \frac{1}{C_t} \frac{1}{A_{K,t}} \tag{12.11}$$

缺乏耐心家庭的一阶条件为：

$$\frac{1}{\tilde{C}_t} = \tilde{\beta} E_t \frac{R_t}{\Pi_{t+1} \tilde{C}_{t+1}} + \tilde{\lambda}_t R_t \tag{12.12}$$

$$\tilde{L}_t^{\eta_t} = \frac{\tilde{w}_t}{\tilde{C}_t} \tag{12.13}$$

$$\frac{\alpha_t}{\tilde{H}_t} = \frac{q_t}{\tilde{C}_t} - \tilde{\beta} E_t \frac{q_{t+1}}{\tilde{C}_{t+1}} - E_t \tilde{\lambda}_t m_t q_{t+1} \Pi_{t+1} \tag{12.14}$$

式（12.8）和式（12.12）为欧拉方程，式（12.9）和式（12.13）为两类家庭各自的异质性劳动供给方程，式（12.10）和式（12.14）是住房跨期无套利方程，即当期放弃一单位住房所带来的效用增加（直接引起当期消费水平上

329

升）应等于由此产生的当期及下一期效用的减少（既引起了当期住房水平的下降，又放弃了下一期由于住房价格变化可能带来的新增效用）。$\tilde{\lambda}_t$ 为第 t 期抵押融资约束的影子价格，通过稳态求解，可以证明，其稳态值取决于两类家庭的主观贴现因子之差[①]。对比两类家庭的一阶条件可以发现，由于缺乏耐心家庭面临抵押融资约束，因而其消费、住房、劳动的最优决策均受该约束的影响。

二、最终品厂商

最终品厂商以中间品厂商生产的具有异质性的中间产品为投入品，生产完全同质的最终产品。设最终品厂商采用 Dixit – Stiglitz 的形式进行中间产品复合。

$$Y_t = \left\{ \int_0^1 [\ Y_t(j)^{\frac{\varepsilon-1}{\varepsilon}} dj] \right\}^{\frac{\varepsilon}{\varepsilon-1}} \tag{12.15}$$

其中，Y_t 表示第 t 期最终产品的产出，$Y_t(j)$ 为第 t 期第 j 个中间品厂商生产的中间产品，ε 为中间产品的替代弹性。

由于最终品厂商面临完全竞争的市场，因而不具有价格制定势力，其按一般价格水平销售最终产品，并根据利润最大化条件在式（12.15）的约束下确定各中间产品的投入，即：

$$\max_{\{Y_t(j)\}} P_t Y_t - \int_0^1 P_t(j) Y_t(j)\, dj \tag{12.16}$$

相应地一阶条件为：

$$Y_t(j) = \left[\frac{P_t(j)}{P_t} \right]^{-\varepsilon} Y_t \tag{12.17}$$

其中，$P_t(j)$ 表示第 t 期第 j 个中间品厂商销售中间产品的价格。式（12.17）是最终品厂商对各中间品厂商生产的中间产品的需求函数，将其代入式（12.15），还可进一步得到各中间品厂商销售价格与一般物价水平的关系：

$$P_t = \left[\int_0^1 (P_t(j))^{1-\epsilon} dj \right]^{1/(1-\epsilon)} \tag{12.18}$$

由式（12.18）可知，一般物价水平是各中间产品价格的动态加成。

三、中间品厂商

假设存在 $j \in [0, 1]$ 区间上一单位连续的中间品厂商，每个中间品厂商 j 通

---

① 具体结果为，稳态时 $\tilde{\lambda} = \dfrac{(\beta - \tilde{\beta})}{\tilde{c}}$。

过向家庭部门雇佣具有异质性的劳动，生产具有一定差异但可替代的中间品，其生产函数采用规模报酬不变的 Cobb – Douglas 形式：

$$Y_t(j) = A_t K_t(j)^{\mu} (L_t(j)^{\gamma} \tilde{L}_t(j)^{1-\gamma})^{1-\mu} \tag{12.19}$$

式（12.19）中 γ、$1-\gamma$ 分别表示耐心家庭和缺乏耐心家庭提供的劳动在生产要素劳动中各自所占的份额，μ 表示生产函数中资本所占的份额，μ、$\gamma \in (0, 1)$，A_t 代表全要素生产率。

每个中间品厂商都要根据利润最大化的原则在式（12.19）的约束下决策最优的生产要素投入，即：

$$\max_{\{L_t(j), \tilde{L}_t(j), K_t(j)\}} P_t(j) Y_t(j) - P_t(w_t L_t(j) + \tilde{w}_t \tilde{L}_t(j)) - R_{K,t} K_t(j) \tag{12.20}$$

其一阶条件为：

$$K_t(j) = \frac{\mu Y_t(j) P_t(j)}{R_{K,t}} \tag{12.21}$$

$$L_t(j) = \frac{(1-\mu)\gamma Y_t(j)}{w_t} \frac{P_t(j)}{P_t} \tag{12.22}$$

$$\tilde{L}_t(j) = \frac{(1-\mu)(1-\gamma) Y_t(j)}{\tilde{w}_t} \frac{P_t(j)}{P_t} \tag{12.23}$$

同时，由于中间产品市场为垄断竞争市场，每个中间品厂商均具有一定的垄断定价势力。假定中间品厂商服从标准的卡尔沃粘性定价规则（Calvo，1983），即每个中间品厂商每一期均只有 $1-\theta$ 的概率获得调价机会，$\theta \in (0, 1)$ 反映了价格粘性程度，θ 越大表示价格粘性越大，当 $\theta = 0$ 时则退化为完全弹性价格调整。

中间品厂商在面临式（12.17）的需求条件下进行最优定价以最大化垄断利润，即：

$$\max_{\{P_t(j)\}} \sum_{k=0}^{\infty} \theta^k E_t \{\Lambda_{t+k} [P_{t+k}(j) Y_{t+k}(j) - P_{t+k} mc_{t+k} Y_{t+k}(j)]\} \tag{12.24}$$

其中，mc_{t+k} 为中间品生产商的边际成本；$\Lambda_{t+k} = \beta^k \dfrac{U'(C_{t+k})}{U'(C_t)}$ 为定价核，表示厂商的主观随机动态贴现因子。值得说明的是，之所以定价核中采用耐心家庭的主观贴现因子，是因为耐心家庭是储蓄者，只有储蓄者才能成为厂商的所有者，而处于借款者角色的缺乏耐心家庭由于对当期效用评价更高，从而不会从事具有一定经营风险的中间产品生产。

式（12.24）的最优定价 $P_t^*(j)$ 通过在其稳态附近进行对数线性化可得式（12.25）：

$$\pi_t = \beta E_t \{\pi_{t+1}\} + \frac{(1-\beta\theta)(1-\theta)}{\theta} \widehat{mc}_t \tag{12.25}$$

其中，π_t 为通货膨胀率[①]；$\widehat{mc}_t$ 为中间品厂商边际成本对其稳态的偏离，之所以不带标识 j 是因为厂商的定价过程是相同的，它们的边际成本具有相同形式，故可去掉标识 j。而每个中间品厂商如果获得定价机会，其最优定价是一致的，即 $P_t^*(j) = P_t^*$。

式（12.21）、式（12.22）和式（12.23）分别为中间品厂商对资本以及两类家庭劳动的需求，式（12.25）为价格粘性条件下的新凯恩斯菲利普斯曲线。

进一步地，在稳态时，所有中间品厂商均不再改变价格[②]，此时中间品厂商的价格都相同，根据式（12.18）的价格关系，中间品厂商的价格都等于一般物价水平；进而根据式（12.17）的需求函数，中间产品的产出也都相同，且等于最终品总产出；又根据式（12.21）、式（12.22）和式（12.23），各中间品厂商对资本的需求和对两类家庭劳动力的需求都相同。根据边际成本的定义，经化简，可得中间品厂商的边际成本函数为：

$$mc_t(j) = mc_t = \frac{1}{A_t}\left(\frac{R_{K,t}}{\mu}\right)^{\mu}\left(\frac{w_t}{(1-\mu)\gamma}\right)^{(1-\mu)\gamma}\left(\frac{\tilde{w}_t}{(1-\mu)(1-\gamma)}\right)^{(1-\mu)(1-\gamma)}$$

$$(12.26)$$

接下来，利用加总技术消除中间品厂商的异质性（即去除变量标识 j）。为此，定义最优定价下的通货膨胀率 Π_t^*、辅助迭代变量 x_{1t}、x_{2t} 和价格离散度 v_t^p。

最优定价下的通货膨胀率为：

$$\Pi_t^* = \frac{P_t^*}{P_{t-1}}$$

$$(12.27)$$

辅助迭代变量为：

$$x_{1t} = \frac{1}{c_t}mc_t Y_t + \theta\beta x_{1t+1}$$

$$(12.28)$$

$$x_{2t} = \frac{1}{c_t}Y_t + \theta\beta x_{2t+1}$$

$$(12.29)$$

由于每个中间品厂商每一期均有 $1-\theta$ 的概率调整价格，因而从整体来看，每一期都有 $1-\theta$ 比例的厂商对价格做出了调整，另外 θ 比例的厂商不做出价格调整，则根据式（12.18）和各价格指数之间的关系可得价格离散度 v_t^p、通货膨胀率 Π_t 和 Π_t^* 之间的相互关系：

$$v_t^p = (1-\theta)(\Pi_t^*)^{-\varepsilon}\Pi_t^{\varepsilon} + \theta\Pi_t^{\varepsilon}v_{t-1}^p$$

$$(12.30)$$

$$\Pi_t^{1-\varepsilon} = (1-\theta)(\Pi_t^*)^{1-\varepsilon} + \theta$$

$$(12.31)$$

---

① 此处通货膨胀率 π 为小写，与前文大写的总通货膨胀水平 Π 不同，两者的关系为 $\Pi_t = 1 + \pi_t$。

② 稳态时，即使厂商获得了调价机会，其根据 Calvo 粘性定价机制而确定的最优价格仍是保持价格不变。

$$\Pi_t^* = \frac{\varepsilon}{\varepsilon - 1} \Pi_t \frac{x_{1t}}{x_{2t}} \tag{12.32}$$

最终可得加总的生产要素需求方程：

$$R_{k,t} K_t = \mu Y_t mc_t v_t^p \tag{12.33}$$

$$w_t L_t = (1 - \mu) \gamma Y_t mc_t v_t^p \tag{12.34}$$

$$\tilde{w}_t \tilde{L}_t = (1 - \mu)(1 - \gamma) Y_t mc_t v_t^p \tag{12.35}$$

四、政策部门

本模型设定的政策当局通过货币政策和宏观审慎政策进行宏观调控。传统的货币政策中，政策当局主要通过锚定通胀水平和产出缺口来调整政策利率，设其遵循泰勒型货币政策规则以减轻相机抉择带来的动态不一致问题。

$$R_t = R(\Pi_t)^{1+\phi_\pi} \left(\frac{Y_t}{Y_{t-1}}\right)^{\phi_y} e_t \tag{12.36}$$

理论上，产出缺口是真实产出与其潜在产出的偏离，但潜在产出存在度量难题，并且有研究还指出现有潜在产出的测度及预测从事后来看置信度并不高（Grigoli et al.，2015），因此此处采用了更具操作性的当期产出相对上期产出的变化作为产出缺口的替代变量。式（12.36）中稳态通胀率为0，R为稳态政策利率，$1+\phi_\pi$为满足泰勒原则的通胀反应系数，ϕ_y为产出反应系数，ϕ_π、ϕ_y均大于0，e_t为预期之外的货币政策冲击。

金融危机爆发后，将金融稳定纳入宏观审慎监管框架已基本形成共识。相关的宏观审慎政策工具包括逆周期资本缓冲、住房信贷领域的贷款价值比等。但是，对于宏观审慎如何植入政策设计，则存在一定的争议。从逻辑上讲，既可以在原有传统货币政策规则的基础上，考虑金融稳定目标，使政策的调整在盯住原有政策目标的基础上，同时盯住金融稳定目标，也可以在传统货币政策之外新设定一个独立的宏观审慎监管政策体系。基于此，我们同时考虑这两种情况，并在后续的模拟分析中比较这两种制度安排的政策效果。

第一，考虑将金融稳定纳入货币政策规则之中的情形。为此，采用拓展的泰勒规则调整政策利率以对金融稳定作出反应，从而成为新的具有宏观审慎特征的货币政策：

$$R_t = R(\Pi_t)^{1+\phi_\pi'} \left(\frac{Y_t}{Y_{t-1}}\right)^{\phi_y'} \left(\frac{B_t}{B_{t-1}}\right)^{\phi_b} \tag{12.37}$$

其中，$1+\phi_\pi'$为满足泰勒原则的通胀反应系数，ϕ_y'为产出反应系数，ϕ_b为金融稳定反应系数，ϕ_π'、ϕ_y'、ϕ_b均大于0。

第二，考虑单独设立专门针对金融稳定进行监管的宏观审慎规则的情形。此时，货币政策采用主要关注价格稳定的传统泰勒规则的形式。借鉴巴塞尔协议Ⅲ中银行逆周期资本监管的思想，本模型设定针对抵押融资约束，宏观审慎政策对LTV进行动态调整。

$$m_t = m \left(\frac{B_t}{B_{t-1}} \right)^{\phi_b^m} \tag{12.38}$$

式（12.38）中，m 为稳态时的 LTV 值，ϕ_b^m 为动态调整系数且 ϕ_b^m 小于 0 以刻画逆周期宏观审慎监管。若当期信贷较上期增长过快，则 LTV 值将下降，从而提高住房抵押融资约束的绷紧度，反之则反是。通过这种逆周期动态规则，可起到平滑各期信贷的作用，进而达到维护金融稳定的目标。

五、市场出清

综上，模型中有最终产品、住房、信贷、劳动力和资本品五个市场，达到均衡时，各市场均为出清状态。

最终产品由两类家庭消费和投资所组成，因而产品市场出清：

$$Y_t = C_t + \tilde{C}_t + I_t \tag{12.39}$$

为便于分析，本模型仅涉及家庭部间的住房交易市场，不涉及房地产企业的住房生产。住房市场出清：

$$\bar{H} = H_t + \tilde{H}_t \tag{12.40}$$

式（12.40）中，$\bar{H}$ 为住房市场的住房总量，恒为常数，在模拟分析时可单位化为 1，对主要模拟结果并不产生影响。

信贷在两类具有不同主观贴现评价和不同约束条件的家庭之间通过住房抵押融资约束产生，最终信贷市场出清：

$$B_t = \tilde{B}_t \tag{12.41}$$

劳动力市场包括耐心家庭提供的劳动和缺乏耐心家庭提供的劳动两个子市场，应分别出清。由于在模型符号标识上，本章对家庭部门的劳动力供给和中间厂商部门的劳动力需求以及资本品的供给和需求均未加以区分，故已然隐含着市场出清之意。

六、外部冲击

本章引入住房需求冲击、劳动供给弹性冲击、投资资本转化率冲击、住房抵押率冲击、生产技术冲击和货币政策冲击 6 类冲击。其中，从冲击性质来看，住房需求冲击、住房抵押率冲击和货币政策冲击直接对住房资产价格和信贷规模及利率产生影响，因而归属为金融冲击；而劳动供给弹性冲击、投资资本转化率冲击和生产技术冲击直接对生产要素和实际产出产生影响，因而归属为技术冲击。本章后续将首先模拟上述 6 类冲击对经济系统的影响，然后基于防范金融风险的政策间协调的研究目的，重点分析何种政策组合协调机制能较好地应对以住房需求冲击为代表的金融冲击和以投资资本转化率冲击、生产技术冲击为代表的技术冲击对经济系统特别是金融稳定的影响。与大多数文献一样，此处设定各类冲击均为 AR（1）过程。

住房需求冲击：

$$\log\alpha_t - \log\alpha = \rho_\alpha(\log\alpha_{t-1} - \log\alpha) + u_{\alpha,t} \tag{12.42}$$

劳动供给弹性冲击：

$$\log\eta_t - \log\eta = \rho_\eta(\log\eta_{t-1} - \log\eta) + u_{\eta,t} \tag{12.43}$$

投资资本转化率冲击：

$$\log A_{K,t} - \log A_K = \rho_{AK}(\log A_{K,t-1} - \log A_K) + u_{AK,t} \tag{12.44}$$

住房抵押率冲击：

$$\log m_t - \log m = \rho_m(\log m_{t-1} - \log m) + u_{m,t} \tag{12.45}$$

生产技术冲击：

$$\log A_t - \log A = \rho_A(\log A_{t-1} - \log A) + u_{A,t} \tag{12.46}$$

货币政策冲击：

$$\log e_t - \log e = \rho_A(\log e_{t-1} - \log e) + u_{e,t} \tag{12.47}$$

上述诸式中，ρ_α、ρ_η、ρ_{AK}、ρ_m、ρ_A、ρ_e 分别表示住房需求冲击、劳动供给弹性冲击、投资资本转化率冲击、住房抵押率冲击、生产技术冲击和货币政策冲击的持久惯性，各自相应的冲击扰动项均设定为服从正态独立同分布的白噪声 $u_{\alpha,t} \sim iidN(0,\ \sigma_\alpha^2)$、$u_{\eta,t} \sim iidN(0,\ \sigma_\eta^2)$、$u_{AK,t} \sim iidN(0,\ \sigma_{AK}^2)$、$u_{m,t} \sim iidN(0,\ \sigma_m^2)$、$u_{A,t} \sim iidN(0,\ \sigma_A^2)$、$u_{e,t} \sim iidN(0,\ \sigma_e^2)$。

第三节　模型稳态、参数校准和贝叶斯估计

一、模型稳态

为保证模拟分析的可靠性，需要计算证明由前文模型最优条件和出清条件共同组成的动态系统存在稳态解，以确保一般均衡的存在。通过运算，最终系统各

变量的稳态解均可由一个变量即耐心家庭的稳态消费 C_{ss} 以隐函数的形式表示出来，因而只需要证明 C_{ss} 存在实数解即可。然而，C_{ss} 最终取决于模型系统中的各相关参数，无法表示成这些参数的解析解形式（即解析解不存在）[①]。为此，本章采用数值解的方法以确定 C_{ss} 的存在性并给出具体数值解，所涉及的参数值见下面校准部分。

数值解如图 12 – 1 所示，可见 C_{ss} 具有唯一的稳态解（$C_{ss} = 0.4304$），从而保障了动态系统均衡的存在性。

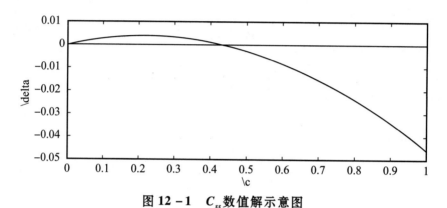

图 12 – 1　C_{ss} 数值解示意图

资料来源：笔者自行绘制。

二、参数校准和贝叶斯估计

本章对于部分参数借鉴国内外文献的既有设定或结合中国的实际国情进行校准，以使模型更能契合中国经济现实，另一部分参数则采用贝叶斯估计的方法得到。所有参数均在季度频率上设定。表 12 – 1 显示了模型部分参数的校准值及其主要参考依据。

表 12 – 1　　　　　　　　模型主要参数校准值

参数	经济含义	校准值	依据
α	效用函数中住房的权重	0.2000	根据历年中国房地产投资占 GDP 的比重设定
β	耐心家庭的主观贴现因子	0.9887	鄢莉莉和王一鸣（2012）根据中国 1 年期存款利率均值，对应取 0.9887

---

① 模型动态系统各变量的稳态求解过程较为复杂，此处不将具体演算过程列入本书。经演算知，C_{ss} 由各参数以隐函数的形式呈现，并不能化简为解析解表达式，因而在 MATLAB 中编写代码计算数值解。

参数	经济含义	校准值	依据
$\tilde{\beta}$	缺乏耐心家庭的主观贴现因子	0.9830	鄢莉莉和王一鸣（2012）根据中国 1 年期贷款利率均值，对应取 0.983
θ	中间厂商价格粘性	0.7500	国内外多数文献认为厂商每四个季度进行一次调价
γ	生产函数中耐心家庭劳动占全部劳动的相对份额	0.6400	采用亚科维埃洛（2005）的取值
μ	资本在生产函数中所占的份额	0.5000	采用侯成琪和龚六堂（2014）的取值
η	劳动供给弹性的倒数	1.0000	微观经济学研究一般认为劳动供给弹性的值在 0.5 左右，侯成琪和龚六堂（2014）对中国的贝叶斯估计结果也很类似，为 0.4857；但多梅伊和弗洛登（Domeij and Floden, 2006）指出可能存在 50% 的低估，故本章取 1
ε	中间产品的替代弹性	6.0000	采用刘斌（2008）的校准值
m	稳态时的贷款价值比（LTV）	0.7000	根据我国商业银行对家庭首套住房抵押贷款的首付比一般为 3 成，故设为 0.7
ϕ_π	泰勒型货币政策的通胀反应参数	0.5200	引用黄志刚和许伟（2017）的贝叶斯估计结果
ϕ_y	泰勒型货币政策的产出反应参数	0.3600	引用黄志刚和许伟（2017）的贝叶斯估计结果
ϕ_b	金融稳定反应系数	0.3600	参考经济发展新常态以来我国宏观调控的五大重点任务设置
ϕ_b^m	独立宏观审慎规则的动态调整系数	-0.8000	参考经济发展新常态以来我国宏观调控的五大重点任务设置

关于效用函数中住房的权重 α，本章以房地产投资占 GDP 的比重进行度量，根据 IMF 对中国房地产投资比重的报告以及国家统计局对住房销售价格和面积的统计，大体估计占比在 20% 左右，因此取值 0.2。关于家庭的主观贴现因子，根据鄢莉莉和王一鸣（2012）对中国研究的结果，他们认为长期以来中国 1 年期存

款利率均值为 4.66%，季度化调整后为 1.0114，从而稳态时耐心家庭的主观贴现因子 $\beta = \dfrac{1}{1.0114} = 0.9887$，同理根据 1 年期贷款利率均值将缺乏耐心家庭的主观贴现因子设为 $\tilde{\beta} = 0.983$。而微观经济学的研究认为，劳动供给弹性的值在 0.5 左右，侯成琪和龚六堂（2014）采用贝叶斯方法估计中国劳动供给弹性的结果为 0.4857，与之十分接近，但多美和弗洛登（2006）的研究认为在家庭异质性模型中，由于普遍刻画了融资约束，这会使得劳动供给弹性的估计被低估 50%，因此取 1。关于生产函数中耐心家庭劳动占全部劳动的相对份额 γ，作为较早刻画家庭异质性的学者，亚科维埃洛（2005）认为较为富有的储蓄者一般受过较好的教育或技能培训，其提供的劳动技术含量更高，在现代企业生产中的贡献相对更大，进一步通过现实经济数据估计其份额为 64%，本章沿用该取值。关于生产函数中的资本份额 μ，参考侯成琪和龚六堂（2014）的设定，取值 0.5。而国内外多数文献认为现实经济中厂商每年进行一次价格调整，因此中间厂商价格粘性程度 θ 设为 0.75。关于中间产品的替代弹性 ε，本章采用刘斌（2008）的研究，取值为 6。而关于稳态时的贷款价值比 m，由于我国家庭首套住房抵押贷款的首付比在大多数情况下为 3 成，故设为 0.7。最后，针对我国货币政策反应函数的系数，本章引用黄志刚和许伟（2017）基于我国经济实际的贝叶斯估计结果，对通胀、产出的反应系数 ϕ_π、ϕ_y 分别取 0.52 和 0.36。此外，对于具有宏观审慎特征的货币政策反应函数中相应的金融稳定反应系数 ϕ_b，我们并没有较好的参考值，但鉴于近年来"稳增长、促改革、调结构、惠民生、防风险"是经济新常态下的五大重点任务，本章将该系数值与产出反应系数设定为一样，也为 0.36；而对于独立宏观审慎规则的动态调整系数 ϕ_b^m，我们取值 -0.8。

对于剩下的参数采用贝叶斯方法进行估计。对于住房需求冲击、劳动供给弹性冲击、投资资本转化率冲击、住房抵押率冲击、生产技术冲击和货币政策冲击的惯性系数均设定为服从 Beta 分布，均值为 0.9，标准差为 0.1；冲击的标准差设定为服从逆 Gamma 分布，均值分别为 0.0250、0.0100、0.0250、0.0100、0.0020，标准差不作限制。贝叶斯估计结果如表 12 - 2 所示。

表 12 - 2   贝叶斯参数估计结果

参数	经济含义	先验分布	均值	标准差	后验均值	95% 置信区间
ρ_j	住房需求冲击惯性系数	Beta	0.9	0.1	0.8773	$[0.6819, 0.9352]$
ρ_η	劳动供给弹性冲击惯性系数	Beta	0.9	0.1	0.9107	$[0.7181, 0.9205]$

参数	经济含义	先验分布	均值	标准差	后验均值	95%置信区间
ρ_m	住房抵押率冲击惯性系数	Beta	0.9	0.1	0.8390	[0.7501, 0.9175]
ρ_A	生产技术冲击惯性系数	Beta	0.9	0.1	0.8826	[0.8481, 0.9446]
ρ_e	货币政策冲击惯性系数	Beta	0.9	0.1	0.8335	[0.7906, 0.9011]
σ_j	住房需求冲击标准差	逆 Gamma	0.0250	∞	0.0283	[0.0153, 0.0512]
σ_η	劳动供给弹性冲击标准差	逆 Gamma	0.0100	∞	0.0073	[0.0067, 0.0087]
σ_m	住房抵押率冲击标准差	逆 Gamma	0.0025	∞	0.0018	[0.0013, 0.0036]
σ_A	生产技术冲击标准差	逆 Gamma	0.0100	∞	0.0111	[0.0068, 0.0325]
σ_e	货币政策冲击标准差	逆 Gamma	0.0020	∞	0.0022	[0.0018, 0.0026]

第四节 模型稳健性检验

本节在上一节所得参数值的基础上进一步测试模型系统对外部冲击的动态脉冲响应，并试图对各脉冲响应做出机制解释。

如果显示的脉冲响应图能较合理地为基于模型的相应机制所解释，则表明模型的构建和参数的设定较为可靠，从而为后续小节基于该模型通过模拟重点考察某些特定冲击下的政策协调效果提供保障。

一、住房需求冲击与经济波动

图 12-2 显示了在基准情形下，住房需求冲击发生后模型主要经济金融变量

对该外生冲击的脉冲响应结果。由图可知，当发生一个标准差的正向住房需求冲击时，总产出、耐心家庭消费、通货膨胀水平、信贷、利率和住房价格均在当期立即上升，随后逐步回复至稳态水平。而投资则在当期立即下降，随后逐步回升至稳态水平。缺乏耐心家庭消费呈现驼峰型的向上波动趋势，由稳态值快速上升，于第6期达到最高值，而后逐步下降至稳态水平。

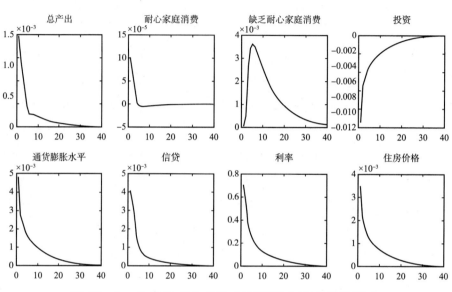

图 12 - 2　住房需求冲击对主要经济金融变量的影响

产生上述结果的作用机制是：当发生正向的住房需求冲击时，意味着经济主体对住房的需求上升，住房价格上升，因而以住房抵押获得的信贷上升，从而推高了市场利率。对耐心家庭而言，利率和信贷量的双双上升增加了其收入水平，因而消费有所上升；对缺乏耐心家庭而言，抵押贷款资金的上升显著提升了其消费能力，因其主观贴现因子更小，故其消费增加程度更大，表现为图中的上升波动程度高于耐心家庭消费。两类家庭消费的增加，拉动了社会总产出的增加，同时对消费品需求的增加也使得通货膨胀水平上升。而利率的上升则抑制了耐心家庭的投资，因而投资水平下降。

二、劳动供给弹性冲击与经济波动

图 12 - 3 显示了在基准情形下，劳动供给弹性冲击发生后模型主要经济金融变量对该外生冲击的脉冲响应结果。由图可知，当发生一个标准差的正向劳动供给弹性冲击时，总产出、耐心家庭消费、投资、通货膨胀水平、信贷、利率和住

房价格均在当期立即上升，随后逐步回复至稳态水平；而缺乏耐心家庭消费呈现驼峰型的向上波动趋势，由稳态值快速上升，于第8期达到最高值，而后逐步下降至稳态水平。

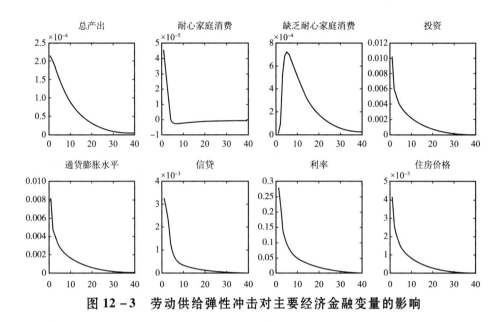

图 12 - 3　劳动供给弹性冲击对主要经济金融变量的影响

产生上述结果的作用机制是：当发生正向的劳动供给弹性冲击时，意味着两类家庭提供劳动的意愿增加，从而有利于总产出的扩大，家庭的收入水平也上升。家庭收入水平的上升，一方面增加了各自家庭的消费，并强化了投资的资本积累，从而推高了通胀水平；另一方面也增加了对住房的购买需求，从而提高了住房价格，进而以住房为抵押获得的信贷水平上升，相应的利率也略有上升。

三、投资资本转化率冲击与经济波动

图 12-4 显示了在基准情形下，投资资本转化率冲击发生后模型主要经济金融变量对该外生冲击的脉冲响应结果。由图可知，当发生一个标准差的正向投资资本转化率冲击时，总产出、两类家庭消费、投资、通货膨胀水平、信贷和住房价格均在当期立即上升，随后逐步回复至稳态水平；而利率则在当期立即下降，随后逐步上升至稳态水平。

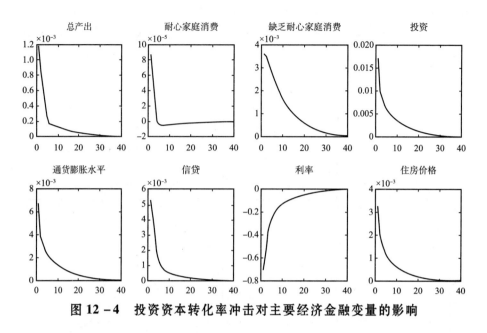

图 12 - 4　投资资本转化率冲击对主要经济金融变量的影响

产生上述结果的作用机制是：当发生正向投资资本转化率冲击时，意味着单位投资转变为资本的效率提高，因而激励耐心家庭的投资水平上升。投资的上升和资本转化率的提高共同使得资本要素增加，一方面使资本边际回报率下降，利率下行；另一方面也引致对协同生产的劳动要素的增加，从而总产出增加，同时两类家庭的收入上升，其各自消费和住房需求上升。旺盛的消费推高了通胀水平，而住房需求的上升也推高了房价，进而通过抵押约束促进了信贷水平的上升。

四、住房抵押率冲击与经济波动

图 12 - 5 显示了在校准值的基准情形下，住房抵押率冲击发生后模型主要经济金融变量对该外生冲击的脉冲响应结果。由图可知，当发生一个标准差的负向住房抵押率冲击时，总产出、两类家庭消费、投资、通货膨胀水平、信贷和住房价格均在当期出现大幅下降，随后逐步回升至稳态水平，而利率则在当期出现较大上升，而后呈现先下降后上升后的"U"型趋势，其从当期上升的最高点快速下降到负半轴以下，至第 10 期达到最小值后逐渐回升至稳态。

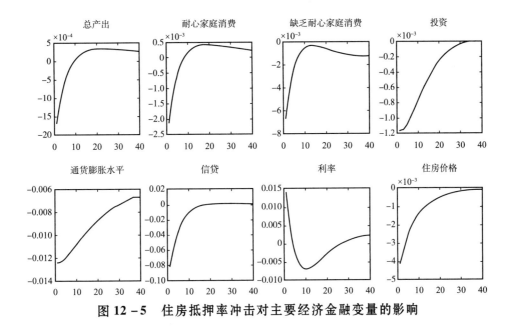

图 12 - 5 住房抵押率冲击对主要经济金融变量的影响

产生上述结果的作用机制是：当发生负向住房抵押率冲击时，意味着市场对以住房为抵押物的融资所能提供的抵押率下降，换言之，融资主体撬动资金杠杆的程度下降，因而面临抵押融资约束的缺乏耐心家庭的金融杠杆被降低，直接造成信贷收缩。缺乏耐心家庭抵押融资的下降显著制约了其消费和住房需求，从而一般商品的物价水平（通货膨胀）和住房价格均下降，而住房价格的下降也给耐心家庭部门带来了负的财富效应，其消费水平也下降。另外，住房价格的下降进一步通过抵押融资约束机制使得信贷加剧收缩，进一步加大了融资的难度，利率相应快速上升，而这又抑制了耐心家庭的投资行为。最终，消费和投资的双双下降共同降低了总产出。

五、生产技术冲击与经济波动

图 12 - 6 显示了在基准情形下，生产技术冲击发生后模型主要经济金融变量对该外生冲击的脉冲响应结果。由图可知，当发生一个标准差的正向生产技术冲击时，总产出、两类家庭消费、投资、信贷、利率和住房价格均在当期立即上升，随后逐步回复至稳态水平；而通货膨胀水平则出现下降，并缓慢向稳态回复。

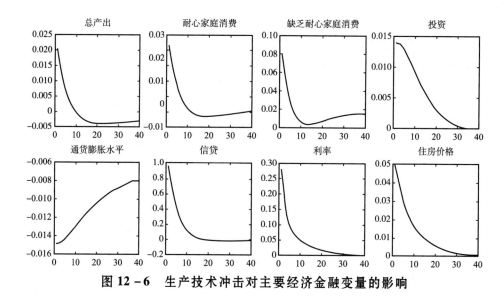

图 12 - 6　生产技术冲击对主要经济金融变量的影响

产生上述结果的作用机制是：当发生正向的生产技术冲击时，意味着全要素生产率上升，总产出增加，这直接增加了一般商品总供给，从而降低了通货膨胀水平。产出的增加，既提高了各类家庭的劳动报酬收入，也提高了总投资水平。家庭收入的上升，一方面提高了消费，另一方面也增加了对住房的需求，住房价格上升，从而通过抵押融资促进了信贷的增长，相应的借贷利率上升。

六、货币政策冲击与经济波动

图 12 - 7 显示了在基准情形下，货币政策冲击发生后模型主要经济金融变量对该外生冲击的脉冲响应结果。由图可知，当发生一个标准差的正向货币政策冲击时，总产出、两类家庭消费、投资、通货膨胀、信贷和住房价格均在当期立即下降，随后逐步回复至稳态水平；而利率则在当期出现上升，随后向稳态收敛。

产生上述结果的作用机制是：当发生正向的货币政策冲击时，意味着实施了紧缩型货币政策，利率出现上升。利率的上升一方面提高了抵押融资的成本，信贷水平相应下降；另一方面也抑制了耐心家庭的投资行为，使得资本积累下降，总产出下降，并降低了两类家庭的收入水平，从而家庭消费下降，对住房的需求下降，进而一般商品物价（通货膨胀）降低，住房价格也降低。住房价格的降低则通过抵押融资约束进一步强化了融资难度，从而加剧了全社会信贷水平的下降。

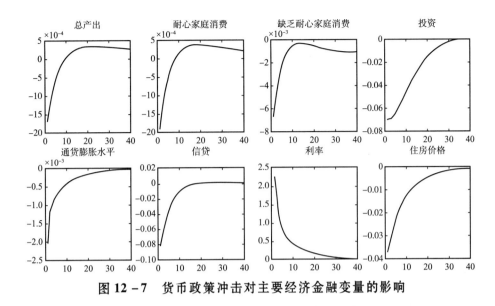

图 12 - 7　货币政策冲击对主要经济金融变量的影响

第五节　不同冲击下宏观审慎政策与货币政策组合效果分析

上一节已通过数值模拟，分析了在无政策干预时各类外部冲击对模型系统的影响和作用机制，本节将在此基础之上考察面对外部冲击过程中实施政策干预的效果。由于货币政策和 LTV 宏观审慎政策的干预，利率和住房抵押率完全由政策当局确定，因而货币政策冲击和住房抵押率冲击被消除，而劳动供给弹性在短期内也通常较为稳定，因此，本节着重探讨政策协调应对由住房需求冲击、投资资本转化率冲击和生产技术冲击带来经济波动的政策效果。在政策协调上，本章设置三类政策组合：第一类政策组合只有传统的泰勒规则型货币政策；第二类政策组合为包含金融稳定目标的审慎货币政策；第三类政策组合是传统的泰勒规则型货币政策和 LTV 宏观审慎政策。

一、住房需求冲击下各政策组合的效果比较

图 12 - 8 显示的是当经济体受到一单位标准差的正向住房需求冲击时各政策组合下的脉冲响应表现。由图可见，组合 1 对产出、耐心家庭消费、信贷、利率和住房价格等变量波动的影响不明显，但轻微地降低了缺乏耐心家庭消费、投资和通货膨胀等变量的波动程度，这表明面对正向住房需求冲击时，传统的货币政

策对维护价格稳定起到了一定的作用，但对维护金融稳定作用乏力；组合 2 明显
降低了各变量受正向住房需求冲击带来的波动，这表明面对正向住房需求冲击
时，审慎的货币政策既能起到维护价格稳定的作用，又能发挥维护金融稳定的作
用；组合 3 则显著降低了各变量的波动程度，特别是总产出、通货膨胀、信贷和
住房价格的波动率大幅下降，这表明面对正向住房需求冲击时，彼此独立的传统
货币政策和 LTV 宏观审慎政策共同发挥了维护价格稳定和金融稳定的作用。

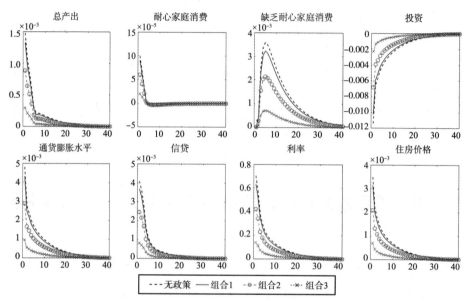

图 12 - 8　正向住房需求冲击下不同政策组合的效果

　　注：组合 1 表示只有传统的泰勒规则型货币政策；组合 2 表示包含金融稳定目标的审慎货
币政策；组合 3 表示由两相独立的传统泰勒规则型货币政策和 LTV 宏观审慎政策组成的政策
组合。

　　图 12 - 9 显示的是当经济体受到一单位标准差的负向住房需求冲击时各政策
组合下的脉冲响应表现。与图 12 - 8 对比可以发现，此时的脉冲线与正向住房需
求冲击时有着较大的不同。由图可见，组合 1 对总产出、耐心家庭消费、投资、
利率和住房价格等变量波动的影响不明显，降低了缺乏耐心家庭消费和通货膨胀等
变量的波动程度，但却加大了信贷的波动程度，这表明面对负向住房需求冲击时，
传统的货币政策尽管能在一定程度上维护价格稳定，但难以维护金融稳定，非但不
能降低金融指标的波动程度，反而加大了金融风险。组合 2 对多数变量的波动几
乎都没有影响，同时加大了缺乏耐心家庭消费和通货膨胀的波动，这表明面对负
向住房需求冲击时，审慎的货币政策对维护价格稳定和金融稳定的作用并不明
显。组合 3 则降低了各变量的波动程度，其中总产出、通货膨胀、信贷、利率和

住房价格的波动程度明显下降，这表明面对负向住房需求冲击时，彼此独立的传统货币政策和 LTV 宏观审慎政策较好发挥了维护价格稳定和金融稳定的作用。

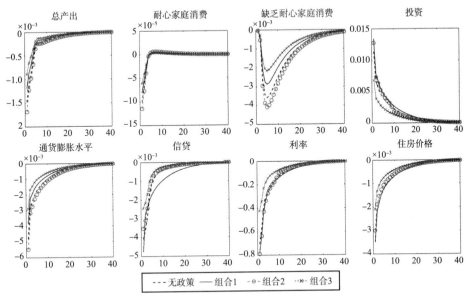

图 12 - 9　负向住房需求冲击下不同政策组合的效果

注：组合 1 表示只有传统的泰勒规则型货币政策；组合 2 表示包含金融稳定目标的审慎货币政策；组合 3 表示由两相独立的传统泰勒规则型货币政策和 LTV 宏观审慎政策组成的政策组合。

图 12 - 8 和图 12 - 9 的模拟结果也表明住房需求冲击对经济系统的影响具有典型的非对称效应。在面对正向住房需求冲击时，三类政策组合均降低了外部冲击带来的波动，但在面对负向住房需求冲击时，组合 2 反而加大了以信贷为代表的金融变量的波动。从作用机制上看，当面临正向住房需求冲击时，出于维护价格稳定的需要，要求通过提高利率采用从紧的货币政策，而出于维护金融稳定的需要，也要求审慎的货币政策提高利率或者独立的宏观审慎政策收紧 LTV 值，因而货币政策和宏观审慎政策的作用方向是一致的，两者具有协同效应，从而共同维护了价格稳定和金融稳定；而当面临负向住房需求冲击时，出于维护价格稳定的需要，要求降低利率采用宽松的货币政策，而出于维护金融稳定的需要，在审慎的货币政策下也要求进一步降低利率，这就使得利率的下调可能过于宽松，而促进了下一期信贷的扩大，进而在审慎的货币政策下又需要反向提高利率以抑制信贷的扩大，但这又反过来不利于总产出和一般物价水平的稳定，因而导致审慎的货币政策具有内在的不一致性，维护价格稳定的目标和维护金融稳定的目标出现了冲突，最终加剧了金融波动。两相独立的货币政策和 LTV 宏观审慎政策能较好地解决上述面临负向住房需求冲击时的政策冲突，货币政策专注于调控利

率来维护价格稳定，LTV 宏观审慎政策则采用逆周期的方式专注于调控 LTV 值来维护金融稳定，取得了两类政策相互协调、相互配合的效果。

二、投资资本转化率冲击下各政策组合的效果比较

图 12 - 10 显示的是当经济体受到一单位标准差的正向投资资本转化率冲击时各政策组合下的脉冲响应。由图可见，组合 1 对产出、耐心家庭消费、信贷、利率和住房价格等变量波动的影响不明显，但降低了缺乏耐心家庭消费、投资和通货膨胀等变量的波动程度，这表明面对投资资本转化率冲击时，传统的货币政策对维护价格稳定起到了一定的作用，但对维护金融稳定作用不明显；组合 2 对各变量波动的影响与组合 1 基本相同，这表明面对投资资本转化率冲击时，审慎的货币政策并不比传统的货币政策占优，未能发挥审慎的维护金融稳定的作用；组合 3 虽对产出和耐心家庭消费的波动影响不明显，但降低了缺乏耐心家庭消费、投资、通货膨胀等变量的波动程度，取得了与组合 2 对上述变量几乎一样的政策效果，同时还明显降低了信贷、利率和住房价格的波动程度，这表明面对投资资本转化率冲击时，彼此独立的传统货币政策和 LTV 宏观审慎政策各司其职，分别发挥了维护价格稳定和金融稳定的作用。

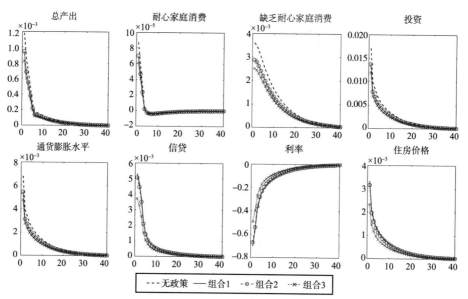

图 12 -10　投资资本转化率冲击下不同政策组合的效果

注：组合 1 表示只有传统的泰勒规则型货币政策；组合 2 表示包含金融稳定目标的审慎货币政策；组合 3 表示由两相独立的传统泰勒规则型货币政策和 LTV 宏观审慎政策组成的政策组合。

三、生产技术冲击下各政策组合的效果比较

图 12-11 显示的是当经济体受到一单位标准差的正向生产技术冲击时各政策组合下的脉冲响应表现。由图可见,三种组合均轻微降低了总产出和两类家庭消费的波动程度,但彼此之间差别并不明显。组合 1 和组合 2 明显降低了投资、通货膨胀的波动程度,但对信贷、利率和住房价格的波动作用不明显,这表明面对生产技术冲击时,组合 1 和组合 2 在维护价格稳定方面具有类似的政策效果,但未能发挥维护金融稳定的作用;而组合 3 不仅降低投资和通货膨胀波动的程度更大,同时还轻微降低了信贷、利率和住房价格的波动程度。这表明面对生产技术冲击时,独立的传统货币政策和 LTV 宏观审慎政策具有较好的维护价格稳定的作用,同时对维护金融稳定具有积极作用,但此时这种金融稳定的作用较弱。

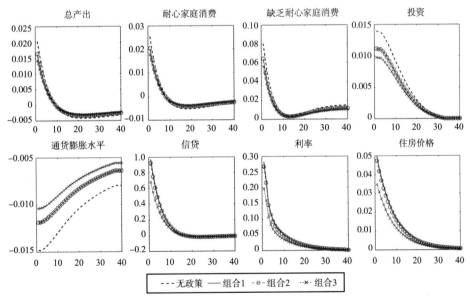

图 12-11 生产技术冲击下不同政策组合的效果

注:组合 1 表示只有传统的泰勒规则型货币政策;组合 2 表示包含金融稳定目标的审慎货币政策;组合 3 表示由两相独立的传统泰勒规则型货币政策和 LTV 宏观审慎政策组成的政策组合。

第六节　不同冲击下政策组合的社会福利分析

上一节已通过观察比较脉冲响应图，分析了各类政策组合对物价稳定和金融稳定的效果，而为了更好地揭示货币政策与宏观审慎政策之间协调的好处，需要进一步从福利变化的视角进行分析。政策效果最终应以家庭的福利水平来衡量，而福利水平取决于效用大小，故全社会福利水平应以家庭的效用进行衡量。由于存在两类异质性的家庭，因而整个社会的福利水平实际上是两类家庭效用的加总，这将不可避免地需要对两类家庭效用的权重进行主观评价，而对两类家庭效用权重主观评估的不同，很可能会使总福利水平和政策效果分析产生较大的差异。不过，伍德福德（Woodford, 1999）的研究证明，总的社会福利函数在稳态附近的二阶近似展开与政策当局的二次型损失函数具有等价性，因此，同大多数同类研究一样，本章也采用二次型损失函数来度量政策效果。

在二次型函数的形式上，克拉丽达等（Clarida et al. , 2002）在分析政策收益时，根据居民部门效用函数推导了相应的社会福利损失函数，但由于模型的复杂性，使得推导具有解析表达式的损失函数较为困难，因而本章采用以往学者的损失函数表达式，通过数值分析的方法来阐明各政策组合对社会福利的影响。福利损失函数采用如下的表达式：

$$WFL_t = -(\sigma_{\pi,t}^2 + \lambda\sigma_{y,t}^2)$$

其中，WFL_t 代表全社会福利的损失，其值为负数，其绝对值越大，表示全社会福利损失越大；σ_π^2、σ_y^2 分别表示通货膨胀（或者一般物价水平）和总产出偏离各自稳态值的程度，以各自方差的大小表示，方差越大表明其波动程度越大；$\lambda > 0$ 为参数，表示在福利损失函数中通胀和产出的相对重要程度，其值越小，表明通胀波动程度在社会福利函数中的相对重要性越大。通常 λ 的取值在 $[0.1, 0.5]$ 之间，为增强福利分析结果的稳健性，本章分别设定 $\lambda = 0.1$、$\lambda = 0.3$、$\lambda = 0.5$ 三种情况讨论各政策协调组合对社会福利损失的影响。

一、住房需求冲击与社会福利

表 12 - 3 和表 12 - 4 显示了面对住房需求冲击（包括正向冲击和负向冲击）时不同政策组合下的社会福利损失变化情况。

表 12 – 3　　　正向住房需求冲击时不同政策组合的福利分析

	$\lambda = 0.1$		$\lambda = 0.3$		$\lambda = 0.5$	
	福利损失	福利增进	福利损失	福利增进	福利损失	福利增进
无政策	– 0.000969		– 0.001030		– 0.001091	
组合 1	– 0.000872	10%	– 0.000927	10%	– 0.000981	10%
组合 2	– 0.000582	40%	– 0.000619	40%	– 0.000655	40%
组合 3	– 0.000194	80%	– 0.000206	80%	– 0.000218	80%

注：组合 1 表示只有传统的泰勒规则型货币政策，组合 2 表示包含金融稳定目标的审慎货币政策，组合 3 表示由两相独立的传统泰勒规则型货币政策和 LTV 宏观审慎政策组成的政策组合。

表 12 – 4　　　负向住房需求冲击时不同政策组合的福利分析

	$\lambda = 0.1$		$\lambda = 0.3$		$\lambda = 0.5$	
	福利损失	福利增进	福利损失	福利增进	福利损失	福利增进
无政策	– 0.000970		– 0.001028		– 0.001089	
组合 1	– 0.000776	20%	– 0.000825	20%	– 0.000873	20%
组合 2	– 0.001106	– 14%	– 0.001175	– 14%	– 0.001244	– 14%
组合 3	– 0.000238	75%	– 0.000351	66%	– 0.000464	57%

注：组合 1 表示只有传统的泰勒规则型货币政策，组合 2 表示包含金融稳定目标的审慎货币政策，组合 3 表示由两相独立的传统泰勒规则型货币政策和 LTV 宏观审慎政策组成的政策组合。

由表 12 – 3 可知，正向住房需求冲击在 $\lambda = 0.1$、$\lambda = 0.3$、$\lambda = 0.5$ 三种情况下分别造成全社会福利损失 0.000969、0.001030、0.001091；组合 1 在三种参数取值情况下分别造成全社会福利损失 0.000872、0.000927、0.000981，均低于无政策干预时的损失水平，全社会福利在三种情况下均增进 10%；组合 2 在三种参数取值情况下分别造成全社会福利损失 0.000582、0.000619、0.000655，不仅低于无政策干预时的损失水平，也低于组合 1 的损失水平，全社会福利在三种情况下大幅增进 40%；组合 3 在三种参数取值情况下分别造成全社会福利损失 0.000194、0.000206、0.000218，远低于其他组合下的损失水平，全社会福利进一步增加，在三种参数取值情况下大幅增进约 80%。这表明各政策组合的占优优序为组合 3、组合 2、组合 1，这与图 12 – 8 的模拟脉冲图的结果一致。

由表 12 – 4 可知，负向住房需求冲击在 $\lambda = 0.1$、$\lambda = 0.3$、$\lambda = 0.5$ 三种情况下分别造成全社会福利损失 0.000970、0.001028、0.001089；组合 1 在三种参数

取值情况下分别造成全社会福利损失 0.000776、0.000825、0.000873，均显著低于无政策干预时的损失水平，全社会福利在三种情况下均增进20%；而组合2在三种参数取值情况下分别造成全社会福利损失 0.001106、0.001175、0.001244，非但不低于组合1的损失水平，而且还高于无政策干预时的损失水平，全社会福利损失在三种情况下均进一步扩大14%，这表明组合2实际上加大了社会福利损失的程度；组合3在三种参数取值情况下分别造成全社会福利损失 0.000238、0.000351、0.000464，不仅低于无政策干预时的损失水平，还远低于组合1下的损失水平，全社会福利大幅上升，在三种参数取值情况下分别大幅增进约75%、66%和57%。这表明组合3在应对负向住房需求冲击时的政策效果更为占优。

表12－3和表12－4的结果再次证明，在应对不同方向的住房需求冲击时，实施由传统泰勒规则型货币政策和LTV宏观审慎政策组成的两相独立的政策组合能同时取得较好的价格稳定和金融稳定效果。

二、投资资本转化率冲击与社会福利

表12－5显示了面对投资资本转化率冲击时，不同政策组合下的社会福利损失变化情况。由表12－5可知，投资资本转化率冲击在 $\lambda = 0.1$、$\lambda = 0.3$、$\lambda = 0.5$ 三种情况下分别造成全社会福利损失 0.001352、0.001401、0.001450；组合1在三种参数取值情况下分别造成全社会福利损失 0.001083、0.001122、0.001161，均低于无政策干预时的损失水平，全社会福利在三种情况下均增进20%；组合2在三种参数取值情况下分别造成全社会福利损失 0.001092、0.001129、0.001177，也低于无政策干预时的损失水平，但略高于组合1的损失水平，全社会福利在三种情况下增进约19%，这表明在面对投资资本转化率冲击时，审慎的货币政策不能比传统的货币政策取得更好的效果，可能会出现价格稳定目标和金融稳定目标之间的政策冲突；组合3在三种参数取值情况下分别造成全社会福利损失 0.000947、0.000981、0.001015，远低于其他组合下的损失水平，全社会福利进一步增加，在三种参数取值情况下大幅增进约30%。

表12－5　　投资资本转化率冲击时不同政策组合的福利分析

	$\lambda = 0.1$		$\lambda = 0.3$		$\lambda = 0.5$	
	福利损失	福利增进	福利损失	福利增进	福利损失	福利增进
无政策	－ 0.001352		－ 0.001401		－ 0.001450	
组合1	－ 0.001083	20%	－ 0.001122	20%	－ 0.001161	20%

续表

	$\lambda = 0.1$		$\lambda = 0.3$		$\lambda = 0.5$	
	福利损失	福利增进	福利损失	福利增进	福利损失	福利增进
组合 2	− 0.001092	19%	− 0.001129	19%	− 0.001177	19%
组合 3	− 0.000947	30%	− 0.000981	30%	− 0.001015	30%

注：组合 1 表示只有传统的泰勒规则型货币政策，组合 2 表示包含金融稳定目标的审慎货币政策，组合 3 表示由两相独立的传统泰勒规则型货币政策和 LTV 宏观审慎政策组成的政策组合。

三、生产技术冲击与社会福利

表 12 - 6 显示了面对生产技术冲击时，不同政策组合下的社会福利损失变化情况。由表 12 - 6 可知，正向住房需求冲击在 $\lambda = 0.1$、$\lambda = 0.3$、$\lambda = 0.5$ 三种情况下分别造成全社会福利损失 0.002872、0.004047、0.005222；组合 1 在三种参数取值情况下分别造成全社会福利损失 0.002298、0.003238、0.004178，均低于无政策干预时的损失水平，全社会福利在三种情况下均增进 20%；组合 2 在三种参数取值情况下造成全社会福利损失情况与组合 1 基本相同，全社会福利在三种情况下也约增进 20%，这表明在面对生产技术冲击时，审慎的货币政策并没有取得比传统货币政策更好的效果；组合 3 在三种参数取值情况下分别造成全社会福利损失 0.002011、0.002834、0.003656，远低于其他组合下的损失水平，全社会福利进一步增加，在三种参数取值情况下增进约 30%。

表 12 - 6 生产技术冲击时不同政策组合的福利分析

	$\lambda = 0.1$		$\lambda = 0.3$		$\lambda = 0.5$	
	福利损失	福利增进	福利损失	福利增进	福利损失	福利增进
无政策	− 0.002872		− 0.004047		− 0.005222	
组合 1	− 0.002298	20%	− 0.003238	20%	− 0.004178	20%
组合 2	− 0.002298	20%	− 0.003238	20%	− 0.004178	20%
组合 3	− 0.002011	30%	− 0.002834	30%	− 0.003656	30%

注：组合 1 表示只有传统的泰勒规则型货币政策，组合 2 表示包含金融稳定目标的审慎货币政策，组合 3 表示由两相独立的传统泰勒规则型货币政策和 LTV 宏观审慎政策组成的政策组合。

从冲击特性来看，住房需求冲击影响的是住房这类资产的价格，而不同于其他实物商品，住房资产由于具有抵押融资的功能而具有典型的金融属性，因而住房需求冲击通常被视为金融冲击的一类代表。投资资本转化率冲击和生产技术冲击影响的则是供给侧的技术水平，前者针对的是资本积累环节中投资转化为资本的技术，后者针对的是生产环节中全要素生产率的技术，因而均被视为技术冲击的代表。综合表 12-3 至表 12-6 的社会福利分析，我们可以发现：第一，无论经济系统遭遇的是何种类型的冲击，在所有的政策组合中，彼此独立的 LTV 宏观审慎政策和传统货币政策的组合都能取得最佳的政策效果，这种政策组合的好处在应对金融冲击时更为明显；第二，尽管审慎的货币政策对金融变量做出了逆周期的反应，但其政策效果易受不同冲击类型的影响，表现为在应对技术冲击时并不比单独采用传统的货币政策更好，而在应对金融冲击时还具有明显的非对称效应，即能较好地应对正向金融冲击，但却在应对负向金融冲击时适得其反。

综上所述，在政策协调的策略上，实施相对独立、各司其职的 LTV 宏观审慎政策和传统货币政策的组合，使前者专注于金融稳定，后者专注于价格稳定，能减少政策目标间的冲突，取得最优的缓解经济波动、防范金融风险的政策效果。

第七节　本章小结与政策含义

本章通过构建一个嵌入住房抵押融资约束和价格粘性的新凯恩斯 DSGE 模型，比较分析了在技术冲击和以住房需求冲击为代表的金融冲击下不同宏观审慎政策和货币政策的组合在调控住房市场、维护金融稳定方面的政策协调效果，并以福利增进为基准，探讨了最优政策组合问题。研究发现：货币政策目标与宏观审慎政策目标具有一致性，但在一些情形下两者也存在一定冲突，因此，需要实施适当的政策组合，加强两者的协调配合。在传统的以泰勒规则为调控规则的货币政策之外引入相对独立的 LTV 宏观审慎政策，有助于应对多种外部冲击带来的对金融稳定的不利影响，特别是在治理由住房需求波动引发的金融冲击时，该政策组合的效果更为显著。具体来说：

第一，面临技术冲击时，以泰勒规则为调控基准的货币政策对于减轻产出波动和维持价格稳定效力已然较好，加入对信贷作反应的审慎的货币政策并没有显著改善经济的波动，且对金融稳定作用不明显，因而，审慎的货币政策在应对技术冲击时并不具有比传统货币政策更好的政策表现。而在传统货币政策之外引入独立的 LTV 宏观审慎政策，则能在保留传统货币政策原有的价格稳定功能的基础上，进一步取得维护金融稳定的效果，从而增进社会福利水平。

第二，面临由住房需求波动引发的金融冲击时，传统货币政策对于维护金融稳定缺乏效力，而带有宏观审慎特征的货币政策尽管通过调整政策利率增加了对金融稳定的反应，但却受冲击方向的影响而具有典型的非对称效应。当面临正向金融冲击时，价格稳定目标与金融稳定目标的方向是一致的，审慎的货币政策可以起到同时维护价格稳定和金融稳定的作用；但当面临负向金融冲击时，情形发生了重大变化，此时价格稳定目标与金融稳定目标会出现严重的冲突，审慎的货币政策在实施过程中会陷入两难困境，结果反而加剧了宏观经济和金融体系的波动，降低了社会福利水平。

第三，由相对独立的 LTV 宏观审慎政策和传统的货币政策组成的政策组合可有效避免不同冲击类型、不同冲击方向和政策目标冲突的问题，将货币政策从金融稳定和价格稳定的两难冲突中解脱出来，使得货币政策专注于价格稳定，宏观审慎政策专注于金融稳定，形成政策协调的合力，从而大幅增进社会福利。

第四，尽管独立的 LTV 宏观审慎政策和传统的货币政策这一政策组合在各类外部冲击下均具有占优的表现，但其政策效果在应对金融冲击时要显著高于应对技术冲击时，表现出该政策组合在维护金融稳定方面的独特优势。

第十三章

资本账户开放下宏观审慎政策
与货币政策组合选择

第一节 资本账户开放下跨境资本流动监管的重要性

经济发展新常态下，稳步推进资本账户开放一直是我国对外开放和资本市场国际化建设的重要组成部分。2018年初，我国政府提出加快资本账户开放，放宽国外金融机构和投资者参与我国金融市场的限制，资本账户逐步有序对外开放进入一个新阶段。资本账户对外开放一方面将有利于我国经济主体更加便捷地利用外资，提高金融市场参与者的种类，增强市场活力，促进本国经济增长以及平滑消费，从而改善居民的福利水平（Kose et al.，2009）；另一方面资本账户开放也会加强国内市场和国际市场的联动性，加剧国内金融市场的脆弱性（Calvo et al，1993；Caballero et al，2006）。从1997年亚洲金融危机和2008年全球性金融危机来看，新兴市场国家和发达经济体在资本账户开放过程中均会遭受来自国际资本的冲击，国际资本流入会加快资产价格上升，进一步加剧经济繁荣，而一旦资本流动出现逆转，将会加速资产价格下降，并进一步加大宏观经济波动，总体上表现为"螺旋式"变化的特点（Sula，2010）。因此，在资本账户逐步开放的过程中，如何有效防范跨境资本流动引发的金融风险一直是各国监管部门和学术界关注的问题。

跨境资本流动可以通过四个渠道对一国宏观经济金融产生影响。第一是来自汇率的影响。跨境资本频繁流动将增加汇率的波动性，一方面外部冲击会通过汇率波动渠道对资本市场的稳定产生重要影响，另一方面汇率波动也会影响企业的盈利能力，在宏观上表现为引发进出口规模变动和资本市场估值的波动，进而从金融市场和宏观经济两方面同时对宏观经济和金融体系产生冲击（吴丽华和傅广敏，2014；朱孟楠等，2017）。第二是由跨境资本流动引发的货币供给冲击渠道。资金跨境流动将会直接改变基础货币的供应量，并进一步通过商业银行的货币派生功能传导至广义货币供应量，货币供应量的变化对经济总量和金融市场均会产生显著的冲击（Bouvatier，2010；赵进文和张敬思，2013）。第三是改变金融机构风险偏好。当跨境资本呈现流入趋势时，从资产端来看，商业银行信贷投放随之改变，且更倾向于持有风险资产，从而表现为信贷扩张和风险积聚；从负债结构上看，金融中介杠杆率随之提升，跨境资本流动和内生性风险水平之间存在正相关关系；从风险承担角度看，随着风险资产的增加，对市场风险事件和利率等宏观变量的敏感度上升，从而导致金融系统的内生投资风险和道德风险上升（Bruno and Shin，2015；Plantin and Shin，2016；何国华和李洁，2018）。第四是资产价格渠道。跨境资本流动的重要目的在于获得金融市场的资本利得。跨境资本流入，将直接推高资产价格。由于国内资本市场上羊群效应等非理性特征显著，外资流动将会引发资产价格的顺周期波动。在间接影响上，资产价格的提升将会缓解企业的融资溢价和抵押约束，进而提高企业资产扩张和杠杆率提升的可能性，同时提升家庭的财富效应，促使宏观经济表现出正反馈效应（Allen and Gale，2010；李力等，2016）。由此可见，跨境资本流动将会从多个渠道对经济金融体系产生广泛的影响，在一定程度上与封闭环境下的金融加速器效应有相似之处。因此，在应对跨境资金流动产生的后果时应当对资产价格和相应的金融市场风险进行监管，以实现降低系统性风险、缓解经济波动的目的。

2008年全球金融危机爆发后，各国中央银行和国际金融监管部门均致力于探索宏观审慎政策来应对系统性风险。经过十几年的探索，已实施了一系列旨在防范系统性风险的宏观审慎监管政策和措施。通过对现有宏观审慎工具箱的梳理，可以划分为以下四类：第一，对商业银行资本的管制。主要包括资本充足率监管、对资本和风险资产的重新定义和计量、逆周期资本缓冲等工具，其目的在于从商业银行风险承担角度缓解银行体系的风险积累（邹传伟，2013；王爱俭和王璟怡，2013；肖卫国等，2016）。第二，对信贷的顺周期行为及其规模进行限制。其中以贷款价值比为代表，该工具从资金需求者的负债结构角度出发，通过设定逆周期的信贷供给，既限制了资金需求者的顺周期借贷行为，也抑制了金融机构资产规模的过度扩张和收缩（高洁超等，2017；黄志刚和许伟，2017）。第三，对海外负债的调控。跨境资本流入相当于本国对国外部门负债，反之资本流出相当于持有国外资产，在跨境资本审慎监管方面可以通过限制本国的对外负债占比以缓解跨境风险传递，主要包括对外币的差额准备金制度、全口径跨境融资宏观审慎管理政策、人民币中间价"逆周期因子"、设定国际负债在总负债中的占比等政策（中国货币政策执行报告，2017 年第二、第三、第四季度；鲁政委等，2017）。第四，对资产价格的调控。即宏观审慎政策直接对资产价格作出反应，相应的资产可以细分为权益类资产和房地产。将资产价格作为最终目标能够缓解对家庭财富效应和企业资产负债表渠道的低估（De Paoli and Paustian，2013；侯成琪和龚六堂，2015）。在封闭经济环境中，宏观审慎政策多集中在对商业银行资本、资产价格、信贷行为的监管，若开放经济环境依然从此出发，将会忽视对跨境资本流动的监督，在一定程度上不符合丁伯根法则。

现有国内有关开放经济环境中宏观审慎监管政策的探讨相对匮乏，孙俊和于津平（2014）在 DSGE 模型中对短期投资和长期投资进行了区分，但缺乏对风险产生机制及风险规避的深入分析；肖卫国等（2016）对跨境资金流动和宏观审慎政策的关系进行了探讨，但是利用长期资本流动对跨境资金流动进行替代，这与现实不相符，因为我国资本管制主要集中在短期资本流动，而对长期资本流动总体持有宽松的态度。伍戈和严仕锋（2015）对开放经济环境下的宏观审慎监管政策进行跨国对比分析，但是并未进一步进行实证或模拟探讨。鉴于此，本章遵循丁伯根法则，设定针对跨境资本流动的宏观审慎监管政策，尝试分析以下问题：开放经济环境下，传统价格型货币政策与含有针对跨境资本流动的宏观审慎政策组合之间存在怎样的区别？不同目标条件下的宏观审慎政策在不同资本账户开放环境下是否存在显著差异？我国针对跨境资金流动的最优宏观审慎政策组合应当如何设定？

因此，本章立足于小国开放动态随机一般均衡模型，主要分析短期跨境资本流动对本国经济金融体系造成的冲击。根据侯成琪和刘颖（2015）的研究，抵押约束模型更适合描述我国信贷市场变化，但是该模型中包含了家庭和企业家两类消费主体，使得消费品市场刻画过于复杂化，缺乏模型应当具有的简洁性和精炼度。本章采用杰曼和哥达连尼（Jermann and Quadrini，2012）构建的资本品抵押约束模型，并且该模型将厂商刻画成追求市场价值最大化的主体，较好地展示出资本品抵押约束、债务融资、股利贴现、企业市场价值等一系列经济变量之间的关系。在宏观审慎政策设定方面，由于本章主要考察跨境资金流动对本国经济带来的影响，因此需要将跨境资金流动和资本账户开放机制相结合，构建出一种具有逆周期调节效果的动态机制，从而起到既能稳步推进资本账户开放，又能维护国家金融安全、缓解宏观经济波动的效果。基于所参考的模型设定和宏观审慎监管工具种类，本章从微观厂商和宏观经济总量出发，构建了两类宏观审慎监管政策。

第二节　小国开放 DSGE 模型构建

本章设定的是五部门模型，分别为代表性家庭、资本品生产商、产品生产零售部门、国外部门和货币当局。家庭为劳动供给者和资金盈余者，资本品生产商代表一种资本积累形式，产品生产零售部门共同刻画了生产行为和粘性价格机制，国外部门刻画了在资本账户开放模式下跨境资本流动机制，货币当局在于制定货币政策和监管政策以缓解经济波动，提高社会福利水平。

一、代表性家庭

作为代表性家庭，无限期内的社会福利函数表达式为：

$$\max: \boldsymbol{E}_0 \sum_{t=0}^{\infty} \beta^t \left(\frac{c_t^{1-\sigma}}{1-\sigma} + \mu \frac{m_t^{1-\nu}}{1-\nu} - \theta \frac{n_t^{1+\varphi}}{1+\varphi} \right) \tag{13.1}$$

其中，β 表示家庭的主观贴现因子，c_t 表示代表性家庭在第 t 期的消费总量，m_t 代表实际货币需求量，n_t 表示家庭的劳动供给数量。参数 σ、ν、φ 分别表示代表性家庭的消费跨期替代弹性的倒数、货币需求利率弹性的倒数、劳动供给弹性的倒数，μ、θ 表示货币余额、劳动供给分别占总效用的相对权重。

代表性家庭仅为劳动的提供者和资金的供给者，而不持有资本。代表性家庭面临的预算约束为：

$$c_t + m_t + \frac{b_t}{1+r_t^b} + q_t st_{t+1} + T_t = w_t n_t + \frac{b_{t-1}}{\pi_t} + \frac{m_{t-1}}{\pi_t} + (d_t + q_t) st_t \tag{13.2}$$

其中，等式左边为代表性家庭收入分配情况，包括消费实际量 c_t、实际货币持有量 m_t、下一期实际债券配置数量 b_t、股权持有份额 st_{t+1}；等式右边是代表性家庭的收入来源，$w_t n_t$ 代表实际工资收入，m_{t-1} 为上一期实际货币到本期的货币数量，b_{t-1} 表示上一期投资债券到期总量，st_t 为上期持有企业股份总额，d_t 和 q_t 分别表示企业单位股利和单位价格。

求解以公式（13.1）为目标函数和等式（13.2）为约束条件的最优化问题，分别对 c_t 和 n_t、m_t、b_t、st_t 求一阶导，结果如下所示：

359

$$w_t = \theta c_t^\sigma n_t^\varphi \qquad (13.3)$$

$$c_t^{-\sigma} = \mu m_t^{-\nu} + \beta E_t \frac{c_t^{-\sigma}}{\pi_{t+1}} \qquad (13.4)$$

$$c_t^{-\sigma} = \beta E_t c_{t+1}^{-\sigma} \left(\frac{1 + r_t^b}{\pi_{t+1}} \right) \qquad (13.5)$$

$$q_t = \beta E_t \left[\left(\frac{c_{t+1}}{c_t} \right)^{-\sigma} (d_{t+1} + q_{t+1}) \right] \qquad (13.6)$$

其中，$\pi_{t+1} = \dfrac{P_{t+1}}{P_t}$ 表示通货膨胀。式（13.3）是最优劳动供给方程，它表明工资越高，家庭部门愿意提供的劳动供给越多；式（13.4）代表家庭持币效用与对应的消费效用和通胀水平之间的权衡，可见持币数量与债券收益率呈负相关关系（与通胀成反比）；式（13.5）是消费需求欧拉方程，表明家庭部门的消费与存款利率正相关，存款利率的下降会降低未来的消费水平；式（13.6）为股票价格的决定方程，求解该递归等式得到公司市场价格的股利贴现模型，即：

$$q_t = E_t \sum_{j=1}^{\infty} \beta^j \left(\frac{c_{t+j}}{c_t} \right)^{-\sigma} d_{t+j} \qquad (13.7)$$

令 $m_{t+j} = \beta^j \left(\dfrac{c_{t+j}}{c_t} \right)^{-\sigma}$ 为股利贴现因子，因此式（13.7）可以改写成 $q_t = E_t \sum_{j=1}^{\infty} m_{t+j} d_{t+j}$。

二、资本品生产商

资本品生产商向中间产品生产企业购入剩余资本 $(1-\delta)k_t$，并且购入新的投资数量 I_t，参考克里斯滕森和迪卜（2008）的资本品演化路径，资本品在生产过程中面临 $s\left(\dfrac{I_t}{I_{t-1}} \right)$ 的二次调整成本，令 $s\left(\dfrac{I_t}{I_{t-1}} \right) = \dfrac{\phi_I}{2} \left(\dfrac{I_t}{I_{t-1}} - 1 \right)^2 I_t$，其中 ϕ_I 为投资的成本调整系数，该系数与投资变动粘性正相关，由此，资本积累方程如下所示：

$$k_{t+1} = (1-\delta)k_t + \left[1 - s\left(\frac{I_t}{I_{t-1}} \right) \right] I_t \qquad (13.8)$$

资本品生产商的利润最大化目标函数为：

$$\max_{I_t} E_t \sum_{t=0}^{\infty} \beta^t \left[P_t Q_t k_{t+1} - P_t Q_t (1-\delta)k_t - P_t I_t \right] \qquad (13.9)$$

将上式对 I_t 求导，得到资本价格的决策方程为：

$$1 - \frac{\phi_I}{2}\left(\frac{I_t}{I_{t-1}} - 1\right)^2 - \phi_I\left(\frac{I_t}{I_{t-1}} - 1\right)\frac{I_t}{I_{t-1}} - \beta\phi_I E_t\left(\frac{I_{t+1}}{I_t} - 1\right)\left(\frac{I_{t+1}}{I_t}\right)^2 \frac{Q_{t+1}}{Q_t} = \frac{1}{Q_t}$$

$$(13.10)$$

三、生产部门

本章将生产部门划分为中间品生产商和零售商，中间品生产商主要进行生产活动，目的在于实现公司价值最大化，参照杰曼和哥达连尼（2012）的设定形式，等同于实现无限期股利现值最大化；零售商用于设定粘性定价机制，即 Calvo 定价。

（一）中间品生产商

假设中间品生产商为完全竞争，从家庭部门获得劳动，从企业部门获得资本，其生产函数服从 Cobb – Douglas 形式，则中间品生产商的最优决策问题表述如下：

$$\min_{\{k_t, n_t\}} w_t n_t + r_t^k k_t \tag{13.11}$$

$$s.t.\ y_t^j = a_t k_t^{1-\gamma} n_t^{\gamma} \tag{13.12}$$

构建两式的拉格朗日函数，分别对 k_t、n_t 求导，得到中间品生产商的一阶均衡条件为：

$$w_t n_t = \frac{\gamma}{1-\gamma} r_t^k k_t \tag{13.13}$$

$$mc_t = \left(\frac{1}{\gamma}\right)^{\gamma}\left(\frac{1}{1-\gamma}\right)^{1-\gamma}(r_t^k)^{1-\gamma}(w_t)^{\gamma} \tag{13.14}$$

根据杰曼和哥达连尼（2012）对股利限制最大化的刻画，中间品生产商的最优决策也可以表示为：

$$V_t = E_t \sum_{j=1}^{\infty} m_{t+j} d_{t+j} \tag{13.15}$$

相应约束条件为：

$$w_t n_t + I_t + \phi(d_t) + \frac{b_{t-1}^e}{\pi_t} = y_t + \frac{b_t^e}{1+(1-\tau)r_t^b} \tag{13.16}$$

$$w_t n_t + I_t + \frac{b_t^e}{1+r_t^b} \leq \zeta_t Q_t k_t \tag{13.17}$$

式（13.16）为资源约束方程，其中等式右边为 t 期收益，包括产出和本期获得的债务总量，由于债务融资存在税盾效应，因此债务融资的实际成本等于 $1 + (1 - \tau)r_t^b$，与权益融资相比，获得了 τr_t^b 比例的债务融资优势，从而有利于公司估值的提升。另外，随着债务占比的增加，将会增加企业的财务风险，当面临金融负向冲击时将会加剧企业的财务脆弱性。等式左边为企业支出，其中包括工资、新增投资、上期债券到期总量和股利支付。式（13.17）为信贷约束方程，由于财务风险和信息不对称的存在，企业发行债券需要资本品做抵押，因此企业获取信贷的最大规模应该在事先满足工资和投资支付的情形下，在既定的约束比例下实现最大借贷。该约束方程为紧约束形式，在股利贴现模型中，企业价值最大化需要实现最大化的股利发放，由于债务融资能够获得税盾收入从而增加股利发放，所以企业有动力最大化债务融资规模。根据杰曼和哥达连尼（2012）的设定，企业发放股利受到二次函数的约束，即 $\phi(d_t) = d_t + \frac{\xi}{2}(d_t - \bar{d})^2$，当企业发行的股利等于 $\bar{d}$ 时，此时的股利发行成本最小，反之将会承担 $\frac{\xi}{2}(d_t - \bar{d})^2$ 的发放成本，投资者对于股利发放形式存在心理预期，当股利发放数量等于稳态值将实现投资者和企业之间的最小摩擦。

在约束等式（13.12）、（13.20）、（13.21）下求解等式（13.19）的最优化条件，对 d_t、n_t、I_t、b_t^e、k_t 求解一阶条件得到：

$$\mu_t^1 \phi(d_t) = 1 \tag{13.18}$$

$$\frac{\partial y_t}{\partial n_t} = w_t \left(1 + \frac{\mu_t^2}{\mu_t^1}\right) \tag{13.19}$$

$$\mu_t^1 + \mu_t^2 = \mu_t^3 \left[1 - s\left(\frac{I_t}{I_{t-1}}\right) - s'\left(\frac{I_t}{I_{t-1}}\right)\frac{I_t}{I_{t-1}} \right] + E_t \frac{\lambda_{t+1}}{\lambda_t} \mu_{t+1}^3 s'\left(\frac{I_{t+1}}{I_t}\right)\left(\frac{I_{t+1}}{I_t}\right)^2 \tag{13.20}$$

$$\frac{\mu_t^1}{1 + (1 - \tau)r_t^b} = \frac{\mu_t^2}{1 + r_t^b} + \beta E_t \frac{\lambda_{t+1}}{\lambda_t} \frac{\mu_{t+1}^1}{\pi_{t+1}} \tag{13.21}$$

$$\mu_t^3 = \beta E_t \frac{\lambda_{t+1}}{\lambda_t} \left[\mu_{t+1}^1 \frac{\partial y_{t+1}^j}{\partial k_{t+1}} + \mu_{t+1}^2 \zeta_{t+1} Q_{t+1} + (1 - \delta)\mu_{t+1}^3 \right] \tag{13.22}$$

其中，μ_t^1、μ_t^2、μ_t^3 分别是与资源约束方程、信贷约束方程和资本积累方程相对应的拉格朗日乘子。

（二）零售商

零售商以批发价格从中间品生产商手中获得中间品，然后将商品进一步打包后出售给消费者，不同中间品之间的替代弹性设定为 ϵ，零售商的生产函数满足

CES 形式，因此零售商品总量为：

$$y_t = \left(\int_0^1 (y_t^j)^{\frac{\epsilon-1}{\epsilon}} \mathrm{d}j \right)^{\frac{\epsilon}{\epsilon-1}} \tag{13.23}$$

假设所有零售商价格调整遵循卡尔沃（Calvo，1983）的规则，每期只有 $1-\omega_c$ 比例的零售商能够重新调整价格，其余零售商价格保持上一期的价格水平不变。因此本国产品价格 P_t 的运动方程为：

$$P_t = (\omega_c(P_{t-1})^{1-\epsilon} + (1-\omega_c)(P_t^*)^{1-\epsilon})^{\frac{1}{1-\epsilon}} \tag{13.24}$$

零售商的目标函数为在一定价格调整概率下无限期预期收益最大化，从而进行最优价格调整决策：

$$\max_{P_t^*} \sum_{k=0}^{\infty} \theta^k E_t \left(\beta^k \left(\frac{c_{t+k}}{c_t} \right)^{-\sigma} \left(\frac{P_t}{P_{t+k}} \right) (P_t^* y_{t+k}^j - mc_{t+k} P_{t+k} y_{t+k}^j) \right) \tag{13.25}$$

式（13.25）对 P_t^* 求一阶导，得到相应的一阶条件为：

$$\sum_{k=0}^{\infty} \theta^k E_t \left(\beta^k \left(\frac{c_{t+k}}{c_t} \right)^{-\sigma} \left(P_t^* y_{t+k}^j - \frac{\epsilon}{1-\epsilon} mc_{t+k} P_{t+k} y_{t+k}^j \right) \right) = 0 \tag{13.26}$$

在一阶条件稳态附近对数线性化，可得新凯恩斯菲利普斯曲线：

$$\pi_t = \beta E_t \pi_{t+1} + \frac{(1-\omega_c)(1-\beta\omega_c)}{\omega_c} mc_t \tag{13.27}$$

四、国外部门

根据福尔贝斯和瓦诺克（Forbes and Warnock，2012）和 IMF（2013）对短期跨境资本流动的驱动因素分析，将国际资本流动主导因素划分为拉动和推动两方面，其中拉动因素包括汇率的预期和对资本回报率的估计，推动因素来自全球平均利率水平变动和国际市场上的流动性状况。由于我国对短期资本流动存在管制，因此在模型构建中应当加入管制因子，而且该因子是一个由监管当局控制的变量。为了求解的方便，参考张勇（2015）和李力等（2016）的模型构造，设定短期资本流动规模 b_t^* 如下式所示：

$$b_t^* = \Psi_t \left(\frac{s_t R_t}{E_t s_{t+1} R_t^*} - 1 \right) e_t^b \tag{13.28}$$

其中，参数 Ψ_t 衡量了动态的资本管制强度，参数大小与资本管制强弱表现为负相关；$\frac{S_t R_t}{E_t S_{t+1} R_t^*}$ 代表短期资本流动的预期相对收益率，当 $\frac{S_t R_t}{E_t S_{t+1} R_t^*} > 1$，将会导致国际短期资本流入，反之则有可能诱发资本流出。短期资本流动最终体现在企业融资方式的选择上，拓展了企业融资渠道。在现实中，企业能够通过预付款融资、商业信用融资、中短期债券融资等形式从海外募集资金，从而缓解了融资约束程度。因此，债券市场均衡条件为：

$$b_t^e = b_t + b_t^* \tag{13.29}$$

将资本账户开放程度设定为一种动态机制，运行机制如下所示：

$$\Psi_t = \psi \left(\frac{b_t^*}{(b_t^e)^{\phi_b} (y_t)^{\phi_y}} \right)^{-\Phi} \tag{13.30}$$

资本账户开放程度与外资流动在本国经济中的占比有关，本章采用两种设定形式：当 $(\phi_b, \phi_y, \Phi) = (1, 0, \Phi)$ 时，资本账户开放度和本国向国外的负债有关；当 $(\phi_b, \phi_y, \Phi) = (0, 1, \Phi)$ 时，资本账户开放度与外资流动在本国经济总量中的占比有关；Φ（$\Phi \geq 0$）的大小反映了资本管制力度，随着 Φ 值增加，Ψ_t 与 b_t^* 呈负相关关系，从而起到了动态逆周期调控资本账户开放力度的作用；当 $\Phi = 0$ 时，动态资本管制机制退化成静态机制，资本流动只与资本账户开放程度参数 ψ 有关。

$\frac{b_t^*}{b_t^e}$ 表示外债在本国企业负债总额中的占比，该比值越高说明我国企业倾向于从国外获得融资，外资涌入将会增加我国企业的杠杆率水平，当出现撤资时将会使企业遭受严峻的偿债压力，从而增加财务风险概率；$\frac{b_t^*}{y_t}$ 表示外资在总产出中的占比，我们一般将债务和总产出比值看成是一国经济的宏观杠杆率水平，即 $\frac{b_t^e}{y_t}$，可以得到两者之间关系如下所示：

$$\frac{b_t^*}{y_t} = \frac{b_t^*}{b_t^e} \times \frac{b_t^e}{y_t} \tag{13.31}$$

因此，$\frac{b_t^*}{y_t}$ 代表了宏观杠杆率水平中外债的贡献率，当该值增加时，说明由外资流入引发的宏观杠杆率水平上升，反之下降。

五、货币当局

（一）资本金融账户

资本金融账户下包含长期资本流动和短期资本流动。对于资本流动而言，有两种表现形式，一是流入东道国的跨境资金在东道国进行资本购买，二是跨境资金流入东道国后在国际上购买生产资料，从而间接提高了东道国持有的国际生产资料的数量。现有模型构建大多从第二种形态出发，这种形式的跨境资金流动与跨境实物生产资料流动一致，然而它并没有改变跨境资金流动规模，而是改变了实物生产资料的流动方式，所以并没有引发东道国外汇数量的变化。本章对第一种跨境资金流动模式进行分析，短期资本流动以套汇、套利为目的，最终会以存款或者购买东道国金融资产的方式留存下来。如下所示，本章将其名义量记为 B_t^*。据此分析，资本金融账户下跨境资金流入净值为：

$$CA_t = B_t^* \tag{13.32}$$

当 $CA_t > 0$ 时，意味着资本金融账户在 t 期表现为净流入，反之表现为净流出。

（二）央行资产负债表

中央银行将会通过结售汇制度维持中央银行资产负债表的平衡，资产端看成是外汇持有量的变化，负债端即为货币，跨境资本流动将会引发一国外汇占款规模的变化。在 2008 年之前，我国外汇占款主要由经常账户贡献，但是随着金融危机爆发，净出口规模回落，资本金融账户下的资金流动成为引发跨境资金流动的主要因素。基于本章的主旨，将中央银行资产负债结构构建如下形式：

$$CA_t = M_t - M_{t-1} \tag{13.33}$$

（三）货币政策和宏观审慎监管政策

货币当局采用价格型货币政策以缓解宏观经济波动，在此设定两种政策形态，分别是传统型泰勒规则、传统泰勒规则型政策和宏观审慎政策相分离的政策形式，具体形式如下所示。

1. 传统泰勒规则型政策

$$\frac{R_t}{\tilde{R}} = \left(\frac{R_{t-1}}{\tilde{R}}\right)^{\lambda_i} \left[\left(\frac{E_t \pi_{t+1}}{\tilde{\pi}}\right)^{\lambda_\pi} \left(\frac{y_t}{\tilde{y}}\right)^{\lambda_y}\right]^{1-\lambda_i} \tag{13.34}$$

2. 传统泰勒规则型政策 + 宏观审慎政策

$$\frac{R_t}{\tilde{R}} = \left(\frac{R_{t-1}}{\tilde{R}}\right)^{\lambda_i} \left[\left(\frac{E_t \pi_{t+1}}{\tilde{\pi}}\right)^{\lambda_\pi} \left(\frac{y_t}{\tilde{y}}\right)^{\lambda_y}\right]^{1-\lambda_i} \tag{13.35}$$

$$\Psi_t = \psi \left(\frac{b_t^*}{(b_t)^{\phi_b}(y_t)^{\phi_y}}\right)^{-\Phi} \tag{13.36}$$

$(\phi_b, \phi_y, \Phi) = (1, 0, \Phi)$ 为盯住债务形式的宏观审慎监管政策，$(\phi_b, \phi_y, \Phi) = (0, 1, \Phi)$ 为盯住产出形式的宏观审慎监管政策。

六、市场出清

经济体的总产出来自本国厂商的生产 y_t ,最终品有三个去处,分别是消费、本国投资和调整成本支出。因此市场出清的等式可以写成如下:

$$y_t = c_t + I_t + \frac{\phi_I}{2}\left(\frac{I_t}{I_{t-1}} - 1\right)^2 I_t \qquad (13.37)$$

七、冲击设定

冲击方程如下所示:

$$\ln e_t^b = \rho e_{t-1}^b - \epsilon_{e,t} \qquad (13.38)$$

其中 $\rho \in (0, 1)$; $\epsilon_{e,t} \sim i.i.d(0, \sigma_t^e)$ 。

第三节　参数校准和估计

根据上一节的最优化方程并结合市场出清条件,本章模型共包含 24 个变量 (λ_t , c_t , n_t , m_t , b_t , d_t , w_t , R_t , b_t , π_t , k_t , I_t , b_t^e , y_t , Q_t , μ_t^1 , μ_t^2 , μ_t^3 , V_t , mc_t , b_t^* , R_t^* , R_t , Ψ_t),相应的得到 24 个一阶条件,求解相应稳态值和对数线性化方程式。通常来说,在 DSGE 模型中,对反映稳态特性的参数一般通过参考相关文献采用直接校准法得到,而对于模型中反映动态特征的参数则需采用计量方法估计得到。由于本章重点探讨不同资本账户开放程度下政策组合缓解经济波动的效果比较,因此仅对政策组合规则相关参数实施贝叶斯估计,其他参数值均根据已有文献和实际的经济状况校准得到。

一、参数校准

与大部分文献一致,设定家庭主观贴现率的季度值 β 为 0.99,对应为 4% 的年实际利率。家庭部门的跨期消费替代弹性倒数 σ 为 2 (Faia and Monacelli, 2004), φ 为劳动供给弹性的倒数,参考格特勒和卡拉迪 (Gertler and Karadi, 2011) 设定为 0.276。在厂商方面,参考格特勒和清泷 (Gertler and Kiyotaki,

2010）的分析，劳动要素投入占比 γ 等于 0.66，资本折旧率 δ 为 0.025，中间品替代弹性 ϵ 取值 11。我国企业所得税在 2008 年之前为 33%，在此之后为 25%[①]，由此计算出样本期间的平均税率为 30%，由此将 τ 设定为 0.3。房地产行业抵押率最高为 0.7，其他生产资料抵押率一般为 0.5，在此本书取平均值，将 κ 校准为 0.6。由于杰曼和哥达连尼（2012）是较早探讨股利发放的文献，由此参考相应的参数设定，股利成本因子取值 0.4（见表 13 - 1）。

表 13 - 1　　　　　　　　　参数校准赋值说明

参数	描述	数值
β	家庭主观贴现因子	0.990
σ	跨期消费替代弹性倒数	2.000
φ	劳动供给弹性倒数	0.276
θ	劳动贡献程度	1.000
ν	货币需求对利率弹性的倒数	2.000
μ	货币贡献程度	1.000
ξ	股利成本因子	0.400
γ	劳动要素投入比	0.660
δ	资本折旧率	0.025
η	国内外投资品替代弹性	0.250
τ	企业所得税平均税率	0.300
κ	资本品抵押比率	0.600
ϵ	中间品替代弹性	11.000
ω_c	价格粘性概率	0.800

二、参数估计

本章在贝叶斯估计下使用以下三个观测变量：产出、通胀率、利率构建量测方程组。本章的数据来源是国家统计局网站、中经网数据库以及 Wind 资讯，基于数据的可得性及中国的现实情况，本章的样本区间选择为 2000 年第一季度到 2017 年第四季度的季度值，数据处理过程如下：第一，产出缺口：采用国内生产总值的季度均值剔除物价得到实际值。我们对其使用季节性调整之后，再使用

---

① 2007 年 3 月 16 日，中华人民共和国第十届全国人民代表大会第五次会议通过的《中华人民共和国企业所得税法》规定自 2008 年 1 月 1 日起企业所得税税率由原来的 33% 调整为 25%。

HP 滤波法对数据进行处理，分离出趋势因素和循环因素，最后根据实际产出与潜在产出之差来计算得到产出缺口；第二，通胀缺口：CPI 的环比增长率去掉均值得到通胀缺口；第三，基准利率：银行间同业拆借加权利率的均值。贝叶斯估计结果如表 13 - 2 所示。

表 13 - 2　　　　　　　　**参数估计的先验分布和后验分布**

含义	参数	先验分布	后验均值	95% 置信区间
中国货币政策利率平滑系数	λ_i	B [0.8, 0.1]	0.73	(0.41, 1.05)
中国货币政策通胀缺口偏好	λ_π	G [1.7, 0.5]	1.78	(1.48, 2.61)
中国货币政策产出缺口偏好	λ_y	G [0.3, 0.2]	0.83	(0.66, 1.21)

说明：B 表示 Beta 分布，G 表示 Gamma 分布。

第四节　政策效果模拟和分析

本节基于上述两节中构建的小国开放经济模型和参数校准及估计值，分别考察在不同的资本管制水平下本国经济对国外利率冲击的脉冲响应，然后对比分析"传统泰勒规则""传统泰勒规则 + 外资在总债务中占比的审慎政策"和"传统泰勒规则 + 外资在总产出中占比的审慎政策"的效果，在此基础上探讨最优政策规则。

一、不同资本账户开放程度下跨境资本流动冲击的影响

本节在静态资本流动机制下分析不同资本管制程度下的差异性，此时 $\Phi = 0$，Ψ_t 仅与 ψ 有关。从图 13 - 1 的脉冲响应结果来看，在不同的资本账户开放程度下，一单位跨境资本流入的正向冲击对宏观经济指标的影响具有一致性，对于产出和通胀均产生了正向影响。外资流入直接对本国货币数量和规模产生影响，从而提高通胀水平。从脉冲图上可以看到，随着资本账户开放度的提高，通胀对冲击的反应表现得更为敏感，通胀波动幅度变化较大。资产价格随着资本账户开放和跨境资本流动的变化而出现显著的正向波动。在抵押约束模型中，企业能够通过资本抵押获得较多的债务融资，进一步提升企业的杠杆率，加剧金融风险，这与金融加速器机理具有相似性。随着负债的增加，税盾效应提升了企业的权益价值，从而提高了企业的股利发放和市场价格。根据家庭投资设定，企业价值提升

将会提高家庭收入水平，对家庭消费产生正向冲击，但是由于国外部门增加了对本国经济的债务持有量，将会对本国家庭债务资产配置产生挤压。图 13-1 脉冲响应图中给出了四种开放程度情形（$\psi = 0.2$、0.45、0.65、0.85），随着资本账户开放程度的递增，相应宏观经济变量的脉冲响应图表现为大幅上升，这说明随着资本账户的开放，跨境资金流动冲击对本国经济将会造成显著且大幅度的正向冲击。总体而言，跨境资金流入的正向冲击首先改变了跨境资金流动规模，然后从通胀、资产价格、信贷规模、企业市场价值等多方位对实体经济产生冲击，从而表现出顺周期效应。这一结论与李力等（2015）和侯成琪等（2015）的分析结论基本一致，而且与 20 世纪 90 年代的东南亚经济从繁荣走向危机的现象相符合。

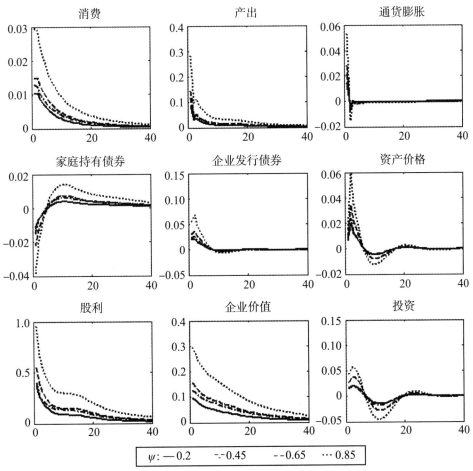

图 13-1　不同资本管制力度下主要经济变量对跨境资金流动冲击的响应

二、不同资本账户开放程度下两种宏观审慎政策的效果

本小节分析在资本账户开放分为高（$\psi = 0.85$）、低（$\psi = 0$，45）两种不同的情况时，不同的宏观审慎政策锚和监管强度下的政策效果。对于宏观审慎政策锚，根据现有各国的监管实践并结合中国实际，可以分为两种不同的选择。第一，以外资占总负债的比值作为宏观审慎政策的盯住目标（以下简称"盯住债务形式"）；第二，以外资占总产出的比值作为宏观审慎政策调控的政策锚（以下简称"盯住产出形式"）。

图 13 - 2 至图 13 - 5 显示的是高低两种不同资本账户开放程度、两种宏观审慎政策（盯债务与盯产出）下，经济体面临一单位跨境资本流入冲击的脉冲响应结果。从各宏观变量的脉冲响应来看，首先，面对跨境资本流入的冲击，随着宏观审慎监管程度的加强，宏观经济变量的波动均显著减小，这说明逆周期宏观审慎监管政策本身是有效的，能够有针对性地起到缓解经济波动的效果，在资本账户开放程度和不同的监管力度下，均表现出一致的特征，这也说明本书模型是比较稳健的。其次，无论是盯住债务形式还是盯住产出形式的宏观审慎政策，在宏观审慎监管程度相同的情况下，高资本账户开放度下的经济金融稳定效果均大于低资本账户开放度下的经济金融稳定效果。从图 13 - 3 和图 13 - 5 可知，同为高资本账户开放情形下，随着审慎监管程度的提升，相对于较低的监管程度的情形，其宏观经济金融变量的脉冲响应反应程度显著变小，其波幅下行幅度显著大于图 13 - 2 和图 13 - 4 中低资本账户开放度下的波动幅度变化。从数理角度对方程（13.28）分析能够发现，在稳态时跨境资金流动对监管参数偏导是关于资本账户开放度的单调增函数，这说明随着资本账户开放程度增强，跨境资金流动总量对监管力度参数更加敏感，也就是说 $\frac{\partial b^*}{\partial \Phi} \propto \psi$；从现实角度出发，随着资本账户开放程度的提升，跨境资金相对更易于在境内外流动，此时监管力度的增强在限制跨境资金流动规模方面更为显著。

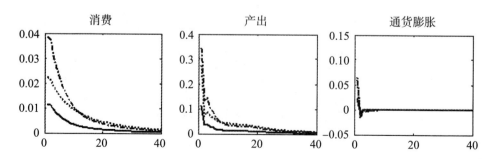

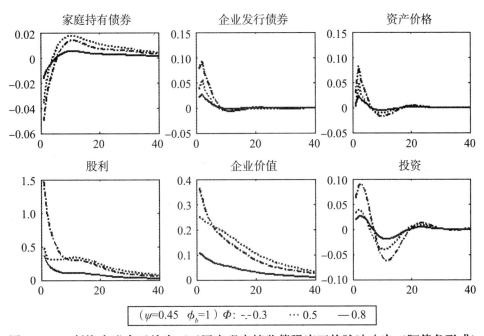

（$\psi=0.45$　$\phi_b=1$）Φ: -·-0.3　····0.5　——0.8

图 13－2　低资本账户开放度下不同宏观审慎监管强度下的脉冲响应（盯债务形式）

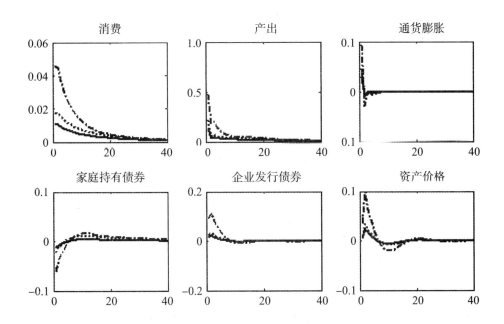

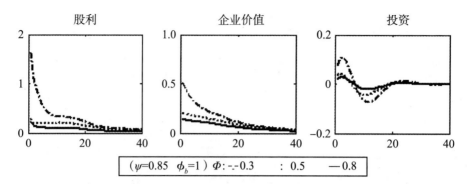

图 13 - 3　高资本账户开放度下不同宏观审慎监管强度下的脉冲响应（盯债务形式）

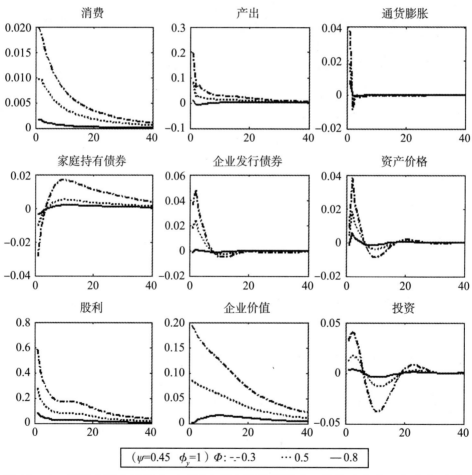

图 13 - 4　低资本账户开放度下不同宏观审慎监管强度下的脉冲响应（盯产出形式）

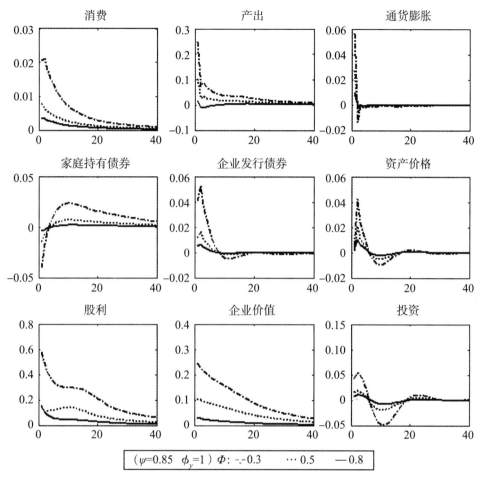

图 13－5　高资本账户开放度下不同宏观审慎监管强度下的脉冲响应（盯产出形式）

三、相同资本账户开放程度和监管力度下的最优政策组合

本部分考察在同一资本账户开放程度和不同的宏观审慎监管强度下，对传统泰勒规则、传统泰勒规则＋盯住债务形式的宏观审慎监管政策、传统泰勒规则＋盯住产出形式的宏观审慎监管政策三类不同的政策组合进行比较，并且进一步对高低两种资本账户开放程度下的三类不同政策组合的政策效果进行对比分析。

在低资本账户开放程度下，含有轻度的宏观审慎监管的货币政策与宏观审慎政策的组合相比无审慎监管政策的传统泰勒规则而言，宏观经济波动进一步加剧，这一特征在高资本账户开放程度下的低强度的宏观监管政策组合中也表现明显。说明含有低强度的宏观审慎监管政策组合并不能有效抑制经济波动，甚至会加剧经济波动。随着宏观审慎监管力度的提升，高低两类资本账户开放程度下，盯住债务和盯住产出两类宏观审慎监管政策组合下的产出波动和通胀波动均显著降低。在低资本账户开放程度下，盯住产出的宏观审慎监管政策组合具有良好的缓解经济波动的效果，而盯住债务的宏观审慎监管政策组合效果较差，与不含宏观审慎监管政策的传统泰勒规则之间没有明显区别。但是在高资本账户开放程度下，盯住债务的宏观审慎政策组合和传统泰勒规则相比具有一定的缓解经济波动的优势，然而其效果远不及盯住产出的政策规则组合。

由此可见，在资本账户开放程度较低的情形下，不含有宏观审慎监管规则的传统泰勒规则是占优的政策规则。随着资本账户开放程度的提升，需要在传统泰勒规则政策基础上配合使用宏观审慎监管政策才能有效防范跨境资本流动带来的宏观经济金融波动。而且盯住产出的宏观审慎监管政策占优于盯住债务的政策规则，随着资本账户开放程度的提升，这种优势愈发显著（见图 13 - 6、图 13 - 7）。

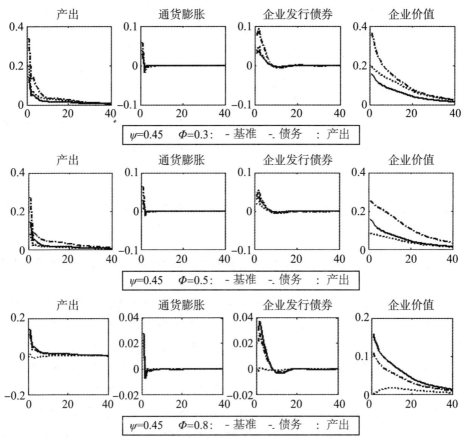

图 13 - 6　低资本账户开放度下不同政策组合下的脉冲响应

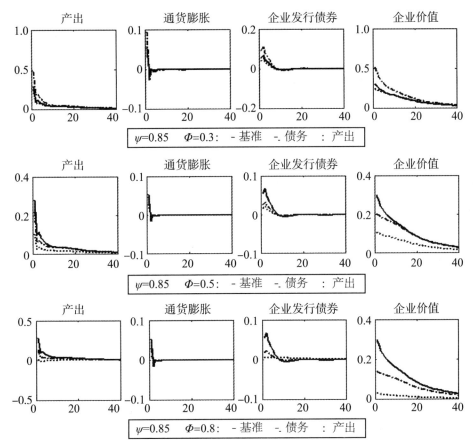

图 13 - 7　高资本账户开放度下不同政策组合下的脉冲响应

第五节　本章小结与政策含义

本章通过构建一个小国开放环境下包含抵押约束机制的 DSGE 模型，重点分析了在不同的资本账户开放环境中，当本国经济受到跨境资金流动正向冲击时，所引致的本国宏观经济变动情况，并分析了传统货币政策以及其与不同盯住目标的宏观审慎政策组合应对跨境资本流动冲击的效果。相关结论如下：

第一，随着资本账户开放程度的增加，跨境资金流入会导致资产价格上涨，从而使得金融市场信贷规模扩大，同时由于存在税盾效应，负债的增加将会提高企业的股利发放，进一步提高了企业的市场价值。企业市场价值的上升，进一步提升资产价格，导致投资增加，企业盈利水平上升，家庭工资和股利收入增加，

375

从而提高本国家庭的效用水平，进一步刺激消费，从需求端对宏观经济产生正向冲击，总产出上升，且带动物价上升。总体而言，随着资本账户开放程度扩大，本国经济波动在面临正向外生冲击时表现出扩张趋势，并且由于资产价格以及由此产生的信贷波动增强起到了金融加速器的效果，这将会进一步加强宏观波动的顺周期特征。

第二，对跨境资金流动参数采用宏观审慎的动态调节机制能够有效缓解跨境资金对本国经济造成的冲击，而且随着监管力度的增加，这种缓解效果呈现出递增趋势。因为本章构建的宏观审慎政策是对跨境资金流动规模和本国经济指标比值的动态调节，当该比值上升时，监管力度随之上升，有效发挥了逆周期宏观审慎监管的效果，从而能够有效防范跨境资金流动规模表现出的顺周期递增趋势。这种监管思路与金融危机之后对银行资产负债结构采用的逆周期资本缓冲、对商业银行资产端采用的贷款价值比监管政策具有相通之处，从监管效果上与封闭经济环境中的监管政策也具有一致性。

第三，不同经济环境中的最优政策组合存在差异，当资本账户开放程度较低时，最优政策组合即传统泰勒规则，此时无须对跨境资金流动进行监管；但是随着资本账户开放程度的加深以及跨境资金流动规模的扩大，此时最优的政策应当是传统泰勒规则与基于外资在总产出中占比的动态宏观审慎监管政策相结合的政策组合。从脉冲响应图上可以观测到，该组合政策显著优于传统泰勒规则与基于外资在总债务中占比的动态宏观审慎监管政策相结合的政策组合。因为前者政策组合包含了更多宏观经济信息，相应地将会对宏观经济波动直接进行调控，从而直接抑制经济波动，而对于厂商负债结构的监管更多是调控负债总量中的外债占比，但是随着资产价格的上升，厂商仍然能够向家庭获得融资从而扩张信贷规模，加剧宏观经济波动。

在我国资本账户逐渐开放的经济环境中，一方面要实现中国经济和世界经济相融合，为"一带一路"和人类命运共同体的推进提供金融支持；另一方面同样应当有针对性地防范系统性金融风险，提高我国金融体系的安全性和有效性。本章模型所刻画的资产在现实中既可以理解成在我国经济体中占有重要地位的房地产市场，也可以将其看成资产价格或相应的权益资产，资本账户开放会加剧我国资产价格波动，并由此引致信贷市场扩张。在实践中，我国应当加大对跨境资金流动波动性和资产价波动联动性的监察，并积极采用逆周期宏观审慎政策进行应对，主要运用盯住通胀的传统泰勒规则和与之独立的宏观审慎政策相结合的方式作为现实操作的基准。

第十四章

供给侧结构性改革下积极财政政策
与货币政策锚选择

第一节 供给侧结构性改革下宏观调控
政策的选择与协调

近年来，在积极推进供给侧结构性改革的过程中，中国经济由高速增长向高质量发展转型，然而，受 2018 年以来的中美贸易摩擦，特别是 2020 年开始暴发的全球新冠肺炎疫情等不利因素的影响，中国经济增长面临的下行压力增大。在此背景下，中央多次指出要实施积极的财政政策和稳健的货币政策，"加大'六稳'工作力度"，"要以更大的宏观政策力度对冲疫情影响"，而且，"积极的财政政策要更加积极有为""稳健的货币政策要更加灵活适度，运用降准、降息、再贷款等手段，保持流动性合理充裕"。①

但是，针对积极的财政政策如何更加积极有为，学术界却存在不同的意见和观点。部分学者认为，以扩大政府公共财政支出为主的支出政策，虽然在短期内有利于拉动经济增长，但从长期来看，存在着挤出私人消费、产能过剩、扭曲资源配置、不利于产业结构优化等弊端（卞志村和杨源源，2016；张杰等，2018），

---

① 中国政府网，http：//www.gov.cn/xinwen/202–04/17/content_5503621.htm。

而在供给侧结构性改革的背景下，减税则有利于经济结构调整，降低企业成本与杠杆，故主张积极的财政政策应以结构性减税降费为宜，而不是重返扩大财政支出的老路（林亚清等，2017）。但是，另有部分学者从补短板等视角出发，指出财政支出政策具有明显生产性特征，对经济的刺激作用明显（李明等，2020），据此主张现阶段财政政策仍应以扩大支出为主。此外，也有学者指出，近些年我国非税收入规模仍呈较快的扩大趋势，或将冲抵减税政策效果，导致企业税费成本降幅有限，制约了市场主体的高质量发展，故实施积极的财政政策亦不可忽视对非税收入的减免（彭飞等，2020）。然而，上述观点的提出，大多是从总量税收和总量政府支出的角度予以讨论。而从供给侧结构性改革以来财政政策运行的实践来看，我国财政政策已改变传统大规模投资于铁路、公路和城市基础设施的刺激模式，更加注重发挥结构性财政支出和减税政策对经济结构调整和补短板的作用。因此，要客观了解和把握我国财政政策的效果，则有必要基于供给侧结构性改革过程中我国财政政策实施的实践，从短期与长期视角出发，考察并比较不同类别的减税降费和政府支出政策对宏观经济变量的差异化影响。

另外，财政政策的实施效果往往需要货币政策为其提供适宜的宏观金融环境（Bianchi and Melosi，2018）。在短期，积极财政政策实施的重点在于提质增效，而在长期，积极财政政策的实施在推动经济增长的同时，也会加剧经济波动，并由此带来社会福利的损失。此时，辅以科学合理的货币政策予以协调，则有利于缓解财政政策实施带来的长期社会福利损失。为此，为推进供给侧结构性改革，确保财政政策效果的有效发挥，中央银行在防范系统性风险的同时，实施了稳健的货币政策。在稳健货币政策基调下，中央银行根据宏观调控总目标和市场流动性的需要，采用预调微调的方式，对货币政策进行了灵活的调整。因此，在"六稳"的宏观调控总目标下，稳健基调下的货币政策调整就涉及政策锚的选择问题。那么，在积极财政政策和稳健货币政策组合下，不同的货币政策锚选择会对各类财政政策工具引致的长期福利损失产生何种影响？或者说，不同的财政政策工具配以何种货币政策锚才能使其长期福利损失最小？显然，这也是供给侧结构性改革下优化宏观调控政策需要探索的问题之一。

基于上述问题意识，结合现阶段中国财政政策实施过程中致力于减轻个人与企业的税费负担，基础设施领域的补短板支出依然维持高位等特征，本章将财政支出政策分为消费性、生产性两类，将税收政策分为劳动收入税与企业所得税两类，并纳入非税收入因素①，通过构建同时包含家庭、厂商、中央银行和政府等经济主体的 DSGE 模型，比较各类财政支出和税费减免政策工具在短期与长期的宏观经济效果，探讨供给侧结构性改革下积极财政政策工具选择，并从长期减轻社会福利损失的角度考察稳健货币政策下的货币政策锚选择问题。研究表明：在短期，增加消费性财政支出与降低劳动收入税率的经济刺激作用最为显著；而在长期，也需注重发挥生产性财政支出政策对中国经济稳中求进的强基固本作用；积极财政政策一旦实施时间过长，则其长期效果将受削弱并对宏观经济产生不利影响，为吸收积极财政政策引致的长期经济波动并减轻福利损失，稳健的货币政策在微调中应以物价稳定为锚。

本章的边际贡献在于：第一，与现有的基于总量财政政策效果的研究不同，本章基于现阶段中国财政政策实施致力于减轻个人与企业税收负担，基础设施领域的补短板支出依然维持高位等特征，将财政支出政策分为消费性、生产性两类，将税收政策分为劳动收入税、企业所得税两类，并将非税收入纳入分析框架，且不同于现有研究主要聚焦对财政政策短期效果的考察，本章还从长期政策乘数的视角探究了积极财政政策的长期效果；第二，立足于积极财政政策和稳健货币政策组合这一既定宏观调控模式，从长期内减轻各类财政政策工具实施所带来的福利损失的视角，探究稳健货币政策下政策微调过程中的政策锚选择问题。

第二节　相关文献回顾

一、财政支出和减税降费政策的宏观经济效应

从现有文献来看，有关财政支出与税费减免两类财政政策宏观经济效应的研

---

① 参照胡永刚和郭新强（2012）的做法，消费性财政支出包括一般公共服务支出、外交支出、国防支出、公共安全支出、教育支出、文化体育和传媒支出、医疗卫生和计划生育支出、城乡社区事务支出、住房保障支出、社会保障和就业支出；生产性财政支出包括交通运输支出、农林水支出、节能环保支出、资源勘探电力信息等事务支出、商业服务业等事务支出、金融监管等事务支出、援助其他地区支出、国土资源气象等事务支出、科学技术支出、粮油物资储备等事务支出。参照郭庆旺和吕冰洋（2010）的估算方法，劳动收入税包括劳动分摊的个人所得税、社会保障基金收入；模型中企业所得税则等同于现实中狭义的企业所得税。非税收入则指除税收以外，由各级国家机关、事业单位、代行政府职能的社会团体及其他组织依法利用国家权力、政府信誉、国有资源所有者权益等取得的各项收入，如专项收入、行政事业性收费、政府性基金等。

究成果丰硕。就财政支出政策而言，现有研究大多肯定了其对产出、就业的拉动作用（Iwata，2011；Attinasi and Klemm，2014），但围绕增支政策对私人消费与私人投资的影响却存在着不同的观点。佩罗蒂（Perotti，2007）指出，若排除战争等特殊时期，财政支出的增加将导致私人消费、真实工资随之增加。雷米（Ramey，2011）则对此存有异议，指出传统的 VAR 方法对财政冲击的捕捉在时间上过于滞后，往往忽略了财政冲击的最初影响，故转而采用叙事性方法，对1939～2008 年美国财政支出的消息冲击进行研究，发现增加财政支出将导致私人消费与实际工资相应下降。王国静和田国强（2014）则从结构性财政支出的视角切入，通过构建动态随机一般均衡模型模拟发现，政府消费与私人消费间存在埃奇沃思互补性，进而对私人消费有"挤入"作用，且政府投资对产出的长期乘数效应远大于政府消费。就减税政策而言，早期学者们多采用实证方法对其宏观经济效应进行研究，但结论莫衷一是（Chirinko et al.，1999；Blanchard and Perotti，2002）。鉴于此，越来越多的研究尝试构建动态随机一般均衡模型展开进一步探究，如弗尼等（Forni et al.，2009）将分类型的扭曲税与财政支出纳入新凯恩斯动态随机一般均衡（NK‑DSGE）模型的统一框架，研究发现，在欧元区，相较于增支政策，减税政策的经济效果更明显，降低劳动收入税与消费税提振了消费与产出，而降低资本收入税率则在中期支撑了投资与产出的扩张。除支出与税收角度的研究外，由于中国非税收入在财政收入中占有较高份额，故部分国内学者围绕非税收入的影响展开了相应研究。相关国内文献指出，我国非税收入规模失控、结构失衡、分配秩序混乱等积弊由来已久（卢洪友，1998），同时，近些年我国对政府性基金清理力度的加大以及对涉企收费的减免有利于减轻企业非税负担，并提升了企业纳税遵从度，进而促进了经济复苏（杨灿明，2017）。

二、财政政策与货币政策锚的选择

对于货币政策锚的选择问题，数量型货币政策的调整主要基于麦克勒姆规则，即基础货币的调整以货币流通速度与国民收入为锚（McCallum，1987），而随着我国货币政策由数量型调控向价格性调控的转型，基于价格型货币政策的泰勒规则受到了更多关注，即政策利率的调整主要以物价稳定与经济增长为锚（Taylor，1993）。而从财政政策的视角来看，货币政策锚的选择问题则更显重要与复杂。具体而言，积极的财政政策在发挥经济刺激作用的同时也并非全无弊端，由于相机抉择的不当应用、缺乏严格的债务约束等原因，本意旨在稳定经济的财政冲击有时反而会成为加剧宏观经济过度波动之源（Fatas and Mihov，2006）。基于上述观点，诸多学者从提升财政政策效果并减轻其不利影响的视角出发来探究货币政策调整过程中锚的选择问题。如戴维和利珀（Davig and Leeper，2011）通过构建纳入马尔科夫区制转换的动态随机一般均衡模型指出，政府消费性支出往往会加剧经济波动，推高通货膨胀，而以物价稳定为锚的"主动的"货币政策则能够通过负向财富效应减小政府消费乘数，从而吸收财政冲击引起的经济过度波动。此外，马文涛（2014）则基于对全球通胀预期管理的实践，指出为防止因隐性的财政赤字而形成的通胀风险，货币政策应强化反通胀立场，以此作为引导公众预期的名义锚。然而，比安奇和梅洛西（Bianchi and Melosi，2018）则提出异议，其针对 2008 年金融危机后美国政府债务激增的情形，指出货币政策调整仅锚定长期物价稳定即可，在短期，可放松对物价水平的锚定，从而通过刺激短期通胀预期的抬升来缓解政府债务高企问题。

现有成果为这一领域研究的深化奠定了重要的基础。然而，无论是从理论还是从中国宏观调控的目标来看，现有研究尚有进一步拓展的空间。首先，基于总量的支出和税收政策的研究并不能反映目前中国财政政策实施中结构性支出和税费政策并存的事实，也无法体现各分类政策实施的效果；其次，现有研究未能区分积极财政政策对宏观经济的短期与长期影响，而从长期看，财政政策的实施也会造成产出与通胀的扰动，并带来福利损失。在当前供给侧结构性改革的形势下，积极的财政政策与稳健的货币政策组合既定，然而为降低积极财政政策引致的经济波动与长期福利损失，稳健的货币政策在预调微调中锚的选择显得尤为重要。正因为如此，本章的研究具有重要的理论学术价值和实践指导意义。

第三节　DSGE 模型构建

本章沿袭弗尼等（2009）的经典模型框架，构建纳入价格粘性、工资粘性和投资调整成本的新凯恩斯动态随机一般均衡模型。模型中的部门包括两类家庭、劳动中介、厂商、中央银行、财政部门。

一、家庭部门

假设经济中存在两类具有无限期生命的家庭，即李嘉图家庭与非李嘉图家庭，分别以上标 R 与 NR 加以区分，前者可接触金融市场，通过平滑生命周期收入做出跨期的消费与劳动决策，并进行债券购买与资本投资决策，而后者由于不能接触金融市场，完全规避风险且无法进行跨期效用最大化决策，故只能根据当期收入做出消费与劳动决策。此外，假设劳动力市场为垄断竞争市场，故每个家庭提供异质性的劳动。为避免因劳动异质性而带来的家庭异质性问题，参照埃塞格（Erceg，2000），假设经济中存在完备的依状态而定的债券，由于本书模型中的消费和劳动是可分的，故此时消费与债券持有均与单个家庭无关，换言之，所有家庭的消费与债券持有量均相同，仅劳动供给与工资有差异，故而家庭效用函数中的下标 n 仅表征某一家庭，而不意味着家庭本身具有异质性。

（一）李嘉图家庭

假设李嘉图家庭通过消费与提供劳动最大化效用，其目标效用函数为：

$$\max E_0 \sum_{t=0}^{\infty} \beta^t \left[\log(C_t^R + s_G G_t^C) - \frac{(L_{n,t}^R)^{1+\eta}}{1+\eta} \right] \tag{14.1}$$

其中，E_0 为期望算子，t 为时期数，β 为贴现率，C_t^R、G_t^C、$L_{n,t}^R$、η 分别为李嘉图家庭的私人消费、政府的消费性财政支出、第 n 个李嘉图家庭的劳动供给、劳动的 Frisch 弹性的倒数。

此外，贝利（Bailey，1962）指出，居民的有效消费应包括居民消费和财政支出两部分，因此，将消费性财政支出引入家庭效用函数且假设其与私人消费间存在一定程度的替代关系，s_G 即为私人消费与消费性财政支出间的替代弹性。

进一步地，设价格为 P_t，第 n 个李嘉图家庭的工资水平为 $W_{n,t}^R$；李嘉图家庭的名义政府债券持有量为 B_t，包含本息的政府债券收益率等同于中央银行制定的基准利率，即 R_t；李嘉图家庭的私人投资、私人资本存量、资本收益率、资本利用率分别为 I_t、K_t^P、R_t^K、u_t；同时，参照克里斯蒂诺等（2005），假设当资本闲置或利用过度时将产生额外的资本利用率成本，设为 $\Omega(u_t) = P_t K_{t-1}^P [\chi_1(u_t - 1) + \frac{\chi_2}{2}(u_t - 1)^2]$，其中，$\chi_1$、$\chi_2$ 为资本利用率成本参数，χ_1 根据模型稳态内生决定，而 χ_2 则需通过校准方式确定；由于李嘉图家庭做出资本投资决策，为厂商的所有者，故将得到来自中间品厂商的剩余利润支付，记为 Π_t；根据模型设定，假设经济中李嘉图家庭占比为 ω_R；为考察财政政策的作用，在家庭部门引入劳动收入税率，记为 τ_t^L。因而，李嘉图家庭面临以下预算约束：

$$P_t C_t^R + B_t + P_t I_t + \Omega(u_t) \leq R_t^K u_t K_{t-1}^P + (1 - \tau_t^L) W_{n,t}^R L_{n,t}^R + R_{t-1} B_{t-1} + \Pi_t \tag{14.2}$$

同时，参照克里斯蒂诺等（2005），设李嘉图家庭面临以下包含投资调整成本的资本积累方程：

$$K_t^P = \left[1 - \frac{\phi}{2}\left(\frac{I_t}{I_{t-1}} - 1\right)^2 \right] I_t + (1 - \delta_P) K_{t-1}^P \tag{14.3}$$

其中，ϕ 为投资调整成本参数，δ_P 为私人资本折旧率。

因此，设李嘉图家庭财富与资本的影子价格分别为 λ_t^R、q_t，且 q_t 为资本的市场价格与重置成本之比，通过构建拉格朗日函数可求得李嘉图家庭效用最大化问题的相关一阶条件。

（二）非李嘉图家庭

类似地，非李嘉图家庭的目标效用函数为：

$$\max E_0 \sum_{t=0}^{\infty} \beta^t \left[\log(C_t^{NR} + s_G G_t^C) - \frac{(L_{n,t}^{NR})^{1+\eta}}{1+\eta} \right] \tag{14.4}$$

由于非李嘉图家庭无法接触金融市场，仅能根据当期收入进行消费，故其预算约束为：

$$P_t C_t^{NR} \leqslant (1 - \tau_t^L) W_{n,t}^{NR} L_{n,t}^{NR} \tag{14.5}$$

二、劳动中介、工资粘性与最优工资选择

假设两类家庭在劳动力市场上面临着相同的劳动需求，故两者的劳动供给与工资水平相同，即 $L_{n,t}^R = L_{n,t}^{NR} = L_{n,t}$，$W_{n,t}^R = W_{n,t}^{NR} = W_{n,t}$。

劳动中介将单个家庭提供的异质性劳动打包为最终劳动，最终劳动需求为：

$$L_t^D = \left(\int_0^1 L_{n,t}^{\frac{s_W-1}{s_W}} \mathrm{d}n \right)^{\frac{s_W}{s_W-1}}, s_W > 1 \tag{14.6}$$

其中，L_t^D 为经劳动中介加工后形成的同质劳动，亦即中间品厂商的劳动需求；s_W 为异质性劳动间的替代弹性，$L_{n,t}$ 为第 n 个家庭的劳动供给。

进一步求解得到异质性劳动需求函数为：

$$L_{n,t} = \left(\frac{W_{n,t}}{W_t} \right)^{-s_W} \times L_t^D \tag{14.7}$$

模型中工资粘性的引入参照卡尔沃（1983）的方式，假设每期有 ξ_W 比例的家庭不能最优调整工资，而只能盯住上一期的名义工资水平，即 $W_{n,t} = W_{n,t-1}$，但另有 $1 - \xi_W$ 比例的家庭每期可将工资调整至最优水平 $W_{n,t}^*$，据此可得工资递归方程为：

$$W_t = \left[\xi_W W_{t-1}^{1-s_W} + (1 - \xi_W)(W_t^*)^{1-s_W} \right]^{\frac{1}{1-s_W}} \tag{14.8}$$

进一步地，可求得最优工资为：

$$W_t^* = W_{n,t}^* = \frac{s_W}{s_W - 1} E_t \sum_{i=0}^{\infty} (\beta \xi_W)^i \frac{(L_{n,t+i})^{\eta}}{\lambda_{t+i}(1 - \tau_{t+i}^L)} \tag{14.9}$$

三、厂商部门

模型中的厂商部门包括最终品厂商与中间品厂商两类，假设最终品厂商面临完全竞争市场，其是价格的被动接受者，而中间品厂商则面临垄断竞争市场。

（一）最终品厂商

最终品厂商的生产技术表示为：

$$Y_t = (\int_0^1 Y_{j,t}^{\frac{s_P-1}{s_P}} dj)^{\frac{s_P}{s_P-1}} \tag{14.10}$$

其中，Y_t 为最终品产出，$Y_{j,t}$ 为第 j 个中间品厂商第 t 期生产的中间品，s_P 为异质性中间品之间的替代弹性。求解最终品厂商的利润最大化问题，可得关于中间品的需求函数如下：

$$Y_{j,t} = \left(\frac{P_{j,t}}{P_t}\right)^{-s_P} Y_t \tag{14.11}$$

其中，$P_{j,t}$、P_t 分别为第 j 个中间品价格、最终品价格，$Y_{j,t}$ 则为中间品需求。进一步地，根据上述价格粘性假设，可得通胀递归方程为：

$$\pi_t^{1-s_P} = \xi_P + (1-\xi_P)(\pi_t^*)^{1-s_P} \tag{14.12}$$

其中，π_t 为第 t 期的通货膨胀且有 $\pi_t = \dfrac{P_t}{P_{t-1}}$，$\pi_t^*$ 为最优通货膨胀。

（二）中间品厂商

根据阿绍尔（Aschauer，1989）的研究，生产性财政支出主要投资于基础设施建设，其可以促进产出的扩张，故模型假设中间品厂商使用有效私人资本、劳动、公共资本生产中间品。其生产函数服从 Cobb – Douglas 形式，故而有：

$$Y_{j,t} = A_t (\overline{K_{j,t-1}^P})^{\alpha} (L_{j,t}^D)^{1-\alpha} (K_{t-1}^G)^{\alpha_G} \tag{14.13}$$

其中，$\overline{K_{j,t-1}^P}$、$L_{j,t}^D$、K_{t-1}^G 分别为第 j 个中间品厂商用于生产的有效私人资本、劳动投入与公共资本，且有效私人资本 $\overline{K_{j,t-1}^P} = u_t K_{j,t-1}^P$，$u_t$ 为可变的资本利用率，α、α_G 分别为私人有效资本产出弹性与公共资本产出弹性；A_t 为技术冲击，用以刻画生产函数中全要素生产率的作用，$\ln A_t = (1-\rho_A)\ln A_{ss} + \rho_A \ln A_{t-1} + \varepsilon_t^A$，$\varepsilon_t^A \sim IIDN(0, \sigma_A^2)$，$A_{ss}$ 为技术冲击的稳态值，ρ_A、ε_t^A 分别为技术冲击一阶自回归系数与随机扰动项，σ_A^2 为随机扰动项的方差值。同时，假定生产性财政支出为 G_t^I，故公共资本积累方程如下：

$$K_t^G = (1 - \delta_G) K_{t-1}^G + G_t^I \qquad (14.14)$$

中间品厂商需最小化要素投入以做出需求决策，其成本最小化问题可表述为：

$$\min(W_t L_{j,t}^D + R_t^K K_{j,t-1}^P) \qquad (14.15)$$

预算约束为：

$$A_t (\overline{K_{j,t-1}^P})^{\alpha} (L_{j,t}^D)^{1-\alpha} (K_{t-1}^G)^{\alpha_G} \geqslant Y_{j,t} \qquad (14.16)$$

求解成本最小化问题可得劳动需求和私人有效资本需求分别为：

$$L_{j,t}^D = (1 - \alpha) MC_{j,t} \frac{Y_{j,t}}{W_t} \qquad (14.17)$$

$$\overline{K_{j,t-1}^P} = \alpha MC_{j,t} \frac{Y_{j,t}}{R_t^K} \qquad (14.18)$$

下面通过中间品厂商的利润最大化问题求解第 t 期的中间品最优价格 P_t^*。为此，根据前述 Calvo 定价中的设定，考察中间品厂商 j 在第 t 期可最优调整价格，而在以后各期均无法最优调整价格的情形，可根据利润最大化函数选择最优价格 $P_{j,t}$，此时 $P_{j,t} = P_t^*$。且由于所有中间品厂商面临的技术水平、工资、资本收益率相同，故假设所有中间品厂商面临的边际成本相等，即 $MC_{j,t} = MC_t$。此时，中间品厂商重新设定价格的问题可表述为：

$$\max_{P_{j,t}^*} E_t \sum_{i=0}^{\infty} (\beta \xi_P)^i \frac{\lambda_{t+i}}{\lambda_t} \{ (1 - \tau_{t+i}^f) [P_{j,t}^* Y_{j,t+i} - Y_{j,t+i} MC_{t+i} - \tau_{t+i}^n] \} \qquad (14.19)$$

其中，$\beta^i \frac{\lambda_{t+i}}{\lambda_t}$ 为随机贴现因子，由于本章模型中包括了李嘉图家庭与非李嘉图家庭两类家庭，故随机贴现因子中的家庭财富影子价格设为两类家庭的财富影子价格的加权平均值，即 $\lambda_t = \omega_R \lambda_t^R + (1 - \omega_R) \lambda_t^{NR}$。$\tau_{t+i}^f$ 为企业所得税税率，τ_{t+i}^n 为财政部门以一次性总量税形式向中间品厂商征收的非税收入。求解该利润最大化问题可得中间品厂商选择的最优价格为：

$$P_t^* = P_{j,t}^* = P_{j,t} = \frac{s_P}{s_P - 1} \frac{E_t \sum_{i=0}^{\infty} (\beta \xi_P)^i \lambda_{t+i} (1 - \tau_{t+i}^f) P_{t+i}^{sp} Y_{t+i} MC_{t+i}}{E_t \sum_{i=0}^{\infty} (\beta \xi_P)^i \lambda_{t+i} (1 - \tau_{t+i}^f) P_{t+i}^{sp} Y_{t+i}} \qquad (14.20)$$

四、中央银行

模型中，中央银行实施价格型货币政策，根据泰勒规则盯住产出缺口、通胀缺口的特征，故货币政策规则可表述如下：

$$\frac{R_t}{R_{ss}} = \left(\frac{R_{t-1}}{R_{ss}}\right)^{\rho_R} \left[\left(\frac{\pi_t}{\pi_{ss}}\right)^{\psi_{R\pi}} \left(\frac{Y_t}{Y_{ss}}\right)^{\psi_{RY}}\right]^{1-\rho_R} e_t^R \qquad (14.21)$$

其中，R_{ss}、π_{ss}、Y_{ss}分别为政策利率、通胀率、产出的稳态值；ρ_R、$\psi_{R\pi}$、ψ_{RY}分别为政策利率的一阶自回归系数以及政策利率对通胀缺口和产出缺口的反应参数；e_t^R为货币政策冲击，其满足 $\ln e_t^R = (1-\rho_{eR})\ln e_{ss}^R + \rho_{eR}\ln e_{t-1}^R + \varepsilon_t^R$，$\rho_{eR}$为冲击项的一阶自回归系数，$e_{ss}^R$为冲击项的稳态值，$\varepsilon_t^R \sim IIDN(0, \sigma_R^2)$，为正态独立同分布的白噪声过程。

五、财政部门

财政部门需维持每期的收支平衡，其通过征税与当期政府债券的发行来筹集收入，而支出则主要用于政府支出与偿还上期政府债券的本息，因此，财政部门的预算约束为：

$$P_t G_t^C + P_t G_t^I + R_{t-1} B_{t-1} = \tau_t^L W_t L_t + \tau_t^n + \tau_t^f (P_t d_t^P Y_t - W_t L_t - R_t^K u_t K_{t-1}^P - \tau_t^n) + B_t$$
$$(14.22)$$

现有大部分研究将财政政策规则视为外生的，但王国静和田国强（2014）指出若忽视财政政策的自动调节规则，将导致对财政乘数的估计出现严重偏误，故本章模型参照王国静和田国强（2014），假定财政支出规则与税收规则分别以财政支出与税率作为其操作目标，且两者与产出缺口、债务缺口间存在内生决定机制。相较之下，由于非税收入在征管和监督方面所受的约束有限，自由裁量空间较大，故假设非税收入仅对上期非税收入进行平滑，而无须盯住具体政策目标。据此，模型中各类财政政策规则形式如下。

消费性财政支出规则：

$$\frac{G_t^C}{G_{ss}^C} = \left(\frac{G_{t-1}^C}{G_{ss}^C}\right)^{\rho_{GC}} \left(\frac{Y_t}{Y_{ss}}\right)^{-(1-\rho_{GC})\psi_{GCY}} \left(\frac{B_{t-1}}{B_{ss}}\right)^{-(1-\rho_{GC})\psi_{GCB}} e_t^{GC} \qquad (14.23)$$

生产性财政支出规则：

$$\frac{G_t^I}{G_{ss}^I} = \left(\frac{G_{t-1}^I}{G_{ss}^I}\right)^{\rho_{GI}} \left(\frac{Y_t}{Y_{ss}}\right)^{-(1-\rho_{GI})\psi_{GIY}} \left(\frac{B_{t-1}}{B_{ss}}\right)^{-(1-\rho_{GI})\psi_{GIB}} e_t^{GI} \qquad (14.24)$$

劳动收入税规则：

$$\frac{\tau_t^L}{\tau_{ss}^L} = \left(\frac{\tau_{t-1}^L}{\tau_{ss}^L}\right)^{\rho_{\tau L}} \left(\frac{Y_t}{Y_{ss}}\right)^{(1-\rho_{\tau L})\psi_{\tau LY}} \left(\frac{B_{t-1}}{B_{ss}}\right)^{(1-\rho_{\tau L})\psi_{\tau LB}} e_t^{\tau L} \qquad (14.25)$$

企业所得税规则：

$$\frac{\tau_t^f}{\tau_{ss}^f} = \left(\frac{\tau_{t-1}^f}{\tau_{ss}^f}\right)^{\rho_{\tau f}} \left(\frac{Y_t}{Y_{ss}}\right)^{(1-\rho_{\tau f})\psi_{\tau fY}} \left(\frac{B_{t-1}}{B_{ss}}\right)^{(1-\rho_{\tau f})\psi_{\tau fB}} e_t^{\tau f} \qquad (14.26)$$

非税收入规则：

$$\frac{\tau_t^n}{\tau_{ss}^n} = \left(\frac{\tau_{t-1}^n}{\tau_{ss}^n}\right)^{\rho_{\tau n}} e_t^{\tau n} \qquad (14.27)$$

在上述财政政策规则中，ρ_{GC}、ρ_{GI}、$\rho_{\tau L}$、$\rho_{\tau f}$、$\rho_{\tau n}$ 为各类财政政策规则对上期财政支出或税率、非税收入稳态偏离值的一阶自回归系数；ψ_{GCY}、ψ_{GIY}、$\psi_{\tau LY}$、$\psi_{\tau fY}$ 为各类财政政策规则对产出缺口的反应参数；ψ_{GCB}、ψ_{GIB}、$\psi_{\tau LB}$、$\psi_{\tau fB}$ 为各类财政政策规则对债务缺口的反应参数；$\{e_t^{GC}$、e_t^{GI}、$e_t^{\tau L}$、$e_t^{\tau f}$、$e_t^{\tau n}\}$ 为各类财政冲击项，且令冲击项均服从一阶自相关过程，即 $\ln e_t^z = (1 - \rho_{ez}) \ln e_{ss}^z + \rho_{ez}\ln e_{t-1}^z + \varepsilon_t^z$，其中 e_{ss}^z 为各类财政政策冲击的稳态值，ε_t^z 为服从均值为 0，方差为 σ_z^2 正态独立同分布的白噪声过程，$z \in \{GC$、GI、τL、τf、$\tau n\}$。

六、加总与市场出清

由于模型涉及两类家庭，故需根据李嘉图家庭与非李嘉图家庭占比对私人消费、劳动进行加总处理。最终，经推导，产品市场出清表示为：

$$Y_t = C_t + I_t + G_t^C + G_t^I + K_{t-1}^P\left[\chi_1(u_t - 1) + \frac{\chi_2}{2}(u_t - 1)^2\right] \qquad (14.28)$$

第四节　参数校准与贝叶斯估计

一、参数校准

家庭部门参数的校准。由家庭效用最大化问题中关于名义债券的一阶条件可知[1]，稳态时，主观贴现率表达式为 $\beta = \dfrac{1}{R_{ss}}$，基于此，本章根据 1996 年 1 月至 2019 年 12 月的银行间同业拆借加权平均利率的月度数据计算并经季度转换后得到季度主观贴现率为 0.9917。对于劳动供给的 Frisch 弹性的倒数，参照张岩（2017）的处理方法，取 $\eta = 1.5$。对于消费性财政支出与私人消费间的替代弹

---

[1] 经推导，家庭效用最大化问题中关于名义债券的一阶条件为：$\dfrac{\lambda_t^R}{R_t} = \beta E_t \lambda_{t+1}^R$。

性，借鉴黄赜琳（2005）的处理方法，将私人消费和消费性财政支出均视为内生变量，以考察两者间的内在关系，并从社会计划者的视角出发构建拉格朗日函数予以求解，经运算可得两者间的替代弹性 $s_G = \dfrac{G_{ss}^C}{C_{ss}}$，此即消费性财政支出占居民消费的比重，基于此，本章通过计算 2014～2018 年我国的消费性财政支出与居民消费支出之比的平均值对 s_G 赋值为 0.3561。[①] 对于李嘉图家庭占比 ω_R，参照卞志村和杨源源（2016），取值 0.3。此外，朱军和姚军（2017）根据 1978～2013 年的中国实际数据，对季度私人资本折旧率 δ_P 和季度公共资本折旧率 δ_G 进行了估算，并指出由于公共资本所有权不明晰，人们基于自身利益最大化考虑，尽可能多地使用公共资本，导致公共资本损耗严重，故其折旧率也高于私人资本；参照该结果，对私人资本折旧率和公共资本折旧率分别取值 0.0204 和 0.0232。对于资本利用率参数 χ_2，参照贝基罗斯等（Bekiros et al.，2018）赋值为 0.005。参照殷兴山等（2020），将投资调整成本参数 ϕ 设为 2。对于异质性劳动之间的替代弹性 s_W 和工资粘性 ξ_W，参照康立和龚六堂（2014）、侯成琪等（2018），分别取值 1.5 和 0.3323。

企业部门参数的校准。对于异质性中间品之间的替代弹性 s_P，现有文献的取值大多介于 3～10，据此，取值为 6。娄峰（2016）通过构建扩展的双粘性菲利普斯曲线并基于中国 1999 年第一季度至 2015 年第二季度的数据进行实证研究后，发现中国企业整体的价格粘性为 0.422，故以此作为价格粘性 ξ_P 的取值。对于私人资本产出弹性 α，参照王胜等（2019）取值 0.5。对于公共资本的产出弹性 α_G，则借鉴饶晓辉和刘方（2014），取值 0.1。

财政部门参数的校准。需要校准的财政部门的参数为各类财政支出在产出中的占比、税率、债务产出比等稳态比例，校准方法为根据现实经济数据对参数稳态值进行计算。对于财政支出在产出中的占比，根据 2014～2018 年《中国统计年鉴》中的相关数据，本章计算了各大类财政支出占国内生产总值的平均比重作为其稳态值，消费性财政支出、生产性财政支出在产出中占比的稳态值分别取值为 17.34%、7.10%。

[①] 从社会计划者角度出发求导时，居民效用最大化问题不变，但预算约束改为产品市场出清条件，此时拉格朗日函数为：$E_0 \sum\limits_{t=0}^{\infty} \beta^t \left\{ \left[\dfrac{(C_t (G_t^C)^{s_G})^{1-\sigma}}{1-\sigma} - \dfrac{L_{n,t}^{1+\eta}}{1+\eta} \right] + \lambda' \left[Y_t - C_t - I_t - G_t^C - G_t^I - K_{t-1}^P (\chi_1 (u_t - 1) + \dfrac{\chi_2}{2}(u_t - 1)^2) \right] \right\}$，对上式求解得一阶条件为：关于消费的一阶条件：$s_G C_t^{-\sigma} (G_t^C)^{s_G(1-\sigma)} = \lambda'$，关于消费性财政支出的一阶条件：$s_G C_t^{1-\sigma} (G_t^C)^{s_G(1-\sigma)-1} = \lambda'$，两式相除得：$s_G C_t (G_t^C)^{-1} = 1 \Rightarrow s_G = \dfrac{G_t^C}{C_t}$。因此，可知参数 s_G 的含义为消费性财政支出占居民消费的比重。

对于税率稳态值，本章模型中的税收采用广义口径，使用中国 2014～2018 年的现实数据，对劳动收入税率 τ^L 进行估算并取平均值作为稳态值，从而将稳态下的劳动收入税率赋值为 14.86%。由于自 2008 年起，企业所得税的基本税率 τ^f 即调整为 25%，据此，对稳态下的企业所得税率取值 25%。关于债务产出比的稳态值，根据 2014～2018 年中央与地方债务余额在 GDP 中占比计算而得，取其平均值作为稳态值，即 37.51%。

二、贝叶斯估计

对于动态参数，采用贝叶斯方法予以估计，即先对参数的先验分布类型与先验均值进行假定，再基于经处理的观测变量的实际数据，通过 MCMC 方法进行随机抽样，并在此基础上得到各参数的后验均值。本章使用经处理的中国季度统计数据进行贝叶斯估计，时间跨度为 1996 年第一季度至 2019 年第四季度。根据模型中的变量设定及数据可得性，用于贝叶斯估计的观测变量包括产出、私人消费、私人投资、通货膨胀、利率。数据来源包括 Wind 数据库、中经网统计数据库及国家统计局网站。

各观测变量数据的选取及处理过程如下：对于通货膨胀率，采用消费者价格指数表示，并对其进行定基比处理。鉴于数据可得性与模型变量的设定形式，包含本息和形式的利率以银行间同业拆借市场 7 天加权利率的季度年化值加 1 表示。产出以国内生产总值表示，并根据通货膨胀率调整为实际值。对于私人投资，则以名义固定资产投资完成额减去名义预算内固定投资额表示，且根据通货膨胀率调整为实际值。私人消费以社会消费品零售总额表示，并根据定基比商品零售价格指数调整为实际值。由于上述观测变量的原始数据均为季度数据，为消除其中可能存在的季节性趋势，对数据进行 Census X12 去季节性趋势处理，并将去季性趋势后的数据取对数值，最后进行 HP 滤波处理，将其波动成分作为最终用于贝叶斯估计的观测数据。

对于动态参数的贝叶斯估计，参照现有大多数文献的通常做法，假设政策规则及冲击项中的一阶自回归系数的先验均值均为 0.8，先验标准差均为 0.1，由于一阶自回归系数的值在 [0，1] 区间内，故令其服从先验贝塔分布。对于价格型货币政策对通胀缺口的反应系数 $\psi_{R\pi}$ 和对产出缺口的反应系数 ψ_{RY}，参照王胜等（2019）的做法，将其先验均值分别设为 1.6 和 0.35。此外，参照王国静和田国强（2014）、卞志村和杨源源（2016），对各类财政政策对产出缺口的反应参数 $\{\psi_{GCY}, \psi_{GIY}, \psi_{\tau LY}, \psi_{\tau fY}\}$ 和对债务缺口的反应参数 $\{\psi_{GCB}, \psi_{GIB}, \psi_{\tau LB}, \psi_{\tau fB}\}$ 的先验均值与标准差进行设定，并令其服从伽马分布。同时，参照大部分现有文献的做法，令冲击项的标准差服从先验均值为0.01的逆伽马分布。

贝叶斯估计结果见表14-1，不难发现参数的后验均值及90%的后验置信区间均与先验均值存在些许差异，这说明贝叶斯估计结果较稳健，且观测变量中包含了较多关于待估参数真实值的信息。

表14-1 贝叶斯估计结果

参数	先验分布	先验均值	标准差	后验均值	90%置信区间
ρ_A	Beta	0.8	0.1	0.8654	[0.7740, 0.9342]
ρ_R	Beta	0.8	0.1	0.5018	[0.4666, 0.5370]
ρ_{GC}	Beta	0.8	0.1	0.8988	[0.8226, 0.9766]
ρ_{GI}	Beta	0.8	0.1	0.8889	[0.8514, 0.9259]
$\rho_{\tau L}$	Beta	0.8	0.1	0.7502	[0.6963, 0.8043]
$\rho_{\tau f}$	Beta	0.8	0.1	0.8407	[0.7931, 0.8890]
$\rho_{\tau n}$	Beta	0.8	0.1	0.9232	[0.8725, 0.9814]
ρ_{eR}	Beta	0.8	0.1	0.8898	[0.8649, 0.9161]
ρ_{eGC}	Beta	0.8	0.1	0.8631	[0.7995, 0.9246]
ρ_{eGI}	Beta	0.8	0.1	0.7402	[0.6922, 0.7976]
$\rho_{e\tau L}$	Beta	0.8	0.1	0.7829	[0.7547, 0.8158]
$\rho_{e\tau f}$	Beta	0.8	0.1	0.8185	[0.7688, 0.8726]
$\rho_{e\tau n}$	Beta	0.8	0.1	0.7644	[0.7120, 0.8329]
$\psi_{R\pi}$	Gamma	1.6	0.1	1.6334	[1.5526, 1.7201]
ψ_{RY}	Gamma	0.35	0.1	0.4262	[0.3642, 0.4900]
ψ_{GCY}	Gamma	0.6	0.2	0.5752	[0.3894, 0.7763]
ψ_{GIY}	Gamma	0.4	0.2	0.4171	[0.3064, 0.5149]
ψ_{GCB}	Gamma	0.3	0.2	0.0659	[0.0112, 0.1219]
ψ_{GIB}	Gamma	0.3	0.2	0.0726	[0.0141, 0.1325]
$\psi_{\tau LY}$	Gamma	0.5	0.25	0.3698	[0.1614, 0.5703]
$\psi_{\tau fY}$	Gamma	0.4	0.2	0.4366	[0.3166, 0.5495]
$\psi_{\tau LB}$	Gamma	0.4	0.2	0.0991	[0.0640, 0.1336]
$\psi_{\tau fB}$	Gamma	0.4	0.2	0.3118	[0.0862, 0.5401]

三、模型拟合效果评价

为了评价本章模型与中国实际经济的拟合效果，本部分基于上述参数校准与贝叶斯估计的结果，使用模型对1996年第一季度至2019年第四季度的产出、私人消费、私人投资、通货膨胀、利率五个变量进行提前一期的滤波估计，并将由滤波估计所得到的模拟值与该时期内变量的实际数据值进行了拟合对比，结果见图14-1。在图14-1中，实线表示提前一期的模型模拟值，虚线表示观测变量的实际值[①]，横轴为时间，若两者的变化趋势越接近，则说明模型对现实经济的拟合效果越佳，反之则反是。基于此，由图14-1可知，对所有观测变量而言，提前一期的模型模拟值的变化趋势均与实际值的变化趋势基本一致，两条曲线间的差异较小，故本章模型能够很好地解释与预测现实中的中国经济波动，拟合度较佳。此外，为更细致地比较模型对不同观测变量拟合效果的强弱，本章还列出了图14-1中观测变量实际值与模型模拟值之间差异的描述性统计，见表14-2。不难发现，实际值与模拟值差异的标准差与均值均较小，其中模型对现实经济中产出、利率、通货膨胀的匹配度与稳健性最佳，私人消费、私人投资拟合差异的标准差与均值虽略大，但也在可接受范围内。

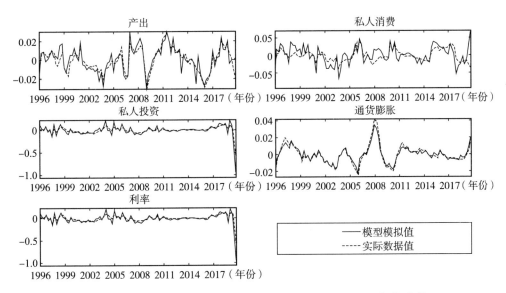

图14-1 观测变量实际值与提前1期的模型模拟值的比较

[①] 与上文贝叶斯估计中的处理方法相同，此处的观测变量实际值均进行了去季节性趋势与滤波处理。

表 14 - 2　观测变量实际值与提前 1 期模型模拟值之间差异的描述性统计

观测变量	差异的标准差	差异的均值
产出	0.0066	- 0.0004
私人消费	0.0223	- 0.0007
私人投资	0.0635	0.0040
通货膨胀	0.0027	0.0001
利率	0.0024	- 0.0000

第五节　不同财政政策工具实施效果模拟与货币政策锚选择

一、积极财政政策的短期宏观经济效应

首先，本章模拟了增加财政支出与减税降费两类积极财政政策对宏观经济变量的影响，从而基于短期视角探讨各类财政政策的宏观经济效果及其差异。此处分别以大小为 1% 的正向财政支出冲击与负向税收与非税收入冲击刻画增支政策与减税降费政策，宏观经济变量对各类财政冲击的脉冲响应见图 14 - 2 和图 14 - 3。

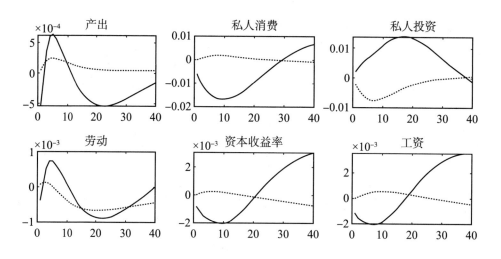

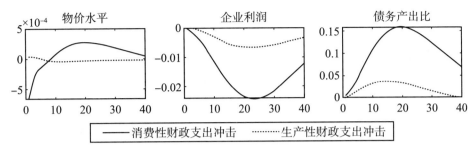

图 14-2　宏观经济变量对大小为 1% 的增支与减税冲击的脉冲响应

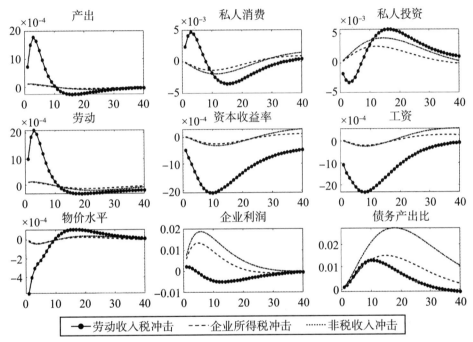

图 14-3　宏观经济变量对大小为 1% 的减税降费冲击的脉冲响应

（一）增支政策的短期宏观经济效应

由图 14-2 可知，增加消费性与生产性财政支出的政策总体上都对宏观经济产生了一定的积极作用，但两类积极的支出政策也带来了债务产出比攀升等不利影响。导致两类增支政策宏观经济效应的作用机制是：（1）根据模型设定，由于消费性财政支出与私人消费间存在一定的替代弹性，在期初积极的消费性财政支出对私人消费产生了显著的"挤出"效应，且根据产品生产出清条件式（14.28），消费与投资共同作用于总产出，故此时产出呈先减后增的特征，受产出扩张的拉动，在第 30 期后，积极的消费性财政支出对私人消费的效应即由

"挤出"转为"挤入";(2)类似地,由于生产性财政支出增加引致的替代效应亦大于收入效应,故在一定程度上"挤出"了私人投资,对于此,张勇和古明明(2011)的研究也支撑了该结论,即由于片面追求 GDP 扩张,以生产性财政支出为代表的公共投资的增加挤占了私人部门有限的资本来源渠道,进而对私人投资产生不利影响;(3)由于生产性财政支出主要投资于基础设施建设等领域,投资规模巨大,对劳动、公共资本等生产要素的拉动作用显著,故其导致了产出的扩张,且劳动需求与资本需求的增加导致工资与资本收益率的上涨,进而引发物价水平持续上涨。相比之下,消费性财政支出对物价水平的影响则呈现先减后增的趋势;(4)由于财政支出的资金主要源于税收与政府债务,因而各类财政支出的增加均在一定程度上推高了政府负债,且政府负债增幅大于产出增幅,故两类积极的财政支出政策均导致债务产出比的上升。

基于上述分析,在现阶段,积极的消费性财政支出政策对宏观经济的短期效果强于生产性财政支出,这也说明了现阶段我国经济增长更加依赖消费需求驱动,生产与投资需求对经济的拉动作用则相对减弱。

(二) 减税降费政策的短期宏观经济效应

图 14-3 模拟了宏观变量对大小为 1%的减税降费冲击的脉冲响应变化趋势。由图 14-3 可知,三类减税降费政策均对宏观经济产生了一定的刺激作用,且以降低劳动收入税率的刺激作用为最。相较于增支政策[①],减税政策的宏观经济效应具有以下特征:(1)三类减税降费政策均显著刺激了产出的扩张,进而带动了劳动就业的增加,且降低劳动收入税率政策对产出与劳动的刺激作用远大于另两类减税降费政策。(2)相较于增支政策,三类减税降费政策仅在个别时期对私人消费与私人投资有微弱的"挤出"效应,但总体上以"挤入"效应为主。(3)与增支政策会引起小幅通货膨胀的结果有所不同,负向的减税降费冲击将带来一定程度的通货紧缩。其原因在于减税导致了生产要素价格的下降,降低了厂商的商品生产成本,引致整体物价下降,从而导致成本引致型的通货紧缩。(4)减税降费明显减轻了企业等微观主体的负担,进而增强了其盈利能力,导致企业利润的上升。(5)三类减税降费政策均导致了财政收入来源的减少,根据财政部门预算平衡式,此时政府不得不通过增发债务来融资,因而与增支政策类似,减税降费政策也同样推动了债务产出比的攀升。

综上,与增支政策的宏观经济效应相比较,减税政策在刺激产出、劳动就业的同时,所引致的负面效应较小,故当前结构性财政政策的发力应以减税降费为

---

① 对比图 16-2 和图 16-3 中的纵轴数值,即可比较增支与减税政策对各宏观经济变量影响的强弱。

主，尤其应侧重对劳动要素与居民工资收入的减税。

二、积极财政政策的长期效果与货币政策锚的选择

上文分析基于短期视角探讨了积极财政政策的刺激作用，但从理论上讲，部分积极财政政策的短期刺激效果往往是以长期经济波动加剧为代价的，且财政刺激政策一旦持续时间过长也可能导致其长期效果受到削弱。另外，在长期，由于财政政策空间有限，故有必要考察单位财政投入对宏观变量的长期带动作用，从而在长期充分优化与利用有限的财政资源。基于上述原因，此处从长期乘数效用与长期福利损失两个角度来比较积极财政政策的长期政策效果。

首先，基于各类积极财政政策工具对产出、私人消费、私人投资的长期乘数效应来比较政策的长期刺激效果。借鉴张开和龚六堂（2018）的研究，根据贴现率对宏观变量与财政政策工具在各期相较于稳态值的偏离进行加权加总处理，从而基于两者的比值将积极财政政策工具的长期乘数设为以下形式：

财政支出政策长期乘数：

$$\frac{\Delta f_i}{\Delta G_i} = \frac{E\sum_{j=0}^{k}(1+R)^{-j}\Delta f_{i,k}}{E\sum_{j=0}^{k}(1+R)^{-j}\Delta G_{i,k}} \tag{14.29}$$

税收政策长期乘数：

$$\frac{\Delta f_i}{\Delta T_i} = \frac{E\sum_{j=0}^{k}(1+R)^{-j}\Delta f_{i,k}}{E\sum_{j=0}^{k}(1+R)^{-j}\Delta T_{i,k}} \tag{14.30}$$

在式（14.29）、式（14.30）中，Δ 表示各变量相对于稳态值的偏离水平，f 代表所要考察的宏观经济变量，$f \in \{Y, C, I\}$。G、T 分别表示增支与减税降费规模，$G \in \{G^c, G^f\}$，$T \in \{T^l, T^f, T^n\}$，$(1+R)^{-j}$ 为贴现因子。基于上述方法，经过模拟，表14-3展示了积极财政政策工具长期乘数效应，若乘数值为正，则该政策对宏观变量具有长期促进作用，反之则反是。

表14-3　　　　　　　积极财政政策工具长期乘数效应比较

政策类型	产出长期乘数	私人消费长期乘数	私人投资长期乘数
增加消费性财政支出	-0.0140	-0.5674	0.7159
增加生产性财政支出	0.0131	0.0445	-0.3807

395

政策类型	产出长期乘数	私人消费长期乘数	私人投资长期乘数
降低劳动收入税率	0.0276	− 0.1107	0.4249
降低企业所得税率	− 0.0034	− 0.1093	0.5349
降低非税收入	− 0.0016	− 0.0397	0.1913

由表 14 - 3 可知，与积极财政政策在短期对产出以正向刺激为主有所不同的是，财政工具对产出的长期乘数效应大多为负，相较而言，劳动收入税对产出的长期刺激效果仍然最佳，但增支政策的效果却与短期情形下的结论有所不同，即在长期，增加消费性财政支出对产出的效应转负，而增加生产性财政支出仍对产出具有积极作用，结合上文结论，这可能与消费性财政支出对经济的扰动程度过大有关，持续实施该政策对私人消费的长期"挤出"效应突出，导致总需求过度依赖财政刺激，侵蚀了经济的长期活力，进而对经济长远发展不利。而就对私人消费的长期乘数效应而言，仅增加生产性财政支出政策有利于私人消费的长期提振，而其他政策工具在长期均对私人消费造成了程度不一的拖累。相比之下，除增加生产性财政支出政策在长期"挤出"了私人投资外，其他各类财政政策均在长期显著促进了私人投资的提升。综上，增加生产性财政支出与降低劳动收入税率的长期效果最佳。在长期，积极财政政策总体上对私人投资的促进作用相对较好，对产出的刺激作用不及短期情形，而对私人消费则以"挤出"效应为主。

基于上文结论，财政政策的长期刺激效果总体不及短期。究其原因，可能在于积极财政政策的实施在长期会加剧经济波动，抵消短期刺激效果。进一步地，结合当前中央宏观经济目标，与短期聚焦"稳增长"目标有所不同的是，在长期，宏观经济政策也需注重风险的防控。因此，仅从乘数效应视角考察积极财政政策长期的"稳增长""稳投资"效果仍有局限性，在长期要警惕因财政政策持续刺激带来的产出与通胀波动及相关长期福利损失。基于此，此处以长期福利损失为判断标准，考察为熨平积极财政政策引致的福利损失，稳健货币政策下预调微调的货币政策锚选择问题。在方法上，根据相关学者（Prasad and Zhang，2015；卞学字等，2020）的研究，宏观经济变量二阶矩构建的福利损失函数可以体现出长期福利损益的变化，因此，本章以当期效用对稳态效用相对偏离程度的贴现值构建长期福利损失函数，并参照加利（Gali，2008）的方法，推导后得到平均福利损失函数的最终形式为：

$$Loss = \frac{1}{2} \left[\left(\frac{1+\eta}{1-\alpha} \right) \mathrm{var}(Y_t) + \frac{s_P \xi_P (1-\alpha+\alpha s_P)}{(1-\xi_P)(1-\beta \xi_P)(1-\alpha)} \mathrm{var}(\pi_t) \right.$$

$$\left. + \frac{s_W \xi_W (1-\alpha)(1+\eta s_W)}{(1-\xi_W)(1-\beta \xi_W)} \mathrm{var}(\pi_t^W) \right] \tag{14.31}$$

由式（14.31）可知，平均社会福利损失与产出方差、价格通胀方差、工资通胀方差成正比，且随着异质性中间品替代弹性、价格粘性、异质性劳动替代弹性、工资粘性的增大，正相关关系将进一步增强。这表明经济中粘性的存在导致价格与工资的离散，进而降低了资源配置效率，放大了福利损失。鉴于此，下文将从平均社会福利损失函数入手，模拟货币政策锚的选择对增支与减税政策所引致的福利损益的影响，以期更全面地比较各类政策的效果。

首先，本章模拟了在模型中各参数取贝叶斯估计所赋数值的基准情形下，大小为1%的增支政策与减税降费政策所带来的福利损失。结果见表14-4。福利损失统计量的单位为1×10^{-2}。由表14-4可知，增加消费性财政支出与降低劳动收入税率政策所带来的福利损失相对较大。由前文模拟可知，增加消费性财政支出的短期效果较突出，而降低劳动收入税率的短期与长期效果均显著，故刺激效果越强的财政政策给产出、价格通胀、工资通胀造成的波动亦较大，从而增大了长期福利损失。相比之下，降低企业所得税率与非税收入的政策所引致的福利损失则较小，这也进一步印证了前文模拟部分得出的这三类政策效果温和的结论。

表14-4　　基准情形下，各类积极的财政冲击引致的福利损失

冲击类型	正向的消费性财政支出冲击	正向的生产性财政支出冲击	负向的劳动收入税冲击	负向的企业所得税冲击	负向的非税收入冲击
福利损失（%）	-0.2431	-0.0053	-0.3265	-0.0024	-0.0032

由于当前我国货币政策调控框架逐步由数量型过渡到以价格型调控为主，有鉴于此，本章模型中以泰勒规则来刻画我国的货币政策调控范式，在该范式下的货币政策微调中，锚的选择主要取决于中央银行对物价稳定和经济增长两个目标的关注程度的不同，在模型中则表现为通胀缺口与产出缺口的反应参数$\psi_{R\pi}$、ψ_{RY}的大小变化。基于上述缘由，下面考察了当货币政策调整围绕物价稳定与经济增长进行锚的选择时，各类积极财政政策所引致的长期福利损失有何变化，模拟结果见图14-4。其中，坐标横轴刻画了货币政策对通胀缺口与产出缺口的反应参数$\psi_{R\pi}$、ψ_{RY}从0到2的连续变化，纵轴则表示各类财政冲击所引致的长期福利损失值；实线与虚线分别模拟了当货币政策对通胀缺口与产出缺口的反应参数变化时，大小为1%的积极财政政策冲击所导致的福利损失变化趋势。根据图14-4，当货币政策对通胀缺口的反应参数增大，即货币政策微调倾向于以物价稳定为锚时，可以显著减轻此处所考察的五类积极财政政策所引致的长期福利损失，但是，随着货币政策对通胀缺口反应参数的持续增大，其减轻长期福利损失的效果

亦呈现边际递减趋势。相比之下，当货币政策调整转为锚定经济增长目标时，其仅在面临生产性财政支出冲击时能够显著减轻长期福利损失，而在其他四类积极财政政策冲击的情形下，其缓解积极财政政策所引致福利损失的效果总体不彰。因此，在长期，货币政策应更加注重锚定物价稳定目标，维持币值的长期稳定，从而吸收因积极财政政策导致的经济波动以及其长期福利损失。

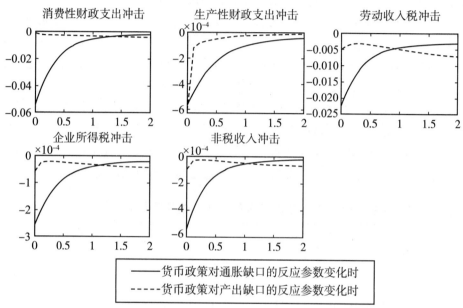

**图14-4 货币政策反应参数变化时，大小为1%的积极的财政冲击
冲击引致的福利损失变化**

第六节 本章小结与政策含义

基于供给侧结构性改革背景下中国财政政策实践，本章试图构建一个包含两类家庭、劳动中介、厂商、中央银行、财政部门的新凯恩斯动态随机一般均衡模型，通过参数校准和模拟分析，考察了不同结构性财政支出政策和减税政策对经济增长、劳动就业、政府债务等宏观经济变量的影响。同时，考虑到财政政策的实施可能带来的宏观经济波动和社会福利损失，进一步分析了不同货币政策目标偏好下各类财政政策的宏观经济效果，以探讨积极财政政策下的货币政策协调问题。研究表明：第一，在宏观调控旨在实现"六稳"目标的过程中，无论是增加政府支出政策还是减税降费政策，其对宏观经济均具有正向促进作用。具体而

言，增加消费性财政支出与降低劳动收入税率政策的短期经济刺激效果最显著，而增加生产性财政支出的长期乘数效应更为显著。相比之下，降低企业所得税率与非税收入的政策效果相对温和。第二，尽管积极财政政策具有良好的"稳增长"的效果，但刺激效果越突出的财政政策也更易推高债务产出比，从而加剧经济波动并带来长期福利损失。第三，积极财政政策的实施时间一旦过长，其长期效果将受削弱并对宏观经济产生不利影响，加剧长期经济波动，故为减轻积极财政政策引致的福利损失，在长期，稳健的货币政策在微调过程中应以物价稳定为锚。

因此，为保障供给侧结构性改革的顺利推进，在积极的结构性财政政策与稳健的货币政策组合既定的背景下，发挥更加积极的财政政策和稳健的货币政策应做好以下几点：第一，在支出端，基于稳增长和稳就业的需要，当前应增加政府购买与转移性支出，兜底"以国内大循环为主，国内国际双循环相互促进"新格局下的社会总需求。同时，在长期仍应重视生产性财政支出对宏观经济行稳致远的强本固基作用，但鉴于在新常态下，传统基础设施建设面临边际效益递减的困境，故生产性财政支出政策的实施重点需转向以5G、大数据为代表的"新基建"与短板领域。第二，在收入端，要更加注重对个人或家庭部门劳动收入的税收减免力度，进一步加强个人所得税减免工作，增加居民的可获得感，使微观经济主体轻装上阵。第三，在宏观经济趋稳后，积极的财政政策应有序退出，以免财政刺激力度过犹不及，加剧长期经济波动。为防范积极财政政策引致的长期福利损失，稳健的货币政策在微调中应以物价稳定为锚，避免货币政策在多重目标间难以取舍的困境，将币值波动维持在合理区间。

本 章 附 录

为考察模型模拟结果的稳健性，本章对模型中部分参数的取值进行了敏感性检验，以考察不同的参数取值对模拟结果的潜在影响。模型中可替换的参数有：劳动跨期供给弹性的倒数 η、异质性劳动间的替代弹性 s_w、异质性中间品间的替代弹性 s_p。其中，将 η 的取值由 1.5 替换为 2（侯成琪等，2018），将 s_w 的取值由 1.5 替换为 2（Zhang，2009），将 s_p 的取值由 6 替换为 4.61（Zhang，2009）。对替换参数值后的模型，图 A14-1 至图 A14-5 模拟了主要宏观经济变量面临各类增支与减税冲击时的脉冲响应情况，并与基准情形下的脉冲响应形状进行了对比。不难发现，替换参数值后的模型模拟结果与基准情形下的模拟结果差异较小，脉冲响应曲线的方向与变化趋势基本一致，故本章中的模型模拟结果是稳健的。

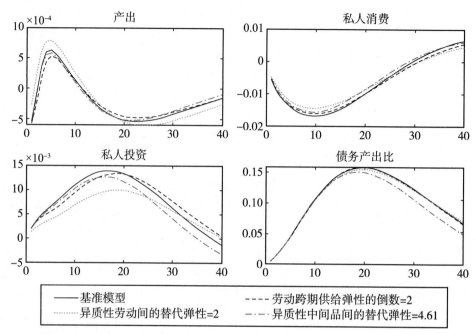

图 A14-1　宏观经济变量对大小为1%的正向消费性财政支出冲击的脉冲响应

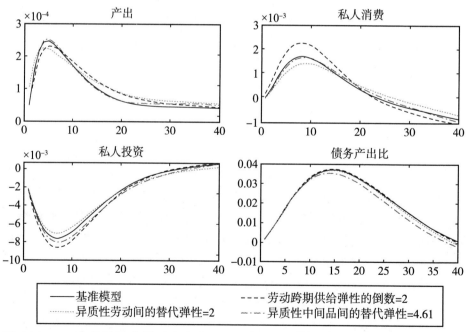

图 A14-2　宏观经济变量对大小为1%的正向生产性财政支出冲击的脉冲响应

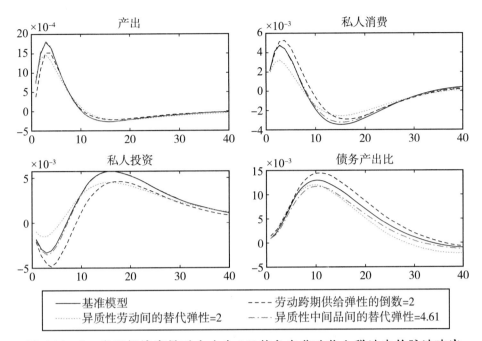

图 A14－3　宏观经济变量对大小为 1％的负向劳动收入税冲击的脉冲响应

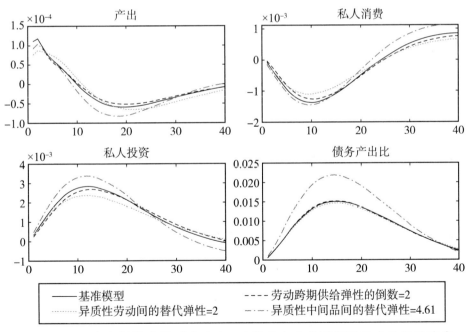

图 A14－4　宏观经济变量对大小为 1％的负向企业所得税冲击的脉冲响应

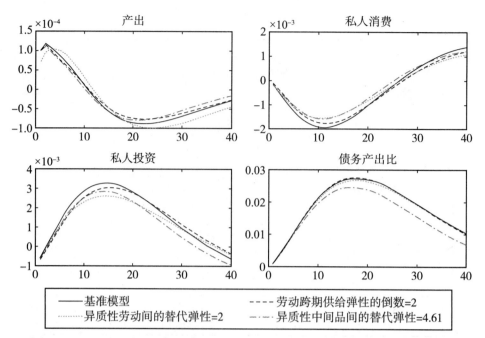

图 A14 – 5　宏观经济变量对大小为 1% 的负向非税收入冲击的脉冲响应

第十五章

"双循环"视角下应对美联储加息冲击的财政货币政策组合

第一节 美联储加息冲击与"双循环"新发展格局构建

　　自 2020 年以来，为应对新冠肺炎疫情全球暴发对美国和全球经济金融市场的冲击，美联储改变了自 2015 年底以来实施的退出非常规货币政策的态度，开启无限量量化宽松模式，采取广泛新措施（extensive new measures）来稳定金融市场和促进经济复苏。相关措施包括紧急下调联邦基金利率、大规模资产购买计划等。美联储实施的无限量量化宽松政策有效缓解了疫情引发的市场流动性短缺带来的恐慌性抛售，稳定了金融市场，为美国经济复苏提供了宽松的金融环境。随着新冠疫苗研发、投产和接种人数的增加，美国经济复苏的态势趋稳。但是，疫情暴发以来释放的天量流动性远超实体经济流动性需求，同时在美国联邦政府大规模财政刺激政策引导下美国国内总需求持续走强，叠加大宗商品供需结构失衡因素，下游价格水平持续上升，美国国内出现了明显的通货膨胀，导致市场对美联储加息预期不断上升。尽管 2021 年 6 月 17 日的美联储议息会议决定维持当前利率水平同时承诺继续开展资产购买计划，但是美联储发布的点阵图[①]显示

---

　　① 美联储发布的点阵图显示的是每次美联储议息会议期间，每个参会委员对未来两年和更长期利率变动的预测分布。横轴代表时间，纵轴代表联邦基金利率区间。实心圆点代表各个委员做出的未来利率变化预测。

（见图 15 - 1），美联储加息可能提前，加息预期越发强烈①。

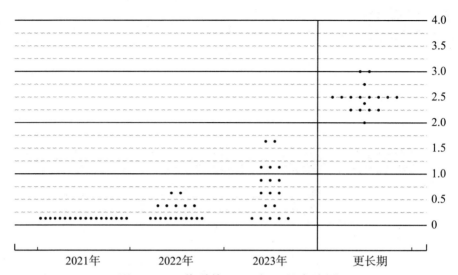

图 15 - 1　美联储 2021 年 6 月点阵图

资料来源：美国联邦储备系统。

美国在全球经济中的地位以及美元作为全球各国主要储备货币的特殊性使得美元加息势必对全球金融市场和各国经济带来冲击。在美联储实施了无限量的货币宽松政策、全球美元流动性泛滥的现实背景下，美联储加息会导致国际金融市场短期美元资本回流，推高美元资产的价值和本已过热的美国资本市场的价格，提升美元资产的收益率和促使美元升值。国际短期资本回流美国，势必引起新兴市场国家资本市场的资产价格下跌和货币贬值，进而对新兴市场国家经济带来不利影响。历史上，美联储每次加息带来的全球新兴市场资产价格的波动也充分说明了这一点。

作为世界第二大经济体，在应对新冠肺炎疫情冲击的过程中，我国政府坚持以人民为中心的思想和理念，在有效控制疫情的基础上，明确提出了"六保""六稳"的宏观调控目标，并采取了一系列有效政策和措施，确保宏观经济在较短的时间内得到恢复和快速发展。与此同时，面对全球疫情冲击和中美贸易摩擦带来的全球产业链重构这一不确定性，我国提出了推进经济高质量发展，加快形成以国内大循环为主体、国内国际双循环相互促进的新发展格局的战略部署。因此，在当前我国积极推进经济高质量发展、加快构建"双循环"发展格局的背景

---

① 在本书编辑的过程中，面对国内高通胀带来的压力和俄乌冲突带来的国际能源价格上涨，美联储已分别于 2022 年 3 月、5 月、6 月和 7 月宣布将联邦基金利率上调 25、50、75 和 75 个基点，开启了美元快速加息的周期。

下，未雨绸缪地客观评估美联储预期实施的新一轮加息政策对我国宏观经济金融的溢出效应以及我国可能采取的长短期应对政策的效果，并在此基础上提出有效的应对举措，不仅具有重要的学术价值，也能为宏观经济决策部门制定应对政策提供客观依据。

基于上述目标，本章立足于中国经济现实，构建包含金融摩擦和跨境资本流动的小型开放经济 DSGE 模型，通过参数校准和模拟分析，考察美联储加息冲击对中国宏观经济的影响，从长短期两个视角分析中国应对美联储加息冲击的宏观调控政策效果，在此基础上，提出相应的政策建议。就短期视角而言，本章立足于当前我国实施的积极财政政策和稳健货币政策的总基调，分析了美联储加息冲击下不同财政货币政策取向下的政策应对效果。财政政策方面，将积极的财政政策分为支出型财政政策和减税型财政政策两类；而在货币政策方面，一般而言，在面对主要储备货币国中央银行加息冲击时，新兴市场国家中央银行货币政策可能会面临稳产出和国内币值、稳汇率以及稳国际收支平衡（减少短期资本外流）的三难选择，因此，本章将应对美联储加息的国内货币政策取向分为"稳产出和稳物价"（稳通胀）、"稳汇率"以及"稳国际收支"三种类型，分别考察其应对效果。从长期来看，随着"双循环"格局的加快形成，我国经济发展中内需占比将逐步上升，对外开放的程度也将进一步提高。因此，本章在短期政策效果分析的基础上，以经济发展中内需占比上升和对外开放程度加大为前提，进一步分析了上述不同财政政策和货币政策取向的效果。

本章分析的结果表明，从当前来看，美联储加息冲击可能引发短期资本外流、资产价格下跌、银行信贷利差扩大和企业投资意愿下降，进而导致国内消费、投资和产出等宏观经济变量的收缩。但随着"双循环"新发展格局的推进和形成，美联储加息冲击对我国宏观经济的影响将有所减轻。无论是从短期还是从长期的视角来看，"减税型"的积极财政政策和"稳产出、稳物价"的货币政策在应对美联储加息冲击的不利影响时都具有较好的对冲效果。

第二节　相关文献综述

一、美元加息的溢出效应

基于美元在全球货币体系中的独特地位和作用，现有文献从不同的角度考察和分析了美联储货币政策调整对全球其他国家，特别是新兴市场国家经济、金融市场产生的溢出效应（Mackowiak，2007；Kazi et al.，2013；Ammer et al.，2010）。其中，股票市场（Syed et al.，2019；Lu et al.，2014）、房地产市场（Ho et al.，2018）和信贷市场（Bruno，2015；Tran and Pham，2020）的溢出效应分析尤为受到关注。但是，上述研究大多利用 VAR 系列方法研究了美联储货币政策变动的溢出效应，并没有对其传播途径进行分析。为此部分学者通过建立开放经济动态随机一般均衡模型，研究美联储货币政策的跨国传导路径（Gali and Monaceli，2005；Kimura，2013；Kollmann et al.，2016）。在借鉴国外学者研究方法的基础上，国内学者通过构建小型开放经济的 DSGE 模型或两国 DSGE 模型，研究了美联储货币政策变动对中国溢出效应的传导机制，发现金融加速器机制和资本流动在其中扮演了重要角色。袁申国等（2011）采用似然比检验和数值模拟结果证明了开放经济中金融加速器的存在性。而康立和龚六堂（2014）发现，金融摩擦机制显著放大了外部冲击经由贸易部门传播至非贸易部门的效果。肖卫国等（2016）的研究表明，资本账户开放程度对外部冲击的效果有着显著影响。相关文献表明，资本账户开放的情形下，外部冲击将引起资本的流动，造成本国资产价格波动，而在金融摩擦产生的加速机制作用下，经济主体的资产负债状况（主要是企业净值、抵押品价值和银行净值）将影响信贷市场定价行为，从而将冲击扩大至整个宏观经济，因此国内大多文献强调了跨境资本流动和金融摩擦机制在外部冲击传导过程中的重要作用（李力等，2016；何国华和李洁，2017；张泽华和周闯，2019；郝大鹏等，2020；王胜等，2019）。总体而言，现有文献在考虑抵押约束机制和银行激励约束机制两类金融摩擦以及资本流动的框架中研究了美联储货币政策对我国经济的溢出效应，但资本自由流动引发资产价格波动，进而通过企业外部融资溢价机制产生加速效应的情形仍然有待研究。外部融资溢价机制中企业资产负债状况会影响其融资溢价，而企业外部融资溢价又反馈于企业债务成本，进而影响企业净值积累，形成正向反馈机制。相对于抵押约束机制这种数量型金融摩擦，融资溢价机制这类价格型金融摩擦更适合刻画美联储加息冲击在国内经济中的传导路径。因此，本章重点考察跨境资本流动以及企业外部融资溢价在美联储加息冲击对中国经济影响中的作用机制。

二、应对美联储加息政策冲击的国内宏观调控政策效果

在应对外部冲击时，短期内需求管理政策可以通过影响家庭消费需求和企业投资需求来降低外部冲击的溢出效应。国内现有部分研究关注了短期货币政策的

调控效果，如张杰平（2012）、金中夏和洪浩（2013）、邓贵川和谢丹阳（2020）等；部分研究考察了财政政策在应对外部冲击时的有效性，如朱军（2013）、张开和龚六堂（2018）、高慧清和张碧琼（2020）等；也有部分文献分析了开放经济环境下财政政策与货币政策的协调效应，如马勇和陈雨露（2014）、朱军（2016）、孙立新（2016）等。但是相关文献未能突出反映当前我国货币政策"六保""六稳"的基本取向，同时对当前美联储加息时国内财政货币政策的选择应对未能做出应有的分析。此外，从长期视角来看，"双循环"新发展格局将使我国经济发展的格局和经济结构发生根本性的变化，内需在国内经济增长中的贡献将进一步上升，对外开放的广度和深度将进一步提高，在此背景下，短期内应对美联储加息的财政货币政策措施其效果在长期也有可能发生变化。

现有研究为探讨美联储加息冲击对中国经济的影响及其应对政策效果的分析奠定了重要的基础。但前述表明，面对全球新冠肺炎疫情冲击尚未结束、中美贸易摩擦带来的外部不确定性以及中国加快形成"双循环"经济发展新格局的现实，美联储加息冲击对中国经济金融体系影响的研究尚有许多值得进一步拓展和深化之处。因此，本章力图实现以下几个方面的创新：第一，以往学者研究美联储货币政策变动对中国经济的溢出效应时，对国内金融摩擦的刻画大多基于抵押约束机制和银行激励约束机制，忽视了企业外部融资溢价机制这类价格型金融摩擦在外部利率冲击传播过程中的重要作用，因此本章将企业外部融资溢价机制和跨境资本流动引入小型开放经济 DSGE 模型之中，丰富了已有文献对于外部冲击对国内经济的溢出效应及传导机制的认识；第二，现有文献在探讨应对外部冲击时大多关注短期财政货币政策对总需求的调节作用，本章结合我国宏观政策实践和经济发展战略，检验了当前"六保""六稳"宏观调控政策总目标下，两类不同财政政策取向和三类不同货币政策取向应对美联储加息政策冲击的效果。与此同时，本章以前瞻性的视角研究了"双循环"新发展格局下不同财政货币政策取向的长期效果。

第三节　基于金融加速器的小国开放 DSGE 模型设定

借鉴加利和莫纳切利（Gali and Monacelli，2005），本章将伯南克等（Bernanke et al.，1999）中的金融加速器机制引入小国开放经济环境的新凯恩斯 DSGE 模型中。模型刻画的经济环境为：本国家庭消费本国商品和国外商品，并持有国外金融资产。国内厂商生产的商品同时出售给本国家庭和国外家庭。

此外，国内企业还受到金融摩擦的约束，企业外部融资溢价受其自身经营状况的影响，由此产生金融加速器机制，将放大国外利率调整对国内经济的溢出效应。

一、家庭部门

家庭部门由无限期存活的同质代表性个体构成，通过选择消费 C_t 和提供劳动 L_t 实现效用最大化：

$$\max_{C_t, L_t} E_t \sum_{j=0}^{\infty} \beta^j \left[\frac{(C_{t+j} - bC_{t+j-1})^{1-\phi_c}}{1-\phi_c} - \chi \frac{L_{t+j}^{1+\phi_l}}{1+\phi_l} \right] \tag{15.1}$$

其中，E_t 为期望算子；β 为跨期贴现因子；参数 b 衡量家庭消费惯性；ϕ_c 为家庭消费跨期替代弹性倒数；参数 χ 为劳动效用参数，ϕ_l 为劳动供给弹性的倒数。假设家庭消费篮子 C_t 由国内商品消费 $C_{H,t}$ 和国外商品消费 $C_{F,t}$ 以 CES 函数形式复合构成：

$$C_t = \left[\gamma^{\frac{1}{\eta}} C_{H,t}^{\frac{\eta-1}{\eta}} + (1-\gamma)^{\frac{1}{\eta}} C_{F,t}^{\frac{\eta-1}{\eta}} \right]^{\frac{\eta}{\eta-1}} \tag{15.2}$$

其中 γ 表示国内商品在本国家庭消费品篮子中的比重，衡量了家庭消费中内需的比重。一方面，在既定的外部需求水平下 γ 越大表示国内生产部门面临的内部消费需求占比越高，内需潜力释放得越充分，对经济的拉动能力越强；另一方面，从经济循环的角度出发，γ 越大表明国内市场对进口产品需求越小，国内市场体系的完整性和自主性越强，因此 γ 可以在一定程度上反映中国国内经济大循环战略的发展进程。η 为本国产品与国外产品的替代弹性系数。家庭在既定的消费预算约束 Z_t 下选择本国商品和外国商品最优消费数量：

$$\max \quad C_t$$
$$s.t. \ P_{Ht} C_{H,t} + P_{Ft} C_{F,t} = Z_t \tag{15.3}$$

其中 P_{Ht} 为本国商品的本币价格，P_{Ft} 为外国商品的本币价格。根据一价定律，进口商品价格可表示为外国价格水平与名义汇率的乘积 $P_{Ft} = e_t P_t^*$，e_t 为直接标价法下的名义汇率，P_t^* 为外币计价的国外商品消费物价指数（CPI），简单起见假定其为常数。求解上述最优化问题可得本国商品和国外商品的需求函数分别为：$C_{Ft} = (1-\gamma) C_t \left(\frac{P_{Ft}}{P_t} \right)^{-\eta}$ 和 $C_{Ht} = \gamma C_t \left(\frac{P_{Ht}}{P_t} \right)^{-\eta}$。其中 $P_t = [(1-\gamma) P_{Ht}^{1-\eta} + \gamma P_{Ft}^{1-\eta}]^{\frac{1}{1-\eta}}$ 为本国总体价格水平（CPI）。据此可得实际汇率为 $rer_t = \frac{P_{Ft}}{P_t} = e_t \frac{P_t^*}{P_t}$。

实际汇率的变动率满足：

$$\frac{rer_t}{rer_{t-1}} = \frac{e_t}{e_{t-1}} \frac{\pi_t^*}{\pi_t} \tag{15.4}$$

简单起见，假定国外通胀水平 π^* 恒为1。同时由式（15.2）可得实际汇率与本国 CPI 之间满足：

$$1 = \left[(1-\gamma)p_{Ht}^{1-\eta} + \gamma rer_t^{1-\eta} \right]^{\frac{1}{1-\eta}} \tag{15.5}$$

家庭的预算约束条件为：

$$C_t + d_t + rer_t b_t^f + t_t = w_t L_t + rer_t r_{t-1}^f b_{t-1}^f + R_{t-1} d_{t-1}/\pi_t - \frac{\kappa_b rer_t (b_t^f - b^f)^2}{2} + \varXi_t \tag{15.6}$$

其中 d_t 代表存款，以名义存款利率 R_t 获得利息收入，t_t 为家庭部门税务，w_t 代表实际工资水平，$\varXi_t$ 代表家庭从厂商获得的分红。b_t^f 为家庭持有的国外资产，r_t^f 为国外资产收益率。rer_t 为实际汇率，$\dfrac{\kappa_b rer_t (b_t^f - b^f)^2}{2}$ 代表家庭持有国外资产的成本，刻画了对资本外流的管制，而参数 κ_b 衡量了资本管制的强度。在式（15.6）预算约束下，构建拉格朗日函数可求解得到家庭效用式（15.1）最大化的一阶条件：

$$\lambda_t = E_t \left[\xi_t^c (C_t - bC_{t-1})^{-\phi_c} - \beta b \xi_{t+1}^c (C_{t+1} - bC_t)^{-\phi_c} \right] \tag{15.7}$$

$$1 = E_t \left[\beta \varLambda_{t,t+1} R_{t+1}/\pi_{t+1} \right] \tag{15.8}$$

$$1 = E_t \left[\beta \varLambda_{t,t+1} r_{t+1}^f \frac{rer_{t+1}}{rer_t} \right] - \kappa_b (b_t^f - b^f) \tag{15.9}$$

$$\chi L_t^{\phi_l} = \lambda_t w_t \tag{15.10}$$

其中 λ_t 表示跨期预算约束的拉格朗日乘子，定义随机跨期贴现率 $\varLambda_{t,t+j} = \dfrac{\lambda_{t+j}}{\lambda_t}$，$\pi_t$ 为通货膨胀率。

二、本国生产部门

生产部门包括中间产品生产商、企业家、最终品厂商、零售品厂商和资本品厂商。其中企业家负责利用自有资本和银行信贷为生产资本融资，中间产品生产商负责利用劳动和资本进行生产，得到的中间品出售给零售品厂商，由后者进行包装、定价和出售。资本品厂商从企业家处购买折旧资本，与新增投资重新包装后将资本出售给企业家。

（一）中间产品生产商

在垄断竞争市场上，代表性中间品厂商 f 的生产部门雇佣劳动 $L_t(f)$，利用

资本生产 $K_t(f)$ 商品，生产函数为：

$$Y_{Ht}(f) = A_t K_t^{\alpha}(f) L_t^{1-\alpha}(f) \tag{15.11}$$

其中，A_t 代表全要素生产率。假定企业部门向政府缴纳的企业所得税税率为 τ_t，则代表性企业的最优化问题为：

$$\max_{L_t, K_t}(1-\tau_t) Y_{Ht}(f) - [w_t L_t(f) + r_t^k K_t(f)] \tag{15.12}$$

求导可得劳动和资本的边际成本为：

$$w_t = mc_t(1-\tau_t)(1-\alpha) A_t(K_t(f))^{\alpha} L_t^{-\alpha}(f) \tag{15.13}$$

$$r_t^k = mc_t(1-\tau_t)\alpha A_t(K_t(f))^{\alpha-1} L_t^{1-\alpha}(f) \tag{15.14}$$

其中生产厂商的边际生产成本为：$mc_t = A_t^{-1}\left(\dfrac{w_t}{(1-\alpha)}\right)^{1-\alpha}\left(\dfrac{r_t^k}{\alpha}\right)^{\alpha}$。

（二）企业家

企业家为向资本厂商购买生产资本，除了利用自有资本外还需要向银行贷款。企业信贷规模为 $S_t = Q_t K_t - N_t^f$。企业家持有资本的总收益率包括生产所得收益与资本增值两部分：$R_t^e = \dfrac{r_t^k + Q_{t+1}[(1-\delta)]}{Q_t}$。借鉴克里斯滕森和迪卜（2008）关于企业家和商业银行的假定，商业银行对贷款的定价为 $R_t^l = R_t(lev_t^f)^{\varepsilon_f}$，其中 $lev_t^f = \dfrac{Q_t K_t}{N_t^f}$ 为企业杠杆水平，该式表明，企业贷款定价由两部分决定：无风险利率和风险溢价。企业的杠杆水平可衡量企业违约风险，由于商业银行会索取相应的风险补偿，当企业资产负债状况恶化时，企业的风险溢价将会上升，从而进一步提高企业融资成本，加剧企业融资约束，其中 ε_f 表示企业实际贷款利率对企业杠杆率的弹性，衡量了风险溢价对企业资产负债状况的敏感程度。当企业实现利润最大化时贷款利率与企业的预期收益率相等，即 $E\{R_t^e\} = R_t^l$。定义企业的贷款利差为 $\Delta R = R_t^l - R_t$，衡量企业的外部融资溢价程度。企业的净值积累为：

$$N_t^f = \alpha_f(R_t^l Q_t K_{t-1} - R_{t-1}^l Q_t S_t) + T^f \tag{15.15}$$

其中 α_f 为企业存活率，$T_f/(1-\alpha_f)$ 为家庭对新企业的转移支付比例。

（三）零售品厂商

零售品厂商按照市场价格 mc_t 购买中间品 $Y_{Ht}(f)$，通过 CES 加总技术加工为最终产品：

$$Y_{Ht} = \left[\int_0^1 Y_{Ht}^{\frac{\varepsilon_p-1}{\varepsilon_p}}(f)\,\mathrm{d}f\right]^{\frac{\varepsilon_p}{\varepsilon_p-1}} \tag{15.16}$$

其中 ε_p 度量不同产品间的替代弹性，$Y_{Ht}(j)$ 为中间产品生产商 j 的产出。零售品按照 $P_{Ht}(f)$ 的价格出售。零售商的最优化问题可以表示为，在需求函数 $Y_{Ht}(f) = \left(\dfrac{P_{Ht}(f)}{P_{Ht}} \right)^{-\varepsilon_p} Y_{Ht}$ 的约束下追求利润最大化：

$$\max_{P_{Ht}(f)} E_t \sum_{j=0}^{\infty} \alpha_p^j \Lambda_{t,t+j} \{ {}_t P_{Ht}(f) Y_{Ht}(f) - MC_t Y_{Ht}(f) \} \tag{15.17}$$

在对称经济中，所有零售品厂商将选择相同的最优价格 $P_{Ht}^{\#} = P_{Ht}(f)$，求解上述最优化问题可得：

$$\pi_t^{\#} = \frac{P_{Ht}^{\#}}{P_{Ht}} = \frac{\varepsilon_p}{\varepsilon_p - 1} \frac{E_t \sum_{j=0}^{\infty} \alpha_p^j \Lambda_{t,t+j} mc_{t+j} P_{Ht+j}^{\varepsilon_p} P_{Ht}^{-\varepsilon_p} Y_{Ht+j}}{E_t \sum_{j=0}^{\infty} \alpha_p^j \Lambda_{t,t+j} P_{Ht+j}^{\varepsilon_p-1} P_{Ht}^{\varepsilon_p-1} Y_{Ht+j}} \tag{15.18}$$

参考卡尔沃（1983）引入价格粘性，假定每一期只有 $(1 - \alpha_p)$ 的零售商可以进行最优定价，则国内商品通胀水平动态行为满足：

$$1 = (1 - \alpha_p)(\pi_{Ht}^{\#})^{1-\varepsilon_p} + \alpha_p \pi_{Ht}^{\varepsilon_p-1} \tag{15.19}$$

国内总通胀水平满足：$\pi_{ht} = \dfrac{P_{ht}}{P_{ht-1}} = \dfrac{P_{ht}}{P_t} \dfrac{P_{t-1}}{P_{ht-1}} \pi_t = \dfrac{p_{ht}}{p_{ht-1}} \pi_t$

（四）资本生产商

根据伯南克等（1999），引入资本品生产商。该生产商控制资本总供给 k_t，每一时期从中间产品生产商处得到折旧资本 $k_{t-1}(1 - \delta)$，投入新资本 i_t 后，将新资产按价格 Q_t 售给中间产品生产商。根据克里斯蒂诺等（2016），纳入资本调整成本，假定资本调整成本参数为 ϕ，则资本生产商的资本积累方程为：

$$K_{t+1} = \left[1 - \frac{\phi}{2} \left(\frac{I_t}{I_{t-1}} - 1 \right)^2 \right] I_t + (1 - \delta) K_t \tag{15.20}$$

资本生产商追求利润最大化：

$$\max_{I_t} E_0 \sum_{j=0}^{\infty} \beta^{t+j} \Lambda_{t,t+j} \left[Q_{t+j} \left(1 - \frac{\phi}{2} \left(\frac{I_{t+j}}{I_{t+j-1}} - 1 \right)^2 \right) I_{t+j} - I_{t+j} \right] \tag{15.21}$$

三、货币政策与政府部门

中央银行按照泰勒规则制定货币政策，即名义利率对通胀缺口和产出缺口做出反应：

$$\ln(R_{t+1}) = \rho_r \ln(R_t) + (1-\rho_r)\left[\ln(R_{ss}) + \varphi_\pi \ln\left(\frac{\pi_t}{\pi_{ss}}\right) + \varphi_y \ln\left(\frac{y_t}{y_{ss}}\right)\right] + \varepsilon_t^r$$

$$(15.22)$$

在上式中，R_{ss}、π_{ss}、Y_{ss} 分别代表名义利率、通胀率和产出水平的稳态值，φ_y 和 φ_π 分别为货币政策对产出缺口、通胀缺口的反应系数。

政府部门的收入来源为向家庭部门征收的一次性总量税和向企业部门征收的企业所得税，政府的预算约束可表达为：

$$G_t = t_t + \tau_t Y_{Ht}$$

$$(15.23)$$

四、贸易部门

国外家庭对本国厂商生产商品的需求为：$X_t = \gamma^f\left(\dfrac{rer}{p_{htt}}\right)^\eta Y_t^f$，其中 γ^f 为国外家庭对本国商品的需求参数，衡量了贸易对外开放程度。$\dfrac{p_{ht}}{rer_t}$ 为本国商品的贸易条件。国内家庭对国外商品的需求为：$M_t = \gamma rer_t^{-\eta}(C_t + I_t)$，由此可得净出口水平为：

$$tb_t = p_{ht}X_t - rer_t M_t$$

$$(15.24)$$

五、市场出清与外生冲击

在均衡状态下，市场出清的资源约束条件为：

$$Y_{Ht} = (1-\gamma)p_{ht}^{-\eta}(C_t + I_t) + G_t + X_t$$

$$(15.25)$$

采用支出法核算的国内生产总值为：

$$GDP_t = C_t + I_t + G_t + tb_t$$

$$(15.26)$$

设定国内生产率、政府支出、企业所得税率、国外产出水平和国外利率水平水平均服从 AR（1）过程，分别为：

$$\ln(A_t) = \rho_a \ln(A_{t-1}) + \varepsilon_t^a, \quad \varepsilon_t^a \sim [0, \sigma_a^2]$$

$$(15.27)$$

$$\ln(G_t) = (1-\rho^g)G + \rho^g \ln(G_{t-1}) + \varepsilon_t^g, \quad \varepsilon_t^g \sim [0, \sigma_g^2]$$

$$(15.28)$$

$$\ln(\tau_t) = (1-\rho^\tau)\tau + \rho^\tau \ln(\tau_{t-1}) + \varepsilon_t^\tau, \quad \varepsilon_t^\tau \sim [0, \sigma_\tau^2]$$

$$(15.29)$$

$$\ln(R_t^f) = (1-\rho^f)R^f + \rho^f \ln(R_{t-1}^f) + \varepsilon_t^f, \quad \varepsilon_t^f \sim [0, \sigma_f^2]$$

$$(15.30)$$

$$\ln(Y_t^f) = (1-\rho^y)Y^f + \rho^y \ln(Y_{t-1}^f) + \varepsilon_t^y, \quad \varepsilon_t^y \sim [0, \sigma_y^2]$$

$$(15.31)$$

其中 A、G、τ、R^f、Y^f 分别为对应变量的稳态水平。

第四节 参数校准与贝叶斯估计

根据文献常用参数取值，本章将贴现因子 β 设为 0.9904，对应年 4% 的稳态无风险利率。将风险厌恶系数 σ_c 设为 1，使消费效用退化为对数形式。参考何国华和李洁（2017），将家庭消费习惯参数 b 设为 0.75，借鉴马勇和陈雨露（2013），令劳动供给弹性倒数 $\chi = 1$。根据我国"8 小时"工作制，稳态劳动水平为 1/3，测算可得劳动在效用函数中的权重 $\theta = 5.0250$。资本折旧率 δ 为 0.025，对应年 10% 的折旧水平。参考何青等（2015），令投资调整成本参数 ϕ 为 2.5。根据林仁文和杨熠（2014），企业资本产出弹性 α 设为 0.4。假定零售品厂商调价周期为 1 年，因此可将调整价格厂商比例 α_p 设为 0.25。零售品替代弹性 ε_p 为 6，对应 20% 的稳态价格加成水平。参考李建强和高宏（2019），将企业融资溢价弹性 ε_f 设为 0.012；根据中国财政科学研究院《降成本与实体经济企业高质量发展 2019 年"降成本"总报告》，2016～2018 年中国企业部门整体负债率为 50%，综合融资成本为 5.94%，因此将企业稳态杠杆水平 lev_{ss}^f 设为 2。通过匹配样本期内企业融资利率的一阶矩，将新企业的转移 T_f 支付设为 0.0696。参考马理和范伟（2021），将企业存活率 α_f 设为 0.95。参考马理和文程浩（2021），将国内消费中本国商品比重 γ 校准为 0.7，本国商品和国外商品之间替代弹性 η 取为 1.5。2000～2020 年期间，中美贸易总额在中国 GDP 中的平均比重为 6.3%，据此将 γ^f 校准为 0.2401（见表 15－1）。

表 15－1　　　　　　　　　模型参数校准

参数	含　义	取值	参数	含　义	取值
β	贴现率	0.9904	b	消费惯性参数	0.7500
σ_c	风险厌恶系数	1.0000	ε_f	企业融资溢价弹性	0.012
χ	劳动供给弹性的倒数	1.0000	α_f	企业存活率	0.9500
θ	劳动负效用的权重	5.0250	lev_{ss}^f	企业杠杆率稳态水平	2.0000
δ	资本折旧率	0.0250	T_f	新企业转移支付	0.0696
ϕ	投资调整成本参数	2.5000	α_p	价格调整厂商比例	0.2500
α	资本产出弹性	0.4000	γ	国内消费中本国商品比重	0.7000
ε_p	零售品替代弹性	6.0000	γ^f	国外家庭对本国商品需求参数	0.2401
η	国内外商品替代弹性	1.5000			

与模型动态相关的参数均采用贝叶斯方法估计。本章利用2001年第一季度至2020年第四季度期间，国内产出、消费、投资、国内通胀、美国联邦基金利率和美国产出六个观测变量对模型参数进行估计，所有数据均来自Wind金融数据库。除利率外，所有变量均通过价格指数折现为实际变量，对数化后经季节调整和HP滤波得到变量波动值。根据李建强和高宏（2019），将企业全要素生产率、政府支出冲击以及企业所得税税率冲击衰减系数均设为均值为0.8，方差为0.05的Beta分布。借鉴王胜等（2019），将泰勒规则平滑系数服从均值为0.6，方差为0.01的Beta分布，利率对产出缺口和通胀缺口的反应系数分别服从均值为0.35和1.6，方差为0.01的Normal分布。借鉴郝大鹏等（2020），设定国外相关AR（1）过程平滑参数均服从均值为0.8，方差为0.1的Beta分布。所有外生冲击方差均服从均值为0.1，方差为∞的逆Gamma分布。表15-2后两列给出了基于Metropolis-Hastings算法抽样20 000次（舍弃前45%）的贝叶斯后验估计结果以及置信区间。

表 15 – 2　　　　　　　　　　　　　　贝叶斯估计

参数	先验均值	先验方差	先验分布	后验均值	置信区间
ρ_a	0.8	0.05	beta	0.9826	[0.9818，0.9832]
ρ_g	0.8	0.05	beta	0.885	[0.8743，0.8973]
ρ_τ	0.8	0.01	beta	0.8242	[0.8224，0.8267]
ρ_r	0.6	0.01	beta	0.5847	[0.5832，0.5863]
φ_π	1.6	0.01	norm	1.6118	[1.611，1.613]
φ_y	0.35	0.01	norm	0.3461	[0.345，0.3472]
φ_e	0.8	0.01	norm	0.7849	[0.7839，0.7864]
ρ_f	0.8	0.05	beta	0.6178	[0.6078，0.6299]
ρ_y	0.8	0.01	beta	0.788	[0.7871，0.7892]
σ_a	0.1	Inf	invg	1.0163	[0.8854，1.1175]
σ_g	0.1	Inf	invg	1.902	[1.6992，2.148]
σ_τ	0.1	Inf	invg	1.9453	[1.9193，1.9790]
σ_y	0.1	Inf	invg	0.0241	[0.0208，0.0277]
σ_r	0.1	Inf	invg	0.0128	[0.0118，0.0137]
σ_f	0.1	Inf	invg	0.0122	[0.0118，0.0126]

第五节　美联储加息冲击的溢出效应和政策应对效果分析

一、美联储加息冲击对我国宏观经济金融的溢出效应

图 15－2 显示的是面对美联储加息冲击时国内主要宏观经济变量以及资产价格、信贷利差和信贷需求等变量的脉冲响应。

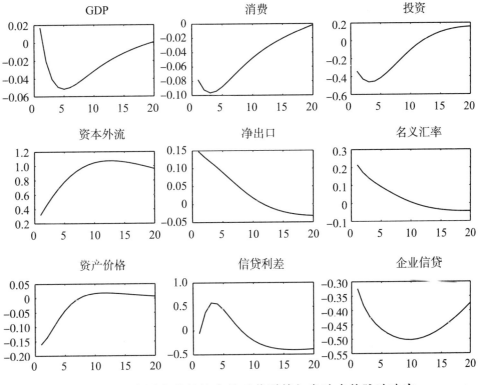

图 15－2　我国宏观经济变量对美联储加息冲击的脉冲响应

如图 15－2 所示，美联储加息对国内宏观经济产生了显著的溢出效应，不仅导致资产价格下跌和投资水平下降，同时还推高信贷利差，抑制了企业融资意愿，最终总产出和消费水平下降，宏观经济收缩。美联储加息冲击对中国宏观经济的负面影响在 5 期左右到达峰值，此后随着资产价格逐渐恢复正常，融资溢价

水平有所回落，企业信贷需求逐渐反弹，带动投资和产出水平在 20 期左右回到稳态。资本外流和外部融资溢价机制在美联储加息冲击传导过程中起到了关键作用。美联储加息后本国家庭投资国外资产的收益率上升，在逐利动机的驱使下国内资本逐渐流向国外追逐美元资产，导致美元名义汇率上升，同时，名义汇率的上升刺激了国外家庭对本国商品的需求，净出口规模不断扩大。但是，资本外流还引发本国资产价格下跌，企业净值缩水不仅抑制了新增投资意愿，同时导致企业资产负债状况恶化，在外部融资溢价机制的作用下，企业融资成本高企，信贷需求下降。最终，总产出和居民收入水平的下降使得国内消费需求萎缩，宏观经济下行。

上述分析表明，金融加速器机制在美联储加息冲击的传导过程中起到了重要的作用，而资本外流导致的资产价格波动则是导致金融加速器效应的主要因素。因此，为了控制美联储加息对国内需求水平，尤其是投资需求的负面影响，避免剧烈经济波动，应着力调节国内总需求水平，通过积极的财政政策和货币政策来刺激消费需求和投资需求，降低金融摩擦导致的加速效应。

二、基于短期视角应对美联储加息冲击的不同财政货币政策效果分析

前述表明，在面对美联储加息冲击时，从短期视角来看，一般主要从财政货币政策调整的角度来进行应对。在当前我国宏观调控政策以积极的财政政策和稳健的货币政策为主基调的前提下，应对美联储加息冲击，我国宏观调控中的财政货币政策将可能面临以下选择。首先，就财政政策而言，积极的财政政策面临着进一步扩大政府财政支出和减税降费两种不同的政策取向选择。增加政府财政支出、扩大公共基础设施和公共产品投资的规模将直接推动经济增长，对冲美元加息冲击导致的投资和产出下降的不利影响；而降低企业和个人所得税将有利于增加家庭和企业收入，增强经济主体活力，从而减缓美联储加息冲击对消费和企业投资带来的不利影响。但是，在当前的经济环境下，究竟哪种政策取向更为有利，则取决于多种因素影响的综合效应。为此，本章模拟分析两种财政政策取向下的政策效果。对于货币政策而言，面对美联储的加息冲击，中央银行可能会面临着稳产出和稳物价、稳汇率以及稳国际收支平衡的三难选择。因此，本章对比分析中央银行三种政策取向下的政策效果。

（一）不同政策取向下的财政政策应对效果分析

为探讨加大政府支出和减税两种不同政策取向下财政政策的应对效果，本章对基准模型中体现政府财政政策规则的方程（15.28）和式（15.29）进行拓展，引入扩大政府支出和减免企业所得税①两种积极财政政策（以下简称"支出型财政政策"和"减税型财政政策"）。拓展后的财政政策规则如下：

$$\ln(G_t) = (1 - \rho^g)\ln G + \rho^g[\ln(G_{t-1}) - (\ln GDP_t - \ln(GDP))] \quad (15.32)$$

$$\ln(\tau_t) = (1 - \rho^\tau)\tau + \rho^\tau[\ln(\tau_{t-1}) + (\ln GDP_t - \ln(GDP))] \quad (15.33)$$

式（15.32）表示支出型的财政政策中政府支出规则将盯住GDP，当产出水平下降时政府将增加公共支出，通过提高总需求拉动总产出，从而达到刺激经济增长的目的；式（15.33）则表示减税型财政政策中企业所得税规则将盯住GDP，当产出水平下降时，政府将降低企业所得税，减小企业负担以增加盈利能力，优化资产负债水平，进而缓解金融摩擦，改善企业融资状况，以此推动经济复苏。

图15-3显示的是基准模型、支出型财政政策和减税型财政政策三种不同的财政政策取向下，国内各宏观经济变量对美联储加息冲击的脉冲响应。从图中可以看出，相较于基准模型中的情形，面对美联储加息冲击，无论是扩大政府支出型还是减税型的财政应对政策，在初期都会对产出、消费、投资的下滑具有促进作用。特别是到第5期后，产出、投资和消费均开始从下降恢复增长。其中，扩大政府支出型的财政政策虽然有利于推动产出的恢复，但是，由于对民间投资和消费的挤出，其对投资和消费的复苏推动效果次于减税型财政政策。相比较而言，减税型财政政策在推动产出、消费和投资方面的效果最为理想。从金融市场相关变量的响应来看，支出型和减税型财政政策均有抑制资本市场因短期资本流动引起的资产价格下跌，并不断提升资产价格水平的作用。但是，也相应带来了信贷市场利差水平的上升，提高了企业融资成本，降低了企业的融资意愿和信贷需求。在第5期以后，在消费需求复苏的强力推动下，企业融资意愿明显提高，投资水平上升，带动宏观经济增长。在需求侧的强力拉动下，信贷规模的收缩态势得到缓解。在前10期，支出型财政政策下的稳信贷能力略强于减税型财政政策，但在第10期后，由于减税政策通过降低企业经营成本，改善了企业经营状况，从而缓解了企业融资约束，此时企业扩张意愿更为明显，信贷需求持续提升，这表明减税型财政政策在中期更有利于缓解企业融资约束，刺激企业生产意愿，进而推动经济复苏进程。

---

① 此处仅考虑降低企业所得税的情形，未考虑降低家庭消费税的情况。

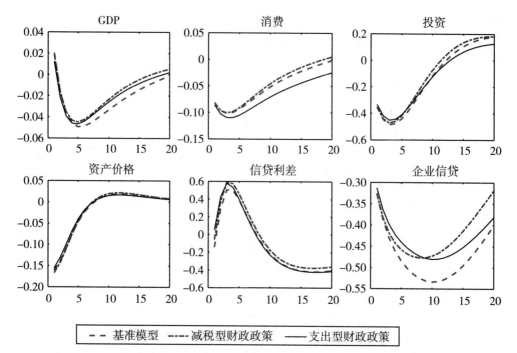

图15-3 不同财政应对政策下宏观经济变量对美联储加息
冲击的脉冲响应（短期视角）

因此，图15-3的财政政策应对分析表明，应对美联储的加息冲击，扩张性的支出型财政政策保经济增长的效果明显，但是却不利于改善家庭消费和企业投资；降低企业所得税的减税型财政政策不仅可以通过提高企业利润，改善家庭收入水平，刺激消费和企业投资，从而推动产出水平的恢复和上升，同时也有助于在中期降低信贷市场利差水平，减缓企业融资负担和约束，刺激企业融资需求，从而进一步提高投资水平。

（二）不同政策取向下的货币政策应对效果分析

在基准模型中，引入的货币政策为标准的泰勒规则形式，即中央银行根据产出缺口和通胀缺口来调整名义利率，代表的是仅考虑国内产出和物价稳定取向的货币政策。为比较分析以汇率稳定为目标的开放经济环境下的货币政策，参考王胜等（2021），在泰勒规则中引入实际汇率变动，代表"稳汇率"取向的货币政策。具体政策规则如下：

$$\ln(R_{t+1}) = \rho_r \ln(R_t) + (1 - \rho_r) \left[\ln(R_{ss}) + \varphi_\pi \ln\left(\frac{\pi_t}{\pi_{ss}}\right) + \varphi_y \ln\left(\frac{y_t}{y_{ss}}\right) + \varphi_e \ln\left(\frac{rer_t}{rer_{t-1}}\right) \right] + \varepsilon_t^r$$

(15.34)

参数 φ_e 决定了名义利率对实际汇率变动的反应程度。

为与"稳产出和稳物价"为主的货币政策形成对比,避免短期资本外流引起国际收支失衡,引入以"稳国际收支"为政策取向的货币政策,即在泰勒规则中引入国外利率变动。具体政策规则如下:

$$\ln(R_{t+1}) = \rho_r \ln(R_t) + (1 - \rho_r)\left[\ln(R_{ss}) + \varphi_\pi \ln\left(\frac{\pi_t}{\pi_{ss}}\right) + \varphi_y \ln\left(\frac{y_t}{y_{ss}}\right) + \varphi_f \ln\left(\frac{r_t^f}{r_{t-1}^f}\right)\right] + \varepsilon_t^r$$

(15.35)

参数 φ_f 决定了名义利率对国外利率变动的反应程度。

接下来,对"稳产出和稳物价""稳汇率"和"稳国际收支"三种货币政策应对美联储加息冲击的效果进行对比分析。

图 15-4 显示的是应对美联储加息冲击时,三种不同取向的货币政策应对下国内各宏观经济金融变量的响应。相对于以"稳产出和稳物价"为主的货币政策,"稳汇率"的货币政策能够降低实际汇率波动,货币政策规则的变动对资产价格剧烈波动的边际影响并不显著,差别仅体现在前 3 期内,宏观经济收缩态势并未改变。同时,资产价格下跌导致投资需求不足,而货币政策盯住汇率并没有降低企业利差水平扩大幅度,反而加剧了企业融资约束,信贷需求收缩加剧,总投资和总产出水平均明显降低,消费需求下降幅度增加。可见,"稳汇率"的货

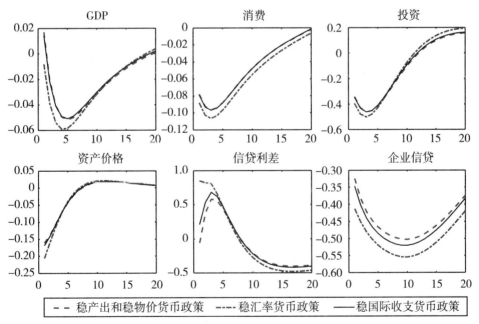

图 15-4 不同货币政策应对下国内宏观经济变量对美联储加息
冲击的脉冲响应(短期视角)

419

币政策虽然增强了外汇市场稳定性，但是无助于减缓美联储加息冲击对我国宏观经济的溢出效应，反而加剧了宏观经济波动。相对于"稳产出和稳物价"的货币政策，选择跟随美联储加息以稳定国际收支的货币政策虽然未对总产出、总消费和总投资水平产生显著影响，但是却进一步刺激信贷利差水平的上升，恶化了企业融资困境，导致信贷规模下降，不利于实体经济融资，因此难以促进实体经济发展。这一结果表明，中央银行在美联储加息预期日渐增强的背景下，减少对汇率的政策干预，使汇率的双向波动成为市场常态，同时保持货币政策的独立性、自主性，避免简单跟随美联储货币政策有助于增强宏观经济韧性，缓解国内企业融资约束，降低美联储加息对国内经济的溢出效应。

三、基于长期视角的应对美联储加息冲击的不同财政货币政策效果分析

上述研究从短期视角分析了应对美联储加息冲击时，不同政策取向下的财政货币政策效果。随着我国"双循环"新发展格局的加快形成，国内经济结构将会发生根本性的变化。在此情况下，短期视角下财政货币应对政策的实施环境也会发生变化，进而有可能影响短期视角下不同应对政策的效果。就"双循环"新发展格局而言，构建国内大循环就是要形成以国内消费为主的内生经济增长模式，而国内国际"双循环"则是在增强经济内生动力的同时，进一步扩大对外开放。为此，本章以消费在国内总需求中的占比不断上升作为推进国内大循环格局形成的代表性指标，以对外开放的扩大作为国内国际双循环格局的代表性指标，以此为基础，模拟分析在"双循环"格局形成过程中，应对美联储加息的各种财政货币政策的效果。

（一）国内大循环——内需占比上升情形下应对美联储加息冲击的财政货币政策效果分析

内需占比上升意味着在模型中，国内厂商生产的产品占家庭消费的比重上升[①]。图15-5显示了内需占比上升情形下各种不同财政货币政策的效果。

---

① γ表示国内商品在本国家庭消费品篮子中的比重，衡量了家庭消费中内需的比重，在基准模型中，取为0.7，在国内大循环内需占比上升情形下，取为0.9。

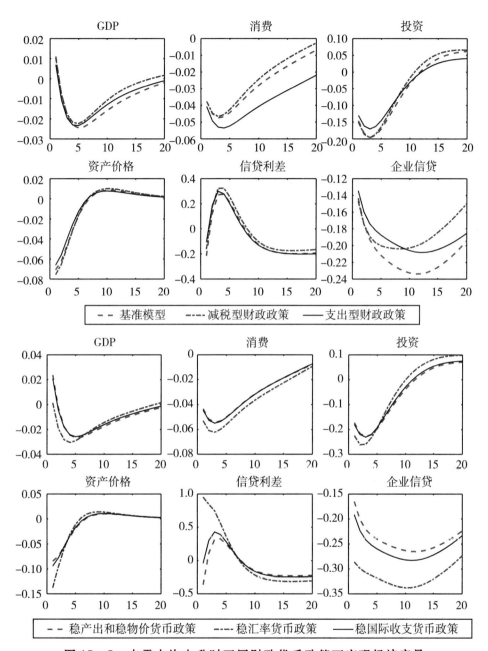

图 15 - 5　内需占比上升时不同财政货币政策下宏观经济变量
对美联储加息冲击的脉冲响应

　　与基准情形相比，内需占比上升后，美联储加息冲击的溢出效应显著降低，
产出收缩峰值从 5% 下降至 3%；对于财政政策，内需占比上升后积极的财政政
策仍然在保宏观经济增长、缓解企业融资约束以支持实体经济发展上具有显著效

果。具体而言，减税型财政政策通过降低企业经营成本，改善企业资产负债状况和融资约束，对企业信贷的刺激作用显著提升，但与此同时，支出型财政政策对消费的挤出效应更加明显。对于货币政策，内需占比上升后，"稳汇率"的货币政策在短期（第5期以前）不仅导致资产价格波动相对其他两种货币政策而言进一步加剧，同时显著抬高了利差水平，导致企业融资成本上升，加剧了企业的融资困境，因此投资水平在短期的下降幅度也有所提高。但是在中期（第5期以后），"稳汇率"的货币政策对总产出的刺激效果反而优于"稳产出和稳物价"的货币政策以及"稳国际收支"的货币政策，这是由于从第5期开始，在"稳汇率"的货币政策下资产价格反弹速度显著加快，带动投资水平快速拉升，此时总投资的上升抵消了企业融资困难和消费需求不振的影响，加快了总产出水平的复苏进程。与之相比，"稳产出和稳物价"的货币政策进一步压低了信贷利差，在缓解企业融资约束、支持实体经济发展上的有效性更加明显，信贷收缩幅度也有显著降低。

可见，在国内大循环格局形成后，支出型财政政策对国内消费的挤出效应更加明显；而减税型财政政策以及"稳产出和稳物价"的货币政策在降低信贷利差、缓解企业融资约束上的作用进一步凸显，对实体经济发展形成了有力支撑；但是"稳汇率"的货币政策在中期更有助于促进总投资水平的恢复，加快消除美联储加息对国内宏观经济造成的不利影响。

（二）"双循环"相互促进——对外开放扩大情形下应对美联储加息冲击的财政货币政策效果分析

对外开放扩大意味着模型中国外家庭对本国商品的需求上升①。图15-6展示了对外开放水平上升情形下各种不同财政货币政策的效果。

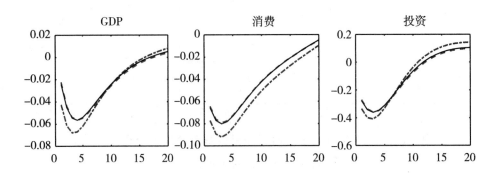

GDP　　　　消费　　　　投资

---

① γ^f 为国外家庭对本国商品的需求参数，衡量了贸易对外开放程度，在基准模型中取为0.2401，在对外开放水平上升情形下取为0.3401。

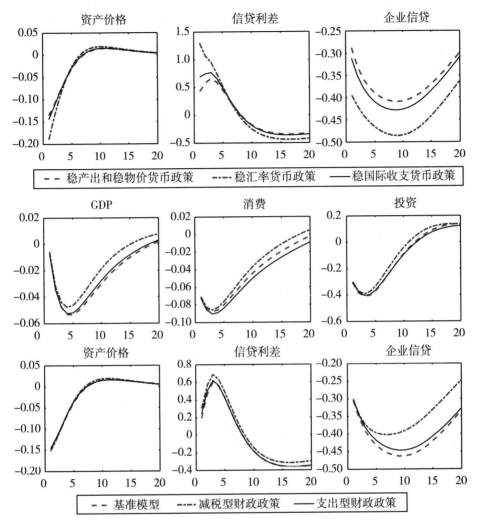

**图 15-6　对外开放扩大时不同财政货币政策下宏观经济变量
对美联储加息冲击的脉冲响应**

与基准情形相比，对外开放程度提升后，美联储加息冲击对国内经济的影响显著增强，产出峰值从 5% 提高到了 8%；对于财政政策，经济开放程度上升后，减税型财政政策下企业信贷需求回暖速度显著加快，并且无论在短期还是中长期始终优于支出型财政政策，表明减税型财政政策在改善企业经营状况、缓解企业融资约束、有效支持实体经济发展上的效用有了显著提升，总产出水平的复苏进程也明显加快，与基准情形相比，提前 5 期回到了稳态。但是，支出型财政政策的效果却有了显著的下降，不仅对企业信贷的促进作用不再明显，同时对总产出的刺激效果也大大降低。对于货币政策，对外开放程度上升后，"稳汇率"的货币政策使信贷市场利差水平波动峰值提升近两倍，导致企业信贷缩减更为显著，与其他两种货币政策相比，进一步加大了产出的收缩程度。另外，"稳国际收支"的货币政策与"稳产出和稳物价"货币政策之间的差别开始凸显，"稳国际收支"货币政策下信贷利差上升的趋势更为明显，反衬出以"稳产出和稳物价"为目标的货币政策在缓解企业融资约束、防止信贷收缩上的显著效果。

可见，对外开放程度加大后，虽然美联储加息冲击对国内经济溢出效应显著上升，但在应对美联储加息冲击时，减税型财政政策与"稳产出和稳物价"的货币政策在缓解企业融资约束、支持实体经济发展、降低冲击对宏观经济溢出效应上的有效性进一步提升，但此时支出型财政政策和"稳国际收支"的货币政策表现乏力，而"稳汇率"的货币政策有效性却进一步下降。

第六节　本章小结与政策建议

本章立足于中国经济现实，构建包含金融摩擦和跨境资本流动的小国开放DSGE模型，通过参数校准和模拟分析，考察了美联储预期的加息冲击对中国宏观经济的影响，并从长短期两个视角分析了中国应对美联储加息冲击的宏观调控政策的效果。研究表明，美联储加息冲击可能引发短期资本外流，导致本国资产价格下降，抑制国内投资，而企业部门金融加速器机制则放大了外部冲击对我国宏观经济的溢出效应，导致宏观经济收缩。但从长期来看，随着国内大循环新发展格局的推进和形成，内需占比显著上升，将有利于减轻美联储加息对我国宏观经济的不利冲击。就应对美联储加息冲击的宏观调控政策而言，无论是从短期还是从长期视角来看，减税型财政政策和"稳产出和稳物价"的货币政策在应对美联储加息冲击的不利影响时都是占优的政策选择。

基于上述结论，我们提出以下政策建议：第一，充分估计美联储可能实施的加息冲击对中国经济带来的不利影响。尽管本章的分析表明，随着我国"双循环"格局的形成，美联储加息对我国宏观经济的不利冲击也有所减弱，但无论是从短期还是从长期来看，美联储加息冲击都会通过影响资本外流和资产价格下跌，加大企业的融资约束，最终对国内消费、投资和产出产生不利影响。第二，完善跨境资本流动的监测和预警机制，加快国内金融市场发展。本章的分析表明，美联储加息冲击对国内经济的溢出效应主要是通过短期资本流出引起资产价格下跌和信贷利差加大，恶化企业资产负债状况，并通过金融加速器效应强化企业融资约束，进而引起投资需求下降、消费和投资下滑这一机制而形成的。因此，在应对美联储加息冲击的过程中，需要进一步完善现有的跨境资本流动监测和预警机制，必要时强化对跨境资本异常流动的监管。同时，通过加快国内金融市场发展，为企业提供充足的流动性，缓解企业的融资约束，避免企业资产负债状况恶化和金融加速器效应的发生。第三，从短期的宏观调控应对措施来看，积极的财政政策应在加大对以5G为代表的新基建公共投资的同时，加大减税降费的力度；稳健的货币政策要坚持以"稳产出和稳物价"为主的政策目标，着力于对内的保增长和稳物价。第四，从长期来看，要加快推进"双循环"经济发展新格局的形成，加大内需在国内经济总需求中的占比，加快形成国内大循环。同时，要进一步提升对外开放的水平和程度，以更高水平、更高层次的开放促进国内大循环，增强国内经济韧性，减轻可能面临的外部冲击。第五，从长期视角的宏观调控政策来看，减税型的积极财政政策以及"稳产出和稳物价"的货币政策都应该是我国宏观调控政策的基本政策取向。

参 考 文 献

［1］卞志村、杨源源：《结构性财政调控与新常态下财政工具选择》，载于《经济研究》2016 年第 3 期。

［2］曹永琴：《中国货币政策非对称效应形成机理研究——基于价格传导机制的视用》，载于《南方经济》2010 年第 2 期。

［3］陈斌开、李涛：《中国城镇居民家庭资产——负债现状与成因研究》，载于《经济研究》2011 年第 S1 期。

［4］陈登科、陈诗一：《资本劳动相对价格、替代弹性与劳动收入份额》，载于《世界经济》2018 年第 11 期。

［5］陈静：《量化宽松货币政策的传导机制与政策效果研究——基于中央银行资产负债表的跨国分析》，载于《国际金融研究》2013 年第 2 期。

［6］陈雨露、马勇、徐律：《老龄化、金融杠杆与系统性风险》，载于《国际金融研究》2014 年第 9 期。

［7］程方楠、孟卫东：《宏观审慎政策与货币政策的协调搭配——基于贝叶斯估计的 DSGE 模型》，载于《中国管理科学》2017 第 1 期。

［8］代军勋、戴锋：《银行资本和流动性双重约束下的货币政策传导——基于风险承担渠道的中国实证》，载于《经济评论》2018 年第 3 期。

［9］代军勋、李琢、李俐璇：《产业异质性与货币政策传导——基于 GVAR 模型的实证分析》，载于《中南大学学报》（社会科学版）2018 年第 3 期。

［10］代军勋、陶春喜：《资本和流动性双重约束下的商业银行风险承担》，载于《统计研究》2016 年第 12 期。

［11］戴金平、金永军：《货币政策的行业非对称效应》，载于《世界经济》2006 年第 7 期。

［12］邓贵川、彭红枫：《货币国际化、定价货币变动与经济波动》，载于《世界经济》2019 年第 6 期。

［13］邓贵川、谢丹阳：《支付时滞、汇率传递与宏观经济波动》，载于《经

济研究》2020 年第 2 期。

[14] 邓雄：《结构性货币政策工具的运用——发达国家的实践及启示》，载于《南方金融》2015 年第 1 期。

[15] 杜雪君、黄忠华、吴次芳：《房地产价格、地方公共支出与房地产税负关系研究——理论分析与基于中国数据的实证检验》，载于《数量经济技术经济研究》2009 年第 1 期。

[16] 查尔斯·恩格尔：《关于国际资本流动管理和汇率政策的几点思考》，载于《经济学》（季刊）2019 年第 2 期。

[17] 范从来、盛天翔、王宇伟：《信贷量经济效应的期限结构研究》，载于《经济研究》2012 年第 1 期。

[18] 范小云、刘粮、陈雷：《从"货币三元悖论"到"金融三元悖论"——国际资本流动研究的新思路》，载于《国际经济评论》2018 年第 4 期。

[19] 范子英、刘甲炎：《为买房而储蓄——兼论房产税改革的收入分配效应》，载于《管理世界》2015 年第 5 期。

[20] 方先明：《价格型货币政策操作框架：利率走廊的条件、机制与实现》，载于《经济理论与经济管理》2015 年第 6 期。

[21] 方意、赵胜民、谢晓闻：《货币政策的银行风险承担分析——兼论货币政策与宏观审慎政策协调问题》，载于《管理世界》2012 年第 11 期。

[22] 方意：《宏观审慎政策有效性研究》，载于《世界经济》2016 年第 8 期。

[23] 封北麟、孙家希：《结构性货币政策的中外比较研究——兼论结构性货币政策与财政政策协调》，载于《财政研究》2016 年第 2 期。

[24] 冯明、伍戈：《结构性货币政策能促进经济结构调整吗？——以"定向降准"为例》，载于《中国金融四十人论坛工作论文》，No. CF40WP2015007。

[25] 高波、陈健、邹琳华：《区域房价差异、劳动力流动与产业升级》，载于《经济研究》2012 年第 1 期。

[26] 高然、龚六堂：《土地财政、房地产需求冲击与经济波动》，载于《金融研究》2017 年第 4 期。

[27] 葛奇：《宏观审慎管理政策和资本管制措施在新兴市场国家跨境资本流出入管理中的应用及其效果——兼析中国在资本账户自由化过程中面临的资本流动管理政策选择》，载于《国际金融研究》2017 年第 3 期。

[28] 贵丽娟、胡乃红、邓敏：《金融开放会加大发展中国家的经济波动吗？——基于宏观金融风险的分析》，载于《国际金融研究》2015 年第 10 期。

[29] 郭强、李向前、付志刚：《货币政策工具与货币市场基准利率：基于

中国的实证研究》，载于《南开经济研究》2015 年第 1 期。

　　［30］郭晔、赖章福：《货币政策与财政政策的区域产业结构调整效应比较》，载于《经济学家》2010 年第 5 期。

　　［31］郭晔、赖章福：《政策调控下的区域产业结构调整》，载于《中国工业经济》2011 年第 4 期。

　　［32］海曼·P. 明斯基：《稳定不稳定的经济：一种金融不稳定视角》，清华大学出版社 2010 年版。

　　［33］韩龙：《IMF 对跨境资本流动管理制度的新认知述评》，载于《环球法律评论》2018 年第 3 期。

　　［34］何德旭、王朝阳：《中国金融业高增长：成因与风险》，载于《财贸经济》2017 年第 7 期。

　　［35］何东、王红林：《利率双轨制与中国货币政策实施》，载于《金融研究》2011 年第 12 期。

　　［36］何国华、李洁、刘岩：《金融稳定政策的设计：基于利差扭曲的风险成因考察》，载于《中国工业经济》2017 年第 8 期。

　　［37］何国华、李洁：《跨境资本流动、金融波动与货币政策选择》，载于《国际金融研究》2017 年第 9 期。

　　［38］何国华、李洁：《跨境资本流动的国际风险承担渠道效应》，载于《经济研究》2018 年第 5 期。

　　［39］何国华、吴金鑫：《金融市场开放下中国最优货币政策规则选择》，载于《国际金融研究》2016 年第 8 期。

　　［40］侯成琪、龚六堂：《货币政策应该对住房价格波动作出反应吗——基于两部门动态随机一般均衡模型的分析》，载于《金融研究》2014 年第 10 期。

　　［41］侯成琪、刘颖：《外部融资溢价机制与抵押约束机制——基于 DSGE 模型的比较研究》，载于《经济评论》2015 年第 4 期。

　　［42］侯成琪、罗青天、吴桐：《PPI 和 CPI：持续背离与货币政策的选择》，载于《世界经济》2018 年第 7 期。

　　［43］侯成琪、罗青天、邹学恒：《PPI 和 CPI 之间的传导关系：从加总价格指数到分类价格指数》，载于《经济评论》2018 年第 1 期。

　　［44］侯成琪、吴桐、李昊：《中国分行业和总体工资粘性》，载于《统计研究》2018 年第 7 期。

　　［45］胡海峰、倪淑慧：《金融发展过度：最新研究进展评述及对中国的启示》，载于《经济学动态》2013 年第 11 期。

　　［46］胡小文、沈坤荣：《汇率市场化与资本账户开放协调推进的宏观经济

效应》，载于《国际经贸探索》2017 年第 9 期。

[47] 胡小文、章上峰：《利率市场化、汇率制度改革与资本账户开放顺序安排——基于 NOEM - DSGE 模型的模拟》，载于《国际金融研究》2015 年第 11 期。

[48] 黄宪、黄彤彤：《论中国的"金融超发展"》，载于《金融研究》2017 年第 2 期。

[49] 黄宪、刘岩、童韵洁：《金融发展对经济增长的促进作用及其持续性研究——基于英美、德国、法国法系的比较视角》，载于《金融研究》2019 年第 12 期。

[50] 黄宪、沈悠：《货币政策是否存在结构效应的研究综述——基于中国信贷传导渠道的视角》，载于《经济评论》2015 年第 4 期。

[51] 黄宪、沈悠：《货币政策是否存在结构效应——基于中国信贷传导渠道的视角》，载于《武汉金融》2015 年第 10 期。

[52] 黄宪、王露璐、马理、代军勋：《货币政策操作需要考虑银行资本监管吗》，载于《金融研究》2012 年第 4 期。

[53] 黄宪、吴克保：《我国商业银行对资本约束的敏感性研究——基于对中小企业信贷行为的实证分析》，载于《金融研究》2009 年第 11 期。

[54] 黄宪、熊启跃：《银行资本缓冲、信贷行为与宏观经济波动——来自中国银行业的经验证据》，载于《国际金融研究》2013 年第 1 期。

[55] 黄宪、熊启跃：《银行资本约束下货币政策传导机理的"扭曲"效应》，载于《经济学动态》2011 年第 6 期。

[56] 黄志刚、郭桂霞：《资本账户开放与利率市场化次序对宏观经济稳定性的影响》，载于《世界经济》2016 年第 9 期。

[57] 黄智淋、董志勇：《我国金融发展与经济增长的非线性关系研究——来自动态面板数据门限模型的经验证据》，载于《金融研究》2013 年第 7 期。

[58] 吉红云、干杏娣：《我国货币政策的产业结构调整效应——基于上市公司的面板数据分析》，载于《上海经济研究》2014 年第 2 期。

[59] 冀志斌、周先平：《中央银行沟通可以作为货币政策工具吗——基于中国数据的分析》，载于《国际金融研究》2011 年第 2 期。

[60] 金鹏辉、张翔、高峰：《银行过度风险承担及货币政策与逆周期资本调节的配合》，载于《经济研究》2014 年第 6 期。

[61] 康立、龚六堂：《金融摩擦、银行净资产与国际经济危机传导——基于多部门 DSGE 模型分析》，载于《经济研究》2014 年第 5 期。

[62] 况伟大、朱勇、刘江涛：《房产税对房价的影响：来自 OECD 国家的

证据》，载于《财贸经济》2012 年第 5 期。

［63］况伟大：《开征房产税对预期房价的影响：来自北京市调查问卷的证据》，载于《世界经济》2013 年第 6 期。

［64］况伟大：《住房特性、物业税与房价》，载于《经济研究》2009 年第 4 期。

［65］李炳、袁威：《货币信贷结构对宏观经济的机理性影响——兼对"中国货币迷失之谜"的再解释》，载于《金融研究》2015 年第 11 期。

［66］李波、伍戈、席钰：《论结构性货币政策》，载于《比较》2015 年第 2 期。

［67］李成、马文涛、王彬：《学习效应、通胀目标变动与通胀预期形成》，载于《经济研究》2011 年第 10 期。

［68］李稻葵、罗兰·贝格：《中国经济的未来之路——德国模式的中国借鉴》，中国友谊出版公司 2015 年版。

［69］李宏瑾：《流动性效应、预期效应与中央银行利率操作》，载于《经济学动态》2013 年第 2 期。

［70］李欢丽、王晓雷：《传导机制扭曲与日本量化宽松货币政策失灵》，载于《现代日本经济》2015 年第 1 期。

［71］李健、邓瑛：《货币的资产化和非实体化比率对不同价格影响的差异性》，载于《财贸经济》2016 年第 8 期。

［72］李健：《结构变化："中国货币之谜"的一种新解》，载于《金融研究》2007 年第 1 期。

［73］李力、王博、刘潇潇、郝大鹏：《短期资本、货币政策和金融稳定》，载于《金融研究》2016 年第 9 期。

［74］李祺：《应重点关注货币空转的影子银行传导渠道》，载于《经济纵横》2015 年第 3 期。

［75］李松华：《基于新凯恩斯 DSGE 模型的中国经济波动模拟研究》，中国水利水电出版社 2014 年版

［76］李巍：《资本账户开放、金融发展和经济金融不稳定的国际经验分析》，载于《世界经济》2008 年第 3 期。

［77］李伟：《货币政策定向调控可持续性问题分析》，载于《青海金融》2015 年第 8 期。

［78］李文泓：《关于宏观审慎监管框架下逆周期政策的探讨》，载于《金融研究》2009 年第 7 期。

［79］李向阳：《动态随机一般均衡（DSGE）模型：理论、方法和实践》，

清华大学出版社 2018 年版。

［80］李晓峰、陈雨蒙：《基于变系数模型的我国资本流动审慎管理研究》，载于《金融研究》2018 年第 4 期。

［81］李晓嘉、蒋承：《我国农村家庭消费倾向的实证研究——基于人口年龄结构的视角》，载于《金融研究》2014 年第 9 期。

［82］李晓楠、李锐：《我国四大经济地区农户的消费结构及其影响因素分析》，载于《数量经济技术经济研究》2013 年第 9 期。

［83］李妍：《宏观审慎监管与金融稳定》，载于《金融研究》2009 年第 8 期。

［84］李扬：《看不懂的季度数据》，载于《财经国家周刊》2013 年第 9 期。

［85］林仁文、杨熠：《中国市场化改革与货币政策有效性演变——基于 DSGE 的模型分析》，载于《管理世界》2014 年第 6 期。

［86］林毅夫、姜烨：《经济结构、银行业结构与经济发展——基于分省面板数据的实证分析》，载于《金融研究》2006 年第 1 期。

［87］林毅夫、孙希芳、姜烨：《经济发展中的最优金融结构理论初探》，载于《经济研究》2009 年第 8 期。

［88］刘斌：《我国 DSGE 模型的开发及在货币政策分析中的应用》，载于《金融研究》2008 年第 10 期。

［89］刘洪玉、姜沛言：《中国土地市场供给的价格弹性及其影响因》，载于《清华大学学报》（自然科学版）2015 年第 1 期。

［90］刘洪玉：《房产税改革的国际经验与启示》，载于《改革》2011 年第 2 期。

［91］刘甲炎、范子英：《中国房产税试点的效果评估：基于合成控制法的研究》，载于《世界经济》2013 年第 11 期。

［92］刘金全、郝世赫、刘达禹：《外汇储备减少是否具有通货紧缩效应》，载于《财经科学》2016 年第 3 期。

［93］刘金全、张都：《广义货币增长效应失灵的结构性解释——基于广义货币分解视角的实时测度》，载于《财经科学》2017 年第 1 期。

［94］刘澜飚、尹海晨、张靖佳：《中国结构性货币政策信号渠道的有效性研究》，载于《现代财经》（天津财经大学学报）2017 年第 3 期。

［95］刘莉亚：《境外"热钱"是否推动了股市、房市的上涨？——来自中国市场的证据》，载于《金融研究》2008 年第 10 期。

［96］刘粮、陈雷：《外部冲击、汇率制度与跨境资本流动》，载于《国际金融研究》2018 年第 5 期。

[97] 刘姗：《我国中央银行结构性货币政策工具的有效性研究》，武汉大学博士学位论文，2018年。

[98] 刘姗、朱森林：《借贷便利货币政策工具能有效地引导市场利率走势吗？》，载于《广东财经大学学报》第6期。

[99] 刘姗：《货币政策能否承担调结构之责？》，载于《学习与实践》2017年第10期。

[100] 刘生福、李成：《货币政策调控、银行风险承担与宏观审慎管理——基于动态面板系统GMM模型的实证分析》，载于《南开经济研究》2014年第5期。

[101] 刘小玄、周晓艳：《金融资源与实体经济之间配置关系的检验——兼论经济结构失衡的原因》，载于《金融研究》2011年第2期。

[102] 刘晓欣、王飞：《中国微观银行特征的货币政策风险承担渠道检验——基于我国银行业的实证研究》，载于《国际金融研究》2013年第9期。

[103] 刘秀光：《产能过剩与增长型衰退的货币责任——以房地产和光伏产业为例》，载于《成都理工大学学报》（社会科学版）2013年第5期。

[104] 刘毅、高宏建：《宏观审慎监管与跨境资金流动管理研究》，载于《福建金融》2016年第S1期。

[105] 吕江林，杨玉凤. 当前我国资本大规模流入问题及对策》，载于《当代财经》2007年第2期。

[106] 刘知琪：《居民家庭"加杠杆"能促进消费吗？——来自中国家庭围观调查的经验证据》，武汉大学硕士学位论文，2018年。

[107] 卢岚、邓雄：《结构性货币政策工具的国际比较和启示》，载于《世界经济研究》2015年第6期。

[108] 罗娜、程方楠：《房价波动的宏观审慎政策与货币政策协调效应分析——基于新凯恩斯主义的DSGE模型》，载于《国际金融研究》2017年第1期。

[109] 骆永民、伍文中：《房产税改革与房价变动的宏观经济效应——基于DSGE模型的数值模拟分析》，载于《金融研究》2012年第5期。

[110] 马骏：《资本项目开放下对短期资本流动应如何管理》，载于《国际融资》2013年第5期。

[111] 马理、高冰、葛斌：《中小银行、银团贷款与小企业贷款》，载于《金融论坛》2018年第6期。

[112] 马理、何梦泽、刘艺：《基于适应性预期的货币政策传导研究》，载于《金融研究》2016年第8期。

[113] 马理、何云、牛慕鸿：《对外开放是否导致银行业的风险上升？——

基于外资持股比例与海外资产占比的实证检验》，载于《金融研究》2020年第4期。

［114］马理、黄宪、代军勋：《银行资本约束下的货币政策传导机制研究》，载于《金融研究》2013年第5期。

［115］马理、黎妮：《零利率与负利率的货币政策传导研究》，载于《世界经济研究》2017年第11期。

［116］马理、李书灏、文程浩：《负利率真的有效吗？——基于欧洲央行与欧元区国家的实证检验》，载于《国际金融研究》2018年第3期。

［117］马理、李书灏：《资产管理业务对商业银行收益与风险的影响效应研究》，载于《统计研究》2016年第11期。

［118］马理、刘艺：《借贷便利类货币政策工具的传导机制与文献述评》，载于《世界经济研究》2014年第9期。

［119］马理、娄田田、牛慕鸿：《定向降准与商业银行行为选择》，载于《金融研究》2015年第9期。

［120］马理、娄田田：《基才零利率下限约束的宏观政策传导研究》，载于《经济研究》2015年第11期。

［121］马理、潘莹、张方舟：《定向降准货币政策的调控效果》，载于《金融论坛》2017年第2期。

［122］马理、朱硕：《跨境资本流动的原因及对金融安全的影响》，载于《武汉金融》2018年第8期。

［123］马文涛、魏福成：《基于新凯恩斯动态随机一般均衡模型的季度产出缺口测度》，载于《管理世界》2011年第5期。

［124］马勇、陈雨露：《宏观审慎政策的协调与搭配：基于中国的模拟分析》，载于《金融研究》2013年第8期。

［125］马勇、陈雨露：《金融杠杆、杠杆波动与经济增长》，载于《经济研究》2017年第6期。

［126］马勇、田拓、阮卓阳、朱军军：《金融杠杆、经济增长与金融稳定》，载于《金融研究》2016年第6期。

［127］马勇、王芳：《金融开放、经济波动与金融波动》，载于《世界经济》2018年第2期。

［128］马勇：《宏观审慎的动态方法论基础》，载于《金融评论》2013年第3期。

［129］马勇：《植入金融因素的DSGE模型与宏观审慎货币政策规则》，载于《世界经济》2013年第7期。

[130] 梅冬州、龚六堂：《新兴市场经济国家的汇率制度选择》，载于《经济研究》2011 年第 11 期。

[131] 孟宪春、张屹山、李天宇：《住房信贷与房产税调控政策的传导机制与协调效应分析》，载于《经济科学》2017 年第 3 期。

[132] 米健：《当今与未来世界法律体系》，法律出版社 2010 年版。

[133] 米歇尔·阿尔贝尔：《两种资本主义之争》，庄武英译，台北聊经出版公司 1995 年版。

[134] 牛慕鸿、张黎娜、张翔：《利率走廊、利率稳定性和调控成本》，载于《金融研究》2017 年第 7 期。

[135] 潘敏：《经济发展新常态下完善我国货币政策体系面临的挑战》，载于《金融研究》2016 年第 2 期。

[136] 潘敏、刘姗：《中央银行借贷便利货币政策工具操作与货币市场利率》，载于《经济学动态》2018 年第 3 期。

[137] 潘敏、刘知琪：《居民家庭"加杠杆"能促进消费吗？——来自中国家庭微观调查的经验证据》，载于《金融研究》2018 年第 4 期。

[138] 潘敏、缪海斌：《产业结构调整与中国通货膨胀缺口持久性》，载于《金融研究》2012 年第 3 期。

[139] 潘敏、魏海瑞：《高管政治关联会影响商业银行信贷投放的周期性特征吗——来自中国银行业的经验证据》，载于《财贸经济》2015 年第 4 期。

[140] 潘敏、易宇寰：《双循环视角下美联储预期加息对中国经济的溢出效应及其应对措施研究》，载于《金融经济》2021 年第 8 期。

[141] 潘敏、袁歌骋：《金融去杠杆对经济增长和经济波动的影响》，载于《财贸经济》2018 年第 6 期。

[142] 潘敏、张依茹：《宏观经济波动下银行风险承担水平研究——基于股权结构异质性的视角》，载于《财贸经济》2012 年第 10 期。

[143] 潘敏、周闯、刘姗：《预调微调、货币市场利率波动与利率走廊机制》，载于《国际金融研究》2018 年第 12 期。

[144] 潘敏、周闯：《宏观审慎监管、房地产市场调控和金融稳定——基于贷款价值比的 DSGE 模型分析》，载于《国际金融研究》2019 年第 4 期。

[145] 潘敏、张新平：《供给侧结构性改革下财政政策效果——兼论货币政策锚选择》，载于《经济学动态》2021 年第 3 期。

[146] 彭方平、展凯、李琴：《流动性过剩与中央银行货币政策有效性》，载于《管理世界》2008 年第 5 期。

[147] 彭红枫、肖祖沔、祝小全：《汇率市场化与资本账户开放的路径选

择》，载于《世界经济》2018 年第 8 期。

[148] 彭俞超、方意：《结构性货币政策、产业结构升级与经济稳定》，载于《经济研究》2016 年第 7 期。

[149] 曲玥：《中国工业产能利用率——基于企业数据的测算》，载于《经济与管理评论》2015 年第 1 期。

[150] 申琳：《"利率走廊"能降低短期市场利率波动吗》，载于《财贸经济》2015 年第 9 期。

[151] 沈悦、刘洪玉：《住宅价格与经济基本面：1995—2002 年中国 14 城市的实证研究》，载于《经济研究》2004 年第 6 期。

[152] 盛松成、吴培新：《中国货币政策的二无传导机制——"两中介目标，两调控对象"模式研究》，载于《经济研究》2008 年第 10 期。

[153] 史建平、高宇：《宏观审慎监管理论研究综述》，载于《国际金融研究》2011 年第 8 期。

[154] 宋勃、高波：《利率冲击与房地产价格波动的理论与实证分析：1998—2006》，载于《经济评论》2007 年第 4 期。

[155] 粟勤、王少国、胡正：《外汇占款对我国货币供给的影响机制研究——基于 2000—2012 年央行资产负债表结构变动的分析》，载于《财经科学》2013 年第 10 期。

[156] 孙丹、李宏瑾：《新常态下的中国货币供应机制及货币调控面临的挑战》，载于《南方金融》2015 年第 4 期。

[157] 孙俊、于津平：《资本账户开放路径与经济波动——基于动态随机一般均衡模型的福利分析》，载于《金融研究》2014 年第 5 期。

[158] 谈儒勇：《中国金融发展和经济增长关系的实证研究》，载于《经济研究》1999 年第 10 期。

[159] 陶娅娜、李宏瑾：《适应和引领新常态的中国货币政策》，载于《金融与经济》2015 年第 4 期。

[160] 田拓：《后危机时代对跨境资金流动管理的思考——兼评 IMF 关于管理资本流入的政策框架》，载于《国际金融研究》2011 年第 8 期。

[161] 万志宏、曾刚：《后危机时代美国银行体系的流动性囤积与货币政策传导》，载于《国际金融研究》2012 年第 10 期。

[162] 汪川：《"新常态"下我国货币政策转型的理论及政策分析》，载于《经济学家》2015 年第 5 期。

[163] 王爱俭、邓黎桥：《中央银行外汇干预：操作方式与效用评价》，载于《金融研究》2016 年第 11 期。

[164] 王爱俭、王璟怡：《宏观审慎政策效应及其与货币政策关系研究》，载于《经济研究》2014 年第 4 期。

[165] 王博、刘翀：《央行沟通的金融市场效应——来自中国的证据》，载于《经济学动态》2016 年第 11 期。

[166] 王国静、田国强：《政府支出乘数》，载于《经济研究》2014 年第 9 期。

[167] 王敏、黄滢：《限购和房产税对房价的影响：基于长期动态均衡的分析》，载于《世界经济》2013 年第 1 期。

[168] 王频、侯成琪：《预期冲击、房价波动与经济波动》，载于《经济研究》2017 年第 4 期。

[169] 王胜、周上尧、张源：《利率冲击、资本流动与经济波动——基于非对称性视角的分析》，载于《经济研究》2019 年第 6 期。

[170] 王书朦：《我国跨境资本流动的宏观审慎监管研究——基于新兴经济体的国际借鉴》，载于《金融发展研究》2015 年第 11 期。

[171] 王维国、袁捷敏：《我国产能利用率的估算模型及其应用》，载于《统计与决策》2012 年第 20 期。

[172] 王馨：《论宏观审慎管理与货币政策的有效性》，载于《经济学动态》2012 年第 10 期。

[173] 王永钦、包特：《异质交易者、房地产泡沫与房地产政策》，载于《世界经济》2011 年第 11 期。

[174] 王云清、朱启贵、谈正达：《中国房地产市场波动研究——于贝叶斯估计的两部门 DSGE 模型》，载于《金融研究》2013 年第 3 期。

[175] 吴俊、张宗益、徐磊：《资本充足率监管下的银行资本与风险行为——〈商业银行资本充足率管理办法〉实施后的实证分析》，载于《财经论丛》2008 年第 2 期。

[176] 吴丽华、傅广敏：《人民币汇率、短期资本与股价互动》，载于《经济研究》2014 年第 11 期。

[177] 吴晓灵：《国际收支双顺差下的中国货币政策》，载于《中国金融》2007 年第 1 期。

[178] 伍戈、李斌：《货币创造渠道的变化与货币政策的应对》，载于《国际金融研究》2012 年第 10 期。

[179] 伍戈、陆简：《全球避险情绪与资本流动——"二元悖论"成因探析》，载于《金融研究》2016 年第 11 期。

[180] 伍戈、严仕锋：《跨境资本流动的宏观审慎管理探索——基于对系统

性风险的基本认识》，载于《新金融》2015 年第 10 期。

[181] 伍戈：《中国货币供给的结构分析：1999—2009 年》，载于《财贸经济》2010 年第 11 期。

[182] 武康平、程婉静、冯烽：《探究我国人口年龄结构特征对经济增长波动的影响》，载于《经济学报》2016 年第 4 期。

[183] 夏仕龙、付英俊：《我国货币政策的银行风险承担效应研究》，载于《当代经济科学》2017 年第 11 期。

[184] 夏仕龙、黄宪：《中国可变价格型货币政策研究》，载于《统计研究》2017 年第 8 期。

[185] 肖卫国、兰晓梅：《公开市场操作、货币市场利率与利率走廊》，载于《武汉大学学报》（哲学社会科学版）2019 年第 4 期。

[186] 肖卫国、兰晓梅：《美联储货币政策正常化对中国经济的溢出效应》，载于《世界经济研究》2017 年第 12 期。

[187] 肖卫国、兰晓梅：《人民币汇率预期对我国房地产价格影响的非线性机制研究——基于 STR 模型的分析》，载于《软科学》2017 年第 12 期。

[188] 肖卫国、兰晓梅：《影子银行对我国货币供给及传统信贷的影响——从信用货币创造到央行升级宏观审慎管理》，载于《湖北社会科学》2019 年第 2 期。

[189] 肖卫国、林芹：《吸收能力、中国对美国 OFDI 逆向技术溢出与产业升级》，载于《产经评论》2019 年第 4 期。

[190] 肖卫国、刘杰、赵圣伟：《中国货币结构与经济产出——基于 1952 ~ 2010 年宏观数据的实证检验》，载于《金融研究》2013 年第 2 期。

[191] 肖卫国、吴昌银、尹智超：《资本充足率对银行风险承担水平影响的实证分析》，载于《统计与决策》2017 年第 7 期。

[192] 肖卫国、尹智超、陈宇：《资本账户开放、资本流动与金融稳定——基于宏观审慎的视角》，载于《世界经济研究》2016 年第 1 期。

[193] 肖卫国、袁威：《股票市场、人民币汇率与中国货币需求》，载于《金融研究》2011 年第 4 期。

[194] 谢洁玉、吴斌珍、李宏彬、郑思齐：《中国城市房价与居民消费》，载于《金融研究》2012 年第 6 期。

[195] 谢平、罗雄：《泰勒规则及其在中国货币政策中的检验》，载于《经济研究》2002 年第 3 期。

[196] 熊衍飞、陆军、陈郑：《资本账户开放与宏观经济波动》，载于《经济学（季刊）》2015 年第 4 期。

［197］徐明东、陈学彬：《货币环境、资本充足率与商业银行风险承担》，载于《金融研究》2012 年第 7 期。

［198］徐润、陈斌开：《个人所得税改革可以刺激居民消费吗？——来自2011 年所得税改革的证据》，载于《金融研究》2015 年第 11 期。

［199］徐雅婷、刘一楠：《房地产抵押、汇率冲击与资本账户开放——一个开放经济条件下的 DSGE 分析框架》，载于《国际贸易问题》2019 年第 5 期。

［200］徐雅婷：《人民币汇率、短期国际资本流动与房价——基于时变参数向量自回归模型的研究》，载于《南方经济》2018 年第 4 期。

［201］许伟、陈斌开：《银行信贷与中国经济波动：1993—2005》，载于《经济学》2009 年第 2 期。

［202］鄢莉莉、王一鸣：《金融发展、金融市场冲击与经济波动——基于动态随机一般均衡模型的分析》，载于《金融研究》2012 年第 12 期。

［203］颜色、朱国钟：《"房奴效应"还是"财富效应"？——房价上涨对国民消费影响的一个理论分析》，载于《管理世界》2013 年第 3 期。

［204］杨明秋：《发达国家金融系统的去杠杆化趋势及其影响》，载于《中央财经大学学报》2011 年第 2 期。

［205］杨伟：《基础货币投放渠道变化及货币政策应对》，载于《金融与经济》2016 年第 4 期。

［206］姚舜达、朱元倩：《货币政策、流动性约束与银行风险承担——基于面板门限回归模型》，载于《金融评论》2017 年第 2 期。

［207］尹继志：《我国中央银行基础货币投放渠道阶段性变化分析》，载于《上海金融》2015 年第 9 期。

［208］余振、顾浩、吴莹：《结构性货币政策工具的作用机理与实施效果——以中国央行 PSL 操作为例》，载于《世界经济研究》2016 年第 3 期。

［209］袁锦：《金融机构资产配置与货币政策信用传导》，载于《管理世界》2005 年第 9 期。

［210］张春生：《IMF 的资本流动管理框架》，载于《国际金融研究》2016 年第 4 期。

［211］张杰、杨连星：《中国金融压制体制的形成、困境与改革逻辑》，载于《人文杂志》2015 年第 12 期。

［212］张杰、杨连星：《资本错配、关联效应与实体经济发展取向》，载于《改革》2015 年第 10 期。

［213］张杰、庞瑞芝、邓忠奇：《财政自动稳定器有效性测定：来自中国的证据》，载于《世界经济》2018 年第 5 期。

［214］张金清、陈卉：《我国金融发展与经济增长关系的适度性研究》，载于《社会科学》2013 年第 5 期。

［215］张婧屹、李建强：《房地产调控、金融杠杆与社会福利》，载于《经济评论》2018 年第 3 期。

［216］张开、龚六堂：《开放经济下的财政支出乘数研究——基于包含投入产出结构 DSGE 模型的分析》，载于《管理世界》2018 年第 6 期。

［217］张敏锋、林宏山：《基于 DSGE 模型的"货币政策＋宏观审慎政策"双支柱调控政策协调配合研究》，载于《上海金融》2017 年第 12 期。

［218］张明、郭子睿、何帆：《"钱荒"为什么会发生？——上海银行间同业拆放利率的影响因素分析》，载于《国际金融研究》2016 年第 12 期。

［219］张平、侯一麟：《房地产税的纳税能力、税负分布及再分配效应》，载于《经济研究》2016 年第 12 期。

［220］张平：《货币供给机制变化与经济稳定化政策的选择》，载于《经济学动态》2017 年第 7 期。

［221］张琦、蒋静：《浅析外币流动性风险对商业银行经营的影响》，载于《上海金融》2009 年第 5 期。

［222］张强、胡荣尚：《中央银行沟通对利率期限结构的影响研究》，载于《国际金融研究》2014 年第 6 期。

［223］张少华、蒋伟杰：《中国的产能过剩：程度测算与行业分布》，载于《经济研究》2017 年第 1 期。

［224］张晓慧：《新常态下的货币政策》，载于《中国金融》2015 年第 2 期。

［225］张晓晶、孙涛：《中国房地产周期与金融稳定》，载于《经济研究》2006 年第 1 期。

［226］张新平：《供给侧结构性改革下的财政政策工具与货币政策锚选择》，武汉大学博士学位论文，2021 年。

［227］张雪兰、何德旭：《货币政策立场与银行风险承担基于中国银行业的实证研究（2000—2010）》，载于《经济研究》2012 年第 5 期。

［228］张岩：《新常态下我国结构性减税和税收工具的选择——基于开放经济 DSGE 模型的实证研究》，载于《现代财经》2017 年第 7 期。

［229］张屹山、张代强：《前瞻性货币政策反应函数在我国货币政策中的检验》，载于《经济研究》2007 年第 3 期。

［230］张亦春、胡晓：《宏观审慎视角下的最优货币政策框架》，载于《金融研究》2010 年第 5 期。

[231] 张谊浩、沈晓华：《人民币升值、股价上涨和热钱流入关系的实证研究》，载于《金融研究》2008 年第 11 期。

[232] 张勇：《热钱流入、外汇冲销与汇率干预——基于资本管制和央行资产负债表的 DSGE 分析》，载于《经济研究》2015 年第 7 期。

[233] 张瑜、李书华：《金融开放度与宏观经济波动——基于发达国家与发展中国家和地区的实证研究》，载于《财经论丛》2011 年第 5 期。

[234] 张泽华：《基于宏观经济稳定的跨境资本流动管理政策及其组合研究》，武汉大学博士学位论文，2019 年。

[235] 张泽华、周闯：《资本账户开放下的宏观审慎政策与货币政策组合研究》，载于《世界经济研究》2019 年第 4 期。

[236] 赵昌文、许召元、朱鸿鸣：《工业化后期的中国经济增长新动力》，载于《中国工业经济》2015 年第 6 期。

[237] 赵进文、张敬思：《人民币汇率、短期国际资本流动与股票价格——基于汇改后数据的再检验》，载于《金融研究》2013 年第 1 期。

[238] 赵胜民、罗琦：《金融摩擦视角下的房产税、信贷政策与住房价格》，载于《财经研究》2013 年第 12 期。

[239] 赵文胜、张屹山、赵杨：《人民币升值、热钱流入与房价的关系——基于趋势性和波动性的研究》，载于《世界经济研究》2011 年第 5 期。

[240] 郑挺国、刘金全：《区制转移形式的"泰勒规则"及其在中国货币政策中的应用》，载于《经济研究》2010 年第 3 期。

[241] 中国人民银行南昌中心支行课题组：《基础货币新投放方式的选择探析》，载于《金融与经济》2015 年第 9 期。

[242] 中国人民银行营业管理部课题组、李宏瑾：《中央银行利率引导——理论、经验分析与中国的政策选择》，载于《金融研究》2013 年第 9 期。

[243] 中国人民银行营业管理部课题组：《货币政策操作对银行部门的影响——基于商业银行面板数据的实证研究》，载于《投资研究》2011 年第 11 期。

[244] 钟春平、潘黎：《"产能过剩"的误区——产能利用率及产能过剩的进展、争议及现实判断》，载于《经济学动态》2014 年第 3 期。

[245] 周闯：《基于金融稳定的住房市场宏观调控政策研究》，武汉大学博士学位论文，2019 年。

[246] 周逢民：《论货币政策的结构调整职能》，载于《金融研究》2004 年第 7 期。

[247] 周劲：《产能过剩的概念、判断指标及其在部分行业测算中的应用》，载于《宏观经济研究》2007 年第 9 期。

［248］周立、王子明：《中国各地区金融发展与经济增长实证分析：1978－2000》，载于《金融研究》2002 年第 10 期。

［249］周铁军、刘伟哲：《中国国际收支与货币供给关联性的实证分析》，载于《国际金融研究》2009 年第 3 期。

［250］周小川：《货币政策目标应相机而动》，载于《中国总会计师》2010 年第 10 期。

［251］朱军、姚军：《中国公共资本存量的再估计及其应用——动态一般均衡的视角》，载于《经济学》（季刊）2017 年第 4 期。

［252］朱孟楠、丁冰茜、闫帅：《人民币汇率预期、短期国际资本流动与房价》，载于《世界经济研究》2017 年第 7 期。

［253］朱孟楠、闫帅：《国际资本流动、外汇市场干预与人民币汇率》，载于《国际经贸探索》2016 年第 3 期。

［254］朱民：《改变未来的金融危机》，中国金融出版社 2009 年版。

［255］朱亚培：《开放经济下国际收支对中国货币政策独立性的影响》，载于《世界经济研究》2013 年第 11 期。

［256］Abdel－Kader, K. What Are Structural Policies? ［J］. *Finance and Development*, 2013, 50 (1): 46－47.

［257］Acemoglu, D, Johnson, S. Unbundling Institutions ［J］. *Journal of Political Economy*, 2005, 113 (5): 949－995.

［258］Acharya V V, Fleming M J, Hrung W B, et al. Dealer Financial Conditions and Lender－of－last－resort Facilities ［J］. *Journal of Financial Economics*, 2016.

［259］Acharya V V, Gromb D, Yorulmazer T. Imperfect Competition in the Interbank Market for Liquidity as a Rationale for Central Banking ［J］. *American Economic Journal: Macroeconomics*, 2012, 4 (2): 184－217.

［260］Adrian, T, K Kimbrough and D Marchioni. *The Federal Reserve's Commercial Paper Funding Facility* ［R］. Federal Reserve Bank of New York Staff Report, 2011, No. 423.

［261］Agarwal S, Chomsisengphet S, Mahoney N, et al. *Do Banks Pass Through Credit Expansions? the Marginal Profitability of Consumer Lending during the Great Recession* ［Z］. Working Paper Series, 2015 (21567): 1－57, 59, a1－a2.

［262］Agénor P R, Alper K, da Silva L A P. Sudden Floods, Macroprudential Regulation and Stability in an Open Economy ［J］. *Journal of International Money and Finance*, 2014a, 48: 68－100.

［263］Agénor P R, Alper K, da Silva L P. External Shocks, Financial Volatility and Reserve Requirements in an Open Economy ［J］. *Journal of International Money and Finance*, 2018, 83: 23 – 43.

［264］Agénor P R, da Silva L A P. Macroprudential Regulation and the Monetary Transmission Mechanism ［J］. *Journal of Financial Stability*, 2014b, 13: 44 – 63.

［265］Agénor P R, Jia P. *Capital Controls and Welfare with Cross – border Bank Capital Flows* ［M］. Centre for Growth and Business Cycle Research, Economic Studies, University of Manchester, 2015.

［266］Agénor P R, Jia P. Macroprudential Policy Coordination in a Currency Union ［C］. *Centre for Growth and Business Cycle Research Discussion Paper Series*, 2017, 235.

［267］Agénor P R, Pereira da Silva L A. Global Banking, Financial Spillovers, and Macroprudential Policy Coordination ［J］. *SSRN Electronic Journal*, 2019, 764.

［268］Aghion P, Bacchetta P, Banerjee A. Currency Crises and Monetary Policy in an Economy with Credit Constraints ［J］. *European Economic Review*, 2001, 45 (7): 1121 – 1150.

［269］Aghion P, Hemous D, Kharroubi E. Cyclical Fiscal Policy, Credit Constraints, and Industry Growth ［J］. *Journal of Monetary Economics*, 2014, 62 (1): 41 – 58.

［270］Aikman D, Nelson B, Tanaka M. Reputation, Risk – taking and Macroprudential Policy ［J］. *Journal of Banking and Finance*, 2015, 50: 428 – 439.

［271］Ait – Sahalia Y, Andritzky J, Jobst A, et al. Market Response to Policy Initiatives during the Global Financial Crisis ［J］. *Journal of International Economics*, 2012, 87 (1): 162 – 177.

［272］Aiyar S, Calomiris C W, Wieladek T. How Does Credit Supply Respond to Monetary Policy and Bank Minimum Capital Requirements? ［J］. *European Economic Review*, 2016, 82: 142 – 165.

［273］Ajello A, et al. Financial Stability and Optimal Interest Rate Policy ［J］. *International Journal of Central Banking*, 2019, 15 (1): 279 – 326.

［274］Akinci O, Queralto A. *Banks, Capital Flows and Financial Crises* ［Z］. FRB International Finance Discussion Paper, 2014, 1121.

［275］Allen F, Santomero A M. What do inancial FFIntermediaries do? ［J］. *Journal of Banking and Finance*, 2001, 25.

［276］Allen F, Gale D. Financial Contagion ［J］. *Journal of Political Economy*,

2000, 108 (1): 1 – 33.

[277] Allen F, Rogoff K. *Asset Prices*, *Financial Stability and Monetary Policy* [M]. Sveriges Riksbank, 2011.

[278] Alpanda S, Aysun U. International Transmission of Financial Shocks in an Estimated Dsge Model [J]. *Journal of International Money and Finance*, 2014, 47: 21 – 55.

[279] Altavilla C, Giannone D. The Effectiveness of Non-Standard Monetary Policy Measures: Evidence from Survey Data [J]. *Social Science Electronic Publishing*, 2014, 32 (5): 952 – 964.

[280] Alvarez – lois P P. 2006. Endogenous Capacity Utilization and Macroeconomic Persistence [J]. *Journal of Monetary Economics*, 53 (8): 2213 – 2237.

[281] Ammer J., C. Vega, Wongswan J. International Transmission of U. S. Monetary Policy Shocks: Evidence from VAR's [J]. *Journal of Money Credit and Banking*, 2010, 48 (2): 339 – 372.

[282] Anderson R G, Gascon C S. The Commercial Paper Market, the Fed, and the 2007 – 2009 Financial Crisis [J]. *Federal Reserve Bank of St. Louis Review*, 2009, 91.

[283] Andreasen M M, Ferman M, Zabczyk P. The Business Cycle Implications of Banks' Maturity Transformation [J]. *Review of Economic Dynamics*, 2013, 16 (4): 581 – 600.

[284] Andres J, Burriel P. Inflation and Optimal Monetary Policy in a Model with Firm Heterogeneity and Bertrand Competition [J]. *European Economic Review*, 2018, 103: 18 – 38.

[285] Angelini P, Neri S, Panetta F. *Monetary and Macroprudential Policies* [R]. European Central Bank, 2012.

[286] Aoki K, Proudman J, Vlieghe G. House Prices, Consumption and Monetary Policy: A Financial Accelerator Approach [J]. *Journal of Financial Intermediation*, 2004, 13: 414 – 435.

[287] Arcand J L, Berkes E, Panizza U. Too Much Finance? [J]. *Journal of Economic Growth*, 2015, 20 (2): 105 – 148.

[288] Attinasi, M. G., A. Klemm. *The Growth Impact of Discretionary Fiscal Policy Measures* [Z]. European Central Bank Working Paper, 2014, No. 1697.

[289] Arellano M, Bond S. Some Tests of Specification for Panel Data: Monte Carlo Evidence and an Application to Employment Equations [J]. *Review of Economic*

Studies, 1991, 58 (2): 277 – 297.

[290] Arnold I J M. The Regional Effects of Monetary Policy in Europe [J]. *Journal of Economics Integration*, 2001, 16 (3): 399 – 420.

[291] Bacchetta P, Gerlach S. Consumption and Credit Constraints: International Evidence [J]. *Journal of Monetary Economics*, 1997, 40 (2): 207 – 238.

[292] Bai C E, Li Q, Ouyang M. Property Taxes and Home Prices: A Tale of Two Cities [J]. *Journal of Econometrics*, 2014, 180 (1): 1 – 15.

[293] Baker S R. *Debt and the Consumption Response to Household Income Shocks* [Z]. Unpublished Manuscript, Stanford University, Stanford, CA, 2013.

[294] Balfoussia H, Gibson H. *Financial Conditions and Economic Activity: The Potential Impact of the Targeted Longer – Term Refinancing Operations (TLTROs)* [R]. Bank of Greece, 2015.

[295] Barsky R B, House C L, Kimball M S. Sticky Price Models and Durable Goods [J]. *Macroeconomics*, 2007, 97 (3): 984 – 998.

[296] Barth III M J, Ramey V A. *The Cost Channel of Monetary Transmission* [R]. NBER Macroeconomics Annual, 2001 (16): 199 – 240.

[297] Baum C F, Schäfer D, Talavera O. The Impact of the Financial System's Structure on Firms' Financial Constraints [J]. *Journal of International Money and Finance*, 2011, 30 (4): 678 – 691.

[298] Baumeister C, Benati L. *Unconventional Monetary Policy and the Great Recession: Estimating the Macroeconomic Effects of a Spread Compression at the Zero Lower Bound* [Z]. Staff Working Papers, 2012, 9 (2): 97 – 102.

[299] Baumeister, C. and L. Benati, Unconventional Monetary Policy and the Great Recession: Estimating the Macroeconomic Effects of a Spread Compression at the Zero Lower Bound [J]. *International Journal of Central Banking*, 2013 (9): 165 – 212.

[300] Beau D, Clerc L, Mojon B. *Macro – Prudential Policy and the Conduct of Monetary Policy* [R]. Banque de France, 2012.

[301] Beck T, Degryse H, Kneer C. Is More inance Better? Disentangling Intermediation and Size Effects of Financial Systems [J]. *Journal of Financial Stability*, 2014, 10: 50 – 64.

[302] Beck, T., Demirguc – Kunt, A. Levine, R. Law and Finance: Why Does Legal Origin Matter? [J]. *Journal of Comparative Economics*, 2003, 31 (4): 653 – 674.

[303] Beck T, Demirgüç – Kunt A, Levine R. Financial Institutions and Markets across Countries and over Time: The Uupdated Financial Development and Structure Database [J]. *The World Bank Economic Review*, 2010, 24 (1): 77 – 92.

[304] Beck T, Levine R. Industry Growth and Capital Allocation: Does Having a Market – or Bank – based System Matter? [J]. *Journal of Financial Economics*, 2002, 64 (2): 147 – 180.

[305] Beck, T, Levine, R, and Loayza, N V. Finance and the Sources of Growth [J]. *Journal of Financial Economics*, 2000, 58 (1 – 2): 261 – 300.

[306] Beck T, Lundberg M, Majnoni G. *Financial Intermediary Development and Growth Volatility: Do Intermediaries Dampen or Magnify Shocks?* [M]. The World Bank, 2001.

[307] Bekaert G, Harvey C R, Lundblad C. Growth Volatility and Financial Liberalization [J]. *Journal of International Money and Finance*, 2006, 25 (3): 370 – 403.

[308] Belke A, Gros D. Asymmetries in Transatlantic Monetary Policy – making: Does the ECB Follow the Fed? [J]. *Jcms Journal of Common Market Studies*, 2010, 43 (5): 921 – 946.

[309] Benes J, Berg A, Portillo R A. Modeling Sterilized Interventions and Balance Sheet Effects of Monetary Policy in a New – Keynesian Framework [J]. *Open Economies Review*, 2015, 26 (1): 81 – 108.

[310] Benigno G, Chen H, Otrok C. Financial Crises and Macro – prudential Policies [J]. *Journal of International Economics*, 2013, 89 (2): 453 – 470.

[311] Benigno G, Chen H, Otrok C. Optimal Capital Controls and Real Exchange Rate Policies: A Pecuniary Externality Perspective [J]. *Journal of Monetary Economics*, 2016, 84: 147 – 165.

[312] Benigno G, et al. *Monetary and Macro – Prudential Policies: An Integrated Analysis* [Z]. Working Papers, 2012.

[313] Berentsen A, Monnet C. Monetary Policy in a Channel System [J]. *Journal of Monetary Economics*, 2008, 55 (6): 1067 – 1080.

[314] Berger D, et al. House Prices and Consumer Spending [J]. *Review of Economic Studies*, 2018, 85 (3): 1502 – 1542.

[315] Bernanke B S, Gertler M, Gilchrist S. The Financial Accelerator in a Quantitative Business Cycle Framework [J]. *Handbook of Macroeconomics*, 1999, 1: 1341 – 1393.

［316］Bernanke B，Reinhart V，Sack B. *Monetary Policy Alternatives at the Zero Bound：An Empirical Assessment* ［C］. Brookings Papers on Economic Activity，2004（2）：1 – 100.

［317］Bernanke，B. S. and Gertler，M. *Inside the Black Box：The Credit Channel of Monetary Policy Transmission* ［Z］. National Bureau of Economic Research. Working Paper，1995，No. w5146.

［318］Berrospide，Jose M. . *Bank Liquidity Hoarding and the Financial Crisis：An Empirical Evaluation* ［Z］. FEDS Working Paper，2012，No. 2013 – 03.

［319］Bezemer D J，Zhang L. *From Boom to Bust in the Credit Cycle：The Role of Mortgage Credit* ［M］. University of Groningen，Faculty of Economics and Business，2014.

［320］Bhagwati J. The Capital Myth：The Difference Between Trade in Widgets and Dollars ［J］. *Foreign Affairs*，1998，5（16）：7 – 12.

［321］Bhattacharya S，Tsomocos D P，Goodhart C，et al. *Minsky's Financial Instability Hypothesis and the Leverage Cycle* ［Z］. London School of Economics FMG Special Paper，2011.

［322］Bianchi J，Mendoza E G. Optimal Time – Consistent Macroprudential Policy ［J］. *Journal of Political Economy*，2018，126（2）：588 – 634.

［323］Bianchi J，Mendoza E G. *Overborrowing，Financial Crises and "Macro – prudential" Taxes* ［Z］. National Bureau of Economic Research Working Paper，2010.

［324］Bianchi J. Overborrowing and Systemic Externalities in the Business Cycle ［J］. *American Economic Review*，2011，101（7）：3400 – 3426.

［325］Bianchi，F，L Melosi，The Dire Effects of the Lack of Monetary and Fiscal Coordination ［J］. *Journal of Monetary Economics*. 2018，104：1 – 22.

［326］Bindseil U. Monetary Policy Implementation：Theory，Past，and Present ［J］. *Oup Catalogue*，2004，30（7）：1375 – 1386.

［327］Bindseil，U，J Jablecki. *A Structural Model of Central Bank Operations and Bank Intermediation* ［C］. European Central Bank Working Paper Series，2011，No. 1312.

［328］Blanchard O，Dell'Ariccia G，Mauro P. Rethinking Macro Policy Ⅱ：Getting Granular ［J］. *Dellariccia Giovanni*，2013，13（3）：1.

［329］Blanchard O，Dell'Ariccia G，Mauro P. Rethinking Macroeconomic Policy ［J］. *Journal of Money，Credit and Banking*，2010，42（s1）：199 – 215.

［330］Blanchard O. *Currency Wars，Coordination，and Capital Controls* ［Z］.

National Bureau of Economic Research Working Paper, 2016.

[331] Blinder A S, Ehrmann M, Fratzscher M, Haan J D, Jansen D J. Central Bank Communication and Monetary Policy: A Survey of Theory and Evidence [J]. *Journal of Economic Literature*, 2008, 46 (4): 910 – 945.

[332] Blundell R, Bond S. Initial Conditions and Moment Restrictions in Dynamic Panel Data Models [J]. *Journal of Econometrics*, 1998, 87 (1): 115 – 143.

[333] Boissay F, Collard F. *Macroeconomics of Bank Capital and Liquidity Regulations* [Z]. 2016, BIS Working Papers 596.

[334] Bordo M D. Rules for a Lender of Last Resort: An Historical Perspective [J]. *Journal of Economic Dynamics and Control*, 2014, 49: 126 – 134.

[335] Borio C E V, Zabai A. *Unconventional Monetary Policies: A Re – Appraisal* [Z]. BIS Working Papers, 2016.

[336] Borio C, Disyatat P. Unconventional Monetary Policies: An Appraisal [J]. *The Manchester School*, 2010, 78 (s1): 53 – 89.

[337] Borio C, Drehmann C M. *Towards an Operational Framework for Financial Stability: "Fuzzy" Measurement and Its Consequences* [Z]. BIS Working Paper, 2009.

[338] Borio C, Furfine C, Lowe P. *Procyclicality of the Financial System and Financial Stability: Issues and Policy Options* [Z]. BIS Working Papers, 2001.

[339] Borio C, Shim I. *What Can (Macro –) Prudential Policy Do to Support Monetary Policy?* [Z]. BIS Working Paper, 2007.

[340] Borio C, Zhu H. Capital Regulation, Risk – taking and Monetary Policy: A Missing Link in the Transmission Mechanism? [J]. *Journal of Financial stability*, 2012, 8 (4): 236 – 251.

[341] Borio C. *Change and Constancy in the Financial System: Implications for Financial Distress and Policy* [Z]. BIS Working Paper, 2007.

[342] Borio C. Monetary and Financial Stability: Here to Stay? [J]. *Journal of Banking and Finance*, 2006, 30 (12): 3407 – 3414.

[343] Borio C. Monetary and Financial Stability: So Close and Yet So Far? [J]. *National Institute Economic Review*, 2005, 192 (1): 84 – 101.

[344] Borio C. *Monetary and Prudential Policies at a Crossroads? New Challenges in the New Century* [Z]. BIS Working Paper, 2006.

[345] Borio C. Rediscovering the Macroeconomic Roots of Financial Stability Policy: Journey, Challenges and a Way Forward [J]. *Annual Review of Financial Economics*, 2011, 3 (1): 87 – 117.

447

［346］Borio C. *Ten Propositions about Liquidity Crises* ［Z］. BIS Working Paper, 2009.

［347］Borio C. *Towards a Macroprudential Framework for Financial Supervision and Regulation* ［Z］. BIS Working Paper, 2003.

［348］Born B, Ehrmann M, Fratzscher M. Communicating About Macro – prudential Supervision – A New Challenge for Central Banks ［J］. *International Finance*, 2012, 15（2）: 179 – 203.

［349］Bouvatier V. Hot Money Inflows and Monetary Stability in China: How the People's Bank of China Took Up the Challenge ［J］. *Applied Economics*, 2010, 42（12）: 1533 – 1548.

［350］Boz E, Mendoza E G. Financial Innovation, the Discovery of Risk and the U. S. Credit Crisis ［J］. *Journal of Monetary Economics*, 2014, 62（Complete）: 1 – 22.

［351］Brand C, Buncic D, *Turunen J. The Impact of ECB Monetary Policy Decisions and Communication on the Yield Curve* ［Z］. Discussion Papers, 2010, 8（6）: 1266 – 1298

［352］Bruno V, Shin H S. Capital Flows and the Risk – Taking Channel of Monetary Policy ［J］. *Journal of Monetary Economics*, 2015, 71: 119 – 132.

［353］Brown S, Taylor K. Household Debt and Financial Assets: Evidence from Germany, Great Britain and the USA ［J］. *Journal of the Royal Statistical Society: Series A（Statistics in Society）*, 2008, 171（3）: 615 – 643.

［354］Brubakk L, Ellen T, Xu H. *Forward Guidance Through Interest Rate Projections: Does It Work?* ［M］. Social Science Electronic Publishing, 2017.

［355］Bruno V, Shin H S. Capital Flows and the Risk – taking Channel of Monetary Policy ［J］. *Journal of Monetary Economics*, 2015, 71: 119 – 132.

［356］Buch C M, Bussiere M, Goldberg L. The International Transmission of Monetary Policy ［J］. *Journal of International Money and Finance*, 2019, 91: 29 – 48.

［357］Buch C M, Doepke J, Pierdzioch C. Financial Openness and Business Cycle Volatility ［J］. *Journal of International Money and Finance*, 2005, 24（5）: 744 – 765.

［358］Buch C M, Eickmeier S, Prieto E. In Search for Yield? Survey – based Evidence on Bank Risk Taking ［J］. *Journal of Economic Dynamics and Control*, 2014, 43: 12 – 30.

［359］Buch C M, Yener S. Consumption Volatility and Financial Openness ［J］. *Applied Economics*, 2010, 42（28）: 3535 – 3649.

［360］Buttiglione, L, Lane, P, Reichlin, L, and Reinhart, V. *Deleveraging? What Deleveraging* ［R］. Geneva Reports on the World Economy, No. 16, 2014.

［361］Calvo G A, Leiderman L, Reinhart C M. *Capital Inflows and Real Exchange Rate Appreciation in Latin America：The Role of External Factors* ［Z］. Staff Papers, 1993, 40（1）：108 – 151.

［362］Calvo G A. Staggered Prices in a Utility – maximizing Framework ［J］. *Journal of Monetary Economics*, 1983, 12（3）：383 – 398.

［363］Calvo G. Financial Crises and Liquidity Shocks a Bank – run Perspective ［J］. *European Economic Review*, 2012, 56（3）：317 – 326.

［364］Campbell J R, Hercowitz Z. Welfare Implications of the Transition to High Household debt ［J］. *Journal of Monetary Economics*, 2009, 56（1）：1 – 16.

［365］Campbell S, Covitz D, Nelson W, Pence K. *Securitization Markets and Central Banking：An Evaluation of the Term Asset – Backed Securities Loan Facility* ［C］. Federal Reserve Board, Finance and Economics Discussion Series 2011 – 16, January.

［366］Carlino G, Defina R. The Differential Regional Effects of Monetary Policy ［J］. *Journal of Regional Science*, 1998, 80（4）：572 – 587.

［367］Carlstrom C T, Fuerst T S. *Co – movement in Sticky Price Models with Durable Goods* ［R］. Federal Reserve Bank of Cleveland, 2006.

［368］Carpenter S, Demiralp S, Eisenschmidt J. The Effectiveness of Non – standard Monetary Policy in Addressing Liquidity Risk during the Financial Crisis：The Experiences of the Federal Reserve and the European Central Bank ［J］. *Journal of Economic Dynamics and Control*, 2014（43）：107 – 129.

［369］Carroll C D, Dynan K E, Krane S D. Unemployment Risk and Precautionary Wealth：Evidence from Hhouseholds' Balance Sheets ［J］. *Review of Economics and Statistics*, 2003, 85（3）：586 – 604.

［370］Case K E, Quigley J M, Shiller R J. Comparing Wealth Effects：The Stock Market versus the Housing Market ［J］. *Advances in Macroeconomics*, 2005, 5（1）：1 – 32.

［371］Carroll C, Otsuka M, Slacalek J. How Large Are Housing and Financial Wealth Effects? A New Approach ［J］. *Journal of Money, Credit and Banking*, 2011, 43（1）：55 – 79.

［372］Cecchetti S G, Kharroubi E. *Reassessing the Impact of Finance on Growth* ［Z］. BIS Working Paper, 2012, No. 381.

［373］Cecchetti S G, Kohler M. When Capital Adequacy and Interest Rate Policy Are Substitutes（And When They Are Not）［J］. *International Journal of Central Banking*, 2012, 10（3）: 205 – 231.

［374］Cecchetti S G, Mohanty M, Zampolli F. *Achieving Growth Amid Fiscal Imbalances: the Real Effects of Debt* ［C］. Economic Symposium Conference Proceedings. Federal Reserve Bank of Kansas City, 2011, 352: 145 – 96.

［375］Cecioni M, Ferrero G, Secchi A. Unconventional Monetary Policy in Theory and in Practice ［J］. *Bank of Italy Occasional Paper*, 2011, 102: 1 – 40.

［376］Cesa – Bianchi A, Ferrero A, Rebucci A. International Credit Supply Shocks ［J］. *Journal of International Economics*, 2017, 112: 219 – 237.

［377］Céspedes L F, Chang R, Velasco A. Balance Sheets and Exchange Rate Policy ［J］. *American Economic Review*, 2004, 94（4）: 1183 – 1193.

［378］Challe E, Ragot X. Precautionary Saving over the Business Cycle ［J］. *The Economic Journal*, 2016, 590（126）: 135 – 164.

［379］Chanberline H. *The Theory of Monopolistic Competition* ［M］. Cambridge, MA: Harvard University Press, 1993.

［380］Chaney T, Sraer D, Thesmar D. The Collateral Channel: How Real Estate Shocks Affect Corporate Investment ［J］. *American Economic Review*, 2012, 102（6）: 2381 – 2409.

［381］Chang C, Liu Z, Spiegel M M. Capital Controls and Optimal Chinese Monetary Policy ［J］. *Journal of Monetary Economics*, 2015, 74: 1 – 15.

［382］Chang R, Velasco A. Financial Fragility and the Exchange Rate Regime ［J］. *Journal of Economic Theory*, 2000, 92（1）: 1 – 34.

［383］Chari V V, Kehoe P J, McGrattan E R. Sticky Price Models of the Business Cycle ［J］. *Econometrica*, 2000, 68（5）: 1151 – 1179.

［384］Chen B L, Liao S Y. Capital, Credit Constraints and the Comovement between Consumer Durables and Nondurables ［J］. *Journal of Economic Dynamics and Control*, 2014, 39: 127 – 139.

［385］Chen H, Cúrdia V, Ferrero A. The Macroeconomic Effects of Large – scale Asset Purchase Programmes ［J］. *The Economic Journal*, 2012, 564（122）: 289 – 315.

［386］Christensen I, Dib A. The Financial Accelerator in an Estimated New Keynesian Model ［J］. *Review of Economic Dynamics*, 2008, 11（1）: 155 – 178.

［387］Christensen J H E, Lopez J A, Rudebusch G D. *Do Central Bank Liquidi-*

450

ty Facilities Affect Interbank Lending Rates? [Z]. Federal Reserve Bank of San Francisco, 2009.

[388] Christensen J H, Lopez J A, Rudebusch G D. Do Central Bank Liquidity Facilities Affect Interbank Lending Rates? [J]. *Journal of Business and Economic Statistics*, 2009, 32 (1): 136 – 151.

[389] Christiano L J, Eichenbaum M, Evans C L. Nominal Rigidities and the Dynamic Effects of a Shock to Monetary Policy [J]. *Journal of Political Economy*, 2005, 113 (1): 1 – 45.

[390] Christiano L J, Eichenbaum M, Trabandt M. Understanding the Great Recession [J]. *American Economic Journal Macroeconomics*, 2015, 7 (1): 67 – 110.

[391] Cheristiano L J, Trabandt M, Walentin. K. *DSGE Models for Monetary Policy Analysis* [Z]. National Bureau of Economic Research Working Paper, 2010.

[392] Churm R, Joyce M, Kapetanios G, et al. *Unconventional Monetary Policies and the Macroeconomy: The Impact of the United Kingdom's QE2 and Funding for Lending Scheme* [Z]. Bank of England Staff Working Paper, 2015, No. 542.

[393] Churm R, Radia A, Leake J. *The Funding for Lending Scheme* [Z]. SSRN Working Paper, 2012.

[394] Čihák M, Harjes T, Stavrev E. Euro Area Monetary Policy in Uncharted Waters [J]. *Social Science Electronic Publishing*, 2009, 185 (9): 1 – 34.

[395] Clancy D, Merola R. Countercyclical Capital Rules for Small Open Economies [J]. *Journal of Macroeconomics*, 2017, 54 (B): 332 – 351.

[396] Clarida R, Gali J, Gertler M. A Simple Framework for International Monetary Policy Analysis [J]. *Journal of Monetary Economics*, 2002, 49: 879 – 904.

[397] Clarida R, Gali, Jordi, Gertler M. The Science of Monetary Policy: A New Keynesian Perspective [J]. *Journal of Economic Literature*, 1999, 37 (4): 1661 – 1707.

[398] Clausen V, Hayo B. Asymmetric Monetary Policy Effects in EMU [J]. *Applied Economics*, 2006, 38 (10): 1123 – 1134.

[399] Coffinet J, Coudert V, Pop A, et al. Two – way Interplays between Capital Buffers and Credit Growth: Evidence from French Banks [J]. *Journal of International Financial Markets, Institutions and Money*, 2012, 22 (5): 1110 – 1125.

[400] Collard, et al. Optimal Monetary and Prudential Policies [J]. *American Economic Journal: Macroeconomics*, 2017, 9 (1): 40 – 87.

[401] Cooper D. US Household Deleveraging: What do the Aggregate and House-

hold – level Data Tell Us? ［J］. *Federal Reserve Bank of Boston Public Policy Brief*, 2012（12 – 2）.

［402］ Cornett M M, Mcnutt J J, Strahan P E, et al. Liquidity Risk Management and Credit Supply in the Financial Crisis ［J］. *Journal of Financial Economics*, 2011, 101（2）: 297 – 312.

［403］ Cournède, B, and Denk, O. *Finance and Economic Growth in OECD and G20 Countries* ［Z］. OECD Economics Department Working Paper, No. 1223, 2015.

［404］ Covas F, Driscoll J C. *Bank Liquidity and Capital Regulation in General Equilibrium* ［Z］. Available at SSRN Working Paper 2495581, 2014.

［405］ Cuadra G, Nuguer V. Risky Banks and Macro – prudential Policy for Emerging Economies ［J］. *Review of Economic Dynamics*, 2018, 30: 125 – 144.

［406］ Cúrdia V, Woodford M. The Central – bank Balance Sheet as an Instrument of Monetary Policy ［J］. *Journal of Monetary Economics*, 2011, 58（1）: 54 – 79.

［407］ Das A and Ghosh S. Financial Deregulation and Profit Efficiency: A Nonparametric Analysis of Indian Banks ［J］. *Journal of Economics and Business*, 2009, 61（6）: 509 – 528.

［408］ Davis J S, Huang K X D. *Optimal Monetary Policy Under Financial Sector Risk* ［Z］. Globalization and Monetary Policy Institute Working Paper, 2011, 85.

［409］ Davis J S, Presno I. Capital Controls and Monetary Policy Autonomy in a Small Open Economy ［J］. *Journal of Monetary Economics*, 2017, 85: 114 – 130.

［410］ Davig, T, E M Leeper. Monetary – fiscal Policy Interactions and Fiscal Stimulus ［J］. *European Economic Review*, 2011, 55（2）: 211 – 227.

［411］ De Groot O. *The Risk Channel of Monetary Policy* ［Z］. FEDS Working Paper 31, 2014.

［412］ De Haan L, Willem V D E J. *Banks' Responses to Funding Liquidity Shocks: Lending Adjustment, Liquidity Hoarding and Fire Sales* ［R］. Netherlands Central Bank, Research Department, 2011: 152 – 174.

［413］ De Nicoló M G, Gamba M A, Lucchetta M. *Capital Regulation, Liquidity Requirements and Taxation in a Dynamic Model of Banking* ［M］. International Monetary Fund, 2012.

［414］ Deaton A. *Understanding Consumption* ［M］. Oxford University Press, 1992.

［415］ Dedola L, Karadi P, Lombardo G. Global Implications of National Unconventional Policies ［J］. *Journal of Monetary Economics*, 2013, 60（1）: 66 – 85.

［416］ Dedola L，Lippi F. The Monetary Transmission Mechanism：Evidence from the Industries of Five OECD Countries ［J］. *European Economic Review*，2005，49（6）：1543 – 1569.

［417］ Dedola L，Rivolta G，Stracca L. If the Fed Sneezes，Who Catches a Cold?［J］. *Journal of International Economics*，2017，108（1）：23 – 41.

［418］ Del Negro M，Eggertsson G B，Ferrero A，et al. *The Great Escape? A Quantitative Evaluation of the Fed's Liquidity Facilities* ［R］. Staff Reports，2016，292（5525）：2263 – 2264.

［419］ Delis M D，Kouretas G P. Interest Rates and Bank Risk – taking ［J］. *Journal of Banking and Finance*，2011，35（4）：840 – 855.

［420］ Demyanyk Y，Koepke M. Americans Cut Their Debt ［J］. *Economic Commentary*，2012（11）.

［421］ Deng K，Todd W. Is the US Quantitative Easing more Effective than China's? A Second Thought ［J］. *China Economic Review*，2016，38：11 – 23.

［422］ Devereux M B，Lane P R，Xu J Y. Exchange Rates and Monetary Policy in Emerging Market Economies ［J］. *The Economic Journal*，2006，511（116）：478 – 506.

［423］ Devereux M B，Sutherland A. Valuation Effects and the Dynamics of Net External Assets ［J］. *Journal of International Economics*，2010，80（1）：129 – 143.

［424］ Devereux M B，Yetman J. Globalisation，Pass – through and the Optimal Policy Response to Exchange Rates ［J］. *Journal of International Money and Finance*，2014，49：104 – 128.

［425］ Devereux M B，Young E R，Changhua Y. Capital Controls and Monetary Policy in Sudden – stop Economies ［J］. *Journal of Monetary Economics*，2019，103：52 – 74.

［426］ Diamond D W，Dybvig P H. Bank Runs，Deposit Insurance and Liquidity ［J］. *Journal of Political Economy*，1983，91：401 – 419.

［427］ Diamond D W. Financial Intermediation and Delegated Monitoring ［J］. *The Review of Economic Studies*，1984，51（3）：393 – 414.

［428］ Diamond D W. *Fear of Fire Sales and the Credit Freeze* ［Z］. BIS Working Papers，2010，126（14925）.

［429］ Dib A. Banks，*Credit Market Frictions，and Business Cycles* ［Z］. Bank of Canada Working Paper，2010a.

［430］ Dib A. *Capital Requirement and Financial Frictions in Banking：Macroeco-*

nomic Implications [Z]. Bank of Canada Working Paper, 2010b.

[431] Disyatat P, Galati G. The Effectiveness of Foreign Exchange Intervention in Emerging Market Countries: Evidence from the Czech Koruna [J]. *Journal of International Money and Finance*, 2007, 26 (3): 383 – 402.

[432] Dixit A K, Stiglitz J E. Monopolistic Competition and Optimum Product Diversity [J]. *The American Economic Review*, 1977, 67 (3): 297 – 308.

[433] Domaç I, Mendoza A. *Is There Room for Foreign Exchange Interventions Under an Inflation Targeting Framework? Evidence from Mexico and Turkey* [M]. The World Bank, 2004.

[434] Domeij D, Flodén M. The Labor – Supply Elasticity and Borrowing Constraints: Why Estimates Are Biased [J]. *Review of Economic Dynamics*, 2006, 9 (2): 242 – 262.

[435] Draghi, M. *Unemployment in the Euro Area* [R]. Speech at Annual central bank symposium in Jackson Hole, 2014, 22 August.

[436] Drehmann, M, and Tsatsaronis, K. The Credit – to – GDP Gap and Countercyclical Capital Buffers: Questions and Answers [J]. *BIS Quarterly Review*, 2014.

[437] Drehmann, M, Borio, C, Gambacorta, L, Jimenez, G, and Trucharte, C. *Countercyclical Capital Buffers: Exploring Options* [Z]. BIS Working Paper, No. 317, 2010.

[438] Ductor L, Grechyna D. Financial Development, Real Sector, and Economic Growth [J]. *International Review of Economics and Finance*, 2015, 37: 393 – 405.

[439] Durden T. The Global Problem: Monetary Policy Can't Fix An Economy's Structural Problems [N]. http://www. zerohedge. com/news/2015 – 03 – 05/.

[440] Duygan – Bump B, Parkinson P, Rosengren E, et al. How Effective Were the Federal Reserve Emergency Liquidity Facilities? Evidence from the Asset – Backed Commercial Paper Money Market Mutual Fund Liquidity Facility [J]. *Journal of Finance*, 2013, 68 (2): 715 – 737.

[441] Dynan K, Edelberg W. The Relationship between Leverage and Household Spending Behavior: Evidence from the 2007 – 2009 Survey of Consumer Finances [J]. *Federal Reserve Bank of St. Louis Review*, 2013, 95 (5): 425 – 448.

[442] Dynan K, Mian A, Pence K M. *Is a Household Debt Overhang Holding Back Consumption?* [with comments and discussion] [C]. Brookings Papers on Eco-

nomic Activity, 2012: 299 – 362.

[443] Eggertsson G B, Krugman P. Debt, Deleveraging and the Liquidity Trap: A Fisher – Minsky – Koo Approach [J]. *Quarterly Journal of Economics*, 2012, 127 (3): 1469 – 1513.

[444] Eggertsson G B, Woodford M. Policy Options in a Liquidity Trap [J]. *American Economic Review*, 2004, 94 (2): 76 – 79.

[445] Ennis H M, Wolman A L. *Large Excess Reserves in the US: a View from the Cross – section of Banks* [Z]. Federal Reserve Bank of Richmond, Working Paper, 2012, No. 5.

[446] Eozenou P. *Financial Integration and Macroeconomic Volatility: Does Financial Development Matter?* [Z]. MPRA Working Paper, 2008.

[447] Ercge C J, Henderson D W, Levin A T. 2000. Optimal Monetary Policy with Staggered Wage and Price Contracts [J]. *Journal of Monetary Economics*, 46 (2): 281 – 313.

[448] Erceg C, Levin A. Optimal Monetary Policy with Durable Consumption Goods [J]. *Journal of Monetary Economics*, 2006, 53 (7): 1341 – 1359.

[449] Eusepi S, Tambalotti H A. Condi. A Cost – of – Nominal – Distortions Index [J]. *American Economic Journal: Macroeconomics*, 2011, 3 (3): 53 – 91.

[450] Faia E, Monacelli T. Ramsey Monetary Policy and International Relative Prices [J]. *SSRN Electronic Journal*, 2004, 254.

[451] Faia E. Finance and International Business Cycles [J]. *Journal of Monetary Economics*, 2007, 54 (4): 1018 – 1034.

[452] Farhi E, Werning I. A Theory of Macroprudential Policies in the Presence of Nominal Rigidities [J]. *Econometrica*, 2016, 84 (5): 1645 – 1704.

[453] Farhi E, Werning I. *Dealing with the Trilemma: Optimal Capital Controls with Fixed Exchange Rates* [Z]. NBER Working Paper, 2012.

[454] Farhi E, Werning I. Dilemma Not Trilemma? Capital Controls and Exchange Rates with Volatile Capital Flows [J]. *IMF Economic Review*, 2014, 62 (4): 569 – 605.

[455] Farhi E, Werning I. Fiscal Unions [J]. *American Economic Review*, 2017, 107 (12): 3788 – 3834.

[456] Fawley B W, Neely C J. Four Stories of Quantitative Easing [J]. *Review/Federal Reserve Bank of St. Louis*, 2013, 95 (1): 51 – 88.

[457] Felix D, Sau R. *On the Revenue Potential and Phasing in of the Tobin Tax*

［M］. Oxford，Oxford University Press，1996.

［458］Fischer S. Exchange Rate Regimes: Is the Bipolar View Correct? ［J］. *Journal of Economic Perspectives*，2001，15: 3 – 24.

［459］Fisher, I. , The Debt – deflation Theory of Great Depressions ［J］. *Econometrica*，1933（1）: 337 – 357.

［460］Fleming M J，Hrung W B，Keane F M. Repo Market Effects of the Term Securities Lending Facility ［J］. *American Economic Review*，2010，100（2）: 591 – 596.

［461］Flood R P，Garber P M. Collapsing Exchange – rate Regimes: Some Linear Examples ［J］. *Journal of International Economics*，1984，17（1 – 2）: 0 – 13.

［462］Forbes K J，Fratzscher M，Straub R. *Capital Controls and Macroprudential Measures: What Are They Good For?* ［Z］. MIT Sloan Research Paper，2014，5061.

［463］Forbes K J，Warnock F E. Capital Flow Waves: Surges, Stops, Flight, and Retrenchment ［J］. *Journal of International Economics*，2012，88（2）: 235 – 251.

［464］Forbes K，Reinhardt D，Wieladek T. *The Spillovers，Interactions，and （un） Intended Consequences of Monetary and Regulatory Policies* ［Z］. National Bureau of Economic Research Working Paper，2016.

［465］Forni, L. et al. The General Equilibrium Effects of Fiscal Policy: Estimates for the Euro Area ［J］. *Journal of Public Economics*，2009，93: 559 – 585.

［466］Francis W，Osborne M. *Bank Regulation，Capital and Credit Supply: Measuring the Impact of Prudential Standards* ［R］. Occasional Papers，2009，No. 36.

［467］Franck R，Krausz M. Liquidity Risk and Bank Portfolio Allocation ［J］. *International Review of Economics & Finance*，2007，16（1）: 60 – 77.

［468］Frankel J A，Wei S J. Assessing China's Exchange Rate Regime ［J］. *Economic Policy*，2007，51（22）: 575 – 627.

［469］Frankel J. Systematic Managed Floating ［J］. *Open Economies Review*，2019，30（2）: 255 – 295.

［470］Freedman C，Kumhof M，Laxton D，et al. Global Effects of Fiscal Stimulus during the Crisis ［J］. *Journal of Monetary Economics*，2010，57（5）: 506 – 526.

［471］Gadanecz B，Mehrotra A N，Mohanty M S. *Foreign Exchange Intervention and the Banking System Balance Sheet in Emerging Market Economies* ［Z］. BIS Working Paper，2014a，445.

［472］Gadanecz B，Miyajima K，Urban J. How Might EME Central Banks Respond to the Influence of Global Monetary Factors? [J]. *BIS Papers Chapters*, 2014b, 78: 45 - 69.

[473] Gagnon J, Raskin M, Remache J, et al. The Financial Market Effects of the Federal Reserve's Large - scale Asset Purchases [J]. *International Journal of Central Banking*, 2011, 7 (1): 3 - 43.

[474] Galati G, Moessner R. *Macroprudential Policy—A Literature Review* [Z]. DNB Working Paper, 2010.

[475] Gale Douglas and Yorulmazer Tanju. Liquidity Hoarding [J]. *Theoretical Economics*, 2013, 8 (2): 291 - 324.

[476] Gali J, Monacelli T. Optimal Monetary and Fiscal Policy in a Currency Union [J]. *Journal of International Economics*, 2008, 76 (1): 116 - 132.

[477] Gali J, Monacelli T. Monetary Policy and Exchange Rate Volatility in a Small Open Economy [J]. *Review of Economic Studies*, 2005, 72 (3): 707 - 734.

[478] Gali J. *Monetary Policy, Inflation and the Business Cycle* [M]. Princeton University Press, 2008.

[479] Gambacorta L, Haliassos M. The Bank Lending Channel: Lessons from the Crisis [J]. *Economic Policy*, 2011, 26 (66): 135 - 182.

[480] Gambacorta L, Hofmann B, Peersman G. The Effectiveness of Unconventional Monetary Policy at the Zero Lower Bound: A Cross - Country Analysis [J]. *Journal of Money, Credit and Banking*, 2014, 46 (4): 615 - 642.

[481] Ganley J, Salmon C. *The Industrial Impact of Monetary Policy Shocks: Some Stylised Facts* [Z]. Bank of England Working Papers, 1997.

[482] Garriga C, Kydland F, Sustek R. Mortgages and Monetary Policy [J]. *Review of Financial Studies*, 2017, 30 (10): 3337 - 3375.

[483] Gaspar V, Kashyap A K. *Stability First: Reflections Inspired by Otmar Issing's Success as the ECB's Chief Economist* [M]. European Central Bank, 2006.

[484] Gavin M, Hausmann R. *The Roots of Banking Crises: The Macroeconomic Context* [M]. Idb Publications, 1996, 4026: 27 - 63.

[485] Gelain P, Ilbas P. Monetary and Macroprudential Policies in an Estimated Model with Financial Intermediation [J]. *Journal of Economic Dynamics and Control*, 2017, 78: 164 - 189.

[486] Gennaioli N, Shleifer A, Vishny R. Neglected Risks, Financial Innovation, and Financial Fragility [J]. *Journal of Financial Economics*, 2012, 104 (3): 452 - 468.

［487］ Georgiadis G. Examining Asymmetries in the Transmission of Monetary Policy in the Euro Area: Evidence from a Mixed Cross – section Global VAR Model ［J］. *European Economic Review*, 2015（75）: 195 – 215.

［488］ Georgopoulos G, Hejazi W. Financial Structure and the Heterogeneous Impact of Monetary Policy across Industries ［J］. *Journal of Economics and Business*, 2009, 61（1）: 1 – 33.

［489］ Gerali, et al. Credit and Banking in a DSGE Model of the Euro Area ［J］. *Journal of Money Credit and Banking*, 2010, 42（s1）: 107 – 141.

［490］ Geršl A, Holub T. Foreign Exchange Interventions Under Inflation Targeting: The Czech Experience ［J］. *Contemporary Economic Policy*, 2006, 24（4）: 475 – 491.

［491］ Gertler M, Karadi P. *Monetary Policy Surprises, Credit Costs and Economic Activity* ［Z］. Cepr Discussion Papers, 2014, 7（1）: 44 – 76.

［492］ Gertler M, Gilchrist S, Natalucci F M. External Constraints on Monetary Policy and the Financial Accelerator ［J］. *Journal of Money, Credit and Banking*, 2007, 39（2 – 3）: 295 – 330.

［493］ Gertler M, Karadi P. A Model of Unconventional Monetary Policy ［J］. *Journal of Monetary Economics*, 2011, 58（1）: 17 – 34.

［494］ Gertler M, Karadi P. Monetary Policy Surprises, Credit Costs, and Economic Activity ［J］. *American Economic Journal: Macroeconomics*, 2015, 7（1）: 44 – 76.

［495］ Gertler M, Kiyotaki N. *Banking, Liquidity and Bank Runs in an Infinite Horizon Economy* ［Z］. NBER Working Papers, 2015, 105（7）.

［496］ Gertler M, Kiyotaki N. Financial Intermediation and Credit Policy in Business Cycle Analysis ［J］. *Handbook of Monetary Economics*, 2010, 3: 547 – 599.

［497］ Gete P, Tiernan N. *Lax Lending Standards and Macroprudential Tools* ［Z］. Georgetown University Working Paper, 2012.

［498］ Ghosh S, Reitz S. Capital Flows, Financial Asset Prices and Real Financial Market Exchange Rate: A Case Study for an Emerging Market, India ［J］. *Journal of Reviews on Global Economics*, 2013, 2: 158 – 171.

［499］ Ghosh S. Capital Buffer, Credit Risk and Liquidity Behaviour: Evidence for GCC Banks ［J］. *Comparative Economic Studies*, 2016, 58（4）: 539 – 569.

［500］ Ghosh S. Industry Effects of Monetary Policy: Evidence from India ［J］. *Indian Economic Review*, 2009: 89 – 105.

［501］ Gnabo J Y, Mello L D, Moccero D. Interdependencies between Monetary

Policy and Foreign Exchange Interventions under Inflation Targeting: The Case of Brazil and the Czech Republic [J]. *International Finance*, 2010, 13 (2): 195 – 221.

[502] Goldberg J. *A Model of Deleveraging* [M]. MIT Press, 2011.

[503] Goldsmith, R. *Financial Structure and Development* [M]. Yale University Press, 1969.

[504] Goodfriend M. *Financial Stability, Deflation and Monetary Policy* [Z]. Federal Reserve Bank of Richmond Working Paper, 2001.

[505] Goodhart C A E. A Framework for Assessing Financial Stability? [J]. *Journal of Banking and Finance*, 2006, 30 (12): 3415 – 3422.

[506] Goodhart C A E. Financial Regulation, Credit Risk and Financial Stability [J]. *National Institute Economic Review*, 2005, 192 (1): 118 – 127.

[507] Gorton G. Information, Liquidity, and the (Ongoing) Panic of 2007 [J]. *American Economic Review*, 2009, 99 (2): 567 – 572.

[508] Gourinchas P O, Obstfeld M. Stories of the Twentieth Century for the Twenty – First [J]. *American Economic Journal: Macroeconomics*, 2012, 4 (1): 226 – 265.

[509] Greenwood R, Hanson S G, Vayanos D. *Forward Guidance in the Yield Curve: Short Rates versus Bond Supply* [Z]. CEPR Discussion Papers, 2015.

[510] Grigoli F, Herman A, Swiston A, et al. Output Gap Uncertainty and Real – Time Monetary Policy [J]. *Russian Journal of Economics*, 2015, 4 (1): 329 – 358.

[511] Gros D, Alcidi C, Giovannini A. *Targeted Longer – Term Refinancing Operations (TLTROs): Will They Revitalize Credit in the Euro Area? Document Requested by the European Parliament's Committee on Economic and Monetary Affairs IP* [R]. A/ECON/2014 – 03, 2014.

[512] Guerrieri L, Iacoviello M. Collateral Constraints and Macroeconomic Asymmetries [J]. *Journal of Monetary Economics*, 2017, 90 (Supplement C): 28 – 49.

[513] Guerrieri V, Lorenzoni G. Credit Crises, Precautionary Savings and the Liquidity Trap [J]. *Quarterly Journal of Economics*, 2017, 132 (3): 1427 – 1467.

[514] Guerrieri V, Lorenzoni G. Liquidity and Trading Dynamics [J]. *Econometrica*, 2009, 77 (6): 1751 – 1790.

[515] Guo F, Huang Y S. Does "hot Money" Drive China's Real Estate and Stock Markets? [J]. *International Review of Economics & Finance*, 2010, 19 (3): 452 – 466.

[516] Hahn, F. R. *Financial Development and Macroeconomic Volatility. Evidence*

from OECD Countries [Z]. WIFO Working Paper, No. 198, 2003.

[517] Haldane A G, Read V. Monetary Policy Surprises and the Yield Curve [J]. *Ssrn Electronic Journal*, 2000 (106).

[518] Hamdi H, Jlassi N B. Financial Liberalization, Disaggregated Capital Flows and Banking Crisis: Evidence from Developing Countries [J]. *Economic Modelling*, 2014, 41: 124 – 132.

[519] Hamilton J D, Wu J C. The effectiveness of Alternative Monetary Policy Tools in a Zero Lower Bound Environment [J]. *Journal of Money, Credit and Banking*, 2012, 4 (s1): 3 – 46.

[520] Hanson S G, Kashyap A K, Stein J C. A Macroprudential Approach to Financial Regulation [J]. *Journal of Economic Perspectives*, 2011, 25 (1): 3 – 28.

[521] Hayo B, Uhlenbrock B. Industry Effects of Monetary Policy in Germany [J]. *Macroeconomics*, 1999 (1): 127 – 158.

[522] Heider F, . Hoerova M. , Holthausen C. . *Liquidity Hoarding and Interbank Market Spreads: The Role of Counterparty Risk* [Z]. European Central Bank Working Paper, 2008.

[523] Henry, Blair P. Capital Account Liberalization: Theory, Evidence, and Speculation [J]. *Journal of Economic Literature*, 2007, 45 (4): 887 – 935.

[524] Hrung W B, Seligman J S. Responses to the Financial Crisis, Treasury Debt, and the Impact on Short – Term Money Markets [J]. *Social Science Electronic Publishing*, 2015, 11 (1): 15 – 30.

[525] Hsu, P. H. , Tian, X. , and Xu, Y. , Financial Development and Innovation: Cross – country Evidence [J]. *Journal of Financial Economics*, 2014, 112 (1): 116 – 135.

[526] Huo Z, Rios – Rull J V. Tightening Financial Frictions on Households, Recessions, and Price reallocations [J]. *Review of Economic Dynamics*, 2015, 18 (1): 118 – 139.

[527] Iacoviello M, Minetti R. International Business Cycles with Domestic and Foreign Lenders [J]. *Journal of Monetary Economics*, 2006, 53 (8): 2267 – 2282.

[528] Iacoviello M, Minetti R. The Credit Channel of Monetary Policy: Evidence from the Housing Market [J]. *Journal of Macroeconomics*, 2008, 30 (1): 69 – 96.

[529] Iacoviello M, Neri S. Housing Market Spillovers: Evidence from an Estimated DSGE Model [J]. *American Economic Journal: Macroeconomics*, 2010, 2: 125 – 164.

［530］Iacoviello M. Financial Business Cycles ［J］. *Review of Economic Dynamics*, 2015, 18 (1): 140－163.

［531］Iacoviello M. House Prices, Borrowing Constraints and Monetary Policy in the Business Cycle ［J］. *American Economic Review*, 2005, 95 (3): 739－764

［532］Iacoviello M. *The Fed and the Housing Boom* ［Z］. Boston College Working Paper, 2006.

［533］Iliopulos E. *Collateral Constraints, External Imbalances and Heterogeneous Agents in a Two－country World* ［R］. Documents de Recherche, 2008.

［534］IMF, Financial Stress and Deleveraging: Macro－Financial Implications and Policy ［R］. *Global Financial Stability Report*, 2008.

［535］IMF. *Annual Report on Exchange Arrangements and Exchange Restrictions*, 2005 ［M］. International Monetary Fund, 2005.

［536］IMF. *Guidance Note for the Liberalization and Management of Capital Flows* ［R］. 2013.

［537］IMF. *Measures Which Are Both Macroprudential and Capital Flow Management Measures: IMF Approach* ［R］. 2015.

［538］IMF. *Recent Experiences in Managing Capital Inflows Cross－cutting Themes and Possible Framework* ［R］. 2011.

［539］IMF. *The Fund's Role Regarding Cross－Border Capital Flows* ［R］. Report prepared by the Strategy, Policy and Review and Legal Department, 2010.

［540］IMF. *The Liberalization and Management of Capital Flows: An Institutional View* ［R］. 2012.

［541］Inman P. *Small Businesses Still Battling for Funding, Bank of England Data Reveals* ［N］. The Guardian, January 21st, 2014.

［542］Ireland P N. Sticky－price Models of the Business Cycle: Specification and Stability ［J］. *Journal of Monetary Economics*, 2001, 47 (1): 3－18.

［543］Ivashina V. Scharfstein D. Bank Lending during the Financial Crisis of 2008 ［J］. *Journal of Financial Economics*, 2010, 97 (3): 319－338.

［544］Javier Andrés, óscar J. Arce. Banking Competition, Housing Prices and Macroeconomic Stability ［J］. *Economic Journal*, 2012, 265 (122): 1346－1372.

［545］Jeanne O, Korinek A. Excessive Volatility in Capital Flows: A Pigouvian Taxation Approach ［J］. *American Economic Review*, 2010, 100 (2): 403－07.

［546］Jeanne O, Korinek A. *Managing Credit Booms and Busts: A Pigouvian Taxation Approach* ［Z］. NBER Working Paper, 2010.

［547］Jeanne O，Subramanian A，Williamson J. *Who Needs to Open the Capital Account* ［M］. Peterson Institute，2012.

［548］Jermann U，Quadrini V. Macroeconomic Effects of Financial Shocks ［J］. *American Economic Review*，2012，102（1）：238 - 271.

［549］Jensen H，Ravn S O，Santoro E. Changing Credit Limits，Changing Business Cycles ［J］. *European Economic Review*，2018，102：211 - 239.

［550］Jiang S，Lu M，Sato H. Identity，Inequality，and Happiness：Evidence from urban China ［J］. *World Development*，2012，40（6）：1190 - 1200.

［551］Jiménez G，Ongena S，Peydró J L，et al. Hazardous Times for Monetary Policy：What do Twenty - three Million Bank Loans Say about the Effects of Monetary Policy on Credit Risk - taking? ［J］. *Econometrica*，2014，82（2）：463 - 505.

［552］Jimenez G，Ongena S，Peydro J. *Macroprudential Policy，Countercyclical Bank Capital Buffers and Credit Supply：Evidence from the Spanish Dynamic Provisioning Experiments* ［Z］. Economics Working Papers，2012：1315.

［553］Johnson K W，Li G. Do High Debt Payments Hinder Household Consumption Smoothing? ［J］. *Finance and Economics Discussion*，2007，19（1）：59 - 72.

［554］Jung H. Kim D. Bank Funding Structure and Lending under Liquidity Shocks：Evidence from Korea ［J］. *Pacific - Basin Finance Journal*，2015（33）：62 - 80.

［555］Kaminsky G L，Reinhart C M. The Twin Crises：The Causes of Banking and Balance - of - Payments Problems ［J］. *American Economic Review*，1999，89（3）：473 - 500.

［556］Kannan P，Rabanal P，Scott A M. Monetary and Macroprudential Policy Rules in a Model with House Price Booms ［J］. *The B. E. Journal of Macroeconomics*，2012，12（1）：1 - 42.

［557］Kashyap A K，Rajan R G，Stein J C. *Rethinking Capital Regulation* ［C］. Jackson Hole Economic Policy Symposium，Federal Reserve Bank of Kansas City，2008.

［558］Kashyap A K，Tsomocos D P，Vardoulakis A P. *How Does Macroprudential Regulation Change Bank Credit Supply?* ［Z］. NBER Working Paper NO. 20165，2014.

［559］Keister T，Mcandrews J. Why Are Banks Holding So Many Excess Reserves? ［J］. *Social Science Electronic Publishing*，2009，15（Dec）.

［560］Khadraoui N. Financial Integration and Growth Volatility：Empirical Evidence of the Threshold Effect of Financial Development from Dynamic Panel Data [J]. *Journal of Business Studies Quarterly*, 2011, 3 (1): 201.

[561] Kim D. Sohn W. The Effect of Bank Capital on Lending: Does Liquidity Matter? [J]. *Journal of Banking and Finance*, 2017, 77: 95 – 107.

[562] Kim S, Yang D Y. The Impact of Capital Inflows on Asset Prices in Emerging Asian Economies: Is Too Much Money Chasing Too Little Good? [J]. *Open Economies Review*, 2011, 22 (2): 293 – 315.

[563] King M. *Mapping Capital and Liquidity Requirements to Bank Lending Spreads* [R]. Bank for International Settlements, 2010.

[564] Kiyotaki N, Moore J. Credit Cycle [J]. *Journal of Political Economy*, 1997, 105 (2): 211 – 248.

[565] Kiyotaki N, Moore J. *Liquidity, Business Cycles and Monetary Policy* [Z]. NBER Working Paper NO. 17934, 2012.

[566] Kiyotaki N, Moore J. Credit Cycle [J]. *Journal of Political Economy*, 1997, 105 (2): 211 – 248

[567] Kohli R. Capital Account Liberalisation: Empirical Evidence and Policy Issues Ⅱ [J]. *International Finance*, 2001, 36 (14 – 15): 1199 – 1206.

[568] Koop G, Pesaran M H, Potter S M. Impulse Response Analysis in Nonlinear Multivariate Models [J]. *Journal of Econimetrics*, 1996, 74 (1): 119 – 147.

[569] Kopchak S J. The Liquidity Effect for Open Market Operations [J]. *Journal of Banking and Finance*, 2011, 35 (12): 3292 – 3299.

[570] Korinek, Anton. The New Economics of Prudential Capital Controls: A Research Agenda [J]. *IMF Economic Review*, 2011, 59 (3): 523 – 561.

[571] Kose M A, Prasad E S, Terrones M E. Financial Integration and Macroeconomic Volatility [J]. *IMF Staff Papers*, 2003, 50 (1): 119 – 142.

[572] Kose M A, Prasad E, Rogoff K. Financial Globalization: A Reappraisal [J]. *IMF Staff Papers*, 2009, 56 (1): 8 – 62.

[573] Kose M A, Prasad E S, Terrones M E. Does Openness to International Financial Flows Raise Productivity Growth? [J]. *Journal of International Money and Finance*, 2009, 28 (4): 554 – 580.

[574] Krishnamurthy A, Vissing – Jorgensen A. *The Effects of Quantitative Sasing on Interest Rates: Channels and Implications for Policy* [Z]. National Bureau of Economic Research, Working Paper, 2011.

[575] Krugman P R. Balance Sheets, The Transfer Problem, and Financial Cri-

ses [J]. *International Tax and Public Finance*, 1999, 6 (4): 459 – 472.

[576] Krugman P. A Model of Balance – of – Payments Crises [J]. *Journal of Money Credit and Banking*, 1979, 11 (3): 311 – 325.

[577] Krugman, Paul. Are Currency Crises Self – Fulfilling? [J]. *NBER Macroeconomics Annual*, 1996, 11: 345 – 378.

[578] Kuersteiner G M, Phillips D C, Villamizar – Villegas M. Effective Sterilized Foreign Exchange Intervention? Evidence from a Rule – Based Policy [J]. *Journal of International Economics*, 2018, 113: 118 – 138.

[579] Kumhof M, Muir D, Mursula. S, Laxton D. *The Global Integrated Monetary and Fiscal Model (gimf) – Theoretical Structure* [M]. Social Science Electronic Publishing, 2010, 10 (10/34).

[580] Lacker, Jeffrey M. Fed Credit Policy: What is a Lender of Last Resort? [J]. *Journal of Economic Dynamics and Control*, 2014, 49: 135 – 138.

[581] Laeven, L, Levine, R, and Michalopoulos, S. Financial Innovation and Endogenous Growth [J]. *Journal of Financial Intermediation*, 2015, 24 (1): 1 – 24.

[582] Laidler D. *Financial Stability, Monetarism and the Wicksell Connection* [Z]. EPRI Working Paper Series, 2007.

[583] Lambertini L, Forlati C. Risky Mortgages in a DSGE Model [J]. *International Journal of Central Banking*, 2011, 7 (1): 285 – 335.

[584] Lambertini L, Forlati C. Risky Mortgages in a DSGE Model [J]. *Social Science Electronic Publishing*, 2011, 7 (1): 285 – 335.

[585] La Porta, R. Lopez – de – Silane, F, Shleifer, A, Vishny, R W. Law and finance [J]. *Journal of Political Economy*, 1998, 106 (6): 1113 – 1155.

[586] La Porta, R, Lopez – de – Silanes, F and Shleifer, A. The Economic Consequences of Legal Origin [J]. *Journal of Economic Literature*, 2008, 46 (2): 285 – 332.

[587] Laseen S, Pescatori A, Turunen J. Systemic Risk: A New Trade – Off for Monetary Policy? [J]. *Journal of Financial Stability*, 2017, 32 (Supplement C): 70 – 85.

[588] Law S H, Singh N. Does too much Finance Harm Economic Growth? [J]. *Journal of Banking and Finance*, 2014, 41: 36 – 44.

[589] Leblebicioǧlu A. Financial Integration, Credit Market Imperfections and Consumption Smoothing [J]. *Journal of Economic Dynamics and Control*, 2009, 33

（2）：377 – 393.

［590］Leeper E M. Equilibria under 'Active' and 'Passive' Monetary and Fiscal Policies ［J］. *Journal of Monetary Economics*, 1991, 27 （1）：129 – 147.

［591］Lenza M, Pill H, Reichlin L. Monetary Policy in Exceptional Times ［J］. *Economic Policy*, 2010, 62 （25）：295 – 339.

［592］Levchenko A A. Financial Liberalization and Consumption Volatility in Developing Countries ［J］. *IMF Economic Review*, 2005, 52 （2）：237 – 259.

［593］Levine, R. Law, Finance, and Economic Growth ［J］. *Journal of Financial Intermediation*, 1999, 8 （1 – 2）：8 – 35.

［594］Levine R. Bank – based or Market – based Financial Systems：Which is Better? ［J］. *Journal of Financial Intermediation*, 2002, 11 （4）：398 – 428.

［595］Levine, R. Finance and Growth：Theory and Evidence ［M］. In Philippe Aghion and Steven Durlauf, eds, *Handbook of Economic Growth*, The Netherlands：Elsevier Science, 2005.

［596］Li H, Yu Z, Zhang C. Determination of China's Foreign Exchange Intervention：Evidence from the Yuan/dollar Market ［J］. *Studies in Economics and Finance*, 2017, 34 （1）：62 – 81.

［597］Liu Z, Wang P F, Zha T. Land – Price Dynamics and Macroeconomic Fluctuations ［J］. *Econometrica*, 2013, 81 （3）：1147 – 1184.

［598］Liu, Z, Wang, P, and Zha, T A. *Do Credit Constraints Amplify Macroeconomic Fluctuations* ［C］. FRB Atlanta Working Paper, No. 2010 – 1, 2010.

［599］Loayza N V, Raddatz C. The Structural Determinants of External Vulnerability ［J］. *The World Bank Economic Review*, 2007, 21 （3）：359 – 387.

［600］Lowe P. *The Journey of Financial Reform* ［Z］. Address to the Australian Chamber of Commerce in Shanghai, Shanghai, 2013, 24.

［601］Lund, S, Roxburgh, C, and Wimmer, T. *The Looming Deleveraging Challenge* ［Z］. McKinsey Quarterly Working Paper, 2010.

［602］Maddaloni A, Peydró J L. Bank Risk – taking, Securitization, Supervision, and Low Interest Rates：Evidence from the Euro – area and the US Lending Standards ［J］. *The Review of Financial Studies*, 2011, 24 （6）：2121 – 2165.

［603］Magud N E, Vesperoni E R. Exchange Rate Flexibility and Credit During Capital Inflow Reversals：Purgatory Not Paradise ［J］. *Journal of International Money and Finance*, 2015, 55：88 – 110.

［604］Malovan A, Frait. Monetary Policy and Macroprudential Policy：Rivals or

Teammates？［J］. *Journal of Financial Stability*，2017，32（Supplement C）：1 – 16.

［605］Mark G，Simon G. Monetary Policy，Business Cycles，and the Behavior of Small Manufacturing Firms ［J］. *Quarterly Journal of Economics*，109（2）：309 – 340.

［606］Martin A，Monnet C. Monetary Policy Implementation Frameworks：A Comparative Analysis ［J］. *Macroeconomic Dynamics*，2011，15（S1）：145 – 189.

［607］Mattingly M，Abou – Zaid A S. The High Levels of Excess Reserves 2008 – 2012：An Investigation into the Determinants of the U. S. Banks' Liquidity Hoarding during the Global Financial Crisis ［J］. *Advances in Economics and Business*，2015（4）：141 – 148.

［608］Mcandrews J，Sarkar A，Wang Z. The Effect of the Term Auction Facility on the London Interbank Offered Rate ［J］. *Journal of Banking and Finance*，2016（82）：135 – 152.

［609］McCarthy J. Debt，delinquencies，and consumer spending ［J］. *Current Issues in Economics and Finance*，1997，3.

［610］Mckinnon R I，Pill H. Credible Economic Liberalizations and Overborrowing ［J］. *American Economic Review*，1997，87（2）：189 – 193.

［611］Mckinnon R I. The Rules of the Game：International Money in Historical Perspective ［J］. *Journal of Economic Literature*，1993，31（1）：1 – 44.

［612］Mckinnon，R I. *Money and Capital in Economic Development* ［C］. Washington，D. C. ：Brookings Institution，1973.

［613］Meeks R. Capital Regulation and the Macroeconomy：Empirical Evidence and Macroprudential Policy ［J］. *European Economic Review*，2017，95：125 – 141.

［614］Meller B. The Two – sided Effect of Financial Globalization on Output Volatility ［J］. *Review of World Economics*，2013，149（3）：477 – 504.

［615］Mendicino，et al. Optimal Dynamic Capital Requirements ［J］. *Journal of Money，Credit and Banking*，2018，50（6）：1271 – 1297.

［616］Mendoza E G，Bianchi J. Optimal，Time – Consistent Macroprudential Policy ［J］. *Journal of Political Economy*，2018，126（2）：588 – 634.

［617］Mendoza E G，Smith K A. Quantitative Implications of a Debt – deflation Theory of Sudden Stops and Asset Prices ［J］. *Journal of International Economics*，2006，70（1）：82 – 114.

［618］Mendoza E G，Terrones M. An Anatomy of Credit Booms：Evidence From Macro Aggregates and Micro Data ［J］. *International Finance Discussion Papers*，2008，

226（8）：1 – 50.

［619］ Mendoza E G. Sudden Stops, Financial Crises, and Leverage ［J］. *The American Economic Review*, 2010, 100（5）：1941 – 1966.

［620］ Mian A, Rao K, Sufi A. Household Balance Sheets, Consumption, and the Economic Slump ［J］. *The Quarterly Journal of Economics*, 2013, 128（4）：1687 – 1726.

［621］ Miranda – Agrippino S, Rey H. *US Monetary Policy and the Global Financial Cycle* ［R］. National Bureau of Economic Research, 2015.

［622］ Mishkin F S. Illiquidity, Consumer Durable Expenditure, and Monetary Policy ［J］. *The American Economic Review*, 1976, 66（4）：642 – 654.

［623］ Mishkin F S. *Monetary Policy Strategy*：*Lessons from the Crisis* ［Z］. National Bureau of Economic Research Working Paper Series, 2011

［624］ Miyajima K. *Foreign Exchange Intervention and Expectation in Emerging Economies* ［Z］. BIS Working Paper, 2013, 414.

［625］ Monacelli T. *Asset Prices and Monetary Policy* ［M］. University of Chicago Press, 2008.

［626］ Monacelli T. New Keynesian Models, Durable Goods and Collateral Constraints ［J］. *Journal of Monetary Economics*, 2009, 56（2）：242 – 254.

［627］ Montoro C, Ortiz M. *Foreign Exchange Intervention and Monetary Policy Design*：*A Market Microstructure Analysis* ［Z］. Working Papers, 2016.

［628］ Moosa I, Li L. The Mystery of the Chinese Exchange Rate Regime：Basket or No Basket? ［J］. *Applied Economics*, 2017, 49（4）：349 – 360.

［629］ Mora N, Logan A, Shocks to Bank Capital：Evidence from UK Banks at Home and Away ［J］. *Applied Economics*, 2010, 44（9）：1103 – 1119.

［630］ Muhammad N, Islam A R M, Marashdeh H A. Financial Development and Economic Growth：An Empirical Evidence from the GCC Countries Using Static and Dynamic Panel Data ［J］. *Journal of Economics and Finance*, 2016, 40（4）：773 – 791.

［631］ Mujahid H, Alam S. The Impact of Financial Openness, Trade Openness on Macroeconomic Volatility in Pakistan：Ardl Co Integration Approach ［J］. *Journal of Business Economics and Management*, 2014, 5（1）：1 – 8.

［632］ Mukerji P. Ready for Capital Account Convertibility? ［J］. *Journal of International Money and Finance*, 2009, 28（6）：1006 – 1021.

［633］ Murphy K M, Shleifer A, Vishny R W. The Allocation of Talent：Implications for Growth ［J］. *The Quarterly Journal of Economics*, 1991, 106 (2): 503 – 530.

［634］ Nakajima, J, Kasuya, M, Watanabe T. Bayesian Analysis of Time – varying Parameter Vector Autoregressive Model for the Japanese Economy and Monetary Policy ［J］. *Journal of Japanese and International Economies*, 2011 (25): 225 – 245.

［635］ Nelson D B. Conditional Heteroskedasticity in Asset Returns: A New Approach ［J］. *Modelling Stock Market Volatility*, 1996, 59 (2): 37 – 64.

［636］ Nelson D B. Conditional Heteroskedasticity in Asset Returns: A New Approach ［J］. *Econometrica: Journal of the Econometric Society*, 1991: 347 – 370.

［637］ Nuguer V. Financial Intermediation in a Global Environment ［J］. *International Journal of Central Banking*, 2016, 12 (3): 291 – 344.

［638］ Obstfeld M, Ostry J D, Qureshi M S. Global Financial Cycles and the Exchange Rate Regime: A Perspective from Emerging Markets ［C］. *AEA Papers and Proceedings*, 2018, 108: 499 – 504.

［639］ Obstfeld M. Models of Currency Crises with Self – fulfilling Features ［J］. *European Economic Review*, 1996, 40 (3 – 5): 1037 – 1047.

［640］ Obstfeld M. Rational and Self – fulfilling Balance – of – Payments Crises ［J］. *American Economic Review*, 1986, 76 (1): 72 – 81.

［641］ Obstfeld. M, Rogoff. K. Exchange Rate Dynamics Redux ［J］. *Journal of Political Economy*, 1995, 103 (3): 624 – 660.

［642］ O'Donnell B. *Financial Openness and Economic Performance* ［Z］. NBER Working paper, 2001.

［643］ Oduncu A, Akcelik Y, Ermisoglu E. Reserve Options Mechanism and FX Volatility ［J］. *SSRN Electronic Journal*, 2013.

［644］ Ohno S, Shimizu J. Do Exchange Rate Arrangements and Capital Controls Influence International Capital Flows and Housing Prices in Asia? ［J］. *Journal of Asian Economics*, 2015, 39: 1 – 18.

［645］ Olaberría E. Capital Inflows and Booms in Asset Prices: Evidence from A Panel of Countries ［M］. *Central Banking Analysis and Economic Policies Book*, 2014, 18.

［646］ Orlowski L T. Monetary Expansion and Bank Credit: A Lack of Spark ［J］. *Journal of Policy Modeling*, 2015, 37 (3): 510 – 520.

［647］ Ostry J D. *Capital Inflows: The Role of Controls* ［R］. IMF Staff Position, 2010.

［648］ Ostry J D. *Managing Capital Inflows: What Tools to Use?* ［R］. IMF Staff

Discussion，2011.

　[649] Ostry J D. *Multilateral Aspects of Managing the Capital Account* [R]. IMF Staff Discussion，2012b.

　[650] Ostry J D. *Obstacles to International Policy Coordination and How to Overcome Them* [R]. IMF Staff Discussion，2013.

　[651] Ostry J D. Two Targets，*Two Instruments：Monetary and Exchange Rate Policies in Emerging Market economies* [R]. IMF Staff Discussion，2012a.

　[652] Otesy M，King R G. 2006. Pricing，Production，and Persistence [J]. *Journal of the European Economic Association*，5（4）：893-928.

　[653] Oswero N A. *Financial Integration and Macroeconomic Volatility in Kenya* [D]. Nairobi：University of Nairobi，2013.

　[654] Ottonello P. *Optimal Exchange Rate Policy Under Collateral Constraints and Wage Rigidity* [Z]. Department of Economics Columbia University，2013.

　[655] Owyang M T，Wall H J. *Regional Disparities in the Transmission of Monetary Policy* [Z]. Federal Reserve Bank Working Paper，2003.

　[656] Pagano M. Financial Markets and Growth：An Overview [J]. *European Economic Review*，1993，37（2-3）：613-622.

　[657] Paligorova T，Santos J A C. Banks' Exposure to Rollover Risk and the Maturity of Corporate Loans [J]. *Review of Finance*，2017，21（4）：1739-1765.

　[658] Paoli B D，Paustian M. Coordinating Monetary and Macroprudential Policies [J]. *Journal of Money，Credit and Banking*，2017，49（2-3）：319-349.

　[659] Paoli B D. Monetary Policy and Welfare in a Small Open Economy [J]. *Journal of International Economics*，2009，77（1）：0-22.

　[660] Pappas A. Capital Mobility and Growth：Evidence from Greece [J]. *The Journal of Economic Asymmetries*，2010，7（1）：101-121.

　[661] Peersman G，Smets F. The Industry Effects of Monetary Policy in the Euro Area [J]. *Economic Journal*，2005，503（115）：319-342.

　[662] Peersman G. Macroeconomic Effects of Unconventional Monetary Policy in the Euro Area [J]. *Cepr Discussion Papers*，2011，28（7）：1138-1164.

　[663] Peia，O，and Roszbach，K. Finance and Growth：Time Series Evidence on Causality [J]. *Journal of Financial Stability*，2015，9：105-118.

　[664] Perri K F. International Business Cycles with Endogenous Incomplete Markets [J]. *Econometrica*，2002，70（3）：907-928.

　[665] Pesaran M H，Schuermann T，Weiner S M. Modeling Regional Interde-

469

pendencies Using a Global Error – correcting Macroeconometric Model [J]. *Journal of Business and Economic Statistics*, 2001, 22 (2): 129 – 162.

[666] Pesaran M H, Shin Y. Generalized Impulse Response Analysis in Linear Multivariate Models [J]. *Economics Letters*, 1998, 58 (1): 17 – 29.

[667] Peter P. *Keynote Speech at the Paris Europlace International Financial Forum* [R]. 2014, Jul. 9 Speech.

[668] Philippon, T. Financiers versus Engineers: Should the Financial Sector Be Taxed or Subsidized? [J]. *American Economic Journal: Macroeconomics*, 2010, 2: 158 – 82.

[669] Philippon, T. Has the US Finance Industry Become Less Efficient? On the Theory and Measurement of Financial Intermediation [J]. *American Economic Review*, 2015, 105: 1408 – 38.

[670] Philippon, T. and Reshef, A. Wages and Human Capital in the U. S. Finance Industry: 1909 – 2006 [J]. *Quarterly Journal of Economics*, 2012, 127: 1551 – 609.

[671] Philippon T, Midrigan V. *Household Leverage and the Recession* [Z]. NBER Working Paper Series, 2011.

[672] Plantin G, Shin H S. Exchange Rates and Monetary Spillovers [J]. *Theoretical Economics*, 2018, 13 (2): 637 – 666.

[673] Poutineau J C, Vermandel G. Cross – border Banking Flows Spillovers in the Eurozone: Evidence from an Estimated DSGE Model [J]. *Journal of Economic Dynamics and Control*, 2015, 51: 378 – 403.

[674] Poutineau J C, Vermandel G. Global Banking and the Conduct of Macroprudential Policy in a Monetary Union [J]. *Journal of Macroeconomics*, 2017, 54 (B): 306 – 331.

[675] Primiceri, G. Time Varying Structural Vector Autoregressions and Monetary Policy [J]. *Review of Economic Studies*, 2005, 72 (7): 821 – 852.

[676] Primus K. Excess Reserves, Monetary Policy and Financial Volatility [J]. *Journal of Banking and Finance*, 2017, 74: 153 – 168.

[677] Quirós G P, Mendizábal H R. Asymmetric Standing Facilities: An Unexploited Monetary Policy Tool [J]. *IMF Economic Review*, 2012, 60 (1): 43 – 74.

[678] Raddatz C E, Rigobon R. *Monetary Policy and Sectoral Shocks: Did the Federal Reserve React Properly to the High – Tech Crisis?* [Z]. Policy Research Working Paper, 2003.

470

［679］Radelet S，Sachs J. *The Onset of the East Asian Financial Crisis* ［Z］. NBER Working Paper，1998.

［680］Rajan R G. Has Finance Made the World Riskier? ［J］. *European Financial Management*，2010，12（4）：499－533.

［681］Rajan R G. *Has Financial Development Made the World Riskier*? ［C］. Jackson Hole Economic Policy Symposium，Federal Reserve Bank of Kansas City，2005.

［682］Rajan R G，Zingales L. Financial Dependence and Growth ［J］. *The American Economic Review*，1998，88（3）：559－586.

［683］Rajan R G，Zingales L. The Great Reversals：The Politics of Financial Development in the 20th Century ［J］. *Journal of Financial Economics*，2003，69.

［684］Ravenna F，Walsh C E. Optimal Monetary Policy with the Cost Channel ［J］. *Journal of Monetary Economics*，2006，53（2）：199－216.

［685］Reinhart C M，Reinhart V. *Capital Flow Bonanzas：An Encompassing View of the Past and Present* ［Z］. 2008，NBER Working Paper No. W14321.

［686］Reinhart C M，Rogoff K S. Is the 2007 U. S. Sub－Prime Financial Crisis So Different? An International Historical Comparison ［J］. *American Economic Review*，2008，98：339－344.

［687］Repullo R. Capital Requirements，Market Power，and Risk－taking in Banking ［J］. *Journal of Financial Intermediation*，2004，13（2）：156－182.

［688］Rey H，Passari E. Financial Flows and the International Monetary System ［J］. *The Economic Journal*，2015，584（125）：675－698.

［689］Rey H. *Dilemma Not Trilemma：The Global Financial Cycle and Monetary Policy Independence* ［Z］. NBER Working Paper，2015.

［690］Rey H. International Channels of Transmission of Monetary Policy and the Mundellian Trilemma ［J］. *IMF Economic Review*，2016，64（1）：6－35.

［691］Rotemberg J. Sticky Prices in the United States ［J］. *Journal of Political Economy*，1982，90（6）：1187－1211.

［692］Rubio M，Carrasco－Gallego J A. Macroprudential and Monetary Policies：Implications for Financial Stability and Welfare ［J］. *Journal of Banking and Finance*，2014，49：326－336.

［693］Rubio M. Short and Long－term Interest Rates and the Effectiveness of Monetary and Macroprudential policies ［J］. *Journal of Macroeconomics*，2016，47：103－115.

［694］Sack B P, Kohn D L. *Central Bank Talk: Does It Matter and Why?* ［M］. Social Science Electronic Publishing, 2004.

［695］Santomero A M, Seater J J. Is There an Optimal Size for the Financial Sector? ［J］. *Journal of Banking and Finance*, 2000, 24 (6): 945 – 965.

［696］Sarno L, Taylor M P. Hot Money, Accounting Labels and the Persistence of Capital Flows to Developing Countries: An Empirical Investigation ［J］. *Journal of Development Economics*, 1999, 59 (2): 337 – 364.

［697］Sawada M. Liquidity Risk and Bank Portfolio Management in a Financial System without Deposit Insurance: Empirical Evidence from Prewar Japan ［J］. *International Review of Economics and Finance*, 2010, 19 (3): 392 – 406.

［698］Schmitt – Grohé S, Uribe M. *Prudential Policy for Peggers* ［Z］. NBER Working Paper, 2012.

［699］Schmukler S. *Emerging Markets Instability: Do Sovereign Ratings Affect Country Risk and Stock Returns?* ［M］. The World Bank, 1999.

［700］Schoenmaker D, Wierts P. *Macroprudential Policy: The Need for a Coherent Policy Framework* ［Z］. DSF Policy Paper Series, 2011.

［701］Schoenmaker D. *Macroprudentialism* ［M］. CEPR Press, 2014.

［702］Schumpeter, J. *The Theory of Economic Develpoment* ［M］. Harvard University Press, 1912.

［703］Shibamoto M, Tachibana M. *The Effect of Unconventional Monetary Policy on the Macro Economy: Evidence from Japan's Quantitative Easing Policy Period* ［Z］. Discussion Paper, 2013.

［704］Shin H S. Global Banking Glut and Loan Risk Premium ［J］. *IMF Economic Review*, 2012, 60 (2): 155 – 192.

［705］Shin H S. *The Second Phase of Global Liquidity and Its Impact on Emerging Economie: Volatile capital flows in Koreas* ［M］. Palgrave Macmillan, New York, 2014: 247 – 257.

［706］Hiebert P, Vansteenkiste I. International Trade, Technological Shocks and Spillovers in the Labour Market: A GVAR Analysis of the US Manufacturing Sector ［J］. *Applied Economics*, 2010, 42 (24): 3045 – 3066.

［707］Smets F, Wouters R. An Estimated Dynamic Stochastic General Equilibrium Model of the Euro Area ［J］. *Journal of the European Economic Association*, 2003, 5 (1): 1123 – 1175.

［708］Stein J C. Monetary Policy as Financial Stability Regulation ［J］. *Quarterly*

Journal of Economics, 2011, 127 (1): 57 –95.

[709] Stiglitz J E. Capital Market Liberalization, Economic Growth, and Instability [J]. *World Development*, 2000, 28 (6): 1075 – 1086.

[710] Suh H. *Evaluating Macroprudential Policy with Financial Friction DSGE Model* [Z]. Working Paper, 2011.

[711] Svensson L. Cost – benefit Analysis of Leaning against the Wind [J]. *Journal of Monetary Economics*, 2017, 90 (Supplement C): 193 –213.

[712] Taguchi H, Sahoo P, Nataraj G. Capital Flows and Asset Prices: Empirical Evidence from Emerging and Developing Economies [J]. *International Economics*, 2015, 141: 1 – 14.

[713] Tayler W J, Zilberman R. Macroprudential Regulation, Credit Spreads and the Role of Monetary Policy [J]. *Journal of Financial Stability*, 2016, 26: 144 – 158.

[714] Taylor J B. *Discretion versus policy rules in practice* [C]. Carnegie – Rochester Conference Series on Public Policy, 1993, 39: 195 – 214.

[715] Tetangco A. M. *Convergence in a Divergent World* [R]. 2014, Sep. 23 Speech.

[716] Tillmann, Peter. Capital Inflows and Asset Prices: Evidence from Emerging Asia [J]. *Journal of Banking and Finance*, 2013, 37 (3): 717 –729.

[717] Tobin J. A Proposal for International Monetary Reform [J]. *Eastern Economic Journal*, 1978, 4 (3 –4): 153 –159.

[718] Tornell A. Real Vs. Financial Investment Can Tobin Taxes Eliminate the Irreversibility Distortion? [J]. *Journal of Development Economics*, 1990, 32 (2): 419 – 444.

[719] Ueda K. Banking Globalization and International Business Cycles: Cross – border Chained Credit Contracts and Financial Accelerators [J]. *Journal of International Economics*, 2012, 86 (1): 0 – 16.

[720] Ugai H. *Effects of the Quantitative Easing Policy: A Survey of Empirical Analyses* [Z]. Bank of Japan Working Paper, 2006, 25 (1): 1 –48.

[721] Vazquez F, Federico P. Bank Funding Structures and Risk: Evidence from the Global Financial Crisis [J]. *Journal of Banking & Finance*, 2015, 61: 1 – 14.

[722] Vespignani J L. On the Differential Impact of Monetary Policy across States/Territories and its Determinants in Australia: Evidence and New Methodology from a Small Open Economy [J]. *Journal of International Financial Markets, Institu-*

tions and Money, 2015 (34): 1 – 13.

[723] Wagner W. The Liquidity of Bank Assets and Banking Stability [J]. *Journal of Banking and Finance*, 2007, 31 (1): 121 – 139.

[724] White W R. *Procyclicality in the Financial System: Do We Need a New Macrofinancial Stabilisation Framework?* [Z]. BIS Working Papers, 2006.

[725] White W. Modern Macroeconomics on the Wrong Track [J]. *Finance and Development*, 2009, 46 (4): 15 – 18.

[726] Whitesell W. Interest Rate Ccorridors and Reserves [J]. *Journal of Monetary Economics*, 2006, 53 (6): 1177 – 1195.

[727] Williams J C. The Federal Reserve's Unconventional Policies [J]. *FRBSF Economic Letter*, 2012, 34: 1 – 9.

[728] Windmeijer, F. A Finite Sample Correction for the Variance of Linear Efficient Two – step GMM Estimators [J]. *Journal of Econometrics*, 2005, 126 (1): 25 – 51.

[729] Woodford M, Benigno P. *Inflation Stabilization and Welfare: The Case of a Distorted Steady State* [Z]. NBER Working Paper NO. 10838, 2004.

[730] Woodford M, Curdia V. *The Central Bank's Balance Sheet as an Instrument of Monetary Policy* [C]. Meeting Papers. Society for Economic Dynamics, 2010.

[731] Woodford M. Central Bank Communication and Policy Effectiveness [J]. *Social Science Electronic Publishing*, 2005.

[732] Woodford M. Comment on: "Using a Long – term Interest Rate as the Monetary Policy Instrument" [J]. *Journal of Monetary Economics*, 2005, 52 (5): 881 – 887.

[733] Woodford M. *Inflation Targeting and Financial Stability* [Z]. NBER Working Paper NO. 17967, 2012.

[734] Woodford M. *Interest and Prices: Foundations of a Theory of Monetary Policy* [M]. Princeton University Press, 2003.

[735] Woodford M. Monetary Policy in the Information Economy [J]. *Technology and the New Economy*, 2002: 187.

[736] Woodford M. *Optimal Monetary Policy Inertia* [Z]. NBER Working Paper NO. 7261, 1999.

[737] Wu M T. *Unconventional Monetary Policy and Long – term Interest Rates* [M]. International Monetary Fund, 2014.

[738] Wu T. The US Money Market and the Term Auction Facility in the Fnancial

Crisis of 2007 – 2009 ［J］. *Review of Economics and Statistics*, 2011, 93 (2): 617 – 631.

［739］ Yudaeva K. On the Opportunities, Targets and Mechanisms of Monetary Policy under the Current Conditions ［J］. *Voprosy Economiki*, 2014, 9.

［740］ Yun T. Monetary Policy, Nominal Price Rigidity, and Business Cycles ［J］. *Journal of Monetary Economics*, 1996, 37.

后 记

　　本书是我作为首席专家主持的 2015 年教育部哲学社会科学研究课题重大攻关项目"经济发展新常态下我国货币政策体系建设研究"（项目批准号：15JZD013）的最终成果。该项目从立项、开题、中检、研究到最后结题，历经五年。在项目研究的五年时间里，我国货币政策面临的国内外经济金融环境发生了较大的变化。从国际来看，发达经济体货币政策经历了从美联储退出非常规货币政策以及日本央行和欧洲央行实施负利率政策的分化到 2020 年全球新冠肺炎疫情冲击后各经济体央行实施大规模无限量量化宽松货币政策的再次趋同的演变。从国内来看，我国在坚持供给侧结构性改革这一宏观调控主线的前提下，经历了以"三去一降一补"的调结构、提质量到"六稳""六保"和推进高质量发展的过程。尽管如此，在项目研究过程中，项目组始终秉持"金融服务实体经济，防范金融风险和深化金融改革"三大任务的宗旨，围绕新常态下我国货币政策体系建设中的政策环境、政策内涵和政策协调三个主要方面，在进行理论创新的同时，针对国家宏观调控目标实现的现实急需，展开系统深入的研究，完成了课题设计的研究任务。

　　在项目研究过程中，各子课题组负责人　　中国社科院财经战略研究院院长何德旭研究员，中国人民银行参事室主任纪敏研究员，中国人民银行金融研究所牛慕鸿处长，武汉大学经济与管理学院黄宪教授、何国华教授、肖卫国教授、马理教授、侯成琪教授、代军勋副教授以及课题组成员按照课题设计的任务，紧密协作、共同推进，为项目研究任务的完成付出了艰辛的努力。作为项目合作单位的中国人民银行金融研究所、中国社科院金融研究所对项目研究的顺利开展提供了大力的支持和帮助。在此一并表示感谢！

　　本项目的研究得到了国内学术界和金融管理部门专家学者的大力支持与帮助。在项目开题过程中，中央财经大学李健教授、天津财经大学王爱俭教授、中南财经政法大学朱新蓉教授、中国人民银行武汉分行赵以邗副行长、武汉大学叶永刚教授等对项目研究的开展、重点突破领域等提出了宝贵的意见和建议；在项目中检和结题评审过程中，评审专家对项目后期的研究提出了要围绕金融发展三大任务，关注货币政策和宏观审慎监管政策双支柱框架构建的建议。专家的建议和宝贵意见为项目的研究指明了方向，使项目的研究在重点突破的前提下得以顺利完成。在此，代表项目组全体成员对各位专家致以诚挚的感谢！

本书是项目组成员共同努力、集体智慧的结晶。整理编辑到本书各章的内容主要由我和我指导的硕博士研究生、项目组部分子课题负责人与其指导的硕博士研究生共同完成的研究成果。具体而言，本书各章的完成者如下：第一章，黄宪、刘岩、童韵洁；第二章，潘敏，袁歌骋；第三章，潘敏、刘知琪；第四、五、九章，潘敏、刘姗；第六章，潘敏、周闯、刘姗；第七章，潘敏、张泽华；第八章，代军勋、戴锋；第十章，代军勋、李琛、李俐璇；第十一、十二章，潘敏、周闯；第十三章，张泽华、周闯；第十四章，潘敏、张新平；第十五章，潘敏、易宇寰。

尽管基于最初的设计目标，我们完成了项目研究的任务。但是，经济发展新常态下我国货币政策体系的建设是一个长期的过程。同时，对经济发展新常态下新时代中国特色货币政策理论的探索也是一项长期的任务。特别地，在当前面临百年未有之大变局的背景下，货币政策如何更好地服务于构建以国内大循环为主体、国内国际双循环相互促进的新发展格局是货币政策研究者面临的新任务和新课题。项目组将在现有研究的基础上，不断探索，为构建中国特色的货币政策体系贡献微薄之力。

最后，本书的出版得到了经济科学出版社孙丽丽、纪小小两位编辑的大力支持，她们为本书的出版做了大量艰苦、细致的工作，在此谨向她们表示衷心的感谢！

潘　敏

2021 年 10 月

教育部哲学社會科学研究重大課題攻關項目
成果出版列表

序号	书　名	首席专家
1	《马克思主义基础理论若干重大问题研究》	陈先达
2	《马克思主义理论学科体系建构与建设研究》	张雷声
3	《马克思主义整体性研究》	逄锦聚
4	《改革开放以来马克思主义在中国的发展》	顾钰民
5	《新时期　新探索　新征程 ——当代资本主义国家共产党的理论与实践研究》	聂运麟
6	《坚持马克思主义在意识形态领域指导地位研究》	陈先达
7	《当代资本主义新变化的批判性解读》	唐正东
8	《当代中国人精神生活研究》	童世骏
9	《弘扬与培育民族精神研究》	杨叔子
10	《当代科学哲学的发展趋势》	郭贵春
11	《服务型政府建设规律研究》	朱光磊
12	《地方政府改革与深化行政管理体制改革研究》	沈荣华
13	《面向知识表示与推理的自然语言逻辑》	鞠实儿
14	《当代宗教冲突与对话研究》	张志刚
15	《马克思主义文艺理论中国化研究》	朱立元
16	《历史题材文学创作重大问题研究》	童庆炳
17	《现代中西高校公共艺术教育比较研究》	曾繁仁
18	《西方文论中国化与中国文论建设》	王一川
19	《中华民族音乐文化的国际传播与推广》	王耀华
20	《楚地出土戰國簡册［十四種］》	陈　伟
21	《近代中国的知识与制度转型》	桑　兵
22	《中国抗战在世界反法西斯战争中的历史地位》	胡德坤
23	《近代以来日本对华认识及其行动选择研究》	杨栋梁
24	《京津冀都市圈的崛起与中国经济发展》	周立群
25	《金融市场全球化下的中国监管体系研究》	曹凤岐
26	《中国市场经济发展研究》	刘　伟
27	《全球经济调整中的中国经济增长与宏观调控体系研究》	黄　达
28	《中国特大都市圈与世界制造业中心研究》	李廉水

序号	书　名	首席专家
29	《中国产业竞争力研究》	赵彦云
30	《东北老工业基地资源型城市发展可持续产业问题研究》	宋冬林
31	《转型时期消费需求升级与产业发展研究》	臧旭恒
32	《中国金融国际化中的风险防范与金融安全研究》	刘锡良
33	《全球新型金融危机与中国的外汇储备战略》	陈雨露
34	《全球金融危机与新常态下的中国产业发展》	段文斌
35	《中国民营经济制度创新与发展》	李维安
36	《中国现代服务经济理论与发展战略研究》	陈　宪
37	《中国转型期的社会风险及公共危机管理研究》	丁烈云
38	《人文社会科学研究成果评价体系研究》	刘大椿
39	《中国工业化、城镇化进程中的农村土地问题研究》	曲福田
40	《中国农村社区建设研究》	项继权
41	《东北老工业基地改造与振兴研究》	程　伟
42	《全面建设小康社会进程中的我国就业发展战略研究》	曾湘泉
43	《自主创新战略与国际竞争力研究》	吴贵生
44	《转轨经济中的反行政性垄断与促进竞争政策研究》	于良春
45	《面向公共服务的电子政务管理体系研究》	孙宝文
46	《产权理论比较与中国产权制度变革》	黄少安
47	《中国企业集团成长与重组研究》	蓝海林
48	《我国资源、环境、人口与经济承载能力研究》	邱　东
49	《“病有所医”——目标、路径与战略选择》	高建民
50	《税收对国民收入分配调控作用研究》	郭庆旺
51	《多党合作与中国共产党执政能力建设研究》	周淑真
52	《规范收入分配秩序研究》	杨灿明
53	《中国社会转型中的政府治理模式研究》	娄成武
54	《中国加入区域经济一体化研究》	黄卫平
55	《金融体制改革和货币问题研究》	王广谦
56	《人民币均衡汇率问题研究》	姜波克
57	《我国土地制度与社会经济协调发展研究》	黄祖辉
58	《南水北调工程与中部地区经济社会可持续发展研究》	杨云彦
59	《产业集聚与区域经济协调发展研究》	王　珺

序号	书　名	首席专家
60	《我国货币政策体系与传导机制研究》	刘　伟
61	《我国民法典体系问题研究》	王利明
62	《中国司法制度的基础理论问题研究》	陈光中
63	《多元化纠纷解决机制与和谐社会的构建》	范　愉
64	《中国和平发展的重大前沿国际法律问题研究》	曾令良
65	《中国法制现代化的理论与实践》	徐显明
66	《农村土地问题立法研究》	陈小君
67	《知识产权制度变革与发展研究》	吴汉东
68	《中国能源安全若干法律与政策问题研究》	黄　进
69	《城乡统筹视角下我国城乡双向商贸流通体系研究》	任保平
70	《产权强度、土地流转与农民权益保护》	罗必良
71	《我国建设用地总量控制与差别化管理政策研究》	欧名豪
72	《矿产资源有偿使用制度与生态补偿机制》	李国平
73	《巨灾风险管理制度创新研究》	卓　志
74	《国有资产法律保护机制研究》	李曙光
75	《中国与全球油气资源重点区域合作研究》	王　震
76	《可持续发展的中国新型农村社会养老保险制度研究》	邓大松
77	《农民工权益保护理论与实践研究》	刘林平
78	《大学生就业创业教育研究》	杨晓慧
79	《新能源与可再生能源法律与政策研究》	李艳芳
80	《中国海外投资的风险防范与管控体系研究》	陈菲琼
81	《生活质量的指标构建与现状评价》	周长城
82	《中国公民人文素质研究》	石亚军
83	《城市化进程中的重大社会问题及其对策研究》	李　强
84	《中国农村与农民问题前沿研究》	徐　勇
85	《西部开发中的人口流动与族际交往研究》	马　戎
86	《现代农业发展战略研究》	周应恒
87	《综合交通运输体系研究——认知与建构》	荣朝和
88	《中国独生子女问题研究》	风笑天
89	《我国粮食安全保障体系研究》	胡小平
90	《我国食品安全风险防控研究》	王　硕

序号	书　名	首席专家
91	《城市新移民问题及其对策研究》	周大鸣
92	《新农村建设与城镇化推进中农村教育布局调整研究》	史宁中
93	《农村公共产品供给与农村和谐社会建设》	王国华
94	《中国大城市户籍制度改革研究》	彭希哲
95	《国家惠农政策的成效评价与完善研究》	邓大才
96	《以民主促进和谐——和谐社会构建中的基层民主政治建设研究》	徐　勇
97	《城市文化与国家治理——当代中国城市建设理论内涵与发展模式建构》	皇甫晓涛
98	《中国边疆治理研究》	周　平
99	《边疆多民族地区构建社会主义和谐社会研究》	张先亮
100	《新疆民族文化、民族心理与社会长治久安》	高静文
101	《中国大众媒介的传播效果与公信力研究》	喻国明
102	《媒介素养：理念、认知、参与》	陆　晔
103	《创新型国家的知识信息服务体系研究》	胡昌平
104	《数字信息资源规划、管理与利用研究》	马费成
105	《新闻传媒发展与建构和谐社会关系研究》	罗以澄
106	《数字传播技术与媒体产业发展研究》	黄升民
107	《互联网等新媒体对社会舆论影响与利用研究》	谢新洲
108	《网络舆论监测与安全研究》	黄永林
109	《中国文化产业发展战略论》	胡惠林
110	《20世纪中国古代文化经典在域外的传播与影响研究》	张西平
111	《国际传播的理论、现状和发展趋势研究》	吴　飞
112	《教育投入、资源配置与人力资本收益》	闵维方
113	《创新人才与教育创新研究》	林崇德
114	《中国农村教育发展指标体系研究》	袁桂林
115	《高校思想政治理论课程建设研究》	顾海良
116	《网络思想政治教育研究》	张再兴
117	《高校招生考试制度改革研究》	刘海峰
118	《基础教育改革与中国教育学理论重建研究》	叶　澜
119	《我国研究生教育结构调整问题研究》	袁本涛 王传毅
120	《公共财政框架下公共教育财政制度研究》	王善迈

序号	书　名	首席专家
121	《农民工子女问题研究》	袁振国
122	《当代大学生诚信制度建设及加强大学生思想政治工作研究》	黄蓉生
123	《从失衡走向平衡：素质教育课程评价体系研究》	钟启泉 崔允漷
124	《构建城乡一体化的教育体制机制研究》	李　玲
125	《高校思想政治理论课教育教学质量监测体系研究》	张耀灿
126	《处境不利儿童的心理发展现状与教育对策研究》	申继亮
127	《学习过程与机制研究》	莫　雷
128	《青少年心理健康素质调查研究》	沈德立
129	《灾后中小学生心理疏导研究》	林崇德
130	《民族地区教育优先发展研究》	张诗亚
131	《WTO 主要成员贸易政策体系与对策研究》	张汉林
132	《中国和平发展的国际环境分析》	叶自成
133	《冷战时期美国重大外交政策案例研究》	沈志华
134	《新时期中非合作关系研究》	刘鸿武
135	《我国的地缘政治及其战略研究》	倪世雄
136	《中国海洋发展战略研究》	徐祥民
137	《深化医药卫生体制改革研究》	孟庆跃
138	《华侨华人在中国软实力建设中的作用研究》	黄　平
139	《我国地方法制建设理论与实践研究》	葛洪义
140	《城市化理论重构与城市化战略研究》	张鸿雁
141	《境外宗教渗透论》	段德智
142	《中部崛起过程中的新型工业化研究》	陈晓红
143	《农村社会保障制度研究》	赵　曼
144	《中国艺术学学科体系建设研究》	黄会林
145	《人工耳蜗术后儿童康复教育的原理与方法》	黄昭鸣
146	《我国少数民族音乐资源的保护与开发研究》	樊祖荫
147	《中国道德文化的传统理念与现代践行研究》	李建华
148	《低碳经济转型下的中国排放权交易体系》	齐绍洲
149	《中国东北亚战略与政策研究》	刘清才
150	《促进经济发展方式转变的地方财税体制改革研究》	钟晓敏
151	《中国—东盟区域经济一体化》	范祚军

序号	书　名	首席专家
184	《区域经济一体化中府际合作的法律问题研究》	石佑启
185	《城乡劳动力平等就业研究》	姚先国
186	《20 世纪朱子学研究精华集成——从学术思想史的视角》	乐爱国
187	《拔尖创新人才成长规律与培养模式研究》	林崇德
188	《生态文明制度建设研究》	陈晓红
189	《我国城镇住房保障体系及运行机制研究》	虞晓芬
190	《中国战略性新兴产业国际化战略研究》	汪　涛
191	《证据科学论纲》	张保生
192	《要素成本上升背景下我国外贸中长期发展趋势研究》	黄建忠
193	《中国历代长城研究》	段清波
194	《当代技术哲学的发展趋势研究》	吴国林
195	《20 世纪中国社会思潮研究》	高瑞泉
196	《中国社会保障制度整合与体系完善重大问题研究》	丁建定
197	《民族地区特殊类型贫困与反贫困研究》	李俊杰
198	《扩大消费需求的长效机制研究》	臧旭恒
199	《我国土地出让制度改革及收益共享机制研究》	石晓平
200	《高等学校分类体系及其设置标准研究》	史秋衡
201	《全面加强学校德育体系建设研究》	杜时忠
202	《生态环境公益诉讼机制研究》	颜运秋
203	《科学研究与高等教育深度融合的知识创新体系建设研究》	杜德斌
204	《女性高层次人才成长规律与发展对策研究》	罗瑾琏
205	《岳麓秦简与秦代法律制度研究》	陈松长
206	《民办教育分类管理政策实施跟踪与评估研究》	周海涛
207	《建立城乡统一的建设用地市场研究》	张安录
208	《迈向高质量发展的经济结构转变研究》	郭熙保
209	《中国社会福利理论与制度构建——以适度普惠社会福利制度为例》	彭华民
210	《提高教育系统廉政文化建设实效性和针对性研究》	罗国振
211	《毒品成瘾及其复吸行为——心理学的研究视角》	沈模卫
212	《英语世界的中国文学译介与研究》	曹顺庆
213	《建立公开规范的住房公积金制度研究》	王先柱

序号	书　名	首席专家
214	《现代归纳逻辑理论及其应用研究》	何向东
215	《时代变迁、技术扩散与教育变革：信息化教育的理论与实践探索》	杨　浩
216	《城镇化进程中新生代农民工职业教育与社会融合问题研究》	褚宏启 薛二勇
217	《我国先进制造业发展战略研究》	唐晓华
218	《融合与修正：跨文化交流的逻辑与认知研究》	鞠实儿
219	《中国新生代农民工收入状况与消费行为研究》	金晓彤
220	《高校少数民族应用型人才培养模式综合改革研究》	张学敏
221	《中国的立法体制研究》	陈　俊
222	《教师社会经济地位问题：现实与选择》	劳凯声
223	《中国现代职业教育质量保障体系研究》	赵志群
224	《欧洲农村城镇化进程及其借鉴意义》	刘景华
225	《国际金融危机后全球需求结构变化及其对中国的影响》	陈万灵
226	《创新法治人才培养机制》	杜承铭
227	《法治中国建设背景下警察权研究》	余凌云
228	《高校财务管理创新与财务风险防范机制研究》	徐明稚
229	《义务教育学校布局问题研究》	雷万鹏
230	《高校党员领导干部清正、党政领导班子清廉的长效机制研究》	汪　曣
231	《二十国集团与全球经济治理研究》	黄茂兴
232	《高校内部权力运行制约与监督体系研究》	张德祥
233	《职业教育办学模式改革研究》	石伟平
234	《职业教育现代学徒制理论研究与实践探索》	徐国庆
235	《全球化背景下国际秩序重构与中国国家安全战略研究》	张汉林
236	《进一步扩大服务业开放的模式和路径研究》	申明浩
237	《自然资源管理体制研究》	宋马林
238	《高考改革试点方案跟踪与评估研究》	钟秉林
239	《全面提高党的建设科学化水平》	齐卫平
240	《"绿色化"的重大意义及实现途径研究》	张俊飚
241	《利率市场化背景下的金融风险研究》	田利辉
242	《经济全球化背景下中国反垄断战略研究》	王先林

序号	书　名	首席专家
243	《中华文化的跨文化阐释与对外传播研究》	李庆本
244	《世界一流大学和一流学科评价体系与推进战略》	王战军
245	《新常态下中国经济运行机制的变革与中国宏观调控模式重构研究》	袁晓玲
246	《推进 21 世纪海上丝绸之路建设研究》	梁　颖
247	《现代大学治理结构中的纪律建设、德治礼序和权力配置协调机制研究》	周作宇
248	《渐进式延迟退休政策的社会经济效应研究》	席　恒
249	《经济发展新常态下我国货币政策体系建设研究》	潘　敏
	……